JAMES RESTON

Galileo Galilei

Buch

Galileo Galilei (1564–1642) gilt als einer der wichtigsten Wegbereiter der modernen Wissenschaften, und sein – letztlich doch gewonnener – Kampf gegen die damaligen Dogmen ist noch heute ein Symbol für die Freiheit von Meinung und Wissenschaft. Er konstruierte ein Fernglas für astronomische Beobachtungen, er entdeckte die Mondmorphologie, den Sternenreichtum der Milchstraße und vieles mehr. Als seine größte Leistung allerdings gilt die Verfechtung des kopernikanischen Systems. Indem er die Erde als Mittelpunkt des Sonnensystems leugnete, überwarf er sich mit der katholischen Kirche und wurde der Ketzerei beschuldigt. Der darauffolgende Prozeß, sein Abschwören und seine Verurteilung zu unbefristetem Hausarrest sind als Sinnbild des Umbruchs zwischen mittelalterlichem Weltbild und moderner Wissenschaft in die Geschichte eingegangen.

James Reston zeichnet auf spannende, anschauliche Weise Galileis Lebensweg und liefert zudem ein authentisches Bild jener Zeit des Aufbruchs.

Autor

James Reston ist Autor verschiedener Sachbücher. Außerdem arbeitet er an einer Fernsehserie über Galilei. Er lebt in Chase/ Maryland.

JAMES RESTON

Galileo Galilei

Eine Biographie

Aus dem Amerikanischen
von Helmut Viechtbauer

GOLDMANN

Die Originalausgabe erschien unter dem Titel
»Galileo«
bei HarperCollins, New York.

Deutsche Erstausgabe

Umwelthinweis:
Alle bedruckten Materialien dieses Buches
sind chlorfrei und umweltschonend.

Der Goldmann Verlag
ist ein Unternehmen der Verlagsgruppe Bertelsmann

Deutsche Erstausgabe April 1998

Umschlaggestaltung: Design Team München
Umschlagabbildung: »Porträt Galileis«
von Giusto Sustermans, © AKG, Berlin
Satz: Uhl & Massopust, Aalen
Druck: Graphischer Großbetrieb, Pößneck
Verlagsnummer: 12744
Redaktion: Dieter Löbbert
KF · Herstellung: Sebastian Strohmaier
Made in Germany
ISBN 3-442-12744-0

1 3 5 7 9 10 8 6 4 2

Für
Edward Burlingame

Inhalt

sep. Kern.

Vorspiel

1992, dreihundertfünfzig Jahre nach seinem Tod, fand die Person Galileo Galileis allenthalben breite publizistische Beachtung. In seinem Geburtsland Italien nahm die Beschäftigung mit ihm das ganze Jahr in Anspruch. Zahlreiche Seminare ergingen sich in Analysen über Person und Werk, ihm zu Ehren wurden Ausstellungen veranstaltet, Künstler suchten sein Wesen zu ergründen. Padua, die Stadt, in der er achtzehn Jahre gelehrt und die glücklichsten Jahre seines Lebens verbracht hatte, feierte den vierhundertsten Jahrestag seiner Antrittsvorlesung an der Universität. In Galileos Geburtsstadt Pisa, der Stätte seines Studiums und seiner ersten Professorenstelle, kamen Physiker zusammen, um vom berühmten Schiefen Turm der Stadt verschiedene Kugeln auf die Erde herabfallen zu lassen, wie Galileo das im Jahr 1589 angeblich getan hatte. Die Wissenschaftler unserer Tage hatten sich zu diesem Anlaß feierlich in Renaissance-Gewänder gehüllt und sich somit für die Fernsehkameras wirkungsvoll in Szene gesetzt. Sie nutzten Galileos legendäres Experiment zur Ermittlung der Schwerkraft geschickt als Werbung für ihr eigenes Projekt, der Überprüfung seines »Äquivalenzprinzips« im Weltraum.

In Venedig, wo Galileo eine Liebschaft mit einem Straßenmädchen unterhalten hatte, aus der drei Kinder hervorgingen, und wo er einem staunenden Dogen das erste von ihm konstruierte Fernrohr zum Geschenk gemacht hatte, trafen sich die »Galileisten«, ein verschworener kleiner Gelehrtenzirkel, der sich ausschließlich der Erforschung seiner Lebensgeschichte verschrieben hatte. Dort applaudierte man sich gegenseitig zu Referaten beispielsweise über die Rolle der Figur des *Simplicio* in Galileos berühmtem *Dialog* oder über die venezianische Musikkultur zur Zeit Galileos. Im *Palazzo Vecchio* zu Florenz, in dem

Galileo einst vom Großherzog Cosimo de' Medici der Titel »Erster Philosoph« zuerkannt worden war, kam es zu einer heftigen Kontroverse zwischen Astronomen des Jesuitenordens und Indianern vom Stamm der Apachen. Letztere bezichtigten den Vatikan, mit dem Bau eines modernen Observatoriums auf dem Areal indianischer Begräbnisstätten in Arizona heiligen Grund entweiht zu haben. Ein Ratsmitglied der Stadt Florenz, Marchese von Geburt und Umweltschützer aus Passion, suchte im Namen Galileos zwischen den Konfliktparteien zu vermitteln.

Am bedeutsamsten waren die Vorgänge in Rom. Im Vatikan bemühte man sich seit dreizehn Jahren, seit Papst Johannes Paul II. im Jahre 1979 eine Gelehrtenkommission damit beauftragt hatte, den Fall Galileo noch einmal einer »gründlichen« Überprüfung zu unterziehen, diesen hartnäckig lastenden Schandfleck der Kirchengeschichte endlich aus der Welt zu schaffen. Aus Sicht der Kirche haftete am Namen Galileos noch immer offiziell der Ruch einer »Affäre«, und dies in der gleichen abschätzigen Bedeutung, in der man heutzutage etwa von der Dreyfuß-*Affäre* oder von der Watergate-*Affäre* spricht. Hinter dieser Sprachregelung steckte seit jeher die Absicht der Kirche, Galileos Persönlichkeit in ein schiefes Licht zu rücken und damit zugleich von der eigenen Rolle abzulenken. In jenen dreizehn Jahren, seit man sich erneut mit dem Fall Galileo befaßte, wurden jede Menge Abhandlungen und Bücher produziert, allenthalben in Europa Konferenzen abgehalten und Expertenkommissionen berufen. Doch die Arbeit ging nur auf Umwegen und eher zögerlich voran. Denn niemand wußte bis dahin so recht, worauf der Papst mit seiner Rede von einer Neubewertung des Falles Galileo eigentlich hinauswollte. Wie genau lautete der Auftrag dieser Kommissionen? Wie weit konnte die Kirche von der bislang von ihr behaupteten Version des Geschehens abweichen, Galileo sei seinerzeit allein wegen Ungehorsams bestraft worden? Würde der Papst gar einer förmlichen Abbitte seitens der Kirche zustimmen? Ging es ihm tatsächlich um einen Akt der »Bereinigung« der Kirchengeschichte oder lediglich darum, sie in makellosem Licht erscheinen zu lassen? Wie konnte die Kirche ein derart blamables Eingeständnis eigener Schuld verkraften, und – so es denn tatsächlich erfolgen sollte – welche Konsequenzen erwüchsen daraus für die Streitfragen zwischen Wissenschaft und christlichem Ethos in der Geschichte der Moderne?

Die endgültige Entscheidung lag also letztlich beim Papst höchstselbst, und am 31. Oktober 1992 schritt Johannes Paul II. schließlich zur Tat. Seine offizielle Verlautbarung räumte die Leiden ein, die Galileo durch den Klerus zu erdulden hatte, und gestand in allgemeinen Floskeln, daß die Kirche dabei Irrtümern erlegen sei. »Nie wieder!« schien die Botschaft zu lauten. Der Fall Galileo war, jedenfalls nach einer Erklärung von *L'Osservatore Romano*, dem amtlichen Sprachrohr des Vatikans, endgültig »gelöst«. Doch war dem so?

Am 8. Dezember 1992 unternahm ich selbst unterdessen einen Besuch im Hauptquartier der NASA in Washington. In den einschlägigen Regierungs- und Forschergremien dort kursierten ähnlich bereinigte Versionen über Galileo, nur daß die Galileo-Affäre der NASA nicht in erster Linie moralischer oder historischer, sondern technischer und finanzieller Natur war. In diesem »Fall« drehte es sich um ein aufwendiges Weltraumprojekt, bei dem einiges schiefgelaufen war. 1977 hatte die amerikanische Raumfahrtbehörde nach einigem Hin und Her – man wollte keinesfalls Fragen nach der Rolle der Kirche und der Inquisition aufrühren – das ehrgeizigste Weltraumprojekt der gesamten Spaceshuttle-Ära nach Galileo benannt. Ziel war die Erforschung des Jupiter, des rätselhaftesten und faszinierendsten der äußeren Planeten unseres Sonnensystems, wie auch dessen Monde, die Galileo dereinst als erster aufgespürt und nach seinen Schirmherren aus dem Fürstenhaus der Medici getauft hatte. Die *Galileo*-Mission hatte zum Ziel, mit Hilfe einer zusätzlichen, glockenförmig konstruierten Sonde erstmals in die Atmosphäre des Jupiter einzudringen, ja sogar noch eine »Kostprobe« davon zu nehmen, bevor der Flugkörper in den roten Gaswolken und der Wasserstoffhülle des Planeten verglühte.

Im Verlauf der Projektplanung stellte sich bald heraus, daß diese Mission ihrem Namen gerecht wurde. Verzögerungen, Verschiebungen und unvorhersehbare Zwischenfälle drohten das grandiose Vorhaben zunichte zu machen. Der Bauplan der Raumsonde wurde revidiert; der vorgesehene gefährliche Nuklearantrieb wurde infolge der *Challenger*-Katastrophe gestrichen, und es gab Nachforschungen zur Höhe der Projektkosten von insgesamt 1,4 Milliarden Dollar, die zuweilen inquisitorische Züge annahmen. Nach wiederholtem Hin und Her zwischen den wenigen zeitlich begrenzten »Startfenstern«, die für seine projektierte Flugbahn zur Verfügung standen, schoß *Galileo* im Oktober 1989 mit sieben Jahren Verspätung endlich in den Weltraum. Die Sonde schlug zunächst eine falsche Richtung ein und raste eher der Sonne entgegen als Jupiter, da ihr Kurs wegen des fehlenden Nuklearantriebs nunmehr allein von physikalischen Gesetzen abhing. In den folgenden drei Jahren machte sie zwei Abstecher um die Venus, passierte am 8. Dezember 1992 zum letzten Mal unseren Mond und die Erde und steuerte von da ab endlich direkt auf Jupiter zu.

Wie Galileo zu seinen Lebzeiten als Person, so hatte auch die Raumsonde *Galileo* mit ständigen Behinderungen zu kämpfen. Die symbolische Übereinstimmung war auch in dieser Hinsicht nahezu perfekt. Die schirmartige Antenne der Sonde hatte sich verhakt, und trotz allem elektronischen Aufwand war es nicht gelungen, den hartnäckig festgefahrenen Mechanismus wieder gängig zu machen. Als eine Folge davon stand der wissenschaftliche Ertrag des gesamten Unternehmens in Frage. Die Manager der NASA beteuerten zwar kühn, sie könnten noch siebzig Prozent aller Daten über eine kleinere Zusatzantenne der Sonde retten, doch ließen sie dabei außer acht, daß dreißig Prozent eines Gesamtetats von 1,4 Milliarden Dollar immerhin einem Verlust von 420 Millionen Dollar gleichkamen. Galileos Name schien wie mit einem Fluch behaftet. Bei allen Dingen, die sich mit ihm verbanden, waren Genialität auf der einen und peinliches Mißgeschick auf der anderen Seite anscheinend immer gleichermaßen beteiligt. Das zweite aufwendige Projekt der Spaceshuttle-Ära war das Hubble-Raumteleskop, jenes heutige Gegenstück zu Galileos erstem Fernrohr. Das Hubble-Teleskop litt jedoch gewissermaßen an grauem Star, war in seiner Reichweite, die man sich 1,5 Milliarden Dollar hatte kosten lassen, stark eingeschränkt. (Allein die Mission zur Beseitigung des Fehlers, so erfolgreich sie im Dezember 1993 auch verlaufen war, kostete die NASA noch einmal annähernd eine Milliarde Dollar.)

Zum Zeitpunkt meines Besuchs am 8. Dezember 1992 allerdings war die Stimmung unter den Raumfahrtingenieuren der NASA noch ungetrübt. Obwohl es sich bei ihnen durchweg um Leute handelte, die normalerweise nicht zu geistigem oder gefühlsmäßigem Überschwang neigten, waren sie doch allesamt in ihre Apparate regelrecht vernarrt. Meist unterhielten sie sich in Kürzeln und mathematischen Formeln, und in diesem engen Sinne waren sie echte Nachfahren Galileos, der als erster die Behauptung aufgestellt hatte, das Universum weise eine Sprache auf: die Sprache der Mathematik. Wer deren geometrische Figuren nicht entschlüsseln könne, hatte er gemeint, sei auch unfähig, die Rätsel des Universums zu lösen, und tappe statt dessen in ihm herum wie in einem finsteren Labyrinth. Die Astronomen der NASA fanden sich in ihrem Universum ausgezeichnet zurecht. Ihnen mangelte es lediglich an Galileos grundsätzlicher Haltung der Ehrfurcht, des Staunens und der Demut. Ich war mit der nüchternen und leidenschaftslosen Art der Berichterstattung, mit der diese Leute der Öffentlichkeit ihre erstaunlichsten und aufregendsten Entdekkungen im All präsentierten, schon hinlänglich vertraut und überzeugt, daß gerade dies mit ein Grund dafür war, daß all die phantastischen Forschungsergebnisse mittlerweile kaum noch auf breite Resonanz stießen.

Deshalb war ich ziemlich verblüfft, als plötzlich einer der Ingenieure im Labor für Düsenantriebssysteme seinem Bericht über ein »Manöver zur Kurskorrektur« und »elektronisch digitale Bilddarstellung« unvermittelt eine ganz persönliche Bemerkung voranstellte. Er habe, erklärte der Ingenieur sichtlich bewegt, nunmehr fünfzehn Jahre mit *Galileo* zugebracht. In der Nacht zuvor, als nach den Regentagen zum ersten Mal der »großartige, mächtige, prachtvolle Mond« wieder voll am Himmel aufgegangen sei, habe er plötzlich daran denken müssen, daß *Galileo* gerade in diesem Augenblick am Mond vorbeischießen und auf seiner Bahn zum Jupiter kaum zwölf Stunden später die Erde passieren würde. Da nun, fuhr der Mann fort, »sagte ich ein stilles Lebewohl zu *Galileo*, und von Jupiter kam ein Hallo aus weiter Ferne«.

Sowie sich im Rahmen der Konferenzschaltung die Gelegenheit

für Fragen ergab, knüpfte ich an diesen flüchtigen, nicht gerade typischen Einblick in das Gemütsleben eines heutigen Wissenschaftlers an. Vielleicht ließ sich ja noch etwas mehr Poesie herauskitzeln.

»Mister Inman«, wie ich meinen Gesprächspartner am anderen Ende der Leitung einmal nennen möchte, »schwebte Ihnen in den fünfzehn Jahren Ihrer Beschäftigung mit dieser Mission über Ihren Arbeiten jemals das Bild Galileos vor Augen?«

Der Konferenzsaal im fernen Pasadena füllte sich mit nervösem Getuschel, das in der Leitung deutlich noch bis zu meinem Platz in Washington zu vernehmen war. Ich hatte mit meiner Frage ganz offenbar ein Tabu verletzt und damit einige Betretenheit hervorgerufen. Mister Inman hielt denn auch einige Augenblicke die Luft an, bis sich das Getuschel seiner Forscherkollegen wieder beruhigt hatte.

»Nein«, gab er mir dann knapp zur Antwort, und damit hatte es sich auch schon.

Tags darauf war Mister Inmans Mond hinter einer totalen Mondfinsternis verschwunden. Dieses Ereignis in seiner rätselhaften und beunruhigenden Erscheinungsform schien so unheimlich, daß es selbst in unseren Tagen noch Raum für düstere Prophezeiungen bot, Prophezeiungen, die freilich kaum mehr mit jenen Schreckensvisionen zu vergleichen waren, die Galileos Widerpart Papst Urban VIII. noch befallen hatten, der in solchen Himmelserscheinungen schon die Vorboten seines eigenen Todes erblickte. Dieser argwöhnische, von Wahnvorstellungen heimgesuchte Papst hatte sich mit Leib und Seele der Astrologie verschrieben, um dem drohenden Einfluß der Omen am Firmament zu entwischen.

Mit einer Geschwindigkeit von fast 50 000 Kilometern pro Stunde entfernte sich die Raumsonde *Galileo* rasch von der Erde. Eine Woche nach dem Start wurde die Bordkamera eingeschaltet, die unseren Planeten nun zusammen mit seinem Mond in einem fragilen, anfälligen Tanz prekär in der Schwebe im Weltraum zeigte, ganz so, wie Galileo selbst sich das einst vorgestellt hatte: »Ich hatte nie Zweifel, daß, betrachtete man den von der Sonne beleuchteten Erdball von der Ferne, die Landfläche sich heller und die Wasserfläche sich dunkler abzeichnete«, hatte der bereits 1610 geschrieben. Noch bevor die Mission zum Jupiter ein erfolgreiches Ende gefunden hatte, war die Erde von der Raumsonde aus nur noch als bloßer Lichtpunkt, als einer unter Milliarden, erschienen.

Aus solcher Perspektive, gleichsam wie von einer sich immer weiter entfernenden Raumstation aus, möchte ich der Gestalt Galileos in diesem Buch Konturen verleihen. Sein Leben gleicht einem funkelnden, farbenreichen Stern, der einerseits stetig in räumliche und zeitliche Fernen entschwindet, uns andererseits jedoch in einem nahen oder fernen Orbit ständig begleitet, strahlend mit einer Helligkeit erster Ordnung. Als Biograph mache ich mir ein Verfahrensprinzip der Astronomie zu eigen: Ich möchte Galileos Fernrohr umdrehen und auf ihn selbst richten, solchermaßen in die Vergangenheit zurückschauen, um auszuleuchten, auf welche Weise er geformt wurde, und um die glühenden Gaswolken zu beschreiben, die er passierte, bevor er seinen endgültigen Platz in unserem Kosmos erreichte – ganz in der Art also, wie ein Astronom heute in die Geschichte des Universums zurückblicken kann, zurück sogar bis zu jenem Augenblick der Schöpfung, in dem das Universum Gestalt annahm.

Mir hingegen geht es in dieser Biographie um jenen genauen Zeitpunkt, der die Geburtsstunde der neuzeitlichen Geschichte markiert.

TEIL I

PISA

1

Der Zänker

Es war Sommer im Jahre 1579. Hoch oben in den Waldhängen von Vallombrosa tat ein knapp fünfzehnjähriger Bursche seinen Entschluß kund, Mönch zu werden. In einem Kloster, weithin gerühmt wegen seiner strengen Disziplin und Wohltätigkeit, hatten die Ordensbrüder ihn seit vier Jahren auf diesen bewegenden Augenblick seines Eintritts in ihren Orden vorbereitet. Ihnen verhieß seine Ankündigung die Krönung all ihrer Bemühungen. Sie hatten ihren Zögling in Latein und Griechisch unterrichtet, ihn mit Sorgfalt in die Mathematik und in die Grundkenntnisse der Wissenschaften eingeführt sowie sich seiner Vorlieben für Literatur und Malerei mit jener Behutsamkeit angenommen, die sie für die Überwachung seiner religiösen Übungen aufbrachten. Die endgültige Aufnahme eines Novizen war schon immer ein Zeremoniell, das mit großer Feierlichkeit durchgeführt wurde. Doch mit diesem hochgeschossenen, rothaarigen Burschen hatte es eine eigene Bewandtnis. Bei ihm handelte es sich um einen Sproß vom Hofe des Großherzogs, den Sohn eines namhaften Musikers, um einen offensichtlich vielversprechenden Jungen also, dessen Mutter zusätzlich noch mit einem einflußreichen Kardinal in Rom verwandt war. Die Mönche fühlten sich geehrt, und der Abt war besonders angetan. Dieser Junge konnte innerhalb ihrer Reihen noch Karriere machen.

Der angesehene Vater des Jungen befand sich selbigen Tages gerade auf dem Weg zu einer Visite im Kloster. Nach allem, was man hörte, genoß er die Gunst der Großherzogin von Toskana, einer schönen Venezianerin, um deren Person sich eine Vielzahl aufregender Gerüchte rankte. Der erlauchten Bianca zu Ehren hatte der Hofmusiker sogar eine Reihe von Madrigalen komponiert. Angeblich gehörte er auch einem illustren Kreis von Künstlern an, die eine Verbindung von Musik und Drama, die Einheit von Musik und Szene in einer Art Musikdrama, propagierten. Den Mönchen von Vallombrosa war schon bekannt, daß der Vater ihres Novizen mitunter ein recht schwieriger Mann sein konnte, gab der sich in der Tat doch zumeist herrisch und arrogant, ganz und gar von sich eingenommen. Es fiel nicht schwer, in seinem Sohn das Spiegelbild seines Charakters zu erkennen. Zwar lag den Ordensbrüdern daran, für den gottgefälligen Schritt des Sohnes die Einwilligung der Familie zu erhalten, doch gerade was dies betraf, hatten sie Grund zur Sorge.

Jahrhunderte hindurch schon war das Erklimmen des Höhenzugs von dem kleinen Ort Pontassieve aus eine wahre Tortur für Pilger gewesen. Ihr mühsamer Pfad führte sie zunächst nach Vallombrosa zur Verehrung des heiligen Johannes Qualbertus. Von dort aus ging es hinweg in das obere Arnotal zur geweihten Klause der Kamaldulenser und anschließend weiter bis nach La Verna zu jenem schroffen Felssturz, an dem der heilige Franziskus einst seine Stigmata empfangen hatte. Weniger Bußfertige, die diese Strecke von Florenz aus mit der Kutsche bewältigten, konnte die strapaziöse Fahrt über den steil ansteigenden, gefahrvollen Kamm des Apennin und anschließend durch finsteres Tannengehölz durchaus in eine verdrießliche Gemütslage versetzen.

Diese war vermutlich mit ein Grund für das rüde Auftreten des höfischen Maestro bei seiner Ankunft im Kloster. Kaum angelangt, bedachte er die Mönche mit harschen Vorwürfen. Unwirsch und ohne jeden Respekt verbat er sich ihr Gerede über das Noviziat seines Sprößlings, auf ihre Freude über dessen Fortschritte und die bevorstehende feierliche Weihezeremonie ließ er sich erst gar nicht ein. Zu ihrem Entsetzen bezichtigte er die Brüder statt dessen der groben Fahrlässigkeit bezüglich der Gesundheit seines Sohnes. Der Junge leide doch an einer schlimmen Augenentzündung! Ob ihnen das denn gar nicht aufgefallen sei! In ihrer übereifrigen Konzentration auf das Jenseits, wetterte er, hätten sie ihre Pflichten im Diesseits völlig vernachlässigt. Zudem besäßen sie jetzt nicht einmal die Mittel, um dem Augenleiden seines Sohnes entgegenzuwirken.

Er bestand darauf, seinen Jungen zur ärztlichen Behandlung auf der Stelle mit zurück nach Florenz zu nehmen. Der, noch immer im Mönchshabit und mit der Kapuze über dem Kopf, kletterte daraufhin widerstrebend in die Kutsche seines Vaters, die sogleich durch einen abschüssigen Hohlweg unter einem Baldachin schattiger Buchen westwärts in Richtung Florenz und in die Freiheit davonfuhr. Einmal noch wandte sich der Junge um und warf einen letzten, wehmütigen Blick zurück. Eine Karriere innerhalb der Kirche und, damit verbunden, ein ganz anderer Fortgang der geschichtlichen Ereignisse – das alles gehörte nun bereits der Vergangenheit an.

Sowie die Kutsche die kleine Ortschaft Saltino erreicht hatte, präsentierte sich den Reisenden das weite Tal des Arno, und in der Ferne schimmerten im Dunst der Sommerhitze bereits die Konturen der prachtvollen Kuppeln und Türme von Florenz. Das Bild der Mönche mit ihrer ehernen Disziplin und Frömmigkeit verblaßte mit zunehmender Entfernung und verschwand allmählich in der Erinnerung. Der Vater, Vincenzo Galilei, konnte endlich aufatmen. Das, was hinter ihnen lag, kümmerte ihn nicht mehr. Über Gott und über die Tonsur ließ sich auch später noch reden. Fürs erste wollte er mit seinem Sprößling über das Gewerbe des Tuchhandels sprechen.

Soweit die Ereignisse des Jahres 1579. Der Lebensweg des jungen Galileo hatte fünfzehn Jahre zuvor und etwas weiter westlich seinen Anfang genommen. Seine Geburtsstadt Pisa mit ihren etwa neuntausend eher ärmlichen und geplagten Einwohnern war ein paar Jahrzehnte früher noch ein ziemlich feuchter, unwirtlicher und trostloser Ort. Er lag inmitten einer morastigen Ebene, war ringsum von Malariasümpfen umgeben, im Norden von den weißen Bergen von Carrara und gut neuneinhalb Kilometer weiter im Westen vom Tyrrhenischen Meer eingesäumt – eine Ansiedlung höchstens für eine Einwohnerschaft aus armseligen Fischern, muslimischen Sklaven und ein paar leichtlebigen Adligen. Die Wasser des Arno, der mitten durch die Stadt floß, stauten sich immer wieder an Hindernissen aus Seetang und Tamariskengestrüpp, und in den brackigen Kanälen der Stadt stand der Gestank der Abfälle. Über dem Wasser schwebte der Geruch von Fäulnis, die Luft war stickig, und die Bewohner insgesamt zeigten sich eher abweisend und derb. Der desolate Ort schien als Opfer ständiger Heimsuchungen durch Kriege, Pestilenzen und Hungersnöte vom Schicksal geradezu auserkoren worden zu sein.

Um das Jahr 1564 hingegen befand sich Pisa schon mitten im Aufstieg. Cosimo de' Medici, der Herzog von Florenz, hatte noch ganz im Triumphgefühl seines wenige Jahre vorher errungenen Sieges über die Franzosen bei Siena während der letzten zehn Jahre in der Stadt wahre Wunder vollbracht. Seine berüchtigten Verliese waren zwar ständig überfüllt, und seine Spitzel saßen der toskanischen Bevölkerung fast überall im Nacken. Doch ließ er auch die Sümpfe rund um Pisa trockenlegen, eine Maßnahme, die bald schon für eine deutliche Verbesserung der hygienischen Zustände in der Stadt sorgte und die Atemluft reinigte. Cosimo ließ die stinkenden Kanäle ausräumen und schuf eigens ein Amt für öffentliche Arbeiten. Auch die zinnenbewehrten Stadtmauern wurden auf sein Geheiß instand gesetzt und die Tore verstärkt. Und Cosimo brachte den Handelsverkehr wieder in Schwung. Am *Lung'Arno*, der Uferbefestigung, die den bogenförmigen Flußlauf quer durch die Stadt säumte, wurden großzügige neue Kais errichtet, und bald darauf herrschte auf dem Fluß ein reger Frachtverkehr. In der Stadt selbst ließ Cosimo einen botanischen Garten anlegen, den ersten Europas. Und als großzügiger Förderer der freien Künste und der Musik verschaffte er zuletzt auch der Universität wieder ihren Rang als einer der bevorzugten Bildungsstätten der Toskana. Cosimo, so schien es seinen Untertanen, brachte fast alles fertig – einzig Türme konnte selbst er nicht wieder aufrichten.

Ungeachtet des Rufes übermäßiger Grausamkeit, der Cosimo in Florenz oder gar im unterworfenen Siena anhängen mochte – in Pisa galt er aufgrund seiner gewaltigen Leistungen für die Stadt und dank seiner fortgesetzten Präsenz als überaus populärer Herrscher. Er steigerte seine Beliebtheit in der Stadt sogar noch, als er den Orden des heiligen Stephan ins Leben rief. Dieser Bruderschaft pisanischer Ritter oblag die Aufgabe, die umliegenden Küstengewässer von heidnischen Piraten zu säubern und brave Christenmenschen, die in deren Gewalt gefallen waren, wieder zu befreien. Die wackeren christlichen Recken des Ordens hielten in Pisa ihre Übungen und Paraden auf der

Piazza dei Cavalieri ab, jedesmal ein Schauspiel zum Ergötzen der ganzen Stadtbevölkerung. Während seiner Aufenthalte in Pisa residierte der Herzog in seinem Palast gegenüber der uralten Festung am anderen Ufer des Arno. Von hier aus unternahm er des öfteren waghalsige Ausritte zu den Heilquellen von Pisa am Rande der Ebene in den Ausläufern der Berge, die von der Bevölkerung Bäder Neros genannt wurden. Dort nahm er für gewöhnlich ein Bad und ließ sich anschließend mit einer Salbe einreiben, die aus einer Lauge, Kalk und einem arsenhaltigen Pigment hergestellt wurde und deren Wirkung sich vornehmlich darin zeigte, daß einem binnen zehn Minuten die gesamte Körperbehaarung ausfiel. Daneben frönte der Herzog nebst seinen beiden Söhnen, von denen der eine mit gerade neunzehn Jahren bereits zum Kardinal und Erzbischof von Pisa ernannt worden war, der Jagdleidenschaft. Sooft es ihnen möglich war, galoppierten sie auf der Hatz nach Wildschweinen oder Kaninchen über das morastige Gelände und durch die sanfte Hügellandschaft der Maremmen im Süden Pisas.

Bei einem dieser Ausflüge hatten sich beide Söhne Cosimos mit Malaria infiziert und waren etliche Jahre später im Abstand von nur wenigen Tagen gestorben. Der Vorfall hatte beträchtliches Aufsehen erregt und das Gerücht hochkommen lassen, die Söhne seien in Wirklichkeit gar nicht am Fieber, sondern vielmehr in einem mörderischen Handgemenge zu Tode gekommen, dessen Anlaß ein hitziger Streit um einen ihrer Jagdhunde gewesen sei, der einen Hasen zur Strecke gebracht habe. In den Gassen der Stadt und im *Avviso*, dem Nachrichtenblättchen Pisas, hieß es, der jüngere Bruder habe den älteren während dieses Gerangels erschlagen und sei daraufhin seinerseits von einem Leibwächter des jugendlichen Kardinals niedergemacht worden. Cosimo selbst verfiel über den Tod seiner Söhne in eine tiefe Schwermut, die ihn für den Rest seines Lebens gefangenhielt und auch dann nicht von ihm wich, als er schließlich 1570 in Rom zum Dank für seinen Kampf gegen die Ungläubigen zum ersten Großherzog der Toskana gekürt wurde. Diesen Titel verlieh ihm der Papst der erneuerten römisch-katholischen Kirche, die aus den Beschlüssen des Konzils von Trient frische Kraft geschöpft hatte.

Geht man vom herzoglichen Palast Cosimos innerhalb der alten Stadtmauer die kurze Wegstrecke östlich den *Lung'Arno* entlang, dann über die *Piazza del Cavolfiore* und an der Synagoge vorbei, gelangt man in den Stadtteil *San Francesco.* Zu Galileos Zeiten war San Francesco ein eher biederes Viertel von Handwerkern und kleinen Ladenbesitzern, mit engen Gassen, die seit jeher immer wieder unkalkulierbaren Hochwassern ausgesetzt waren, wenn der Arno über die Ufer trat. Dieses Gewirr von Gäßchen und niedrigen Häuserzeilen gruppierte sich unweit der örtlichen Garnison um einen belebten Markt und konnte als einzige Zierde die bescheidene uralte Kapelle des heiligen Andreas aufweisen.

Hier hatte der Musiker Vincenzo Galilei in der *Via del Cuore* ein schmales, vierstöckiges Reihenhäuschen gemietet, das direkt an den Markt grenzte. Galilei war ein vollendeter Könner im Lautenspiel und ein ausgezeichneter Sänger. Er betätigte sich als Musiklehrer und komponierte auch selbst. Im Verlauf seiner Ausbildung hatte er in Venedig bei einem dortigen Meister die Kunst des Kontrapunkts studiert. In Pisa hatte er sich erst seit einem Jahr niedergelassen und im nahe gelegenen Haus der Adelsfamilie Bocca eine kleine, nicht übermäßig erfolgreiche Musikschule gegründet. Hier gab er Unterricht im Lauten- und Orgelspiel, arrangierte dazu eigene Stücke, bei denen er die Schüler mit seiner schönen Tenorstimme begleiten konnte, und komponierte seine Madrigale und Fugen.

Giulia Ammannati, Vincenzos Frau, war eine chronisch unzufriedene, schrille Person. Von Geburt war sie etwas höheren Standes, ein Unterschied, den sie ihrem Gatten gegenüber stets in Erinnerung hielt. Sie entstammte der Patrizierfamilie der Ammannati aus Pescia und Pistoia und konnte sich der Tatsache brüsten, die entfernte Verwandte eines einflußreichen römischen Kardinals zu sein. Da Musikunterricht in einem kulturell solch rückständigen Viertel wie San Francesco kaum ein einträgliches Gewerbe darstellte, bestritt Vincenzo den Lebensunterhalt für seine Familie hauptsächlich durch den Handel mit Stoffen. Aber auch so war niemals genug Geld im Hause, zu Beginn nicht und erst recht nicht, als Giulia ihre ersten Kinder zur Welt brachte. Selbst als Vincenzo endlich eine gewisse Anerkennung am toskanischen Hof erlangt hatte, fehlte es noch immer an allen Ecken und Enden. Giulia plagte fortwährend das Gefühl, ihre eigene noble Herkunft verleihe ihr ein Anrecht auf einen weit besseren Lebensstandard, als ihr dieser dauernd um öffentliche Beachtung kämpfende Musiker und Gelegenheitstuchhändler jemals würde bieten können. Von früh bis spät lag sie ihrem Gatten in den Ohren, er möge sich endlich mehr um die Handelsgeschäfte und weniger um seine Kompositionen kümmern; nie war sie zufrieden. Allein um sie zu besänftigen, hatte Vincenzo alle Hände voll damit zu tun, Geld aufzutreiben.

Am 15. Februar 1564, vier Tage bevor in Rom der große Michelangelo mit neunzig Jahren verstarb, brachte Giulia ihren ersten Sohn, Galileo, zur Welt. Ihm folgten weitere sechs Kinder, bis schließlich das ganze Haus Galileis von andauerndem Kindergeschrei und Familiengezänk widerhallte. Trotzdem schaffte es Galilei immer noch irgendwie, inmitten seiner chaotischen Familie, des unentwegten Gezeters seiner Frau, des Marktlärms und des Grölens betrunkener Soldaten draußen auf der Straße seiner eigentlichen musikalischen Profession nachzugehen. Dabei verlegte er sich von der Praxis zunehmend auf das Gebiet der Theorie, indem er daranging, die komplizierten, wenig eingänglichen musikalischen Formen der venezianischen Musiktradition, die er einst selbst gründlich studiert hatte, mit geradezu ideologischem Eifer zu verwerfen. Die Kompositionstechnik des vierfachen Kontrapunkts etwa hatte sich unter der Vorgabe der idealen akustischen Bedingungen der vier Kuppeln von San Marco in Venedig entwickelt, wo vier verschiedene Chöre gleichzeitig miteinander kommunizieren und in nahezu mystischer Harmonie verschmelzen konnten. Unter den akustischen Bedingungen anderer Kirchen und vor allem außerhalb kirchlicher Räume jedoch prallten diese unterschiedlichen Chorstimmen lediglich unverbunden aufeinander, und die Musik hinterließ allenfalls einen akademisch abgehobenen Eindruck, dem höchstens ein professioneller Musiker mit seiner Vorliebe für kompositorische Technik einen Reiz abgewinnen konnte. Ein breiteres Publikum wirklich zu erfassen und mitzureißen – dazu waren solche Kompositionen nicht fähig. Und überhaupt: Warum eigentlich diese Dominanz der Kirche in der Musik? Vincenzo Galilei stand das Idealbild einer Musik vor Augen, die sich wieder der künstlerischen Ausdruckskraft der griechischen Antike bedienen sollte.

Vier Jahre nach der Geburt seines ersten Sohnes veröffentlichte Vincenzo seine erste musiktheoretische Schrift. Darin brach er eine Lanze für die Laute, die ihm der Orgel gegenüber überlegen dünkte, könne die Laute doch die instinktiven Gemütsbewegungen der Menschen viel unmittelbarer widerspiegeln. Die Laute, versicherte er, bringe »die Gefühlsstimmungen von musikalischen Harmonien, wie Härte und Sanftmut, Derbheit und Liebreiz«, ganz direkt zum Ausdruck. Überhaupt sei dieses sein Lieblingsinstrument wunderbar geeignet, das Gezeter und Gejammer, das Seufzen und die Trauer der Menschen mit vollendeter Anmut wiederzugeben. Angesichts der ständigen Zwietracht im eigenen Hause wußte er wohl, wovon er redete.

1572 ließ Vincenzo seine rasch wachsende Familie vorerst in Pisa zurück und begab sich in seine ursprüngliche Heimat Florenz, das blühende Herz der Toskana. Dort schloß er sich dem Kreis des Grafen Giovanni di Bardi an. Dieser Adlige hatte Vincenzo Galilei schon früher zu seinen Studien der venezianischen Musiktradition ermuntert und war inzwischen Haupt eines renommierten Zirkels von Musikern und interessierten Laien, die sich der Entwicklung neuer musikalischer Ausdrucksformen verschrieben hatten. Vincenzo war von der Vorstellung besessen, die Musik mit den Mythen der griechischen Antike zu verbinden und auf diese Weise die ursprüngliche Einheit von dichterischem und musikalischem Ausdruck wiederzubeleben.

Er ging an das Studium der klassischen Texte. Hier begann er im Verlauf des Jahres 1572 eine Korrespondenz mit dem Florentiner Humanisten Girolamo Mei, der sich inzwischen in Rom niedergelassen hatte und damals in ganz Italien als Experte auf dem Gebiet der antiken Musikkultur galt. Die Ausdruckskraft der altgriechischen Musik, schrieb Mei an Galilei, beruhe darauf, daß diese der Gesangstimme nur eine einzige Melodie zuweise, deren Rhythmen auf dem Versmaß der griechischen Dichtung fußten, und daß die griechischen Tonarten einen ganz anderen Klang besäßen als etwa die Kirchentonarten. Außerdem habe in der Antike der Text Vorrang vor der Musik und diese dem Text gegenüber lediglich dienende Funktion. »In völliger Geringschätzung der Natur«, so Mei, »die dem Menschen eine Stimme verliehen hat, damit er die Gedanken anderer Menschen verstehen und sich selbst verständlich machen kann, gefallen sich die Musiker heutzutage darin, das Gezwitscher und Geblöke der Tierwelt nachzuahmen.« Seinem neuen Gefolgsmann legte der Gelehrte ans Herz, dem griechischen Ideal in der zeitgenössischen Musik endlich wieder Geltung zu verschaffen.

1574, der kleine Galileo war gerade zehn Jahre alt geworden, holte Galilei seine gesamte Familie nach Florenz. Sie bezog ein bescheidenes Domizil in einem Viertel um die heutige *Piazza de Mozzi*, flußaufwärts vom Stadtzentrum. Unter der Obhut seines Vaters entwickelte Galileo hier mit der Zeit ein beachtliches Geschick im Umgang mit der Laute und auf der Orgel. Doch Vincenzos Anleitung erstreckte sich zwangsläufig auch noch auf weitere Gebiete. Die außergewöhnliche Begabung Galileos war bereits offensichtlich. Dessenungeachtet erhielt er Unterricht bei einem Grammatiklehrer, der nicht nur keinen guten Ruf besaß, sondern sogar als »äußerst vulgär« galt. Verärgert darüber nahm Vincenzo die Ausbildung seines Sohnes schließlich ganz in die eigenen Hände, lehrte ihn Latein und Griechisch und machte ihn mit den Autoren der klassischen Antike bekannt. Neben all dem stand unvermindert der Kampf um ein erträgliches Familieneinkommen, was täglich neue Zerwürfnisse zwischen dem feinfühligen Musiker und seiner anspruchsvollen Gattin schuf. Für Vincenzo kam die Musik unbedingt an erster Stelle. Mittlerweile war er nicht nur über seine Rolle als bloßes Mitglied in einem Kreis von Künstlern hinausgewachsen, sondern auch selbst Teil einer revolutionären Bewegung.

Revolutionäre Gedanken und akademische Dispute allein brachten freilich kein einziges Stück Brot auf den Tisch, und Giulia Ammannati traktierte ihren Gatten fortwährend mit Vorwürfen, er kümmere sich viel zuwenig um das Wohl der Familie. Der kleine Galileo lernte so zwar Latein und das Lautenspiel, kannte auf der anderen Seite jedoch genauso die mannigfachen Entbehrungen des Alltagslebens. Er bewunderte die Kunst seines Vaters über die Maßen und spürte gleichwohl täglich die Geringschätzung, die seine Mutter ihr entgegenbrachte. Er hatte all die Pflichten eines ältesten Sohnes zu übernehmen und brachte es dabei auch zu bemerkenswertem Geschick. Tief in seinem Innern aber wuchs der feste Vorsatz, sich später einmal, wenn er erwachsen sein würde, unter keinen Umständen mit einem derartigen Leben abzufinden.

Vincenzo Galilei hingegen schien über sämtliche Widrigkeiten des Alltags erhaben. Immer radikaler hatte er inzwischen den Bruch mit der venezianischen Musiktradition vollzogen, aus der er selbst kam. Und obwohl auch er früher eine ganze Anzahl mehrstimmiger Madrigale komponiert hatte, betrachtete er die ganze Kunst des Kontrapunkts nur noch als eine einzige Zumutung. Er hielt sie für dekadent und steril, unfähig, die tieferen Gefühle der Menschen anzusprechen. Dieses Ideal war durch Verfeinerung der Technik allein auf keinen Fall zu erreichen.

Des Vaters Aufbegehren gegen die Autorität der Tradition verfehlte nicht ihre Wirkung auf den jungen Galileo. Im Hause Galilei herrschte ein durch und durch skeptischer Geist. Vincenzos Tonfall wurde mit der Zeit zunehmend schärfer und unbeherrschter, und diese polemische Ausdrucksweise machte sich auch bald schon der junge Galileo zu eigen. »Mir scheint«, schrieb Vincenzo damals, »daß diejenigen, die zum Beweis irgendeiner Behauptung einfach das Gewicht der Tradition ins Feld führen, ohne jemals nach Argumenten Ausschau zu halten, die eine solche Behauptung stützen könnten, sich absolut töricht verhalten. Ich für meinen Teil möchte meine Fragen ungehindert stellen und meine Antworten frei geben können, ohne jegliche Art von Speichelleckerei. Diese Haltung steht jedem gut an, der sich in seiner Suche nach der Wahrheit von Aufrichtigkeit leiten läßt.«

Frei zu sein von jeglicher Autorität – das wurde schließlich der Wunschtraum auch des Sohnes.

Galileis erstes Stück im Sinne seines griechischen Vorbilds kam im Hause seines Gönners Graf Bardi zur Aufführung. Als Textgrundlage diente ihm eine äußerst grausame Episode aus der Geschichte Pisas, die bereits dreihundert Jahre zurückliegende Einkerkerung des Grafen Ugolino, die auf dessen schweren Verrat hin erfolgt war. Durch die Intrige eines Kardinals war der Graf seinerzeit in den kriegerischen Auseinandersetzungen zwischen Guelfen und Ghibellinen mit seinen Söhnen und Neffen in Gefangenschaft geraten und in den Hungerturm geworfen worden, in dem sie qualvoll zugrunde gingen. Den Text des Librettos hatte Vincenzo Dantes »Inferno« entnommen, wo die Klage Graf Ugolinos etwa siebzig Verszeilen der *Göttlichen Komödie* umfaßt. In seiner musikalischen Adaption des Textes ließ Vincenzo die Klage von einer einzigen Tenorstimme vortragen, die von einem Violenensemble begleitet wurde. Die dramatisch gesteigerte Elegie mündete in eine Gebärde der Verachtung für seine ehemalige Heimatstadt.

O Pisa, Schandmal du des ganzen Volkes
Im schönen Lande, wo das ›Si‹ ertönet.
Da deine Nachbarn dich nicht strafen mögen,
Soll sich Capraja und Gorgona rühren,
Des Arno Wasser an der Mündung stauen,
So daß er in dir jedermann ersäufe.
Denn wenn Graf Ugolino angeschuldigt,
Daß er dir die Kastelle hat verraten,
So durftest du die Söhne nicht so quälen.

Vincenzos erster Versuch mit dieser Art Sprechgesang wurde nicht gerade begeistert aufgenommen. Trotzdem: Originalität lag in der Luft, und die Neuerer um Graf Bardi konnten sich in dem Gefühl sonnen, den humanistischen Geist ihrer Epoche zu befördern. Galilei fiel die Aufgabe zu, das neue musikalische Credo der Zeit nunmehr auch in theoretischer Form zu Papier zu bringen. Er tat dies, indem er einen fiktiven Dialog zwischen Graf Bardi und einem weiteren Angehörigen des Florentiner Stadtadels protokollierte. Das Gespräch drehte sich um die wahre Bestimmung der Musik, die Misere ihres seinerzeitigen Zustands und um die musikalische Erneuerungsbewegung. Ätzend, polemisch und ohne jede Rücksichtnahme formulierte Vincenzo seine Kritik am herrschenden Musikbetrieb. Was hier an synkopisch zusammengezogenen Tönen, die sich wie das Gegackse bei Schluckauf anhörten, dargeboten werde, höhnte er, stoße beim Publikum nur auf Spott und Gelächter. Ein Sänger klänge derzeit in den tiefen Stimmlagen wie einer, der grummelt, um kleine Kinder zu erschrecken, während er sich in den hohen Lagen wie jemand anhöre, der unablässig Schmerzensschreie ausstoße.

»In der Musik unserer Tage findet sich nicht ein einziges Beispiel, das an die Vollkommenheit der altgriechischen Musik heranreicht«, läßt Vincenzo einen seiner fiktiven Dialogpartner an einer Stelle behaupten. »Weder in ihrer gegenwärtigen Erscheinungsform noch in all ihrer Raffinesse vermag die Musik heute auf den Hörer auch nur annähernd einen solch nachhaltig moralischen Einfluß auszuüben, wie das die Musik der Antike tat.« An einer anderen Stelle schließlich greift er frontal jene musikalische Tradition an, in der er selbst einst groß geworden war. »Man betrachte nur die heute üblichen Vertreter der Kunst des Kontrapunkts. Sie wollen lediglich noch das Ohr entzücken, wenn überhaupt man hier noch wirklich von Entzücken reden kann. Am wenigsten sind sie daran interessiert, das gesprochene Wort musikalisch mit all der Leidenschaft zu Gehör zu bringen, die dieses Wort jeweils erheischt – es sei denn, sie tun dies auf eine vollkommen lächerliche Weise.«

Vincenzo Galilei war für keinen Kompromiß zu haben.

Bereits 1575 war sich Vincenzo des außergewöhnlichen Talents seines Sohnes sicher. Der hatte in seinen Übungen mit der Laute rasch so große Fortschritte gemacht, daß er seinem Vater »in der Gefälligkeit des Stils und in der Feinheit des Anschlages« absolut ebenbürtig erschien. Nach einem Jahr intensiven Privatunterrichts hatte Vincenzo für seinen Sohn getan, was in seiner Macht stand. Jetzt war es Zeit für eine richtige Ausbildung in den humanistischen Disziplinen. Wie es am toskanischen Hof bereits Sitte war, faßte Vincenzo dafür die legendenumwobene Abtei von Vallombrosa ins Auge, die in einer Entfernung von etwas mehr als dreißig Kilometern östlich von Florenz hoch über dem Zusammenfluß des Arno und des Sieve auf einem Berggipfel thronte. Die Mönche dort genossen wegen ihrer Strenge und Genügsamkeit einen ausgezeichneten Ruf.

Dem begabten und aufgeschlossenen elfjährigen Galileo, der zu Hause an ein turbulentes Familienleben gewöhnt war, erschien die Atmosphäre von Vallombrosa zunächst abweisend und bedrohlich. Die aus massivem Stein errichtete Abtei mit ihrem wehrhaften Glokkenturm und ihrem imposanten Gemäuer lag inmitten von Tannen und Buchen auf einer Schneise in über tausend Meter Höhe, wo Nebelschleier und Schneegestöber die Szenerie zuweilen in eine wilde und trostlose Abgeschiedenheit hüllten. Beim ersten Tageslicht kamen die asketischen, tonsurtragenden Mönche aus ihren stillen Zellen, hielten ihre eisernen Lektionen in Griechisch und Latein, prüften ihre Zöglinge in Logik, stellten ihnen philosophische Aufgaben und kümmerten sich um ihre religiöse Erziehung. Daraufhin zogen sie sich wieder in ihre Zellen zu ihren privaten Studien zurück.

Das Dauergeheule eisiger Winterstürme ließ die Legenden um Vallombrosa noch düsterer und abgründiger erscheinen: Fünfhundert Jahre zuvor war der Sohn eines Adligen aus Florenz in dieser Gegend Zeuge geworden, wie sein Bruder umgebracht wurde. Er hatte daraufhin Rache geschworen. Eines Tages stellte er den Mörder seines Bruders in einem Hohlweg, der auf beiden Seiten von mächtigen Felsen umschlossen war, und zog bereits sein Schwert. Da fiel der Missetäter auf die Knie, breitete wie Christus die Arme aus und flehte um Gnade. Der Rächer stutzte einen Augenblick, ließ dann aber seine Waffe sinken, half dem Mörder seines Bruders auf die Beine und vergab ihm. Später, während eines Gebets in *San Miniato al Monte*, erhob der junge Edelmann seine Augen zum Kruzifix, und da bemerkte er, daß die Christusfigur auf dem Altar wie zum Zeichen der Billigung für diesen Gnadenakt plötzlich mit dem Kopf nickte.

Auf diese Weise war ein Heiliger geboren. Der heilige Johannes Qualbertus gründete den Orden der Vallombrosianer auf diesem Berggipfel. Seine Mitbrüder gelobten Gehorsam, Armut, Gemeinschaft, Einigkeit und Nächstenliebe. Über die Jahrhunderte pflanzten die Ambrosianer die dichten Tannen- und Buchenwälder auf den steilen Hängen und weideten im Sommer ihre Schafe auf den mit Lupinen übersäten Bergwiesen. Ihre Losung hatten sie von ihrem Schutzheiligen übernommen: »Wer anderen nicht vergeben kann, untergräbt die Brücke, über die er selbst einst gehen muß. Jeder nämlich bedarf der Vergebung.« Nach der Gründung des Ordens, so wollte es die Legende weiter, streckte der Teufel eines Tages den heiligen Johannes auf einer Hügelkuppe ganz in der Nähe des Fensters, hinter dem nunmehr der junge Galileo hauste, zu Boden, packte den Abt mit seinen Klauen an dessen Kutte und schleuderte ihn von einem Felsen, der noch heute *Masso del Diavolo* heißt, tief in das Geröll eines in Kaskaden herabgischtenden Gebirgsbaches hinunter. Der Heilige jedoch überlebte wie durch ein Wunder den Sturz völlig unversehrt.

Für einen Jungen mit ausgeprägter Phantasie waren die Gespenster von Vallombrosa lebendig und gegenwärtig. Im Namen Vallombrosa, »Tal des Nebels«, mochte für ihn ein Empfinden des Unbehagens und des Grauens als auch ein Gefühl von Verständnis und Vergebung mitschwingen. Gut ein halbes Jahrhundert später hielt John Milton die finsteren Tannenwälder und die Nebellandschaft in diesem Tal der Schatten für jene Stätte, an der Satan einst seine Legionen versammelt hatte.

Mit der Zeit fühlte sich der junge Galileo wohl in seiner neuen klösterlichen Umgebung. Unter den Ordensbrüdern befanden sich Persönlichkeiten von Rang, Gelehrte, die den wachen Verstand des neuen Zöglings bald zu schätzen wußten, Lehrer, die seine Neugier für die Mathematik und für die Wissenschaften weckten, und kunstverständige Erzieher, die ihn behutsam an die Literatur und an die Malkunst heranführten. Sie alle schufen mit großer Sorgfalt die Grundlagen für eine wissenschaftliche Prosa, die es dereinst noch zu ungeahnter Meisterschaft bringen sollte. Mitunter gab es unter den Mönchen freilich ausgelassene Spaßvögel, bereit, sich auch jederzeit selbst aufs Korn zu nehmen. So findet sich im Anekdotenschatz von Vallombrosa auch die Geschichte eines pfiffigen Mönchspoeten, der seinen Mitbrüdern eines Tages die frisch gewaschenen Kutten von der Leine holte, diese seinen Eseln umhängte und die schreienden Tiere anschließend unter den Fenstern der Abtei vorbeitrotten ließ.

Galileo war gerade fünfzehn Jahre alt, als er im vierten Jahr seines

Klosterdaseins frommen Sinnes und ganz unter dem Einfluß der Mönche seinen Wunsch vorbrachte, selbst Mönch zu werden. Diese Wendung der Ereignisse hatte seinen Vater alarmiert, der die akute Augeninfektion seines Sohnes sofort als Gelegenheit vorschob, ihn geschickt dem Einfluß der Ordensbrüder wieder zu entziehen. Diese reagierten darauf ihrerseits mit großer Bestürzung. In den Annalen von Vallombrosa wurde der Austritt des jungen Galileo mit einem abfälligen Begriff dokumentiert: *sfratato* – »abgegangen«!

Die Erkenntnis, in Zukunft einem Leben hinter Klostermauern entsagen zu müssen, machte dem Jungen zunächst schwer zu schaffen.

In den folgenden Monaten fand sich Galileo allmählich mit dem Vorgehen seines Vaters ab und gab seine Ambitionen auf die Priesterwürde schließlich ganz auf. Im Jahr davor hatte seine Mutter ihr mittlerweile sechstes Kind zur Welt gebracht, und das Haus in der Nähe der *Piazza de Mozzi* platzte aus allen Nähten. Man faßte deshalb den Entschluß, Galileo zurück nach Pisa zu schicken, wo er bei einem Cousin Aufnahme finden konnte. Dieser Cousin war äußerst hilfsbereit und zum Glück auch bereits verschiedentlich mit Vincenzo Galilei im Tuchhandel engagiert gewesen. Die Absicht lag auf der Hand. Galileo sollte in Pisa sowohl seine Ausbildung fortsetzen als auch von seinem Cousin gleichzeitig zum Tuchhändler herangezogen werden. Letzteres war vielleicht nicht gerade die attraktivste Berufsaussicht, versprach aber immerhin solide Einkünfte und ein anständiges Leben. Letztlich war dies die beste Lösung, und schon wenige Jahre später bereitete sich der inzwischen herangewachsene Galileo auf seinen Eintritt in die Universität von Pisa vor.

Im Sommer 1581, kaum einen Monat vor Aufnahme seines Studentenlebens, amüsierte sich ganz Pisa über einen klerikalen Skandal. Die Geistlichkeit kam des öfteren ins Gerede und war häufig auch Zielscheibe des Gespötts der Leute. Der jüngste Vorfall hatte sich an einer besonders heiligen Stätte, in der Kirche des heiligen Petrus zu Grado, zugetragen. Dort hatte der Apostel Simon Petrus der christlichen Legende zufolge, als sein Schiff nach der langen Überfahrt von

Judäa erstmals an Land getrieben war, sein erstes Gotteshaus auf italienischem Boden erbaut. Danach erst hatte er sich nach Babylon, womit natürlich Rom gemeint war, begeben, um auch in der Ewigen Stadt das Wort Gottes zu verkünden. Da er in Grado aber bereits eine große Zahl von Menschen zum neuen Glauben bekehrt hatte, hatte er noch vor seinem Aufbruch verfügt, daß die Stelle seiner Ankunft mit einem bescheidenen Kirchlein aus Lehmziegeln geehrt werden sollte. Dieser anfangs unscheinbare Bau in Grado wurde in späteren Jahren erweitert und im romanischen Stil ausgeschmückt.

Dessen Hochaltar barg eine geweihte Reliquie: eine Platte aus Marmor, auf der Petrus' Nachfolger, der heilige Clemens, einst eine Messe zelebriert hatte. Während der Weihe der Kirche waren diesem drei Blutstropfen aus seiner Nase auf den Marmor gefallen, die allem Anschein nach auch anderthalbtausend Jahre nach diesem Vorfall noch so feucht und frisch glänzten, als wären sie nur wenige Minuten zuvor vergossen worden. Über die Jahrhunderte strömten Pilger an diesen heiligen Ort. Eines Tages kreuzten einige Genueser Einmaster vor der Küste auf in der gottlosen Absicht, die Reliquie zu rauben. Den Piraten gelang es allerdings nur, ein Stückchen aus dem Marmor zu brechen, das lediglich einen der drei Blutstropfen enthielt. Kaum hatten sie ihre Beute an Bord gebracht, versank ihr Schiff wie durch göttliche Fügung im Meer. Am kirchlichen Feiertag von Peter und Paul, Ende Juni, bewegte sich seit diesen Tagen jedes Jahr eine feierliche Prozession durch die Stadt bis zur Kirche, in der die Priester Sündenerlaß gewährten, und zog von dort aus dann weiter zur Küste.

Im Jahr 1581 nun war zwei Wochen nach Peter und Paul in Grado ein vornehmer Patrizier verstorben, der ursprünglich aus Pisa stammte. Er wurde von den dortigen Mönchen in der altehrwürdigen Kirche beigesetzt. Am Morgen danach – die Mönche hatten sich soeben zu frommer Andacht um die Grabstelle versammelt – trafen Geistliche aus Pisa in Grado ein und wollten die Totenmesse zelebrieren. Diesem Ansinnen jedoch widersetzten sich die Mönche, die auf Respektierung der Totenruhe pochten. Die Priester aus Pisa jedoch drängelten sich trotz aller Proteste der aufgebrachten Mönche vor bis zum Hochaltar der Kirche, wo das erregte Hin und Her über die Marmortafel des Altars hinweg schließlich darin eskalierte, daß einer der Priester einem Mönch eine Ohrfeige verabreichte. »Das war das Signal für Handgreiflichkeiten, die nun in bester Manier auf beiden Seiten einsetzten«, berichtet uns Montaigne, der zu der Zeit in Pisa weilte, über diesen Vorfall. »Statt Ohrfeigen setzte es alsbald richtige Faustschläge, und schließlich kam es zum regelrechten Kampf mit Stangen, Kerzenständern, Wachsstöcken und allem, was sie gerade in die Finger kriegen konnten.« Binnen kurzem waren die Blutstropfen des heiligen Clemens auf der Marmorplatte mit dem Blut weit weniger pietätvoller Kleriker vermengt. Dieses ganz unheilige Spektakel amüsierte Montaigne damals dermaßen, daß er sogleich an den Schauplatz des Geschehens eilte, um Augenzeugen des Tumults zu hören.

Im Spätsommer 1581 schrieb sich Galileo an der Universität von Pisa ein und belegte das Studienfach Medizin. Mit dieser Fächerwahl beugte er sich ein weiteres Mal dem Wunsch seines Vaters. Zwar hatte Vincenzo endlich eingesehen, daß ein Kaufmannsberuf dem eigentlichen Talent seines Sohnes in keiner Weise gerecht wurde, doch beharrte er noch fest auf seinem Entschluß, Galileo zumindest in die Richtung einer praktischen und einträglichen Berufslaufbahn zu lenken. Ein brotloser Künstler, nämlich er selbst, war schon genug für die Familie.

Das Studienfach Medizin war seinerzeit merkwürdigerweise noch unter dem Dach der Fakultät der freien Künste angesiedelt. Dies hatte freilich eine gewisse Berechtigung, wenn man berücksichtigt, daß sich mit dem Arztberuf in jenen Tagen noch ein gerüttelt Maß an Aberglauben und Quacksalberei verband. Im ersten Studienjahr Galileos lag der Schwerpunkt ganz auf dem Gebiet der Theorie. Neben der Vertiefung seiner Kenntnisse in Griechisch, Latein und Hebräisch bekam er zunächst eine umfangreiche Dosis aus der Naturphilosophie des Aristoteles, der Physiologie Galens und der Heilkunde des Avicenna verabreicht. Die Mathematik galt damals noch als eher nebensächliche, lediglich abstrakte intellektuelle Spielerei, und die Naturwissenschaften, wie beispielsweise Botanik, standen erst an, wenn die Studenten in das Gebiet der praktischen Medizin, in die Anatomie und in die Grundlagen der Chirurgie einstiegen.

Alsbald stellte sich heraus, welche Studienfächer Galileo lagen und welche nicht. Die ermüdende Pflichtlektüre und die Hauptbeschäftigung mit den klassischen Autoren langweilten ihn. Manche ihrer Theoreme hielt er nicht nur für längst überholt, sondern mitunter auch direkt in die Irre führend. Fiel beispielsweise einmal Hagel in Pisa, sollten die Studenten Aristoteles zufolge glauben, daß größere Hagelkörner mit einer höheren Geschwindigkeit zur Erde fielen als kleinere. Im System des Aristoteles nämlich galt, daß größere und schwerere Gegenstände beim Fall aus großen Höhen eine stärkere Beschleunigung erführen als kleinere und leichtere. Kleinere Hagelkörner mußten sich laut dieser Theorie auch in entsprechend geringerer Höhe gebildet haben. Galileo fand solches Gewäsch lächerlich und konfrontierte seine Professoren immer wieder mit dessen absurden Konsequenzen.

Mathematik hingegen faszinierte ihn. Zunehmend häufiger schwänzte er in der Folgezeit seine Pflichtvorlesungen in Medizin, um sich ganz auf dieses damals eher nebensächliche Wissensgebiet konzentrieren zu können. Als das toskanische Fürstenhaus in der Zeit zwischen Weihnachten und Ostern mit dem gesamten Hofstaat von Florenz nach Pisa übersiedelte und die Stadt mit seinem Glanz überzog, kam ihm zu Ohren, daß Ostilio Ricci, der bestallte Mathematiker des Großherzogs, für dessen Gefolgschaft Vorlesungen hielt. Irgendwie schaffte er es, sich dort einzuschmuggeln und Ricci zu hören. Als Außenstehendem gab es für ihn keine andere Möglichkeit, und so praktizierte er dieses heimliche Vorgehen bei jeder Gelegenheit, die sich ihm bot. Galileos Wissensdurst, seine Unverblümtheit und seine spürbare Begeisterung für Mathematik erweckten schließlich Riccis Aufmerksamkeit.

Ricci selbst war ein fortschrittlicher Denker mit einem Spektrum wissenschaftlicher Interessen, das sich von den praktischen Problemen des Wasserbaus und des militärischen Befestigungswesens bis hin zu den Fragen der Kosmologie spannte. Er erachtete die Beschäftigung mit Mathematik als alles andere als nebensächlich – im Gegenteil: Sie eröffnete für ihn eine ganz neue Sichtweise auf die Gegebenheiten der Welt und des Kosmos. Die Anwendung mathematischer Prinzipien bei der Erklärung der Sternen- und Planetenbahnen war seiner Auffassung nach durchaus geeignet, das überholte Instrumentarium der aristotelischen Logik in kosmologischen Fragen zu ersetzen, und er verwies in diesem Zusammenhang auf neueste Forschungen, die vornehmlich in Padua und in Bologna betrieben wurden. Galileo hörte gespannt zu.

An der Universität hingegen fiel er weniger durch Wißbegierde auf als durch sein offenkundiges Desinteresse für das Studium der Medizin. Seine Professoren dort schätzten seine unverblümte Art keineswegs; sie verdammten sie im Gegenteil als Respektlosigkeit. So bedachten sie den Medizinstudenten denn auch mit dem wenig schmeichelhaften Beinamen »der Zänker«, wie wenn seine Bereitschaft zum Widerspruch und zur Auseinandersetzung mit allem und jedem bloß aus Mutwillen oder gar der Absicht entsprungen wäre, die ehrwürdigen Gelehrten der Lächerlichkeit preiszugeben. Zu seiner Rechtfertigung mußte sich Galileo immerhin auf die Weisheit des Horaz berufen:

Vielleicht scheint ihnen schimpflich, auf Jüngere zu hören
und das, was sie noch bartlos in der Jugend einst gelernt,
als Greise der Vernichtung preiszugeben.

Daß Galileo seine Pflichtvorlesungen schwänzte, wurde mit der Zeit zu einem ernsthaften Problem. Die Familie erhielt Nachricht, daß ihr Sprößling drauf und dran sei, ganz von der Universität verwiesen zu werden, woraufhin sein Vater schon all seine Hoffnungen, die er in den Sohn gesetzt hatte, wieder schwinden sah. Dieser suchte daher, als er im Sommer 1583 in Florenz weilte, Ostilio Ricci auf und bat den Hofmathematiker, seinen Vater zu empfangen und ihn für ein Mathematikstudium Galileos zu gewinnen. Ricci übernahm diese Aufgabe bereitwillig. Er riet dann, daß Galileo die Medizin vollends an den Nagel hängen und sich fortan ausschließlich der Mathematik widmen sollte. Zugleich bot Ricci an, die mathematische Ausbildung Galileos persönlich zu übernehmen.

Vincenzo Galilei befand sich in einem Zwiespalt. Seinen Wunsch, der Sohn möge Mediziner werden, wollte er nicht so ohne weiteres aufgeben, bot doch der Arztberuf immerhin einiges an Sicherheiten und Annehmlichkeiten. Das Dasein eines Mathematikers hingegen war in Vincenzos Augen ein noch immer gänzlich akademischer Broterwerb und insofern dem des Musikers vielleicht etwas zu ähnlich, mit geringen Beschäftigungsmöglichkeiten, niedriger Bezahlung und äußerst vagen Perspektiven. Andererseits schätzte Vincenzo natürlich den Rat seines großen Kollegen am toskanischen Hof und war sich darüber im klaren, daß Riccis Interesse an seinem Sohn eigentlich nur von Vorteil sein konnte. Ein Jahr lang bewegte sich Galileo solchermaßen gleichsam in einem Niemandsland. Offiziell wurde er in Pisa noch immer als Student der Medizin geführt, privat und insgeheim jedoch genoß er seine Ausbildung bei Ricci. Diese Lösung konnte nicht von Dauer sein.

Ostilio Ricci war ein ausgezeichneter Pädagoge und führte seinen Schützling Schritt für Schritt von Euklid zu Archimedes und weiter bis zu Leon Battista Alberti, von der reinen Geometrie zu den Theorien der Perspektive und zu den Techniken theoretischer Meßverfahren. An Riccis eigener Karriere konnte Galileo gut mitverfolgen, welche Vorteile die angewandte Mathematik damals vor allem im Bereich der Militärtechnik einbrachte, galt Ricci hier doch als der gefragte Experte bei allen Angelegenheiten des Festungsbaus, einer Erwerbsquelle, deren sich auch Galileo schon bald bedienen sollte. Er hatte seine Ausbildung bei Ricci kaum beendet, als dieser beispielsweise mit dem Bau der Befestigungsanlagen auf der Insel If vor der Küste von Marseille beauftragt wurde. (Die Festungsmauern der Insel If spielen bekanntlich in sehr viel späterer Zeit eine bedeutsame Rolle in Alexandre Dumas' Roman *Der Graf von Monte Christo*.) An seinem eigenen Lehrmeister hatte Galileo also den lebenden Beweis dafür, daß die Herrscherhäuser die Dienste von Mathematikern mittlerweile überall großzügig entlohnten. Und er, der für diesen Aspekt durchaus nicht unempfänglich war, nahm das sehr wohl zur Kenntnis.

Der Privatunterricht, den Galileo beim Hofmathematiker des Großherzogs genoß, förderte ohne Zweifel die Entfaltung seines eigenen wissenschaftlichen Genies, in gleichem Maße aber auch seine

Arroganz. In Pisa, rund um die *Piazza dei Cavalieri*, auf der sich die Studenten zu Unterhaltung und Zeitvertreib zusammenfanden und Soldaten im Kampf gegen die Ungläubigen ausgebildet wurden, konnte ihn bald kaum noch jemand ausstehen. Seine Professoren brachte er mit seiner Überheblichkeit in Rage, und die Mitstudenten behandelte er ziemlich von oben herab. Doch selbst im Hochgefühl der eigenen Überlegenheit bewahrte sich Galileo immer seine demütige Frömmigkeit. Er liebte die Gotteshäuser Pisas, von der bescheidenen Kapelle des heiligen Andreas in der Nähe seines Geburtshauses bis hin zur prachtvollen Kathedrale auf dem *Campo dei Miracoli* – vor allem letztere. Diese mächtige Kirche wurde über dem Fundament eines ehemaligen Palastes des Kaisers Hadrian errichtet, wobei auch Trümmer des antiken Roms Verwendung fanden. Sie war reichlich mit Kunstschätzen aus dem alten Ägypten und Griechenland ausgestattet und barg in ihrem Innern noch Erde aus Jerusalem, die einst von pisanischen Kreuzfahrern aus dem Heiligen Land hierhergebracht worden war. Und sie war immer schon Mittelpunkt einer Vielzahl spannender historischer Legenden.

Zu diesen wie zu den zahlreichen Legenden um seine eigene Person sollte Galileo im Jahr 1583 schließlich einen ersten Beitrag liefern. Angeblich besuchte der junge Student gerade eine Sonntagsvesper in der Kathedrale, als seine Gedanken inmitten des eintönigen Gemurmels des Vespergebetes unversehens abschweiften und sein Blick zufällig auf eine reichverzierte Öllampe fiel, die in der Mitte des Kirchenschiffs an einem langen Drahtseil von der Kassettendecke hing. Die einzelnen Flämmchen dieser Lampe flackerten aufgrund des Luftzugs im riesigen Kirchenraum, und die Lampe selbst befand sich in einer unaufhörlichen Pendelbewegung – vor und zurück –, und dies mit einer Regelmäßigkeit, die irgendwie an das Gleichmaß, ja, des Pulsschlages erinnerte. *Ecco!* Diesen inspirierten Gedanken einer Beziehung zwischen der Regelmäßigkeit einer Pendelbewegung und der Gleichmäßigkeit des Pulses im Kopf, eilte Galileo auf der Stelle zurück in das Haus seines Cousins in der Kaufmannsgasse. Dort begann er sofort mit verschiedenen Fadenlängen und diversen Gewichten zu experimentieren, so lange, bis er endlich eine schlichte mechanische Vorrichtung konstruiert hatte, mit der sich die Pulsfrequenz eines Patienten und Veränderungen derselben relativ leicht dadurch bestimmen ließen, indem man die Fadenlänge eines Pendels entsprechend variierte. Der Gedanke war einfach, elegant und genial. Und er ließ sich verallgemeinern: Das Pendel war ein höchst brauchbares Mittel zur Messung kurzer Zeitintervalle.

Mit dieser Erfindung sicherte sich Galileo zumindest vorübergehend wieder ein gewisses Wohlwollen von seiten der Universität. Seine Professoren gratulierten ihm und vereinnahmten seine Idee prompt für ihre eigenen Zwecke. Mit geringem Arbeitsaufwand fertigten sie ein medizinisches Instrument, das auf Galileos Grundgedanken des Pendels fußte und *Pulsilogia* genannt wurde. Dieses Gerät blieb noch viele Jahre in Gebrauch, wobei das überragende Verdienst für diese Erfindung der ehrwürdigen medizinischen Fakultät von Pisa zugeschrieben wurde.

Es war dies die erste der mannigfachen Legendenbildungen um Galileo. Wie immer es um ihren Wahrheitsgehalt im einzelnen bestellt sein mag, sie verweist in jedem Fall auf ein zentrales Leitmotiv im Leben Galileos: Eine konkrete Inspiration, geboren in einer religiös bestimmten Situation, führte zur Annahme einer abstrakten Gesetzmäßigkeit, deren Gültigkeit experimentell überprüft und schließlich in einer technischen Erfindung zum bleibenden Gewinn für die Menschheit nutzbar gemacht werden konnte.

2

Der Arm Luzifers

Vincenzo Galilei hegte eine allerletzte Hoffnung, seinen ältesten Sohn eines Tages vielleicht doch noch im Arztgewand erleben zu können. Der Großherzog von Toskana hatte soeben vierzig Stipendien für bedürftige Studenten ausgesetzt, wobei die Ausschreibungsbedingungen wie auf Galileo zugeschnitten schienen. Kaum einer seiner studentischen Mitbewerber verfügte über jene Voraussetzungen, wie Galileo sie zu bieten hatte. Immerhin hatte er bereits mit einundzwanzig Jahren ein wichtiges medizinisches Gerät erfunden. Außerdem konnte er mit einem Vater aufwarten, der seinerseits als geachtete Persönlichkeit am Hof der Großherzogin, der braunhaarigen Venezianerin Bianca Capello, galt.

Galileo selbst bewarb sich allerdings nur äußerst ungern um dieses Stipendium. Er war inzwischen von der Mathematik dermaßen fasziniert, daß er jegliches Interesse an der Medizin verloren hatte. Doch eine Weile noch fügte er sich in die ehrgeizigen Pläne seines Vaters. Im Fall dieser Bewerbung sprach seine öffentliche Bekanntheit ganz deutlich zu seinen Gunsten. Doch in seiner ungenierten Prahlerei damit lag auch der wunde Punkt Galileos. In der Fakultät befanden sich seine Gegner längst in der Überzahl. Als seine Bewerbung schließlich beim Ausschuß der Medizinprofessoren landete, erhoben diese unter Hinweis auf seine Arroganz und auf die ständigen Schwierigkeiten mit ihm sofort Einspruch, und das Ersuchen wurde abgewiesen. Für Vincenzo war dieser Ausgang ein schwerer Schlag. Er konnte das Geld für das Studium seines Sohnes nicht mehr aufbringen und sah daher all seine Träume von finanziell gesicherten Verhältnissen für die Familie endgültig zerstoben. Galileo selbst fand sich schmählich gezwungen, die Universität vorzeitig zu verlassen, ohne einen akademischen

Grad erlangt zu haben. Er kehrte nach Florenz und in den ohnehin schon überlasteten Haushalt seiner Familie zurück.

In den folgenden vier Jahren, von 1585 bis 1589, tat der verhinderte Mediziner, was er konnte, um die angespannte Situation seiner Familie durch einen eigenen Beitrag etwas zu entlasten. Er nahm eine Tätigkeit auf, die ihn für die nächsten fünfundzwanzig Jahre seines Lebens nicht mehr loslassen sollte: Er gab Privatunterricht in Mathematik. Unter den dürftigen Lebensumständen eines fahrenden Scholaren hielt er sich mit dieser Beschäftigung, der er teils in Siena, teils in Florenz nachging, einigermaßen über Wasser und kratzte dabei jeden einzelnen *Julio* zusammen, den er nur in die Finger bekommen konnte. 1588 kehrte er zeitweilig sogar in die Abtei von Vallombrosa zurück und brachte den Novizen dort geometrische Perspektive bei. Wo immer er auf Interesse stieß, hielt er zudem Vorträge vor öffentlichem Publikum. Einladungen hierzu ergingen allerdings spärlich.

Indessen beschäftigte er sich in dieser Zeit auch intensiv mit einer der wissenschaftlichen Koryphäen der Antike, die bei den zeitgenössischen Mathematikern gerade wieder hoch im Kurs stand. Und Galileo mit seiner ungebremsten Vorliebe für Selbstinszenierungen war in diesem Fall an den legendären Umständen vielleicht noch mehr interessiert als an der eigentlichen wissenschaftlichen Leistung. Ließ sich doch der eigene Ruhm mit der Entzauberung einer verbreiteten wissenschaftlichen Legende mehr befördern als lediglich durch einen weiteren unbedeutenden Zusatz zu einem obskuren mathematischen Theorem. Archimedes hieß das Ziel, das ihn diesmal nicht mehr losließ, und speziell jenes berühmte Experiment, das der Grieche einst durchgeführt haben soll, um den Goldgehalt in der Krone des Königs Hiero feststellen zu können. (Es war dies jenes Experiment, das Archimedes angeblich dazu brachte, in absoluter Selbstvergessenheit und splitternackt mit dem Ruf »Eureka!« auf den Lippen in den nächtlichen Gassen von Syrakus herumzutanzen.) Die Frage nach dem Goldgehalt der Krone war aufgetaucht, als König Hiero seinen Goldschmied des Diebstahls verdächtigte und argwöhnte, dieser habe das Gold für seine neue Krone mit einem weniger wertvollen Metall versetzt. Wie sollte man den Betrug nun nachweisen, ohne dabei die

Krone selbst wieder einschmelzen zu müssen? Archimedes soll die Lösung dieses Problems gefunden haben, kurz nachdem er in den Badezuber gestiegen war. Gold mußte außer seinem spezifischen Gewicht auch ein ganz bestimmtes Volumen besitzen. Tauchte man also zwei unterschiedliche Kronen in einen Behälter mit Flüssigkeit, so mußte die Krone, die mit anderen Metallen versetzt war, auch eine entsprechend unterschiedliche Menge Flüssigkeit verdrängen als eine Krone aus purem Gold. Diese Überlegungen bildeten die Grundlage für das bekannte »Gesetz des Archimedes«. Es lautet: Die Auftriebskraft eines Körpers in einer Flüssigkeit ist gleich dem Gewicht der verdrängten Flüssigkeit.

Der junge Galileo bewunderte den »göttlichen« Archimedes über die Maßen. »Wer«, schrieb er kurz darauf, »die Schriften des Archimedes liest, erkennt nur allzu deutlich, wie sehr alle anderen Geister unter dem des Archimedes stehen und wie wenig Hoffnung er hegen darf, jemals Dinge zu finden, die den seinen gleichkommen.« Gleichwohl: Was die Genauigkeit der Meßergebnisse und die Exaktheit einer Versuchsanordnung anlangte, war Galileo der festen Überzeugung, das Verfahren seines Rivalen aus der Antike noch in entscheidenden Punkten verbessern zu können.

Er konstruierte zu diesem Zweck eine kleine, höchst präzise Waagevorrichtung, die aus einem zierlichen Balken bestand, der in der Mitte an einem feinen Draht aufgehängt war. Am Ende des einen Balkenarmes befand sich ein Flüssigkeitsbehälter, in den man unterschiedliche Metalle und Metallgemische tauchen konnte, während am Ende des anderen Armes ein Gegengewicht angebracht war. Hier waren zudem die Endpunkte markiert, zu denen sich die Gegengewichte der reinen Metalle verschieben ließen. Um diese Endpunkte war eine äußerst feine Drahtsaite geschlungen, und die Zwischenräume zwischen ihnen waren mit Windungen aus dünnstem Messingdraht ausgefüllt, die als Meßmarkierungen dienten. Der dafür verwendete Draht war so haarfein, daß die Windungen sich mit bloßem Auge nicht mehr zählen ließen. »Um sie darum mit Leichtigkeit zu zählen«, schrieb Galileo dazu, »nehme man ein sehr spitzes Stilett, mit dem man behutsam über die Drähte gleitet. Denn so wird man besagte Drähte teils durch das Gehör, teils dadurch, daß die Hand bei jedem Draht das Hindernis spürt, mit Leichtigkeit zählen können.«

Er nannte seine Meßvorrichtung *La Bianchetta*, »kleine Waage«. Sie wurde eines Tages in Glas ausgeführt, womit ein wissenschaftliches Meßgerät entstanden war, das zugleich ein Kunstobjekt darstellte. Seine kleine Waage war auch der Anlaß für eine erste Kostprobe seiner wissenschaftlichen Prosa, einer kurzen Abhandlung, in der er seine Vorrichtung vorstellte und ihre Brauchbarkeit für eine exakte Bestimmung der Schwere von Metallen und Flüssigkeiten anpries. Die Genauigkeit seiner Methode, behauptete er darin, sei im Gegensatz zu der des Archimedes nicht zu überbieten.

Neben seiner Tätigkeit als Privatlehrer und seinen kühnen Versuchen, Archimedes zu übertrumpfen, war in dieser Zeit Galileos ganzer Ehrgeiz darauf gerichtet, sich an einer der bedeutenderen Universitäten des Landes einen Lehrstuhl für Mathematik zu sichern. Allerdings war er dafür noch reichlich jung, seine Referenzen waren ausgesprochen dürftig und Fürsprecher so gut wie nicht vorhanden. Trotzdem machte er sich 1587 große Hoffnungen auf einen Mathematiklehrstuhl an der Universität von Bologna, dessen Inhaber, der Jesuitenpater Ignazio Danti, inzwischen verstorben war, und er setzte bei seiner Bewerbung für diesen Posten alle Hebel in Bewegung.

Seine diesbezüglichen Bemühungen führten ihn zum ersten Mal nach Rom, wo er die Unterstützung bedeutender Mathematiker und Kirchenleute zu finden hoffte, einschließlich des damals berühmtesten Mathematikers am Collegio Romano, des Jesuitenpaters Christoph Clavius. Dieser galt bereits zu seinen Lebzeiten als »Euklid des sechzehnten Jahrhunderts«. Seine mathematischen Werke gehörten zum Standardlernstoff für junge Mathematiker auf dem ganzen Kontinent. Ihm wurde außerdem das entscheidende Verdienst an der Kalenderreform und an der Einführung des Gregorianischen Kalenders zugeschrieben, die damals gerade fünf Jahre zurücklag.

Clavius führte in dieser Zeit den Vorsitz über eine päpstliche Reformkommission, die in einer Kammer direkt unter dem Dach des »Turmes der Winde« im Vatikan tagte. Die Einrichtung dieser Kammer hatte noch der alte Ignazio Danti veranlaßt, um dessen verwaisten Lehrstuhl sich Galileo eben jetzt bemühte. Pater Danti war päpstlicher Kosmograph gewesen. Im »Turm der Winde« hatte er in seinem Studierzimmer hoch über der vatikanischen Bibliothek auf einer Nord-Süd-Achse einen Meridian aus Ziegeln in den Steinboden einlegen und dann eine entsprechende Öffnung im Dach anbringen lassen: so, daß die Sonnenstrahlen beim Wechsel der Jahreszeiten jeweils genau auf den Meridian treffen konnten. Noch auf dem Konzil von Trient fünfundzwanzig Jahre zuvor – der spätere Papst Gregor XIII. hatte daran als juristischer Berater und päpstlicher Legat teilgenommen – war per Kirchendekret die Tagundnachtgleiche des Frühjahrs auf den 21. März festgesetzt worden. In Dantis Kammer im »Turm der Winde« trafen die Sonnenstrahlen den Meridian nach dem noch gültigen Julianischen Kalender jedoch nicht erst am 21., sondern bereits am 11. März. Aufgrund dieser gravierenden Diskrepanz ließ sich Gregor XIII. schließlich von der Notwendigkeit eines neugestalteten Kalendariums überzeugen. Der Gregorianische Kalender, der zehn Tage im Jahr weniger zählt als der Julianische, wurde im Januar 1582 eingeführt.

Mit dieser historisch epochalen Reform bewies der Vatikan erstmals sein Interesse auch an den wissenschaftlichen Fragen der Kosmologie, denn mit ihr hatten sich Religion und Wissenschaft gleichsam zu einer gemeinsamen Errungenschaft zusammengefunden, welche für die Geschicke der Menschheit während der nächsten vier Jahrhunderte maßgebend bleiben sollte. Für Galileo bedeutete es daher eine außergewöhnliche Ehre, vom berühmtesten Mathematiker des Jahrhunderts empfangen zu werden. Als es schließlich in jener Kammer im »Turm der Winde« zur Begegnung zwischen dem noch jugendlichen Wissenschaftler und der eindrucksvollen Gestalt des bejahrten Jesuitenpaters kam, fand er diesen Raum rundum mit Fresken ausgemalt, welche die Winde der Zeitläufte und des günstigen Geschicks symbolisierten und diese Stätte wissenschaftlicher Forschung zugleich in eine farbenprächtige Manifestation des katholischen Glaubens verwandelten. Die Öffnung im Dach war als der Mund eines Engels gestaltet, der den Nordwind zu einer steifen Brise aufblies, während darunter Christus und seine Jünger in einer Art arabischer

Dhau dahinsegelten. Wissenschaft und Glaube vereinigten sich hier in einem beachtlichen Werk vatikanischer Kunst.

Galileos vorgeschobener Grund für seinen Besuch bei Clavius war sein besonderes Interesse bezüglich der Bestimmung des Schwerpunktes fester Körper – ein Gebiet, auf dem sein Vorbild Archimedes nach wie vor als unbestrittener Herrscher galt, zu dem er selbst allerdings eben erst ganz neue Theoreme entwickelt hatte. Als er sich mit einem Empfehlungsschreiben Ostilio Riccis in der Tasche nach Rom aufmachte, ging es ihm vordergründig zunächst darum, Clavius für eine Überprüfung und, wie er hoffte, Absegnung seiner neuen Postulate zum Problem der Schwerkraft zu gewinnen. In Wirklichkeit hegte er natürlich die Hoffnung, Clavius möge das große wissenschaftliche Talent in ihm erkennen und ihn für den Posten in Bologna empfehlen.

Als er dem großen Jesuiten endlich gegenüberstand, sah er sich mit einer staunenswerten Persönlichkeit konfrontiert. Er war in einen vollgestopften Raum geleitet worden. Bücher türmten sich stapelweise, Astrolabien, Kompasse und Quadranten lagen überall verstreut – und mittendrin ein gedrungener, stämmiger Bayer mit einem kurzgestutzten, schneeweißen Spitzbart und einem vierzackigen Barett auf dem geröteten, rundlichen Kopf. Clavius mit seinem harten Akzent begrüßte seinen Gast freundlich. Zu Galileos Überraschung kannte er offensichtlich keine der Allüren, die so bedeutende Männer ansonsten aufzuweisen pflegten. Und wichtiger noch, er behandelte seinen Besucher als absolut ebenbürtig, nahm dessen Theoreme zur Schwerkraft vollkommen ernst und lud ihn ein, sich doch einige Vorlesungen an der berühmten Hochschule der Jesuiten, dem Collegium Romanum, anzuhören. (In einer dieser Vorlesungen hatte ein Astronom der Jesuiten mit dem Hinweis auf die in der Bibel angeführten Zeitspannen gerade die These aufgestellt, das Universum habe genau vor 5748 Jahren seinen Anfang genommen.) Galileos Theoreme zur Gravitation stießen bei Clavius auf ungeteiltes Interesse; ihre Herleitung allerdings hielt er noch längst nicht für zwingend. Zu diesem Zeitpunkt zumindest sah der Euklid seiner Zeit in Galileo offensichtlich noch nicht den neuen Archimedes der Epoche vor sich heranwachsen. Doch in den Folgemonaten kam es zwischen den beiden Männern immerhin zu einer regelrechten Korrespondenz über mathematische Fragen.

»Sollten meine Beweise Euch zufriedengestellt haben«, schrieb Galileo bald nach ihrem ersten Zusammentreffen noch etwas unsicher an Clavius, »so will auch ich zufrieden sein. Solltet Ihr aber noch nicht überzeugt sein, will auch ich es nicht sein und nach weiteren Beweisen Ausschau halten.«

Soweit bekannt, verfaßte Pater Clavius kein eigenes Empfehlungsschreiben für Galileo an die Universität von Bologna. Er machte seinen Besucher jedoch mit einem mächtigen Kirchenmann bekannt, mit Kardinal Enrico Caetani, der damals das Amt des Kämmerers des Heiligen Stuhls bekleidete. Kardinal Caetani schrieb tatsächlich eine förmliche Empfehlung für Galileo nach Bologna, doch diese eher lauwarme Fürsprache aus dem Vatikan blieb ohne Einfluß auf die dortige Berufungskommission.

Zu Galileos großer Enttäuschung ging der Lehrstuhl an Antonio Magini. Der aus Padua stammende Magini war zehn Jahre älter und hatte bereits mehrere mathematische Werke veröffentlicht. Als Astronom, Geograph und auch als Mathematiker war er damals insgesamt durchaus besser qualifiziert als Galileo. Dieser zog aus dem Fiasko seines ersten Wettbewerbs um einen akademischen Lehrstuhl eine wichtige Lehre. Als er fünf Jahre später eine zweite Chance bekam, mit Magini um einen Posten zu konkurrieren, war er besser vorbereitet.

Während Galileo sich hauptsächlich um seine akademische Zukunft sorgte, bahnten sich in seiner unmittelbaren Umgebung in Florenz dramatische Entwicklungen an. Wollte er wirklich vorwärtskommen, so mußte er unbedingt die Aufmerksamkeit des toskanischen Hofes auf sich lenken, an dem sein Vater eine inzwischen zwar anerkannte, aber im ganzen wenig einflußreiche Persönlichkeit darstellte. Das geistige Klima am Hof jedoch stimmte Galileo durchaus optimistisch. Großherzog Francesco I. de' Medici hielt sich selbst nicht nur für einen kompetenten Wissenschaftler, sondern – in der glanzvollen Tradition der Medici – auch für einen großen Förderer der Künste. In einem eigens für ihn eingerichteten Labor hatte er sich schon seit

Jahren mit allerlei alchimistischen Experimenten herumgeschlagen, die in ihrer Mehrzahl zwar sicher eher lächerlich, zuweilen aber auch geradezu genial waren. Francesco dilettierte in alchimistischer Quacksalberei und war zugleich der erste, dem es gelang, Bergkristall einzuschmelzen; und neben seinen skurrilen Kompositionen von Mixturen sämtlicher möglichen Heil- und Linderungsmittelchen galt er gleichwohl als kunstfertiger Töpfer, der reizvolle Porzellanvasen im prächtigen orientalischen Stil formen konnte. 1582 hatte Francesco I. eine literarische Gesellschaft gegründet, die *Accademia della Crusca – crusca* bedeutet von der Spreu getrennter Weizen – und diese mit der Pflege und Erforschung der toskanischen Hochsprache betraut. Die *Accademia della Crusca*, der Galileo später beitrat, sollte vom Niveau her einmal mit der Akademie von Florenz gleichziehen, deren sich die Herzöge der Toskana schon über Jahrzehnte bedient hatten, um ihren Einfluß auf das Florentiner Geistesleben sicherzustellen.

Francesco I. lebte 1587, dem Jahr also, in dem Galileo eben mit seiner Bewerbung um den Mathematiklehrstuhl in Bologna ein Fiasko erlebt hatte, bereits seit neun Jahren in zweiter Ehe mit der ausgesprochen schwärmerisch veranlagten und in der Bevölkerung nicht unumstrittenen Bianca Capello. Bianca, eine ausnehmende Schönheit, stammte ursprünglich aus Venedig und war schon vor ihrer Heirat jahrelang die Mätresse Francescos gewesen, Jahre bevor dessen erste Frau Johanna verbittert und vereinsamt verstorben war, nachdem sie ihrem Gatten sechs Kinder geboren hatte, von denen allerdings nur zwei am Leben geblieben waren. Der französische Schriftsteller Montaigne zeichnete damals das folgende Bild von Bianca: »Sie ist schön nach italienischen Begriffen, ein sympathisches und gebieterisches Antlitz, hoher Busen und Brüste von der Art, wie sie es dort mögen. Man traut ihr ohne weiteres zu, daß sie diesen Fürsten einst zu becircen und sich seine Zuneigung so lange Zeit zu erhalten wußte.« Der Herzog selbst hingegen schien dem neidischen Montaigne wohl nicht weiter erwähnenswert. Dunkelhäutig und von eher gedrungener Statur, hatte der Gatte Biancas in den Augen Montaignes lediglich ausladende Gliedmaßen und ein gesundes Aussehen.

Die Liaison zwischen Francesco und Bianca war ein gefundenes Fressen für die Klatschküchen in Florenz, wußten in der Stadt doch alle, daß Francesco, wenn er nicht gerade in seinem Labor mit irgendwelchen obskuren Dingen hantierte, durch einen geheimen unterirdischen Gang vom *Palazzo Pitti* aus heimlich immer wieder in die *Via Maggio* zum Haus Biancas schlich. Sein Bruder Ferdinando, ein Kardinal und ein erbitterter Feind Biancas, hatte sich deshalb mit Francesco überworfen und war während dessen gesamter dreizehnjähriger Regierungszeit ständig fern vom Hof in Rom geblieben. 1587 jedoch hatte Bianca bereits neun ungetrübte Jahre als Großherzogin hinter sich. Als Mittelpunkt ihres turbulenten Hofes, des Schauplatzes zahlloser Festlichkeiten und der Musik Vincenzo Galileis, verkörperte sie den Florentiner Maßstab für Schönheit und weiblichen Liebreiz. Sie war der Gegenstand ungezählter Jünglingsträume und Jugendsehnsüchte, einschließlich derjenigen Galileo Galileis.

Während dieser sich noch immer Gedanken darüber machte, wie es denn mit ihm nach seinem Fehlschlag in Bologna nun weitergehen sollte, kam es am Hof selbst zu katastrophalen Ereignissen. Das großherzogliche Paar hatte sich im Frühherbst des Jahres auf seinen Landsitz in *Poggio a Caiano* achtzehn Kilometer nordwestlich von Florenz zurückgezogen. Als Resultat eines der zahlreichen Versuche Biancas, zwischen den beiden Brüdern einen Friedensschluß herbeizuführen, kam es dort schließlich zu einem Versöhnungstreffen mit Ferdinando. Nach einigen unbeschwerten Tagen verabredeten die beiden Brüder sich zu einem Jagdausflug im herzoglichen Forst und brachen tags darauf in bester Stimmung auf. Kurz danach jedoch fühlte sich der Großherzog plötzlich völlig überhitzt, setzte sich am Rande eines Weihers ins Gras und wurde alsbald von einem fürchterlichen Schüttelfrost befallen, dem hohes Fieber folgte. Zurück in *Poggio a Caiano*, bestand Francesco hartnäckig darauf, zur Senkung des Fiebers ausschließlich eine von ihm selbst fabrizierte alchimistische Mixtur zu sich zu nehmen, darunter ein ursprünglich arabisches Wundermittel, das man damals unter dem Namen *Bezzuar* kannte. Es wurde aus den Drüsen von Krododilen gewonnen und mit Sekreten von Stachelschweinen, peruanischen Bergziegen und indischen Gazellen zusammengebraut. Die arabischen Meister schworen darauf, daß man mit diesem Zaubertrank alle Leiden kurieren könne.

Unabhängig von ihrem Gatten wurde auch Bianca von einer schweren Krankheit heimgesucht, und als sich nach fünf Tagen Behandlung mit *Bezzuar* das Befinden Francescos dramatisch verschlechterte, verstärkte ihre Verzweiflung darüber ihren Zustand nur noch. In getrennten Kammern, im Fieberdelirium und ohne noch voneinander Kenntnis zu haben, verfielen der Herzog und die Herzogin zusehends und hauchten schließlich in elf Stunden Abstand kurz hintereinander ihr Leben aus. Glaubt man den herzerwärmenden Geschichtchen um Bianca Capello, so waren ihre letzten Worte: »Sagt mein Lebewohl meinem Gebieter, Francesco de' Medici. Sagt ihm, daß ich ihm immer in Treue und Liebe verbunden war. Sagt ihm, daß mein Siechtum wegen des seinen so schlimm geworden ist. Und bittet ihn, mir zu vergeben, sollte ich ihn je in irgendeiner Weise verletzt haben.«

In den Gassen von Florenz brodelten, wie nach solchem Geschehen nicht anders zu erwarten, die Gerüchteküchen. Einmal hieß es, der ruchlose Ferdinando habe die schöne Herzogin vergiftet. Dann wiederum munkelte man, die niederträchtige ausländische Schönheit habe einen Giftanschlag auf das Leben ihres Schwagers verüben wollen, der ihr mißglückt sei. Als die Fischweiber auch noch über eine vergiftete Obsttorte tuschelten, die Bianca eigentlich Ferdinando zugedacht, von der dann aber versehentlich ihr geliebter Francesco gekostet habe, erhielten diese Gerüchte zusätzlich einen tragisch düsteren Anstrich. Denn als dieser schreckliche Irrtum von Bianca bemerkt worden sei, habe sie in ihrer Verzweiflung den Rest der Torte selbst zu sich genommen. Wie jeder in Florenz erhitzte sich auch Galileo leidenschaftlich für die eine oder andere Variante dieser Skandalgeschichte, wobei er in seinem Herzen natürlich Partei für die liebreizende Bianca ergriff.

Sosehr all diese Gerüchte für köstlichen Gesprächsstoff in Florenz sorgten, für Galileo hatte der Tod des großherzoglichen Paares gleichwohl eine eher unangenehme Konsequenz. Als neuer Großherzog amtierte nun Ferdinando, der Verdächtige in diesem Drama, und dieser war in Florenz selbst wegen seiner jahrelangen Abwesenheit in Rom nahezu unbekannt. Eine Zeitlang zumindest mußte sich Galileo nach weniger potenten Fürsprechern umsehen.

Schon im Jahr 1588, ein Jahr nach all diesen Vorfällen in Florenz, hatte Galileo diesbezüglich einiges dazugelernt. Jetzt hatte er den Mathematiklehrstuhl in Pisa im Auge, bemühte sich gleichzeitig aber auch um einen entsprechenden Posten in Florenz, der seit längerer Zeit vakant war, nun aber wieder besetzt werden sollte. Eingedenk seiner Erfahrungen mit Bologna hatte er sich diesmal rechtzeitig um geeignete Verbündete gekümmert. So hatte er sich inzwischen mit dem Marchese Guidobaldo del Monte angefreundet, der selbst ein fähiger Mathematiker war und darüber hinaus dem Florentiner Hochadel angehörte. Der Marchese hatte in diesem Jahr gerade eine Abhandlung zur Mechanik veröffentlicht, die noch im sechzehnten Jahrhundert zum Standardwerk auf diesem Feld der Physik werden sollte. Da sich auch Galileo mit den Problemen der Schwerkraft befaßte, entspann sich mit dem Marchese, wie zuvor mit Clavius, ein reger Gedankenaustausch, der schließlich zu einer Freundschaft und dauerhaften Protektion durch den Marchese führte, die bis zu dessen Tod achtzehn Jahre später Bestand hatte.

Der Familie del Monte hatte Galileo außerordentlich viel zu verdanken. Vor allem führte der Marchese ihn bei Großherzog Ferdinando ein, dessen Kardinalswürde mittlerweile einem Bruder del Montes übertragen worden war. Außerdem war ein Cousin des Marchese Kommandierender des venezianischen Heeres, auch dies eine günstige Fügung, die sich dereinst als vorteilhaft erweisen sollte.

Galileo unterrichtete den Marchese in seinem Palazzo in Pesaro am 16. Juli schriftlich über den Stand seiner laufenden Bemühungen um einen der beiden Lehrstühle in Pisa und Florenz: »Mein Wunsch bezüglich Pisa, von dem ich Euch, hochwürdigster Herr, bereits Mitteilung gemacht habe, wird sich nicht erfüllen. Ein gewisser Pater, der diese Stelle innegehabt und dann aber aufgegeben hat, um das Amt des Generals für seinen Orden zu übernehmen, hat dieses Amt inzwischen niedergelegt und beschlossen, seine Vorlesungen in Pisa wiederaufzunehmen. Seine Hoheit, der Großherzog, hat ihn bereits auf die Stelle berufen. Hier in Florenz gab es jedoch früher eine Professur für Mathematik, die dereinst noch von Großherzog Cosimo I. eingerichtet worden war und die viele edle Herren jetzt gerne wiederaufleben lassen möchten. Ich habe um diese Professur nachgesucht und hoffe, sie mit der gütigen Hilfe Ihres durchlauchtesten Herrn Bruders, dem ich mein Gesuch anvertraut habe, auch zu bekommen. Da sich hier am Hofe gerade Gäste von außerhalb aufhielten, mit denen Seine Hoheit beschäftigt war, kam ich noch nicht dazu, selbst mit Seiner Hoheit über diese Angelegenheit zu sprechen. Ich bitte Sie daher ergebenst, noch einmal zu schreiben und meinen Namen zu erwähnen.«

In diesen schwierigen Jahren war das Verhältnis Galileos zu seinem Vater zunehmend ungezwungener und herzlicher geworden. Vincenzo ging inzwischen auf die Siebzig zu und näherte sich dem Ende seines zwar entbehrungsreichen, aber dennoch produktiven Lebens. Für ihn hatte die Tatsache, daß nunmehr Ferdinando I. als neuer Großherzog über die Toskana herrschte, erst recht mißliebige Konsequenzen, hatte er doch dreizehn Jahre zuvor eine ganze Sammlung seiner Madrigale Bianca Capello gewidmet. Das gefährdete jetzt seine Stellung beim neuen Großherzog, der allem mit Haß begegnete, was auch nur entfernt mit der verpönten Venezianerin in Verbindung stand. Nach 1587 sah Vincenzo infolgedessen sein Ansehen bei Hofe rapide schwinden, und bei Musikaufträgen zu dessen Festlichkeiten wurde er schon gar nicht mehr berücksichtigt. Am härtesten traf ihn schließlich der Ausschluß von den Feierlichkeiten zur Vermählung des neuen Großherzogs mit Christine von Lothringen im Jahr 1589. Vincenzo konnte seinem Sohn einiges erzählen über Lust und Laune fürstlicher Patronage.

Während Galileo noch ganz am Anfang seiner Laufbahn stand und die seines Vaters eindeutig ihrem Ende entgegenstrebte, bereitete es ihm großes Vergnügen, diesen gelegentlich auf der Laute oder an der Orgel zu begleiten. Zwischendurch führten sie auch eine ganze Reihe anregender Gespräche, in denen es hauptsächlich um das wissenschaftliche Verständnis musikalischer Phänomene ging. Galileos mathematische und physikalische Kenntnisse waren Vincenzo bei seinen eigenen Überlegungen zu technischen Fragen auf dem Gebiet der Akustik, die den alten Mann um 1588 gerade beschäftigten, sehr nützlich. So wollte er beispielsweise genauer verstehen, weshalb die unterschiedliche Saitenbespannung von Instrumenten mit unterschiedlich bemessenen Abständen unterschiedliche Klangwirkungen erzeugt. Solche Fragestellungen verlangten geradezu nach einer mathematischen Formulierung, nämlich der exakten Bestimmung des Verhältnisses der Schwingungen zur Länge der Saiten. Hierin waren Galileos Kenntnisse für seinen Vater unentbehrlich. So half sein wissenschaftlicher Verstand diesem bei der Begründung seiner musikalischen Theorien, und umgekehrt bildeten die Musikinstrumente Vincenzos für ihn wiederum gleichsam fertige Versuchsobjekte, an denen er die Haltbarkeit bestimmter physikalischer Annahmen überprüfen konnte.

In seinem Herzen blieb Galileo diesen Fragen sein Leben lang verbunden und kam bis zu seinen letzten Tagen stets auf sie zurück. Unter Hausarrest, einer Abgeschiedenheit, in der ihm selbst der Besuch von Freunden untersagt war, und heimgesucht von der Plage fortschreitender Erblindung, griff er zuletzt wieder zur Laute als dem einzigen Quell verbliebener Freude. Wie sein Vater brachte auch er seine Überlegungen über die Auswirkungen von Musik auf das Gemüt des Menschen zu Papier und zeigte sich damit wieder von seiner mehr literarischen und emotionalen Seite. Wenn er eine Metallplatte ritzte und dabei einen schrillen Ton erzeugte, achtete er sorgsam auf die Spuren, die sein Stichel auf dem Metall hinterließ. Und wenn er sich etwa über die Wirkung von Oktaven und Quinten Gedanken machte, zog er immer auch deren unmittelbare Wirkung auf den menschlichen Sinnesapparat in Betracht: »Die Wirkung der Quinte ist es, einen Kitzel des Trommelfells hervorzurufen, so daß ihre ursprüngliche Sanftheit eine gewisse Belebung erfährt und damit gleichzeitig der Eindruck eines sanften Kusses wie auch eines kleinen Bisses entsteht.«

Gerade zur rechten Zeit erhielt der junge Galileo schließlich doch noch seine Chance. An der hochgeachteten *Accademia Fiorentina* war ein seit jeher leidenschaftlich ausgetragener Meinungsstreit neu entflammt, der bereits seit über hundert Jahren die Gemüter erhitzte. Die

Akademie von Florenz war seit ihrer fast fünfzig Jahre zuvor erfolgten Gründung der gesellschaftliche Treffpunkt des gebildeten Stadtadels von Florenz. Dort diskutierte man die Werke eines Boccaccio und Dante, fabrizierte auch eigene Dichtung, feilte an der Eleganz des eigenen Redestils und pflegte vor allem die Reinheit der toskanischen Bildungssprache. Der besagte Meinungsstreit drehte sich um Fragen, für die es ersichtlich keine eindeutigen Lösungen geben konnte, weswegen die gegensätzlichen Auffassungen um so ungehinderter aufeinanderprallten. In seinem Mittelpunkt standen die strittigen Ansichten über die Lage, die Gestalt und die Größe von Dantes *Inferno*.

Im Florenz jener Tage waren Fragen dieser Art alles andere als belanglos – ganz im Gegenteil: Hier, im Herzen der Toskana, galt Dante seit jeher als eine Art Ikone des Florentiner Kulturlebens. Sein Sprachstil wurde als absoluter Maßstab sprachlicher Gewandtheit schlechthin erachtet. Die ausgewählten Mitglieder der Akademie kamen aus allen Tätigkeitsbereichen und Disziplinen und beteiligten sich mit Leidenschaft an jeglicher intellektuellen Debatte, wobei sie als Ziel und Leitbild menschlicher Vollkommenheit stets jenes humanistische Ideal des »universellen Menschen« vor Augen hatten, das eine umfassende Bildung und einen tiefgründigen Geist fernab jeglicher Form von Spezialistentum anstrebte.

Der Präsident der Akademie, ein angesehenes Mitglied des Stadtsenats namens Baccio Valori, verfiel damals auf eine zukunftweisende Idee: Wenn es die Vertreter der Künste bislang nicht geschafft hätten, den alten Streit um die Gegebenheiten in Dantes »Hölle« beizulegen, dann sollte sich doch jetzt einmal ein Vertreter der Wissenschaft daran versuchen. Sollte er doch einmal mit seinen wissenschaftlichen Methoden an dieses bedeutendste Epos der italienischen Literatur herangehen, so könne man schließlich immer noch sehen, was dabei an neuen Einsichten herausspränge.

Warum die Wahl für dieses äußerst riskante Unternehmen ausgerechnet auf Galileo fiel, ist nicht ohne weiteres ersichtlich. Von den Wissenschaftlern in Florenz besaß damals wahrscheinlich nur er die jugendliche Unbekümmertheit und geradezu aberwitzige Kühnheit, sich auf ein solches Abenteuer einzulassen. Jedenfalls hatte Galileo zu diesem Zeitpunkt weder besondere akademische Würden noch einen besonderen akademischen Ruf zu verlieren. Und er packte seine ehrenvolle Aufgabe mit entschlossener Ernsthaftigkeit an. Das war die Chance seines Lebens. Er bekam einen Auftritt vor der erlesensten literarischen Gesellschaft von Florenz, vor jenem Forum also, dessen Gründung der erste Großherzog von Toskana, Cosimo de' Medici, einst eigens veranlaßt hatte, um seinen Einfluß auch auf das kulturelle Leben in seinem wiedererlangten und stark ausgeweiteten Herrschaftsbereich zu verstärken. Und Galileo war zutiefst überzeugt von dem, was er dem Publikum mitzuteilen hatte. Vielleicht kann man sogar sagen, er sei damals noch zu fest in dieser Überzeugung verharrt gewesen, läßt ihn der Inhalt seiner Ausführungen doch eher als ein Produkt des Mittelalters denn der Renaissance erscheinen.

Nachdem sich die Teilnehmer dieser Sitzung der Akademie schließlich im Palazzo der Medici in der *Via Larga* zusammengefunden hatten, bestieg Galileo beherzt das Rednerpodium und begann seine Lektion über die »Gestalt, Lage und Größe von Dantes *Inferno*« zunächst damit, daß er den zahlreichen akademischen Kommentatoren, die sich bereits vor ihm mit diesem Stoff befaßt hatten, ehrerbietig seine Referenz erwies. Im Anschluß daran kam er zunächst auf die spezielle Problematik des Themas zu sprechen. Wenn es nämlich schon Schwierigkeiten genug bereite, all das zu begreifen, was dem Menschen auf der Oberfläche der Erde durch Erfahrung zugänglich sei, dozierte er, um wie unendlich schwieriger müsse es dann noch sein zu begreifen, was in den innersten Tiefen der Erde verborgen und keinem Menschen durch Erfahrung bekannt sei. Nach dieser Einleitung wandte er sich der Beschreibung der Gestalt und der Größe von Dantes »Hölle« zu. Sie habe, meinte er, die Gestalt eines Kegels, der einen Sektor im Innern der Erde ausfülle, der etwas weniger als ein Vierzehntel des gesamten Erdballs ausmache. Der Scheitelpunkt dieses Kegels sei zugleich die Wohnstatt Luzifers, in welcher der gefallene Engel bis zur halben Höhe seines gigantischen Brustkastens in einer Eissphäre stecke und sein Nabel genau den Mittelpunkt der Erde bilde. Die Basis oder Öffnung des Kegels beschreibe einen Kreis nach jenem Teil der Erdoberfläche hin, dessen Mittelpunkt Jerusalem bilde.

In ihrem Innern sei die »Hölle« Dantes ähnlich einem Amphitheater in acht verschiedene Stufen unterteilt. In deren Beschreibung konzentrierte sich Galileo speziell auf die fünfte Stufe, auf der sich nach Dante der übelriechende Höllenfluß *Styx* und die innere Höllenstadt *Dis* befinden und wo die Ketzer im Angesicht Luzifers in ewiger Verdammnis büßen. Unter den Schicksalen aller Höllenbewohner schien ihm das Los der Ketzer das schlimmste.

Schließlich kam er zum eigentlichen Kernpunkt seiner Lektion: »Laßt uns jetzt Betrachtungen anstellen über die Größe Luzifers«, begann er feierlich. »Es gibt da eine Beziehung zwischen der Körpergröße von Dante selbst und der Größe des Riesen Nimrod im Höllenschlunde, und umgekehrt besteht auch eine Beziehung zwischen der Größe des Riesen Nimrod und der Länge eines Armes von Luzifer. Wenn wir also die Größe Dantes und die des Riesen Nimrod haben, können wir daraus die Größe Luzifers bestimmen.«

Dante war, wie Galileo unter Hinweis auf Zeitzeugen ausführte, von eher durchschnittlicher Statur, etwas kleiner als er selbst. Insgesamt, stellte sich Galileo vor, maß seine Größe etwa »drei Armlängen«. Von Nimrod hatte Dante geschrieben:

So lang und breit schien mir sein Angesicht
als wie der Pinienzapfen zu Sankt Peter.

In diesen Zeilen lag für Galileo gleichsam der mathematische Schlüssel zu Dantes Schilderung. Er griff sie sofort auf, denn sie gaben ihm als Wissenschaftler etwas Konkretes an die Hand, etwas, das er messen konnte. Der massive Pinienzapfen, der zur damaligen Zeit den Hof der Vatikanstadt hinter dem Belvedere beherrschte, lieferte ihm den konkreten Bezugspunkt, den er brauchte: »Wenn das Antlitz des Riesen so groß ist wie der Pinienzapfen von Sankt Peter«, verkündete er triumphierend, »mißt es fünfeinhalb Armlängen, denn so groß ist jener. Da die Menschen normalerweise acht Köpfe groß sind, wird der Riese insgesamt achtmal so groß sein wie sein Kopf. Mithin wird der Riese in der Länge vierundvierzig Armlängen messen.«

Aus diesen verschiedenen Proportionen erstellte Galileo nun eine mathematische Gleichung: »Dante als ein Mensch von normaler Körpergröße steht zu dem Riesen in einem Verhältnis von drei zu 44. Das Verhältnis der Größe des Riesen zur Länge eines Armes von Luzifer entspricht dem Verhältnis der Größe eines Menschen zu der des Riesen. Die Gleichung muß also lauten: Drei verhält sich zu 44 wie 44 zu X. Also mißt ein Arm Luzifers 645 Armlängen. Da nun aber die Länge eines Armes im allgemeinen der dritte Teil der Gesamtgröße ist, können wir folgern, daß Luzifers Größe 1935 Armlängen beträgt.«

Hier machte er eine kurze Pause und fuhr dann fort: »Laßt uns aufrunden auf eine Größe von 2000 Armlängen, und der Abstand von Luzifers Nabel bis zur Mitte seiner Brust beträgt 500 Armlängen, was normalerweise einem Viertel der gesamten Körpergröße entspricht.«

Die Lektion vor der Akademie von Florenz markierte für Galileo den entscheidenden Lichtblick in einem Zeitraum von vier Jahren, der überwiegend von Fehlschlägen geprägt war. Sie fand tatsächlich ein positives Echo und ermöglichte ihm fortan ein ganz anderes Auftreten in der Gesellschaft. Galileo hatte jetzt einiges Gewicht als versierter Kenner der Literatur und war nicht mehr bloß ein armseliger Schulmeister. Außerdem zog er daraus wieder einmal eine Lehre: Wenn die Wissenschaft Aufschlüsse für die Werke der Dichtung zu liefern imstande war, dann konnte die Literatur umgekehrt auch für den Wissenschaftler von Nutzen sein.

Doch im Grunde war sein Problem weder wissenschaftlicher noch literarischer Natur. Nach wie vor sah er keine Möglichkeit, sich ein einigermaßen erträgliches Einkommen als Mathematiker zu sichern. Bei jedem Anlauf, in Padua, Pisa, Florenz, Rom und Bologna, hatte er bislang ein Fiasko erlebt, und mittlerweile bewegte er sich schon fast am Rande der Verzweiflung. Es schien an der Zeit, die Hoffnung auf einen Lehrstuhl endgültig zu begraben. Zusammen mit seinem jungen florentinischen Freund Ricasoli Baroni richtete er seinen Blick langsam schon über die Grenzen des italienischen Stiefels hinweg auf fernere Gestade, auf den nahen Orient und darüber hinaus. Vielleicht konnte er ja dort, bei den heidnischen Türken, doch noch seinen Platz als Wissenschaftler finden.

Doch in der Person des Marchese Guidobaldo del Monte hatte

Galileo einen leibhaftigen Gönner. Der Marchese wollte von solchen Gedankenspielereien über berufliche Aussichten in der Ferne nichts hören und seinem jungen Kollegen statt dessen unter die Arme greifen: »Mit größter Genugtuung«, schrieb er ihm im Dezember 1588, »habe ich vernommen, daß Ihr Eure Gedanken zum Zentrum der Schwerkraft nunmehr veröffentlichen wollt, die Euch sehr zur Ehre gereichen. Und Ihr wißt – wenn ich Euch in irgendeiner Sache behilflich sein kann, verfügt über mich.«

Und Galileo verfügte.

Im Sommer 1589 wurde überraschend erneut eine Dozentenstelle für Mathematik an der Universität Pisa frei. Anders als bei seinen früheren erfolglosen Bewerbungsversuchen wußte Galileo dieses Mal, was er zu tun hatte. Und dabei konnte er auf einflußreiche Verbündete zählen. Ohne Umschweife sicherte er sich die Unterstützung des Marchese del Monte und dessen Bruders, des Kardinals. Der Erfolg sollte nicht ausbleiben.

Seine Ernennung erfolgte für drei Jahre.

Galileos Besoldung an der Universität betrug kümmerliche sechzig Dukaten im Jahr. Darüber freilich konnte sich der junge Dozent kaum beklagen. Dieses Salär entsprach durchaus der üblichen Größenordnung, in der Mathematiker zu jener Zeit entlohnt wurden. Dies hatten sie der schlichten Tatsache zu verdanken, daß die Mathematik an der Universität noch immer keine besonders hochgeschätzte Disziplin darstellte. Man betrachtete sie als eher nebensächliche Hilfswissenschaft für das Studium der Medizin, die den bedeutendsten Rang unter den »freien Künsten« bekleidete, und folglich fand sich der Mathematiklehrstuhl in einen Randbereich ernsthafter akademischer Beschäftigung verwiesen, irgendwo in die Nähe des Lehrstuhls für Astrologie. Die Mathematikprofessoren entstammten üblicherweise fast alle dem Stand der Geistlichkeit und kümmerten sich dementsprechend kaum um ihre Besoldung. Als Galileo seine Stelle antrat, nahm gerade ein anderer Mathematikprofessor nach dreißig Jahren Lehrtätigkeit bei einem Jahressalär von hundertfünfundzwanzig Dukaten seinen Abschied.

Die Universität von Pisa verteilte sich auf eine Anzahl niedriger Gebäudekomplexe am Nordufer des Arno, nur ein paar Häuserblocks entfernt vom Schiefen Turm und vom *Campo dei Miracoli*. Die ersten beiden Großherzöge der Medici, Cosimo I. und Francesco I., hatten einiges darangesetzt, aus ihr eine der renommiertesten Universitäten ganz Italiens zu machen. Bereits Cosimo hatte die Sumpfgegend um die Stadt herum trockenlegen lassen, um Pisa damit auch in eine gesündere Stätte akademischen Lebens und Lehrens zu verwandeln. Danach hatte Francesco große Anstrengungen unternommen, nahmhafte Gelehrte mittels einer attraktiven Besoldung an Pisa zu binden und, wenngleich erfolglos, von den Bergen her Aquädukte in die Stadt zu führen, um die Qualität der Wasserversorgung zu heben.

Die Maßnahmen der Medici-Fürsten erwiesen sich nur zum Teil als wirksam. 1589, als Galileo seine Dozentur in Pisa übernahm, befanden sich etwa sechshundert Studenten an der Universität, von denen allein zwei Drittel an der juristischen Fakultät eingeschrieben waren. Ein Großteil der Studenten betrieb das Studium allerdings nicht konsequent bis zum Abschluß mit einem akademischen Grad. Ganze dreißig bis vierzig akademische Grade wurden in Pisa pro Jahr verliehen. Hinzu kam, daß die Geistlichkeit an der Universität eine so beherrschende Stellung einnahm, daß ein geflügeltes Wort über die Universitäten in Italien zirkulierte, das für Pisa wenig schmeichelhaft war: »In Bologna gibt es die Liebhaber, in Padua die Gelehrten, in Pavia die Militärs und in Pisa die Fratres.« Kein Wunder, daß Bologna mit einer mehr als doppelt so großen artistischen Fakultät und mit weit »temperamentvolleren« Studenten aufwarten konnte.

Auch die großen Gelehrten, die von der attraktiven Besoldung nach Pisa gelockt worden waren, hielt es für gewöhnlich nur eine kurze Zeitspanne in der Stadt, galt diese doch trotz all ihres Reichtums an heiligen Reliquien und marmornen Vorzeigestücken als kulturell immer noch rückständig. Blieb einer der Gelehrten daher zu lange in Pisa, wurde gerade das ihm womöglich als Zeichen der Mittelmäßigkeit ausgelegt – oder eben bloß als fromme Pflichterfüllung.

Schon nach kurzer Zeit hatte Galileo nur noch Verachtung für die aufgeblasenen Eminenzen an seiner Fakultät übrig. Ostentativ stimmte er jedesmal mit ein, wenn sich eine Unterhaltung wieder einmal auf das traditionelle Gespött über die Pisaner Professoren bezog: »Die Doctores gleichen den Kürbissen auf dem Feld.« Mit zu den dicksten Kürbissen am Platze zählte in seinen Augen zweifelsohne der kahlköpfige, erzkonservative Philosoph Girolamo Borro. Nach seiner Meinung war Borro genau die Sorte Frucht, die es aufzustechen galt – war er doch mit seinen bornierten aristotelischen Standpunkten geradezu der Inbegriff einer durch und durch abgedroschenen Buchstabenweisheit. Doch wegen seiner Eloquenz und Gelehrsamkeit genoß Borro überall nur den besten Ruf. Wann immer es eine wichtige Persönlichkeit nach Pisa zog, nahm sie die Gelegenheit wahr, Borro aufzusuchen – darunter auch Montaigne.

»Ich begegnete einem hervorragenden Mann in Pisa«, berichtete Montaigne, »freilich einem hartgesottenen Aristoteliker, nach dessen unerschütterlicher Überzeugung der Prüfstein aller Wahrheiten in deren Übereinstimmung mit den Lehren des Aristoteles liegt. Daneben gibt es für ihn nichts als Hirngespinste und albernes Geschwätz. Weil man ihm diese Überzeugung bösartig und etwas zu weitgehend ausgelegt hatte, brachte sie ihn für geraume Zeit in ziemliche Gefahr durch die Inquisition in Rom.« Diese Schwierigkeit mit der Inquisition waren in Galileos Augen schon damals allerdings eher ein Indiz, das für Borro sprach.

Hinter Galileos offenkundiger Geringschätzung von Professoren vom Schlage eines Borro verbarg sich freilich auch eine nicht unbeträchtliche Portion Neid. Borro hatte bereits einige Abhandlungen über das Problem der Gezeiten und über die Natur der Bewegung veröffentlicht, alles Themen, für die sich auch der noch junge Mathematikdozent damals brennend interessierte, obgleich sie eigentlich in das Gebiet der Naturphilosophie gehörten und nicht in das der Mathematik. Galileo war immer rasch bei der Hand, wenn es darum ging, seinen vormaligen Professoren Irrtümer nachzuweisen, und er konnte es auch nie richtig lassen, ihnen ihren Rang streitig zu machen. Zu den von Borro veröffentlichten Schriften gehörte beispielsweise ein Traktat, dessen Überschrift lautete: *Über den Fluß und den Rückfluß des Meeres.* Und diesen Titel sollte Galileo Wort für Wort für eines seiner eigenen Bücher rund fünfundzwanzig Jahre später verwenden. Ähnlich ging es auch mit einer anderen Schrift Borros unter dem Titel *De Motu gravium et levium*. Auch nahm Galileo die Tatsache, daß der Aristoteliker seine Schriften im *Volgare*, in der italienischen Volkssprache, statt im Gelehrtenlatein verfaßt hatte, um so ein breiteres Publikum zu erreichen, sehr wohl zur Kenntnis.

In seinen Abhandlungen über die Mechanik bekannte sich Girolamo Borro allerdings ausdrücklich zu dem Prinzip, daß wissenschaftliche Hypothesen grundsätzlich mit Hilfe empirischer Experimente zu überprüfen seien. Das allein war schon ein radikaler Bruch mit den dogmatischen Verfechtern der aristotelischen Beweislehre und ein Beleg dafür, daß auch die Aristoteliker jener Tage durchaus nicht alle über einen Kamm geschoren werden konnten. Speziell die aristotelischen Kernaussagen zum Phänomen des freien Falls wollte Borro in Form praktischer Erfahrungen überprüft wissen, um endlich genau feststellen zu können, ob Gegenstände identischen Gewichts, aber unterschiedlichen Materials tatsächlich, wie von Aristoteles angenommen, mit der gleichen Geschwindigkeit zu Boden fallen. »Wir schleuderten ein Stück aus Holz und ein gleichgewichtiges Stück Blei zur gleichen Zeit und mit der gleichen Kraft aus einem hohen Fenster unseres Hauses«, schrieb Borro. »Das Bleistück fiel dabei langsamer, das heißt, es befand sich im Fall über dem Holzstück, das zuerst den Boden berührte. Wir stellten diesen Versuch nicht nur einmal, sondern viele Male an, immer mit dem gleichen Ergebnis.«

Natürlich gab es in Pisa damals weitere Professoren von Rang, die sich in dieser Frage längst gegen die Annahme von Aristoteles entschieden hatten und die Probleme der Bewegung ganz anders anpackten, als Borro dies tat. Sie behandelten diese Fragen längst nicht mehr nur im Zusammenhang mit dem freien Fall, sondern gingen zugleich damit auch auf die spezielleren Fragen der Bewegung in einem Vakuum, der Beschleunigung und der Flugbahnen von Geschossen ein. Zu diesen Gelehrten zählte der Philosoph Jacopo Mazzoni, der ein Jahr vor Galileo mit einem mindestens achtmal so hohen Gehalt nach Pisa berufen worden war und dem sich Galileo besonders nahe fühlte. Mazzoni verfolgte breitgestreute wissenschaftliche Interessen.

Er war populär wegen seines vehementen Eintretens für Dante und führte außerdem ein außerordentlich gastfreundliches Haus. Bei ihm hatten sich im Jahr 1589 viele Wißbegierige eingefunden, um seine philosophische Meinung zu einem neuen Gestirn zu erfahren, das in diesem Jahr erstmals am Firmament aufgetaucht war. Zu diesem Kreis gehörte auch Galileo. Mit Mazzoni verband sich zudem eine eher kuriose Besonderheit. Er war zwanzig Jahre zuvor aus einem Gedächtniswettbewerb als Sieger hervorgegangen, indem er in rascher Folge 5193 Sentenzen herunterbeten konnte, eine einzigartige Form von Geistesakrobatik, die Galileo ebenfalls nicht wenig beeindruckte. Auf dem Gebiet der Dynamik schließlich schloß sich Mazzoni der Meinung an, daß Körper aus identischer Materie auch bei unterschiedlichem Gewicht mit der gleichen Geschwindigkeit zu Boden fallen, und nicht, wie Aristoteles gelehrt hatte, mit verschiedenen Geschwindigkeiten. Diese Auffassung kam Galileo besonders entgegen, denn wenn sie zutraf, wurden die Grundlagen der aristotelischen Physik schwer erschüttert.

Galileo brannte schon damals darauf, in diesen wissenschaftlichen Richtungskämpfen endlich auch selbst eine aktive Rolle zu spielen. Er wollte seinen Leitsatz »Unkenntnis der Natur der Bewegung ist Unkenntnis der Natur« endgültig auf ein beweiskräftiges Fundament stellen. Daß Fragen dieser Art eigentlich nicht in das Gebiet der Mathematik fielen – zumindest nicht der Mathematik, wie sie zu seiner Zeit noch praktiziert wurde –, war für ihn kein Hindernis. Intuitiv nämlich war er längst dabei, die Bedeutung der Mathematik grundsätzlich neu zu definieren. Noch im ersten Jahr seiner Lehrtätigkeit in Pisa, in dem er an der Universität in seinen Klassen das erste Buch der *Elemente* des Euklid zu unterrichten hatte, machte er sich an die Ausarbeitung einer Abhandlung über die Bewegung. Nach dem Vorbild anderer Autoren in Pisa gab auch er seiner Schrift den Titel *De Motu*, und vieles in ihr war unmittelbar den Auffassungen seiner Zeitgenossen entlehnt. Die ausschließlich theoretische Behandlung dieses Themas stellte ihn freilich längst nicht mehr zufrieden. Wie Girolamo Borro wollte auch er nun seine theoretischen Schlußfolgerungen mit experimenteller Erfahrung, die Borro einmal als »Lehrmeister in allen

Dingen« bezeichnet hatte, untermauern. Aber natürlich wollte er dabei auch dessen methodisch unbeholfene Fenster-Versuche durch ein kontrolliertes experimentelles Verfahren übertrumpfen.

So stieg er auf den berühmten Turm von Pisa. Das Verblüffende an dieser Idee war, daß sie eigentlich auf der Hand lag. Trotzdem hatte kein Mensch vor ihm je an so etwas gedacht, geschweige denn einen diesbezüglichen Versuch gewagt. Es ging um die exakte Messung der Geschwindigkeit beim freien Fall. Gab es für die Durchführung eines solchen Vorhabens einen besseren Schauplatz als ebendieses Denkmal menschlicher Unzulänglichkeit in seiner unmittelbaren Nachbarschaft? Wenn Aristoteles gelehrt hatte, daß »eine Kugel mit einem Gewicht von hundert Pfund, die aus einer Höhe von hundert Ellen zu Boden fällt, diesen zu dem Zeitpunkt berührt, in dem eine Kugel von nur einem Pfund die Strecke von nur einer Elle durchmessen hat« – wie leicht war es da, diese Lehre entweder zu bestätigen oder zu widerlegen (hundert Ellen entsprechen 58,4 Metern; der Turm von Pisa mißt 54 Meter)?

Galileo schleppte also Kugeln unterschiedlicher Größe und verschiedenen Gewichts über den gewundenen Treppenaufgang zum Turm hinauf – Kugeln aus Blei und Elfenbein, möglicherweise auch aus Gold, Porphyr und Kupfer. Später einmal malte er sich sogar die unterschiedliche Fallgeschwindigkeit von einem Hühnerei und einem Ei aus Marmor aus. Der Legende zufolge, die sich um dieses Experiment gebildet hat, machte er zuvor sein Vorhaben überall in der Stadt bekannt und brachte so eine beachtliche Menge erwartungsvoller Studenten und Professoren auf die Beine. Als er sich seinem Publikum endlich hochgemut oben auf dem Turm zwischen den Säulen der offenen Bogengänge präsentierte, empfing ihn aufgeregter Lärm. Belustigte Beifallsbekundungen, aber auch hämische Buhrufe und Pfiffe tönten über den Platz, denn ein Großteil der Menge war ohne Zweifel in der Erwartung gekommen, Augenzeuge eines grandiosen wissenschaftlichen Fiaskos werden zu können. Dieser Turm hatte etwas an sich, das anscheinend immer wieder irgendwelche Verrückte und Größenwahnsinnige in seinen Bann zog. Wer war dieses junge Möchtegern-Genie, dieser jugendliche Hitzkopf denn schon, der da nicht nur die in Ehren ergrauten Autoritäten auf diesem Gebiet, sondern sogar Aristoteles selbst herausfordern wollte? War das vielleicht wieder so einer wie jener bucklige Baumeister, der den Turm womöglich so schief gebaut hatte, um damit seiner eigenen Mißgestalt ein Denkmal zu setzen?

Galileo freilich ließ sich von den gespannten Mienen der vermeintlichen Koryphäen da unten in keinster Weise einschüchtern. Er schwelgte in seiner eigenen Kühnheit und hatte für ihre wissenschaftliche Kleinkrämerei nur Spott parat: »Diese gravitätischen Herrschaften, die immer darauf aus sind, ganz tiefe Wahrheiten zu entdecken, tun mir leid. Sie finden sie nie, weil sie die Wahrheit immer am falschen Ort suchen.« Und er verlor jedwede Hemmung in seinen sarkastischen Seitenhieben auf die wissenschaftlichen Pedanten: »Ein hochgeachteter Doktor sollte immer mindestens dreißig Anhänger um sich haben«, höhnte er. »Ist er nämlich nur einmal ohne Begleitung, sagen die anderen sofort: ›Der ist kein gescheiter Mann, der wäre besser im Kloster aufgehoben.‹ Deshalb treten sie auch stets mindestens zu zweit auf, wie Unrat und Besen.«

Galileo war nun endgültig in eine Welt eingetreten, in der er sich ganz zu Hause fühlte, und zeigte entsprechend das enorme Selbstvertrauen, das einem so eigenständigen Geist zu eigen ist: »Will man der Wahrheit näher kommen, muß man seine Phantasie anstrengen«, dozierte er selbstbewußt. »Man muß seine Erfindungsgabe ins Spiel bringen und manchmal auch ein wenig raten. Wenn ich nach einer Wahrheit suche, suche ich immer auch nach deren Gegenteil, denn das Gute und das Schlechte liegen immer so dicht beieinander wie die Hühnchen auf dem Markt.« Als seine Kugeln tatsächlich zur gleichen Zeit am Fuße des schiefen Turms auf den Boden prallten, war dies zugleich auch ein Schlag gegen ein Kernstück der Lehre des Aristoteles.

Die Fallgeschwindigkeit, das war das Ergebnis, hängt nicht vom Gewicht oder der Masse des Körpers ab. Könnte man nämlich auch noch den Luftwiderstand zur Gänze aufheben (beziehungsweise würden sich die Kugeln gänzlich in einem Vakuum bewegen), postulierte Galileo, so fielen die Kugeln sogar mit einer mathematisch exakt gleichen Geschwindigkeit zu Boden. (Der Astronaut Neil Armstrong sollte dieses »Gesetz des freien Falls« schließlich auf dem Mond demonstrieren, als er gleichzeitig einen Hammer und eine Feder fallen ließ und beobachten konnte, daß beide gleichzeitig die Mondoberfläche berührten. »Sie sehen«, kommentierte Armstrong diesen Vorgang damals glücksstrahlend, »Galileo hatte recht!«) »Aristoteles widerlegt!« So ungefähr könnte in jenen Tagen die Schlagzeile des *Avviso* gelautet haben. Manch einer mochte in dem Ereignis bereits damals das Heraufdämmern eines neuen Zeitalters erblickt haben, andere indes vermeinten, dahinter jedoch den langen Arm Luzifers zu erkennen.

Es erscheint uns heute merkwürdig, daß weder von Galileo selbst noch von einem seiner Zeitgenossen irgendwelche schriftlichen Aufzeichnungen zu diesem Experiment existieren. Dieses Fehlen direkter schriftlicher Zeugnisse ließ bei manchen Forschern Zweifel aufkommen, ob das Experiment überhaupt jemals solchermaßen durchgeführt worden ist. Der erste, der es schriftlich erwähnt, ist Vincenzo Viviani, der Verfasser der ersten Biographie Galileos. Er stützte sich dabei direkt auf Galileos persönliche Erinnerungen, die er bereits unmittelbar nach dessen letzter Lebensphase zu Papier brachte. Mit der Demonstration vom Turm zu Pisa, notierte Viviani, »verwaltete er nach der Meinung vieler damals wie seither wohlgesinnter und sachkundiger Kritiker die Würde seines Lehrstuhles mit so großem Ruhm und Ansehen, daß etliche seiner Gegenspieler sich neiderfüllt gegen ihn verschworen«. Eine solche Beurteilung der seinerzeitigen Ereignisse konnte Viviani zweifelsohne genauso auch direkt von Galileo selbst übernommen haben. Wurde also die ganze Geschichte von Viviani erfunden? Oder hat vielleicht Galileo in seinen alten Tagen sich die jugendlichen Heldentaten lediglich eingebildet?

Obgleich es in der Tat keinen zeitgenössischen schriftlichen Beleg für das Experiment gibt, kommt Galileo gleichwohl später beiläufig immer wieder darauf zu sprechen. Über die Jahre hinweg finden sich in seinen zahlreichen Schriften zum Problem der Bewegung verstreut ausführliche Bemerkungen zu Gegenständen, die aus großen Höhen zur Erde fallen. In seiner berühmtesten Abhandlung, dem *Dialog über die beiden hauptsächlichen Weltsysteme*, erwähnt er das Experiment vom

Schiefen Turm zu Pisa im Zusammenhang der Erörterung des freien Falls. Und selbst in seinem strikt wissenschaftlich gehaltenen Spätwerk, den *Unterredungen über zwei neue Wissenszweige*, das erst gegen Ende seines Lebens erschien, kommt er noch einmal auf die orthodoxe Lehrmeinung zurück. »Aristoteles sagt: Ein Eisenstab von 100 Pfund kommt, von einer Höhe von 100 Ellen herabfallend, in einer Zeit an, in welcher ein einpfündiger Stab, frei herabfallend, nur eine Elle zurückgelegt hat. Ich behaupte, beide kommen gleichzeitig an. Ihr findet, daß hierbei der größere um zwei Zoll vorauseilt, so daß, wenn der größere an der Erde ankommt, der kleinere noch einen Weg von zwei Zoll Größe zurückzulegen hat. Ihr wollt jetzt mit diesen zwei Zoll die 99 Ellen des aristotelischen Fehlers hinwegschmuggeln und nur von meiner kleinen Abweichung reden, den gewaltigen Irrtum des Aristoteles aber verschweigen.« Weiter unten in diesem Werk stellt er abermals fest, daß im Hinblick auf den Aufschlagzeitpunkt schwerer Körper, die von einem Turm zur Erde herabfallen, zwischen Kugeln aus Gold, Blei, Kupfer oder Porphyr nur ganz minimale Differenzen bemerkbar seien.

Gestützt auf die Ergebnisse seiner Experimente zum freien Fall, verfaßte Galileo seine erste wichtige Schrift mit dem Titel *De Motu*, ein ausgesprochen nüchternes und in weiten Teilen bruchstückhaftes Werk, das in seiner Beweisführung kaum zu überzeugen vermochte. Zwar ging es darin bereits um eine Theorie des freien Falls, doch deren konkrete Herleitung blieb weitgehend unvollständig. Das Problem der parabolischen Flugbahn von Geschossen wurde zwar angerissen, jedoch unterblieb eine Explikation der dazu erforderlichen ballistischen Grundlagen. Galileo setzte das spezifische Gewicht fallender Körper in Beziehung zum Grad ihrer Beschleunigung, doch die Ableitung eines zugrundeliegenden gesetzlichen Zusammenhanges gelang ihm auf diese Weise nicht.

Dessenungeachtet finden sich schon in *De Motu* brillante Einfälle, Ankündigungen künftiger wissenschaftlicher Triumphe, ein Hauch von Originalität. Es zeichnen sich bereits umwälzende Entdeckungen ab, Entdeckungen, die in der Entwicklung der modernen Physik noch eine entscheidende Rolle spielen sollten: das Trägheitsgesetz, die grundlegenden Bewegungsgesetze und das Gesetz des freien Falls, das von Galileo erstmals formuliert, von Isaac Newton verbessert und von Albert Einstein vervollständigt wurde und dessen Gültigkeit sich nunmehr auch im Weltraum erweist. Der herkömmlichen Bewegungslehre des Aristoteles, derzufolge die Fallgeschwindigkeit direkt proportional zum Gesamtgewicht eines frei fallenden Körpers sein sollte, begegnete Galileo hier bereits mit einer ganz simplen Gegenfrage: »Angenommen, zwei Steinbrocken würden gleichzeitig von einem hohen Turm zur Erde herabfallen, und der eine Stein sei doppelt so groß wie der andere: Würde in diesem Fall jemand wirklich glauben, der kleinere Stein habe zu dem Zeitpunkt, in dem der größere bereits den Boden berührt hat, tatsächlich erst die halbe Wegstrecke nach unten zurückgelegt?« Er selbst gibt die Antwort darauf: »Nimmt man zwei verschiedene Körper von solcher Beschaffenheit, daß der erste das doppelte Gewicht des zweiten aufweist, und läßt man beide von einem Turm zur Erde herabfallen, dann wird der erste von beiden den Boden weder mit merklich größerer, geschweige denn mit doppelt so großer Geschwindigkeit berühren.«

Ganz im Widerspruch zu seiner sonstigen spontanen Beherztheit und seiner ererbten Skepsis gegenüber überkommenen Autoritäten ging dem noch jungen Galileo nun plötzlich und unerwartet der Mut aus. Er konnte sich nicht dazu entschließen, *De Motu* in Druck zu geben. So blieb die Abhandlung zunächst einmal liegen und sollte erst Jahre später von einem inzwischen gereiften Galileo wieder aufgegriffen, ihres fragmentarischen Charakters entkleidet, im Aufbau verändert und in der Argumentation verbessert werden. 1590 jedoch, also noch im Anfangsstadium einer sich abzeichnenden Karriere, schien Galileo genau zu spüren, daß seine Ideen einstweilen zu unausgereift und vielfach gerade im Entstehen begriffen waren. Noch hatte er seine Theorie nicht ausreichend experimentell abgestützt, und die ganze Abhandlung litt, das war ihm intuitiv klar, auch unter erheblichen logischen Ungereimtheiten. Dabei hatte er selbst doch schon in diesen frühen Aufzeichnungen hohe Anforderungen an logische Konsistenz und experimentelle Genauigkeit gestellt: »Die Methode, die wir in dieser Abhandlung befolgen, besteht allein darin, daß jede

Aussage von einer vorhergehenden Aussage abgeleitet wird und daß möglichst nichts als wahr angenommen wird, was erst noch des Beweises bedarf. Meine Lehrmeister in Mathematik haben mich diese Vorgehensweise gelehrt.« Galileo sah ein, daß er den selbst gesetzten Ansprüchen noch nicht gerecht wurde. Er wußte genau, daß es seiner Beweisführung vorläufig an Schlüssigkeit mangelte.

Neben Anzeichen einer gewissen Unsicherheit hinsichtlich seiner wissenschaftlichen Bemühungen in jungen Jahren legte Galileo auch erstmals eine geradezu hysterische Empfindlichkeit gegenüber jeglicher Form von Kritik an den Tag. Zu Beginn zeigte sich dies lediglich in gelegentlichen leichten Gemütstrübungen, später jedoch wuchsen sich diese zu einem schweren, unheilvollen Schatten aus, der über seinem ganzen Leben lastete und sein Urteilsvermögen verdunkelte. »Es wird viele geben«, notierte er in einer Randbemerkung zu *De Motu*, »die bei der Lektüre meiner Schrift sich nicht fragen werden, ob meine Behauptungen zutreffen, sondern die nur nach Wegen suchen werden, meine Argumente bestreiten zu können, egal ob das sachlich gerechtfertigt ist oder nicht.« Grundsätzlich neigte er in der Folgezeit dazu, automatisch jedem, der mit ihm nicht gleich einer Meinung war, Böswilligkeit und üble Absichten zu unterstellen.

Abgesehen von der Aussicht auf künftige wissenschaftliche Triumphe brachten Galileos frühe Versuche auf dem Gebiet der Dynamik einen auffälligen Zug zum Vorschein, der sein späteres Werk kennzeichnen sollte. Zum ersten Mal nämlich bediente er sich hier des Mittels des literarischen Kunstgriffes. Gemeinsam mit den Ordensbrüdern von Vallombrosa hatte ihn sein Vater schon relativ frühzeitig mit den großen Werken der Literatur in Kontakt gebracht, und diese waren ihm dann genauso ins Blut übergegangen wie die Musik. Das überragende dichterische Epos seiner Zeit, *Orlando Furioso* von Ariost, gehörte zu seiner Lieblingslektüre, und er konnte bereits zum Zeitpunkt, als er seine Professur in Pisa antrat, umfängliche Passagen daraus ohne weiteres aus dem Gedächtnis zitieren. »Sowie ich die Welt des *Orlando Furioso* betrete, ist mir, als ob sich eine Schatzkammer vor mir auftue, eine fürstliche Galerie, bestückt mit Hunderten antiker Statuen aus den Händen der berühmtesten Künstler, mit zahllosen historischen Gemälden, den besten Exemplaren jeweils der ausgezeichnetsten Maler, mit unendlich vielen Vasen, Kristallen, Achaten und anderen Juwelen – ein ganzer Festsaal mithin voll der Dinge, die rar, wertvoll, bewundernswert und vollkommen sind.«

In striktem Gegensatz zu seiner überschwenglichen Begeisterung für Ariost befand sich Galileo mit seiner Meinung zum damals bedeutendsten lebenden Dichter Italiens, Torquato Tasso. In den Intellektuellenkreisen jener Tage gehörte es zwar zum gesellschaftlichen Zeitvertreib, Ariost und Tasso einander gegenüberzustellen, doch Galileo gab diesem Spiel eine eigene, ungewöhnlich scharfe Note. Beim Lesen der Werke Tassos fand er sich seinem eigenen Bekunden zufolge in einer ganz anderen Umgebung wieder, nämlich »in der Studierkammer eines kleinkarierten Mannes mit einem Hang zum Kuriosen, der seine ganze Befriedigung darin gefunden hat, sie mit allerlei Dingen vollzustopfen, die ihrer altertümlichen Herkunft oder ihrer Seltenheit wegen immer irgendwie seltsam wirken, bei Licht besehen aber allesamt bloß antiquierter Plunder sind: ein versteinerter Flußkrebs hier, ein ausgedörrtes Chamäleon da, dazwischen eine Fliege und eine Spinne, eingeschlossen in ein Stück Bernstein, und ein paar winzige Tonfiguren, wie man sie dem Vernehmen nach in den alten Grabstätten Ägyptens findet«.

Wenn, stichelte er sarkastisch, man gerade Ariost gelesen habe und daraufhin in den Werken Tassos blättere, gewinne man einen Eindruck, als ob man nach dem Genuß einer Honigmelone in eine saure Gurke beiße.

Anläßlich seines Referates über Dante in der Akademie von Florenz hatte Galileo bereits die Erfahrung gemacht, daß eine konsequent wissenschaftliche Vorgehensweise durchaus auch zur Entscheidung literarischer Streitfragen beitragen konnte. Jetzt dachte er umgekehrt daran, sich der Vorteile einer literarischen Aufbereitung wissenschaftlicher Themen zu bedienen. Damit ließe sich möglicherweise nicht nur deren Verständnis erleichtern, sondern sie könnten darüber hinaus auch einem breiteren Publikum zugänglich gemacht werden. Seine noch viel zu schulmäßig konzipierte Abhandlung stellte ihn in diesem Punkt nicht zufrieden, und so machte er sich nun daran, seine

Ideen in eine kleine Rahmengeschichte einzubetten. Diese handelt von zwei langjährigen Freunden, Alexander und Dominikus, die sich eines frostigen Morgens vor den Mauern Pisas treffen und sich dann am Arno entlang auf den Weg zur gut neuneinhalb Kilometer entfernten Küste machen, um etwas Fisch für das Mittagsmahl zu erstehen. Auf dem Weg dorthin fällt ihnen ein Schiffer auf, der mit seinem Kahn flußaufwärts gegen die Strömung rudert, und diese Beobachtung veranlaßt sie zu einem Gedankenaustausch über die Natur der Bewegung. Von dem Kahn, der gegen die Strömung den Fluß hinauf fährt, wandern ihre Überlegungen zur Fallbewegung von Körpern, die von hohen Türmen zur Erde hinabfallen; und zum Abschluß ihres Gespräches streifen sie auch noch das Problem der Flugbahn von Kanonenkugeln, unter deren Aufprall ganze Festungsmauern zerbersten. Alexander verkörpert hier die Person Galileos, und Alexander ist es, der mit seinen überragenden Kenntnissen glänzt.

Bedauerlicherweise vertritt er Galileo ganz ohne dessen gewohnte Schlagfertigkeit oder dessen Sinn für Komik. Im wesentlichen offenbart der Dialog die gleiche nüchterne Phraseologie, wie Galileo sie schon in seinem theoretischen Traktat verwendet hatte, und dazu ist das ganze Gespräch auch noch in einem schwülstigen Latein wiedergegeben. Dessenungeachtet stellt dieser Dialog über die Natur der Bewegung jedoch lediglich den ersten Ausflug Galileos in literarische Gefilde dar. Sehr viel ergiebigere Exkursionen sollten folgen.

Während seiner drei Jahre als Dozent in Pisa bewegte sich Galileo gleichsam im Niemandsland zwischen dem akademischen Bürgertum auf der einen und den antiakademischen Intellektuellenzirkeln der Stadt auf der anderen Seite. Zeitweise hatte er durchaus das Bedürfnis, sich strikt im Rahmen der akademischen Spielregeln zu bewähren, vorwiegend jedoch rebellierte er gegen sie. Er schrieb nach wie vor in Latein, sann unentwegt auf Anerkennung und absolvierte pflichtgemäß seine Lektionen über Euklid. Gleichzeitig aber legte er sich heftig mit Professor Borro an, weil dieser ihn etwas von oben herab zuweilen eher als aufsässigen Studenten denn als wirklichen Kollegen behandelte. Galileo hatte eine ziemlich lose Zunge. Seine Sticheleien glichen denen einer Hornisse, und einschüchtern ließ er sich von niemandem. Gebieterisch schritt er mit seiner imposanten Gestalt und wehenden roten Haaren über die *Piazza della Berlina* oder die *Piazza dei Cavalieri*, immer bereit, stehenzubleiben und sich auf einen Disput über dieses und jenes einzulassen, wie wenn man ihn gerade zu einem Duell herausgefordert hätte. Er gab gar nicht erst vor, seine abschätzige Meinung über die trägen, hochmütigen Kamele und deren prosaisches Geblöke in seinem unmittelbaren Umkreis auch nur im geringsten kaschieren zu wollen. Statt der beinlangen, wallenden Toga der Professoren trug er, was ihm gerade paßte. Sein unorthodoxes Äußeres war gleichermaßen Ausdruck seiner Verachtung und seiner Auflehnung.

Die Toga der Professoren sei lediglich die Verkleidung von Hohlköpfen, lästerte er. Er selbst würde statt der Toga lieber gar nichts anhaben, wie die Tiere, die wüßten, wie hinderlich Kleidungsstücke sein könnten. Sobald man eine Toga anlege, habe man sich auch schon ganz bestimmten Regeln unterzuordnen. Man könne dann beispielsweise nicht mehr so ohne weiteres in ein Bordell gehen, denn so etwas ließe sich mit der Würde des professoralen Gewandes nicht vereinbaren. Für so geschäftige Leute wie ihn sei diese Amtstracht nicht geeignet: »Ich muß häufig davonsausen, damit mich der Gerichtsvollzieher nicht erwischt«, alberte er. »Immer fürchte ich, der Mann hinter mir könnte ein Spitzel meines Vorgesetzten sein.«

Es ist leicht nachvollziehbar, daß seine Kollegen an der Universität sich solche Unverschämtheiten nicht länger bieten lassen wollten. Seine Kabalen hatten den schmalen Grad zwischen rüdem Benehmen und offener Aufsässigkeit längst überschritten und lieferten ihnen nun ihrerseits einen Vorwand, mit dem sie ihr eigentliches neidvolles Ressentiment Galileos wissenschaftlicher Originalität gegenüber kaschieren konnten. In jedem Fall hatte sein Verhalten in den Augen seiner akademischen Vorgesetzten inzwischen alle Grenzen des Anstandes und der Toleranz so weit hinter sich gelassen, daß sie nach Wegen suchten, ihn loszuwerden.

Galileo indes ließ sich nicht mehr bremsen. Er war mittlerweile neunundzwanzig und konnte es an Selbstbewußtsein durchaus mit der Eitelkeit seiner Professorenkollegen aufnehmen. Er war noch zu jung, um sich ein bißchen im Zaum zu halten, jedoch schon alt genug, um sich ernsthaft zu schaden.

Er ging entschieden zu weit. Vor einem Publikum feixender Studenten verstieg er sich zu völlig überzogener Polemik: »Die Leute sind wie Weinflaschen. Begebt euch einmal in eine Weinschänke und seht euch dort die Flaschen an, bevor ihr den roten Wein daraus trinkt. Ein paar von ihnen tragen fast überhaupt keine schmückenden Etiketten. Sie sind verstaubt und machen ganz und gar nichts her… Und doch enthalten sie einen Wein, über den die Leute ins Schwärmen kommen, den sie himmlisch und geradezu göttlich heißen. Darauf seht euch die übrigen Flaschen an, die mit all den stattlichen Etiketten. Wenn ihr von denen probiert, schmeckt ihr bloß Luft, Duftwasser oder flüssige Schminke. Diese Flaschen taugen lediglich dazu, daß man in sie hineinpinkelt.«

Galileos Dreijahresvertrag mit der Universität Pisa wurde nicht erneuert.

TEIL II

Padua und Venedig

3

Der goldene Ochse

Im Spätsommer 1592 setzte Galileo wiederum alle Hebel in Bewegung, diesmal um den seit längerem vakanten Lehrstuhl für Mathematik an der Universität Padua für sich zu erobern. »Torre del Bò« oder einfach »Il Bò« (»Der Ochse«), wie die Universität Padua nach dem Namen einer gegenüberliegenden Herberge bei ihren Studenten liebevoll hieß, war in früheren Jahren die Ausbildungsstätte eines Dante und eines Kopernikus gewesen und nach Bologna die zweitälteste Universität ganz Italiens. Als eines der Zentren akademischer Lehre wetteiferte Padua mit den Universitäten von Oxford und Salamanca, von Paris und Heidelberg um die Vorreiterrolle in ganz Europa. Dementsprechend bunt gemischt war die Studentenschaft, die aus aller Herren Länder kam, wobei die deutschen Studenten, für die es eigene Vorlesungsreihen und Korporationen gab, welche sich hier *in absentia* als »deutsche Nation« bezeichneten, einen besonders hohen Anteil stellten. Das muntere Völkchen der Studenten füllte die Tavernen rings um die Bibliothek an der *Via San Biagio* und traf sich auf den Plätzen und in den Gassen um den *Palazzo della Ragione*, immer auf der Hut vor den berüchtigten Spitzeln der venezianischen Polizei, den *sbirri*, die stets hinter ihm herspionierten.

»Il Bò« teilte sich seit zweihundert Jahren unverändert in eine juristische und in eine artistische Fakultät freier Künste. Zu letzterer gehörten neben dem Studienfach Philosophie selbst noch Medizin und Theologie, wobei unter dem weiten Dach des Faches Philosophie in Padua wiederum die Professur für Mathematik mit zu den prestigeträchtigsten Posten zählte, welche die Universität überhaupt zu vergeben hatte. Diese Position war seit mehr als vier Jahren, seit dem Tod von Giuseppe Moletti, nicht wieder besetzt worden. Der Mathematiker, Astronom und Geograph Moletti war in Padua ungemein populär, was hauptsächlich auf seine maßgebliche Beteiligung an der Reform des Julianischen Kalenders zurückzuführen war, sich zum großen Teil aber auch seiner persönlichen Aufgeschlossenheit ganz neuen Vorstellungen gegenüber verdankte, zumal wenn diese in Widerspruch standen zur herkömmlichen Schulweisheit der Aristoteliker an den Universitäten. In diesem Sinne war Moletti Wegbereiter einer neuen Generation von Wissenschaftlern, die in ihrem Aufbegehren gegen traditionelle Autoritäten noch erheblich weiter gingen, als er selbst es gewagt hatte. Folglich wollte sich die Universität mit der Berufung eines geeigneten Nachfolgers für dieses hochgeschätzte Mitglied ihres mathematischen *Studios* ausgiebig Zeit lassen.

Padua gehörte natürlich zum Territorium und Herrschaftsbereich der Durchlauchtigsten Republik Venedig, und Galileo, der gebürtige Toskaner, bewarb sich hier von vornherein aus der Position eines Außenstehenden, ein Manko, das eine zusätzliche Erschwernis für ihn bedeutete. Selbst wenn die Wahl des Senats von Venedig tatsächlich auf ihn fallen sollte, hätte er in jedem Fall vorher die ausdrückliche Erlaubnis des Großherzogs Ferdinando von Toskana einholen müssen, um die Stellung in den Diensten einer fremden Macht überhaupt antreten zu können. Zudem stand zu erwarten, daß sich um den Lehrstuhl in Padua noch eine ganze Reihe geeigneter und gleichermaßen qualifizierter Aspiranten bewerben würden, die schon aufgrund ihrer Herkunft mit Venedig verwurzelt waren und daher ohne die belastende Hypothek, wie Galileo sie mit sich schleppte, ins Rennen gehen konnten. Es dauerte gar nicht lange, bis diese Befürchtung in der Gestalt eines früheren Rivalen konkrete Form annahm. Giovanni Antonio Magini, der Galileo anläßlich der Besetzung des Mathematiklehrstuhls in Bologna schon einmal ausgestochen hatte, brachte sich jetzt auch für die Professur in Padua ins Gespräch. Magini kam ursprünglich aus Padua und wollte sich die Gelegenheit zu einer Rückkehr in seine Heimatstadt nicht entgehen lassen. Und um das Ganze für Galileo noch aussichtsloser erscheinen zu lassen – Magini galt allgemein als Musterschüler Molettis, dem in Padua ohnehin noch alle Welt nachweinte.

Galileo packte sämtliche Habseligkeiten in eine Kiste, die noch nicht einmal hundert Pfund wog, und begab sich voller Hoffnungen und Flausen auf eine glänzende Karriere im Kopf auf den Weg nach Venedig. Unterwegs machte er für kurze Zeit halt in Padua und suchte dort Gianvincenzio Pinelli auf, den er als Fürsprecher in seiner Sache zu gewinnen hoffte. Pinelli, eine gastfreundliche und einflußreiche Persönlichkeit in Padua, genoß im regen Kulturleben der Stadt hohes Ansehen. Er unterhielt in seinem sandfarbenen Palazzo in der *Via del Santo* bereits seit mehreren Jahrzehnten, praktisch seit er aus seiner ursprünglichen Heimatstadt Genua nach Padua gekommen war, einen Salon für Literaten und Intellektuelle. Allein seine Privatbibliothek umfaßte Zeugnissen zufolge mehr als achtzigtausend Bände, sie wurde ergänzt durch eine prächtige Sammlung von Gemälden und Bronzestatuen, von mathematischen und astronomischen Instrumenten und Atlanten. Er hatte sich weder wissenschaftlich noch künstlerisch je besonders hervorgetan, betrachtete sich jedoch stets als Mäzen und Inspirator. Entsprechend empfand er seinen jugendlich forschen Gast als willkommene Bereicherung für die Intellektuellenrunde, die er um sich versammelt hatte.

Für Galileo dachte sich Pinelli eine regelrechte Strategie aus, um die hohen Herren des venezianischen Senats erfolgreich auf seine Seite zu ziehen. Dazu gehörte in erster Linie die Bekanntschaft mit so maßgeblichen Würdenträgern in Venedig wie Pater Paolo Sarpi, einem Servitenpater in den Diensten Venedigs, der im politischen Leben der Lagunenstadt damals eine beherrschende Rolle spielte, und General Francesco del Monte, dem Befehlshaber der Landstreitmacht Venedigs und gefeierten Kriegshelden, der das Kommando über die gesamten Festungsanlagen der Republik Venedig innehatte.

In Venedig selbst wurde Galileo gleich bei seiner Ankunft vom toskanischen Gesandten bei der Serenissima ins Schlepptau genommen. Pinelli und del Monte hatten inzwischen bei den drei Mitgliedern der zuständigen Berufskommission schon den Boden bereitet. Als Galileo endlich vor diesem Ausschuß selbstsicher und mit der für ihn typischen ironischen Schlagfertigkeit seinen ganzen Scharfsinn und sein umfangreiches Wissen präsentierte, hatten zwei der hohen Herren der

Dreierkommission, die damals zugleich mit einer Reform des Lehrgebietes Mathematik an der Universität Padua beauftragt war, schnell für ihn Partei ergriffen. Drei Wochen später wurde eine Sitzung des Senats einberufen, auf der das positive Votum der Kommission mit hundertneunundvierzig Ja-Stimmen, bei acht Gegenstimmen und drei Enthaltungen, gebilligt wurde. Im offiziellen Senatsbeschluß ist die Rede von *Domino* Galileo Galilei, »der mit größtem Lob und Erfolg in Pisa als Lehrer der Mathematik gewirkt hat und auf diesem Gebiet zu Recht als die führende Persönlichkeit bezeichnet werden kann«. Galileo hatte an Profil und Einfluß gewonnen. Sein Dienstvertrag war auf vier Jahre befristet und konnte nach dem Ermessen des Dogen um weitere zwei Jahre verlängert werden. Die Besoldung belief sich auf magere hundertachtzig Golddukaten im Jahr. Magini, der gebürtige Paduaner, zog sich enttäuscht und verärgert wieder nach Bologna zurück. Sein Verhältnis zu Galileo blieb zunächst jedoch durchaus freundlich gestimmt. Achtzehn Jahre später erst, Galileo hatte gerade erste aufsehenerregende Entdeckungen mit seinem neuen Fernrohr gemacht, sollte sich diese Beziehung ins Gegenteil verkehren und Magini sich zu einem heimtückischen Gegner wandeln.

Offizieller Semesterbeginn war der 18. Oktober, Sankt Lukas Evangelista nach dem kirchlichen Kalender, doch Doge und »Ochse« ließen Galileo noch etwas Zeit, um zu Hause in der Toskana seine Angelegenheiten ins reine zu bringen. Entscheidend für ihn war das Einverständnis des Großherzogs Ferdinando I., ohne das er die ihm überantwortete Stelle in den Diensten Venedigs nicht hätte antreten können. Der Großherzog hatte sich in den mittlerweile fünf Jahren seiner Herrschaft zur Überraschung vieler seiner Untertanen als durchaus moderater und würdiger Nachfolger seines Bruders Francesco erwiesen, auch wenn er dessen spezielles Interesse für die Belange der Wissenschaften nicht teilte. Er hatte angesichts der ominösen, undurchsichtigen Umstände des Ablebens seines Bruders und seiner Schwägerin sofort eine Untersuchung der jeweiligen Todesursache durch eine Autopsie angeordnet und damit die offensichtlich skandalträchtigen Begleiterscheinungen seines Machtantritts rasch überwunden. Die Untersuchungen hatten ergeben, daß Bianca in

Wahrheit an einem Lungenödem gestorben war und nicht infolge des Genusses eines vergifteten Stückchens Torte, und des weiteren, daß Francesco mit seinem absonderlichen Gebräu aus Drüsensekreten von Krododilen und Stachelschweinen seinen Tod praktisch selbst herbeigeführt hatte. Diese Resultate hatten das nach solchen Ereignissen unvermeidlich folgende Gerede zwar nicht gänzlich zum Verstummen gebracht, aber sie wurden letztlich weitgehend akzeptiert und setzten Ferdinando in die Lage, die Regierungsgeschäfte unbelastet weiterzuführen.

Da die ganze Leidenschaft des Großherzogs eher der Kunst galt, gab es zwischen Galileo und Ferdinando keine besonderen Berührungspunkte. Galileos Gesuch um die Genehmigung seines Übertritts in den Dienst der Republik Venedig, der mit der akademischen Position in Padua verbunden war, stellte in Ferdinandos Augen lediglich einen Routinevorgang dar, dessen es eines Federstriches bedurfte. Er genehmigte Galileos Weggang nach Padua ohne sichtliches Bedauern oder auch nur ansatzweises Überlegen. Achtzehn Jahre später erst begriff man den Verlust Galileos an Padua als schweres Versäumnis des Hauses Medici, und Cosimo II., Ferdinandos Nachfolger, setzte einiges daran, dieses Versäumnis wieder wettzumachen.

Galileo seinerseits bestieg am 7. Dezember 1592 in der *Sala Grande*, der Aula Magna der Universität Padua, das Katheder, um vor dem skeptisch gespannten Auditorium seiner Professorenkollegen seine Antrittsvorlesung zu halten. Gemäß einer alten Tradition hatte sich in Padua ein frisch berufener Professor zunächst der ganzen Universitätsgemeinde vorzustellen und im festlichen Ambiente der Aula Magna mit ihren matt glänzenden, schweren Samtgehängen und den Wappenschilden der großen Adelsgeschlechter Veneziens die allgemeinen Grundlagen seines speziellen Wissensgebietes zu erläutern. Der Feierlichkeit des Anlasses entsprechend mußte diese Vorlesung in lateinischer Sprache erfolgen. Seit Wochen hatte Galileo an ihr gearbeitet, ihre rhetorische Ausgestaltung und wichtigsten Passagen immer wieder verbessert, den gesamten Text schließlich auswendig gelernt und dessen mündlichen Vortrag zusammen mit grandiosen Gesten extra eingeübt. Weil es in diesem Fall auf die deklamatorische

Wirkung fast genauso ankam wie auf den eigentlichen Inhalt der Vorlesung, hatte er zuletzt ganz auf eine Textvorlage verzichtet. Eine Niederschrift dieser Vorlesung ist nicht erhalten.

Galileos Antrittsrede, was immer sie der wissenschaftlichen Welt an Neuem zu bieten hatte, erregte sofort Aufsehen. Über deutsche Studenten, die der Vorlesung in Padua beigewohnt hatten, bekam Tycho Brahe, der berühmteste Astronom jener Zeit, Kenntnis von ihrem Inhalt. Er studierte sie aufmerksam und meinte anschließend, mit Galileo sei ein neuer Stern am Firmament der Astronomie aufgetaucht. In seinem näheren Umkreis versicherte Graf Marc Antonio Bissaro, ein neuer Bewunderer, Padua sei genau das richtige »Forum« für eine wissenschaftliche Kapazität vom Schlage Galileos. Girolamo Mercuriale schließlich, ein alter Freund aus Pisaner Tagen und ein über die Landesgrenzen hinaus hochgeschätzter Arzt, erhob Padua in einem Glückwunschschreiben an Galileo sogar zur »eigentlichen Heimstatt Eures Genius«.

Mit seiner ungezwungenen Art gewöhnte sich Galileo schnell an das impulsive städtische Leben seiner neuen Wahlheimat. Eine Zeitlang wohnte er noch im Palazzo Pinellis und war somit selbst Teil des geselligen Betriebes in dessen quirligem Haushalt. Wegen der Unabhängigkeit und des unerschrockenen Auftretens der Mehrzahl ihrer Teilnehmer genoß Pinellis Tafelrunde einen großen Ruf auch über die Stadtgrenzen hinaus. Zu ihren ständigen Gästen zählten markante Persönlichkeiten wie der humanistische Geschichtsschreiber Enrico van der Putte, den es aus Holland nach Italien verschlagen hatte, und der vormalige Jesuit Paolo Gualdo, der ungeachtet seines zwei Jahre zuvor erfolgten Austritts aus dem Orden seine früheren Mitbrüder weiterhin nach Kräften unterstützte und vor allen Dingen wegen seiner Gedichte im Paduaner Dialekt große Popularität erlangt hatte. Sogar Torquato Tasso kam auf einer seiner Wanderschaften durch Italien, die er kurz vor seinem Tode bereits im Zustand halber Umnachtung noch unternahm, einmal nach Padua, und obgleich Galileo den Dichter bei dieser Gelegenheit nur noch als »farblosen, armseligen und bedauernswerten« alten Mann erlebte, lag ihm dessen poetisches Werk doch zeitlebens am Herzen. Zu den bedeutendsten Teilnehmern an Pinellis Zirkeln gehörte zweifelsohne der charismatische Frater Paolo Sarpi, der Machiavelli Venedigs, wie man ihn später nannte, der sich zu dieser Zeit bereits mit Überlegungen zu einer kritischen Geschichte des Konzils von Trient trug.

Bei seiner Vorliebe für leidenschaftliche Streitgespräche konnte es nicht ausbleiben, daß Pinelli gelegentlich recht gefährliche Diskussionen über kirchliche und religiöse Fragen anstieß, lastete die Hand des Vatikans doch schwer auf nahezu allen Bereichen von Kunst und Wissenschaft, der Politik, des Musiklebens und des Universitätsbetriebes. Vierzig Jahre zuvor erst hatte die Kirche als Antwort auf die Herausforderung durch Luther und Calvin mit dem Konzil von Trient die Gegenreformation eingeleitet. Das Konzil hatte in den Jahren von 1546 bis 1563 den Machtanspruch der katholischen Kirche auch in weltlichen Belangen ausdrücklich neu formuliert und bekräftigt. Es hatte die Theologie gründlich reformiert und ihre Autorität neu bestärkt sowie unmißverständlich festgelegt, wer allein und in welchem Geiste für die Auslegung der Heiligen Schrift kompetent sei. Zudem hatte es vor allem verbindliche Richtlinien für das rechtgläubige Verständnis kirchlicher Lehrmeinungen, insbesondere des Dogmas der Heiligen Eucharistie, erlassen. In Verbindung damit waren vom Konzil die Prozeduren für den Umgang der Kirche mit jeder Art von Häresie festgelegt und diesbezüglich sowohl der *Index der Verbotenen Bücher* als auch die außerordentlichen Machtbefugnisse der Inquisition beträchtlich erweitert worden.

Die Künstler und die Intellektuellen in Pinellis Runde stemmten sich leidenschaftlich gegen diesen rigorosen Autoritätsanspruch der Kirche. Ihre Kritik an Rom ging gleichwohl niemals einher mit einer Minderung ihrer christlichen Glaubensüberzeugungen. Wirkliche Rebellen, die den Mut aufbrachten, sich Rom in offener Konfrontation entgegenzustellen, traten nur selten hervor. Neben Sarpi bewirtete Pinelli in seiner Runde höchstwahrscheinlich noch drei von ihnen, die gerade in Padua weilten, als Galileo dort ankam, und von denen jeder den Konflikt zwischen kirchlicher Glaubenstradition und eigener philosophisch wissenschaftlicher Überzeugung jeweils am eigenen Leibe zu spüren bekam. Beim ersten handelte es sich um Tommaso Campanella, einen Dominikaner aus Kalabrien, der sich einer Philosophie verschrieben hatte, die ganz und gar auf Erfahrung begründet sein sollte und wegen seiner rebellischen Ansichten kaum zwei Jahre später von der Inquisition in Neapel für Jahrzehnte in den Kerker geworfen wurde. Der zweite war der ehemalige Jesuit Marco Antonio De Dominis, vormals Erzbischof im dalmatinischen Split, der für kurze Zeit auch als Professor für Philosophie und für Mathematik in Padua tätig war, bis er sich schließlich ganz Sarpi und dessen romfeindlichen Auffassungen anschloß, denen er unter Zwang zuletzt doch wieder abschwören mußte. Und schließlich war da noch die undurchsichtige und in vieler Hinsicht rätselhafte Gestalt Giordano Brunos, dessen Aufenthalt in Padua allerdings einen ziemlich abrupten Abbruch erfuhr. Kaum drei Monate nachdem er an der Universität seine Vorlesungen aufgenommen hatte, die er vorwiegend für die deutsche Studentenschaft in Padua hielt, wurde er schon von den Häschern der venezianischen Inquisition verhaftet und unter der Anklage der Ketzerei sofort an Rom ausgeliefert.

Die Dispute an Pinellis Tafel berührten fast alle Fragen der Literatur und der Wissenschaften, des politischen Geschehens und des Glaubenslebens. Waren diese Themen zuweilen erschöpft, wechselte das Gespräch schließlich meist über zur Musik. Hier kam Galileo nicht selten noch etwas von dem großen Ansehen zugute, das sich sein Vater, dessen späteres Werk mit der Zeit doch noch verbreitet Anklang gefunden hatte, auf dem Gebiet der zeitgenössischen Musik erworben hatte. Vincenzo Galileis zukunftsträchtige Idee einer Gleichwertigkeit von musikalischem und sprachlichem Ausdruck wurde gerade in diesen Tagen in Florenz in Form einer szenischen Aufführung, die auf dem griechischen Daphne-Mythos fußte, in die Tat umgesetzt. Wenige Jahre sollten noch ins Land gehen, bis diese völlig neue Musikgattung sich unter der definitiven Bezeichnung *Opera* in ganz Europa durchsetzte. Mitunter endeten die Abende im Hause Pinellis damit, daß dieser seine Leier und Galileo seine Laute hervorholten und sie gemeinsam Madrigale und Fugen vortrugen, darunter des öfteren auch solche von Vincenzo Galilei.

Wie auf der Suche nach einem passenden Betätigungsfeld, in dem er sein gesamtes Potential am besten unter Beweis stellen konnte, versuchte sich Galileo während seiner ersten Monate in Padua auf allen möglichen Gebieten. Er verfaßte eine Abhandlung zur Mechanik, ein Forschungsthema, das er zeit seines Lebens immer wieder von neuem erfolgreich aufgreifen sollte. Für ihn weniger typisch, befaßte er sich aber zugleich mit einer Abhandlung zu technischen Einzelfragen des militärischen Befestigungswesens, wobei letztere Beschäftigung zweifelsohne auf das Drängen des Generals Francesco del Monte zurückzuführen war, dessen zahlreiche Bastionen das gesamte Territorium Venedigs von Brescia bis hinüber zu der jüngst erst fertiggestellten Festungsanlage von Palmanova im Friaul übersäten.

Solcherart Beziehungen zwischen einem hochrangigen Soldaten und einem profilierten Mathematiker waren bestimmt nicht neu. Mit Aufträgen seitens des Militärs ließen sich damals wie heute einträgliche Geschäfte machen. Dennoch: Angesichts seiner hohen Reputation als Wissenschaftler überrascht es gleichwohl, Galileo in den allerersten Monaten in Padua ausgerechnet mit militärtechnischen Detailproblemen wie der Anlage von Wehrtürmen, der Haltbarkeit von Nietenbeschlägen, der strategisch günstigen Winkelstellung von Bollwerken, den Flankenbewegungen von Truppenteilen oder auch der Schleifung von Bastionen unter Einsatz von Sturmleitern beschäftigt zu sehen – es sei denn, man stellt hier ausdrücklich die Dankesschuld in Rechnung, die Galileo gegenüber General del Monte empfand. Hier ein Beispiel aus seinen Überlegungen zur Anlage militärischer Bastionen: »Damit ein Bollwerk seinen Zweck erfüllt, müssen seine beiden Seitenwälle mächtig und der Stoßwinkel zwischen ihnen möglichst gerade sein. Je gerader der Winkel ausfällt, desto schwieriger wird es für den Feind, das Bollwerk zu erstürmen.«

Galileo bewegt sich noch immer in mittelalterlichen Bahnen, doch beherrscht er auch bereits die unpersönliche Ausdrucksweise moderner Militärstrategen.

»Die Verteidigung eines Bollwerks geschieht entweder durch direktes Abwehrfeuer oder durch seitliches Störfeuer, und es obliegt dem Kommandanten zu entscheiden, welche von beiden Möglichkeiten jeweils erfolgversprechender ist. Das seitliche Störfeuer erfolgt parallel zum Verteidigungswall. Sein Vorteil liegt auf der Hand. Sollten sich nämlich bereits Sturmleitern an den Blendwällen befinden, läßt sich durch seitlichen Beschuß eine ganze Anzahl davon auf einmal abwehren. Durch direkten Beschuß hingegen kann man jeweils nur eine von ihnen beseitigen. Jedoch ist der direkte Beschuß von Vorteil, wenn es darum geht, jeweils gezielt einen Hellebardenträger auszuschalten. Die Hellebarde nämlich ist die Hauptangriffswaffe.«

Neben den Problemen des Festungsbaus harrte noch eine Vielzahl anderer militärischer Aufgabenstellungen geradezu darauf, daß sich ein findiger Wissenschaftler ihrer annahm, und die Serenissima war durchaus willens, sich deren Lösung einiges kosten zu lassen. Eine der Hauptsorgen Venedigs betraf seit jeher den militärischen Schutz des einzigen Schiffahrtskanals in die Stadt, des östlich vom Lido gelegenen Kanals von San Niccolò am Eingang zur Lagune. Dies war der auf das leicht zerbrechliche und verwundbare Herz der Stadt gerichtete Dolch. Der Kanal war auf beiden Seiten jeweils durch Zitadellen, die *Forte di San Andrea* und das *Castel Vecchio*, gesichert und hatte als zusätzliche Schutzvorrichtung noch eine wuchtige Eisenkette, die man beim Herannahen feindlicher Schiffe hochwinden und über den Kanal spannen konnte. In letzterem Falle postierte sich an der Kette noch eine tonnenschwere Kriegsbarkasse, deren Aufbauten dem Panzer einer Schildkröte ähnelten und die rundum mit Kanonen bestückt war. Diese Schutzmaßnahmen hatten über Jahrhunderte ausgereicht. Ihre Wirksamkeit beruhte allerdings stets schon darauf, daß man jedesmal rechtzeitig Wind davon bekam, wenn feindliche Schiffe in der Nähe des Kanals aufkreuzten. Jetzt, da immer schnellere Kriegsschiffe zur Verfügung und Angriffe auch im Schutz der Dunkelheit zu befürchten standen, waren da von einem Mann der Wissenschaft nicht Vorschläge zu erwarten, die größere Sicherheit und wirksamere Vorkehrungen versprachen? Galileo beschäftigte sich eingehend mit diesen Problemen.

Venedigs Industrie konzentrierte sich auf den Schiffsbau im *Arsenale*, in dem bei Bedarf in einer frühen Renaissance-Version einer modernen Montagekette, an der zeitweilig über fünftausend Handwerksleute beteiligt waren, binnen Stunden seetüchtige Galeeren zusammengezimmert werden konnten. Die Leistungsfähigkeit des Arsenals war Stoff für Legenden, und sie bildete eine der Voraussetzungen für den grandiosen Aufstieg der Seerepublik zur bedeutendsten Handelsmacht in Europa. Einmal soll sogar noch während der Dauer eines Staatsbanketts für den auf Besuch in der Stadt weilenden König von Frankreich, dem man das imponierende Potential des Arsenals demonstrieren wollte, eine komplette Kriegsfregatte hergestellt worden sein. Auch Dante kommt schon auf das Arsenal zu sprechen, wenn er an einer Stelle des *Inferno* die stickendheiße, zähe Masse am Grabenrand zur unteren Hölle mit dem Pech vergleicht, das dort zur Reparatur leck geschlagener Schiffsrümpfe verwendet wurde.

Ziemlich bald nach seiner Ankunft in Padua kam Galileo in ersten Kontakt mit den herrschenden *grandi* Venedigs. Im Hause Pinellis traf er Giacomo Contarini, einen Angehörigen des Senats, der seit kurzem das Amt des Vorstehers des Arsenals bekleidete. Contarinis Hauptaufgabe bestand darin, Venedigs Schiffswerft in aller Eile für den Bau von hundert großen Dreimastern umzurüsten. Er befand sich mitten in der Planung für die neuen Schiffe und kämpfte mit speziellen Problemen bezüglich der Anbringung der Ruder. Hierzu konfrontierte er Galileo mit einer Reihe von Fragen: Ließen sich die Ruderer im Schiffsrumpf nicht auch anders plazieren? Machte das einen großen Unterschied? Wie hoch sollten die Ruderöffnungen idealerweise über dem Wasserspiegel liegen? In welchem Verhältnis sollte die Länge der Ruder zum Ausmaß des Schiffsrumpfes stehen? Zur Freude Contarinis versuchte Galileo jede Problemstellung mit einer exakten physikalischen Lösung zu beantworten, die er ihm schriftlich zukommen ließ. Daraufhin wurden bestimmte Änderungen an den ursprünglichen Entwürfen vorgenommen. Kurz danach wurden bereits von allen Seiten konkrete Anfragen an Galileo gerichtet. Alvise Mocenigo zum Beispiel, der Garnisonsvorsteher von Palmanova im Friaul, legte ihm Planskizzen für die abendliche Beleuchtung seiner Garnison mit Öllampen vor, und Galileo unterbreitete ihm daraufhin prompt einen besseren Vorschlag.

Im Mai 1593, Galileo brachte gerade seine Überlegungen zum Festungsbau zu Papier, erfuhr seine finanzielle Lage eine dramatische

Wendung zum Schlechteren. Gerade jetzt hätte er dringend selbst etwas Verstärkung gebraucht, denn das bescheidene Salär, das er von der Universität bezog, reichte nun, da er nach dem Tod seines Vaters das Oberhaupt der Familie Galilei geworden war, längst nicht mehr aus. Er geriet schlimm in Verzug mit seinen Schuldverpflichtungen, unter denen ihn die Mitgift für seine Schwester Virginia, die seit zwei Jahren erst standesgemäß mit einem unduldsamen Patrizier namens Benedetto Landucci verheiratet war, am meisten bedrückte. Die Mitgift kam damals einer Schuldverschreibung gleich, die über Jahrzehnte ohne weiteres auf mehrere tausend Dukaten anwachsen konnte. Und wehe dem, der seinen Zahlungsverpflichtungen einmal nicht nachkam! Als Galileo nach Ende des Semesters in Padua seine ersten Sommerferien wieder zu Hause in Florenz verbringen wollte, befand er sich schon mit mehr als nur einer Zahlung im Rückstand und erhielt deswegen noch vor seiner Abreise am 29. Mai einen warnenden Brief seiner Mutter Giulia: »Kommt! Wisset jedoch, daß Benedetto sein Geld auf der Stelle verlangt und damit droht, Euch sofort bei Eurem Eintreffen hier in Schuldhaft nehmen zu lassen. Ihm ist das durchaus zuzutrauen, deshalb seht Euch vor! Ich wäre zutiefst bekümmert, sollte etwas dieser Art geschehen.«

Galileo reiste zwar trotzdem unverzagt nach Florenz, entging aber der Schande des Schuldgefängnisses nur dadurch, daß er sich wieder einmal um weitere zweihundert Dukaten verschuldete. Sein dreister Schwager Landucci unterschrieb den Schuldschein mit und nahm sein Geld in Empfang.

Vor Ablauf seines ersten Jahres in Padua noch hatte Galileo sein Gastdomizil im Hause Pinellis aufgegeben und ein bescheidenes Heim im Schatten von Santa Giustina bezogen, einer Kirche, die mit ihren dicken, schmucklosen Ziegelmauern, ihren turmartigen Kuppeln und ihren kleinen Rundfenstern, die sich wie Geschützöffnungen ausnehmen, dem Betrachter eher den Eindruck eines riesengroßen Schlachtschiffes vermittelt. Um seine geringe Besoldung aufzubessern, verlegte sich der bald Dreißigjährige von nun an auf eine kontinuierliche und intensive private Unterrichtstätigkeit, die seine eigenen wissenschaftlichen Neigungen bald mehr befriedigte als seine Pflichtlektionen über euklidische Geometrie an der Universität. Im Verlauf seines zweiten Jahres jedoch wandte er sich auch dort einem für ihn ganz neuen Wissensgebiet zu, der Kosmologie des Ptolemäus.

Zunächst hielt er sich hierin mit seinen Vorstellungen durchaus im Rahmen der orthodoxen Lehrmeinung, wonach die unbewegliche Erde die Mitte des Alls einnimmt und von den Planeten, zu denen Sonne und Mond gehören, als Wandelsterne umkreist wird. Auch das für die Sphäre der Fixsterne von der Kirche ausdrücklich gebilligte phantastische Vorstellungsbild eines gewaltigen kosmischen Räderwerks, des sogenannten *primum mobile*, das dem Bild zufolge alle vierundzwanzig Stunden durch einen Engel des Herrn aufgezogen werden sollte, ließ Galileo in diesem frühen Stadium völlig unangetastet. Noch freilich hatte er sich nicht intensiv mit der Astronomie beschäftigt. In seinen ersten Vorlesungen zu diesem Thema finden sich jedenfalls immer wieder Rückschlüsse auf die unverrückbare Position »der Erde im Mittelpunkt der himmlischen Sphären«.

Im Vergleich zu den vorwiegend orthodoxen Ansichten Galileos hatte sich etwa Giordano Bruno zu einer wesentlich eindringlicheren Vision des kosmischen Gefüges aufgeschwungen. Nicht die Erde, sondern die Sonne stand für Bruno im Mittelpunkt unseres Kosmos, und jenseits davon existierten für ihn noch ungezählte andere Welten, breitete sich eine unermeßliche Zahl von Sternengebilden und Galaxien aus, die sich unendlich in Raum und Zeit erstreckten. Für den unerschrockenen Mystiker und Visionär Bruno kam seine Idee des Universums der Majestät des christlichen Schöpfergottes weit näher als jenes traditionelle Bild von der Erde als Mittelpunkt eines endlichen Universums, denn die christliche Überzeugung von der unendlichen Allmacht des Schöpfers verlangte in seinen Augen zugleich auch den Glauben an die Unendlichkeit seiner Schöpfung. Dieser erhebende, prophetische Gedanke entsprang mehr Brunos leidenschaftlicher Seele als irgendeiner besonderen wissenschaftlichen Begabung. Seinetwegen war er als Ketzer aus dem Machtbereich Venedigs nach Rom verschleppt worden und schmachtete jetzt dort in den berüchtigten Verliesen des *Castel Sant'Angelo*, wo ihn das Inquisitionstribunal durch pausenlose Verhöre und durch Folter zum Widerruf seiner ketzerischen Ansichten zu bewegen suchte. Brunos Schicksal war für Galileo nicht gerade ein Ansporn, sich auf ein derart gefahrenträchtiges Terrain einzulassen.

Ab 1593 suchte Galileo daher erst einmal in anderen Bereichen nach Möglichkeiten, sein Talent in Form von brauchbaren und finanziell lohnenden Erfindungen zu erproben. Zehn Jahre zuvor war ihm in dieser Hinsicht mit seinem Instrument zur Ermittlung der Pulsfrequenz ein erster Erfolg beschieden gewesen, und daran anknüpfend tüftelte er jetzt wieder an einem Glasinstrument, diesmal zur genauen Messung der Körpertemperatur. Er konstruierte ein relativ einfaches Behältnis, bestehend aus einem etwa eigroßen, zwiebelförmigen Glasballon, der sich zu einem etwa zwei Handbreit langen, nach oben offenen Röhrchen verjüngte, und tauchte dieses mit der Öffnung nach unten in ein Gefäß mit Wasser. Hatte er dabei den kleinen Glasballon zuvor fest mit der Hand umfaßt und ihn solchermaßen auf Körpertemperatur erwärmt, so stieg, wie er jetzt herausfand, das Wasser in dem Röhrchen regelmäßig bis zur Höhe von einer Handbreite an, sobald er seine Hand wieder zurückzog. Erst neunzehn Jahre später kam er noch einmal auf diese Versuche zurück, ersetzte nun jedoch das Wasser durch Wein und erzielte auf diese Weise möglicherweise berauschendere Ergebnisse. (Die Verwendung von Quecksilber erfolgte in diesem Zusammenhang erst ab 1670. Galileos frühe Versuche weisen ihn jedoch mit vollem Recht als den eigentlichen Erfinder des Thermometers aus.)

Die Ergebnisse all dieser Experimente waren zweifellos interessant, doch Geld ließ sich mit ihnen nicht verdienen. Galileo suchte folglich eine neue Aufgabe, diesmal im Bereich der Landwirtschaft. Deren Hauptproblem in Italien bestand seit jeher in der ausreichenden Bewässerung der Anbauflächen. Da sich in dieser Hinsicht also auch die besten Verdienstaussichten boten, sann Galileo auf eine Möglichkeit, auf mechanischem Wege große Mengen Wasser aus der Tiefe an die Oberfläche zu befördern. Seine zu diesem Zweck konstruierte Schöpfmaschine funktionierte auf der Basis des archimedischen Hebelgesetzes und der archimedischen Schraube und nutzte raffiniert ein schweres Pendelgewicht als Antrieb für eine Hebespindel, deren Schraubenwindungen das Wasser nach oben in die Schöpfeimer eines Flaschenzuges hievten und über eigens konstruierte Wasserspeier verteilten. Im Dezember 1593 zeigte er seine Erfindung erstmals dem Senat von Venedig an: »Ich habe eine Vorrichtung erfunden, die es erlaubt, Wasser mit größter Leichtigkeit, geringen Kosten und großer Bequemlichkeit aus der Tiefe an die Oberfläche zu befördern. Sie ermöglicht es, mit geringstem Kraftaufwand Wasser kontinuierlich aus zwanzig Öffnungen fließen zu lassen.« Er beantragte ein Patent für seine Erfindung, das ihm der venezianische Senat neun Monate später in der Tat für einen Zeitraum von zwanzig Jahren gewährte.* Im stillen mochte er die Hoffnung gehegt haben, die adligen Grundherren würden sich nun bald überall in Italien auf sein mechanisches Schöpfwerk stürzen und ihm damit zu einigem Wohlstand verhelfen. In Wirklichkeit zeigte jedoch lediglich eine der begüterten Adelsfamilien des Veneto Interesse. Die Contarini, das alteingesessene venezianische Geschlecht von Ratsmitgliedern und Dogen, ließen 1598 eine verkleinerte Ausführung seines Schöpfwerks am Garten ihrer paduanischen Villa installieren.

Galileo gab die Hoffnung auf einen bevorstehenden Durchbruch seiner Erfindung nicht auf. Er verfaßte eine kleine Werbeschrift in der populären literarischen Form eines Dialogs. Zwei Gesprächspartner, Sagredo und Salviati, erörtern die Funktionsweise und die Vorzüge der neuartigen Vorrichtung. Salviati ist das Sprachrohr Galileos, Sagredo fungiert als sein unterhaltsames, wenn auch etwas naives Gegenüber. In ungewohnt bescheidenem Tonfall beginnt Salviati:

»Ich bin mir nicht ganz sicher, ob ich das Prinzip dieses originellen Apparates, der ohne viel Kraftaufwand große Mengen Wassers nach oben befördert, überhaupt richtig begriffen habe. Laßt mich daher zunächst einmal schildern, was mir hierzu durch den Kopf gegangen ist, dann könnt Ihr immer noch hinzufügen, was ich dabei möglicherweise übersehen habe.«

* In der Geschichte des Patentrechts gilt Galileo als einer der ersten, die überhaupt Anspruch auf ein Patent erhoben haben.

Gleich darauf läßt Salviati, der Protagonist dieser Unterhaltung, jedoch schon jede falsche Bescheidenheit fahren: »Mit einem äußerst raffinierten Trick hat der Erfinder dieser Vorrichtung den einen Hebelarm deutlich schwerer gemacht, so daß er jetzt über vierhundert Pfund wiegt, und ihn auf diese Weise in ein richtiges Schwunggewicht verwandelt. Steht dieses senkrecht, reicht ein minimaler Kraftaufwand, es aus dieser senkrechten Stellung heraus in Schwung zu bringen.«

»Mir leuchtet das ein«, meint sein Gegenüber Sagredo. »Was aber haltet Ihr nun von dieser phantastischen Erfindung?«

»Nach meinem Dafürhalten handelt es sich hier um eine der genialsten Ideen, die diesem überragenden Kopf je eingefallen ist.«

Die Figur des Sagredo in diesem kurzen Dialog ist zwar eine literarische Erfindung, sie geht jedoch in Wirklichkeit zurück auf einen Gefährten Galileos, der ihm in einer Weise nahestand wie sonst kein Freund in seinem ganzen Leben. Es handelt sich um den Venezianer Gianfrancesco Sagredo. Allein die Tatsache, daß Galileo Sagredo auch nach dessen Tod noch in seinen Schriften immer wieder als einen der Dialogpartner zur Sprache kommen läßt, ist beredtes Zeugnis für die Innigkeit ihrer einstigen Freundschaft. Sagredo, neun Jahre älter als Galileo, war Angehöriger der herrschenden Oberschicht Venedigs und entstammte einer Familie, die bereits einen Kardinal, einen Gesandten am Hof zu Paris, einen Dogen und sogar einen Heiligen hervorgebracht hatte. Er lebte prunkvoll und luxuriös in seinem Stammsitz am *Canal Grande*, direkt am Seitenarm von *San Sofia*. Sein gotischer Stadtpalast in unmittelbarer Nähe zur Rialtobrücke und direkt neben der *Ca'd'Oro*, dem »goldenen Haus«, einem der stilvollsten Palazzi Venedigs, zeigte schon damals die typisch byzantinischen, von Rundbögen und Rosetten kunstvoll unterbrochenen Spitzbogenfenster, besaß einen üppigen Treppenaufgang, elegante, mit Marmor und orientalischen Teppichen ausgelegte Korridore, hohe Ballsäle und intime, unter dem Dach versteckte Räumlichkeiten für diskrete Begegnungen mit Venedigs berühmtesten Kurtisanen. Er wurde gelegentlich mit der biblischen Arche Noah verglichen, und dies nicht allein wegen seiner fast quadratischen, scheinbar auf dem

Wasser schwimmenden äußeren Form, sondern vor allem wegen seines lebenden Inventars, dessen bunte Vielfalt nicht selten an die Bewohner eines Zoos erinnerte.

Sagredo, lange Zeit eingefleischter Junggeselle, wirkte infolge mancher Ausschweifung seiner Jugendjahre immer irgendwie mitgenommen. In Venedig ging das Gerücht, er habe in jenen Jahren neun seiner unzähligen eifersüchtigen Rivalen in Duellen getötet. Danach hatte er sich allerdings auf vergleichsweise harmlosere Vergnügungen besonnen, darunter ausgelassene Feste in seiner nahe gelegenen Sommervilla am Ufer des Brenta-Kanals. Seinen Palazzo in Venedig teilte er sich mit einer großen Meute edler Rassehunde, einer Unzahl seltener Katzen und exotischer Vogelarten aus aller Welt. Sie boten ihm Zerstreuung, beflügelten seine wissenschaftliche Phantasie, spiegelten seinen erlesenen Geschmack und dienten der Belustigung seiner mitunter nicht weniger exotischen Gästeschar. Im ganzen entgegenkommend, etwas exaltiert, abgesehen von der typisch venezianischen Abneigung gegenüber Jesuiten auch durchaus gläubig, im Ton gelegentlich sarkastisch und zuweilen ein wenig schrullig, bekleidete dieser Freigeist zeitweilig hohe Ämter im Dienste des Staates, zunächst als Kämmerer in einer der befestigten Städte des Veneto und danach als Diplomat der Republik Venedig in der Levante. Aufgrund seiner edlen Abstammung war er zudem ab dem Alter von fünfundzwanzig Jahren Mitglied im Hohen Rat der Seerepublik. Den Staatsdienst empfand Sagredo freilich stets als lästige Pflicht und einengend. Lieber genoß er die Geruhsamkeit seiner Studien oder die Unterhaltung im erlesenen Kreis seiner Freunde, die er um sich geschart hatte.

Sein eigenes Porträt zeichnete Sagredo in einem seiner Briefe einmal mit folgenden Worten:

»Ich bin ein venezianischer Edelmann. Selber habe ich mich nie als Mann der Wissenschaft bezeichnet, doch deren Förderung lag mir allezeit am Herzen. Niemals ging mein Bestreben dahin, mein Vermögen für irgendwelche Privilegien zu mißbrauchen. Stets war es auf jene Dinge gerichtet, die ich
als Christ meinem Gott,

als Edelmann meinem Haus,
als Mitglied der Gesellschaft meinen Gefährten
und als Kavalier und wahrer Philosoph mir selbst schulde.

Wiederholt hat man meinen Palazzo in Venedig teils wegen seiner äußeren Form, teils aber auch deshalb, weil ich in seinem Innern viele Arten von Tieren beherberge, mit der Arche Noah in Verbindung gebracht. Als Junggeselle verbringe ich meine Zeit zumeist in geselliger Unterhaltung. Wenn ich mich daneben manchmal auch in wissenschaftliche Angelegenheiten einmische, denkt nicht, edler Herr, ich würde mir anmaßen, mit den Professoren auf gleicher Stufe zu stehen. Vielmehr gehe ich den Themen, die mir Spaß machen, auf meine eigene Weise nach.«

Als Galileo in einem seiner Universitätskurse Sagredo zum ersten Mal begegnete, waren sich die beiden auf Anhieb sympathisch. Sagredo fand in Galileo einen geistigen Mentor, einen großen Bruder, eine Berühmtheit, einen brillanten Unterhalter und Gelehrten, der seiner venezianischen Arche Glanz und Bedeutung verlieh. Umgekehrt gewann Galileo in Sagredo einen unterhaltsamen und verläßlichen Partner mit scharfem Verstand und politischem Einfluß, einen rührigen Gastgeber und stets zu Späßen aufgelegten Begleiter.

Abstecher nach Venedig zu Kurzweil und Entspannung wurden für Galileo binnen kurzem zur festen Gewohnheit. Wann immer seine universitären und privaten Unterrichtsverpflichtungen es ihm erlaubten, mietete er sich eine Kalesche und ließ sich durch die engen Pflastergassen Paduas zum *Canale Piovego* kutschieren, wo ihn die Barkasse in die Lagunenstadt mit ihren vielfältigen Vergnügungen erwartete.

Venedig selbst schlitterte gegen Ende des sechzehnten Jahrhunderts allmählich in eine Phase des Niedergangs, von der Galileo allerdings noch kaum etwas zu spüren bekam. Die Stadt mit ihren 150 000 Einwohnern befand sich in prekärer Schwebe zwischen den beiden katastrophalen Pestepidemien von 1576/77 und 1630/31, von denen allein die letztere 46 000 Menschenleben forderte. Noch behauptete sie ihren Rang als Handelsmetropole ganz Europas, und noch immer erfüllte die Seerepublik die Funktion eines Pufferstaates zwischen den deutschen Landen im Norden und dem wachsenden Machteinfluß Spaniens im Süden. Seit ihren Anfängen mit dem Wasser »vermählt«, war sich die Lagunenstadt der Vorteile ihrer einmaligen Verbindung mit dem Meer seit jeher bewußt und daher stets offen für zahllose Besucher aus aller Welt. Die vielen Geschäfte der Seidenhändler zu beiden Seiten der *Mercerie* lockten Käufer aus ganz Europa, während nicht enden wollende Festlichkeiten und prunkvolle Spektakel die Stadt fast das ganze Jahr über in eine permanente Theaterkulisse verwandelten. In Venedig gingen zeitweilig mehr Dirnen ihrem Gewerbe nach als selbst in Rom, und der Weinkonsum der Stadt belief sich auf über vierzig Millionen Liter pro Jahr. Ihre verwinkelten *calle* und die unzähligen Kanäle lieferten die Schauplätze komödiantischer Lustbarkeiten, farbenprächtiger Regatten, für Hunderennen und Wettkämpfe aller Art rund um die zahlreichen Brücken. Im Februar, kurz vor Frühlingsanfang, bot Venedigs Karneval seinen Bewohnern den verführerischen Anlaß, unter kunstvollen Masken versteckt alle Standesunterschiede und ehelichen Bande vorübergehend zu lockern und sich im Schummerlicht der üblichen spärlichen Kerzenbeleuchtung den raffiniertesten Ausschweifungen hinzugeben. Eine der Folgen dieser schier unersättlichen Gier nach Zerstreuung und frivolem Genuß war, daß sich die Kluft zwischen den gesellschaftlichen Ständen in Venedig immer mehr einebnete, zumal die herrschenden Adelsfamilien hier seit jeher mit ihren Untergebenen und der bürgerlichen Kaufmannsschicht auf engstem Raum zusammenlebten.

Galileo kamen diese Nivellierungstendenzen sehr zupaß. Er fühlte sich frei in der Lagunenstadt – frei, seinem enormen Appetit auf Gaumenfreuden und auf die Weiblichkeit zu frönen, frei auch, jeden noch so abwegigen Gedanken, der ihm gerade einfiel, offen auszusprechen, und frei in seinem geselligen Verkehr über alle Standesbarrieren hinweg. In der Gesellschaft Sagredos verfiel er auf die ausgefallensten Ideen und diskutierte über eine Unzahl von Fragen, die sich scheinbar wahllos sowohl mit den Eigenarten von Sagredos exotischen Vögeln als auch mit den Phänomenen des Magnetismus, der künstlerischen Qualität von Skulpturen sowie den Eigenschaften des Lichtes auseinandersetzten. Einmal verfielen sie auf eine besonders kuriose

Idee. Im Zuge einer Erörterung der Eigenschaften von Magneten dachten sie sich eine technische Vorrichtung aus, mit der es möglich sein sollte, mit einer anderen Person über eine Entfernung von drei bis vier Kilometern hinweg in direkten Gesprächskontakt zu treten!

Nebenbei vergnügten sie sich mit ausgeklügelten Gesellschaftsspielen, gemeinsamem Musizieren und zuweilen auch kindischen Späßen. Sagredos Abneigung gegen die Jesuiten freien Lauf lassend, verfaßten sie eines Tages eine Anzahl von Briefen, die den Anschein erweckten, als stammten sie von einer begüterten adligen Witwe mit Gewissensnöten und religiösen Skrupeln, und ließen sie Stück für Stück einem venezianischen Jesuitenpater überbringen. Der beantwortete sie über einen Zeitraum von vier Monaten hinweg prompt mit wohlmeinendem geistlichen Rat und der zweifelsohne aufrichtigen Erwartung, seine Bemühungen würden sich für die Kirche eines Tages in Form einer Erbzuwendung auszahlen. Dann wieder, nunmehr ganz im Sinne von Galileos Verachtung für das dünkelhafte Gehabe seiner Professorenkollegen, fingierten sie den Brief eines mathematischen Laien, der über der Lösung einer besonders schwierigen Gleichung verzweifelte, und sandten ihn an einen seiner Kollegen in Padua. Auch der antwortete umgehend mit einer Lösung, die allerdings einen gravierenden Rechenfehler aufwies. Sagredos Arche in Venedig erzitterte unter dem Hohngelächter.

So vergnüglich wie die gesellige Unterhaltung, so nutzbringend waren die gesellschaftlichen Kontakte, die sich dabei wie von selbst einstellten. Im Kreise Sagredos traf Galileo die späteren Dogen Niccolò Contarini und Leonardo Donà. Contarini sollte ihn dereinst immer wieder mit Aufträgen versorgen und Donà ihm die ersehnte Anstellung auf Lebenszeit in Padua gewähren. Im Palazzo Sagredos begegnete er zudem erstmals auch Girolamo Magagnati, einem scharfzüngigen Stücke- und Possenschreiber, der eine Glasmanufaktur in Murano betrieb und sich noch als Lieferant der optischen Linsen für Galileos Fernrohr hervortun sollte. Wie die Figuren seiner literarischen Possen wechselte auch Magagnati ständig vom venezianischen in den bodenständigeren Paduaner Dialekt, den er über alles liebte. Beide hegten sie eine große Leidenschaft für gutes Essen und dessen Zubereitung, und so versorgten sie sich gegenseitig mit frischem Fisch und deftigen Landwürsten. »Kommt nur bald hierher zur Weinlese, und bleibt, bis es Zeit ist für die frische Polenta oder gar noch für die frisch geernteten Zucchini, falls Ihr erleben wollt, daß ich fett werde wie ein Schwein... oder wie Ihr.« Sie schreckten vor keiner Frivolität zurück – einmal ging es sogar um eine Wette über eine Exkommunikation in einer Synagoge. Ihre Korrespondenz ist gespickt mit den jeweils neuesten Rezepten schmackhafter Landsuppen und Lobeshymnen auf die jüngsten Kostproben vom delikaten *barolo*.

Einmal gerät Magagnati nach Mitleidsbekundungen für Galileo wegen dessen Magenverstimmung – »ich höre, Ihr hättet zu viele, wegen der frühen Kälte nicht mehr ganz ausgereifte Zucchini zu Euch genommen und wäret daraufhin krank geworden« – regelrecht ins Schwadronieren:

> »Heute sind die Glasbläsereien außer Betrieb, denn unser Kaplan sieht es nicht gerne, daß die Leute auch an Feiertagen arbeiten. So habe ich Zeit, Euch zu schreiben. Euren Brief habe ich mir zusammen mit Eurem köstlichen Stück Fleisch zu Gemüte geführt. Teurer Freund, Ihr müßt mir unbedingt jede Woche eine solche Portion zukommen lassen, mit einem Paar Fleischbacken ganz nach meinem Geschmack. Ihr habt damit angefangen, und jetzt habe ich mich schon so daran gewöhnt, daß ich ohne das gar nicht mehr auskomme. Ich für meinen Teil werde Euch am Donnerstag abend etwas zubereiten. Kauft also nichts ein, denn am Freitag könnt Ihr Euer Netz dann wieder mit so viel Fisch mit nach Hause nehmen, wie Ihr nur wollt. Ich besorge uns etwas Gutes vom Schafhirten, und daraus bereiten wir uns eine himmlische Brühe und viele köstliche Suppen. Wie der Mann neulich sagte, machen wir es wie die Esel: Wir kitzeln einander dort, wo es uns juckt... will heißen, am Gaumen.

Keine Bange, bester Freund«, beendet Magagnati seinen Brief, »und ein Hoch auf die Liebe! Denn wenn Ihr auch schon im fortgerückten Alter seid, müßt Ihr doch noch lange kein Kostverächter sein!«

Mit derart genüßlichen Aussichten auf Kurzweil und Unterhaltung gehörten die sieben Jahre in Padua, die Galileo über die Schwelle des neuen Jahrhunderts brachten, zur glücklichsten Zeitspanne seines Lebens überhaupt. Er befand sich mitten in den Dreißigern, war an der Universität fest etabliert, voller Tatendrang und leidlich sorgenfrei. Die Stadt, von Shakespeare einst als »heiteres Padua, Amme der Künste« besungen, hatte es ihm angetan. Gern flanierte er durch die engen, beidseitig von Arkaden gesäumten Gassen, schlenderte am Ufer des träge dahinfließenden *Bacchiglione* entlang, verweilte versonnen an den Kanälen und im botanischen Garten, der mit seiner kreisförmigen Anlage die ptolemäische Vorstellung des Kosmos widerspiegelte, oder erging sich in dem großzügigen Oval des von einem künstlichen Wassergraben eingefaßten *Prato della Valle*. Er verrichtete seine Gebete in den orientalisch angehauchten Basiliken Paduas, bewunderte dort die Statuen Donatellos und die Fresken Giottos und versorgte sich auf den Märkten rund um den *Palazzo della Ragione*, dessen prächtiger Ratssaal an das Innere eines gewaltigen, kieloben liegenden, hölzernen Schiffsrumpfes erinnerte. Mit seinen Studenten diskutierte er in den Schänken rechts und links der *Piazza dei Signori* oder auf den Marmorstufen der *Loggia della Gran Guardia*.

Weniger Vergnügen machten ihm seine Pflichtlektionen an der Universität, was verwunderlich ist, denn die Direktiven für den Vorlesungsbetrieb an Paduas Universität kamen seinem eigenen Vortragsstil im Grunde genommen entgegen. Als er seine Professur antrat, protestierte die Studentenschaft gerade aufs heftigste gegen die Langweiler unter den Professoren, die »Papierdoktoren«, die ihre mitunter längst veralteten Lektionen einfach von ihren vergilbten Blättern ablasen, statt sich auf das Gespräch mit den Studenten einzulassen. Auf Anordnung des venezianischen Senates wurde dies daraufhin als Verstoß gegen einen geistig lebendigen Lehrbetrieb mit einer Geldbuße von zwanzig Dukaten geahndet – eine Maßnahme, die Galileo begrüßt haben dürfte, entsprach sie doch ganz und gar seinem eigenen Bedürfnis nach Selbstdarstellung. Nun war er sogar von Amts wegen gehalten, ein wenig zu schauspielern, etwas Theatralik in seine Vorlesungen einfließen zu lassen: *commedia della scienza*. Trotz alldem konnte sich Galileo für den weitgehend unpersönlichen Charakter von Vorlesungen nie so richtig erwärmen und zog die stille Konzentration seiner privaten Unterrichtsstunden bei weitem vor.

An der Universität selbst ging es in diesen Jahren hoch her. Während die stets auf Neuerungen drängenden Studenten in den Gassen um die Bibliothek von *San Biagio* fortwährend ihre Scharmützel mit den Spitzeln der Polizei ausfochten, die ihre Nase überall hineinsteckten, lagen die Professoren in, wenn auch unblutiger, Dauerfehde mit den ortsansässigen Jesuitenpatres. Der Orden hegte seit langem, schon vor Galileos Zeit in Padua, die feste Absicht, in der Stadt eine zweite Universität zu gründen, die »Il Bò« den Rang streitig machen sollte. Die öffentliche Meinung zerfiel in dieser Frage in zwei gegensätzliche Lager, an der Spitze des einen die Professoren der Universität, die dem Konkurrenzprojekt der Jesuiten leidenschaftlichen Widerstand entgegensetzten. Der Konflikt ging weit über die Stadtgrenzen hinaus durch die Lande als Kampf zwischen den *bovisti* und den *gesuiti*. Er eskalierte sogar in Handgreiflichkeiten, als eine Meute arroganter venezianischer Patriziersöhnchen eines Nachts in die Paduaner Residenz der Jesuiten eingedrungen war und die Patres aus ihren Betten und in die Gassen gescheucht hatte. Galileo, der sein gutes Verhältnis zu den Jesuiten nicht gefährden wollte, tat alles, um sich selbst aus diesen gefährlichen Auseinandersetzungen herauszuhalten.

Die Universität war auf den Gebieten des Rechts, der freien Künste und der Philosophie stets durch Persönlichkeiten vertreten, die landesweit höchstes Ansehen genossen. Der Ruf der medizinischen Fakultät in Padua allerdings stellte alles in den Schatten. Dort hatte 1587 Alessandro Massaria, ein in ganz Venezien hochgeschätzter Praktiker, den Lehrstuhl von Girolamo Mercuriale übernommen, der, seinerseits als medizinische Koryphäe weithin in Italiens Landen berühmt, einst ein vielgelesenes Werk über den gesundheitlichen Nutzen körperlicher Ertüchtigung verfaßt hatte. Unter der jüngeren Ärzteschaft an der Fakultät herrschte gerade ein heftiger Meinungsstreit über das Für und Wider des Aderlasses. Inhaber des ersten Lehrstuhls für Anatomie und praktische Chirurgie überhaupt war der überragende Girolamo Fabricio d'Acquapendente, der »Kolumbus des menschlichen Körpers«, wie man ihn wegen seiner Entdeckung der Steuerklappen in den Venen rühmte. Fabricio hatte das intime, geschlossene Rund des anatomischen Hörsaals der Universität Padua mit seinen aufsteigenden, von Balustraden gezierten Bankreihen rings um den Operationstisch nach dem Vorbild des menschlichen Auges entworfen und sich dort mit seinen Schülern vorwiegend auf die Behandlung der für die Zeit typischen Leiden spezialisiert: Stichwunden in der Hauptsache und Vergiftungserscheinungen. Die kleine Arena gab dabei dem Geschehen auf dem Operationstisch fast so etwas wie eine sportliche Note.

Daß in seinem unmittelbaren Umkreis so kunstfertige Mediziner tätig waren, sollte sich für Galileo bald als Glücksfall erweisen. Im Sommer 1593 unternahm er mit drei Freunden einen ausgedehnten Ausflug in die Bergausläufer nordwestlich von Padua. Sie kamen bis nach Verona, kehrten von dort über Vicenza zurück und machten an einem der drückendheißen Abende halt in dem kleinen Ort Costozza, wo ein gutbekannter Anwalt und Kunstmäzen sich eine Sommervilla hatte errichten lassen. Dort gab es ein stürmisches Willkommen. Gegen Ende einer langen Nacht üppigster Schlemmerei, voll des krügeweise genossenen vollmundigen *rosso di Costozza*, legte sich Galileo schließlich in der noch immer lastenden Hitze ganz ausgezogen neben einer Fensteröffnung, durch die ein angenehm kühles, durch eine nahe Quelle etwas aufgefrischtes Lüftchen hereinwehte, zur Ruhe. Tags darauf plagte ihn eine fürchterliche Erkältung, die sich in den Folgetagen derart verschlimmerte, daß er schießlich mit einer Krankenkalesche nach Padua zurückgebracht werden mußte. Dazu gesellte sich bald darauf eine schmerzhafte chronische Gelenkentzündung, die im Verein mit einer Reihe zusätzlicher Gebrechen Galileo schließlich sein ganzes Leben hindurch quälen sollte. Girolamo Fabricio wurde sein Hausarzt in Padua. Auch er fand wie andere bedeutende Persönlichkeiten aus seinem Leben Eingang in die Schriften Galileos. Als dieser fünfzehn Jahre später vehement für die Zusammengehörigkeit von Philosophie und Mathematik plädierte, illustrierte er dies mit einem Verweis auf das analoge Verhältnis von medizinischer Forschung auf der einen und praktischer Chirurgie auf der anderen Seite:

»Beides gegeneinander auszuspielen wäre genauso töricht wie das Ansinnen, der erfahrene Chirurg aus Acquapendente [Fabricio] solle sich ganz auf den Einsatz seiner Skalpelle und Salben beschränken und seine medizinisch wissenschaftlichen Kenntnisse bei der konkreten Heilbehandlung hintanstellen, als ob die medizinische Forschung der Praxis im Wege stünde. Ich habe durch die Behandlung von Signor Acquapendente viele Male meine Gesundheit wiedererlangt und kann bezeugen, daß er mir dazu weder besondere Verbände noch spezielle Präparate oder Trinkwässerchen verordnet hat, noch, daß er mir, statt meinen Puls zu messen, jemals eine Wunde ausgebrannt oder auch nur einen Zahn gezogen hätte.«

Galileo nahm am Fortschritt der Medizin und besonders an der anatomischen Forschung zeitlebens regen Anteil. Die wissenschaftlichen Kontroversen an der medizinischen Fakultät berührten eine Reihe von philosophischen Sachfragen, die ihn schon immer beschäftigt hatten: Fragen nach der Natur der Schmerzempfindung, dem Ursprungsort der Nervenbahnen und dem System des Blutkreislaufs im menschlichen Körper. Als Fabricios anatomischer Hörsaal 1594 eingeweiht wurde, gehörte er zu den ersten Gratulanten.

Mit den Vorlesungen zur Kosmologie des Ptolemäus von 1594 und 1595 war die Astronomie ein wesentlicher Bestandteil seiner weit ausgreifenden Forschungsinteressen geworden, und wie auf allen anderen Gebieten war sein Urteil auch auf diesem schon bald sehr gefragt. Von überallher trat man an ihn heran, um seine Meinung in konkreten Fragen einzuholen. So auch 1597 sein alter Freund Jacopo Mazzoni aus seiner Zeit in Pisa, der Mann mit dem fabelhaften Gedächtnis. Mazzoni hatte sich neben seinen lebenslangen Dante-Studien gründlich mit Aristoteles beschäftigt und bat Galileo nun um eine Beurteilung seines neuesten Werkes, das einen Vergleich der philosophischen Position Platons mit der des Aristoteles zum Thema hatte. Galileo hatte an einem Abschnitt des Buches, der sich kritisch ablehnend auf die neuere kosmologische Theorie von Kopernikus bezog, Anstoß genommen und fühlte sich bemüßigt, die Ansichten seines befreundeten Kollegen in diesem Punkt zurechtzurücken. Nach anfänglichem Lob für einige Teilaspekte des Werkes sparte er daher nicht mit seiner Kritik daran, daß Mazzoni die kopernikanische Theorie von der täglichen Rotationsbewegung der Erde um ihre eigene Achse als Irrglauben zu entlarven suchte. Er hegte mittlerweile die feste Überzeugung, daß Kopernikus mehr im Recht war als die noch immer maßgeblichen Doktrinen des Ptolemäus und Aristoteles, welche die Position der Erde fest im Mittelpunkt des Universums fixierten. Bei diesem Brief an den mit ihm befreundeten Professor Mazzoni dürfte es sich um Galileos erstes schriftliches Bekenntnis zu Nikolaus Kopernikus und dessen kosmologischer Theorie handeln.

Wenige Monate später wurde er diesbezüglich noch deutlicher. Jetzt räumte er freimütig ein, daß er sich schon vor geraumer Zeit der Auffassung von Kopernikus angeschlossen habe. Auslöser für dieses offene Bekenntnis war wiederum ein Buch, das ihm zur Beurteilung zugesandt worden war. Es war in der universalen Gelehrtensprache Latein geschrieben und stammte von einem sechsundzwanzig Jahre alten Dozenten an einem protestantischen Gymnasium in Graz, nicht allzuweit jenseits der Grenzen auf Reichsgebiet gelegen. Sein Autor, der ebenfalls über deutsche Studenten in Padua von Galileo gehört hatte, war Johannes Kepler, und bei dem Buch handelte es sich um dessen *Mysterium Cosmographicum*. Dieses Werk, ein überschäumendes Konglomerat aus Wissenschaftlichkeit und christlicher Mystik, enthält Keplers »Vernunftbeweis«, daß die Sonne, nicht die Erde, den Mittelpunkt des Universums bildet. Nach Keplers Vorstellung folgen die Planeten einer göttlichen Anordnung, die sich mit der heiligen Zahl Fünf in Verbindung bringen läßt: fünf vollendete Himmelskörper und fünf Zwischenräume unter ihnen. Er hatte hier offenbar eine Beziehung zwischen den Umlaufbahnen der Planeten und dem biblischen Gleichnis aus dem Evangelium des Matthäus vor Augen, in dem das himmlische Reich mit zehn Jungfrauen verglichen wird – fünf davon waren klug und fünf töricht:

»Ich glaube, die göttliche Vorsehung hat die Dinge so geregelt, daß mir durch Zufall zuteil wurde, was ich trotz aller Mühen nicht erreichen konnte. Das glaube ich um so mehr, weil ich stets zu Gott gebetet habe, er möge meinen Plan gelingen lassen, wenn wahr ist, was Kopernikus gesagt hat.«

Einer derartigen methodischen Haltung hätte Galileo eigentlich mit größter Skepsis begegnen müssen, war das Ganze von seiner wissenschaftlichen Warte aus doch noch ziemlich ungereimt und abstrus, wenngleich Keplers intuitive Einsicht diesem wenige Jahre später die staunenswerte Formulierung der grundlegenden Gesetze der Planetenbewegungen ermöglichte. Doch er bewunderte offenbar jeden, der den Mut aufbrachte, offen für Kopernikus Partei zu ergreifen, was in seinen Augen höchst gefährlich war und einem aufrührerischen Akt gleichkam. Sein Antwortschreiben an Kepler jedenfalls ist enthusiastisch und aufschlußreich zugleich. In dem jungen Dozenten aus Graz hatte er endlich einen würdigen Mitstreiter gefunden, mit dem er sich über seine innersten Überzeugungen privat und vertraulich austauschen konnte. Diese jedoch offen vor aller Welt zu vertreten – das wollte er vorerst doch lieber Kepler überlassen.

»Es ist wirklich beklagenswert, wie wenige es sind, die nach der Wahrheit streben«, schrieb er seinem neuen Vertrauten, »aber dies ist nicht der Ort, die Nöte unseres Jahrhunderts zu beklagen. Ich werde Euer Buch mit besonderer Freude lesen, da ich seit langer Zeit schon ein Anhänger des kopernikanischen Systems bin und von diesem Standpunkt die Ursachen vieler Wirkungen in der Natur entdeckt habe, die nach der allgemein üblichen Hypothese zweifellos unerklärlich sind.«

Neben dem freimütigen Bekenntnis zur Theorie von Kopernikus enthält Galileos Brief an Kepler jedoch vor allem auch das Eingeständnis mangelnden eigenen Mutes:

»Ich habe schon viele Beweise gesammelt, um die gegenteilige Lehrmeinung [Aristoteles'] zu widerlegen, was ich jedoch auf keinen Fall veröffentlichen werde, abgeschreckt durch das Schicksal unseres

Lehrers Kopernikus.* Denn wenngleich dieser sich bei einigen unsterblichen Ruhm verschaffte, wurde er doch von den allermeisten (so groß ist nämlich die Zahl der Toren) verlacht und ausgepfiffen. Gäbe es mehrere von Eurer Art, würde ich meine Überlegungen an die Öffentlichkeit tragen. Da dem aber nicht so ist, schrecke ich davor zurück.«

Galileos innerer Zwiespalt zwischen eigener Überzeugung und deren Bekundung in der Öffentlichkeit, eigenem Mut und eigener Ängstlichkeit, zwischen wissenschaftlichem Pioniergeist und Traditionsverhaftung, idealistischer Wahrheitssuche und praktischer Vorsicht tritt in diesem bedeutsamen Briefwechsel mit Kepler deutlich ans Licht. Der bedrängte ihn noch im Oktober desselben Jahres: Geht an die Öffentlichkeit! Falls dies in Italien noch mit zu großen Gefahren verbunden sein sollte, publiziert Eure Überlegungen in Deutschland! Im Überschwang seiner freundschaftlichen Beziehung zu Galileo blies Kepler zum Angriff: »Habt Vertrauen, Galileo, und tretet hervor! Ich glaube nicht, daß die hervorragenden Mathematiker Europas sich gegen uns wenden. Die Wahrheit muß einfach alle überzeugen!«

Doch Galileo trat nicht hervor. Zuviel stand auf dem Spiel, und noch gab es dabei wenig zu gewinnen. Instinktiv verlangte es ihn nach augenfälligen Beweisen und Experimenten anstelle der reinen Gedankenspekulationen. Im übrigen war er auch noch viel zu sehr damit beschäftigt, endlich zu Geld zu kommen, und nicht, sich weitere Schwierigkeiten auf den Hals zu laden.

Im Sommer 1597 tat er sich mit Marc'antonio Mazzoleni zusammen, einem Werkzeugmacher, der sein Handwerk im Arsenal von Venedig gelernt hatte und ihm nun über zehn Jahre lang unschätzbare Dienste leisten sollte. Ihre Zusammenarbeit begann mit der Rückkehr zu einer alten Einnahmequelle Galileos, der Beschäftigung mit dem Kriegshandwerk. Wieder war es die Beziehung zum Hause

* Das Werk von Kopernikus, *De Revolutionibus*, erschien im Jahre 1543, als sein Verfasser bereits auf dem Sterbebett darniederlag. Ohne sein Wissen wurde es mit einem Vorwort versehen, das die zu erwartenden Widerstände gegen die radikal neue Sichtweise von vornherein dadurch zu entkräften suchte, daß es seine Überlegungen als lediglich hypothetisch bezeichnete.

del Monte, zum Marchese del Monte in Florenz und zu dessen Bruder, General del Monte in Padua, die den Anstoß dazu gab. In jener Epoche stark befestigter Kastelle und großkalibriger Geschütze hatte sich die Artillerie schon seit längerem zu einer Art eigener Kunst und Wissenschaft gemausert. Der Marchese kam auf den Gedanken, ob man die schwerfälligen und leidlich ungenauen Gerätschaften zum Einrichten der Kanonen, wie sie die Geschützmeister seines Bruders bisher verwendeten, nicht durch ein leichter handhabbares Instrument ersetzen könnte, mit dem es möglich war, die Entfernung und Größe eines Zieles, den richtigen Schußwinkel sowie Geschoßbahn und -wirkung präzise vorauszuberechnen. Ab 1596 begann Galileo, sich mit dieser Frage eingehender zu beschäftigen.

Das Resultat seiner Bemühungen war ein militärischer und geodätischer Proportionszirkel, ein handliches Bronzegerät mit zwei justierbaren Armen, die über ein hübsches, blütenförmiges Gelenk miteinander verbunden und sehr schön jeweils mit vier Linienpaaren graviert waren. Dieser Zirkel saß auf einem Quadranten, der zur Ermittlung der Höhenrichtung mit einer Richtskala ausgestattet war. Der konnte nunmehr der Länge nach auf das Geschützrohr aufgesetzt und so von der Seite her abgelesen werden, was es dem Kanonier ersparte, sich wie nach der herkömmlichen Richtpraxis direkt vor der Geschützöffnung aufstellen zu müssen – eine entscheidende Neuerung, die der Sicherheit zugute kam.

1597 erweiterte und verfeinerte Galileo die Richtskala noch durch zusätzliche Gradeinteilungen und erhielt dadurch ein Instrument, das sich genausogut auch für zivile Zwecke wie etwa die Landvermessung einsetzen ließ. Während er nun eine Anleitung zum Gebrauch seines Proportionszirkels verfaßte, stellte Mazzoleni diesen in seiner Werkstatt bereits in beträchtlicher Anzahl her. Endlich also hatte er ein überaus nützliches Gerät erfunden, das man in großen Stückzahlen produzieren konnte und für das ein aufnahmebereiter Markt vorhanden war. Nebenbei vergrößerte er seinen Profit noch damit, daß er Anleitungskurse zum Gebrauch des Zirkels anbot und den Teilnehmern dafür jeweils hundertzwanzig Lire abknöpfte. (So einflußreiche und hilfsbereite Bekannte wie Pinelli und Pater Sarpi erhielten sein

Instrument aus geschäftlichem wie politischem Kalkül natürlich als Geschenk.) Das Ganze ließ sich so gut an, daß Mazzoleni schließlich samt Frau, die Küche und Haushalt übernahm, und Kind ganz bei Galileo einzog. Neben freier Kost und Bleibe entlohnte dieser Mazzoleni mit lumpigen sechs Dukaten im Jahr. Auch die Fabrikationsstätte für den Zirkel verlegten sie bald darauf ins Erdgeschoß seines Hauses. Als sich diese Zusammenarbeit ihrem Ende näherte, hatte Mazzoleni weit über hundert dieser Instrumente hergestellt, für die Galileo fünfzig Lire verlangte – mehr als das Dreifache dessen, was die Herstellungskosten ausmachten –, das Prachtexemplar, das Mazzoleni als Geschenk für Erzherzog Ferdinand von Österreich eigens vollständig aus Silber gefertigt hatte, selbstverständlich nicht mitgerechnet.

In Teilen der Professorenschaft Paduas stieß Galileos unternehmerischer Elan auf kaum verhüllten Neid, wenn nicht gar auf offene Feindseligkeit. Schon zu Beginn seiner Lehrtätigkeit hatte sich an der Universität ein ganzer Klüngel von Intriganten an seine Fersen geheftet, denen jedes Mittel recht war, ihm und seinem wachsenden Ansehen in der Öffentlichkeit einen Dämpfer aufzusetzen. Statt seinen Gegnern jedoch lediglich den Wind aus den Segeln zu nehmen, machte sie Galileo auch noch zum Gespött, und so trieb die Situation letztlich auf eine offene Konfrontation zu. Als er seine Anleitung zum Gebrauch des Proportionszirkels drucken ließ, war es soweit. Bestürzt mußte er zur Kenntnis nehmen, daß ein junger Mailänder namens Baldassare Capra in der Zwischenzeit eine eigene Schrift über einen militärischen Zirkel herausgebracht und darin das Urheberrecht an dieser Erfindung ausdrücklich für sich reklamiert hatte. Plötzlich sah er sich dem schweren Vorwurf des Plagiats ausgesetzt.

Eine solche böswillige Unterstellung konnte bittere Folgen haben. Galileo mußte schnell reagieren und nun seinerseits alle zur Verfügung stehenden Kräfte mobilisieren. Sagredo, Mazzoleni und auch Pater Paolo Sarpi gaben zu seinen Gunsten Erklärungen zu Protokoll, denen zufolge sie bereits im Jahre 1597 zum Kreis jener Privilegierten gehört hätten, die von Galileo in der richtigen Handhabung des Instrumentes unterwiesen worden seien. Sarpi hatte zudem einen der ersten Zirkel als Geschenk erhalten und konnte diesen den Richtern nun glücklicherweise als Beweis vorlegen. Schließlich wurde der Nachweis erbracht, daß unter den damaligen Interessenten, denen Galileo erstmals die Verwendung seines Zirkels demonstriert hatte, sich auch sein Widersacher Baldassare Capra selbst befunden hatte, der 1597 gerade mal siebzehn Jahre zählte. Als sich dann die zuständigen Gremien der Universität des Falles annahmen, stellte sich schnell heraus, daß Capras Schrift kaum mehr zu bieten hatte als lediglich eine plumpe Übersetzung von Galileos Anleitung ins Gelehrtenlatein. Der Ankläger wurde unversehens zum Beschuldigten, und der Vorwurf des Plagiats kehrte sich nun gegen ihn. Die in Umlauf befindlichen Exemplare seines Elaborats wurden beschlagnahmt und er selbst mit Schimpf und Schande aus Padua verwiesen.

In diesem wie auch noch in zahlreichen späteren Fällen zeigte sich allerdings, wie schwer es Galileo fiel, sich über derart plumpe Intrigen souverän hinwegzusetzen. Obwohl Capra des Plagiats überführt und von der Obrigkeit dafür mit dem Entzug der Aufenthaltserlaubnis bestraft worden war, glaubte er unter dem Vorwand, dreißig Exemplare von dessen Machwerk kursierten weiterhin in der Öffentlichkeit, noch eigenes eine persönliche Rechtfertigung nachschieben und diese in Venedig bekanntmachen zu müssen. Noch nach zwanzig Jahren – er hatte mittlerweile unangefochten den Zenit seines Ruhms erreicht, während Capra längst in irgendeiner Versenkung verschwunden war – kam er im *Saggiatore* voller Erbitterung wieder auf diese alte Geschichte zurück. Capra wurde für ihn zum Synonym für all die Intriganten und Hochstapler, die »mit beachtlicher Gerissenheit« schon immer darauf ausgewesen wären, ihm seine Entdeckungen und seinen Ruhm streitig zu machen.

»Man möge mir nachsehen, wenn ich bei dieser Gelegenheit – ganz gegen meine Natur, meine Gewohnheit und meine augenblickliche Absicht – meinem Groll und meiner (vielleicht allzu heftigen) Empörung über etwas freien Lauf lasse, das ich all die Jahre für mich behalten habe.« Und was hatte Galileo so lange Zeit in sich hineingefressen? Der Plagiatsskandal von 1607 sei auf eine geheimnisvolle Verschwörung aus Deutschland zurückzuführen gewesen. Als eigentlicher Motor hinter Capras plumper Intrige müsse dessen Lehrer, ein Deutscher namens Simon Mayr, genannt werden!

Wen außer ihn selbst kümmerte das nach all den Jahren noch?

Eigentlich hatte Galileo in den Jahren unmittelbar vor der Jahrhundertwende allen Grund zur Zufriedenheit. Mit fünfunddreißig hatte er es endlich zu etwas gebracht. Sein bescheidenes Heim dicht an den Mauern von *Santa Giustina* hatte er seit geraumer Zeit mit einem geräumigen, dreistöckigen Gebäude im Schatten der herrlichen Kuppeln der Basilika des Heiligen Antonius vertauscht, kaum eine Straßenecke von Pinellis rostbraunem Palazzo entfernt. Hier, an der *Via Vignali del Santo*, dem »Weinberg des Heiligen«, hatte er endlich genügend Platz für die kleine Schar seiner Privatschüler, einige Bedienstete, seine Werkstatt und die Familie Marc'antonio Mazzolenis, wobei ihm als Hausherrn im ersten Stock immer noch eine ausreichende Zahl stattlicher Räume zur Verfügung stand.

Den weitläufigen, ringsum von einer Mauer umgebenen Garten auf der Rückseite des Hauses betrachtete er als einen besonderen Segen, konnte er sich hier doch fortan über Jahre hinweg seinen liebevoll gehegten Rebenspalieren, seinen Blumenrabatten und Flanierwegen widmen. Seinen Privatschülern, jungen Akademikern aus Italien und vielen ausländischen Adligen, blieben die Stunden des geselligen Beisammenseins mit Galileo in dessen Garten stets in lebhafter Erinnerung. Es war ein einladender Ort, ein Ort der Musik und der Poesie, ernsthafter philosophischer Gespräche und schallenden Gelächters, zumal im Sommer, wenn sie ihre Abendmahlzeiten draußen unter den Bäumen einnahmen und von jenseits der Gartenmauer die in mildes Mondlicht getauchten Kuppeln von *San Antonio* herüberschimmerten.

1599 lief seine Lehrverpflichtung an der Universität aus. Doch dem Dogen beliebte es, seinen Vertrag um weitere sieben Jahre zu verlängern, und der venezianische Senat honorierte seine Tätigkeit mit 320 Dukaten im Jahr um fast das Doppelte seiner bisherigen Besoldung.

Es war eine Zeit befreiter Sorglosigkeit und Harmonie – die glücklichste Zeit seines Lebens.

4

Frösche und Mäuse

Im fernen Rom leitete der Anbruch des neuen Jahrhunderts eine Phase festlicher Prunkentfaltung und rigoroser Erneuerung ein. Sichtlich erleichtert und aufatmend nahm die römische Kurie Abschied von einer Epoche, die ihr die bislang größten Erschütterungen in ihrer langen Geschichte eingebracht hatte: dem Jahrhundert eines Luther, eines Calvin und eines Heinrich VIII. von England. Das neue Jahrhundert sollte nach dem Willen des von einem schweren Gichtleiden heimgesuchten Papstes Clemens VIII. einen glücklicheren Anfang nehmen. Er erklärte das Jahr 1600 zum »Heiligen Jahr«. Eine Fülle von Festveranstaltungen und nicht endender Lob- und Dankesmessen, zu denen man weit über eine Million Pilger erwartete, sollten Rom das ganze Jahr über in Atem halten. Die besten Kanzelprediger der Kirche, darunter auch Kardinal Bellarmin in *Il Gesù*, der Stammkirche der Jesuiten, sollten die mächtigen Gotteshäuser der katholischen Christenheit mit Gläubigen füllen, und der kränkelnde Papst wollte reuigen Protestanten und Häretikern im Hof des Belvedere persönlich die Beichte abnehmen und Absolution erteilen. Am letzten Dezembertag des zu Ende gehenden Jahrhunderts erhob Clemens sich von seinem Krankenlager, um die abgelaufene Epoche offiziell zu beschließen und zugleich das neue Zeitalter mit einer ganz im Geiste der Gegenreformation verfaßten Ermahnung zur Umkehr und dem traditionellen *Urbi et Orbi*, dem universellen Segen für die Stadt und den Erdkreis, anzukünden.

Clemens VIII. hatte in den vorangegangenen Jahren seines Pontifikats beachtliche diplomatische Erfolge erzielt und damit überall große Hoffnungen geweckt. In Frankreich hatte Heinrich IV. dem Protestantismus wieder abgeschworen und sich mit seiner Konversion zum Katholizismus der Macht der Kurie gebeugt. Spanien war infolge andauernder kriegerischer Verwicklungen in Europa und der vernichtenden Niederlage seiner Armada nach außen hin noch immer entscheidend geschwächt und im Innern durch die Exzesse der Inquisition ausgezehrt. Sein Einfluß auf die Politik Roms und der Herzogtümer Norditaliens verblaßte – zeitweilig zumindest, bis Philipp III. 1598 den Königsthron bestieg. Obwohl Heinrich IV. mit dem Edikt von Nantes den Hugenotten in seinem Land freie Religionsausübung eingeräumt und damit ihrer blutigen religiösen Verfolgung ein vorläufiges Ende gesetzt hatte, war es zwischen Frankreich und Spanien zu einem Friedensschluß gekommen. Das endgültig vom Katholizismus abgefallene England Elisabeths I. war damit vom politischen Geschehen auf dem Kontinent weitgehend isoliert. Eine allgemeine Aufbruchstimmung bestimmte die Atmosphäre in der Ewigen Stadt, als sich dort die Pilger zum heiligen Jahr in Scharen einfanden und Gassen und Plätze füllten.

Die Geschichte verzeichnet allerdings auch ein düsteres Ereignis am Beginn des neuen Jahrhunderts, eine Art Menetekel gleichsam für das, was auch Galileo noch bevorstehen mochte. Am Samstag, dem 19. Februar des Jahres 1600, erschien kurz vor Tagesanbruch eine Abordnung von Mönchen einer aus Angehörigen mehrerer Orden bestehenden »Bruderschaft für Gnade und Barmherzigkeit«, der in Rom auch als »Bruderschaft des Heiligen Johannes des Enthaupteten« ein durchaus zweischneidiger Ruf vorauseilte, vor dem Portal der *Tor di Nona*, dem weltlichen Gefängnis Roms gleich gegenüber den berüchtigten kirchlichen Verliesen des *Castel Sant'Angelo*, der Engelsburg auf der anderen Seite des Tiber. Dort ließen sie sich einen Gefangenen aushändigen, banden diesen auf einen primitiven Karren und machten sich durch die verwinkelten Gassen des Viertels um den langgestreckten Platz, der Kaiser Domitian einst als Stadion gedient hatte, auf den Weg zum *Campo dei Fiori*, Roms altem Blumenmarkt.

Während des ganzen, auf dem steinigen Pflaster nur stockend vorankommenden Zuges beschworen die Jesuiten- und Dominikanerpatres der Kongregation ihren Gefangenen ohne Unterlaß, seine Irrlehren doch noch zu widerrufen und seine Sünden in letzter Minute zu bereuen, um nicht als Ketzer der ewigen Verdammnis anheimzufallen. Sie preßten ihm Heiligenbilder zum Kuß auf die Lippen und hielten ihm unentwegt Bildnisse Christi, der Heiligen Jungfrau und sogar des Papstes vor die Augen, jenes Papstes, den der Gefangene selbst einmal als »triumphierende Bestie« bezeichnet hatte. Die Lippen des Mannes jedoch waren bereits verschlossen – versperrt durch einen eisernen Knebel, dessen zwei Dornen ihm die Zunge und den Gaumen durchbohrten. Er vermochte längst nicht mehr auf das scheinheilige Beschwörungsritual der Peiniger an seiner Seite zu reagieren oder gar den gierigen Pöbel mit seiner furchtlosen Haltung in Aufruhr zu versetzen, mit der er im Prozeß schon seinem Ankläger Kardinal Roberto Bellarmin, dem einflußreichsten Theologen der römischen Kirche, entgegengetreten war: »Ich muß weder noch will ich widerrufen. Ich habe nichts zu widerrufen und wüßte auch nicht, was ich widerrufen sollte.«

Pure Verachtung für seine Peiniger und Ankläger – das war alles, was dem so schwer Mißhandelten noch geblieben war. Als man ihm sein Urteil verlesen wollte, hatte er den über ihn Richtenden aufrecht in die Augen geblickt und ihnen ins Gesicht gesagt: »*Eure* Furcht, meinen Schuldspruch zu verkünden, ist wahrscheinlich größer als die meine, ihn entgegenzunehmen.«

Viele, an denen der Zug auf seinem Weg zum *Campo dei Fiori* vorbeikam, wollten wissen, um wen es sich bei dem Gefangenen auf dem Karren eigentlich handle, und erhielten darauf von den Ordensbrüdern stets die gleiche stereotype Antwort: Es sei ein »Lutheraner«, ein Schandwort für alles, was in Rom damals als ketzerisch angesehen wurde. In Wirklichkeit jedoch war der Mann auf dem Wagen selber ein Ordensangehöriger der Dominikaner, ein anfänglich hoch angesehenes Mitglied jenes geistlichen Wächterordens – die Bezeichnung »Dominikaner« stammt von *Domini canes*, »Hunde des Herrn« –, der jetzt endgültig den Stab über ihn gebrochen hatte. Acht Jahre hatte er bereits in kirchlichem Gewahrsam verbracht, eine ungebührlich lange Zeit, die sich nur damit erklärt, daß die Oberen seines Ordens stets auf einen Widerruf seiner häretischen Überzeugungen und damit auch darauf gehofft hatten, sich somit ihre letzte schaurige Pflicht ersparen zu können. In der Tat hatte der Angeklagte in der langen Haft wiederholt mit dem Gedanken an einen Widerruf gerungen und einen solchen auch des öfteren in Aussicht gestellt, was im Rückblick allerdings ebenso als bloße Verzögerungstaktik erscheinen konnte. Man hatte ihn in acht Anklagepunkten der Irrlehre beschuldigt, und bei einigen von ihnen war er manchmal ins Wanken geraten. In einem Punkt jedoch blieb er immer unnachgiebig. Er glaubte an die Unendlichkeit des Universums. Der christliche Glaube an die Unendlichkeit des Schöpfergottes schloß nach seiner festen Überzeugung den Glauben an die Unendlichkeit des Universums ein, das Gottes Schöpfung darstellt. Und ebenso unbeugsam blieb er bei seiner Auffassung, daß die Erde um die Sonne kreise und es neben der unseren noch ungezählte andere Welten gebe, die genauso von lebendigen Geschöpfen Gottes bewohnt seien.

Als der Zug seinen düsteren Bestimmungsort erreicht hatte, ging ein erwartungsvolles Beben durch die versammelte Menge. Das Todesurteil selbst bestand aus den üblichen vagen Floskeln, in denen in typisch verklausulierter Manier von einem »Tag der Gerechtigkeit« die Rede war. Die Strafe sollte »mit größtmöglicher Milde und ohne Blutvergießen« vollstreckt werden. Unter ständigem Litaneiengemurmel, der Anprangerung seiner Irrlehre und unaufhörlichen Fürbitten um Gnade und Erlösung führten die Brüder mit tief ins Gesicht gezogenen Kapuzen den Verurteilten zum Scheiterhaufen, zogen ihm die Kleider vom Leib und streckten ihm noch einmal ein Kreuz entgegen. Doch der wandte in einer stummen Geste des Abscheus sein Gesicht ab und provozierte damit einen letzten erregten Aufschrei der Menge.

Mit all den zeitgemäßigen Ritualen einer öffentlichen Hinrichtung und ohne Blutvergießen, wie es das Urteil gefordert hatte, wurde Giordano Bruno bei lebendigem Leibe verbrannt.

»Dies ist unsere angemessene Bestrafung für Übeltäter und Ungeheuer solchen Schlags«, äußerte sich anschließend einer der hochzufriedenen Augenzeugen des makabren Schauspiels. »Sollte ich im Rückblick all die Monstrositäten durchgehen, die dieser Mensch schon in seinen Schriften und Reden verbreitet hat, ich würde damit nie zu Ende kommen. Kaum ein Irrglaube der heidnischen Philosophen und der Abtrünnigen unserer Kirche, den er nicht auch vertreten hat.«

In den römischen Gazetten, den *Avvisi* und den *Ritorni*, rief die Nachricht von Brunos Flammentod ein geteiltes Echo hervor. Vermeldete das eine Blatt, man habe ihm vor der Hinrichtung die Zunge durchbohrt, um ihn daran zu hindern, mit seinen Gotteslästerungen den versammelten Mob in Aufruhr zu versetzen, beschrieb ihn das andere als wahren Märtyrer, dessen Seele mit dem Rauch des Scheiterhaufens ins ewige Paradies aufgestiegen sei. »Jetzt weiß er, ob er die Wahrheit gesprochen hat«, schloß der Bericht etwas treuherzig, und im Hinrichtungsprotokoll der »Bruderschaft für Gnade und Barmherzigkeit« findet sich der Vermerk, der Verurteilte habe bis zuletzt »verblendet an seinen tausenderlei Irrtümern und eitlen Selbstsüchten festgehalten«.

Bruno hatte den Weg des Märtyrers beschritten, indem er seinen spekulativen, großartigen Überzeugungen von der Natur des Universums bis zu seinem Ende die Treue bewahrte.

Für Galileo begann mit dem heiligen Jahr 1600 ein Abschnitt seines Lebens, in dem mißliche finanzielle und familiäre Sorgen ihn fast vollständig beanspruchten. Als ältester Sohn war er nach dem Tod des Vaters für die Familie verantwortlich und hatte für seine Mutter und mehrere Geschwister aufzukommen. Sein in seinen Ansprüchen und Allüren nicht gerade bescheidener jüngerer Bruder Michelangelo erwartete von ihm Unterstützung bei seinen ebenso zahlreichen wie vergeblichen Versuchen, eine Anstellung als Berufsmusiker zu finden. Verschiedentliche hoffnungsvolle Anläufe hatten Galileo bereits einiges gekostet und jedesmal damit geendet, daß Michelangelo schon bald wieder enttäuscht und ohne einen Heller in der Tasche nach Hause zurückkam. Im Sommer 1600 erhielt er endlich eine Beschäftigung als Hofmusikant des Fürstenhauses Radziwill in Polen, ein Glücksfall, der Michelangelo sogleich dazu verführte, den *gran signor* zu spielen, sollte er doch von jetzt an in Samt und Seide an der vornehmen Tafel des Fürsten speisen, über zwei Bedienstete und eine eigene Kalesche verfügen und ein Gehalt von dreihundert Dukaten im Jahr einstreichen. Galileo hätte wirklich aufatmen können, wäre da nicht der Wermutstropfen gewesen, daß man im polnischen Fürstenhaus selbstverständlich erwartete, sein Bruder würde seine Stellung bei Hofe mit einer standesgemäß untadeligen Ausstattung und einer ganzen Anzahl eigener kostspieliger Instrumente antreten. Wieder sah sich Galileo gezwungen, die nötigen Anschaffungen mit einem Aufwand von über zweihundert Dukaten aus seiner eigenen Tasche zu finanzieren.

Unterdessen war das sechste seiner Geschwister, Galileos jüngste Schwester Livia, ihres Lebens als Nonne in einem Kloster überdrüssig geworden. Eigentlich, überlegte sie plötzlich, sei eine Eheschließung dem klösterlichen Alltag doch vorzuziehen, und wenn, dann solle dies möglichst bald geschehen, denn sie gehe bereits auf die Dreißig zu. So begab man sich auf die Suche nach einem passenden Heiratskandidaten. Der erste, den Livia im Auge hatte, trug zwar den eindrucksvollen Namen Pompeo, kam aber auf noch nicht einmal hundert Dukaten im Jahr. Galileo stand vor der wenig erfreulichen Aussicht, zusätzlich zu seinen Beiträgen für das aufwendige Hofleben Michelangelos auch noch die Mitgift für Livia aufbringen und deren finanziell notleidendem Haushalt möglicherweise über Jahre hinweg mit eigenen Zuschüssen unter die Arme greifen zu müssen.

»Ich kann dieser Verbindung gerade jetzt unmöglich meine Zustimmung geben«, schrieb er seiner Mutter am 7. August 1600. Erst wenn Michelangelo sich in seiner neuen Stellung einigermaßen etabliert habe und seinen Teil zur Mitgift beisteuern könne, lasse sich eine Vermählung Livias vielleicht ins Auge fassen, »da sie ja nun einmal fest entschlossen scheint, dem Kloster zu entfliehen und an den Widrigkeiten des weltlichen Lebens teilzuhaben«. Bis dahin, meinte Galileo, sollte sie sich aber noch in Geduld üben. »Sagt ihr, es habe schon Königinnen und Fürstinnen gegeben, die sich erst in einem Alter zur Ehe entschlossen hätten, in dem sie ihre Mutter hätten sein können.«

Nach einiger Zeit trieb er selbst einen Kandidaten auf, der ihm für Livia passender erschien: einen Patriziersohn aus Pisa, was seine finanziellen Verpflichtungen jedoch nicht um einen Deut verringerte. Aus Polen erfolgte diesmal immerhin die feste Zusage Michelangelos, sich an der Mitgift von achtzehnhundert Dukaten zu beteiligen. Zweihundert davon wurden sofort für eine standesgemäße Aussteuer benötigt, sechshundert sollten am Tag der Eheschließung und die restlichen tausend über einen Zeitraum von fünf Jahren beglichen werden. Doch auch nachdem bereits ein ganzes Jahr seit Livias Hochzeit verstrichen war, hatte Michelangelo noch keinen einzigen Heller beigesteuert. »Hätte ich geahnt, daß die Dinge so laufen«, schrieb ihm Galileo aufgebracht, »hätte ich das Kind auf keinen Fall in eine Ehe gegeben oder ihm wenigstens nur so viel an Mitgift zugesagt, wie ich selbst hätte aufbringen können. Ich scheine ohnehin dazu ausersehen, die ganze Last allein tragen zu müssen.«

Kaum vier Jahre später verlor Michelangelo seine Stellung in Polen und kehrte nach Padua zurück, wo er seinem Bruder ein weiteres Mal auf der Tasche lag. Intensiven Bemühungen Galileos war es zu verdanken, daß Michelangelo nach einiger Zeit als Hofmusiker in der Residenz des Herzogs von Bayern in München engagiert wurde, und nachdem er dank seiner Hilfe nun endlich wieder in Lohn stand, beharrte das Familienoberhaupt seinerseits erneut darauf, daß er seinen Teil zur Begleichung der angefallenen Mitgiftforderungen beizutragen hätte, die mittlerweile auf über vierzehnhundert Dukaten angewachsen waren. Galileo tat dies um so entschlossener, als ihm von verschiedenen Seiten bereits Hinweise auf Michelangelos besonders aufwendigen Lebensstil in der bayerischen Hauptstadt zu Ohren gekommen waren.

»Ihr beklagt Euch über mich, weil ich für ein einziges Fest eine so hohe Summe ausgegeben habe«, reagierte Michelangelo kühl auf sein entsprechendes Schreiben. »Die Summe war hoch, gewiß, doch es handelte sich dabei immerhin um mein Hochzeitsfest. Es waren über achtzig Gäste geladen, darunter viele einflußreiche Persönlichkeiten. Allein vier Gesandte anderer Fürstenhöfe waren zugegen! Wäre ich den festlichen Gepflogenheiten in diesem Lande nicht nachgekommen, hätte das meinem Ruf sehr geschadet.«

Galileo hätte die Ausflüchte seines Bruders vielleicht akzeptiert, hätte dieser ihnen nicht auch noch eine himmelschreiende Provokation hinzugefügt: »Ich weiß, Ihr werdet mir erwidern, ich hätte noch etwas zuwarten und zuerst an meine Schwestern denken sollen, bevor ich mir selbst eine Frau hätte nehmen können. Du lieber Himmel! Allein die Vorstellung, sich sein Leben lang abzurackern, bloß um für seine Schwestern ein paar lumpige Heller auf die Seite zu bringen! Das ist denn doch ein schlechter Scherz und gar nicht zum Lachen.« Und wie üblich beschloß Michelangelo auch diesmal seinen Brief mit einer neuerlichen Unverfrorenheit: »Ich setze darauf, daß Ihr mir die Kiste mit den neuen Instrumenten alsbald zukommen laßt. Ich warte dringendst darauf. Ich brauche sie für Konzerte in diesem Frühjahr, deshalb wäre es gut, Ihr würdet für die Beförderung noch extra etwas drauflegen.«

Unterdessen bahnte sich mit Beginn des neuen Jahrhunderts auch in Galileos Privatleben eine neue Entwicklung an. Auf einem der vielen Vergnügungsabende im Palazzo Sagredos war ihm eine bezaubernde junge Venezianerin aus dem verwinkelten Viertel um *San Sofia* ins Auge gestochen. Sie hieß Marina Gamba, war gerade einundzwanzig – also vierzehn Jahre jünger als Galileo –, doch im Gegensatz zu ihm, der sich in Liebesangelegenheiten ausgesprochen linkisch anstellte, reichlich erfahren. Marina, temperamentvoll, selbstbewußt und vermutlich weder des Schreibens noch des Lesens kundig, war im Palazzo Sagredos sowie im Viertel um die *Nuova Strada* und den *Ramo d'Oca*, die »Gänseallee«, herum keine Unbekannte. Sie galt als Mädchen von *facile costume*, als Person mit etwas lockerem Lebenswandel. Galileo war von ihr hingerissen und hatte sich auf der Stelle in sie verliebt. Es war der Beginn einer leidenschaftlichen gegenseitigen Zuneigung, die mehr als zehn Jahre andauern sollte.

Ihre Verbindung erwies sich recht bald als fruchtbar, auch wenn sie niemals unter einem gemeinsamen Dach zusammenlebten. Im Sommer 1600 brachte Marina Gamba ihr erstes Kind zur Welt, ein Ereignis, das sich mit staunenswerter Kürze und Direktheit im Register der Pfarrkirche *San Lorenzo* zu Padua verzeichnet findet: »Virginia, Tochter der Marina aus Venedig, geboren infolge von Unzucht, 13. August 1600«. Im Jahr darauf, als ein zweites Kind geboren wurde, war der Tenor der Eintragung schon etwas diskreter: »Livia Antonia, Tochter der Madonna Marina des Antonio Gamba und des...«. Galileos Vaterschaft blieb offiziell auch im dunkeln, als Marina nach fünf Jahren ihr drittes Kind zur Welt gebracht hatte. »Vater unbekannt«, lautete die Notiz im Geburtenregister diesmal. Von »Unzucht« bis »Vater unbekannt« – einem der stadtbekannten Honoratioren hatte man Diskretion angedeihen zu lassen. Für Marina und ihre drei Kinder wurden ein paar beengte Räumlichkeiten in der *Via Ponte Corvo* gefunden, einer lärmenden Geschäftsstraße nicht weit von Galileos friedlicher Behausung.

Gemeinsame Kinder aus einer Liaison mit einem leichten Mädchen waren im Italien der Renaissance durchaus nichts Ehrenrühriges, schon gar nicht in der in dieser Hinsicht wenig zimperlichen Serenissima Venedig. Andererseits sah man aber auch keine Veranlassung, einen solchen Fehltritt unbedingt an die große Glocke zu hängen. Den Blicken der vielen hochgestellten Besucher, die Galileos Haus in der *Via Vignali* beehrten, blieb Marina Gamba stets sorgfältig verborgen. Um den Standesunterschied auch ja stets hervorzuheben, hatte Galileo seine Bediensteten mit der Patenschaft für seine Kinder betraut. Dennoch ließ sich in einer kleinen Stadt wie Padua seine Liaison mit Marina auf Dauer natürlich nicht verheimlichen. Auch in der eigenen Familie kam es darüber ständig zum Konflikt. Vor allem seine einst hochtrabende, mittlerweile verhärtete Mutter Giulia fühlte sich durch die bloße Präsenz dieses Frauenzimmers aufs schwerste in ihrer Familienehre gekränkt. Selbst die Tatsache, daß Galileo schließlich ihren gesamten Unterhalt bestritt, konnte sie nicht davon abhalten, sich fortwährend mißbilligend in seine privatesten Angelegenheiten zu mischen.

Den Tiefpunkt ihrer Beziehung brachte ein Besuch in Padua nach der Geburt von Galileos zweitem Kind, in dessen Verlauf Giulia ihre schlimmsten Befürchtungen bestätigt fand. Es kam zu heftigem Streit zwischen Mutter und Geliebter, bei dem sich beide lauthals in die Haare gerieten und der darin gipfelte, daß ihr Gekreische letztlich durch den ganzen »Weinberg des Heiligen« schrillte. Giulia stiftete danach einen der Bediensteten Galileos an, sie jederzeit über die Vorgänge im Hause ihres Sohnes zu informieren, wobei ihre größte Sorge war, dieses Flittchen könnte es sich dort womöglich auch in ihrem eigenen feinen Leinen bequem machen. Ihr Spion sollte sie deshalb über alles auf dem laufenden halten, selbst über das, was sich im Schlafgemach der Verliebten abspielte. Damit nicht genug, brachte sie ihn später auch noch dazu, ihrem Sohn, der gerade mit der Konstruktion seines ersten Fernrohres beschäftigt war, einige optische Linsen zu entwenden.

Unter solchen Umständen erscheint es kaum verwunderlich, daß Galileo um das Jahr 1602 von einer zunehmenden inneren Unruhe befallen wurde. Seit dem Sommer dieses Jahres pflegte er zwar wieder einen lebhaften wissenschaftlichen Gedankenaustausch mit Sagredo und Pater Sarpi über die Eigenschaften von Magneten, doch fühlte er sich im Grunde genommen ständig zerrissen zwischen den unaufhörlich wachsenden familiären Anforderungen, dem übermächtigen Bedürfnis nach neuer Betätigung und den lästigen Pflichtlektionen an der Universität. Ein Gesuch um eine Erhöhung seiner Besoldung wurde ihm von der zuständigen Senatskommission, in der man die übermäßige Inanspruchnahme durch seine Privatschüler mit wachsendem Ärger registrierte, abgeschlagen. Dem toskanischen Staatssekretär Belisario Vinta gegenüber bezeichnete es Galileo in diesen Tagen als seinen sehnlichsten Wunsch, auf die zeitraubende private Unterrichtstätigkeit einmal gänzlich verzichten zu können.

Aber wie?

Eine erste Antwort auf diese drängende Frage Galileos schien sich aus einer ganz unverhofften Richtung anzubahnen. Im März 1604 bat der Herzog von Mantua, Vincenzo Gonzaga, ihn zu Gesprächen über seine berufliche Zukunft in sein kleines Herzogtum etwa hundertsiebzig Kilometer südwestlich von Padua. Mantua, die Geburtsstadt Vergils, war in jenen Jahren ein blühendes Zentrum der Künste. Leon Battista Alberti, vielseitiges Genie und Urbild des Renaissance-Gelehrten schlechthin, hatte das Stadtbild geprägt, und die Fresken Mantegnas zierten die Wände des Herzogspalastes, dessen Festsäle binnen kurzem Monteverdi mit den Klängen seiner ersten beiden Opern und seines unvergleichlichen »Magnifikat« erfüllen sollte.

In früheren Jahren hatte allerdings Galileos Freund Paolo Sarpi eine Zeitlang als junger Hoftheologe bei den Gonzaga in Diensten gestanden und konnte ein Lied davon singen, was sich mitunter am Hofe dieser exzentrischen Herrscherfamilie abspielte. Die nicht gerade zimperlichen Scherze des buckligen Herzogs sorgten für Gesprächsstoff im ganzen Land. Einmal beispielsweise hatte er die Geburt eines Maultierfohlens in seinen Stallungen zum Anlaß genommen, seinen Hoftheologen um eine Berechnung der Sternenkonstellation für den Geburtszeitpunkt zu bitten, und Sarpi, der die Astrologie im Grunde nicht ausstehen konnte, war dem widerstrebend nachgekommen. Anschließend jedoch hatte der Herzog nichts Besseres zu tun, als Sarpis Berechnungen nebst einem Schreiben, das eine glückliche Geburt am Fürstenhof Mantuas anzeigte, an alle bekannten Astrologen Italiens zu verschicken und diese um eine Deutung zu ersuchen. Die begeisterten, sich mit Glückwünschen überbietenden Antworten ließen nicht lange auf sich warten. Alle prophezeiten dem Neugeborenen wegen der günstigen Konstellation der Sterne eine glänzende Zukunft: eine Karriere als großer Feldherr oder als Kardinal, als bedeutender Philosoph und vielleicht sogar als Papst. Vincenzo Gonzaga klopfte sich auf die Schenkel. Sarpi hingegen wollte sich eine derartige Bloßstellung durch den Herzog dann doch nicht bieten lassen und hatte Mantua kurz darauf im Zorn verlassen. Galileo, dessen Humor zuweilen durchaus ähnliche Züge annahm, dürfte vermutlich Gefallen an dieser Geschichte gefunden haben.

Mantua war eine stark befestigte Stadt an den Ufern des seichten *Mincio*, nicht weit vor dessen Mündung in den *Po*, und Vincenzo Gonzaga eine exzentrische Persönlichkeit mit den bei verkrüppelten Menschen häufig anzutreffenden ausgeprägten Minderwertigkeitsgefühlen und dem daraus resultierenden Bedürfnis, sich und der Welt immer wieder die eigene Stärke beweisen zu müssen. Sein Interesse an Galileo galt nicht so sehr dem großen Mathematiker oder Gelehrten als vielmehr dem Ingenieur für das Kriegswesen. Er war zeitlebens vor allen Dingen Kriegsherr, ein haßerfüllter Gegner Spaniens mit großen militärischen Ambitionen. Sich der Dienste Galileos in allen militärstrategischen Angelegenheiten zu versichern hätte für ihn nicht nur ein gelungenes Bravourstück, sondern auch eine gewisse Einschüchterung seiner Feinde bedeutet.

Angesichts seiner bedrückenden finanziellen Lage stand Galileo dem Ansinnen des Herzogs zunächst durchaus nicht abgeneigt gegenüber. Tatsächlich erhielt er, nachdem er den Hof zu Mantua neben anderem mit der Vorführung seines Proportionszirkels von seinen Fähigkeiten überzeugt hatte, ein für ihn in mehrfacher Hinsicht verlockendes Angebot: das Doppelte seiner bisherigen Besoldung und damit auf lange Sicht die Befreiung von der zeitraubenden privaten Unterrichtstätigkeit. Der Herzog scheute keine Mühe, beschenkte ihn großzügig mit einer goldenen Halskette samt kostbarer Münze, die sein Porträt zeigte, und auch sein Sohn Carlo bedachte Galileo standesgemäß mit zwei schweren Silbertellern.

Galileo verbeugte und bedankte sich untertänigst. Jedoch kaum in Padua zurück, erschien ihm das Angebot schon weit weniger verlockend. Mantua unter den sprunghaften Gonzaga war ein rauhes Pflaster, voller Gefahren. Und mit den Schönheiten Venedigs und der lebensprühenden Atmosphäre Paduas konnte es diese eher spartanisch anmutende, schmucklose Stadt ohnehin nicht aufnehmen.

Er hielt weiterhin nach gangbareren Lösungswegen für sein Dilemma Ausschau und leistete sich, während er sich darüber noch den Kopf zerbrach, im Sommer 1604 zwischendurch das Vergnügen, das homerische Spottepos vom »Krieg der Mäuse und der Frösche« aus dem griechischen Original ins Italienische zu übertragen.

Im September 1604, er war gerade mit der Installation seiner Schöpfvorrichtung im Park der Villa Contarini in Padua beschäftigt, flatterte ihm unvermutet eine elektrisierende Nachricht ins Haus. Sie stammte von einem Geistlichen namens Ilario Altobelli, einem jener zahlreichen eigenständigen Köpfe des katholischen Klerus, die sich ausgezeichnet auf genaue astronomische Beobachtungen verstanden. Altobelli teilte ihm mit, er sei im Sternbild des Schützen auf einen bisher unbekannten, neuen Stern gestoßen. Eine solche Entdeckung war eine Sensation und mußte sofort erhebliches Aufsehen hervorrufen, galten die Himmelssphären doch nach der herrschenden aristotelisch-ptolemäischen Kosmologie seit jeher als ewig und unveränderlich. Sterne waren gleichsam Edelsteine, kalt, prächtig und vollkommen, die nicht eben mal nach Belieben auftauchen und wieder verschwinden konnten. 1572 war schon einmal ein ungewöhnlich heller Stern am Himmel erschienen und kurz darauf wieder verschwunden, ein Ereignis, das die katholische Welt in beträchtlichen Aufruhr versetzt hatte, schien es doch der überkommenen Lehrmeinung von der Unveränderlichkeit des Himmels den Boden zu entziehen, was wiederum insbesondere die katholische Theologie vor schier unlösbare Probleme stellen mußte. Altobellis neuer Stern wurde unmittelbar darauf auch von anderen beobachtet, einschließlich mehrerer Astronomen aus Padua und sogar des durchtriebenen Baldassare Capra. In Deutschland war es der große Astronom Michael Maestlin, der ihn zusammen mit seinem Schüler Johannes Kepler eines Nachts zu Gesicht bekommen hatte.

Kepler zögerte nicht, ihn sogleich im Sinne seiner eigenen kosmologischen Vorstellungen zu vereinnahmen. Seiner Überzeugung nach handelte es sich um einen Wandelstern aus den ungeheuren Tiefen der Milchstraße, eine gewagte These, die bei den Traditionalisten, die den neuen Stern sowohl aus theologischen als auch aus orthodox wissenschaftlichen Gründen statt in der für sie unwandelbaren Sphäre der Fixsterne allenfalls irgendwo in der vergänglichen und wandelbaren Erscheinungswelt unterhalb der Mondsphäre lokalisierten, sofort auf heftigsten Widerstand stieß. Wegen Keplers gründlicher Beschäftigung mit dem neuen Stern wurde dieser schließlich unter der Bezeichnung »Keplers Nova« allgemein bekannt.

Am 10. Oktober bot eine äußerst ungewöhnliche Konstellation den Astronomen auch ohne das Auftreten neuer Himmelserscheinungen schon Anlaß für reichliche Aufregung. An diesem Tag nämlich befanden sich Jupiter und Mars am südlichen Himmel in einer Linie auf genau dem gleichen Längengrad, von dem Saturn nur unwesentlich um achteinhalb Längengrade abwich. Diese gleich dreifache Konjunktion der Planeten erregte begreiflicherweise nicht nur die Gemüter der Astronomen, sondern rief auch Scharen von Astrologen auf den Plan, hatte doch zweihundertfünfzig Jahre zuvor nach einer ganz ähnlichen Konstellation im Sternbild des Wassermanns der Schwarze Tod seine grausige Spur durch Europa gezogen.

Abends zeigte sich das besagte neue Himmelslicht in unmittelbarer Nachbarschaft zu Jupiter und Mars. Anfangs leuchtete es nur schwach, in den folgenden Tagen jedoch wuchs es zu einem riesigen Gestirn an, das mit seiner Helligkeit alle anderen Sterne mit Ausnahme der Venus überstrahlte. Seine Färbung verlief immer stärker ins Rötliche, und sein unheimliches Funkeln versprach nichts Gutes. Ende Oktober bekam auch Galileo den ominösen neuen Stern endlich zu Gesicht.

»Für einen kurzen Augenblick«, beobachtete er, »verblaßt er völlig vor der rotschimmernden Glut des Mars und wehrt sich mit seinen Strahlen gegen Ermattung und jähes Erlöschen. Doch dann erstrahlt er sofort wieder in geradezu übermäßigem Glanz, wie wenn er zu neuem Leben erwacht wäre, und verströmt sein Licht mit einer Helligkeit, die jener des Jupiter in nichts nachsteht. Man könnte allen Ernstes auf den Gedanken kommen, es handle sich bei ihm um einen Sproß von Jupiter und Mars, zumal er das Licht der Welt ganz offenbar in der nämlichen Himmelsgegend und zum nämlichen Zeitpunkt erblickte, zu dem man eine Konjunktion der beiden Planeten vorausgesagt hatte.«

In diesen ohnehin von abergläubischen Vorstellungen und bangen Vorahnungen erfüllten Zeiten, in denen Hölle und Teufel leibhaftig und in Gestalt von Hexen, Pestilenzen und Geistern lebendig waren, verbreitete das blinkende Himmelslicht allgemein Angst und Schrekken. Als erste Spekulationen über die eigentliche Natur des Sterns laut wurden und allseits ein lebhaftes Echo fanden, versetzten diese die Akademiker, Kirchenleute und unabhängigen Intellektuellen überall in höchsten Aufruhr. Die Erscheinung nährte abenteuerlichste Visionen, unter denen die Vorstellung, der Stern sei in Wahrheit das drohende Auge Gottes, ein sichtbares Zeichen seines Zorns, noch die verbreitetste war. Allenthalben sah man in ihm ein böses Omen bevorstehender Katastrophen: von Hungersnöten, Erdbeben, Flutwellen, tödlichen Seuchen und Krieg. Mit dem Stern als Sproß der Konjunktion von Jupiter und Mars auch noch geschlechtliche Konnotationen zu verbinden, wie Galileo dies tat, mußte die wildesten heidnischen Phantasien beflügeln.

Allerorten wartete man gespannt auf eine öffentliche Stellungnahme Galileos, dem in diesen Dingen der Ruf des objektiven Wissenschaftlers vorauseilte. Für den Dezember 1604 und den Januar 1605 hatte er zunächst drei Vorlesungen zu dem aktuellen Thema in der *Aula Magna* der Universität angekündigt. Der Zulauf war überwältigend. Am Ende drängten sich über dreihundert Zuhörer in dem viel zu kleinen Raum. Für sie blieben die Vorlesungen zeitlebens ein denkwürdiges Ereignis. Historisch gesehen dokumentieren sie Galileos erstes öffentliches Auftreten als Astronom.

Seine in Latein gehaltenen Ausführungen appellierten nach allen Regeln der rhetorischen Kunst zuerst an das Gemüt der Zuhörer und setzten dem allgemeinen Aberglauben darauf die nüchterne wissenschaftliche Einsicht entgegen. »Ihr alle seid Zeugen dieser rätselhaften Erscheinung, ihr jungen Leute, die ihr in Scharen gekommen seid, um meine Überlegungen dazu zu hören. Viele unter euch fühlen sich aus schierem Aberglauben erschreckt und verunsichert. Sie möchten vor allem wissen, ob mit dieser Erscheinung irgendwelche außergewöhnlichen Vorzeichen künftigen Unheils verbunden sind. Andere unter euch fragen hingegen, ob es sich überhaupt um eine neue Konstellation im Bereich der himmlischen Sphären oder nicht vielmehr lediglich um einen Reflex verdichteter Dünste in der irdischen Sphäre handelt. Beim Herkules! Euer großartiges Begehren ist der überlegensten Geister würdig. Ah, möge mein schwacher Geist der Größe der Aufgabe und eurer Erwartungen genügen! Ich selbst habe darob die größten Zweifel!«

Letzteres war keineswegs nur falsche Bescheidenheit oder eine rhetorische Floskel. Galileo war sich in der Tat der eigenen Deutung der Beschaffenheit des neuen Sterns nicht so sicher wie in seiner Kritik gegenteiliger Auffassungen. Die dogmatisch abstruse Behauptung der Aristoteliker, es handle sich lediglich um eine absonderliche Erscheinung in der wandelbaren Sphäre unterhalb des Mondes, schob er jedenfalls als unsinnig und im Widerspruch zur astronomischen Beobachtung stehend verächtlich beiseite. Mit Kepler nannte er die Fixstern-Sphäre als Standort des neuen Sterns. Doch was hatte es mit ihm auf sich? Handelte es sich um einen Meteor? Oder gar um eine optische Täuschung, hervorgerufen durch eine zufällige Verdichtung kosmischer Staub- oder Dunstpartikel? Im Grunde jedoch beschäftigte ihn in seinen drei Vorlesungen zum ersten Mal auch öffentlich bereits ein ganz neues großes Thema: die Theorie des Kopernikus über die Kreisbahn der Erde um die Sonne. Er steckte noch mitten in seinen Vorlesungen, als sich kaum zwei Monate nach dem erstmaligen Auftauchen des neuen Sterns dessen Erscheinungsbild zu verändern begann. Da sein Licht allmählich verblaßte, folgerte Galileo, er würde sich weiter von der Erde entfernen. Und als sich der Winkel leicht veränderte, unter dem der neue Himmelskörper von der Erde zu sehen war, verfiel er auf den Gedanken der Parallaxe, der Verschiebung des Beobachtungsortes infolge der Rotation der Erde um ihre eigene Achse. Die Logik seines Gedankenganges lag auf der Hand. Für Galileo befanden sich sowohl die Erde als auch der rätselhafte Stern jeweils in unterschiedlicher Bewegung!

In dieser Deutlichkeit brachte er das öffentlich allerdings nicht zum Ausdruck. Vielmehr hielt er sich bedeckt und flüchtete sich in poetische Umschreibungen, wie wenn er es darauf angelegt hätte, seine Zuhörer über seine tatsächlichen Schlußfolgerungen bewußt im unklaren zu lassen: »Es kommt hin und wieder vor, daß gelbliche und rötliche Dünste von der Erde aufsteigen und das Sonnenlicht reflektieren. Manchmal erhellen diese Lichtreflexe den Himmel so stark, daß noch um Mitternacht mehr Licht auf die Erde zurückstrahlt als in der Abenddämmerung. Ich habe das oft in Venedig beobachtet, wenn das Licht sich dort gegen Norden zu sehr viel heller zeigt, was stets den phantastischen Effekt erzeugt, daß die nordwärts gelegenen Gassen auf beiden Seiten vollständig ausgeleuchtet erscheinen, ohne daß die Häuser auch nur den geringsten Schatten werfen. Dieses starke Licht geht meist von einem Viertel des gesamten Himmels aus.« Galileos drei Vorlesungen zu diesem Thema erregten großes Aufsehen und festigten seinen einzigartigen Rang als Wissenschaftler innerhalb der Universität Paduas. Keiner seiner Kollegen verfügte über eine so große Zuhörerschaft, und keiner von ihnen war in der Lage, sie wie er mit einer solch einmaligen Mischung aus wissenschaftlichem Sachverstand, Scharfsinn und Eloquenz derart zu fesseln. Bald mußten selbst seine normalen Pflichtlektionen nach draußen verlegt werden, um den vielen, die aus purer Neugier zu ihm kamen, ausreichend Platz zu bieten. Im Vergleich zu ihm erschienen seine akademischen Neider und Rivalen fast schon wie die sprichwörtlichen Frösche und Mäuse, die sich zu seinen Füßen herumstritten. Wieder einmal eskalierten Mißgunst und Konkurrenzneid seiner Person gegenüber. Namentlich die Aristoteliker an der Universität fühlten sich herausgefordert, pries Galileo doch die Überlegenheit und die Sicherheit der wissenschaftlichen Beobachtung anstelle des überlieferten Dogmas und legte mit diesem Ansatz die Axt unmittelbar an die Wurzeln ihres gesamten Weltbildes.

Als Verteidiger des angegriffenen Autoritätsglaubens trat mit dem vierzehn Jahre älteren Cesare Cremonini ein eindrucksvoller Gegenspieler in die Arena. Cremonini, ein schmalgesichtiger, entschiedener Verfechter der Philosophie des Aristoteles, war Inhaber des Lehrstuhls für Naturphilosophie, Paduas bedeutendstem Lehrstuhl überhaupt, und hatte von dieser hohen Warte aus maßgeblichen Einfluß auf das Geschehen an der Universität. Seine großen, stets etwas gelangweilt wirkenden Augen unter einer mächtigen Stirn, auf der sich eine markante Beule wie ein vulkanisches Überbleibsel eines besonders eruptiven Denkprozesses ausnahm, verliehen ihm eine starke Ausstrahlung auf seine Umgebung. Er wohnte standesgemäß in einem Palazzo in unmittelbarer Nachbarschaft zur Universität, und sein Salon, in dem sich Kardinäle aus Rom, Senatsangehörige aus Venedig und eine Schar arroganter Jungakademiker aus deutschen Landen zusammenfanden, bildete eine Art Gegengewicht zu jenem Kreis von Intellektuellen, den Spinelli um sich versammelt hatte. (1593 war Cremonini zum Schirmherrn der »deutschen Nation« an der Universität gewählt worden.)

Öffentlich ausgetragene Kontroversen waren für Cremonini nichts Neues. Kaum ein Jahr vor Galileo aus Ferrara nach Padua gekommen, hatte er sich gleich bei seinem Amtsantritt in den Meinungsstreit um die Gründung einer eigenen Hochschule der Jesuiten verwickelt gesehen. Damals hatte er sich sogleich an die Spitze der Gegenpartei gesetzt und den Vorsitz in einem vom venezianischen Senat berufenen Akademikerausschuß übernommen, dessen einziges Ziel es war, das

Vorhaben der Patres zu verhindern. Im Zuge dieser Kampagne hatte er sich den Unmut traditionalistisch gesinnter Kirchenkreise zugezogen, die alsbald begannen, seine Schriften einer genauen Überprüfung zu unterziehen. Leidenschaftlicher und unverblümter noch, als Galileo das später jemals wagen sollte, war Cremonini in seinen Aristoteles-Kommentaren für die strikte Unabhängigkeit der Naturphilosophie von der Theologie, der Vernunft vom Glauben und des Intellekts von der Seele eingetreten und hatte sich damit dem Verdacht ausgesetzt, er sei ein Parteigänger der »Mortalisten«, stehe mithin dem christlichen Glauben an die Unsterblichkeit der Seele ablehnend gegenüber und ziehe an manchen Stellen seines Werkes sogar den Kirchenglauben an die göttliche Schöpfung und die göttliche Vorsehung in Zweifel. Schon war er ins Blickfeld der Inquisition gerückt. Im venezianischen Padua jedoch – das hätte Galileo zeitlebens eine Lehre sein sollen – war Cremonini dem Zugriff der Kirche weitgehend entzogen und sicher. Der Senat von Vendig erließ ein eigenes Dekret, das ihn ausdrücklich vor Verfolgung in Schutz nahm, und erhöhte gegen Ende seiner Amtszeit sogar noch seine Besoldung auf zweitausend Dukaten – das Doppelte dessen, was Galileo erst nach der Erfindung seines Fernrohres zugestanden wurde.

Insgeheim fanden Cremonini und Galileo fast Gefallen an ihren Rollen als akademische Widersacher. Beide liebten sie das geistreiche Spiel und Kräftemessen um seiner selbst willen. Cremonini, der Ältere und Erfahrenere, begegnete dem umstürzlerischen Eifer seines jüngeren Kollegen mit einer Mischung aus milder Herablassung und Belustigung; Galileo hingegen sah in Cremonini geradezu die Verkörperung des gespreizten, dogmatischen Aristotelikers. Cremonini war allerdings nicht nur der Ältere, sondern auch vermögender, und das schuf einen weiteren Berührungspunkt zwischen ihnen. Verschiedentlich halfen sie in Gelddingen einander aus. Cremonini übernahm beispielsweise die Bürgschaft, als Galileo vier Jahre später den Senat in Venedig um die Auszahlung eines Jahresgehalts im voraus ersuchte.

Galileos Plädoyer für die wissenschaftliche Beobachtung und Erfahrung, das Hauptargument seiner vieldiskutierten Vorlesungen in der *Aula Magna* der Universität, drohte allerdings die Vorherrschaft des Philosophen im Reich der Wissenschaften zu untergraben. Cremonini begriff sofort, was hier auf dem Spiel stand, ging es doch jetzt nicht mehr bloß um Tatsachenfragen, sondern in erster Linie um eine ganze neue Methode: um die Eröffnung eines grundsätzlich anderen Zugangs zum Verständnis natürlicher Phänomene. Keine Frage hatte Galileo in den sechs Monaten seit dem Auftauchen des neuen Sterns mehr beschäftigt als diese. Noch während er sich öffentlich mit Cremonini über dessen Deutung stritt, ging dieser, von vielen Seiten zu einer Stellungnahme gedrängt, schriftlich zum eigentlichen Gegenangriff über. Für Galileo war dies einer der entscheidenden Augenblicke in seinem Leben, und wie immer in solchen Fällen bewahrte er ihn im Gedächtnis, um erst nach Jahren wieder darauf zurückzukommen. Ein Vierteljahrhundert später heißt es im *Dialog*, Galileos Hauptwerk, an einer Stelle über Cremonini: »Alle Achtung vor diesem Gelehrten! Vor dem stehe ich stramm. Der läßt sich von Aristoteles nichts vormachen; er führt ihn an der Nase herum und läßt ihn nach seiner Pfeife tanzen.« Mit widerstrebender Bewunderung beschreibt Galileo Cremonini hier als einen Menschen, dem es ein leichtes war, seine Überzeugungen jeder Situation anzupassen. Gab es etwa wegen mancher Äußerungen, die einen gefährlichen Beigeschmack hatten, einmal Schwierigkeiten, eine Druckerlaubnis zu erlangen – kein Problem für Cremonini. Er würde, so zumindest die etwas boshafte Unterstellung Galileos, in solchen Fällen die Lehre des Aristoteles einfach ein wenig abändern und durch eine andere Interpretation oder mittels Heranziehung anderer Stellen eine entgegengesetzte Ansicht als dem Sinn des Aristoteles gemäß nachweisen. Dennoch: Cremonini genoß als Philosoph allgemein Respekt und hohes Ansehen – etwas, worum Galileo sein Leben lang kämpfte.

Von der Sache her ging es im Streit mit Cremonini bereits um den grundsätzlichen Konflikt zwischen traditioneller Schulphilosophie und neuzeitlich wissenschaftlichem Denken, um den Widerstreit zwischen den obersten Vernunftprinzipien einer ganz an Aristoteles orientierten Weltauffassung und der unmittelbaren Gewißheit sinnlicher Erfahrung. Von daher nimmt diese Auseinandersetzung Galileos mit seinem renommierten Kollegen in Padua auch schon viele Züge seines späteren Konfliktes mit den Mächtigen der Kirche vorweg. Hier wie dort prallte er mit seinen Ansichten auf eine Mauer aus dogmatischer Buchgelehrsamkeit und blindem Autoritätsglauben.

»Wenn wir uns von Aristoteles lossagen, wer soll dann unser Führer in der Philosophie sein?« klingt es in seinem Hauptwerk aus dem Munde Simplicios, des Vertreters der Schulphilosophie.

»Nur Blinde brauchen einen Führer. Wer Augen hat, körperliche und geistige, der nehme diese zum Führer!« ist Galileos Antwort auf dieses kleinmütige Festklammern an die Tradition.

Ungeachtet ihrer öffentlich ausgetragenen Rededuelle in den Wandelgängen der Universität und in den Salons von Padua flüchteten sich sowohl Cremonini als auch Galileo allerdings lieber in den Schutz der Anonymität, sobald sie sich anschickten, ihre gegenseitigen Attakken auch schriftlich vor einem größeren Publikum auszubreiten. Cremonini eröffnete die Polemik mit einem namentlich nicht gekennzeichneten Beitrag in einem seiner Herkunft nach obskuren Pamphlet mit dem Titel »Diskurs über den neuen Stern«, in dem »den Mathematikern« pauschal das Recht abgesprochen wird, in einem Bereich Messungen und Berechnungen anzustellen, welcher der direkten Beobachtung und Erfahrung entzogen ist.

»Befänden wir uns in unmittelbarer Nachbarschaft und Nähe zu dem Stern, wäre das kein Problem«, polemisiert der Anonymus dieses Beitrags. »Da man sich bei so großen Entfernungen jedoch keinesfalls eine direkte Meinung bilden kann, solltet Ihr Mathematiker wissen, daß Ihr genauso wenig von der Erfahrung Euren Ausgang nehmt wie wir als Philosophen.«

Galileos Reaktion auf diesen pauschalen Angriff erfolgte wenige Wochen später unter anderem Namen, ließ jedoch seine Handschrift unzweideutig erkennen. Sie kleidete sich in die Form eines munteren kleinen Zwiegesprächs zwischen einem Landvermesser und einem Hirten, das er im Gegensatz zum gespreizten Akademisch seines Gegenspielers bewußt im besonders wegen seiner Anschaulichkeit und gelegentlichen Deftigkeit populären Paduaner Dialekt verfaßt hatte. (Der Paduaner Dialekt, angenehm weich und stark mit griechischen und spanischen Anklängen durchsetzt, war seit den Possenstücken des venezianischen Komödiendichters Ruzzante in den Intellektuellenzirkeln jener Tage groß in Mode.) Es erschien unter dem Pseudonym eines Cecco di Ronchitti aus Bruzene und trug den Titel »Dialog aus Anlaß des neuen Sterns«. Den Auftakt des kleinen Werkes bildete eine Widmung an Antonio Querengo, seines Zeichens Domherr zu Padua, Diplomat und Verfasser zahlreicher Verse im klassischen Humanistenlatein, der nach Pinellis Tod im Jahre 1601 in den Bildungskreisen Paduas praktisch dessen Stellung eingenommen hatte.

»Was würdet Ihr sagen, hochwürdiger Herr Gebieter, wenn Ihr einen Eurer elenden Diener, der nie mit anderem als mit seinen Viehherden und dem Vermessen von Feldern befaßt war, jetzt in einen Disput mit einem der Doctores aus Padua eintreten sähet? Fändet Ihr das nicht nachgerade zum Lachen?«

In diesen Eingangssätzen bereits kommt das eigentliche Thema des Dialoges zur Sprache: Noch der einfachste und ungebildetste Laie vom Feld kann sich durchaus auf seine Augen und Beobachtungen verlassen und es mit diesem Wissen selbst mit dem Angesehensten der Doctores aus Padua – also Cremonini – aufnehmen. Das Gespräch hebt an, als der Hirte Natale an einem heißen Sommertag auf den ins Grübeln geratenen Landvermesser Matteo trifft, der sich verzweifelt über die knochentrockenen und verbrannten Felder beklagt.

»Überall hört man«, bestärkt ihn Natale in seiner Klage, »daß sich schon oft Regenwolken aus allen Richtungen zusammengeballt haben und dann wieder abgezogen sind, ohne den sandigen Boden auch nur um soviel zu wässern, wie ein Frosch pinkelt. Wenn das so weitergeht, steht uns wahrhaftig der Weltuntergang bevor.«

»Laß uns ein bißchen verschnaufen, unter diesem Nußbaum hier«, lädt Matteo ihn ein. »Was glaubst du wohl, woher diese verfluchte Dürre kommt?«

»Wieso? Ist dir vielleicht der Stern nicht aufgefallen, der eines Abends vor drei Monaten plötzlich so hell aufleuchtete wie das Auge einer Eule, ... der mit dem höchst geheimnisvollen Glanz ..., der erst kürzlich überhaupt erschienen und vorher noch von niemandem gesehen worden ist? Also, da hast du den Grund für diese merkwürdigen Grillen der Natur. Jedenfalls behauptet das einer der Doctores aus Padua.«

»Daß doch die Blattern über diese Klugscheißer aus Padua kommen mögen! Will dieser Kerl vielleicht, weil er den Stern selbst nicht gesehen hat, alle Welt glauben machen, er habe zuvor überhaupt nie existiert? ... Ich habe selbst auch noch nie das Land der Deutschen gesehen, und dennoch gibt es selbiges.«

»Aber daß der Stern neu ist, werden wir wohl einräumen müssen.«

»Nun gut. Da er aber so weit entfernt ist, kann er unmöglich wissen, was der Stern verdammt noch mal ist.«

»So weit? Du lieber Himmel! Er steht ja nicht einmal über dem Mond, wie uns dieses Machwerk hier weismachen will.«

»Von wem ist denn dieses Machwerk überhaupt? Ist sein Verfasser Landvermesser?«

»O nein! Er ist ein Philosoph.«

»Ein Philosoph! Wahrhaftig? Was hat Philosophie denn mit dem Messen zu schaffen? Du weißt doch, daß ein Flickschuster sich nicht über Schnallen auslassen soll! Man muß den Mathematikern Glauben schenken! Sie sind die Vermesser der Luft, so wie ich die Felder vermesse und dir demnach sagen kann, wie lang und breit sie sind.«

»Weißt du auch, was in diesem Machwerk über die Mathematiker steht?«

»Nun, was denn?«

»Da steht, die Mathematiker stellten sich vor, am Himmel könne etwas entstehen und vergehen, so nach und nach!«

»Wo hat er denn das her? Wenn sich die Mathematiker bloß mit dem Messen beschäftigen, was schert es sie da, ob etwas Neues zu entstehen vermag oder nicht? Selbst wenn der Himmel aus Polenta bestünde, könnten sie ihn dann mehr oder weniger in Augenschein nehmen? Dieser Doktor aus Padua bringt mich wahrlich zum Lachen mit all seinem Geschwätz.«

»Er behauptet freilich, wenn sich der Stern tatsächlich am Himmel befände, wäre die ganze Philosophie der Natur lediglich ein Possenstück, denn wenn ein Stern am Himmel hinzugefügt würde, könnte sich dieser überhaupt nicht drehen.«

»Dann möge die Pest doch über diesen Stern kommen! Er hat das Übel vollbracht, die ganze Philosophie dieser Leute zugrunde zu richten. Wäre ich an ihrer Stelle, ich würde ihn doch tatsächlich vor den Richter zerren... und eine Klage wegen unbotmäßiger Niederlassung gegen ihn anstrengen. Ich würde ihm gnadenlos den Kampf ansagen und ihm eine öffentliche Verwarnung verpassen, weil er der Anlaß dafür ist, daß der Himmel sich nicht dreht. Freilich gibt es nicht wenige – und unter ihnen brave Leute –, die überzeugt sind, daß der Himmel sich nicht dreht.«

»Weißt du, was der Doktor noch behauptet?«

»Was denn?«

»Er meint, daß der Himmel sich gar nicht im Kreise drehen könne, weil die Elemente sich alle entweder nach oben oder nach unten bewegen, nicht aber im Kreis herum.«

»Und wenn ich ihm darin widersprechen würde? Ich behaupte, sie bewegen sich auch im Kreise. Er vergißt völlig jene Gelehrten, die behaupten, die Erde drehe sich wie ein Mühlstein.«

Die Erde dreht sich wie ein Mühlstein. In einer unterhaltsamen Posse, wie Galileo sie hier verfaßt hatte, mag diese Anspielung auf die Anhänger der kopernikanischen Weltsicht den meisten Lesern gar nicht aufgefallen sein. Da Galileo zudem seine Urheberschaft für dieses Stück verdeckt hielt, konnte man ihn dafür auch nicht direkt belangen. Um sein Versteckspiel noch weiter zu treiben, fügte er in der zweiten Auflage, die schon wenige Monate nach der Paduaner Fassung in Verona herauskam, noch ein wertendes Adjektiv ein, das die ursprüngliche Stoßrichtung der früheren Textfassung geradezu ins Gegenteil verkehrte. In der neuen Fassung liest sich die entsprechende Passage folgendermaßen: »Er vergißt völlig jene närrischen Gelehrten, die behaupten, die Erde drehe sich wie ein Mühlstein!« Und wie um seine Absichten noch weiter zu verschleiern, beendete er den Dialog diesmal zusätzlich mit einem eigenen Vers über den rätselhaften Stern:

Er steht nicht tiefer als die andern Sterne
Und zieht wie andre Fixstern' seine Bahn.

Er ändert nicht Gestalt noch Größe,
Aus der Vernunft allein ist der Beweis getan.
In des Himmels unermeßlicher Weite
steht er stets im gleichen Winkel zu der Erde.

Wollte Galileo sich mit diesen Zeilen zusätzlich absichern? Fürchtete er sich vor Repressalien? Hatten die Parteigänger des Kopernikus ihn auf einmal desillusioniert? Oder hatte die Tatsache, daß der neue Stern allmählich verblaßte, ohne daß eine weitere signifikante Verschiebung der Parallaxe festzustellen gewesen wäre, seine bisherige Einstellung zur Theorie des Kopernikus gewandelt?

Wie jedes Jahr begab sich Galileo im Sommer 1605 nach Florenz, um dort nach seinen Angehörigen zu sehen und alte Freundschaften und Beziehungen zu pflegen. Vorweg jedoch mußte er seiner prekären finanziellen Situation Herr werden, denn beide Gatten seiner Schwestern standen unmittelbar davor, ihm zum wiederholten Male die Schuldeneintreiber auf den Hals zu hetzen. Sein Bruder Michelangelo hatte sich aus allen Verpflichtungen gestohlen, und er als Alleinverantwortlicher war mit den Mitgiftzahlungen für seine Schwester Livia seit zwei Jahren im Rückstand. Deshalb war jetzt der gesamte Restbetrag von achthundert Dukaten auf einmal fällig. Im März des Jahres hatte Livias Gatte deswegen in Venedig bereits eine Klage gegen ihn angestrengt, eine Niedertracht, die Galileo derart mitgenommen hatte, daß er wochenlang ans Bett gefesselt blieb. Praktisch zahlungsunfähig und durch seine Krankheit daran gehindert, vor Gericht zu erscheinen, war es ihm gerade noch gelungen, Sagredo dazu zu bewegen, wenigstens die Gerichtskosten zu übernehmen und als sein Bevollmächtigter einzuspringen. Darin allerdings hatte sein zweiter Schwager, Benedetto Landucci, sofort eine günstige Gelegenheit gewittert, seinerseits nun in Florenz vor Gericht zu ziehen und ebenfalls die Begleichung der Mitgiftforderungen für Galileos Schwester Virginia einzuklagen.

Aufgrund der gerichtlichen Auseinandersetzungen um seine Person, die sich immer mehr zuspitzten, schien seine Lage nahezu ausweglos. Jedoch verschaffte ihm ein unerwarteter Glücksfall Erleichterung. Ein Kammerdiener der Großherzogin Christine von Toskana überbrachte den Wunsch Ihrer Durchlaucht, er möge deren Sohn, Prinz Cosimo, im Gebrauch des militärischen Zirkels unterweisen. Damit war ihm endlich eine Chance geboten, mit der er etwas anfangen konnte.

Sich der Gewogenheit von Eltern mittels deren Kinder zu versichern ist eine altbewährte Taktik. Im Falle Galileos erwies sie sich zudem als äußerst erfolgreich. Wenige Wochen später wurde er bereits eingeladen, den Unterricht des Prinzen auch auf andere Fächer auszudehnen und ihn für die Dauer der Sommermonate schließlich völlig zu übernehmen. Zugleich kam es wundersamerweise stillschweigend zur Einstellung seines Verfahrens vor dem toskanischen Gerichtshof.

Doch Galileo baute ein weiteres Mal auf die Gunst der Großherzogin. Noch vor seiner Rückkehr nach Padua veranlaßte er ein offizielles Schreiben des toskanischen Hofes an den Senat von Venedig mit der ausdrücklichen Empfehlung einer Erhöhung seiner Professorenbesoldung.

Zurück in Padua, hatte er Beistand jeder Art in der Tat dringend nötig. Seine öffentlichen Querelen mit dem hochgeachteten Cremonini hatten sich mittlerweile in Venedig herumgesprochen und dort vor allem bei den »Reformatoren der Hohen Schule«, der obersten Zensurbehörde für die Universität Padua, einiges Befremden hervorgerufen. Zweifel an seiner Qualifikation wurden laut. Für kurze Zeit schien es, als sei an eine Aufstockung seiner Besoldung gar nicht mehr zu denken, und – weit schlimmer noch – selbst eine Verlängerung seines Dienstvertrages in Padua, die im Jahre 1606 wieder einmal anstand, war offensichtlich ernsthaft gefährdet. Solch trübe Aussichten spornten ihn an, sein Werben um die Gunst des toskanischen Fürstenhofes für eine Rückkehr nach Florenz und in die Dienste der Medici umgehend zu verstärken. Ein Mittel dazu war die Widmung seines Handbuches zum Gebrauch des militärischen Zirkels, für das anstelle der bisherigen lateinischen Fassung eine Ausgabe in italienischer Sprache vorgesehen war, an Cosimo II. Doch seine Bemühungen stießen dort vorerst ins Leere. Seine hofierenden Gesten dem Haus Medici gegenüber blieben unbeantwortet.

In Venedig zeichneten sich inzwischen vor allem in politischer Hinsicht einschneidende Veränderungen ab. Im Januar 1606 hatte Leonardo Donà, ein Bekannter Galileos aus dem Kreis um Sagredo, das Amt des Dogen übernommen. Donà war der führende Kopf der mächtigen antipäpstlichen Fraktion im Senat der venezianischen Republik und verdankte seine Karriere dem entschiedenen Widerstand gegen die fortwährenden Versuche der römischen Kurie, auf die Politik Venedigs im Inneren wie im Äußeren Einfluß zu erlangen. In seiner Wahl gipfelte eine fünfzehnjährige Zeitspanne spannungsgeladener Konflikte zwischen der geistlichen Macht Roms und der seit jeher freiheitlich und weltlich gesonnenen Republik, die sich jeglicher kirchlicher Vereinnahmung aufs heftigste widersetzte. Daß mit Donà einer der führenden Exponenten dieser Dauerfehde zum Dogen gewählt wurde, war unter anderem auch eine Reaktion auf die im Jahr zuvor erfolgte Wahl Pauls V. zum Papst. Dieser, von Haus aus Jurist und Experte im Kirchenrecht, hatte nämlich kaum die Papstwürden erlangt, als er auch schon alles daransetzte, das tradierte kanonische Recht in theokratischer Manier sämtlichen katholischen Landen aufzuzwingen. Während in der venezianischen Republik und zuvorderst in Venedig selbst immer noch ein relativ liberales Klima der Meinungsfreiheit und -vielfalt herrschte, wanderte im Rom Pauls V. bereits eine ständig wachsende Zahl von Büchern auf den Index.

»Gott hat Uns über alle gestellt«, ließ der neue Papst selbstherrlich verlauten. »Er hat Uns die Macht gegeben, Könige abzusetzen und durch andere zu ersetzen sowie in allen Dingen zu gebieten, die sich auf das Seelenheil im Jenseits beziehen.«

Die Konflikte zwischen Venedig und Rom entzündeten sich in der Hauptsache an Fragen der Besteuerung, der Abgaben an die Kirche, Grenzziehungen und der Gebietshoheit über bestimmte Mittelmeerinseln. Die Republik suchte ihrerseits beharrlich jeden weiteren Kirchenbau in Venedig mit allen Mitteln zu hintertreiben und bestehende Pfarrkirchen auf jedwede mögliche Weise mit Abgaben zu belegen. Der vermutlich entscheidende Auslöser für den Ausbruch offener Feindseligkeiten bestand darin, daß ein venezianisches Gericht zwei hochgestellte Geistliche, einen Abt aus dem Friaul und einen

Domherrn aus Vicenza, verschiedener Kapitalverbrechen anklagte, einschließlich Mordes und widernatürlicher sexueller Handlungen. Beide wurden in Venedig in die über die berüchtigte Seufzerbrücke direkt mit dem Dogenpalast verbundenen Kerker verbracht. Die venezianischen Oberen beharrten unbeirrt auf dem Standpunkt, beide hätten ihre Vergehen vor einem weltlichen Gericht zu verantworten, während der über diese Provokation äußerst erboste Papst die sofortige Freilassung und Überstellung der Geistlichen in die Hände der kirchlichen Gerichtsbarkeit verlangte. Venedig lehnte dies ab.

Damit kam es zur offenen Machtprobe zwischen dem Dogen und dem Papst. Treibende politische Kraft hinter der Glaubensfassade Roms war Kardinal Roberto Bellarmin, der Richter Giordano Brunos und künftige Inquisitor Galileos. Bellarmin hatte sich in seinen umfangreichen Schriften bereits mit allen Spielarten von Häresie und Ketzerei beschäftigt und als führender Theologe seiner Zeit den Standpunkt des Heiligen Stuhls sowohl in der Frage des Supremats der Kirche als sogar auch schon in der Frage der päpstlichen Unfehlbarkeit begründet. Im aktuellen Konflikt der Kurie mit der Republik Venedig fuhr er schweres Geschütz auf. Die Autorität Roms, argumentierte er, stehe zu jeder Art weltlicher Autorität wie der Geist zu den fleischlichen Gelüsten des Leibes. Da der Geist stets über das Fleisch gebieten müsse, habe keine irdische Macht das Recht, sich jemals in irgendeiner Form über die geistliche Macht zu erheben, geschweige denn diese in ihrer Ausübung zu beschränken. Nach Bellarmins fester Überzeugung erfüllte beides den Tatbestand des »ketzerischen Aufruhrs«. Aus theologischer Sicht mag eine solche Gleichsetzung weltlich politischer Angelegenheiten mit den fleischlichen Gelüsten des Leibes eine verführerische Perspektive im anhebenden Machtkampf geboten haben; als Rezept der konkreten Politik Bellarmins ließ sie mit ihrem totalitären Machtanspruch jedoch praktisch nicht den geringsten Verhandlungsspielraum.

Auf venezianischer Seite war es Galileos unerschrockener Freund Paolo Sarpi, der in den Gemächern des Dogenpalastes die Fäden in der Hand hielt. Er war auf dem Höhepunkt des Konflikts eigens zum theologischen Berater des Dogen berufen worden. Sarpi, Sohn eines bankrotten Kaufmanns und einer strohblonden, schönen Venezianerin, war ein höchst eigensinniger Kopf, eine standfeste, markante Persönlichkeit, dem nüchternen, durchdringenden Verstand Bellarmins durchaus ebenbürtig. Er hatte sich bereits mit fünfzehn Jahren für ein Leben als Mönch entschieden, war Vegetarier und verabscheute nichts so sehr wie vulgäres und ordinäres Gehabe. Zu dem zwölf Jahre jüngeren Galileo unterhielt er eine herzliche und anregende Freundschaft, die dieser, der Sarpi des öfteren als seinen »geistlichen Vater und Meister« bezeichnete, respektvoll erwiderte. Die freundschaftliche Beziehung hinderte Sarpi allerdings nicht, dem jüngeren Gefährten auch gelegentlich vehement in die Parade zu fahren, wenn dieser wieder einmal allzu deftig bramarbasierte oder ins Schwadronieren geriet: »Dort kommt eine Jungfer! Reden wir von etwas anderem!«

In weltlichen Angelegenheiten war Sarpi zweifelsohne besser bewandert als der eher asketische Theologe Bellarmin. Er galt nicht nur als erfahrener Politiker und Philosoph, sondern verfügte vor allem auch über ein umfangreiches und fundiertes geschichtliches Wissen. Überdies nahm er persönlich regen Anteil an den weitverzweigten wissenschaftlichen Entwicklungen seiner Zeit, an deren Ergebnissen und Entdeckungen, wie zum Beispiel der Funktion der Venenklappen, der Oszillationsbewegung der Pupille oder der polaren Anziehungskraft von Magneten, ihm mitunter ein nicht unwesentlicher Beitrag zugeschrieben wurde. In enger Verbundenheit mit Fabricio d'Acquapendente, Galileos Arzt und Kollegen in Padua, hatte er das System des Blutkreislaufs im Organismus studiert, und mit Galileo selbst war er an der Weiterentwicklung meßtechnischer Verfahren und der Erforschung physikalisch gesetzmäßiger Zusammenhänge beteiligt. Auch an dessen sensationellen astronomischen Entdeckungen, die später infolge der Entwicklung des Fernrohrs ermöglicht werden sollten, hatte Sarpi beträchtlichen Anteil. Zudem galt er als Experte auf den Gebieten der Optik, der Chemie und der Metallveredelung. Obwohl auf seine Art zutiefst gläubig, hatte sich Sarpi zu einem der schärfsten Kritiker des Papsttums entwickelt, was nicht zuletzt wohl auch darauf zurückzuführen war, daß man ihn im Verlauf seiner Tätigkeit als Priester bereits dreimal als Anwärter auf einen

Bischofsstuhl übergangen hatte. Er wandte sich mit Leidenschaft gegen jede Einmischung des Vatikans in weltliche Belange und insbesondere gegen den allenthalben spürbaren Würgegriff der Inquisition, der wieder einmal das Geistesleben einer Epoche strangulierte – obwohl gerade er mit seinem unersättlichen Forscherdrang sich in dieser Hinsicht besonders hüten mußte, wurden doch ausgerechnet ihm hin und wieder auch Schriften zugesandt, die wegen ihres Autors oder wegen ihres umstürzlerischen Inhalts auf dem Index standen. Der »Index verbotener Bücher« freilich war in Sarpis Augen ohnehin bloß eine »hinterhältige Maßnahme, von der Religion erdacht, um das gemeine Volk dumm zu halten«. Die wahre christliche Religion, schrieb er, sorge sich um den Weg der Gläubigen in den Himmel und dürfe sich keinesfalls auf die Geschäfte weltlicher Herrschaft einlassen, die allein auf irdischen Wegen voranschritten. Ein Königtum oder selbst ein Papsttum von Gottes Gnaden war für ihn undenkbar.

Sarpi war eine typische Gestalt der Renaissance, selbstbewußt, geistvoll und auf vielen Gebieten bewandert. In der offenen Konfrontation zwischen ihm und Bellarmin, zwischen dem Dogen und dem Papst, Venedig und Rom kam ein weiteres Mal der seit langem latente Gegensatz zwischen Kirche und Staat zum Austrag.

Galileo, der das Geschehen von Padua aus verfolgte, konnte nicht ahnen, welch dramatischen Verlauf dieser Konflikt noch nehmen und welche Folgen sich daraus für ihn persönlich ergeben sollten. Wie fast jeder im Territorium Venedigs war auch er deshalb wie gelähmt, als Paul V. am 17. April 1606 über Nacht den Dogen, den kompletten Senat und alle Würdenträger Venedigs einschließlich Sarpis kurzerhand exkommunizierte und die Republik mit dem Kirchenbann belegte. Das Verdikt lautete auf »ketzerischen Aufruhr«, und den Beschuldigten verblieb nur eine lächerlich kurze Frist, sich der Amtskirche zu beugen und den Forderungen der Kurie Folge zu leisten. Während der gesamten Dauer des Interdikts war es allen Priestern strikt untersagt, die Messe zu lesen und ihren Amtspflichten nachzukommen. Zugleich hatten sie die päpstliche Bulle sichtbar an allen Kirchenpforten anzuschlagen. Solange sie die Autorität des Papstes nicht in vollem Umfang anerkannte, sollte die Republik Venedig zur

Gänze vom Empfang des Leibes Christi ausgeschlossen bleiben. Keiner durfte mehr die heiligen Sakramente der Kirche beanspruchen. Taufen und Begräbnisse mußten ausgesetzt werden. Eheschließungen aus dieser Zeit galten als ungültig und die Kinder aus solchen Verbindungen als illegitim. Der kirchliche Schutz für Ehe und Familie war außer Kraft gesetzt, die Bevölkerung darüber hinaus von jeder Steuer- und Abgabenpflicht entbunden.

Doch Venedig mit dem unerschrockenen Sarpi an vorderster Spitze ließ sich durch diesen Anschlag auf seine Unabhängigkeit keineswegs in die Knie zwingen und mobilisierte sämtliche Kräfte dagegen. Wie immer, wenn die elementaren Lebensinteressen der Republik in Gefahr standen, ließ man die sonst vordergründig zur Schau getragene Maske einer freiheitlichen und weltoffenen Gesinnung schnell fallen und kehrte das andere Gesicht, das eines schrankenlosen gewöhnlichen Despotismus, hervor. Am 6. Mai bekräftigte der Doge seine Entschlossenheit, Venedigs souveräne Rechtsprechung, die »sich in irdischen Belangen keiner höheren Macht als Gott allein unterstellt«, mit allen Mitteln zu verteidigen. An jeden Priester im eigenen Territorium erging die Weisung, den päpstlichen Anordnungen keine Folge zu leisten und seine Pflichten »in Seelsorge und im Gottesdienst« in vollem Umfang zu erfüllen. Binnen kurzem war, nachdem alle Anschläge von den Kirchenpforten entfernt und die paar Geistlichen, die sich dem widersetzt hatten, im Gefängnis gelandet waren, auch in den Kirchen der Republik wieder der Alltag eingekehrt.

Einer der Kirchenoberen Venedigs jedoch zeigte sich nach wie vor widerspenstig und bedurfte einer nachdrücklichen Aufmunterung. Bei ihm erschien umgehend ein offizieller Würdenträger, der sich erkundigte, ob er bereit sei, am folgenden Sonntag die Messe zu lesen. Der zögerliche Kirchenmann gab zu bedenken, er müsse sich darüber erst noch im Gebet schlüssig werden, werde jedoch tun, wozu ihn sein Gewissen und der Heilige Geist veranlaßten. Die Sache kam bis vor den »Rat der Zehn«, das innere Kabinett des Dogen, von dem die eigentliche Exekutivgewalt in Venedig ausging. Nach eingehender Prüfung ließ man dem Kirchenmann mitteilen, daß man seine Bedenken respektiere, ihn aber vorsorglich davon in Kenntnis setzen müsse, daß, sollte der Heilige Geist ihm raten, die Pforte seiner Kirche verschlossen zu halten, der nämliche Heilige Geist den Rat dazu bewegen würde, ihn selbigen Tages noch an selbiger Kirchenpforte aufzuknüpfen.

Blieben noch die Jesuiten. Sie waren in der Tat die einzigen, die den Anordnungen des Dogen bis zuletzt geschlossen Widerstand leisteten. Ihr Orden war seit seiner Gründung in besonderer Weise auf Papst, Kirchenrecht und kirchliches Lehramt eingeschworen, und in der jetzigen Situation gestaltete mit Kardinal Bellarmin auch noch einer ihrer Mitbrüder an maßgeblicher Stelle die vatikanische Politik – kein Wunder also, daß sie sich durch die Maßnahme der Kurie und die Reaktion der venezianischen Obrigkeit in einen besonders schmerzlichen Zwiespalt zwischen ihrer Gehorsamspflicht gegenüber Rom und ihren pastoralen Pflichten ihren Schäfchen in Venedig gegenüber gestoßen sahen. Paul V. setzte ihrem Dilemma allerdings ein schnelles Ende. Er stellte sie kurzerhand vor die Entscheidung, dem kirchlichen Interdikt entweder in allen Punkten Folge zu leisten, oder aber das mit dem Bann belegte Territorium Venedigs umgehend zu verlassen. Die weit überwiegende Mehrheit der Jesuiten entschloß sich für letzteres, hegte dabei jedoch die Absicht, ihren Weggang wenigstens mit großem Lamento und einer eigenen Leidensprozession durch die Stadt geräuschvoll in Szene zu setzen. Doch dabei hatten sie ihre Rechnung ohne den Magistrat von Venedig gemacht. Der ließ sie eines Nachts einfach aus ihren Betten zerren und auf bereitgestellten Kähnen aus der Stadt schaffen, unter den Augen einer herbeigeeilten Menge, die das unwürdige Spektakel mit hämischen Sprechchören begleitete. *»Ande in malora!«* Geht zum Teufel!

Galileo weilte in diesen Tagen in eigener Sache in Venedig, um dort die leidigen Probleme und Irritationen im Zusammenhang mit seiner Professorenstelle persönlich auszuräumen. (Zusätzlich zu einer Erhöhung seiner Besoldung wollte er diesmal auch gleich noch ein ganzes Jahressalär im voraus, und das hatte bei seinen Gegnern im Senat einigen Unmut hervorgerufen.) In einem Brief an seinen Bruder Michelangelo, der sich nach einem erneuten beruflichen Fehlschlag im Ausland wieder einmal unter seinem Dach in Padua eingenistet hatte, kündigte er seine Rückkehr zum bevorstehenden Pfingstfest an und kam dabei auch auf den beschämenden Abgang der Jesuiten zu sprechen, dessen Augenzeuge er geworden war:

»Gestern um die zweite Nachtstunde wurden die Jesuitenpatres in zwei großen Barken außer Landes geschafft. Sie hatten sich alle ein Kruzifix an ihre Kutten geheftet und hielten brennende Kerzen in der Hand. Tagsüber waren sie gleich nach dem Mittagsmahl in ihrem Konvent eingesperrt und Wachen vor den Pforten postiert worden, so daß keiner mehr heraus- oder hineinkam. Ich denke, sie werden Padua und auch das übrige Territorium der Republik auf die gleiche Weise verlassen, unter großem Wehgeschrei und Geheule der vielen Weiber, bei denen sie ihre meisten Anhänger haben.«

Die spektakulären Vorgänge in Venedig bedeuteten für Galileos Anliegen zunächst eine unangenehme Verzögerung. Doch nachdem auch noch der toskanische Gesandte dem sichtlich genervten Dogen in dieser Sache seine Aufwartung gemacht hatte, erreichte er schließlich das angestrebte Ziel. Mit Billigung des Dogen wurde Galileos Vertrag verlängert und sein Gehalt um hundert Dukaten angehoben. Vermutlich dürfte auch dieses Entgegenkommen des Senats Galileo nicht zufriedengestellt haben, hatte man doch das Gehalt seines Gegenspielers Cremonini genau zum nämlichen Zeitpunkt auf tausend Dukaten jährlich erhöht.

Einige Monate lang sah es so aus, als stünden Venedig und Rom unmittelbar vor dem Ausbruch direkter kriegerischer Auseinandersetzungen. Auch die beiden großen Einflußmächte auf der italienischen Halbinsel hatten aus gegensätzlichen Motiven und Interessenlagen heraus bereits hinter den Kontrahenten Stellung bezogen. Spanien, das auf diese Weise seinen geschwundenen Einfluß auf den Kirchenstaat und die Politik der Kurie wieder zu stabilisieren hoffte, stand auf seiten des Vatikans, Frankreich mit seinen starken protestantischen Strömungen im Lande nahm Partei für Venedig. (Es gab in dieser Zeit nicht wenige Stimmen, insbesondere im Vatikan, die Frankreichs Engagement in diesem Konflikt hauptsächlich auf Sarpis Paktieren mit den ketzerischen Kräften dort zurückführten und in dem Pater ohnehin einen verkappten Protestanten sahen.) Das Beistandsversprechen von seiten Frankreichs besagte, daß im Ernstfall binnen weniger Wochen eine Armee von fünftausend Mann der Serenissima zu Hilfe eilen würde. Zum Glück hielt die allgemeine Kriegslust nicht allzu lange vor. In Frankreich bangte Heinrich IV., der zum Katholizismus rekonvertiert war, plötzlich um seine neu erlangte Reputation als guter Katholik, und zuletzt setzte sich auch bei Philipp III. von Spanien die Vernunft durch. Er werde, ließ er den Papst wissen, den Heiligen Stuhl in jeder gerechten Sache unterstützen, könne aber keineswegs für eine verfehlte Politik der Kurie einstehen.

Kaum schien durch den Rückzieher der beiden Einflußmächte die unmittelbare Kriegsgefahr vorübergehend gebannt, wurde Pater Sarpi nach Rom zitiert, wo er im Vatikan zu seinen theologischen Auffassungen und Schriften persönlich Rede und Antwort stehen sollte. Die päpstliche Order, wie immer salbungsvoll im Ton und mit trügerischen Versprechen garniert, überbrachte Roms Gesandter in Venedig: »Lasset den Theologen zu Uns kommen, und Wir werden ihn mit offenen Armen empfangen. Er wird bestens umsorgt und huldvoll aufgenommen.« Sarpi freilich war zu sehr gebranntes Kind, als daß er den Sirenenklängen aus dem Vatikan Glauben geschenkt hätte. Im engsten Freundeskreis, zu dem auch Galileo zählte, sprach er offen aus, was er in Rom an Argumenten allenfalls zu erwarten hätte: den Strick oder den Scheiterhaufen. Deshalb schützte er offiziell Überlastung durch seine Amtsgeschäfte für die Republik Venedig vor. Der venezianische Senat unterstützte ihn darin, indem er seinerseits eine Reise Sarpis nach Rom ausdrücklich untersagte und damit die apostolische Macht des Papstes erneut in die Schranken verwies. Nachdem man Sarpis persönlich nicht habhaft werden konnte, wurden seine Schriften in Rom kurze Zeit darauf öffentlich verbrannt, ein unverblümter Angriff auf einen seiner hohen Amtsträger, den Venedig binnen zwei Wochen mit einer Erweiterung von dessen Kompetenzen sowie einer Verdoppelung seiner Bezüge beantwortete. Im Vatikan schlug die Feindseligkeit der Person Sarpis gegenüber um in offenen Haß.

Erst als Frankreich, Spanien und diesmal sogar England vermittelnd in den Konflikt auf der Halbinsel eingriffen, trat eine Beruhigung ein. Zug um Zug erreichte man eine vorläufige Verständigung. Venedig behauptete seine Unabhängigkeit gegenüber der Kirche. Sein lange Zeit einzigartiges Klima relativer Freizügigkeit und Toleranz blieb intakt. Die Gesellschaft Jesu allerdings hatte ihren Kredit in der Serenissima verspielt. Eine vom Vatikan geforderte Wiederzulassung der aufsässigen Jesuitenpatres auf seinem Territorium kam für Venedig nach allem, was geschehen war, nicht mehr in Frage. Andererseits fand man sich jedoch bereit, die beiden verbrecherischer und unzüchtiger Handlungen beschuldigten Kirchenmänner aus der eigenen Gewalt in die Hände der kirchlichen Gerichtsbarkeit zu überstellen.

Auch Galileos Alltag begann sich mit dem Ende des Sommers 1606 wieder einigermaßen zu normalisieren. Im Juni bereits hatte er sein Handbuch für den militärischen Zirkel herausgebracht und es samt Widmung an Großherzog Cosimo dem Fürstenhof der Toskana zugesandt. Zum Dank und als Zeichen der Wertschätzung hatte er von dort ein nichtssagendes Präsent in Form eines Ballens feinster Seide erhalten, das sich für die Anfertigung eines eleganten Umhangs eignete. Marina Gamba hatte im August ihr drittes Kind zur Welt gebracht, einen Sohn, den sie nach Galileos Vater auf den Namen Vincenzo taufen ließen. Seine finanzielle Lage hatte sich wenigstens so weit entspannt, daß er sich leidlich unbelastet wieder auf seine wissenschaftliche Arbeit konzentrieren konnte, die wie immer ein breites Spektrum theoretischer und technischer Fragen umfaßte, angefangen von den Grundproblemen der Mechanik, der Schwerkraft, der Trägheit, über die Gesetzmäßigkeiten des freien Falls und der Beschleunigung bis hin zu den Fragen des Magnetismus, der Temperaturermittlung sowie des Antriebs und der Kraftübertragung in mechanischen Vorrichtungen. In all diesen Fragen kam es auch wieder zu einem intensiven Gedankenaustausch mit Sagredo, der selbst in diesen Tagen mit einem starken Magneten experimentierte, den er drei Jahre später zum Preis von zweihundert Dukaten Großherzog Cosimo de' Medici in Florenz übereignen sollte. Zeitweilig stieß auch Sarpi wieder zu ihrem Kreis und beteiligte sich an ihren Experimenten.

Für den Spätherbst hatte Sagredo allerdings die Aufgabe eines Kämmerers in der Festungsgarnison Palmanova übernommen, die an der östlichen Grenze Venedigs zum Territorium des habsburgischen Österreich neu errichtet worden war. Dieser abgelegene Außenposten füllte ihn offensichtlich überhaupt nicht aus und bot ihm praktisch keinerlei Anregungen. Die Weine aus dem nahen Buri, berichtete er Galileo seitenweise, hätten in diesem Jahr nicht die Qualität des Vorjahres, und auch die aus dem Anbaugebiet um Rosazzo seien eine Enttäuschung und wiesen starke Qualitätsunterschiede auf. Wegen seiner vollen Blume und des günstigen Preises (fünf Lire pro Eimer) empfehle er hingegen den köstlichen *Malvasia*. Drei Fässer einer bevorzugten Lage habe er davon bereits erstanden: eines zum Eigengebrauch, eines für den Salon in seinem Palazzo an der *Ca'Morosini* in Venedig und eines für ihn. Ausgiebig ins Schwärmen geriet er über die spritzigen Weine aus dem nahen Österreich, die er dort in reichlichem Maße gekostet hatte und von denen er seinen venezianischen Freunden ebenfalls einen ausreichenden Vorrat mitzubringen gedachte.

In Venedig selbst hatte man den politisch erfolgreichen Pater Sarpi mittlerweile mit Ämtern und Machtbefugnissen überhäuft. Die Exekutivgewalt aller drei Ratsgremien der Republik lag inzwischen allein in seinen Händen. Sarpi jedoch hätte sich, da die akute Krisensituation überwunden und der Triumph Venedigs vollkommen schien, am liebsten wieder in sein Gelehrtendasein und seine Studien zurückgezogen. Er trug sich mit dem Gedanken an ein monumentales Geschichtswerk über das *Tridentinum*, das in vielem so entscheidende Kirchenkonzil, das 1563 in Trient die katholische Gegenreformation eingeleitet und damit zugleich auch den umfassenden Machtanspruch Roms in geistlichen wie in weltlichen Belangen neu begründet hatte. Da man ihm zu jener Zeit in Venedig in jeder Hinsicht bereitwilligst zu Diensten war, erbat sich Sarpi nun Zugang zu den Geheimarchiven der Serenissima, in denen unter anderem auch die streng geschützten, vertraulichen Berichte venezianischer Delegierter über den Verlauf des ein halbes Jahrhundert zuvor stattgefundenen Konzils lagerten. Das Betreten dieser Archive war normalerweise auf einen ganz geringen Personenkreis beschränkt. Nicht einmal die Angehörigen des Senats waren dazu berechtigt. Jetzt jedoch sollten auf einmal ganze Stöße hochbrisanter Konzilsdokumente ausgerechnet von einem der gefährlichsten Kritiker der gegenwärtigen Kirche, einem Abtrünnigen noch dazu, eingesehen werden.

Aus Sicht des Vatikans gehörte das mit zum Schlimmsten, was Venedig der Kirche überhaupt antun konnte. Ihre strengstens gehüteten Geheimnisse, die Interna und Hintergründe jahrelanger Machtkämpfe und eines erbitterten Tauziehens um den künftigen Weg der Kirche, wurden einem ihrer unerbittlichsten Kritiker überlassen, der, durch besondere Exkommunikation ausdrücklich als Ketzer gebrandmarkt, nun seinerseits einen Frontalangriff auf die Grundlagen der katholischen Gegenreformation im Schilde führte. Sarpis ungeschminkte Sprache, seine intellektuelle Brillanz und sein überlegenes Taktieren auf seiten Venedigs im Konflikt mit Rom machten den »Frater terribilis« in den Augen des Vatikans zum gefürchtetsten Widersacher, zumal sein Hauptkritikpunkt an Konzil und Kirche ungeschminkt darauf abzielte, daß diese mit dem erneuerten Machtanspruch auch in weltlichen Belangen einen gefährlichen Irrweg beschritten habe. Paul V. schäumte vor Wut über diese Entwicklung.

Im Sommer 1607 gab es erste Hinweise auf einen geplanten Mordanschlag. Sarpi selbst erhielt über einen Verbindungsmann in Rom die eindringliche Warnung, im Vatikan sei man fest entschlossen, »Venedig seiner Galionsfigur zu berauben, koste es, was es wolle«. Alle Welt vermutete sofort Paul V. als eigentlichen Drahtzieher hinter den Mordplänen. Der Wachsamkeit der venezianischen Polizei und ihrer Spitzel war es dann zu verdanken, daß die Identität der gedungenen Mordgesellen, darunter ein entlaufener Mitbruder aus Sarpis eigenem Konvent, vorzeitig ermittelt und sogar die Höhe ihres Verbrecherlohnes von achttausend Dukaten in Erfahrung gebracht werden konnte. Sie wurden abgefangen, kaum daß sie ihren Fuß auf venezianisches Gebiet gesetzt hatten. Damit legte sich die Aufregung um die Attentatsgerüchte zunächst wieder. Sarpi selbst vermochte alledem ohnehin nicht so recht Glauben zu schenken, denn daß ein Papst, das Oberhaupt der christlichen Kirche, einer solchen Infamie überhaupt fähig sein könnte, wollte ihm partout nicht in den Sinn. Im übrigen war er fest davon überzeugt, daß die Kurie alles vermeiden würde, ihn auch noch zu einem Märtyrer zu machen. Ein lebender Ketzer konnte allemal weniger Schaden anrichten als ein toter Märtyrer.

»Sollte ein Mann in meiner Position denn die Flucht ergreifen?« tat Sarpi ironisch besorgte Fragen ab, Fragen, die sich auch Galileo noch ernsthaft stellen sollte. »Wer würde sich in meiner Lage schon in den Schoß der Kirche zurückflüchten, um sein Leben zu retten?« Außergewöhnlicher Mut oder doch eher Tollkühnheit – Galileo jedenfalls war von der Haltung Sarpis gewaltig beeindruckt.

Immerhin ließ Sarpi sich dazu überreden, daß ihm der Magistrat von Venedig künftig einen bewaffneten Begleiter an die Seite stellte. Jeden Abend zu später Stunde trat die schwarze Mönchsgestalt mit tief über das Gesicht gezogener Kapuze fortan in Begleitung ihres Wächters aus der Pforte des Dogenpalastes auf den Markusplatz, huschte eiligen Fußes durch die verwinkelten Gassen der *Mercerie* zum *Ponte Rialto* und zur *Strada Nuova* im Rücken von Sagredos Palazzo, denn durch die noch engeren *calle* über den *Campo di Santa Fosca* und den *Ponte della Pugna*, die Brücke des Kampfes, zu den *Fondamenta dei Servi* an der Nordseite des *Rio San Fosca* und betrat dort den Servitenkonvent, um sich in ihrer spartanischen Zelle zur Ruhe zu begeben. Jedem, der sich mit dieser täglichen Routine und den Gepflogenheiten im Konvent vertraut gemacht hatte, war es ein leichtes, sich praktisch über jede einzelne Ecke auf Sarpis Weg zu informieren.

In der Nacht zum 7. Oktober brach in *San Lio*, einem dichtbebauten Viertel um die Pfarrkirche *Santa Maria Formosa*, ein Feuer aus. Sarpis Leibwächter eilte hin, um sich ein Bild vom Ausmaß des Brandes zu verschaffen. Der Pater, der zunächst noch auf die Rückkehr seines Beschützers gewartet hatte, verlor schließlich die Geduld und ging ohne ihn weiter zum Konvent, lediglich in Begleitung eines jungen Dieners und eines betagten Patriziers, der denselben Weg hatte. Fast schon am Ziel, betraten sie hintereinander gerade die Stufen des *Ponte della Pugna*, als aus der Dunkelheit plötzlich fünf vermummte Gestalten auftauchten, den alten Mann und den jungen Diener kurzerhand zu Boden streckten und dann über ihr eigentliches Ziel herfielen. Sarpi wurde von fünfzehn Messerstichen schwer getroffen und sank auf den Stufen der Brücke nieder. Zuletzt stießen ihm die Meuchelmörder noch ein Stilett ins Ohr. Dessen Schneide drang durch die rechte Schläfe, zertrümmerte ihm den Oberkiefer und trat an seiner linken Wange wieder aus. Dann ließen sie von dem in einer Blutlache liegenden tödlich Verwundeten ab und machten sich mit gezogenen Pistolen über den »Alten Hof der Barmherzigkeit«, den *»Corte Vecchia della Misericordia«*, davon, dieweil ringsum bereits die Fensterläden aufgingen und die durch die Kampfgeräusche aufgeschreckten Frauen Alarm schlugen.

Während man Sarpi in den nahen Servitenkonvent brachte und die entsetzten Fratres umgehend den Magistrat benachrichtigten, verbreitete sich die Kunde von dem Anschlag wie ein Lauffeuer durch die Stadt. Ein berittener Bote machte sich sofort auf den Weg nach Padua zu Fabricio d'Acquapendente, der zunächst die Wunden Sarpis versorgte und dann die drei folgenden Wochen, in denen das Leben des Paters am seidenen Faden hing, nicht mehr von dessen Seite wich. In der Befürchtung, die Schneide der Mordwaffe könnte vergiftet gewesen sein, richtete sich nach dem ersten Schrecken die Aufmerksamkeit aller zunächst auf den Dolch, der Sarpis Schädel durchbohrt hatte. Man probierte ihn nacheinander an einem Huhn und an einem Hund aus, bestimmt nicht gerade die fortschrittlichste Methode, immerhin jedoch ausreichend, um einen dahingehenden Verdacht zu zerstreuen. In all den kritischen Tagen und Wochen war Sarpi wie durch ein Wunder völlig bei Bewußtsein und in der Lage, klaren Sinnes die Sterbesakramente zu empfangen und die Beichte abzulegen.

»Ich werde meinen Feinden als Toter mehr schaden denn als Lebender«, prophezeite er, als er schließlich auch seinen Angreifern vergab.

Obwohl Umhang und Ordenskleid Sarpis zahlreiche Einstiche aufwiesen, waren nur die drei in Kopf und Nacken wirklich lebensbedrohend. Acquapendente gegenüber, dem das Entsetzen über die mit unglaublicher Brutalität zugefügte Verletzung seines Kopfes ins Gesicht geschrieben stand, deutete der Frater nur röchelnd an, darin eben zeige sich vermutlich die »Handschrift der römischen Kurie«.

Der Verdacht wurde rasch zur Gewißheit, nachdem sich die venezianische Polizei auf die Spur der Täter gesetzt hatte. Alsbald verdichteten sich die Hinweise, daß diese geradewegs auf vatikanisches Territorium entkommen waren. Venedigs Gesandten in Rom gelang es, nach und nach sowohl ihre als auch die Identität ihrer Auftraggeber zu ermitteln. So kam an den Tag, daß die Mordgesellen auch diesmal wieder von einem vormaligen Kleriker angeleitet worden waren, der den Tagesablauf im Konvent und die Gewohnheiten Sarpis genau kannte und auch den *Ponte della Pugna* als die am besten geeignete Stelle für den Mordanschlag ausgekundschaftet hatte. Unmittelbar nach ihrer Schandtat hatten sich die Attentäter zunächst getrennt. Zwei von ihnen waren im Schutze der Dunkelheit in einer Gondel direkt zum Lido geflüchtet, die restlichen drei hatten sich zuerst in der Residenz des päpstlichen Nuntius in Venedig versteckt und waren von dort aus erst später zu ihren Kumpanen gestoßen. Vom Lido aus waren sie anschließend ein Stück aufs offene Meer zu einem auf sie wartenden Dreimaster gerudert, der sofort Segel gesetzt und bei Tagesanbruch bereits den Hafen von Ravenna im Machtbereich des Kirchenstaates angelaufen hatte. Zurück in Rom, wurden sie für ihre Tat von Paul V. besonders fürstlich entlohnt. Zusätzlich zu ihrem Blutsold kamen sie auch noch in den Genuß einer mehrjährigen Pension. Die anfängliche Genugtuung des Papstes sollte allerdings in bittere Enttäuschung umschlagen.

Pater Sarpi hatte den mörderischen Anschlag auf sein Leben überstanden.

Die dramatischen Vorgänge um die Person seines Freundes zeitigten auch für Galileo ungeahnte Folgen. Er hatte Venedig bisher stets von seiner heiteren Seite kennengelernt, als Ort höchst weltlicher Vergnügungen, als sicheren Hafen, ein Paradies des freien Wortes und der ungehinderten Forschung. Schlagartig sah er sich jetzt mit einem anderen Venedig konfrontiert, einem Abgrund von Intrigen und brutaler Gewalt, Tummelplatz für Mörder, Schauplatz abscheulichster Verbrechen und Krisenherd der Politik verschiedenster Mächte und Interessen. Gravierender noch war der Umstand, daß er mit einer ganzen Reihe politischer Köpfe in Venedig, die mit Rom auf Kriegsfuß standen, enge Bekanntschaftsbande pflegte. Er war ein guter Freund Sarpis, ein Protegé des Dogen Leonardo Donà, der Adelsfamilie Contarini und des Richters und Diplomaten Pietro Duodo, und er war an der ohnehin argwöhnisch beäugten Universität Padua ein Kollege Cremoninis, den die Inquisition bereits im Visier hatte und dem wegen Verbreitung »verderblicher Lehren« eine Untersuchung drohte.

Die gesellschaftliche und intellektuelle Verbindung mit der politischen und geistigen Führungsschicht Venedigs, deren feindselige Haltung gegenüber Rom, Spanien und den einflußreichen Jesuitenpatres infolge der Geschehnisse der jüngsten Zeit hinlänglich bekannt war, konnten alle seine Pläne und Hoffnungen auf eine baldige Rückkehr in seine Heimatstadt Florenz zu Makulatur werden lassen, hatte doch dort das Engagement Frankreichs zugunsten Venedigs den Einfluß Spaniens und der Kurie wieder bestärkt. Auch der Fortbestand seiner gedeihlichen Beziehungen zu wissenschaftlich führenden Jesuiten und Kirchenmännern wie Pater Christopher Clavius schien in Gefahr. Rom hatte, was die Wirksamkeit des von der Kurie über die Republik verhängten Kirchenbanns anlangte, eine empfindliche Niederlage hinnehmen müssen, und in Kirchenkreisen reagierte man auf solch eine Demütigung entsprechend gereizt und unberechenbar, derweilen in Venedig wegen des Attentats auf Sarpi noch immer die Wellen der Erregung hochschlugen.

Galileo setzte in dieser Situation gleichwohl all seine Hoffnungen auf das Fürstenhaus der Toskana und suchte emsig nach Wegen, seine alten Verbindungen dorthin wieder aufzufrischen. Jede Gelegenheit war ihm willkommen, sofern sie nur dazu diente, sich selbst und seinen Wunsch nach Rückkehr in den Dienst der Medici am florentinischen Hof in Erinnerung zu halten. Der Tod eines vormaligen Bekannten in Pisa, des berühmten Girolamo Mercuriale, lieferte ihm den Anlaß, sich direkt an Großherzogin Christine in Florenz zu wenden und Fabricio d'Acquapendente als Nachfolger auf dessen Lehrstuhl zu empfehlen. Eine solche Berufung, drängte er, böte die einmalige Gelegenheit, den nicht weniger berühmten Arzt aus Padua und Venedig abzuwerben und sein Wissen und Können in den Dienst des Hauses Medici zu stellen. Natürlich erfolgte dieses Engagement für Acquapendente nicht ohne den Hintergedanken, den toskanischen Fürstenhof wieder einmal auf sich selbst und sein Wirken im Ausland aufmerksam zu machen und seinen Wunsch nach Heimkehr zu signalisieren. Die Zeit schien günstig, stand doch in Florenz sein Privatschüler aus den Sommermonaten des Jahres 1605, der jugendliche Prinz Cosimo, just davor, die Nachfolge Großherzog Ferdinandos anzutreten. Es sollte aus Anlaß der feierlichen Machtübernahme eine eigene Münze geprägt werden, für deren Gestaltung man noch geeignete Vorschläge und Entwürfe suchte. Galileo, bei dem das große Interesse des Prinzen für die Phänomene des Magnetismus noch nicht in Vergessenheit geraten war, griff die Idee sofort auf und unterbreitete einen Entwurf, in dem er das Bild einer Magnetkugel als angemessenes Symbol der Macht und Glorie des Hauses Medici und des jungen Cosimo empfahl:

»Die edlen Absichten Seiner durchlauchtigsten Hoheit könnten am besten dargestellt werden durch das Bild einer magnetischen Kugel, an der, von ihr angezogen, zahlreiche Eisenstäbchen haften. Diesem Bild könnte man das Motto *Vim Facit Amor* (Liebe bewirkt Stärke) anfügen. Diese Allegorie ließe sich folgendermaßen deuten: Wie die Eisenstäbchen gegen ihre eigene Schwere durch den Magneten in die Höhe gezogen und in solcher gehalten werden, wenn auch gleichsam mit liebevoller Gewalt, so heften sich die Eisenstäbchen auch von sich aus freudig und begierig an den Magneten. Man kann daher letztlich kaum entscheiden, was den starken Zusammenhalt zwischen beiden bewirkt, die Kraft des Magneten, das spontane Bestreben der Eisenstäbchen oder vielleicht eine Art liebevolles Wechselspiel zwischen Macht und Gehorsam.

In gleicher Weise bewirkt die im Bild des Magneten symbolisierte liebend huldvolle Zuneigung des Fürsten, dessen Sinnen und Trachten einzig darauf gerichtet ist, seine Untertanen aufzurichten und zu erheben, nicht sie zu unterdrücken, daß diese, sinnbildlich dargestellt durch die Eisenstäbchen, unserem Gebieter umgekehrt in Liebe und Gehorsam begegnen. Mit dem Bild der Magnetkugel aber kann niemand anderer als die Person

> unseres Durchlauchtigsten Fürsten gemeint sein, denn zum einen führt das Haus Medici seit jeher Kugeln im Wappen, und zum andern zeigt sich uns unsere eigene Welt ... im Grunde als nichts anderes denn als gigantische magnetische Kugel. Da überdies der griechische Ausdruck *Kosmos* gleich unsere Welt bedeutet, kann man dieses überaus treffliche Bild unschwer als allegorische Darstellung unseres großen Cosimo erkennen.«

Die Reaktion des Florentiner Hofes auf Galileos hymnischen Anbiederungsversuch blieb ausgesprochen kühl und paßte damit zu einer verbreiteten Stimmung in jenem ungewöhnlich kalten Winter von 1607 auf 1608. Seit Dezember bereits hatten in Padua heftige Schneefälle eingesetzt, die nahezu ununterbrochen bis Ende März anhielten. Die an derart strenge Winter kaum gewöhnten Bewohner fühlten sich schon fast nach Danzig oder Riga oder in sonst eine der von eisigen Polarwinden heimgesuchten Städte des hohen Nordens verschlagen. Die alten Ziegeldächer der Stadt hielten den Schneemassen kaum stand, Straßen und Gassen hatten sich in regelrechte Rutschbahnen verwandelt. Die Kälte ließ sogar den Wein gefrieren – was für ein Desaster! – und führte dazu, daß an der Universität vorübergehend der Lehrbetrieb eingestellt werden mußte, eine Wohltat für Galileo. Da der Schneefall nicht aufhörte, gingen die Bewohner langsam dazu über, die weiße Pracht von den einsturzgefährdeten Dächern ihrer Häuser haufenweise in die Straßen und Gassen zu räumen, wo sie sich zu Bergen türmte und Fahrzeuge und Pferde schon bald am Fortkommen hinderte. Damit wiederum war die medizinische Versorgung der Kranken und Gebrechlichen ernsthaft gefährdet, was bedenkliche Gefahren für das Gesundheitswesen der Stadt heraufbeschwor. Die Fälle von Schwindsucht und jahreszeitlich bedingten Erkrankungen drohten überhandzunehmen, und man befürchtete allenthalben bereits den Ausbruch einer regelrechten Epidemie.

Mitte März schließlich entschloß sich Tommaso Contarini, zu der Zeit Statthalter Venedigs in Padua und einer der Gönner Galileos, zu energischen Gegenmaßnahmen. Unter Androhung empfindlicher Strafen verpflichtete er die Bewohner, Straßen und Gassen vor ihren

Behausungen zu räumen und die Schneemassen in die Kanäle und Bäche der Stadt zu verfrachten. Seine Anordnung brachte allerdings nun diejenigen in Bedrängnis, die weder über die dazu nötigen Karren noch über die Mittel verfügten, solche zu mieten, was letztlich dazu führte, daß man überall in der Stadt riesige Feuer entfachte, um die Schneeberge auf diese Weise zum Schmelzen zu bringen. Doch damit tauschte man das eine Übel nur gegen ein anderes, denn nun wurde die Luft in den engen Gassen derart verpestet, daß das Atmen so gut wie unmöglich war.

Anhaltende Kälte und Schnee drückten Galileo mit der Zeit schwer aufs Gemüt. Ihm kam es überdies vor, als hätten in ihrem Gefolge die alten Kräfte der Ohnmacht und des Aberglaubens wieder einmal die Oberhand gewonnen, war man doch allenthalben flugs bei der Hand, das unwirtliche Geschehen als verspätete Folge einer Unheilsbotschaft des neuen Sterns von 1604 zu deuten. Abermals hatten die Wahrsagereien und Zukunftsdeutungen in alten Volksgesängen und Bauernweisheiten der Gegend Hochkonjunktur:

Die Sonne, falls sie rot zu Bette geht,
Zeigt uns gewiß, daß anderntags
Der Wind die Spreu aufweht.
Der Mond, sobald ein Hof ihn hält,
Lehrt uns, daß kein Regen fällt.
Blinken unheimlich die Sterne,
Brennen sonderlich die Scottanelle,
Ist die Dürre nicht mehr ferne.
Kräuselt der Docht sich,
Singen die Frösche
Und knarren die Tor'
Steht uns der Regen bevor.

In den gelehrten Gesellschaften wie der *Accademia della Crusca* (der Akademie der Spreu), deren Mitglied Galileo seit kurzem war, standen die drohenden Gefahren für das öffentliche Leben der Stadt auf der Tagesordnung. Die besitzenden Schichten Paduas, die von den rigorosen Ordnungsmaßnahmen der Obrigkeit am stärksten betroffen waren, fühlten sich hart bedrängt und zur Kasse gebeten. Galileo, als Eigentümer eines Hauses wie sein Gegenspieler Cremonini für die Beseitigung des Schnees in seiner Gasse verantwortlich, beklagte sich wie dieser bitter über die hohen Kosten, die er für die Öffentlichkeit aufzubringen hatte.

Schon immer eher hypochondrisch veranlagt und stets zur Melancholie neigend, fragte er sich zuweilen, ob sich in seinem Leben überhaupt jemals noch etwas zum Besseren wenden würde. Es war ein zusätzlicher Schlag für ihn, als er gerade in diesen Tagen erfahren mußte, daß sein Freund Sagredo sich hatte überreden lassen, einen diplomatischen Posten in Aleppo, einer Provinzstadt im Hinterland Syriens, zu übernehmen, wo er sich für die folgenden drei Jahre hauptsächlich mit gerissenen levantinischen Händlern und Geschäftemachern, auf Wucher bedachten persischen Emiren und Gaunern aller Art herumzuschlagen hatte. Ein Brief von dort nach Venedig brauchte in jenen Tagen ganze sechs Monate, vorausgesetzt das Schiff, das ihn beförderte, erreichte überhaupt sein Ziel und wurde nicht auf offener See von Piraten gekapert.

Mit dem Wechsel der Jahreszeit lichteten sich mit seiner Stimmung auch Galileos düstere Zukunftsperspektiven wieder ein wenig. Im Sommer stand in Florenz die prunkvolle Vermählung des jungen Cosimo bevor, und Großherzogin Christine legte Wert auf seinen fachmännischen Rat beim Bau einer ausladenden hölzernen Promenade, die eigens zu den Hochzeitsfeierlichkeiten errichtet werden und den Arno überspannen sollte.

5

Der Stein und der Steinbruch

Das Jahr 1609 begann für Galileo mit Skrupeln und Selbstzweifeln. Nach außen hin war er mit seinen nunmehr fünfundvierzig Jahren in Padua angesehen und geachtet, er genoß den Ruf, ein höchst origineller und erfinderischer Geist, eine außergewöhnliche Persönlichkeit mit eigenwilligen Neigungen und Interessen zu sein. Seine Verbindungen zu den Mächtigen Venedigs wie auch in Florenz waren vielgestaltig und zum Teil von persönlicher Freundschaft geprägt. Fürsten und venezianische Senatoren suchten seinen Rat und seinen Umgang und kamen ihm ihrerseits auf vielfältige Weise entgegen. Brillant im wissenschaftlichen Gespräch, bewahrte er sich doch stets eine humorvolle Distanz, gepaart zuweilen mit einem kräftigen Schuß Sarkasmus, der ihn gelegentlich überlegen und einschüchternd zugleich erscheinen ließ.

Dies jedoch war nur die Oberfläche. Überdruß und Frustration beherrschten sein Innenleben. Seine Professorenbesoldung in Padua war mit fünfhundert Dukaten im Jahr ansehnlich, doch keineswegs üppig, überdies auch noch immer nur die Hälfte dessen, was man seinem aristotelischen Widersacher Cremonini bewilligt hatte. Seine finanziellen Sorgen hatten sich kaum verringert. Der aufwendige Unterhalt für seine Geliebte und ihre gemeinsamen drei Kinder, die Kosten des eigenen Haushaltes und der getrennten Räumlichkeiten Marinas in der Nähe, die Entlohnung seiner Bediensteten, die Mitgiftzahlungen für die beiden Schwestern, die Unterstützung seiner undankbaren Mutter und der Aufwand für die eigene Werkstatt und seinen Instrumentenbauer – all dies war von seinem Salär für seine Lehrtätigkeit an der Universität allein nicht zu bestreiten. Um über die Runden zu kommen, blieb ihm nicht erspart, einen Großteil der kostbaren Stunden seines Tages dem aufzehrenden Privatunterricht zu opfern, zu dem sich mittlerweile zahlreiche Aristokraten aus ganz Europa, aus Frankreich, England, Deutschland und Polen eingefunden hatten, darunter selbst der schwedische König Gustav Adolf, der unter dem Pseudonym eines Monsieur Le Cat aus Genf angereist kam und einige Zeit in Padua verbrachte. Oftmals nahmen die edlen Herren mitsamt Gefolgschaft ihren Aufenthalt in seinem Haus, was seinen Lebensrhythmus zunehmend beschwerte.

Als im späten Frühjahr einer seiner zahlreichen adligen Schüler, Graf Alessandro Montalban aus Conegliano, der bereits seit vier Jahren Gast in seinem Hause war, ihn gegen Ende seines Doktorates und der abschließenden Prüfungen an der Universität fast pausenlos mit Beschlag belegte, fühlte er sich ein weiteres Mal unentrinnbar an Padua gekettet.

Wie jedem Wissenschaftler war es Galileo um jede Stunde leid, die er wegen seiner zusätzlichen Verpflichtungen zum Nachteil seiner eigenen Arbeit opfern mußte. Fortwährend in Sorge um seine angeschlagene Gesundheit, plagte ihn der Gedanke, er könnte solchen alltäglichen Beanspruchungen irgendwann nicht mehr gewachsen und nicht mehr in der Lage sein, auf diese Weise seinen Lebensunterhalt zu bestreiten. Er hatte mehrere große Projekte vor Augen, die er endlich anzupacken gedachte, nur um sich dann doch jedesmal durch die ihm verhaßten Unterrichtspflichten an ihrer Verwirklichung gehindert zu sehen. Immerzu sei er genötigt, beklagte er sich, »auf Verlangen des einen oder des anderen etliche Stunden des Tages, und oft genug die besten, zu vergeuden«.

Im engeren Umfeld Galileos machte sich die große Lücke bemerkbar, die Sagredos Abreise in die Levante hinterlassen hatte. Der Freund fehlte ihm sehr. Vieles hatte sich in Venedig verändert, seit er nicht mehr in der Stadt war. Sagredo ging es offensichtlich nicht anders. Ende April beklagte er sich in einem ausführlichen Brief aus Aleppo, daß er sich in seiner neuen, so ganz anderen Umgebung überhaupt nicht zurechtfinde und in seiner Verzweiflung ein Buch nach dem anderen verschlinge, bis sein Geist ermüde und jegliche Orientierung verliere. Er sei seiner diplomatischen Pflichten und Aufgaben leid, die ihn von seinen geliebten Studien fernhielten, und sehne sich jetzt lediglich nach ein paar Monaten in Padua, um zu »philosophieren und das Leben wieder zu genießen«, müsse sich realistischerweise jedoch wohl damit abfinden, daß er die Säle und Wandelgänge von *Torre del Bò* in den nächsten drei Jahren kaum wieder zu Gesicht bekommen werde.

Auch auf dem Feld der Wissenschaften tat sich für Galileo wenig Neues. Im Februar 1609 hatte er sich wieder seiner alten Erwerbsquelle, der Kriegstechnik, besonnen und sich abermals mit Berechnungen der Flugbahn von Artilleriegeschossen auseinandergesetzt. Neuerlich wandte er sich damit an Antonio de' Medici in Florenz, dem er am 11. Februar überschwenglich mitteilte, soeben habe er »endlich« das Gesetz der Beschleunigung entdeckt, aus dem sich ergebe, daß ein Geschoß am Ziel mit der gleichen Geschwindigkeit aufschlage, mit der es aus dem Geschützrohr austrete. In Wirklichkeit handelte es sich hierbei um ein Problem, mit dem er sich bereits fünf Jahre zuvor herumgeschlagen hatte.

Insgeheim hatte Galileo in all den Jahren auf *die eine* geniale Erfindung gesetzt, jenen glücklichen Einfall, der seiner permanenten finanziellen Misere mit einem Schlag ein Ende bereiten sollte. Keine seiner bisherigen Erfindungen jedoch, weder seine medizinischen Meßgeräte noch sein militärischer Zirkel, geschweige denn sein landwirtschaftliches Patent für ein mechanisches Schöpfwerk hatten ihm bislang den entscheidenden Durchbruch gebracht. Er war weithin bekannt, doch nicht eigentlich berühmt, lebte in leidlich gesicherten Verhältnissen, zählte aber längst nicht zu den Wohlhabenden. Bitter registrierte er, wie weit weniger talentierte Leute aus seiner Umgebung es mit einigen simplen technischen Einfällen, die den seinen weder von ihrer Originalität noch von ihrer Brauchbarkeit her das Wasser reichen konnten, zu beachtlichem Wohlstand gebracht hatten. Und er hatte das Beispiel Cremoninis vor Augen, bei dem er sich ohnehin fragte, was Universität und venezianischen Senat eigentlich bewog, einen aalglatten Traditionalisten und Peripatetiker doppelt so hoch zu schätzen und zu besolden wie ihn selbst. Was machte er falsch?

Bestimmt gehörte dazu, daß er mit seiner notorischen Nörgelei über seine Besoldung allmählich selbst Freunde und Gönner vergraulte. Unaufhörlich lag er ihnen in den Ohren, sie möchten sich im venezianischen Senat für seine Belange verwenden, und war doch nie zufrieden, wenn ihre Bemühungen mit moderaten Erhöhungen belohnt wurden. Er stand direkt davor, für alle zur richtiggehenden Plage zu werden. Als Francesco Sagredo sich wieder einmal beim Dogen Niccolò Contarini, der immerhin bereits Galileos mechanisches Schöpfwerk hatte installieren lassen, für eine Aufstockung der Besoldung eingesetzt hatte, platzte diesem der Kragen. Er werde in dieser Sache mittlerweile nicht mehr bloß von Freunden und Bekannten Galileos, sondern sogar schon von Angehörigen seiner eigenen Familie belästigt: »Wenn Galileo mit seinem Gehalt so unglücklich ist, kann er ja gehen.«

Entmutigt verstärkte Galileo seine heimlichen Appelle an den Hof in Florenz. Er sehnte sich nach einem rettenden Engel und erblickte diesen im jugendlichen Großherzog der Toskana. »Einem Fürsten zu dienen! Das ist es, was ich mir jetzt wünsche.« Beschwörend wandte er sich an Belisario Vinta, den Staatssekretär des Großherzogs: Er habe sich in den vergangenen sechzehn Jahren seit seinem Weggang aus Florenz die Grundlagen für außergewöhnliche wissenschaftliche Leistungen erarbeitet, die es unbedingt wert seien, realisiert zu werden, wenn nur die Umstände ihn nicht dauernd daran hinderten. »Ich sehne mich danach, so viel Muße und Ruhe zu erlangen, um drei große Aufgaben, die ich in Händen halte, zu Ende zu führen und veröffentlichen zu können... Doch brauche ich dazu größere Muße, als ich sie hier habe. Diese Republik vermag mich nicht von meinen Aufgaben zu entbinden, um mir solche Freiheit zu gewähren. Diese Annehmlichkeit kann ich mir letzten Endes von keinem anderen als von einem absoluten Fürsten erhoffen. Ich möchte bei Euch jedoch keinesfalls den Eindruck erwecken, vernunftwidrige Ansprüche zu stellen, als ob ich nach einer Besoldung ohne Verdienste und Dienstbarkeiten meinerseits strebte. Es wäre nicht recht, von einem Staat eine großzügige Besoldung zu beziehen, ohne der Öffentlichkeit dafür zu dienen. Wer Nutzen von der Öffentlichkeit zieht, muß der

Öffentlichkeit auch Nutzen bringen, nicht nur einem einzelnen allein.

Was aber die Verdienste angeht, habe ich mit verschiedenen Erfindungen aufzuwarten, von denen eine einzige ausreichen würde, mich zeitlebens von meinen Sorgen zu befreien – könnte ich nur einen großen Fürsten finden, der daran Gefallen fände. Mein Bestreben war es immer, eine Erfindung zuerst meinem natürlichen Fürsten und Gebieter darzubringen. Ihm sei es dann anheimgestellt, über sie und den Erfinder nach seinem Gutdünken zu verfügen. Ich für meinen Teil hoffe nur, er möge Gefallen daran finden, mit dem einen Stein auch den Steinbruch entgegenzunehmen, aus dem er stammt.«

Die ganze erste Hälfte des Jahres 1609 war Galileo allerdings noch überwiegend mit speziellen mathematischen Problemen seiner physikalischen Bewegungstheorie beschäftigt, nicht gerade ein Gebiet, auf dem man sich anhand aufsehenerregender, nützlicher Erfindungen profilieren konnte. Bestimmt hätte er diese Arbeit sofort eingestellt, wenn sich ihm nur eine lukrativere Möglichkeit geboten hätte, zumal er mit seinen Forschungen zur Mechanik kaum hoffen durfte, die Aufmerksamkeit eines Herrschers und potentiellen Wohltäters auf sich lenken zu können. Ende Juli lief der Universitätsbetrieb aus, und Galileo, seiner fortwährenden Inanspruchnahme durch den aufdringlichen Grafen Montalban überdrüssig, gönnte sich ein paar Tage der Kurzweil und Unterhaltung in Venedig.

Er befand sich nicht einmal einen vollen Tag in der Lagunenstadt, als ihm ein Gerücht zu Ohren kam, das ihn sofort aufhorchen ließ. Brillenschleifern im flandrischen Middelburg, hieß es, sei es gelungen, eine Art Sehglas zu entwickeln, mit dessen Hilfe man Dinge aus der Ferne ganz nahe erscheinen lassen könne. Mit gewöhnlichen Linsen, die man offenbar an den beiden Enden eines kurzen Rohrstücks montiert habe, solle es möglich sein, eine Person aus über drei Kilometer Entfernung so dicht vor sich erblicken zu können, als stünde sie nur wenige Schritte entfernt. Ein Brillenschleifer namens Hans Lippershey habe ein solches Instrument schon vor neun Monaten dem Fürsten Moritz von Nassau vorgeführt und ein Patent dafür beantragt. Aus bestimmten Gründen sei der Patentantrag nicht bewilligt worden, das nassauische Fürstenhaus habe Lippershey jedoch umgehend zu strengstem Stillschweigen vergattert und ihn im geheimen mit der Herstellung dreier weiterer Exemplare seines wundersamen Instruments für den Hof beauftragt. Trotz aller Vorsichtsmaßnahmen habe die Kunde von der sensationellen Erfindung unter den auswärtigen Gesandten und Diplomaten bei Hofe jedoch schnell die Runde gemacht.

Im wissenschaftlichen Bekanntenkreis Galileos lösten solche Neuigkeiten erregte Debatten aus, doch nur ihm selbst war vermutlich die Tragweite dieser Entwicklung in vollem Umfang bewußt. Drei Gesichtspunkte standen für ihn im Vordergrund: Wenn in dem Gerücht überhaupt ein wahrer Kern steckte, dann beruhte die Leistungsfähigkeit des neuen Instruments auf den Gesetzen der Perspektive und der Lichtbrechung. Ferner: Sollte das Instrument auch nur annähernd das leisten, was man sich von ihm erzählte, war es von unabsehbarer militärischer Bedeutung. Und – bedeutsamer noch: Derjenige, der in der glücklichen Lage wäre, ein derartiges Instrument der Seemacht Venedig als erster anbieten zu können, wäre ein gemachter Mann.

Offenbar dauerte es eine Zeitlang, bis sich das Gerücht überall verbreitet und auch seinen Weg über die Alpen gefunden hatte. Im Frühjahr waren Fernrohre mit dreifacher Vergrößerungsleistung in Paris als eher kuriose Unterhaltungsartikel angeboten worden, und Ende Mai erst tauchte irgendein Fremder damit in Mailand auf. In London allerdings hatte ein gewisser Thomas Harriot das Instrument zu einer Zeit, als Galileo noch kaum etwas davon wußte, erstmals auf die Gestirne gerichtet und war bereits im Begriff, mit seiner Hilfe eine Mondkarte zu erstellen.

Beunruhigt nahm Galileo zur Kenntnis, daß sich die Sache mittlerweile doch weiter herumgesprochen hatte, als er anfänglich zu glauben geneigt war. Vor allem Sarpi, inzwischen fast vollständig genesen und wieder im Amt, wußte offenbar seit längerem darüber Bescheid. Zu seinen umfangreichen Aufgaben gehörte unter anderem die Beratung des Dogen in wissenschaftlichen Fragen, und in dieser Funktion waren ihm schon etliche Monate zuvor Informationen über die Entwicklungen in Flandern zugetragen worden, die er jedoch, wie

Galileo erst jetzt erfahren mußte, tatsächlich als unbedeutend abgetan hatte.

Am 26. Juli kam es darüber zwischen den beiden Freunden fast zum Zerwürfnis. Einem völlig überraschten Galileo gegenüber räumte der Pater ein, bereits vor acht Monaten, kaum einen Monat nachdem Lippershey sein Patent beantragt hatte, über vertrauliche diplomatische Kanäle von der Sache Wind bekommen zu haben. Erstaunlicherweise hatte Sarpi die eigentliche Brisanz seiner Informationen zu diesem Zeitpunkt jedoch einfach nicht erkannt und sie vermeintlich wichtigerer Geschäfte wegen vorschnell schlicht *ad acta* gelegt. Er sei damals eben viel zu sehr mit der Politik beschäftigt gewesen und nicht mit der Wissenschaft, protestierte er auf Galileos Vorhaltungen, wie wenn er sich für seine Unachtsamkeit hätte rechtfertigen wollen. Als besonders peinlich erwies sich, daß die Information, die Sarpi auf diplomatischem Wege zugegangen war, ausgerechnet von einem früheren Schüler Galileos stammte, einem gewissen Jacques Badouère, der Jahre zuvor Gast in seinem Haus in Padua war und zur Zeit in diplomatischen Diensten Frankreichs stand. Sarpi holte Badouères Bericht, der des weiteren eine grobe Darstellung der Konstruktionsprinzipien des flandrischen Fernrohrs enthielt, nun für Galileo wieder hervor und zeigte ihm auch sein eigenes Antwortschreiben, das bereits vom 6. Januar 1609 datierte:

»Eure Information über das neuartige Sehglas ist mir vor etwas über einem Monat zugegangen, und ich erachte sie für ausreichend, um der Sache nicht weiter nachzugehen (Sokrates verbietet uns, über Dinge zu spekulieren, die wir nicht mit eigenen Augen sehen können). In jüngeren Jahren hatte ich ähnliche Gedanken und war der Meinung, daß sich ein solcher Vergrößerungseffekt mit Hilfe einer Konkavlinse bewerkstelligen ließe. Mathematisch hatte ich das Ganze bereits im Griff, doch da man dabei zumeist nicht mit der Widerspenstigkeit der Materie rechnet, stieß ich bei der praktischen Realisierung auf einige Schwierigkeiten. Die Weiterverfolgung der Angelegenheit wäre ziemlich mühsam gewesen, weshalb ich auf zusätzliche Experimente verzichtete. Ich kann nicht beurteilen, ob dieser flandrische Handwerksmeister irgendwie auf meine damalige Idee gestoßen ist.«

Galileo war schwer erschüttert. Er hatte wahrlich allen Grund, über Sarpis Geheimniskrämerei und Kurzsichtigkeit aufgebracht zu sein. Eindringlich redete er dem Freund ins Gewissen, in solchen Dingen künftig mehr Umsicht walten zu lassen, und versicherte sich zugleich seiner politischen Unterstützung für die folgenden Tage. Er sollte sie brauchen können.

Noch während er in Venedig weilte, gerieten die Dinge plötzlich in Bewegung. Aus Padua, seiner eigenen Hochburg, kam die Nachricht, ein unbekannter Holländer habe am 1. August den Magistrat aufgesucht, diesem ein Fernrohr vorgeführt und damit beachtlichen Wirbel erzeugt. Diese Nachricht, gesteht Galileo später etwas gewunden, habe in ihm »sofort den Wunsch geweckt, das wundersame Instrument mit eigenen Augen zu sehen«. Nach Absprache mit Sarpi brach er jedenfalls umgehend nach Padua auf, wo ihn allerdings die Schreckensmeldung erwartete, der umtriebige Holländer befände sich bereits auf dem Weg nach Venedig und gedenke dort sein Instrument dem Rat der Republik zu einem möglichst hohen Preis anzubieten.

Fieberhaft machte sich Galileo jetzt in seiner Werkstatt an die Arbeit. Er scheute weder Kosten noch Mühe, um zunächst die Einzelteile, die er nach seiner Vorstellung brauchte, anzufertigen. Intuitiv und aufgrund der spärlichen Informationen über das Fernrohr Lippersheys legte er sich als erstes ein Bleirohr zurecht. Dann befaßte er sich mit Überlegungen hinsichtlich Art, Zahl und Anordnung der Linsen. Eine allein konnte den gewünschten Effekt kaum bewirken. Sammellinsen verkleinerten Gegenstände, Zerstreuungslinsen vergrößerten sie zwar, doch verschwammen die anvisierten Objekte dabei mit zunehmender Entfernung. Sein Glasbläser stellte eine Reihe von Glaskugeln her, aus denen er Linsen unterschiedlicher Form und Stärke herausschnitt, und Galileo machte sich hektisch daran, wechselnde Kombinationen von Sammel- und Zerstreuungslinsen auszuprobieren. Eine gelungene Zusammenstellung ließ Gegenstände zunächst dreimal näher und neunmal größer erscheinen. Aufgrund der solchermaßen ermittelten Werte der unterschiedlichen Strahlenbrechung der Linsen und ohne deren Wirkungsweise im Prinzip vorerst verstanden zu haben, veränderte er ein weiteres Mal deren Schliff und erzielte damit ein noch besseres Ergebnis, demzufolge die Gegenstände nun schon sechzigmal größer erschienen.

Seinem eigenen Zeugnis zufolge nahmen seine Experimente mit immer neuen Kombinationen von Linsen und allein nach dem Prinzip von Versuch und Irrtum kaum vierundzwanzig Stunden in Anspruch:

»In der ersten Nacht nach meiner Rückkehr hatte ich die Aufgabe gelöst«, heißt es fünfzehn Jahre später im *Saggiatore*, »und am folgenden Tag bereits hatte ich das Instrument fertiggestellt und davon jenen Freunden in Venedig Nachricht gegeben, mit denen ich die Sache am Vortage noch erörtert hatte.« Wie üblich übertrieb er auch hier wieder ein wenig zu seinen Gunsten. Immerhin: Schon am 4. August ließ er Sarpi in Venedig eiligst wissen, er halte nunmehr ein wichtiges Geheimnis in Händen. Die Botschaft an Sarpi hatte es in sich; offensichtlich war das Ganze ein abgekartetes Spiel: Galileo sollte schnellstens prüfen, inwieweit sich die bisherigen Informationen über das Fernrohr wissenschaftlich erhärten und technisch realisieren ließen, während Sarpi ihm in Venedig gleichsam den Rücken freihielt, indem er verhinderte, daß ein anderer in dieser Sache Zugang zu maßgeblichen venezianischen Stellen erhielt, bevor Galileos Ergebnisse auf dem Tisch lagen. Das Spiel ging auf. Galileos Botschaft vom 4. August bedeutete praktisch das endgültige Aus für den Holländer. Von da an hatte er noch zwei Wochen Zeit, sein eigenes Fernrohr weitgehend ungestört so weit wie möglich zu vervollkommnen.

Am 20. August des Jahres 1609 schließlich kam der große Augenblick. Galileo nahm ein prächtiges, ganz mit feinstem Leder überzogenes Fernrohr, das über eine zehnfache Vergrößerungsleistung verfügte, entlohnte seinen treuen Instrumentenbauer mit einundzwanzig Lire und machte sich auf nach Venedig. Zwei Wochen hatten ihm genügt, das Instrument qualitativ so zu verbessern, daß es nun die ursprünglich flandrischen Versionen in jeder Hinsicht erheblich übertraf. Es maß gerade eine Elle *(un braccio)* und war mit einem Okular von etwa fünf Zentimeter Durchmesser versehen, etwa die Größe eines venezianischen Dukaten.

Sofort nach seiner Ankunft wurde er mit großem Pomp in den Dogenpalast geleitet. Sarpi, Duodo und manch anderer seiner einflußreichen Freunde und Gönner hatten den Dogen und die anderen Häupter der Serenissima bereits auf ein spektakuläres Ereignis vorbereitet. Schon auf der »Goldenen Treppe« des *Palazzo Ducale* und mehr noch im Vorraum des Senates umlagerten ihn Dutzende aufgeregter Patrizier, die ihn mit Fragen bestürmten und von denen jeder bereits vorher einen Blick auf das wunderliche Instrument erhaschen wollte. Leonardo Donà, der Doge, umgeben von den wichtigsten Persönlichkeiten des Rates der Zehn, dem gesamten Stab seiner Berater und – in diesem Augenblick besonders wichtig – den sachkundigsten Kommandeuren der glorreichen venezianischen Flotte, bereitete ihm schließlich einen beispiellosen Empfang im *Collegio*, dem eigentlichen Machtzentrum des Dogenpalastes.

Hier, inmitten der herrscherlichen Pracht eines von Palladio gestalteten und von der überragenden Kunst Veroneses und Tintorettos gekrönten Ambientes, präsentierte Galileo der illustren Versammlung sein spektakuläres Zauberrohr. Nach einiger Zeit wogte die festlich gestimmte Menge aus dem kleineren *Collegio* in den größeren Saal des Senats, dessen Mitglieder sich fast vollzählig um ihn drängten, als Galileo ihnen unter Tintorettos monumentalem Deckengemälde »Triumph Venetias« das Tor in ein neues Zeitalter der Wissenschaft aufstieß.

Das Interesse der Mächtigen Venedigs speiste sich zunächst aus ganz handfesten Motiven. Ihnen ging es weniger um die glänzenden wissenschaftlichen Perspektiven als vielmehr um den unschätzbaren militärischen Vorteil, den Galileos Fernglas für Venedig erbrachte. Und der stand auch im Vordergrund, als die Versammlung alsbald ins Freie drängte und sich über die *Piazetta* zum Glockenturm von *San Marco* begab. Die Dogen hatten Potentaten fremder Länder seit jeher gerne auf den *Campanile* geführt und ihnen über Venedigs Dächer hinweg weit draußen die enge Durchfahrt von *San Niccolò*, den einzig schiffbaren Zugang in die Lagune, gezeigt, freilich nicht ohne sie zugleich auch machtbewußt und stolz auf die trutzigen Zitadellen hinzuweisen, die diesen Zugang vor etwaigen Angriffen vom Meer aus schützten. In jüngster Zeit hatte sich das allerdings gegeben, denn inzwischen war man sich der Wirksamkeit dieses Schutzes mangels ausreichender Vorwarnzeiten längst nicht mehr so sicher. Nun also begaben sich die hohen Herren ein weiteres Mal über die steile Wendeltreppe auf diesen höchsten Punkt ganz Venedigs, wo sich ihnen mit Hilfe von Galileos Fernrohr plötzlich ungeahnte Fernen auftaten.

Padua, Herkunftsort und geistige Heimat des neuen Instruments, kam zuerst an die Reihe. Was für ein Anblick! Über eine Entfernung von nahezu vierzig Kilometern gewannen die anfangs schemenhaften Konturen des Glockenturms und der Kuppeln von *Santa Giustina* ihre klare und unverwechselbare Gestalt im Okular des Fernrohrs. Dann die nächstgrößeren Städte: Treviso im Westen und Chioggia quer über die Lagune im Süden. Selbst Conegliano, in mehr als achtzig Kilometer Entfernung nördlich in den Ausläufern der Berge gelegen, offenbarte sich den ungläubigen Blicken der Senatoren. Jetzt, im näheren Umkreis, Murano: abermals Ausrufe des Erstaunens und der Bewunderung! Wie aus nächster Nähe sah man die Gläubigen beim Kirchgang in *San Giacomo* und das geschäftige An- und Ablegen der Gondeln am *traghetto* von *Collona* an der Mündung des *Rio de' Verieri*, des Kanals der Glasbläser. Schließlich wandte man den Blick aufs offene Meer, auf die Adria. Weit draußen am Horizont tauchten die Segel von Galeeren auf, die bei vollem Wind noch mindestens zwei Stunden Fahrt vor sich gehabt hätten, bevor sie wie bisher von Venedig her auszumachen gewesen wären. Welche Bedeutung das allein für die venezianische Flotte hatte, deren Schiffe auf hoher See und in den dalmatinischen Küstengewässern fortwährend von Piraten bedroht waren, mußte man deren Kommandeuren nicht zweimal erklären, wenngleich Galileo, der einige Tage später in einem Brief vom spektakulären Erfolg seiner Demonstration des Fernrohrs auf dem Campanile von San Marco berichtete, es wieder einmal nicht lassen konnte, dessen Vergrößerungsleistung ein wenig zu übertreiben.

Daß sich diese Demonstration zugleich in einen Triumph Venedigs verwandelte, ist zweifelsohne auf ein Meisterstück politischer Taktik zurückzuführen. In einer der unzähligen lichtscheuen und feuchten Gassen der Lagunenstadt haderte ein flämischer Glücksritter mit seinem Schicksal, hatte es Galileo doch meisterhaft verstanden, die Vorführung seines Fernrohrs in eine pompöse Inszenierung zu kleiden, ein Huldigungsspektakel an den überlegenen Genius Venedigs mit allem, was dazugehörte: brokatgewandeten Honoratioren an der Spitze, prominenten Herolden des neuen Zeitalters und heimlichen Arrangeuren im Hintergrund. Über Nacht war sein Fernrohr gleichsam Symbol und Beweis für die wissenschaftliche Vorrangstellung der Universität Padua geworden. Während der flämische Hasardeur ausschließlich den abenteuerlichen Preis im Auge gehabt hatte, den er den Oberen Venedigs für sein Fernglas abzuhandeln gedachte, ging Galileo ungleich geschickter und mit größerem Weitblick ans Werk. Ihm war nicht entgangen, welchen Eindruck er mit seiner Vorführung insbesondere beim Dogen hinterlassen hatte; so war er schon nach wenigen Tagen erneut zur Stelle und übergab diesem unter großer Ehrerbietung und vielen Verbeugungen das Fernrohr feierlich als Geschenk, ohne die geringste Forderung damit zu verknüpfen. Mit ihm überreichte er ein Begleitschreiben, in dem er sein *cannochiale* vorstellte und vor allem dessen unschätzbaren militärischen Nutzen für Venedig hervorhob:

»Ich, Galileo Galilei, Eurer durchlauchtigsten Hoheit untertänigster Diener, unablässig und mit jedwedem Eifer darauf bedacht, nicht nur seine Pflichten zu erfüllen, sondern auch mit nützlichen Erfindungen Eurer Durchlaucht außergewöhnliche Dienste zu leisten, wird bei Euch vorstellig mit einem neuartigen Instrument. Im festen Glauben, daß es würdig sei, von Euer Durchlaucht entgegengenommen zu werden, überreicht er Euer Gnaden selbiges als Geschenk und stellt es in Euer Belieben und Eure Weisheit, weitere anfertigen zu lassen oder nicht. Er unterbreitet Euch selbiges als eine der Früchte der Wissenschaft, die er seit nunmehr siebzehn Jahren an der Universität zu Padua betreibt, in der Hoffnung, Eurer Durchlaucht eines Tages noch größere darzubieten, so es Gott und Euer Durchlaucht belieben, daß er, nach eigenem Wunsche, den Rest seines Lebens in Euer Gnaden Diensten verbringe.«

Erschöpft und doch innerlich jubelnd über seinen gelungenen Auftritt, war Galileo gerade im Begriff, sich ehrerbietigst wieder zurückzuziehen, als ihm am Ausgang des *Collegio* bedeutet wurde, er möge sich noch einen Augenblick im Vorraum gedulden. Nach einer Weile trat der Prokurator von San Marco, Antonio Priuli, einer der Rektoren der Universität und künftiger Doge, zu ihm heraus und teilte ihm mit, Seine Durchlaucht habe ihm ein Angebot zu machen, falls er damit einverstanden sei.

»Ich werde mit allem vorliebnehmen, was Seiner Durchlaucht beliebt«, erwiderte Galileo, dem, wie er nachher berichtete, im selben Augenblick das Sprichwort in den Sinn kam, daß »die Hoffnung lahmt, das Glück hingegen flinke Flügel hat«, spontan und untertänigst.

Der Vorschlag des Dogen lief daraus hinaus, Galileos Professorengehalt auf tausend Dukaten im Jahr praktisch zu verdoppeln sowie ihm eine Anstellung auf Lebenszeit und zugleich einen Sofortbonus von vierhundertachtzig Dukaten zu gewähren.

»Da ich in dieser Woche den Vorsitz im Hohen Rat habe und die Dinge nach meinen Wünschen einrichten kann«, versprach Priuli, der Galileo huldvoll umarmte, »werde ich die *Pregadi* noch heute abend zum gemeinsamen Bankett und zur Beratung und Abstimmung über den Vorschlag Seiner Durchlaucht bitten.«

Über den Verlauf des Banketts der Senatoren läßt sich nur spekulieren, nicht hingegen über das Ergebnis der Abstimmung. Achtundneunzig Mitglieder des Rates votierten für Galileo, elf gegen ihn, und dreißig enthielten sich der Stimme. Am 25. August wurde Galileo der offizielle Beschluß des Rates der Zehn im Rahmen eines feierlichen Aktes mit Fanfarenklängen Monteverdis eröffnet:

> »Signor Galileo Galilei lehrt seit siebzehn Jahren zu allgemeiner Zufriedenheit und zum Nutzen Unseres *Studios* zu Padua die mathematischen Wissenschaften und hat in dieser Profession die Welt bereits... mit verschiedenen Entdeckungen und Erfindungen bekannt gemacht. Vor allem aber hat er jüngst ein Instrument erfunden, das ferne Gegenstände so nahe ans Auge heranführt, daß sie groß und deutlich erscheinen. Da es dem hier versammelten Rat obliegt, sich jenen erkenntlich und großzügig zu zeigen, die ihre Bemühungen in den Dienst der Öffentlichkeit stellen...«

Galileo durfte aufatmen. Endlich, so schien es, war er am Ziel seiner Wünsche angelangt. Sein Fernrohr brachte ihm den erhofften Durchbruch und erregte überall in Europa berechtigtes Aufsehen, ganz zu schweigen von der Begehrlichkeit finanziell potenter Militärbefehlshaber. Über Nacht gleichsam berühmt und mit den besten Aussichten auf künftigen Wohlstand, umgeben von illustren Freunden und hofiert von den Mächtigen, boten sich ihm die glänzendsten Perspektiven: ein produktives, einträgliches und weithin sorgenfreies Forscherdasein im privilegierten Dienst der Republik Venedig.

Eigentlich hätte dies ein Augenblick ungeteilten Jubels für ihn sein müssen. Dennoch war seine erste Reaktion eher zwiespältig. Denn neben der Freude über die verlockenden Zukunftsaussichten als venezianischer Würdenträger nagte der Gedanke an ihm, nunmehr praktisch unwiderruflich und auf Lebzeiten an Venedig gebunden zu sein. Im Herzen fühlte er sich nach all den Jahren noch immer zuerst und vor allem seiner Heimatstadt Florenz zugehörig und verpflichtet. Dort, in der Toskana, sah er seine angestammten Wurzeln und seine Zukunft. Seit einer Reihe von Jahren hatte der Großherzog auf sein Drängen, wieder in seine Dienste aufgenommen zu werden, eher kühl und hinhaltend reagiert. »Einem Fürsten zu dienen! Das ist es, was ich mir jetzt wünsche!« Nicht Überschwang, Stolz oder gar Dankbarkeit bewegte Galileo mithin in diesem Augenblick, sondern die heimliche Absicht, sich seiner Vereinnahmung durch die großzügigen Gönner in Venedig schon baldmöglichst wieder zu entziehen, die Gunst der Stunde, seine plötzliche Berühmtheit und die Lobeshymnen, die man in der Lagunenstadt auf ihn anstimmte, zu nutzen, um in Florenz und am dortigen Hofe jene auf den Plan zu rufen, die Venedig um ihn und seine spektakulären Erfolge längst schon beneideten.

Bereits am 29. August, kaum vier Tage nachdem der Doge ihm über die Maßen Entgegenkommen bewiesen hatte, berichtete Galileo ausgerechnet seinem Schwager Benedetto Landucci des langen und breiten von den sensationellen Neuigkeiten – ein in jeder Hinsicht befremdlicher Mitteilungsdrang, war es doch gerade Landucci, der ihm über die Jahre hinweg immer wieder wegen ausstehender Mitgiftzahlungen zugesetzt und ihn deswegen sogar vor die Schranken des Gerichts gezerrt hatte. Zwar hatte sich das Verhältnis zum Gatten seiner Schwester Virginia, kaum daß er dank umfangreicher privater Unterrichtstätigkeit sein Einkommen beträchtlich aufbessern konnte, mit der Zeit etwas entspannt, und hin und wieder war es sogar schon zum Austausch kleinerer Gefälligkeiten zwischen ihnen gekommen. Ein enger Vertrauter freilich, jemand, den man an entscheidenden Veränderungen im eigenen Leben gerne an vorderster Stelle teilhaben lassen möchte, war Landucci wohl kaum.

Überdies bekleidete Landucci bei Hofe lediglich eine untergeordnete und gering besoldete Stellung als Amtsschreiber und Waagebeamter für Silber und besaß dort von daher schon kaum nennenswerte Beziehungen, geschweige denn maßgeblichen Einfluß. Es beweist daher schon ein gehöriges Maß Arroganz und Dickfelligkeit Galileos, ausgerechnet diesem zeitlebens kaum erfolgsverwöhnten Verwandten gegenüber mit den eigenen Großtaten in Venedig aufzutrumpfen und dem kleinen Beamten, dem er zudem noch immer einen Teil der Mitgift für seine Schwester schuldete, auch noch seine mittlerweile üppige Besoldung unter die Nase zu reiben. Im Widerspruch dazu der anrührende, fast larmoyante Tonfall, mit dem Galileo den Brief an seinen Schwager beschließt: »Ich finde mich hier auf Lebenszeit gebunden und muß mich wohl endgültig damit abfinden, das Land meiner Geburt nur noch ab und zu in den Ferienmonaten genießen zu können.«

Am Ende, neben den Grüßen an die Familie, ergeht der ausdrückliche Auftrag an Landucci, die erfreulichen Neuigkeiten aus Venedig auch ja unter allen Freunden und Bekannten in Florenz und bei Hofe zu verbreiten. Auf wenig taktvolle Weise machte Galileo seinen Schwager somit zum Überbringer einer Botschaft in der stillen Hoffnung, sie möge dem Großherzog von Toskana, für den sie eigentlich bestimmt war, blamabel und mahnend in den Ohren klingen. Doch der vermeintlich raffinierte Schachzug bewies im Grunde nur seine Naivität. Selbstverständlich war der Fürstenhof der Toskana durch andere Kanäle über die spektakulären Vorgänge in Venedig längst informiert, als Galileo noch seinen Brief an Landucci verfaßte.

Der neue Großherzog, dem dieses umständliche Taktieren galt, war der noch jugendliche Cosimo de' Medici, dem er als Prinzen einst Privatunterricht erteilt hatte und der seit nunmehr sieben Monaten, seit dem Tode Ferdinandos I., in Florenz die Macht übernommen hatte. Er war der eigentliche Adressat dieses auf Umwegen vorgebrachten Appells, den großzügigen Offerten der venezianischen Oberen ein entsprechend generöses Angebot entgegenzusetzen und ihm damit den Absprung aus Venedig zu erleichtern. Und wenn er zu diesem Zweck vorgeblich lamentierte, daß die Flügel seiner Hoffnung (auf eine Rückkehr nach Hause) allmählich gänzlich am Erlahmen seien, dieweil ihn in Venedig die des Glücks geradezu mit sich fortrissen, zielte das auch ganz unverhohlen darauf ab, den Hof in Florenz mit seinem neugewonnenen Rang als Wissenschaftler und seiner Reputation in Venedig unter Zugzwang zu setzen und zum Handeln zu veranlassen.

Tags darauf, am 30. August, war Galileo schon wieder in Padua, ungeduldig und voller Tatendrang. Seine Arbeit duldete in der Tat keinen Aufschub, war es doch ein leichtes, abzusehen, daß sein Fernrohr binnen kurzem in ganz Europa zahlreiche Nachahmer finden würde. In den ersten Septembertagen bereits vereinbarte er daher eine Lieferung neuer Linsen, und zwar in Form von Rohlingen, die er selbst für seine eigenen Zwecke zurechtschleifen wollte. Er ließ sie diesmal aus Florenz kommen, denn obgleich das benachbarte Murano für seine vorzugsweise dekorativen Glaserzeugnisse schon zu seiner Zeit weltberühmt war und auch das handwerkliche Können seines possenschreibenden Freundes und Kumpanen Magagnati für den Anfang seinen ursprünglichen Anforderungen leidlich entsprach, so waren die kunstfertigsten Optiker und Brillenschleifer Italiens doch in der Toskana beheimatet. Kaum hatte er die neue Lieferung erhalten, schliff er jede einzelne Linse sorgfältigst mit eigener Hand, und mit der Zeit gelang es ihm, die Vergrößerungsleistung seines Fernrohrs auf das Vierhundertfache zu steigern. Dazu konstruierte er das Stativ des Instruments auf eine Weise, daß es sich bequem in jede gewünschte Richtung drehen ließ.

In einer der folgenden klaren Nächte des Frühherbstes stieg Galileo in das oberste Stockwerk seines Hauses, blickte von dort hinunter in seinen Garten und über die Gartenmauer hinweg auf die anmutigen Kuppeln von *San Antonio* und genoß das Schauspiel des langsam hinter der Basilika aufsteigenden Mondes. Es war eine berückende Stimmung, in der ihn das wechselnde Spiel der Formen zwischen den schemenhaft dunklen Kuppeln dieses prachtvollen franziskanischen Kirchenbaus und des leuchtenden Erdtrabanten derart gefangengenommen haben muß, daß er eigens sein Fernrohr ans Fenster holte. Erneut gemahnt die Szenerie unwillkürlich an einen Akt künstlerischer Inspiration, einen mystischen Augenblick vollkommener Einheit, als wäre in diesem Moment der gütige Geist des heiligen Antonius über seiner mächtigen Kirche geschwebt, diesem ganzen Stolz Paduas, an deren Ausgestaltung ein Donatello, ein Giotto und ein Mantegna beteiligt waren. Als er nach einer Weile sein Fernrohr schließlich gebannt auf den Mond und die Gestirne richtete, folgte er einem genialen Impuls, an dem religiöses Empfinden und wissenschaftlicher Forscherdrang wieder einmal gleichen Anteil hatten.

Es handelte sich zugleich jedoch auch um einen im Wortsinne revolutionären Impuls. Im Denken seiner Zeit galt der Mond wie seit Jahrtausenden als Himmelskörper, dessen Oberfläche makellos glatt, gleichmäßig und von vollkommener Kugelgestalt ist, glänzend wie ein Spiegel, dazu ausersehen, die kostbaren Strahlen der Sonne zum Wohle des Menschen ungehindert auf die Erde zu reflektieren. Was Galileo hingegen in jener Nacht in Padua, wenn auch zunächst noch in verschwommener zehnfacher Vergrößerung zu Gesicht bekam, war mit dieser herkömmlichen Anschauung ganz und gar nicht mehr in Übereinstimmung zu bringen. Die Oberfläche des Mondes präsentierte sich ihm jetzt mitnichten als glatt, war weder gleichmäßig noch von perfekter Kugelgestalt, sondern als »rauh, ungleich und überall von unzähligen Erhebungen und Vertiefungen durchzogen«. An manchen Stellen gab es markante Auswüchse, die, weitab aller Vollkommenheit, dem irdischen Betrachter eher wie warzenähnliche Gebilde vorkamen. Der seit unvordenklichen Zeiten stets für makellos und vollkommen gehaltene Himmelskörper zeigte sich mit einem Male – Wunder über Wunder! – nicht anders als das Antlitz der durch gewaltige Gebirgsketten und tiefe Täler allerorts unterschiedlich gestalteten Erde.

Wie angewurzelt beobachtete Galileo in den folgenden zwei Monaten von seinem Platz in Padua aus die wechselnden Phasen des Mondes und die atemberaubenden Verwandlungen seiner Oberfläche, die sich ihm in jeder einzelnen Phase Nacht für Nacht durch sein Fernrohr offenbarten. In den Anfangsstadien konzentrierte er sich auf die ungleichmäßige, unebene und von zahlreichen Ausbuchtungen gekennzeichnete Grenzlinie, welche bei Neumond die hellleuchtende Mondsichel mit ihren beiden Hörnern zunächst von dem restlichen, im Dunkel liegenden Teil des Himmelskörpers trennt. Gebannt verfolgte er, wie mehrere kleine schwärzliche Flecken in dem bereits von der Sonne mit Licht überfluteten Gebiet sich im Laufe der Nacht wie durch Zauberei verwandelten und plötzlich als glühende Bergrücken vor seinen Augen aufschossen, ähnlich dem Anblick, den wir gegen Sonnenaufgang auf der Erde haben, wenn wir die noch nicht mit Licht erfüllten Täler sehen, die Berggipfel aber bereits voll von der Sonne angestrahlt werden. Unversehens taten sich vor seinen Augen regelrechte »Meere« *(mare)* auf, große Mondflecken, gleichmäßig und gleichförmig, nicht unterbrochen von Erhebungen und Senken. (In einem dieser »Meere«, dem von ihm selbst so benannten »Meer der Stürme«, sollten über dreieinhalb Jahrhunderte später einmal Astronauten zur ersten Mondlandung ansetzen.) Sein Blick wurde speziell von einer großen, dunklen, zum unteren Horn des Halbmondes hin gelegenen Ausbuchtung angezogen: »Als ich diese Ausbuchtung bereits längere Zeit beobachtet und sie dabei gänzlich dunkel gesehen hatte, begann sich schließlich nach ungefähr zwei Stunden ein wenig unterhalb von ihrer Mitte ein hell glänzender Gipfel zu erheben; dieser wuchs allmählich, nahm eine dreieckige Gestalt an und war zunächst noch völlig losgelöst von jenem Teil der Oberfläche, die bereits mit Licht überflutet war. Bald begannen um ihn herum drei weitere kleinere Spitzen zu leuchten, bis sich schließlich, als der Mond schon am Untergehen war, diese größer gewordene dreieckige Gestalt plötzlich mit der bereits beleuchteten Region vereinte und, noch von den drei glänzenden Spitzen umgeben, wie ein mächtiges leuchtendes Vorgebirge in die finstere Ausbuchtung eindrang.«

Nacht für Nacht saß Galileo auf seinem Platz am Fenster, beobachtete, notierte und skizzierte den immer neuen und verblüffenden Reichtum an Formen, die der Mond ihm durch sein Fernrohr offenbarte. Er vermerkte die Unzahl der vor ihm noch von keines Menschen Auge je erblickten kleinen Krater, deren schwärzlicher Teil immer der Sonne zugewandt ist, während ein leuchtender Saum sie auf der von der Sonne abgewandten Seite umgibt. Hier, notierte er, »ist die Mondoberfläche mit Flecken, den blauen Augen des Pfauenschwanzes gleich, übersät und ähnelt jenen Glasgefäßen, welche die Leute Eisgläser nennen, die noch glühend in kaltes Wasser getaucht werden und von daher eine gesprenkelte und uneben wellige Oberfläche bekommen«.

Unablässig fertigte er fortan Skizzen der Mondoberfläche und konzentrierte sich dabei zeitweilig besonders auf eine der größeren, vollkommen runden Vertiefungen ungefähr in der Mitte des Mondes, die fast das gleiche Aussehen zeigte »wie auf der Erde ein Gebiet wie das Becken Böhmens, wenn es nach allen Seiten hin von sehr hohen, vollkommen kreisförmig angeordneten Bergen umschlossen wäre«. Ein solchermaßen direkter Vergleich mit der Erde war zu Zeiten Galileos alles andere als harmlos – im Gegenteil: sogar gefährlich. Ihn öffentlich auszusprechen, wie Galileo das binnen kurzem tun sollte, hieß zwangsläufig, das Augenmerk der Kirche auf sich zu lenken. Die Zumutung, sich den Mond nicht länger als glänzenden Himmelskörper mit spiegelglatter Oberfläche, sondern als staubigen, gewöhnlichen Erdklumpen – nur ohne Wasser und Atmosphäre – vorzustellen, wirkte an sich schon unvermeidlich als Schock, aus der Sicht der Kirche kam sie einem Sakrileg gleich. War sie begründet und der Mond tatsächlich der Erde nicht unähnlich, wie sollte man sie dann mit der Heiligen Schrift in Einklang bringen, nach der Gott doch alles am Himmel ausschließlich um des Menschen willen geschaffen hatte? Wollte Galileo mit seinem Vergleich etwa andeuten, der Mond sei wie die Erde bewohnt? Und wenn ja, wie stand es dann um die in der Bibel begründete Abstammung von Adam und Eva, um die Erbsünde und um das Geschehen der Sintflut?

Galileos Genie als Erfinder war seit den Augusttagen dieses Jahres in ganz Europa unbestritten. Ihm jedoch lag nicht so sehr die Reputation als findiger Ingenieur und Instrumentenbauer am Herzen als vielmehr die Anerkennung seines Ranges als Wissenschaftler und auch als Philosoph. Just in diesen Tagen und Wochen hatte in Deutschland Johannes Kepler, der berühmteste wissenschaftliche Genius nördlich der Alpen, die Fachwelt mit seinen exakten Gesetzen der Planetenbewegungen, diesen genialen Früchten eines zutiefst spekulativen Geistes und einer auf mathematischer Intuition beruhenden, geradezu mystisch zu nennenden Phantasie, in höchstes Erstaunen versetzt. Jetzt ging Galileo den entgegengesetzten Weg. Er stellte ausgedehnte astronomische Beobachtungen an und verbreiterte damit die Basis seiner Erkenntnisse, die es ihm ermöglichen sollte, die Gesetzmäßigkeiten der Natur auch mit Erfahrungsgründen und zudem auf empirischem Wege zu demonstrieren. Auf der Grundlage seiner mathematischen Gleichungen und der Gesetze der Optik bestimmte er das Ausmaß der höchsten Erhebungen auf dem Mond korrekt auf etwa 6000 Meter, und er kündigte bereits ein größeres Werk über das Weltsystem *(systema mundi)* an, in dem er beweisen und durch eine Unzahl natürlicher Gründe bekräftigen wolle, daß die Erde »sich in der Tat bewegt und den Mond an Glanz übertrifft, nicht aber eine schmutzige Kloake voll vom Bodensatz der Welt ist«. Hatte schon der direkte Vergleich bestimmter Mondpartien mit einer Erdformation wie dem böhmischen Becken einen gefährlichen Beigeschmack, so war die Vorstellung, die Erde bewege sich wie die anderen Planeten um die Sonne, demgegenüber geradezu ein hochexplosiver Sprengsatz.

Auch in diesen aufregenden Tagen und Wochen, in denen sich ihm dank seines Fernrohrs ungeahnte und sensationelle Anblicke am nächtlichen Sternenhimmel eröffneten, zeigte sich Galileo seinen Gönnern und Förderern in Venedig und an der Universität zu Padua gegenüber kaum erkenntlich und reagierte auf deren Entgegenkommen eher mit noch mehr Distanz. Enttäuscht hatte er zur Kenntnis genommen, daß das ihm mit so feierlichem Pomp unterbreitete großzügige Besoldungsangebot nicht noch selbigen Tages, sondern erst mit Beginn des neuen Kalenderjahres wirksam werden sollte – ein Mißverständnis angeblich, das er sofort zum Anlaß nahm, seine Werbefeldzüge um die Gunst des Fürstenhofes in der Toskana erneut zu verstärken. Im Oktober noch eilte er zu einer Kurzvisite nach Florenz, um dort Großherzog Cosimo persönlich für seine phantastischen Entdeckungen und für sein Fernrohr zu begeistern, wobei dieser zu seinem »höchsten Erstaunen und Wohlgefallen mit eigenem Auge erkennen konnte, wie sehr der Mond mit seiner gebirgigen Natur der Erde gleicht«. Hatte er in all den Jahren bisher Freunde und Gefährten in Venedig immer wieder dazu gebracht, sich beim Dogen für seine Belange einzusetzen, so mobilisierte er jetzt in gleicher Weise seine Fürsprecher am toskanischen Fürstenhof, den Großherzog inoffiziell dazu zu bewegen, ihm ein Angebot zur Rückkehr in seine Dienste zu unterbreiten. Von Cosimo zunächst mit einem fürstlichen Präsent von achthundert Dukaten bedacht, war er kaum wieder zurück in Padua, als er auch schon ganz im Stil einer Primadonna großes Aufhebens wegen einer Änderung seines Vorlesungsplanes für das laufende akademische Jahr machte und bei den Rektoren der Universität lauthals Protest einlegte.

In seiner Umgebung fand man es zunehmend schwerer, mit Galileo auszukommen.

Gegen Ende November jedoch erzielte er einen erneuten Durchbruch. Mittels der Verwendung etwas größerer Linsen, die sich ungleich präziser bearbeiten ließen, war es ihm gelungen, die Leistung seines Fernrohrs so zu verbessern, daß es Gegenstände nunmehr mindestens vierhundertfach vergrößerte und sie damit zwanzigmal näher erscheinen ließ. In der Nacht des 1. Dezember und dann wiederum am 4. Dezember, als klare Sicht gegeben war, richtete er das verbesserte Instrument erstmals auf den Erdtrabanten, erforschte sorgfältig und systematisch dessen Oberfläche und vervollkommnete seine früheren Skizzen und Aufzeichnungen, dabei in Gedanken stets bereits in Florenz, wohin er sofort nach Beendigung des akademischen Jahres im Sommer aufzubrechen gedachte, um seine jüngsten Entdeckungen, nie gesehene Wunderdinge am Firmament, statt dem Dogen nunmehr Cosimo de' Medici zu Füßen zu legen.

Sie sollten in der Tat alles in den Schatten stellen, was er sich in seinen kühnsten Träumen je ausgemalt hatte.

Über die Weihnachtstage kümmerte er sich nochmals intensiv um die weitere Verbesserung seines Instruments, und schon zum Jahresbeginn 1610 hatte er zudem seine Werkstatt mit allem Nötigen so weit ausgestattet, daß er seine Linsen nunmehr auch mit aller erforderlichen Präzision zurechtschleifen konnte, wenngleich noch immer nur ein kleiner Teil von ihnen dem tatsächlich erhofften Ergebnis entsprach. Von den etwa hundert Fernrohren, die er in den ersten Monaten des neuen Jahres fabrizierte, genügten seinen strengen Maßstäben lediglich zehn, diese jedoch garantierten auch aus heutiger Sicht noch eine nahezu perfekte Optik. Mit dem fünften seiner gelungenen Instrumente schaffte er schließlich noch einmal eine Verdoppelung, eine Steigerung diesmal von der vierhundertfachen auf eine tausendfache Vergrößerung.

Solcherart bestens ausgerüstet, begab er sich fortan Nacht für Nacht auf einsame Entdeckungsreisen durch weithin unbekannte Gefilde des Sternenhimmels. Den Mond schon bald hinter sich lassend, verlor er sich in den unermeßlichen Weiten und Tiefen des nächtlichen Universums, suchte Abertausende von Gestirnen und Sternenformationen auf, von deren Existenz man vor ihm auf Erden noch nicht einmal etwas geahnt hatte. Das gewaltige Band und Lichtermeer der Milchstraße! Ungeachtet allen Streites, der die Philosophen seit so vielen Jahrhunderten gequält hatte – mit Hilfe des Fernrohrs bot es sich dem Auge nunmehr mit neugewonnener Gewißheit dar als »eine Ansammlung zahlloser, in größeren und kleineren Gruppen und Formationen angeordneter Sterne, ... von denen einige ziemlich groß und auffallend erscheinen, während die Vielzahl der kleinen dem menschlichen Geist ganz und gar unerforschlich ist«. Eine Zeitlang verweilte er bei den sechs bekannten Geschwistersternen im Sternbild des Stiers, den Plejaden, jenen in Wahrheit sieben Töchtern des Atlas, die der griechischen Mythologie zufolge von Zeus unter die Gestirne versetzt wurden, wobei die siebte, Merope oder Elektra, zur Strafe dafür, daß sie sich einem Sterblichen vermählt hatte und unfähig war, den Fall Trojas zu bezeugen, auf ewig unsichtbar bleiben sollte. Galileo jedoch entdeckte sie und mit ihr zusammen noch vierzig weitere Geschwistersterne in ihrer Nähe.

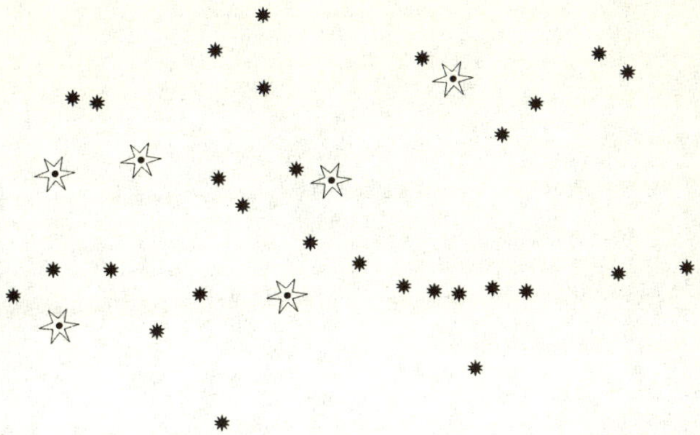

Die Plejaden

Gleich darauf schweifte er etwas weiter nach Osten bis zum Sternbild des Krebses und richtete sein Fernrohr auf eines jener undeutlichen, milchigen Gebilde, das von den Astronomen seit jeher als Nebel der Präsepe bezeichnet worden war. Klar und deutlich zeigte sich, daß es sich hierbei weder um einen einzelnen besonders weit entfernten Stern noch auch um einen dichteren Teil des Himmels handelte, der die Strahlen der Sterne oder der Sonne zurückzuwerfen vermag, wie man in der Vergangenheit angenommen hatte, sondern vielmehr um eine Ansammlung von mehr als vierzig winzigen Sternchen, die um die beiden »Eselchen« genannten größeren Sterne in Form einer Krippe angeordnet sind.

Von hier aus wanderte der Blick weiter zum Sternbild des Orion, des gewaltigen Nimrods, der nach dem Mythos in heißem Begehren zu den Plejaden entflammt war und von Zeus deshalb dazu verdammt wurde, ihnen in ewigem, unstillbarem Verlangen am nächtlichen Himmel hinterherzuhetzen. Wieder zeigte ihm das Fernrohr nicht nur die seit unvordenklichen Zeiten bekannten drei Sterne im Gürtel und die sechs im Schwert des unglückseligen Jägers, sondern noch achtzig weitere, im gesamten Sternbild des Orion insgesamt mehr als fünfhundert.

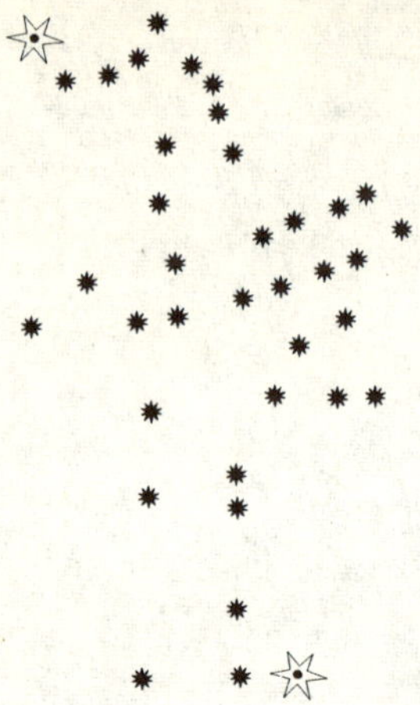

Nebel der Präsepe

Die Nacht zum 7. Januar 1610 verzeichnet eine Sternstunde in der Geschichte der neuzeitlichen Astronomie. Galileo nahm mit Beginn der Dämmerung wie gewöhnlich seinen Platz am Dachfenster seines Hauses ein. In der ersten Stunde nach Einbruch der Dunkelheit erhob sich über den Kuppeln der Basilika der Planet Jupiter. Im Vormonat noch hatte er diesen rätselhaften Planeten durch ein wesentlich schwächeres Instrument betrachtet – jetzt, da ihm ein vielfach stärkeres Fernrohr zur Verfügung stand, fiel ihm plötzlich auf, daß Jupiter noch von drei zwar sehr kleinen, aber außergewöhnlich hellen Sternen begleitet wurde: zwei davon im Osten und der andere westlich des Planeten. Obwohl er sie zunächst zu den Fixsternen gehörig wähnte, schienen sie doch andere Sterne gleicher Größe an Helligkeit zu übertreffen und überdies auch noch genau auf einer geraden Linie parallel zur Ekliptik zu liegen.

In der folgenden Nacht richtete er sein Fernrohr – durch göttliche Fügung, wie er im Rückblick meinte – erneut auf Jupiter. Verblüfft stellte er fest, daß mit der Position der drei Sternchen eine signifikante Veränderung vorgegangen war! Mit einemmal standen sie einander näher als

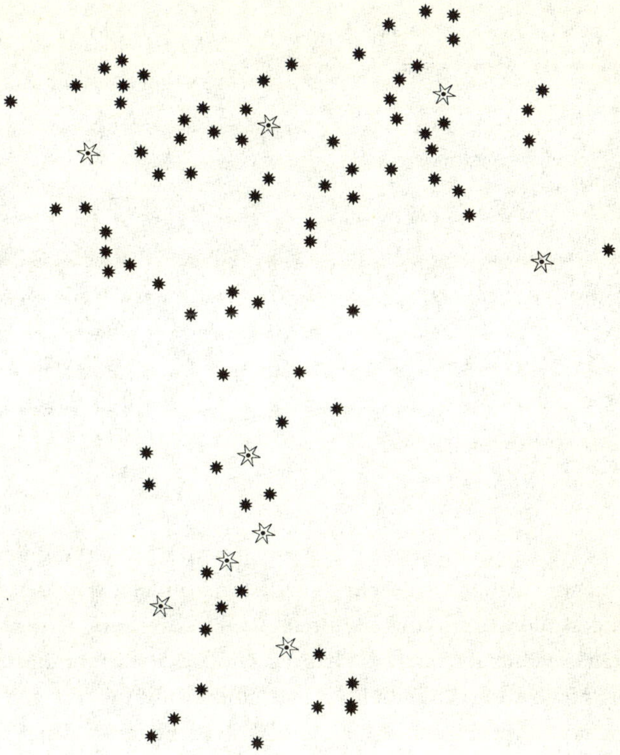

Gürtel und Schwert des Orion

in der voraufgegangenen Nacht und – verwunderlicher noch – voneinander durch gleiche Abstände getrennt, alle drei westlich von Jupiter.

Wie war das möglich!? Wie konnte Jupiter denn auf einmal östlich von den erwähnten drei Sternen erscheinen, wenn er am Vortag noch westlich von zweien von ihnen gestanden hatte? Konnte der Planet

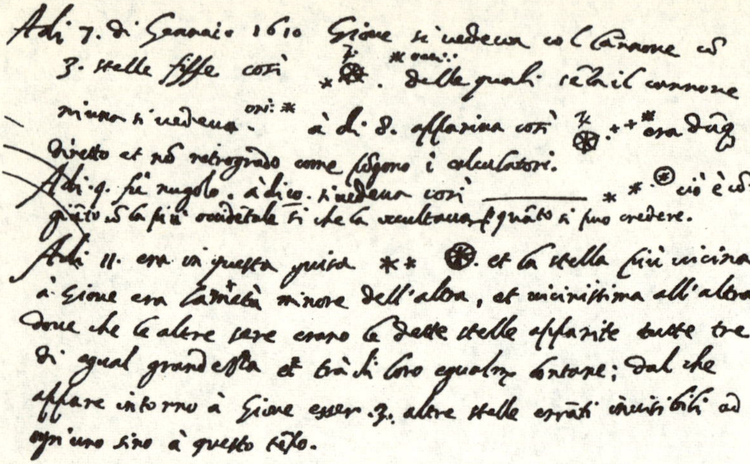

Adi 7. di Gennaio 1610 Giove si vedeva col Cannone con 3. stelle fisse così . delle quali senza il cannone niuna si vedeva. à dì 8. appariva così era dunq. diretto et no retrogrado come vogliono i calculatori.
Adi 9. si nugolò. à dì 10. si vedeva così ciò è congiunto con la più occidentale sì che la scultava, per quanto si può credere.
Adi 11. era in questa guisa . et la stella più vicina à Giove era la metà minore dell'altra, et vicinissima all'altra dove che le altre sere erano le dette stelle apparite tutte tre di equal grandezza et trà di loro egualm. lontane; dal che appare intorno à Giove esser 3. altre stelle erranti invisibili ad ogni uno sino à questo tempo.

denn im Widerspruch zu allen geltenden astronomischen Berechnungen tatsächlich nicht in Richtung Westen, sondern statt dessen nach Osten gewandert sein und so durch eigene Bewegung jene rätselhaften Sterne vielleicht überholt haben? Galileo erwartete die folgende Nacht mit größter Ungeduld, doch seine Hoffnungen wurden vereitelt – der Himmel war überall von Wolken bedeckt. Am 10. Januar jedoch war eines der Sternchen plötzlich verschwunden, unter Jupiter versteckt, wie er vermutete, während die restlichen zwei sich nun beide im Osten des Planeten auf derselben Gerade befanden: »Als ich das gesehen hatte und begriff, daß man solche Veränderungen Jupiter selber mit keinem guten Grund zuschreiben kann…, da wurde aus meiner anfänglichen Verwirrung grenzenloses Staunen.«

Galileos Staunen erhielt neue Nahrung, als in der folgenden Nacht noch immer nur die beiden Sterne im Osten Jupiters zu sehen waren, der äußere von beiden jedoch auf einmal fast doppelt so groß erschien wie der andere, obschon sie in der vorhergehenden Nacht noch ungefähr gleich groß am Himmel standen: »Ich gelangte deshalb zweifelsfrei zu der Feststellung, daß es am Himmel drei Sterne gebe, die um Jupiter herumwandeln wie Venus und Merkur um die Sonne«, notierte er kurz darauf und ergänzte diese Mitteilung entsprechend, als er drei Tage später noch einen vierten Wandelstern im Umkreis Jupiters entdeckte.

Sechs Wochen lang war er nun fieberhaft am Werk, die gewaltigen Umlaufbahnen im System des Jupiter genauestens zu verzeichnen. Über die Bedeutung dieser Entdeckung bestand nicht der geringste Zweifel: Die Umlaufbahnen der Trabanten um ihren Mutterplaneten Jupiter lieferten ihm gleichsam ein mikrokosmisches Modell für den Grundgedanken der kopernikanischen Weltsicht. Jetzt hatte er den augenfälligen Beweis, daß Himmelskörper, wie von Kopernikus angenommen, in je eigenen Bahnen einen Planeten umkreisen, während dieser seinerseits eine gewaltige Umrundung der Sonne vollzieht. Die Parallele zur Erde und ihrem eigenen Trabanten, dem Mond, lag für alle sichtbar auf der Hand und war unausweichlich: »Wir haben damit einen ausgezeichneten und glänzenden Beweis, um denen jeden Vorbehalt zu nehmen, die im kopernikanischen System die Umdrehung der Planeten um die Sonne gleichmütig hinnehmen, von der Annahme aber, der Mond allein umkreise die Erde, während beide ihre jährliche Bahn um die Sonne vollführen, so sehr aus der Fassung gebracht werden, daß sie meinen, man müsse einen solchen Aufbau des Universums als unmöglich verwerfen. Jetzt haben wir nämlich nicht nur einen Planeten, der um einen anderen kreist, während beide eine große Kreisbahn um die Sonne durchlaufen, sondern unseren Sinnen zeigen sich vier Sterne, die Jupiter umkreisen wie der Mond die Erde, während alle zugleich mit Jupiter in einem Zeitraum von zwölf Jahren einen großen Kreis um die Sonne durchwandern.«

Mit einem Schlag hatte Galileo den Haupteinwand der Gegner des Kopernikus beseitigt, die daran Anstoß genommen hatten, daß die Erde ein Planet sein und sich wie alle anderen Planeten mitsamt ihrem Mond um die Sonne drehen sollte. Dem zweitausendjährigen aristotelischen Weltbild und schulphilosophischen Dogma, wonach einzig und allein die in sich ruhende Erde als Mittelpunkt des Universums von den Planeten und dem gesamten Fixsternhimmel umkreist werde, war mit einemmal der Boden entzogen.

Bald nachdem er auch noch den vierten der Jupitermonde aufgefunden hatte, machte er sich an die Niederschrift seiner Beobachtungsergebnisse. Die Entdeckung der Monde und der Rotationsbewegungen im System des Jupiter übertraf alles, was sich ihm auf seinen nächtlichen Erkundungsreisen bisher an Denkwürdigem, Neuem und aller herkömmlichen Anschauung Widersprechendem als erstem Menschen offenbart hatte. Er durfte mit der Veröffentlichung keine Zeit verlieren, wollte er die Priorität seiner Entdeckung vor aller Welt sicherstellen und verhindern, daß ein anderer ihm darin durch Zufall zuvorkam. War die eigene Priorität jedoch gesichert, konnte er sich souverän geben, konnte er die Astronomen an den verschiedenen Fürstenhöfen und Universitäten Europas einladen, sich mit ihm an der genaueren Erforschung und Berechnung der Umlaufbahnen und der Ausgestaltung eines neuen Weltsystems zu beteiligen, freilich nicht ohne sie zuvor noch einmal ausdrücklich daran zu erinnern, daß dazu ein »äußerst genaues Fernrohr« vonnöten sei, ein Instrument also, das ihnen bis dato nur er allein zur Verfügung stellen konnte.

In kaum zwei Wochen hatte er die Niederschrift von *Sidereus Nuncius*, seiner *Sternenbotschaft*, beendet. Einmal noch – es sollte das letzte Mal gewesen sein – war er dabei den akademischen Gepflogenheiten seines Faches gefolgt und hatte die Schrift in Latein, der universellen Gelehrtensprache seiner Zeit, verfaßt. Als er darin ausführlich auf die zerklüftete, abwechselnd helle und dunkle sowie von unzähligen Kratern übersäte Oberfläche des Mondes zu sprechen kam, stand ihm wohl unvermeidlich auch das Bild der nunmehr frei im All rotierenden Erde selbst vor Augen: »Ich hatte nie einen Zweifel, daß die Landfläche sich heller und die Wasserfläche dunkler abzeichnete, betrachtete man den von der Sonne hell beleuchteten Erdball aus der Ferne.«

Mit Blick auf die eigene Leistung und den Nimbus des Erstentdeckers war dies wahrlich nicht die Stunde allzu großer Selbstbescheidung: »Ganz gewiß werden weitere Beobachtungen diese neue Wissenschaft im Laufe der Zeit noch weiter vervollkommnen. Das aber muß den Ruhm des ersten Entdeckers keineswegs schmälern. Meine Hochachtung für den Erfinder der Harfe wird durch das Wissen, daß dieses wunderbare Instrument zunächst noch ganz einfach war und unbeholfen gespielt wurde, um nichts geringer. Vielmehr hege ich für ihn weit größere Bewunderung als für Hunderte von geschickten Meistern, die diese Kunstfertigkeit schließlich zur höchsten Vollendung geführt haben.«

Auch dem erhebenden Gefühl der eigenen Überlegenheit und Genialität läßt er zuletzt, nach Abschluß seines *Sidereus Nuncius*, freien Lauf: »Es ist keine Aufgabe für gewöhnliche Geister, sich im Ausgang von den kleinsten Anfängen zu den großartigsten Entdeckungen emporzuschwingen. Zu erahnen, daß sich hinter scheinbar alltäglichen und gänzlich banalen Dingen oft die wunderbarsten Zusammenhänge und Einsichten verbergen, erfordert wahrlich die Vorstellungskraft eines übermenschlichen Talents.«

Am 30. Januar bestieg er die Barkasse nach Venedig und brachte das fertige Manuskript seiner *Sternenbotschaft* seinem Verleger Tommaso Baglioni, der in der Lagunenstadt eine kleine Druckwerkstatt sein eigen nannte. Baglioni, dessen Firmenemblem ein schwarzer Adler zierte, war ihm, als er seine Verteidigungsschrift gegen den Plagiatsvorwurf Baldassare Capras verfaßt hatte und diese nicht gerne in Padua publiziert sehen wollte, von Sagredo empfohlen worden. Er galt als hervorragender Schriftsetzer und hatte ihm schon damals mit der Verläßlichkeit seiner Arbeit imponiert. Diesmal jedoch wachte er in Baglionis bescheidener *bottega* höchstpersönlich über die Lithographien, überprüfte und korrigierte jeden Bogen einzeln, sobald er aus der Presse kam. Wie bei der Niederschrift legte er auch jetzt größte Eile an den Tag, was sich in der ersten lateinischen Fassung des Werkes unvermeidlich in einer Reihe kleinerer Ungereimtheiten und Flüchtigkeitsfehler bemerkbar machte.

Nach wie vor in Venedig und in Diensten der Serenissima, war Galileo doch in Gedanken und all seinem Trachten längst in Florenz. Noch am Tage seines Eintreffens in der Lagunenstadt verfaßte er ein ausführliches Schreiben an Belisario Vinta, den Staatssekretär des Großherzogs, dem er als einem der ersten von seinen sensationellen Entdeckungen berichtete, zugleich mit einem ohne Zweifel aufrichtigen Bekenntnis tief empfundener Ehrfurcht und Dankbarkeit: »Wie mich unendliches Staunen erfüllt, so unendlichen Dank weiß ich Gott dem Herrn, der mich als einzigen zum ersten Beobachter überaus bewunderungswürdiger und den bisherigen Jahrhunderten so lange verborgener Dinge auserkoren hat.« Er teilte Vinta mit, daß er momentan in Venedig noch mit der Drucklegung seines *Sidereus Nuncius* beschäftigt sei, gab ihm einen kurzen Überblick über dessen Inhalt und kündigte an, daß er eines der ersten Exemplare sogleich an Großherzog Cosimo senden wollte, zusammen mit einem »vortrefflichen Fernrohr«. Noch nicht einmal zwei Wochen nach erfolgter Genehmigung durch die Zensurbehörden – »In dem besagten Buch des Herrn Galileo Galilei… [ist] nichts gegen den Heiligen Katholischen Glauben, die Oberen und die guten Sitten zu finden…« – war der Druck des Werkes beendet, und Galileo wandte sich erneut an Vinta, diesmal mit dem Ersuchen, seine *Sternenbotschaft* mit einer Widmung an den Großherzog der Toskana versehen zu dürfen.

Im stillen freilich hatte er längst Größeres im Sinn und war sich sicher, am Fürstenhof zu Florenz damit auf weit größere Gegenliebe zu stoßen als lediglich mit der Widmung eines Buches. Und natürlich erhoffte er auch für seine Person einen größeren Gunstbeweis als lediglich einen weiteren Ballen schwarzer Seide. Den antiken Göttern und Heroen gleich, nach denen Jupiter, Mars, Venus, Merkur und ungezählte andere Gestirne benannt sind, wollte er jetzt den Namen des erlauchten Herrschergeschlechtes der Toskana in den von ihm aufgespürten Trabanten Jupiters verewigt sehen. Ihm als deren Entdecker standen die Ehre und die Aufgabe der Namensgebung zu, und er suchte den Rat Vintas, da er bezüglich ihrer endgültigen Benennung noch schwankte. Sollte er die vier Jupitermonde nach Cosimo pauschal mit dem Namen »Kosmische« *(cosmici)* Gestirne belegen oder sie lieber einzeln jeweils nach den vier Brüdern des toskanischen Herrscherhauses taufen? (Neben Cosimo waren da noch Francesco, Carlo und Lorenzo de' Medici). Oder wäre es dem Ruhm und der Größe der erhabenen Herrscherfamilie nicht angemessener, sie kollektiv mit der Bezeichnung *Medicea Sydera*, »Mediceische Gestirne«, zu versehen? Kaum sechs Tage später lag Vintas Antwort auf dem Tisch: Am toskanischen Fürstenhof sei man geneigt, der Benennung »Mediceische Gestirne« den Vorzug zu geben, sei doch das vom griechischen »Kosmos« abgeleitete »cosmici« unterschiedlich auszulegen und daher nicht so geeignet, in gleich eindeutiger Weise zum Ruhm des Hauses Medici, der Toskana und der Stadt Florenz beizutragen. Die drei Brüder des Großherzogs fand man bei Hofe offensichtlich keiner weiteren Erwähnung wert.

Mit diesem Plazet von allerhöchster Stelle machte sich Galileo daran, sein Vorhaben in der Widmung seines Werkes in die Tat umzusetzen und ihm den richtigen rhetorischen Schliff zu verleihen. Ein wahrer Sturzbach an Huldigungen ergoß sich nun über den erlauchten Fürsten. Er brachte vorweg den Stern in Erinnerung, den Kaiser Augustus einst im Gedenken an Julius Cäsar als »Julisches Gestirn« der Nachwelt überliefern wollte, nur um die kurzlebige Ehre wieder begraben zu müssen, nachdem sich der Himmelskörper lediglich als Komet entpuppt und wenige Tage später schon wieder entschwunden war: »Bei weitem Wahrhaftigeres und Glücklicheres jedoch, durchlauchtigster Fürst, können wir Euer Hoheit prophezeien«, fuhr er fort. »Da haben wir vier Gestirne, die Eurem vielgerühmten Namen vorbehalten sind, und diese vier Himmelskörper gehören nicht in die gewöhnliche Reihe der Fixsterne, sondern entstammen dem noblen Stand der Wandelsterne. Als wären sie Jupiters leibliche Abkömmlinge, vollführen sie ihre Bahnumläufe um diesen edelsten aller Sterne. Jupiter! Gütigstes aller Gestirne! Nächst Gott dem Herrn, Quell alles Guten!... Er hatte bei der Geburt Eurer Hoheit den fahlen Dunst des Horizontes bereits überschritten und beleuchtete mit seinem Hofstaat den östlichen Winkel. Von seinem erhabenen Thron blickte er auf die glückliche Geburt und erfüllte die Luft mit all seinem Glanz und seiner Herrlichkeit, damit das zarte Körperchen und die zarte Seele diese ganze Kraft und Macht schon beim ersten Atemzuge in sich aufnehmen konnte.«

Mitte März erschien das Werk in einer Auflage von 550 Exemplaren.

Die *Sternenbotschaft* wurde bald zu einem der bedeutendsten Bücher des siebzehnten Jahrhunderts, und sein Ruhm verbreitete sich über ganz Europa, wo das Werk, das Fernrohr und beider Schöpfer als Ausnahmeerscheinungen der Epoche gefeiert wurden. Sir William Lower, einer der angesehensten Wissenschaftler Englands, faßte die allgemeine Stimmung in Worte: »Mich dünkt, mein trefflicher Galileus habe mit seiner dreifachen Errungenschaft Größeres vollbracht als ein Magellan mit seiner Eröffnung des Seeweges in die Südsee oder jene Holländer, die auf *Nova Zembla* den Bären zum Opfer gefallen sind. Zu meiner Genugtuung hat er dies gewiß mit geringeren Mühen und Gefahren für sein Leben bewerkstelligt.«

Galileo wurde ein Liebling der Dichter. In einer ganzen Reihe von Sprachen, literarischen Stilen und Formen wurden Oden und Hymnen auf ihn angestimmt. Häufiger als mit Magellan stellte man ihn fortan in eine Reihe mit Christoph Kolumbus, ein Vergleich, der seinem Rang gewiß mehr entsprach. Thomas Segget, schottischer Poet und einst selbst Gast im Hause Galileos in Padua, eröffnete den Reigen mit einem Reimpaar:

Kolumbus schenkte dem Menschen Länder,
Erobert mit viel Blut.
Galileo schenkt ihm neue Welten,
Wo keiner Schaden nimmt.
Was ist besser?

Johannes Faber, ein hochgerühmter Mathematiker und Galileo schon bald als Mitglied einer wissenschaftlichen Gesellschaft verbunden, bedachte ihn mit folgendem Hymnus:

Preiset Vespucci und lasset Kolumbus gepriesen sein!
Wahrlich jeder bahnte sich seinen Weg durch die unbekannte See.
Doch Du allein, Galileo, offenbartest dem Menschengeschlecht
Die Rangfolge der Gestirne,
Neue Ordnungen im Himmel!
Welch kühne Tat, die diamant'nen Himmelsfesten

Zu durchdringen mit zerbrechlichem Kristall.
Glücklich, denen vergönnt, die hehre Statt der Götter
Zu schauen, Galileo, durch Dein Glas.

Der populärste Dichter jener Tage, Giambattista Marino, griff den vorteilhaften Vergleich mit Kolumbus auf und brachte ihn in seinem Versepos *Adonis* zu vollendeter Blüte. Er pries Kolumbus als Argonauten seiner Heimat Ligurien und Galileo als einen zweiten Typhis, den Steuermann der Argo, auf der Suche nach dem Goldenen Vlies:

Nicht ohne schwere Not und bitt'ren Zwist
Durchpflügt Ligurias Argonaut die Wogen der See, weit und tief,
Und findet neuen Horizont und neues Land auf Erden.
Ihr aber, ein Typhis der Himmel, nicht der Meere,
Erkundet ihre weiten Sphären
Und was sie im Innersten zusammenhält.
Ohne Not entdeckt Ihr neue Lichter und Gestirne,
Dem Menschen einst verborgen.
Den Himmeln dankt Ihr viel,
Die Euch das wundersame Instrument geschenkt;
Doch mehr noch schulden die Himmel ihm,
Das ihre Schönheit offenbart.
Euer Name, wahrlich, ist die Zierde des gesamten Firmamentes,
Wie auch die Linsen aus zerbrechlich Glas
Ewig ruh'n inmitten saphirblauen Lichtes.

Die Begeisterung kannte keine Grenzen. Überall überwog der Eindruck, daß etwas Weltbewegendes stattgefunden habe. Sir Henry Wotton, seines Zeichens britischer Gesandter in Venedig, berichtete am 13. März dem Grafen von Salisbury, in der Lagunenstadt kenne man an allen Ecken nur noch einen einzigen Gesprächsstoff: Galileos Entdeckungen: »Der Autor läuft Gefahr, entweder unsterblichen Ruhm auf sich zu häufen oder aber sich unsterblich zu blamieren« – dies der Kommentar Sir Henrys.

Einer der stolzen Besitzer des neuen Fernrohrs stieg damit auf den

Campanile von San Marco, um im frühen Morgenlicht einen ungetrübten Ausblick in die Ferne genießen zu können, sah sich jedoch bald schon von einer neugierigen Meute bedrängt, die gleichfalls einen Blick durch das Instrument werfen wollte. Man umringte ihn über Stunden und blieb ihm zuletzt bis nach Hause auf den Fersen, bis dem schwer Bedrängten der rettende Gedanke kam, aus Venedig zu flüchten, um sich der Himmelswunder in Ruhe erfreuen zu können. Unterdessen war die erste Auflage der *Sternenbotschaft* so rasch vergriffen, daß für Galileo selbst nur noch sechs statt der versprochenen zwanzig Exemplare blieben. Schon plante er eine zweite Auflage, diesmal allerdings in der Landessprache Italienisch.

Bald hatte der allgemeine Taumel unterschiedslos königliche Hoheiten wie breite Volksschichten erfaßt. Aus allen Teilen Europas verlangte man nach seinem Fernrohr und trug Wünsche an ihn heran, weitere Gestirne nach diversen Königshäusern zu benennen. Marie de' Medici, Königin von Frankreich und eine Cousine Großherzog Cosimos, fiel zum Schrecken ihres gesamten Hofstaates vor Aufregung, die Mondgebirge erstmals mit eigenen Augen betrachten zu können, vor dem Fernrohr, das man für sie an einem Fenster aufgestellt hatte, gar auf die Knie. Ansonsten bestand sie als eine Medici selbstverständlich auf ihrem Platz am Sternenhimmel, gleichberechtigt neben ihrer Verwandtschaft aus Florenz. Einen ganz anderen Ton schlägt das förmliche Ansinnen ihres königlichen Gatten Heinrich IV. an: »Solltet Ihr noch ein prächtiges Gestirn entdecken, legt ihm die Bezeichnung ›Großer Stern Frankreichs, strahlendster aller Sterne‹, bei«, las sich der gallische Wunsch an Galileo. »Oder nennt es lieber nach dem Vornamen des Königs, Henri, statt nach dem Namen des Geschlechtes Bourbon. Darin tut Ihr nicht nur das Richtige, sondern macht Euch selbst und Eure Angehörigen zudem für immer reich und mächtig.«

Vielleicht wäre ein Komet für Heinrich IV. geeigneter gewesen. Er fiel, vier Monate nachdem man Galileo seinen Wunsch hinterbracht hatte, einem Mordanschlag zum Opfer.

Galileo genoß das aristokratische Werben um seine Person über die Maßen. Seine besten Fernrohre behielt er seinen treuesten Fürsprechern vor, darunter die Herzöge von Bayern und Urbino, der Kurfürst zu Köln und Kardinal Francesco del Monte, der dritte der Brüder seiner Wohltäterfamilie del Monte. Die ehrerbietigste Behandlung freilich hatte er Großherzog Cosimo II. zugedacht. Dem Vorausexemplar der *Sternenbotschaft* hatte er sein feinstes Fernrohr beigegeben, damit der Fürst die nach seinem Hause benannten Monde des Jupiter in aller gewünschten Deutlichkeit betrachten konnte. An Belisario Vinta trug er am 19. März zugleich den Gedanken heran, das Fernrohr überhaupt in ganz Europa für diplomatische Zwecke zu verwenden. Wäre es nicht ganz im Sinne des Großherzogs, seine treuesten Verbündeten mit jeweils einem der trefflichen Instrumente zu bedenken? (Für den Historiker Richard Westfall ein nachgerade genialer Einfall, machte er den Großherzog doch unterderhand zum persönlichen Werbeträger für Galileo.) Sollte Cosimo II. im übrigen mit der Handhabung seines Fernrohrs nicht auf Anhieb zurechtkommen, so erbot sich Galileo des weiteren, über die Osterfesttage nach Florenz zu reisen und Seiner Durchlaucht persönlich zu Rate zu gehen. Der Sinn allerdings stand ihm dabei eigentlich nicht so sehr nach Beratung, sondern nach konkreten Verhandlungen.

Der Besuch am toskanischen Hof wurde, wie nicht anders zu erwarten, ein voller Erfolg. Der Großherzog, im jugendlichen Alter von zwanzig Jahren noch begeisterungsfähig und empfänglich, hatte sich über die Festtage in sein geliebtes Pisa begeben und residierte in seinem Palazzo am Ufer des Arno, der *Verga d'Oro*, Goldrute, wie der Palast im Volksmund hieß. Mit Galileo bestieg er dessen Eckturm gegenüber dem Campanile von *San Nicola* und beobachtete die fürstlichen Trabanten des Jupiter. Cosimo, in dessen schmalem, edlem Gesicht die braunen Augen vor Erregung glänzten, war überwältigt. Galileo mochte sich in diesem Augenblick gewünscht haben, Giambattista Marino, der große Dichterfürst, hätte der Szene beigewohnt und ihrer beider Lobpreis gesungen:

In selbigem Glase werdet Ihr Jupiter erschauen…
Umgürtet von anderen Lichtern,
Denen die Namen der Halbgötter von des Arnos Gestaden

Auf ewig eingeschrieben bleiben.
Dann soll Julius hinter Cosimo zurückstehen,
Augustus von Euren Medici bezwungen sein.

Nicht lange danach ging Galileo dazu über, bekannte Dichter von sich aus zu Huldigungsversen auf seine Person zu ermuntern, und legte sogar selbst Hand an, als etwa Andrea Salvatore diesem Wunsch nachkam und die endgültige Fassung mit dem letzten Schliff versehen werden sollte.

Während seines Aufenthalts in Pisa gelang es Belisario Vinta und ihm, inmitten des höfischen Getriebes hin und wieder Zeit für eine Besprechung ihrer geschäftlichen Angelegenheiten zu finden. Zumindest konnten sie sich über die Bedingungen einer möglichen Berufung Galileos auf eine Position in seiner angestammten Heimat verständigen. Vinta war bevollmächtigt, ihm eine goldene Brücke zu bauen. Sein Angebot beinhaltete eine beachtliche Aufstockung jener Besoldung, die Galileo momentan noch von der Republik Venedig bezog. Die Rede war von astronomischen tausend toskanischen Dukaten im Jahr, einer Summe, die dem Einkommen des zur damaligen Zeit höchstbezahlten Hofbeamten entsprach und Vintas eigenes Salär um wenigstens dreihundert Dukaten überstieg, dem Dreifachen dessen überdies, mit dem ansonsten einer der *artefici*, der Baumeister oder Ingenieure in Diensten des Hofes, üblicherweise entlohnt wurde. (1584 hatte sich Galileos Mentor Ostilio Ricci als Hofmathematiker noch mit hundertvierundvierzig Dukaten im Jahr zu begnügen, und Cosimos neuer Hofbaumeister, der brillante Kupferstecher Jacques Callot, lag noch weit darunter.) Galileo seinerseits hatte sich die vollständige Entbindung von jeder Lehrverpflichtung, ja von jeder öffentlichen Verpflichtung überhaupt ausbedungen, um sich ausschließlich seiner Forschungsarbeit widmen zu können. Darüber hinaus wollte er auch ein für allemal jedweder Mitgiftansprüche seiner lästigen Schwager ledig sein. »Ich möchte mein Brot mit meinen Veröffentlichungen verdienen, die ich allzeit meinem Durchlauchtigsten Gebieter zueignen werde«, gab er zu Protokoll.

Vinta legte er eine beeindruckende Liste von Arbeiten vor, die zum

Teil schon weit gediehen waren oder die er im Kopf hatte: zwei Bücher über den Aufbau des Universums, »ein gewaltiges Werk, das eine große Zahl philosophischer, astronomischer und geometrischer Fragen berührt«, drei Bücher zur Bewegung, »eine vollkommen neue Wissenschaft, die ich von ihren ersten Anfängen an selbst entwikkelt habe«; drei Bücher zur Mechanik, einem Wissensgebiet, in dem »qualitativ wie quantitativ keiner bisher auch nur ein Viertel dessen vollbracht hat, was ich geleistet habe«. Nebenher plante er weitere Veröffentlichungen zum Militärwesen, »die sich nicht nur mit der Idealvorstellung eines Soldaten begnügen«, sondern ihm auch nützliche mathematische Kenntnisse hinsichtlich des Befestigungswesens, taktischer Truppenmanöver, der Belagerungs- und Vermessungstechnik, der Entfernungsberechnung und Feuerkraft der Artillerie zur Hand geben sollten. Speziellere Abhandlungen sollten sich mit den Mechanismen der Tonerzeugung und der Sprache, der Gesichts- und Farbwahrnehmung, der Gezeiten und des Bewegungsapparates der Tiere befassen. Des weiteren plante er die Vervollständigung seiner zeitraubenden Berechnungen der Umlaufbahnen der Mediceischen Planeten und eine Neuauflage des Handbuchs zum Gebrauch seines militärischen Proportionalzirkels.

Augenscheinlich auf Vintas Verlangen hin brachte Galileo all dies in einem Brief abschließend und förmlich zu Papier, in dem er dem Einverständnis mit seiner Besoldung und der Aufzählung seiner Projekte noch eine letzte, bezeichnende Bitte nachschob: »Es wäre mein Wunsch, daß Seine Hoheit zum Amtstitel des Mathematikers noch den des Philosophen hinzufügen möge.« Er war kein Mann bloßer Zahlenspiele, müßiger Meßverfahren und blutleerer Formeln; er war ein Mann der Physik, der Naturwissenschaft, Astronomie, Metaphysik, der Militärkunde und – wenngleich er das nicht offen aussprach – auch der Theologie. Er wollte als Gelehrter, dessen Denken um die Stellung des Menschen in einem neuen Universum kreiste, gelten und respektiert werden.

Gingen diese Verhandlungen wegen Galileos berechtigter Besorgnis um die Reaktion in Venedig zunächst noch strikt im geheimen vonstatten, so hatte man doch zwei Wochen darauf bereits in sämtlichen Bedingungen Einigung erzielt und den Handel besiegelt. Am 10. Juli wurde Galileos Berufung zum »Ersten Mathematiker und Philosophen des Großherzogs der Toskana« offiziell bekanntgegeben.

Jubel in Florenz, Abscheu und Entrüstung in Venedig. Besonders erbost über das atemberaubend arrogante Verhalten Galileos zeigte sich Antonio Priuli, Prokurator von San Marco, Rektor der Universität Paduas und künftiger Doge, der im Vorjahr noch maßgeblich zu dessen Triumph in Venedig beigetragen hatte. Er hoffe, ließ er im Freundeskreis verlauten, den Undankbaren nie wieder zu Gesicht zu bekommen. Allen Ehrbezeigungen, großzügigem Entgegenkommen und gegenseitigen Absprachen zum Trotz hatte Galileo der Hohen Schule Paduas und der Republik Venedig brüsk und in kränkender Weise den Rücken gekehrt. Der Eklat war vollkommen und sollte nicht wieder in Vergessenheit geraten – im Gegenteil: Im Laufe der Jahre sollte die Verbitterung noch wachsen.

Galileo freilich war an dem Ziel angelangt, das er angestrebt hatte. Die Gunst eines Großherzogs überwog in seinen Augen den Grimm eines Dogen. Er war erhaben über den Zorn seiner Universitätskollegen und weit jenseits jedweder Schamgefühle. Höchstens Sagredo hätte ihn in diesem Augenblick vielleicht noch zum Einhalten bewegen können, doch dieser versah noch immer weitab vom Schuß in Aleppo seinen Dienst.

Nicht alle Freundschaftsbande freilich gingen über Galileos Schritt zu Bruch. Obwohl er seinen Hausrat für die Übersiedlung nach Florenz schon vorbereitete, blieb er unvermindert an der Arbeit und über seine Fortschritte in vertraulichem Kontakt mit dem mittlerweile weit berühmten Pater Paolo Sarpi in Venedig. Mit Sarpi und einem von dessen Mitbrüdern im Servitenkonvent gelang ihm erstmals die Beobachtung der Sonnenflecken, Indiz einer weiteren »Unvollkommenheit« im göttlichen Sonnensystem. Im Verlauf dieser gemeinsamen Forschungen riet Sarpi Galileo im stillen auch eindringlich davon ab, sich des Schutzes der Republik Venedig zu entziehen. Doch der, die groteske Gesichtsnarbe Sarpis vor Augen, jenes sichtbare Relikt eines päpstlichen Mordanschlages direkt im Zentrum des scheinbar »behüteten« venezianischen Staatswesens, tat diese Warnung mit einem Achselzucken ab.

Ende Juli widmete er seine ganze Aufmerksamkeit dem Planeten Saturn. Zweifellos hoffte er, wiederum Monde zu finden, die er wohlwollenden Potentaten hätte zueignen oder mit denen er vielleicht sogar den Unmut des Dogen hätte besänftigen können. Statt dessen zeigte sich ihm ein eher länglicher, der Form einer Olive nicht unähnlicher Himmelskörper mit einer Art Ohren oder Henkeln auf seiner östlichen wie auch auf seiner westlichen Seite. Ausgiebige und mehrfache Beobachtungen ließen ihn zu der Erkenntnis gelangen, daß es sich bei Saturn in Wirklichkeit um ein Dreigestirn handeln müsse. Diese Entdeckung vertraute er in einer kurzen Mitteilung vom 30. Juli jedoch lediglich seinem toskanischen Fürsprecher Belisario Vinta an, den er auf absolute Diskretion einschwor. Allen anderen gegenüber bediente er sich hingegen eines Anagramms, um seine Priorität sicherzustellen, ohne doch die eigentliche Natur seiner Entdeckung zu diesem Zeitpunkt schon preisgeben zu müssen. Solcher Art Kryptographie war in jenen Tagen durchaus üblich, doch da Galileo sie diesmal anwandte, war das Aufsehen groß, als angesehenen Wissenschaftlern in ganz Europa, darunter Johannes Kepler in Augsburg, der nachstehende Buchstabenwust auf den Tisch flatterte:

SMAISMRMILMEPOETALEUMIBVNENUGTTAVIRAS

Auf wiederholtes Verlangen nach Entschlüsselung dieses Anagramms offenbarte sich Galileo, mittlerweile unter komfortablen Umständen bereits in Florenz, drei Monate später schließlich der interessierten Öffentlichkeit. Giuliano de' Medici, toskanischer Gesandter am Hofe des Kaisers zu Prag und zugleich sein vertrauter Mittler zu Johannes Kepler, hatte Galileo zuvor bedrängt, die Neugier des deutschen Kaisers Rudolf II. doch endlich zu befriedigen, zumal Kepler selbst das Anagramm mißverständlich dahingehend gedeutet hatte, daß es irgend etwas mit dem Planeten Mars zu tun habe. Kaisern gegenüber erwies sich Galileo allzeit erbötig:

»Saturn besteht nicht aus einem einzigen Stern, sondern aus deren drei in einem, die einander berühren«, hieß es in seiner Antwort. »Mit einem Fernrohr von tausendfacher Vergrößerung kann man deutlich beobachten, wie sich die drei Himmelskörper fast berühren, wobei lediglich ein kleiner dunkler Zwischenraum zwischen ihnen besteht.«

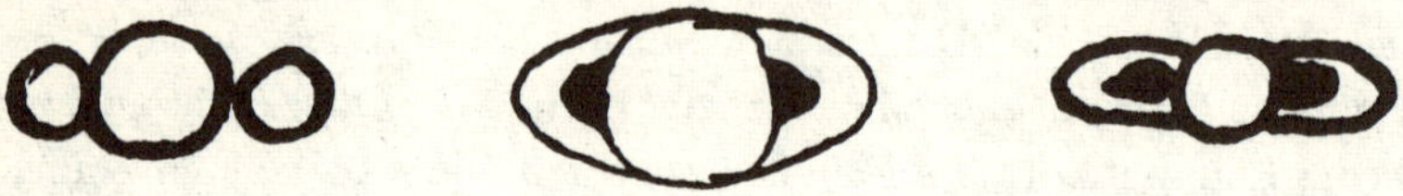

Und zuletzt entschlüsselte er sein Anagramm: »Altissimum Planetam Tergeminum Observavi« (Ich habe den fernsten Planeten als ein Dreigestirn beobachtet).

Zwei Jahre darauf, im Dezember 1612, war Galileo sich seiner Behauptung, bei Saturn handle es sich in Wahrheit um ein Dreigestirn, allerdings längst nicht mehr sicher, hatte er doch bei erneuter Beobachtung des Planeten die beiden Trabanten, welche die Henkel gebildet hatten, nicht mehr entdecken können. »Als ich mein Fernrohr während der letzten Tage auf den Saturn richtete, fand ich ihn alleine vor, ohne die gewohnten Begleitsterne, vollkommen rund und scharf umrissen wie Jupiter, und so zeigt er sich immer noch. Wie kann das sein? Wurden die beiden kleineren Sternchen aufgezehrt wie Sonnenflecken? Sind sie auf einmal entschwunden, entflohen? Hat Saturn seine eigenen Kinder verschlungen? Oder war sein vorheriges Aussehen lediglich Trug und Täuschung? Ich finde keine Erklärung für diese gänzlich neue, merkwürdige und unerwartete Veränderung. Die Kürze der Zeit, die Unzulänglichkeit meines Geistes und die Furcht vor Mißverständnissen haben mich in große Verwirrung gestürzt.«

Es war dies eine der spärlichen Regungen von Selbstzweifel.

TEIL III

Florenz

6

Die böse Saat

Während Venedigs Stern zu Beginn des siebzehnten Jahrhunderts bereits im Sinken war, erlebten Handel und Gewerbe in Florenz eine kräftige Belebung und eine Periode anhaltenden Wachstums. Dank der unternehmerischen Initiativen der Medici-Fürsten Cosimo, Francesco und Ferdinando hatte sich namentlich Livorno zu einem aufstrebenden Hafen und Umschlagplatz entwickelt. In den Lagerhäusern rund um die Kais und die neu erbaute Festung herrschte geschäftige Betriebsamkeit, und in den Gassen der Stadt drängte sich ein buntgemischtes Volk exotisch anmutender Händler und Kaufleute: Griechen, Türken, Perser und Mauren. 1610 erfolgte die Gründung einer eigenen Handelsmission des Großherzogtums Toskana in Syrien, und die neuen Absatzmärkte für toskanische Erzeugnisse in der Levante schufen im Verein mit einem sprunghaften Anstieg des eingesetzten Kapitals bald ein Klima gedeihlichen Wohlstandes entlang den Ufern des Arno.

Galileo begann das Jahr 1611 wieder einmal in schlechter gesundheitlicher Verfassung. Seine akuten oder auch nur eingebildeten Beschwerden häuften sich zusehends, obwohl er inzwischen auf typisch florentinische Art für Abhilfe und Erleichterung gesorgt hatte. Er pflegte seit neuestem eine freundschaftliche Beziehung zu einem jungen Patrizier namens Filippo Salviati, einem mit reichlich Wohlstand gesegneten Angehörigen des Florentiner Stadtadels. Salviati, gerade achtundzwanzig und somit zwanzig Jahre jünger, schwärmte für seinen Mentor wie weiland Sagredo in Venedig, dem er im übrigen nicht nur hinsichtlich seines Reichtums und komfortablen Lebensstandards, sondern auch mit seiner Vorliebe für erlesene Weine und gutes Essen durchaus ebenbürtig war. Dazu besaß er eine wissenschaftlich spekulative Ader, die Sagredos entsprechende Neigungen sogar noch überflügelte. Seine Jugendjahre hatte der Sproß eines alten Adelsgeschlechts mehr der Entwicklung seiner körperlichen denn seiner geistigen Fähigkeiten gewidmet. Er galt als vollendeter Tänzer und Reiter, als meisterhafter Schütze und Turner und hatte als Heranwachsender einen Großteil seiner Zeit auf Turnieren und Wettkämpfen zugebracht. Jeder bei Hofe in Florenz dachte angesichts dieses athletischen Jünglings an eine zielstrebige militärische Karriere. Allerdings legte das Erziehungsprogramm eines jungen Patriziers in Renaissancezeiten ebenso großes Gewicht auf die Ausbildung rhetorischer Fähigkeiten, auf Kenntnisse in Mathematik und Philosophie, Latein und Griechisch, auf geistige Disziplinen mithin, in denen sich der junge Salviati gleichfalls als überaus rascher und gelehriger Schüler erwies.

Hinzu kam noch ein Zug, der ihn in den Augen des neuen Hofmathematikers besonders sympathisch erscheinen lassen mußte: Er strafte die selbstgerechten Aristoteliker in Schulen und Universitäten mit Verachtung und begegnete aller bloß überkommenen Autorität grundsätzlich mit Skepsis.

Im Herbst des Vorjahres hatte Galileo, soeben wieder am Arno heimisch geworden, Salviati Unterricht in Geometrie erteilt, und dabei waren sie sich schnell nähergekommen. Beide verband hinfort ein inniges Lehrer-Schüler-Verhältnis. Salviatis Landvilla in *Lastra a Signa* rund fünfundzwanzig Kilometer westlich von Florenz wurde Galileos neues Refugium, ein florentinisches Pendant zu Sagredos »Arche« in Venedig, wo sich seine Privatschüler und Anhänger zu philosophischem Gedankenaustausch wie auch zu Wein und ausgelassener Geselligkeit einfanden. Die Villa mit Namen *Le Selve* (»die Wälder«), hoch über dem Tal des Arno und inmitten uralter Olivenhaine, spitz aufragender Zedern und ausladender Pinien, war für ihn ein gesegneter Ort mit wohltuender Höhenluft und klaren Bergbächen, eine heilsame Zuflucht, wo er immer wieder Kraft schöpfen und sich ungestört seinen Gedanken hingeben konnte.

In dieser friedvollen Umgebung, im Kreise einer kleinen Schar junger Anhänger und Getreuer, wandte er sich am 15. Januar 1611 brieflich an Belisario Vinta, den Staatssekretär des Großherzogs, und erklärte seinen Wunsch und seine Bereitschaft, sich in offizieller Mission nach Rom zu begeben. Er stellte sich dabei diese Mission als einen Triumphzug vor, als einen Siegeszug vor den Heiligen Stuhl, der Roms Kirchenfürsten die sensationellen Erfolge der neuen Wissenschaft unmittelbar vor Augen führen sollte, und Schande über jeden, der sich danach noch unterfangen wollte, deren Beweiskraft in Zweifel zu ziehen! Deshalb legte er Wert auf den offiziellen Anstrich seiner Mission. Der »Erste Mathematiker und Philosoph des Großherzogs der Toskana« kam in eigener Person nach Rom, bereit, jedem der dortigen Kirchenoberen mit Macht und Einfluß seine spektakulären Entdeckungen höchstpersönlich zu demonstrieren, und wollte dafür mit allen Privilegien eines wahren Botschafters der Wissenschaft bedacht werden, mit jeglichem ausgeklügelten Pomp diplomatischer Vorzugsbehandlung. Wie auch danach noch des öfteren wählte er den Zeitpunkt für seinen Rombesuch sehr bald im Anschluß an eine seiner folgenreichen Entdeckungen, weil ihm dies eine starke Position für seine Gespräche zu garantieren schien. Vinta vertraute er an, daß ihm eigentlich daran gelegen sei, die »großen Konsequenzen« seiner neuen Entdeckungen vorab jenen begreiflich zu machen, die zuvorderst über sie Bescheid wissen (und sie billigen) müßten.

Mit Rücksicht auf seine angeschlagene Gesundheit glaubte er sich berechtigt, bei Hofe noch besondere Vergünstigungen für seine Reise einfordern zu können. Vinta reagierte umgehend mit dem Angebot, ihm eine eigene Krankenkutsche mit einer Liege zur Verfügung zu stellen und für sämtliche Aufwendungen Sorge zu tragen.

Trotz aller Vorkehrungen schob sich der Termin seiner Abreise wegen seines Zustandes noch mehrere Wochen hinaus, bis er sich schließlich am 23. März auf den Weg machte. Die Umstände dieses Aufbruchs gemahnten freilich eher an eine Erkundungsfahrt in einen vorsintflutlichen Wüstenstrich denn an eine Reise zu einer der Geburtsstätten und Kapitalen abendländischer Kultur. Neben einer ganzen Auswahl von Fernrohren hatte er noch eine Reihe von Mitbringseln und Kuriositäten für Roms Einwohnerschaft im Gepäck, darunter auch verschiedene Stückchen eines von sich aus leuchtenden Minerals, das Alchimisten in Bologna aufgespürt hatten und dessen Leuchtfähigkeit im Dunkeln Licht als Phänomen erscheinen ließ, das anscheinend unabhängig von Wärme- oder sonstigen Strahlungsquellen existierte. Die mineralischen Gesteinsstückchen vermittelten ein bißchen den Eindruck von Magie und Hexerei, und Galileo, der sie bei passender Gelegenheit hervorzuholen gedachte, verwahrte sie wie kostbare Juwelen in einer kleinen Samtschatulle.

Kaum in Rom und fürstlich untergebracht in den Gemächern des Palazzo Firenze, ging Galileo unverzüglich daran, die Glanzstücke seiner Arbeit vor den Verantwortlichen der Kirche auszubreiten. Einer seiner ersten Besuche galt Pater Christoph Clavius, dem großen Mathematiker der Jesuiten, der trotz weit fortgeschrittenen Alters nach wie vor als Professor für Mathematik am Collegio Romano, der Hochburg jesuitischer Gelehrsamkeit, tätig war und nur noch ein Jahr zu leben haben sollte. Für den stattlichen, etwas gedrungenen Pater mit seinem schwerfälligen deutschen Akzent war diese erneute Begegnung mit Sicherheit ein bewegendes Ereignis, konnte er sich doch noch gut an den ungestümen Galileo erinnern, den er vierundzwanzig Jahre zuvor schon einmal empfangen hatte, wobei der ehrgeizige, junge Wissenschaftler ohne feste Position ihm so überzeugend seine Experimente im Feld der Hydrostatik beschrieben hatte. In seiner eigenen Arbeit freilich blieb Clavius selbst angesichts der jüngsten Fortschritte Galileos unbeirrt der orthodoxen kosmologischen Lehrmeinung verhaftet.

Zunächst zog er die Verläßlichkeit von Galileos Fernrohr in Zweifel. »Um die Trabanten Jupiters zu Gesicht zu bekommen, müßte sich der Mensch ein Gerät konstruieren können, das diese erst hervorbrächte«, hatte er zu Beginn noch eingeworfen. Etwas phantasievoller war er auf Galileos Behauptung bezüglich des zerklüfteten, gebirgigen Charakters der Mondoberfläche eingegangen: Sollte sie zutreffen, müßten all diese Unebenheiten eben noch einmal von einer unsichtbaren, durchscheinenden, kristallenen Hülle umgeben sein, die dem Mond wieder jene vollkommene, glänzend glatte Oberfläche verleihe, welche die Heilige Schrift gebiete. Galileo amüsierte und erschreckte diese Hypothese gleichermaßen. Scharf hielt er dagegen:

»Die Vorstellung an sich ist reizvoll, nur ist sie weder bewiesen noch überhaupt jemals beweisbar.«

Nun, da er erneut mit Galileo zusammentraf, beherrschten den frommen Mathematiker dem Wortführer einer neuen Wissenschaft gegenüber durchaus keine feindseligen Gefühle. Er selbst hatte zwar in der jüngsten Auflage seines Hauptwerkes, dem *»Kommentar zur Sphaera des Johannes von Sacro Bosco«*, die Grundgedanken der kopernikanischen Kosmologie zum wiederholten Male verworfen, doch Galileos Entdeckungen hatte er stets mit Bewunderung zur Kenntnis genommen und darauf bestanden, daß nicht nur die astronomische Wissenschaft, sondern auch die Kirche selbst sich eingehend mit ihnen auseinanderzusetzen habe. »Das gesamte Gebäude der himmlischen Sphären ist ins Wanken geraten und muß berichtigt werden«, hatte er mit leisem Bedauern eingestanden. Der junge Mann, dem er 1587 zum ersten Mal begegnet war, hatte in der Zwischenzeit das kirchliche Lehrgebäude in seinen Grundfesten erschüttert und zudem die Wissenschaftler der Kirche herausgefordert. Weder er selbst noch seine Arbeit konnten fürderhin einfach ignoriert werden. Mochte Clavius selbst noch zu Recht als »Euklid des sechzehnten Jahrhunderts« gelten – dies war ein neues Jahrhundert, ein neues Zeitalter, und der Ruf des Mannes, der diesmal vor ihm stand, war dem eines Euklid gleichfalls ebenbürtig.

Clavius und mit ihm eine Reihe von Professoren am Collegio Romano hatten die Jupitermonde inzwischen auch selbst schon seit über zwei Monaten beobachtet. Sie begrüßten in Galileo vor allem den Wissenschaftlerkollegen und Neuerer ihres Fachgebietes, sahen sich als Brüder auf derselben Suche nach der Wahrheit. Als reine Mathematiker und Theoretiker kümmerten sich die Jesuiten des Collegio zu diesem Zeitpunkt noch nicht um die »großen Konsequenzen«, die dessen Entdeckungen für die katholische Kirchenlehre in sich bargen. Dies war eine Angelegenheit höherer Stellen.

»Wir haben unsere Aufzeichnungen verglichen und gefunden, daß unsere Beobachtungen in allen Punkten übereinstimmen«, notierte Galileo gleich nach seiner Zusammenkunft mit Clavius.

Wenige Tage nach seiner Ankunft in Rom wurde er bereits zur

Audienz empfangen. Der Papst, eine beeindruckende Gestalt, massig, korpulent, mit sorgfältig zu einem Dreieck gestutztem Spitzbart und blitzenden Augen, wirkte schon von seiner physischen Ausstrahlung her einschüchternd. Da er den Wissenschaftler jedoch mit Lob geradezu überhäufte und ihm sogar gestattete, seine Anliegen aufrecht stehend vorzutragen, statt auf Knien, nahm er ihrer beider Begegnung von vornherein jede Befangenheit. Es war dies ein Ehrenbeweis, der Galileo ungemein schmeichelte, wie er danach in beinahe kindlichem Stolz Salviati berichtete. Entscheidend für ihn war jedoch, daß ihn der Papst seines uneingeschränkten Wohlwollens versicherte.

Galileo dürfte in diesem Augenblick große Erleichterung verspürt haben, denn Paul V. galt als kirchlicher Despot. Von seiner Herkunft ein Borghese und seiner Ausbildung nach Jurist, hatte er noch im Jahr seiner Wahl zum Papst den seither mit seinem Namen verbundenen Palazzo am Ufer des Tiber, die in zwei Ebenen angelegte Villa Borghese, erworben. Die Wahl im Konklave war auf ihn gefallen, weil er noch als relativ unbekannt, als Schreibtischgelehrter, galt und es an mächtigen Rivalen mangelte. Nach seiner Kür zum Papst, einem Ereignis, das er umgehend dem Wirken des Heiligen Geistes, nicht dem von Menschen zuschrieb, offenbarte er alsbald exzentrische und tyrannische Züge – als versuchte er, seine frühere Bedeutungslosigkeit mit besonders theatralischem Pomp vergessen zu machen. Selbstherrlich und bombastisch in seiner Prunkentfaltung, blieb er in seinen Ansichten stets Philister und Despot zugleich.

Zudem war dieser Papst von Argwohn und Verfolgungswahn besessen. Gleich in den ersten Wochen seines Pontifikats ereilte ihn die Nachricht, die Madonna von *Subiaco*, einem päpstlichen Refugium knapp fünfzig Kilometer östlich von Rom, habe Schweißflüssigkeit abgesondert – ein furchtbares Omen, das man gemeinhin als Menetekel auf den bevorstehenden Tod eines Papstes deutete. Paul V. geriet in Panik. Auf der Stelle entledigte er sich seines Leibkochs, dem er Giftmischerei unterstellte, und ließ in panischer Furcht, ein Unbekannter in seiner Umgebung lauere nur auf eine Gelegenheit, ihm einen Dolch in den fetten Wanst zu stoßen, fortan seinen ganzen Hofstaat bespitzeln. Erst die Astrologen Roms brachten ihm letztlich Rettung. Sie erstellten ein Horoskop und versicherten ihm, daß die Gefahr aufgrund einer günstigen Sternenkonstellation vorüber sei.

Von seinen Todesängsten befreit, dehnte der Pontifex den Machtanspruch des Vatikans auch in weltlichen Belangen aus und suchte seine Oberhoheit in allen Angelegenheiten rigoros durchzusetzen. Die Zahl der von der Kirche auf den Index gesetzten Bücher stieg ins Unermeßliche und umfaßte weit über das Verbot verderblicher protestantischer Schriften hinaus bald auch Publikationen, die sich lediglich mit der Moral des Klerus auseinandersetzten oder auch nur geringfügigst von der offiziellen Kirchendoktrin abwichen.

Als Fanal für die neue Geisteshaltung des Heiligen Stuhls ließ Paul V. gleich zu Beginn seines Pontifikats ein Exempel statuieren. Ein kaum bekannter Schreiberling namens Piccinardi hatte sich dummerweise erdreistet, insgeheim eine Biographie seines weitaus diplomatischeren Vorgängers, Papst Clemens VIII., zu verfassen, in der er diesem eine Ähnlichkeit mit dem besonnenen und moderaten römischen Imperator Tiberius in den Tagen Christi bescheinigte. Piccinardi hatte sein Werk noch nicht einmal veröffentlicht, freilich den Fehler begangen, hinter vorgehaltener Hand einem frommen Klatschmaul davon zu erzählen. Man warf ihn in ein finsteres, stinkendes Verlies im berüchtigten *Castel Sant'Angelo* und zerrte ihn schließlich eines Nachts auf Befehl des Papstes auf die Engelsbrücke, wo man ihn hängte – direkt im Angesicht des Petersdomes, der bei dieser Szene dem Aussehen einer Riesenkrake geglichen haben muß.

War dieser Vorgang noch kein Grund zur Besorgnis für Galileo, so doch jene Tatsache, daß Paul V. als sein maßgeblicher Berater ausgerechnet der überragendste Kopf der Kirche zur Seite stand: Kardinal Roberto Bellarmin. Er konnte nicht darüber hinwegsehen, daß Bellarmin einst Inquisitor Giordano Brunos gewesen war, jenes aufrechten, unbeugsamen Anhängers des Kopernikus, dessen Verurteilung wegen Ketzerei und Flammentod auf dem *Campo dei Fiori* kaum sechzehn Jahre zurücklag. Und selbst wenn weder Piccinardis noch Brunos Schicksal ihn sonderlich beunruhigt hätten – konnte er sich doch noch immer die Dolche vergegenwärtigen, die seinem Freund Paolo Sarpi im Auftrag Pauls V. Körper und Schädel durchbohrt hatten.

So war es in der Tat fast eine Erlösung, als er mit dem Segen des Papstes bedacht wurde. Und er fühlte sich gleich doppelt beruhigt, als ihm zu Ohren kam, Bellarmin höchstpersönlich habe einen Blick durch sein Fernrohr geworfen und sich davon angenehm überrascht gezeigt, war es doch dieser Kirchenfürst, der sich mehr als jeder andere mit den »großen Konsequenzen« seiner astronomischen Entdeckungen würde beschäftigen müssen.

Noch während Galileo erfolgreich dabei war, Rom für sich zu gewinnen, nahm sich Bellarmin der Sache an. Am 19. April wandte er sich an Pater Clavius und dessen ehrwürdige Kollegen vom Collegio Romano mit der Aufforderung zu einer förmlichen Stellungnahme. Er habe, wie er in seinem Schreiben bekennt, selbst durch das Fernrohr gesehen und »einige höchst wundervolle Dinge« erblickt; allerdings seien ihm über deren Deutung auch »widerstreitende Ansichten« vorgetragen worden. Von seinen Experten wünschte er nun Aufklärung in fünf Punkten:

Ist es wahr, daß es sich bei der Milchstraße lediglich um eine Anhäufung »winziger Sterne« handelt, wie der »eminente Mathematiker« behauptet?

Ist Saturn tatsächlich kein Einzelstern, sondern ein Gebilde aus drei miteinander verbundenen Sternen?

Ist es möglich, daß der Mond »eine zerklüftete und gebirgige Oberfläche« besitzt?

Und ist es weiterhin möglich, daß Venus zu- und abnimmt wie der Mond?

Ferner: Gibt es tatsächlich vier Trabanten des Jupiter, deren jeder sich in verschiedener, sehr schneller Bewegung befindet?

Fünf Tage später lag die nüchterne Antwort der Mathematiker des Collegio Romano vor: Beim Betrachten der Milchstraße mit dem Fernrohr zeige sich in der Tat eine unermeßliche Anzahl von Sternen, namentlich in den Nebelhaufen des Krebses und der Plejaden, und wahrscheinlich kämen zu der Vielzahl, die man beobachten könne, sogar noch unzählige Sterne hinzu. Saturn weise offenkundig eine eigenartig langgestreckte, ovale Form auf, doch eine wirkliche Abtrennung zweier Sternchen auf beiden Seiten des Planeten habe man nicht beobachtet, könne also Galileos These von einem Dreigestirn nicht bestätigen. Im Falle des Mondes lasse sich die Ungleichmäßigkeit der Oberfläche nicht bestreiten, jedoch hege Pater Clavius Zweifel, daß diese Unebenheiten auf Berge und Täler zurückzuführen seien. Er halte es für wahrscheinlicher, daß der Mondkörper »dichtere und dünnere« Teile besitze, die für seine Flecken verantwortlich seien. Bezüglich der beiden Punkte, aus denen die großen Konsequenzen für das kirchliche Lehrgebäude erwuchsen, der Venusphasen* und der Jupitermonde, hatte Clavius überhaupt keine Einwände. Galileo befand sich im Recht.

Der sorgte im Anschluß persönlich dafür, die in seinen Augen löbliche Kritik der Jesuitenpatres überall zu verbreiten, was allerdings auch dazu führte, daß Pater Clavius' Standpunkt zur Beschaffenheit des Mondes sowohl auf seiten seiner Bewunderer als auch im Lager seiner Gegner eine übergebührliche Aufmerksamkeit zuteil wurde. Der mit ihm befreundete Künstler Ludovico Cardi da Cigoli, damals in Roms Basilika *Santa Maria Maggiore* gerade mit der Fertigstellung seiner Fresken beschäftigt, spottete gar, der alte Clavius müsse wohl gar keine Augen mehr im Kopf haben. »Ich denke an ein Schild«, schrieb er Galileo, »das diese Pedanten sich an ihren Laden stecken könnten. Es zeigt einen verstopften Kamin, der ein ganzes Haus mit seinem Qualm vernebelt, in dem Leute zusammensitzen, für welche die Dunkelheit schon vor der Dämmerung einsetzt.«

Ein raffinierter Kopf mit Namen Ludovico delle Colombe äußerte sich in einem offenen Brief an Clavius voll des Lobes für dessen Verteidigung der hergebrachten Ansicht von der Makellosigkeit des Mondes. Galileo machte Colombes Debattenbeitrag flugs zum Gespött, ja, er ernannte seinen Autor öffentlich zum Anführer seiner Gegnerschar. *Colombe* steht im Italienischen für »Tauben«, Galileo jedoch verwendete den Ausdruck herabsetzend im Sinne von »Gimpel«. Hinfort nannte er seine Gegner die »Liga der Gimpel«.

Pater Clavius' Stellungnahme für Kardinal Bellarmin ließ Galileo jene offizielle Anerkennung zuteil werden, die ihm den Weg zu einer

* Zur Erörterung der Venusphasen vgl. das folgende Kapitel 7.

ehrenvollen Einladung in das Collegio Romano ebnete. Das Collegio, einen Häuserblock vom Pantheon entfernt direkt im Zentrum Roms, war ein eindrucksvoller Gebäudekomplex aus mächtigen Quadern, der einen Innenhof umschloß. Im obersten Stock bewohnten dort Bellarmin und sein Zögling Gonzaga gemeinsam mit den anderen Ordensbrüdern jeweils einfache Zellen. Man hatte eine öffentliche Sitzung anberaumt und für Galileo eigens einen Ehrenplatz vor einem großen Publikum bereitgestellt. Er sollte zwar nicht selbst das Wort ergreifen, aber immerhin einem geistreichen Vortrag des Paters Odo von Maelcote beiwohnen, der selbstverständlich in Latein erfolgte. (Pater Maelcote war einer der Mathematiker, welche die Stellungnahme für Bellarmin verfaßt hatten.) Zum nicht geringen Unbehagen der orthodoxen Kleriker im Saal ergriffen die anwesenden Studenten sofort Partei für Galileo und begrüßten ihn mit stürmischem Beifall.

»Wir haben eindeutig bewiesen«, hatte einer von ihnen geschrieben, »daß die Venus um die Sonne kreist, was freilich nicht ohne Murren von seiten der Philosophen erfolgte.«

Fernab kirchlicher Kreise trat in der Zwischenzeit ein neuer Schirmherr Galileos auf den Plan. Es war dies Federico Cesi, in zweiter Generation Marchese von Monticelli, ein wohlhabender und äußerst einflußreicher junger Angehöriger des Hochadels, der mit seinen sechsundzwanzig Jahren nicht nur außerordentlichen Wissensdurst, sondern auch den Mut besaß, die Barrieren seiner standesgemäßen Erziehung zu durchbrechen. Cesi hatte ein freundliches, fast feminin ovales Gesicht mit einem sorgfältig gepflegten Schnauz- und Spitzbärtchen, dunklen Augenbrauen und lebhaften, skeptisch dreinblickenden Augen. Als Förderer von Kunst und Wissenschaft verfolgte er den ehrgeizigen Plan, eine Art Enzyklopädie der Natur zusammenzustellen, der er den Titel *Theatrum totius Naturae*, »Theater der gesamten Natur«, zugedacht hatte. Acht Jahre zuvor hatte er allen Wünschen seines Vaters, des Herzogs von Acquasparta, zum Trotz als Achtzehnjähriger bereits eine wissenschaftliche Gesellschaft unter dem Namen »Akademie der Luchse« *(Accademia dei Lincei)* ins Leben gerufen, deren Mitglieder scharfen Blickes, schnell im Denken, in jeder Taktik bewandert und stets bereit zum Sprung auf Schwächere und Langsamere sein sollten. Im ersten Grundsatzstatut der Akademie sind schwelgerisch die Ziele ihrer Gründung festgehalten: »Die *Accademia dei Lincei* wünscht sich als Mitglieder Philosophen, die nach wirklichem Wissen streben und sich ganz dem Studium der Natur, insbesondere der Mathematik, widmen wollen. Sie wird dabei zugleich keineswegs die Zierde der schönen Literatur und der Philologie vernachlässigen, die den gesamten Körper der Wissenschaften wie ein anmutiges Gewand umhüllt.«

In ihrer Anfangsphase zählte die Gesellschaft ganze vier Mitglieder, keiner von ihnen Wissenschaftler und keiner über dreißig. Zu den Prinzipien, auf die man sich während der Eröffnungssitzung am 17. August 1603 geeinigt hatte, gehörte, daß jedes Mitglied die anderen jeweils in einem Fachgebiet auf dem laufenden zu halten hatte. Einer der Mitbegründer war Jean Eck, ein flämischer Arzt, der im eigenen Land wegen Ketzerei angeklagt war und sich nun mit Schwarzer Magie befaßte. In jüngster Zeit war ein neues Mitglied dazugestoßen, Giambattista della Porta, dessen Werk über natürliche Magie bereits im Geburtsjahr Cesis erschienen war und eine breite Leserschaft gefunden sowie heftige Debatten ausgelöst hatte. Della Porta hatte darin neben viel Sensationshascherei auch über ein Zaubergerät spekuliert, das Gegenstände aus der Ferne ganz nahe vor die Augen bringen sollte, Spekulationen, die in manchen Ohren wie Teufelszeug geklungen haben müssen, denn bald darauf war er von Papst Paul V. nach Rom beordert worden, wo er sich den Anschuldigungen der Hexerei und Giftmischerei zu stellen hatte.

Da es sich bei der *Accademia dei Lincei* zunächst um eine geheime Gesellschaft handelte, hatten sich deren Gründungsmitglieder anfangs alle einen Decknamen und ein besonderes Kennzeichen zugelegt. Cesi nannte sich *Il Celivago*, der Sphärenwanderer, und hatte als Emblem einen Adler, der den Erdball in seinen Klauen hielt. Eck bezeichnete sich als *L'Illuminato*, der Aufgeklärte, weil er von den Mitgliedern angeblich die umfassendste Bildung besaß, wenngleich jeder beliebige Name ebensogut auf ihn gepaßt hätte. Er hatte einen übelwollenden Apotheker ums Leben gebracht, von dem er beleidigt worden war, und hatte Cesi noch während seiner Kerkerhaft auf sich aufmerksam gemacht. Zu diesen beiden gesellten sich des weiteren *Il Tardigrado* und *L'Eclissato*, der Gemächliche und der Finstere.

So umgab, zumindest bis Galileo dazustieß, diese Raubkatzenakademie ein Odium des Okkulten, der Pseudowissenschaftlichkeit, ja sogar des Skandalösen – jedenfalls in den Augen der Kirche und erst recht des Collegio Romano. Vom klerikalen Standpunkt betrachtet waren das gefährliche junge Männer mit gefährlichen Hirngespinsten aus ebensolchen Büchern. Cesi hatte in der Tat mittels seiner weitläufigen, keineswegs immer schicklichen Beziehungen quer durch Europa eine eindrucksvolle Bibliothek in seiner Villa an der *Via Maschera d'Oro* (»Goldmaske«) zusammengetragen, seinem unweit des Tiber und inmitten eines Gewirrs enger Pflastergassen und arkadenbedeckter Gehwege gelegenen Stadtpalais, in dem sich die Luchsäugigen zu geheimnisumwitterten Sitzungen trafen.

In diesem Palazzo beherbergte Cesi außerdem noch eine kostbare Sammlung von Fossilien, Tierpräparaten und Astrolabien, während die Bibliothek selbst mit unzähligen Bänden über die neuartigen Wissenszweige bestückt war, die sich zur Zeit überall in Europa auf dem Vormarsch befanden: Botanik, Anatomie, Chemie, Naturphilosophie und auch Alchimie. Sie entwickelte sich mit der Zeit zu einer eigenen Quelle von Macht und Einfluß in Rom, und Cesi machte zeitlebens keinerlei Hehl aus der Brisanz mancher ihrer Bestände. Er übte zuviel Einfluß aus, hatte zu mächtige Freunde unter den Würdenträgern der Kirche, als daß man ihm selbst je etwas hätte anhaben können. Mit der Zeit und mit zunehmender Reife der jugendlichen Aufbegehrer entwickelte sich so in der Tat eine Art belebender Konkurrenz zwischen den unabhängigen Intellektuellen der Akademie und den traditionalistischen Gelehrten am Collegio Romano.

Es liegt auf der Hand, daß Galileo sich von diesen Freigeistern besonders angezogen fühlte.

Anfang 1611 hatte Johannes Kepler in einem Brief Cesi auf Galileos *Sidereus Nuncius* hingewiesen, und der hatte darin zweifellos eine Gelegenheit erblickt, den Toskaner auf seine Seite zu ziehen. Beiden war sofort klar, wie ideal sie einander ergänzten – zwei Köpfe mit gleichgerichteten Interessen und doch ganz gegensätzlichen Zuschnitts. Cesis philosophisches Ungestüm und intellektuelle Neugier hielten sich dank einer typisch römischen Umsicht und Zurückhaltung stets im Rahmen. Galileos mathematischer Scharfsinn auf der anderen Seite glitt dank seiner toskanischen Impulsivität und seiner ironischen Ader nie ins bloß Formelhafte oder Unpersönliche ab.

Zwei Wochen nach Galileos Ankunft in Rom veranstaltete Cesi für seinen Ehrengast ein aufsehenerregendes Festmahl in der Villa eines kirchlichen Würdenträgers auf dem *Gianicolo*, unweit der *Porta San Pancrazio*, einem dem Heiligen Geist gewidmeten Stadttor Roms. Zu den geladenen Gästen gehörten der berühmte Arzt Johannes Faber, ein Abt und Aristoteleskritiker mit Namen Antonio Persio, der griechische Mathematiker Johannes Demisiani und der Schweizer Naturforscher Johannes Schreck. Allesamt sollten sie anschließend in die *Accademia dei Lincei* eintreten – ausgenommen allein der gleichfalls anwesende Giulio Cesare Lagalla, in jenen Tagen der maßgebliche Wortführer im Lager der Peripatetiker Roms, den man dazu bewußt gar nicht erst aufgefordert hatte. Es war bei Gelegenheit dieses berühmten Essens, daß Demisiani für Galileos Fernrohr die Bezeichnung »Teleskop« aufbrachte.

Man traf sich zur Abenddämmerung und tagte bis tief in die Nacht. Vor dem Essen schon scharten sich die insgesamt zwanzig Teilnehmer um Galileos Fernrohr, der es vor ihren Augen zerlegte, ihnen die optischen Linsen erklärte und alles wieder zusammensetzte. Um seine Vergrößerungsleistung zu demonstrieren, richtete er es auf die mächtige Papstbasilika *San Giovanni in Laterano* in nicht ganz fünf Kilometer Entfernung. Zur allgemeinen Verblüffung ließ sich die Inschrift von Papst Sixtus V. entziffern, die dort über der Pforte zur Segensempore angebracht steht. Danach schwenkte man nach Norden, in Richtung der toskanischen Berge, wo man in über sechsundzwanzig Kilometern Entfernung den Palast des Herzogs Altemps ins Visier nehmen und jedes seiner Fenster, die winzigsten eingeschlossen, zählen konnte. Mit diesen ersten Eindrücken begab man sich schließlich zu Tisch.

Die Stunden verflogen mit hochfliegenden Spekulationen, und Galileo befand sich in ausgelassener Stimmung. Zum Erstaunen vieler überschüttete er della Porta, den Herold der Schwarzen Magie, mit Schmeicheleien und sprach ihm zwar nicht das Verdienst der Erfindung, so doch eine erste phantastische Vorstellung des Teleskops zu, obwohl er im kleineren Kreise seiner Freunde della Porta seit jeher für einen Scharlatan gehalten hatte. Sagredo hatte sich einmal aus Venedig über della Porta höchst abschätzig geäußert: »Unter den Gelehrten besetzt Porta den Platz, den eine tönende Glocke unter richtigen Musikinstrumenten einnimmt.«

Nach üppigem Mahl, Wein und geistreicher Unterhaltung begab sich die Festgesellschaft auf das Dach der Villa auf dem Hügel über Rom, wo das Teleskop diesmal auf die Sternenfamilie Jupiters und die strahlende Venus ausgerichtet wurde. Diese Prozedur wiederholte sich in den folgenden Tagen und Nächten, in denen die Teilnehmer unter Anleitung Galileos, des neuen Leitsterns in ihrer Mitte, ihre Beobachtungen ergänzten. Zwei Wochen später vermittelt Cesi einen Eindruck von der Begeisterung, welche die neuen Bewunderer Galileos erfaßt hatte: »An jedem klaren Abend entdecken wir neue Dinge am Firmement: Jupiter mit seinen vier Trabanten und deren unterschiedliche Phasen... den von Bergen und Höhlungen durchzogenen, rotierenden und wäßrigen Mond, die gehörnte Venus und das Dreigestirn des Saturn.« Und mit dem Überschwang eines überzeugten Kopernikaners fügt der junge Adlige noch hinzu: »Diese Beobachtungen bringen die alte Theorie, daß die Erde sich im Mittelpunkt des Universums befinde, in nicht geringe Schwierigkeiten.«

Im Verlauf des Banketts auf dem *Gianicolo* hatten Cesi und Galileo auch hinreichend Gelegenheit zu einem ausführlichen Gespräch über die Zukunftsperspektiven der Akademie und speziell über die Rolle, die Galileo darin spielen sollte. Elf Tage danach willigte dieser bereits ein, als deren fünftes Vollmitglied in die wissenschaftliche Gesellschaft aufgenommen zu werden, woraufhin ihm Cesi, um seine Wahl zu besiegeln, einen kostbaren Smaragdring verehrte. In rascher Folge ließen sich neben Abt Persio nun auch eine Reihe von gleichfalls anwesenden Mathematikern und Ärzten von außerhalb Italiens für die Akademie gewinnen, und Galileo selbst schlug noch kurz vor seiner Abreise aus Rom auch seinen jugendlichen Getreuen Salviati in Florenz als künftiges Mitglied vor. Die traditionalistischen Akademiker aus dem Umkreis der etablierten Universitäten freilich witterten einen Affront. Statt die Pforten der Akademie auch für sie offenzuhalten, hatten es deren Mitglieder vorgezogen, einen ehemaligen Getreuen und Jünger Giordano Brunos in ihre Reihen aufzunehmen. Es war eine eher symbolische Geste. Die Gesellschaft wollte sich ihren Ruf als intellektuelle Speerspitze erhalten.

Das nächtliche Bankett über den Dächern Roms markierte eine neue Weichenstellung in der Entwicklung der Akademie. In den folgenden zwanzig Jahren, bis zu Cesis Tod im Jahre 1630, wurde sie zu einem der bedeutendsten Faktoren im Kultur- und Geistesleben des Landes. Galileo gab zeitlebens viel auf seine Zugehörigkeit und legte stets Wert darauf, sie auf den Titelblättern seiner Bücher ausdrücklich zu vermerken. Cesis Gründung, die den Ruf der ersten wissenschaftlichen Vereinigung der neuzeitlichen Geschichte für sich in Anspruch nehmen konnte, erlangte dadurch eine entscheidende Aufwertung und Popularität.

Den ganzen Mai 1611 über blieb Galileo noch in Rom. In den weitläufigen Gartenanlagen der Villa Medici wie auch der päpstlichen Residenz im Quirinalspalast im Herzen der Stadt versetzte er täglich einen nicht enden wollenden Besucherstrom von Eminenzen und Prälaten, die alle zu ihm kamen, um sich mit eigenen Augen einen Eindruck von seinen »astronomischen Neuigkeiten« zu verschaffen, in Entzücken und Erstaunen. Daneben verbrachte er manche vergnügliche Stunde in Gesellschaft seines Freundes, des Florentiner Malers Ludovico Cardi da Cigoli, der von Paul V. den Auftrag hatte, die päpstliche Basilika *Santa Maria Maggiore* mit Fresken auszumalen. Cigoli erklomm und zählte jeden Tag die 150 Leitersprossen, die er als inzwischen Zweiundsechzigjähriger hinaufsteigen mußte, um die Arbeit an seinem Fresko fortführen zu können. Er betrachtete den Himmel mit den Augen des Künstlers und war voll überschwenglicher Bewunderung für die neuen Einblicke, die sein Freund in das himmlische Gefüge ermöglicht hatte. Für ihn war auch Galileo eigentlich ein Künstler und das Firmament überhaupt ein einziges Kunstwerk – *»tante* *bellezze del cielo«*. Galileos Entdeckungen faszinierten und veranlaßten ihn, sie in seinen Fresken einzufangen, denn ihm galt all dies als ein einziger Lobpreis Gottes. Alsbald tauchten in seiner Darstellung des aufsteigenden Mondes, über dem die Gestalt der Jungfrau Maria thronte, Bergzüge und Senken auf, und postwendend sah sich der Maler wegen solcher Wiedergabe eines ganz und gar nicht vollkommenen und makellosen Himmelskörpers in einen Skandal verstrickt.

Ende April schreckte Galileo die Kirchenoberen Roms mit einer neuen Botschaft auf. Diesmal behauptete er, daß auf dem Antlitz der Sonne bestimmte Flecken zu beobachten seien. Auf das Phänomen der Sonnenflecken war er eigenem Bekunden zufolge schon zu seiner Zeit in Padua aufmerksam geworden und hatte davon sowohl dort als auch in Venedig einige maßgebliche Leute, darunter Paolo Sarpi, in Kenntnis gesetzt. Gleichwohl: Rom war ein anderes Pflaster; hier gewannen die Dinge eine andere Dimension. Mit geradezu heroischer Geduld hatte er daher den richtigen Zeitpunkt für seine schockierenden Enthüllungen abgewartet – und was er enthüllte, bedeutete in den Augen der kirchlichen Dogmatiker nichts anderes als ketzerische Blasphemie: Auf dem göttlichen Gestirn existieren ausgedehnte dunkle Flecken! Und diese sollen willkürlich auftreten und genauso willkürlich wieder verschwinden? Ihr Aussehen verändern und wahllos umherwandern wie Wolken? Auseinanderreißen und sich wieder ohne jeden ersichtlichen Grund vereinigen?

Galileo sprach diese Ungeheuerlichkeiten nicht nur unverblümt aus, er stellte sie auch offen zur Schau. Dennoch: Aller Welt zu enthüllen, daß die Sonne, die Quelle allen Lichts und aller Wärme für den Menschen, mit Flecken behaftet war, diese gar Kardinälen der Kirche unmittelbar vor Augen zu führen – dies war gleichbedeutend mit einem direkten Angriff auf eine altehrwürdige, unverrückbare Glaubenswahrheit christlicher Theologie, dergemäß die Himmelssphären als makellos, unveränderlich und ewig zu gelten hatten. Was sollte ein Kardinal oder ein überzeugter Aristoteliker davon halten? Sollte er die Glaubwürdigkeit seiner eigenen Augen in Zweifel ziehen? Hatte man es hier mit einer optischen Täuschung zu tun? Und – falls dies ausgeschlossen war – wie sollte man das Phänomen erklären? Cigoli fochten solche

Fragen am wenigsten an. Er berichtete Galileo begeistert von seiner eigenen ersten Wahrnehmung der Sonnenflecken, wobei er einen besonders dunklen Fleck von seinem Auftauchen in der Frühe bis zu seinem Verschwinden in der abendlichen Dämmerung verfolgt hatte.

Galileo selbst äußerte sich in einem Brief an Cesi vom 12. Mai mit der ganzen heimlichen Genugtuung des echten Umstürzlers: »Mir schwant, die neueste Entdeckung werde das Grabgeläute oder vielmehr das Jüngste Gericht über die Pseudophilosophie sein. Das Klagegeschrei war schon bis zum Mond, zu den Mediceischen Gestirnen, zum Saturn und zur Venus zu hören. Ich harre nur darauf, daß die Peripatetiker jetzt irgendeine gewaltige Anstrengung unternehmen, um ihre These von der Unveränderlichkeit der Himmel noch einmal aufrechterhalten zu können!«

Er brauchte nicht lange zu warten. Selbigen Tages noch wurde ihm aus Perugia zugetragen, dort sei jemand mit der Behauptung hervorgetreten, bei seinem Teleskop handle es sich in Wahrheit um ein trickreiches Instrument, dessen Linsen mit bestimmten Einschüssen solcherart versehen seien, daß sie den Anblick von Sternen vortäuschten. Galileo bot umgehend an, jedem findigen Tüftler, der ein Teleskop zustande brächte, das Trabanten auf einer ganz bestimmten Umlaufbahn um einen Planeten und keiner anderen zeige, zehntausend Dukaten auszuhändigen. Bald schon war von einer weiteren Intrige gegen ihn die Rede. Diesmal wurde sie an der Universität von Bologna von einem jungen Protestanten namens Martin Horky, einem ehemaligen Zögling Keplers, angezettelt, der offenkundig des Glaubens war, sich mit seinen Attacken gegen Galileo bei seinem einstigen Mentor lieb Kind machen zu können. Seine Schmähschrift mit dem Titel *Kurze Pilgerfahrt gegen die Sternenbotschaft* war bösartig, beleidigend und gipfelte neben zahlreichen Gehässigkeiten in der Behauptung, Galileos eigentlicher Beweggrund für die Erfindung der Jupitermonde sei in dessen Eitelkeit und Goldgier zu suchen. Wenn Horky jemals die Hoffnung gehegt haben sollte, auf diese Weise einen Keil zwischen Galileo und Kepler zu treiben – mit seinem Machwerk erreichte er genau das Gegenteil. Kepler ließ den einstigen Studenten unverzüglich fallen, entschuldigte sich brieflich bei Galileo über diesen »Nichtsnutz von einem Schüler« und riet, dessen unreifes, verleumderisches Phamplet einfach zu ignorieren.

Anderen Kalibers und bedenklicher allerdings war ein Angriff auf die *Sternenbotschaft*, die der Feder eines jungen Adligen und leidlich begabten Mathematikers mit Namen Francesco Sizzi aus Florenz entstammte. Sizzi war der erste, der öffentlich rein theologisch begründeten Einspruch erhob: Dem Planeten Jupiter eigene Trabanten zuzuschreiben stehe im Widerspruch zur Heiligen Schrift. Dies zielte schon unverhohlen darauf ab, Galileo ernsthaft in Gefahr zu bringen. Um die nötige Aufmerksamkeit zu erregen, hatte Sizzi seine Schrift *(Dianoia astronomica. Worin das Gerücht der Sternenbotschaft über 4 Planeten als leer erwiesen wird)* ausgerechnet jenem Sprößling des Hauses Medici gewidmet, der Galileo als einziger nicht wohlgesonnen war (Giovanni de' Medici, ein unehelicher Sohn des Halbbruders des Großherzogs, dessen monströse Idee einer gewaltigen Baggermaschine für den Hafen Livornos Galileo zwanzig Jahre zuvor als Unsinn abgetan hatte).

Das erhoffte Aufsehen blieb freilich aus – diesmal noch. Galileo, in Rom gefeiert und hofiert, fand mit seinen Ansichten das Ohr der mächtigsten Kirchenfürsten und konnte es sich daher leisten, seinen Gegnern gönnerhaft und mit Herablassung entgegenzutreten. An Salviati schrieb er über den jüngsten Angriff nach *Le Selve*: »Mir ist weit mehr daran gelegen, die Freundschaft des Herrn Sizzi zu gewinnen, indem ich ihm jegliche Verleumdung vergebe, denn ihn durch meinen eigenen Sieg zum Feinde zu haben. Daher habe ich auch Sorge getragen, ihn bei den Jesuitenpatres zu entschuldigen, welche derlei Kinderkram mit ungeheurer Belustigung lesen.«

In sein eigenes Exemplar von Sizzis Schrift notierte er als Marginalie eine Strophe von Ariost über den Heerführer, der leichte Beute vor sich sieht:

Der Fürst tritt auf: Es ziemt sich nicht,
Den Turm nur zu begehren,
Der mir so leichthin dargeboten.
So mir's beliebt, richt meinen Sinn ich auf die ganze Festung.

Unterdessen sah sich in Florenz auch Ludovico delle Colombe, das Haupt der von Galileo verspotteten »Liga der Gimpel«, zur Verteidigung des Glaubens aufgerufen. Den Psalm 93 auf seinen Fahnen schwenkend – »Der Herr ist König, mit Hoheit bekleidet ist der Herr und mit Macht, denn es besteht die Welt, sie wankt nicht.« –, ließ er eine schmale Abhandlung veröffentlichen, die vor allem vermeintliche theologische Ungereimtheiten in Galileos Behauptungen aufs Korn nahm: »Wer in Mathematik, Philosophie und Theologie alles auf den Kopf und als falsch hinstellt und sich unterfängt, gegen jegliche überlieferte Weisheit und Gemeinschaft Beweise vorzubringen, mißachtet die Heilige Schrift.«

Colombes Traktat bestand im wesentlichen aus einer Aneinanderreihung biblischer Textstellen, die Galileo mit seinen Beobachtungen angeblich mißachtet hatte. Er gab sich überzeugt, jene faszinierenden Täuschungseffekte könnten einzig durch die Beschaffenheit der Linsen im Teleskop hervorgerufen worden sein. Angesichts solcher Anwürfe, die jedem vernünftigen Augenschein hohnsprachen, notierte Galileo als Randbemerkung zu Colombes Traktat lediglich: »Wer die Gabe seines Augenlichtes so geringschätzt, verdient, daß er sie verliert.«

Dennoch: Wenngleich die Kritik Sizzis überzogen war und jene Colombes sich reichlich plump ausnahm – sie hatten eine böse Saat ausgestreut. Unversehens stand von irgendwoher der Vorwurf im Raum, Galileos »vermeintliche Entdeckungen [brächten] den gesamten christlichen Heilsplan durcheinander«. Ein klerikaler Eiferer verstieg sich gar zu der Behauptung, mit ihnen werde »die kirchliche Lehre von der Inkarnation in Mißkredit« gebracht, dieweil ein anderer nicht weniger eifernd nachlegte, daß, wäre die Erde wirklich nur ein Planet wie alle anderen, diese gleichfalls bewohnt sein müßten, da »in Gottes Schöpfung alles zweckmäßig geordnet« sei. »Wie aber«, fuhr er fort, »steht es dann mit der Abstammung dieser Bewohner von Adam, mit der Zurückführung ihres Ursprungs auf die Arche Noahs und das Strafgericht der Sintflut, mit ihrer Errettung durch den Erlöser?«

Noch während Galileo in Rom weilte und ohne daß er davon

etwas bemerkt hätte, begann die ausgelegte Saat bereits innerhalb der Mauern des Vatikans zu sprießen. Die Glaubenskongregation des Heiligen Offiziums – die Inquisition – hatte seit dem 17. Mai offiziell damit begonnen, sich dem Fall des Cesare Cremonini, Galileos einstigem aristotelischen Widersacher in Padua, anzunehmen. Cremonini hatte kurz zuvor erst sein Werk *Disputatio de Caelo* herausgebracht, in dem er die Lehrmeinungen des Aristoteles in einem stark immanentnaturalistischen Sinne auslegte und sich damit dem Verdacht aussetzte, nicht nur die gültige Lehre von der Unsterblichkeit der Seele, sondern auch die von der ewigen Ordnung der Himmelssphären in Frage stellen zu wollen. Was folgte, beschreibt einen klassischen Fall der Verurteilung wegen angeblicher Komplizenschaft: Galileo war ein Weggefährte Cremoninis. Schlimmer noch: Ebenjener Galileo stand außerdem auf freundschaftlichem Fuße mit dem venezianischen Häretiker Paolo Sarpi.

Daß Galileo sehr zu seinem Schaden auf diese Weise ausgerechnet mit seinem Hauptwidersacher in Padua in Verbindung gebracht wurde, klingt wie ein schlechter Scherz. Gleichwohl bedeutete es für beide den Anfang ihrer Querelen mit der Inquisition, die sie bis an ihr Lebensende verfolgen sollten. Zwischen ihren Ansichten lagen Welten, ja, Cremonini hatte sich sogar stets damit gebrüstet, niemals auch nur einen Blick durch Galileos Fernrohr geworfen zu haben, obwohl er sich in seinem Werk mit der Kosmologie des Aristoteles auseinandersetzte. Plötzlich fanden sie sich in dem einzigen Umstand miteinander verbunden, den sie wirklich gemein hatten. Beide vertraten sie Überzeugungen, die den geltenden Lehrmeinungen der katholischen Theologie entgegenstanden. Bei aller Gemeinsamkeit jedoch blieb ein entscheidender Unterschied: Cremonini stand nach wie vor unter dem Schutz der antikurialen Republik Venedig; Galileo indes befand sich in weit exponierterer Lage in der papsttreuen Toskana.

Das sich über ihm zusammenbrauende Unheil nicht bemerkend, genoß Galileo die letzten Huldigungen, bevor er sich anschickte, Rom wieder zu verlassen. Der ganze Beifall um ihn herum hatte ihn blind gemacht. Anläßlich seiner Abreise faßte Francesco del Monte, Kardinal mit großem Einfluß und dem Hause Medici eng verbunden, seinen Eindruck vom überwältigenden Erfolg Galileos in Rom in einem überschwenglichen Brief an den Großherzog noch einmal zusammen: »Während seines hiesigen Aufenthaltes hat Galileo Anlaß zu größter Genugtuung gegeben. Befänden wir uns noch in der alten römischen Republik, hätte man ihm zu Ehren nach meiner festen Überzeugung sogar eine Säule errichtet.«

Wieder zurück in Florenz, erhielt Galileo im Juli einen warnenden Fingerzeig von einem ehemaligen Weggefährten in Padua, der dort zufällig Cremonini begegnet war und diesen bei dieser Gelegenheit freundschaftlich etwas auf den Arm genommen hatte:

»Signor Galileo grämt sich über die Maßen, daß Ihr ein ganzes großes Werk über die Himmel verfaßt habt, obgleich Ihr es von Euch wieset, auch nur einen Blick auf seine Sterne zu werfen.«

»Ich glaube kaum, daß irgend jemand außer ihm selbst diese Sterne überhaupt jemals gesehen hat«, hatte der alte Cremonini sogleich eingeworfen. »Und im übrigen würde mich ein Blick durch seine Linsen bloß konfus machen.« Der Mann spielte Theater und wußte das ganz genau.

»Was für ein Jammer, daß Signor Galileo sich überhaupt auf derartige Gaukeleien eingelassen hat«, hatte der ergraute Aristoteliker weitergegrummelt, um dann jedoch auszusprechen, woran ihm eigentlich gelegen war: »Was für ein Jammer auch, daß er unsere Gesellschaft und seinen geschützten Hafen in Padua verschmäht hat! Es wird noch so weit kommen, daß er dies bereut.«

Galileo konnte zu diesem Zeitpunkt darüber nur schmunzeln. Was sollte man zu einem Philosophen sagen, der es strikt ablehnte, auch nur einen Blick durch das neuartige Instrument der Wissenschaft zu riskieren?

»Da er sich weigert, die neuen Tatsachen am Himmel noch auf Erden zur Kenntnis zu nehmen, wird er sie vielleicht auf seinem Weg zum Himmel erblicken«, mokierte er sich.

Ende VI

7

Dunkles Licht und schwimmende Körper

Immer häufiger erwiesen sich die Gelehrten, mit denen Galileo hinfort in Berührung kam, als Theologen und Wissenschaftler in einer Person. Bei jeder Neuerung sah er sich künftig, wie es schien, einer Phalanx wissenschaftlich versierter Kleriker gegenüber, einer engen Verbindung von Wissenschaft und Religion. Schon während seiner Rückreise aus Rom machte sich dieser Umstand bemerkbar, da er von einem sehr selbstbewußten jungen Schützling namens Giovanni Ciampoli begleitet wurde, der von nun an in seinem Leben eine zunehmend wichtigere Rolle spielen sollte. Ciampoli hatte in Padua bei ihm Mathematik studiert und bereitete sich gerade auf das Priesteramt vor. Er war begabt und stand vor großen Aufgaben, zu denen sich später allerdings ebenso große Unannehmlichkeiten gesellten. Vorerst jedoch war er eher besorgt, denn die lange Reise war für Galileo so beschwerlich, daß er sofort nach ihrer Ankunft in Florenz für einen längeren Zeitraum das Bett hüten mußte.

Mitten in den heißen Sommertagen, Galileo war noch kaum genesen, wurde er unversehens in eine öffentliche Kontroverse verstrickt, die neues Ungemach versprach. In Salviatis Florentiner Stadtpalazzo hatte er sich an einer philosophischen Debatte beteiligt, bei der auch eine Reihe seiner Gegner zugegen war, Leute, die ohnehin andauernd auf der Suche nach einer günstigen Gelegenheit waren, dem Hofmathematiker wo immer es ging am Zeug zu flicken. In der Hoffnung, Galileo damit wieder einmal in eine öffentliche Auseinandersetzung verwickeln zu können, hatten sie diesmal ein merkwürdiges Thema zur Sprache gebracht: die physikalischen Eigenschaften schwimmender Körper. Ein Professor aus Pisa war mit der These hervorgetreten, daß Eis lediglich Wasser in verdichteter Form und daher in diesem Zustand schwerer sei als in flüssiger Form, weshalb man die Tatsache, daß es auf der Oberfläche schwimme, allein auf seine dünne und flache äußere Gestalt zurückführen könne.

Bei Fragen wie diesen handelte es sich nicht bloß um ein philosophisch akademisches Geplänkel, sondern im weiteren Sinne um konkrete, wissenschaftlich technische Probleme wie die Bestimmung der maximalen Last etwa, die ein schwimmendes Material wie beispielsweise Holz zu tragen vermochte. Es war gerade vier Jahre her, daß man Galileo, der sich damals noch von Padua aus mit allen Mitteln um seine Berufung an den Hof von Florenz bemühte, um die Beurteilung der Planskizzen für eine hölzerne Esplanade gebeten hatte, mit der die Hofbaumeister anläßlich der Vermählung Cosimos II. den Arno überspannen wollten. Seine Einwände gegen diese Entwürfe hatten ihn bei vielen nicht gerade beliebt gemacht, vor allem nicht bei Giovanni de' Medici, der, selbst ein dilettantischer Möchtegern-Bauherr, ihn bereits früherer Kränkungen wegen ohnehin nicht ausstehen konnte.

Die Probleme der Hydrostatik hatten Galileo allerdings schon immer beschäftigt, und so ließ er sich auch diesmal auf die Herausforderung durch seine Gegner ein. Eis sei Wasser nicht in verdichteter, sondern vielmehr in verdünnter Form, hielt er der These des Pisaner Professors entgegen. Es sei daher auch nicht schwerer, sondern im Gegenteil von geringerem Gewicht als Wasser in flüssigem Zustand. Daß Eis schwimme, hänge mit seinen physikalischen Eigenschaften zusammen, keineswegs mit seiner äußeren Form. »Wenn es zutrifft, daß Verdichtung ein größeres Gewicht und Verdünnung ein geringeres Gewicht bewirkt, dann müssen wir, da wir ja sehen, daß Eis leichter ist als Wasser, auch annehmen, daß es von geringerer Dichte ist.« Der Pisaner setzte sich gegen diese Argumentation wortreich zur Wehr und hielt an seiner These fest. In den folgenden Tagen sah er sich nach Mitstreitern um.

Hier war es allen voran Ludovico delle Colombe, Galileos gefiederter Schmähhals, der geradezu darauf brannte, eine persönliche Konfrontation herbeizuführen. Colombe kaute noch immer daran, daß Galileo sich nach ihrem ersten Zusammenstoß auf seine Kosten lustig gemacht und ihn unter Verdrehung seines Namens als Haupt einer »Liga der Gimpel« der Lächerlichkeit und dem Gespött preisgegeben hatte. Er stand zum Gegenangriff bereit, denn noch hatte seine unheilvolle Saat, die Behauptung, Galileos astronomische Auffassungen würden die Autorität der Heiligen Schrift untergraben, nicht so recht Wurzeln geschlagen. Jetzt verkündete er wortstark, er werde vor aller Welt den Beweis für die Richtigkeit der aristotelischen Theorie schwimmender Körper antreten und den Hofmathematiker damit in die Schranken weisen.

»Jederzeit bereit, von jedermann dazuzulernen«, beschied Galileo seinen Professorenkollegen aus Pisa von oben herab. »Es soll mir ein Vergnügen sein, mit diesem Euren Freund in eine Debatte einzutreten und die Sache zu erörtern.«

Gerüchte über einen öffentlichen Streit unter Wissenschaftlern drangen schnell bis nach Rom, und so entwickelte sich die Angelegenheit schließlich zu einem regelrechten Duell vor den Augen der Öffentlichkeit, mit allem Drum und Dran eines intellektuellen Zweikampfes – den Farben der Medici auf der einen Seite der aufgepflanzten Lanzen und denen der griechischen Antike auf der anderen. Es gab einen Schiedsrichter, einen Kanonikus mit Namen Francesco Nori, der beiden Kontrahenten freundschaftlich verbunden war, und es wurden Regeln für die Experimente aufgestellt, die beide Seiten jeweils zum Beweis ihrer Thesen aufbieten durften. Es existierte sogar eine schriftliche Herausforderung aus der Feder Galileos:

> »Signor Ludovico delle Colombe hält die Gestalt fester Körper dafür verantwortlich, daß diese in einem gegebenen Medium wie Wasser schwimmen oder untergehen … Ich, Galileo Galilei, halte diese Ansicht für falsch. Ich behaupte, daß ein Körper von kugelförmiger Gestalt, der im Wasser zu Boden sinkt, auch völlig unabhängig von seiner äußeren Form stets untergehen wird.«

Die Auswahl der für eine Entscheidung dieser Streitfrage erforderlichen Utensilien (Flüssigkeiten von vergleichbarer Dichte wie Wasser sowie die jeweilige Form der Materialien) blieb Colombe überlassen, der, ein Selbstdarsteller und Provokateur reinsten Wassers, sich unter dieser Vorgabe geradezu enthusiastisch in den Kampf stürzte. Bald schon veranstaltete er in der ganzen Gegend um Florenz publikumswirksame Demonstrationen mit Kügelchen in der Größe von Walnüssen und willkürlich geformten Ebenholzscheibchen, die allesamt wie Bleistückchen auf den Boden seines Flüssigkeitsbehälters sanken, und prophezeite großspurig seinen unmittelbar bevorstehenden Triumph über den weit überschätzten Philosophen des Fürstenhofes.

In den Intellektuellenzirkeln von Florenz fieberte man dem angekündigten Kräftemessen mit wachsender Spannung entgegen. Salviati stellte seine Stadtresidenz als Austragungsort zur Verfügung – doch als es Ende August zum Duell kommen sollte, war Colombe am vereinbarten Tag mit seinen Kügelchen und Scheibchen wie auch mit seinem Sekundanten, dem unehelichen Sproß des Fürstenhauses, Giovanni de' Medici, zur Stelle, nur von Galileo war offenbar weit und breit nichts zu sehen. Dieser hatte sich in der Zwischenzeit einen dezenten schriftlichen Rüffel des Großherzogs eingehandelt, wobei ihm bedeutet wurde, daß ein öffentliches Spektakel dieser Art seiner unwürdig und abträglich wäre, zumal, wenn der Philosoph des Hofes dabei auch noch den kürzeren ziehen sollte. Galileo täte besser daran, seine Argumente zu Papier zu bringen und in schriftlicher Form vorzulegen. »Euer Lob der Feder« als angebrachtes Mittel, wissenschaftliche Streitfälle beizulegen, habe ihn, so Galileo danach in einem Entschuldigungsbrief an den Großherzog, veranlaßt, dem intellektuellen Wettstreit im Hause Salviatis fernzubleiben und sich statt dessen an sein Schreibpult zurückzuziehen. Dies und die Schreibfeder in seiner Hand waren sein eigentliches Metier: Durch die Täuschungsmanöver seiner Gegner, befand er, werde »der Geist nur in die Irre geführt und von einem Trugbild in ein anderes verschlagen. Wie im Traum weilt man bald in einem Palast, bald auf einem Schiff, in einer Grotte oder am Meeresstrand, und merkt erst beim Aufwachen, daß man seine Stunden mit nutzlosen Dingen vergeudet hat.«

Den September über schrieb er fieberhaft an seinem *Diskurs über die Dinge, die im Wasser schwimmen*. Er hatte bei Hofe als Erster Philosoph des Großherzogs an Ansehen eingebüßt und wollte diesen Prestigeverlust wieder wettmachen. Doch der Fürst vollzog Ende September anläßlich der Anwesenheit zweier hochstehender Kardinäle, die beide bekanntermaßen den offenen intellektuellen Schlagabtausch schätzten, einen abrupten Sinneswandel. Einer der Kardinäle war Maffeo Barberini, Sproß eines wohlhabenden Florentiner Handelshauses, der seinen Bischofssitz in Spoleto soeben mit einem päpstlichen Legat im Kardinalsrang in Bologna vertauscht hatte und im ganzen Land als besonderer Liebhaber wissenschaftlicher und künstlerischer Debatten bekannt war. Der Großherzog wollte seinen Gästen ein Vergnügen dieser Art auf keinen Fall vorenthalten, und daher wurde Galileo aufgefordert, seine Thesen vor dieser illustren Gesellschaft zu wiederholen und die eines eigens zu diesem Zweck aus Pisa herbeibeorderten aristotelischen Gegenparts zu widerlegen. Er konnte nicht ahnen, daß ihm in der huldvollen, angeregten und noch jugendlich frischen Gestalt, in deren Beisein er seine Argumente darlegen sollte, ein künftiger Papst gegenübersaß, der als Urban VIII. für den Rest seines Lebens sein ärgster Widersacher werden sollte.

Die Debatte fand am 2. Oktober im *Palazzo Pitti* statt. Neben den beiden Kardinälen waren auch der Fürst selbst sowie Großherzogin Christine zugegen und ergriffen lebhaft Partei, als eine Reihe verschiedener Experimente vorgeführt wurde. »Ebenholz wird im Wasser immer untergehen, selbst wenn man es dünner machte als Papier«, versicherte Galileo; und als es um die Eigenschaften von Eis ging, drückte er eine schwere Platte unter die Wasseroberfläche und ließ sie abrupt wieder los. Als die flache Eisplatte mit einem Ruck nach oben schoß, ertönten laute Ausrufe und Beifall. Kardinal Barberini, noch in seiner bodenlangen dunkelgrünen Bischofsrobe mit schwarzem Hut, war sofort auf der Seite Galileos, der triumphierenden, da dieser sein sich windendes Gegenüber mit seinen Argumenten zuletzt regelrecht niedermachte.

Tags darauf wurde Galileo zum wiederholten Male ernsthaft krank und brauchte diesmal volle zwei Monate, bis er seine alte Kraft wiedererlangt hatte.

Der Großherzog zeigte sich über den Ausgang des intellektuellen Kräftemessens indessen höchst zufrieden und bat seinen Hofmathematiker, dessen zuvor ramponiertes Ansehen nun wieder in vollem Glanz erstrahlte, erneut, seine Ergebnisse als Traktat in eine wissenschaftliche Form zu bringen. Galileo, noch gar nicht völlig von seiner Krankheit genesen, berichtete Fürst Cesi über seinen Zustand: »Meine Unpäßlichkeiten trübten meinen Geist und ließen mich in eine Schwermut verfallen, die alles nur noch schlimmer machte. Dennoch, wenn auch stockend, habe ich einiges zuwege gebracht. In ein paar Tagen werde ich Euch einen Traktat über einen Disput mit einigen Peripatetikern überbringen lassen. Wenn dies geschehen ist, möchte ich etliche Tage damit verbringen, Briefe zu beantworten. In der Zwischenzeit werde ich meine astronomischen Beobachtungen nicht vernachlässigen und hoffe, meinen bisherigen Entdeckungen etwas Außergewöhnliches hinzuzufügen.«

Seine Hoffnung auf solch außergewöhnliche Hinzufügung stützte sich auf seine fortwährende Beobachtung der Sonnenflecken. Die zwei Jahre im Anschluß an seinen ersten triumphalen Aufenthalt in Rom im Frühjahr 1611 galt Galileos ganze Aufmerksamkeit somit abwechselnd dunklem Licht und schwimmendem Eis.

Seit nunmehr achtzehn Monaten hatte er die sonderbaren, sich andauernd verändernden, beunruhigenden Flecken auf dem Antlitz der Sonne immer wieder beobachtet. Schon in Venedig hatte er Sarpi auf diese Erscheinung hingewiesen und sie in Rom im Garten des Quirinalspalastes anhand seines Teleskops einer ganzen Reihe von Prälaten vorgeführt, wobei er, um die Augen vor dem grellen Sonnenlicht zu schützen, ein Stück Papier unter das Okular gelegt hatte, auf dem sich die Sonnenscheibe deutlich abzeichnete, während er gleichzeitig seine Kommentare und Vermutungen über den Ursprung und die Natur dieses Phänomens äußerte.

Im September 1611, mitten in seinen Vorbereitungen zu dem öffentlichen Disput über die Eigenschaften schwimmender Körper, waren zwei hellauf begeisterte Briefe seines Malerfreundes Ludovico Cardi da Cigoli eingetroffen, der seinen Notizen über die Sonnenflecken ausführliche Skizzen seiner Beobachtungen beigelegt hatte. Obgleich gesundheitlich noch immer sehr angeschlagen, hatte er sich daraufhin in den folgenden Wintermonaten erneut und mit noch größerer Intensität mit diesem Phänomen beschäftigt, wollte er doch jetzt nicht nur sein Recht als Erstentdecker der Sonnenflecken untermauern, sondern auch zu einer Lösung über deren Natur und Zustandekommen beitragen.

Einen Großteil seiner Zeit verbrachte er in diesen Monaten in Salviatis Landvilla, denn trotz leidlicher Genesung wurde er weiterhin von periodischen Beschwerden, von Brustkrämpfen, Nierenkoliken, chronischer Schlaflosigkeit und Blutverlust, heimgesucht. Von der dünneren Höhenluft in *Le Selve*, hoch über dem Arno und mit weitem Ausblick nach Westen zu den weißen Bergen Carraras, erhoffte er sich Linderung. Nächtens lasen sie an Salviatis Kamin abwechselnd laut deklamierend aus den Possenstücken von Ruzzante, dessen derb bäuerlicher Dialekt Galileo besonders vertraut in den Ohren klang, und anzügliche Verse seines venezianischen Kumpanen Girolamo Magagnati, die nach dessen eigenen Worten »so schicklich [waren], daß selbst ein Kapuzinerpater sie des Nachts neben sein Brevier legen und dabei doch fröhlich bleiben konnte«.

Den Tag verbrachten sie mit ernsthafterer Arbeit. In Abhängigkeit von seinem Befinden und der Heftigkeit seiner Schmerzanfälle brachte Galileo seinen Traktat über schwimmende Körper zu Ende, war mit seinen eigentlichen Gedanken jedoch längst mehr beim Sonnenlicht als bei schwimmendem Eis. Cigolis Briefe über die Sonnenflecken hatten seinen wissenschaftlichen Forscherdrang erneut entfacht. Manchmal schon unmittelbar bei Sonnenaufgang und abends immer dann, wenn die Sonnenscheibe besonders gut sichtbar unterging, verfolgten Salviati und er die jeweilige Position der Flecken auf ihr über Tage hinweg und hielten sie in ihren Diagrammen fest. Die Flecken entstanden und zerfielen wieder, änderten fortwährend ihr oft bizarres Aussehen und schienen insgesamt entlang einer von Süden nach Norden geneigten Achse von West nach Ost zu wandern, alles jedoch innerhalb einer Zone von etwa dreißig Breitengraden um den Sonnenäquator. Eines Tages verfolgten sie einen besonders auffälligen dunklen Fleck auf seiner Bahn um die geneigte Achse ganz genau und vermuteten anhand seiner Bewegung zunächst eine Rotation der Sonne um diese Achse. Eine derartige Rotationsbewegung um die eigene Achse ließ sich im Rückschluß auch für die Erde annehmen, was das kopernikanische System immerhin bereits zur Hälfte bestätigte.

Noch während er und Salviati in unregelmäßigen Abständen ihre Aufzeichnungen vervollständigten, flatterte ihnen Ende März eine alarmierende Nachricht ins Haus: Ein anonymer Astronom hatte die Sonnenflecken gleich ihnen entdeckt und darüber nicht nur schriftliche Aufzeichnungen angefertigt, sondern überdies auch das Recht ihrer Erstentdeckung für sich reklamiert. Schlimmer noch: Der sich da in ihre eigenen Forschungen hineindrängte, hatte in seinen Aufzeichnungen auch noch die Behauptung aufgestellt, die vermeintlichen Sonnenflecken seien in Wirklichkeit Himmelskörper, welche die Sonne umkreisten! Der unbekannte Astronom verbarg sich hinter dem rätselhaften Pseudonym *Apelles* (eine Gestalt aus der Antike, die als Hofmaler Alexanders galt und offenbar nichts mit Astronomie zu schaffen hatte), und er beunruhigte sie schon deshalb über die Maßen, weil es eine besonders respektable Quelle war, durch die Galileo von ihm erfahren hatte: Marcus Welser nämlich, bedeutender Handelsherr und Bürgermeister zu Augsburg, der ihm freundschaftlich verbunden war und später auch der *Accademia dei Lincei* beitrat. »Apelles« hatte seine Entdeckungen in drei Briefen an Welser beschrieben, und der, von ihrem Inhalt fasziniert, hatte sie sogleich in Deutschland drucken lassen und ein Exemplar davon im Frühjahr 1612 an Galileo mit der Bitte um dessen wissenschaftliche Stellungnahme weitergereicht: »Wenngleich, wie ich annehme, die Sonnenflecken für Euch nichts Neues darstellen, hoffe ich doch, Ihr möget Gefallen daran finden zu sehen, daß auf dieser Seite der Alpen achtbare Männer Euren Fußstapfen folgen.«

Dieser Hinweis Welsers freilich behagte Galileo ganz und gar nicht, vor allem da jener rätselhafte »Apelles« nicht nur irrige Ansichten über die Natur der Sonnenflecken verbreitete, sondern ihm darüber hinaus auch seinen Anspruch als deren Erstentdecker streitig machte. »Apelles« hatte nach eigenem Bekunden die Sonnenflecken Anfang 1611 erstmals bemerkt, dieser Entdeckung jedoch zunächst keine wissenschaftliche Bedeutung beigemessen. Erst am 21. Oktober jenes Jahres war ihm ihre wahre Bedeutung aufgegangen, und erst von da an hatte er seine Forschungen ganz auf sie konzentriert. Da Galileo bereits fünf Wochen zuvor mit Cigoli ausgiebig über die Sonnenflecken korrespondiert hatte und zudem schon zwei Jahre zuvor noch in Venedig erstmals auf sie gestoßen war, stand seine Priorität als deren Entdecker auf sicheren Füßen. Im Grunde war er sich freilich bewußt, daß auch er nicht der erste war, der die Flecken auf der Sonnenscheibe bemerkt hatte. Denn vermutlich waren sie schon zu Zeiten Karls des Großen bekannt, nachdem man in Frankreich über acht Tage hinweg eine schwarze Wolke auf dem Antlitz der Sonne beobachtet hatte – Zufälligkeiten, die sich freilich kaum mit einer wissenschaftlichen Entdeckung gleichsetzen ließen.

Galileos latentes Mißtrauen, von anderen eventuell um die Früchte seiner wissenschaftlichen Arbeit gebracht zu werden, hielt sich jedoch fortan mit seinen körperlichen Gebrechen und depressiven Gemütsphasen die Waage. Fast kam es ihm vor, als müsse er von nun an mit jedwedem neuen Gedanken zumindest so lange hinter dem Berg halten, bis er einen mehr als sicheren und greifbaren Beweis dafür hätte. »Die Feinde des Neuen« lauerten offenbar hinter jeder Biegung darauf, ihn endlich zu Fall zu bringen, weswegen ihm schon besser schien, »lieber mit der Allgemeinheit zu irren, denn als einzelner die Wahrheit zu sprechen«. Am sichersten war es noch, sich auf einen kritischen Standpunkt zurückzuziehen, irrige Auffassungen anderer zu bemäkeln, statt die eigenen Vorstellungen in noch rohem Zustand der Öffentlichkeit preiszugeben.

In dieser bedrückenden, schwankenden Stimmung zögerte er seine Antwort an Welser und seine Stellungnahme zu den Briefen des »Apelles« bis in den Mai hinaus. Er wollte seine Beobachtungsbasis erweitern und sich seiner Folgerungen absolut sicher sein. Tapfer kämpfte er gegen sein latentes Mißtrauen an und schob jeden Gedanken an seinen gefürchteten Konkurrenten beiseite: »Man wird niemals Philosoph, wenn man sich dauernd nur um die Schriften anderer kümmert.«

Im Mai 1612 konnte er zunächst einmal ein Erfolgserlebnis verbuchen. Sein *Diskurs über die Dinge, die im Wasser schwimmen* war endlich im Druck erschienen und hatte seine Gedanken vorübergehend wieder auf die irdischen Verhältnisse gelenkt. Die Abhandlung fand begeisterten Zuspruch und reißenden Absatz. Eine zweite Auflage folgte nahezu umgehend. Aus der Sicht moderner Wissenschaftshistoriker markiert sie Galileos ersten Einstieg in Methoden der Experimentalphysik und legt damit die Grundlagen für die anschließende lebenslange Forschungsarbeit im Gebiet der Mechanik. Zu den ersten, denen er sein neues Werk überbringen ließ, zählten maßgebliche Kardinäle wie Roberto Bellarmin in Rom und Maffeo Barberini in Bologna. Der großartige Eindruck, den Galileo im Oktober des Vorjahres bei Barberini hinterlassen hatte, tat noch immer seine Wirkung:

»Ich werde Eure Abhandlung mit Vergnügen lesen, schon um mich in meiner Auffassung, die mit der Euren übereinstimmt, zu bestärken; darüber hinaus aber auch, um die Früchte Eures außergewöhnlichen Geistes zu genießen«, bedankte sich Seine Eminenz.

Wie nicht anders zu erwarten, erschienen nahezu zeitgleich auch schon die ersten Schmähschriften auf seinen Traktat und entfachten Galileos Mißtrauen und Verfolungsängste aufs neue. Eines der Pamphlete zieh ihn einer übermäßigen »Gier nach Ruhm«; ein anderes stammte aus der Feder delle Colombes, der einige Strahlen vom Abglanz des Ruhmes unbedingt auf sich selbst lenken wollte, indem er damit prahlte, der Traktat des Hofmathematikers sei zur Gänze gegen ihn gerichtet. Galileo ignorierte den »Gimpel«: »Es hat keinen Sinn, sich mit jemandem herumzustreiten, der so ahnungslos ist, daß man einen umfangreichen Band dafür bräuchte, seine Dummheiten, die zahlreicher sind als sein Artikel Zeilen hat, zu widerlegen.«

Während sein *Diskurs* noch überall breite Zustimmung fand, wandte er sich schon wieder dem Phänomen der Sonnenflecken zu, das ihn im Augenblick am brennendsten interessierte. Am 3. Mai ging er in einem ausführlichen Brief an Marcus Welser erstmals auf die Thesen des mysteriösen »Apelles« ein. Noch freilich hielt er sich eher bedeckt, abwehrend und beschränkte seine Kritik auf einige wenige Anmerkungen. Schlüssig war er sich zu diesem Zeitpunkt lediglich darüber, daß die Flecken keinesfalls Sterne, Planeten oder aber Kometen sein konnten, die über die Sonnenscheibe hinwegzogen. Was und aus welcher Materie sie aber dann waren, blieb auch ihm noch verborgen. Vorerst wollte er nur so viel sagen, daß er in diesen »wolkenartigen Gebilden« keine Eigenschaften finden könne, wie man sie ähnlich nicht auch bei den Wolken auf der Erde sehe, und stellte weitere, noch genauere Beobachtungen in Aussicht. Im August 1612 war er soweit, sich deutlicher zu erklären: Die Sonnenflecken seien zweifelsfrei Erscheinungen auf der Sonnenoberfläche, und ihr Auftreten beschränke sich auf die »tropischen« Breitengrade um den Sonnenäquator. Sie veränderten sich in mehr oder weniger kurzen Zeiträumen sowohl im Hinblick auf ihre Dichte, ihre Dunkelheit als auch auf ihre Größe; und sie bewegten sich über die Sonnenoberfläche mit einer gleichförmigen Geschwindigkeit. Im Zuge seiner Erörterung dieses letzten Punktes stieß Galileo fast beiläufig auf jene physikalische Gesetzmäßigkeit, die seither untrennbar mit seinem Namen verbunden bleiben sollte: das Trägheitsgesetz: »Ein Körper von kugelförmiger Oberfläche verhält sich gleichgültig gegenüber Ruhe und Bewegung in welche Richtung auch immer. Er beharrt in dem Zustand, in dem er sich einmal befindet. Befindet er sich im Zustand der Ruhe, wird er darin verharren. Befindet er sich in einer Bewegung in westlicher Richtung, wird er diese beibehalten.«

Sein ebenfalls deutlicher Hinweis auf die Überlegenheit unmittelbarer Erfahrung und des Augenscheins über alle autoritätsfixierten Dogmen ist in gleicher Weise einprägsam: »Wer sich auf augenscheinliche Beobachtung stützt, wird allemal besser philosophieren denn der, der auf Auffassungen beharrt, die den Sinnen zuwiderlaufen.« Wären, behauptete er kühn, Aristoteles schon jene Beobachtungen möglich gewesen, über die er jetzt verfüge, der weise Grieche würde fraglos in allen Punkten mit ihm übereinstimmen.

Über den Fortgang seiner Arbeiten an den *Briefen über die Sonnenflecken* hielt Galileo stets auch seinen römischen Mitstreiter Fürst Cesi auf dem laufenden. Schon nach dem ersten seiner Briefe im Mai hatte er Cesi gegenüber angedeutet, daß diese Arbeiten das »Jüngste Gericht« und das »Grabgeläute« für die »Pseudophilosophie« einleiten würden. Er ahnte, daß seine Gegner sich entschlossen zur Verteidigung der Unveränderlichkeit und Reinheit der Himmelssphären formieren würden, jedoch dachte er dabei bis zu diesem Zeitpunkt noch ausschließlich an seine Widersacher aus dem Lager der Schulgelehrten. »Ich fürchte, das Donnergewitter wegen der Zerklüftungen auf dem Mond war nur ein harmloser Scherz im Vergleich zu dem, was ich an Hieben wegen dieser wolkenartigen Erscheinungen werde einstecken müssen.«

Bevor er sich im zweiten seiner *Briefe* offen zu einer dezidierteren Auffassung von deren Natur bekannte, mahnte etwas in ihm zur Vorsicht. Besorgt über die mögliche Haltung der Kirche, wandte er sich zunächst an Kardinal Carlo Conti, den Präfekten der Glaubenskongregation, um eine Stellungnahme zu den Aussagen der Heiligen Schrift, vor allem, soweit diese Fragen nach der »Veränderlichkeit« der Himmel oder auch der Erdbewegung berührten. War die Doktrin von der Vollkommenheit und Reinheit der Himmelssphären tatsächlich durch die Bibel begründet, oder handelte es sich lediglich um eine tradierte Lehrmeinung des Aristoteles?

Die Antwort des Großinquisitors fiel sibyllinisch aus – ermunternd und abwehrend zugleich. An keiner Stelle der Heiligen Schrift ließen sich explizite Aussagen über die Unveränderlichkeit und Reinheit der Himmelssphären belegen, gab der Kardinal zu verstehen. Tatsächlich stehe die Heilige Schrift den Auffassungen des Aristoteles sogar entgegen. Auch hinsichtlich einer angenommenen Bewegung der Erde gebe es in der Bibel keinerlei eindeutige Aussagen. Freilich sollte sich Galileo mit seinen Behauptungen in dieser Sache mehr Zurückhaltung auferlegen, bis seine mathematischen Beweise größere Überzeugungskraft erlangt hätten. Die Planeten und die übrigen Gestirne gingen nach der Heiligen Schrift in der Tat »auf und unter«, doch diese Rede bediene sich möglicherweise nur einer Ausdrucksweise, die dem Verständnis und der Auffassungsgabe des gewöhnlichen Volkes angepaßt sei. Zur Natur der Sonnenflecken stünden Galileo nach Dafürhalten der Kirche alle Vermutungen frei, stellte der Kardinal abschließend fest, legte jedoch für den Fall, daß Galileo davon noch keine Kenntnis habe, seinem Schreiben eine schmale Abhandlung bei, in der ausdrücklich die These verfochten wurde, die Sonnenflecken seien Anhäufungen winziger Himmelskörper, die um die Sonne kreisten.

Für Galileo war es schwer zu entscheiden, inwieweit er angesichts dieser doppeldeutigen Auskunft Erleichterung oder doch eher Besorgnis empfinden sollte.

Cesi, der mittlerweile den zweiten und weitaus wichtigeren der Briefe Galileos über die Sonnenflecken in Händen hielt, wollte diesen unter allen Umständen unter dem Impressum der *Accademia dei Lincei* herausbringen, konnte sich allerdings eines unguten Gefühls hinsichtlich der Identität des mysteriösen »Apelles« nicht erwehren. Er sah insgeheim bereits ungeahnte Schwierigkeiten mit der Kirche auf sie zukommen. Just in diesem Sommer hatte am Collegio Romano, der römischen Hochburg der Jesuiten, eine ausführliche Debatte über die Sonnenflecken stattgefunden, bei der bezeichnenderweise gerade jene absonderliche Auffassung favorisiert worden war, wonach es sich bei den Flecken nicht um wolkenartige Erscheinungen der Sonnenoberfläche selbst, sondern vielmehr um Anhäufungen makelloser Himmelskörper handelte, die um die Sonne kreisten. Hierauf freilich konterte Galileo mit folgendem Argument: In den als vollkommen unterstellten Himmelssphären hatte jeder Himmelskörper seine fixe und unveränderliche Position. Welchem Grabgeläute für das Gedankengebäude des Aristoteles also wollten die Jesuiten den Vorzug einräumen?

Um die besorgniserregenden gegenläufigen Meinungen aus den Reihen der Kirche zu besänftigen, bedrängte Cesi Galileo, in einem dritten, konzilianteren Brief an »Apelles« einen ehrerbietigen, unpolemischen Ton anzuschlagen und sich strikt auf die rein wissenschaftliche Argumentation zu beschränken. Galileo gab sich Mühe, konnte sich aber letztlich doch nicht im Zaum halten – im Gegenteil: Gerade im Zuge dieser Argumentation formulierte er sein erstes offenes und vielleicht auch gefährlichstes Bekenntnis zum kopernikanischen System. Mit Blick auf die Kreisbahn des Saturn schrieb er gegen Ende des letzten Briefes: »Ich versichere Euch, daß dieser Planet genauso wie die gehörnte Venus in bewundernswerter Weise zum Zusammenklang des großen kopernikanischen Systems beiträgt. Günstige

Winde wehen diesem System, die es mit so klarem Geleit auf den richtigen Weg bringen, daß nunmehr wenig von Dunkel und Gegenwind zu fürchten bleibt.« Und sowie er an den noch immer rätselhaften »Apelles« und seine vielen aristotelischen Gegner dachte, fiel ihm ein zeitgenössisches Gemälde von Giuseppe Arcimboldo mit dem Titel *Sommer* ein, auf dem eine verblüffende menschliche Gestalt in Form einer Komposition von Früchten, Gemüsekräutern und Stroh dargestellt war.

Bei seinen Versuchen, die Druckerlaubnis für Galileos *Briefe über die Sonnenflecken* zu erhalten, sah sich Fürst Cesi im Winter 1613 plötzlich über Monate hinweg immer wieder unerklärlichen Verzögerungen und Schwierigkeiten ausgesetzt; und während er in Rom noch all seine diplomatischen Fähigkeiten und seinen ganzen Einfluß spielen ließ, war Galileo bereits mit neuen astronomischen Beobachtungen beschäftigt. Am 28. Dezember und dann wieder am 28. Januar 1613 fiel ihm in einer Position östlich von Jupiter ein »ortsfestes Gestirn« auf, dessen Bahn im Sternbild der Jungfrau er genauestens aufzeichnete. Astronomen haben in jüngster Zeit die Vermutung geäußert, daß dieses »ortsfeste Gestirn« in Wahrheit der Planet Neptun gewesen sein könnte, der von Galileo somit bereits 234 Jahre vor seiner definitiven »Entdeckung« korrekt beobachtet und verzeichnet worden sei. Im März dieses Jahres erschienen nach wiederholten Verzögerungen endlich die *Briefe über die Sonnenflecken*. In der Einleitung dazu wurde die Priorität ihrer Entdeckung allein Galileo zugeschrieben, und da es sich um das erste seiner Werke handelte, das von der *Accademia dei Lincei* herausgegeben wurde, war ihm ein Huldigungsgedicht vorangestellt, das aus der Feder Francesco Stellutis *(Il Tardigrado)*, eines der vier Gründungsmitglieder der Akademie, stammte.

Eure Verdienste, Galileo, sind so gewaltig,
Daß aus dem Schlund der Finsternis
Vielhundert Olympe emporsteigen,
Euch zu preisen.
Wenn Ihr sie lockt mit Eurem Glase,
Neigen sich die gewalt'gen Sphären, Euch zu Ehren.

Daß Eure Kühnheit heller noch erstrahle,
Werden abertausend leuchtende Sterne geboren.
Die Sonne, die den Tag macht,
Teilt ihren Glanz mit Euch.
Ihr reines Antlitz ist nun übersät mit Flecken,
Die Ihr zuerst uns offenbart.
Eure Kunst taucht Euren erhabenen Mut
In unvergängliches Licht.

Die *Briefe* wurden wie auch schon die zweite Auflage der *Sternenbotschaft* im *Volgare*, in der italienischen Landessprache, veröffentlicht, was dazu beitrug, Galileos kraftvoll lebendigem Stil und der Überlegenheit seiner Argumentation eine weite Verbreitung zu sichern und sie in ein schlagkräftiges Plädoyer für die neue Wissenschaft zu verwandeln. Der Kreis ihrer Adressaten und Leser vergrößerte sich sprunghaft.

»Es gibt genügend Leute mit gesundem Menschenverstand, die, nur weil sie Dinge, die für sie ›griechisch‹ klingen, oft nicht lesen können, sich einreden, Logik und Philosophie gingen über ihr Begriffsvermögen«, notierte Galileo in diesem Frühjahr. »Ich möchte ihnen jetzt begreiflich machen, daß die Natur sie nicht nur mit Augen ausgestattet hat, um ihre Werke zu bestaunen, sondern auch mit dem nötigen Verstand, diese zu durchdringen und zu verstehen.«

Ein Jahr nach Veröffentlichung der *Briefe* kam die Identität des mysteriösen »Apelles« ans Tageslicht. Es handelte sich um den Jesuitenpater Christoph Scheiner, einen Mathematikprofessor im bayerischen Ingolstadt. Die Offenbarung traf Galileo wie ein Schock, wenngleich sie zumindest in einer Hinsicht auch etwas Tröstliches an sich hatte. Wenn er, der engagierte Forscher, sich in seinem Eintreten für die neue Wissenschaft schon mit dem Widerstand dieses Kirchenmannes konfrontiert sah, mußte Scheiner am eigenen Leibe erfahren, daß ein wissenschaftlich versierter Kleriker oft mit noch viel kniffligeren Problemen zu kämpfen hatte. Als der seinen Provinzial nämlich von seiner Entdeckung vermeintlicher Sonnenflecken in Kenntnis setzte, handelte er sich bei diesem Ordensoberen lediglich eine Abfuhr ein: »Ich habe den ganzen Aristoteles studiert und kann Euch versichern, mein Sohn, ich habe nichts von dem darin gefunden, was Ihr mir beschreibt. Geht und beruhigt Euch! Eure Sonnenflecken sind nichts als Täuschungen Eures Fernrohres oder Unzulänglichkeiten Eures Augenlichtes.« Angesichts solch begnadeter Borniertheit sah sich Pater Scheiner gezwungen, seine Entdeckung unter einem Pseudonym publik zu machen. Im Jesuitenorden fürchtete man um die eigene Reputation, falls Scheiner sich in der Deutung seiner Beobachtungen geirrt haben sollte. Jetzt freilich pochte Scheiner auf sein Recht.

(Im Grunde konnten allerdings weder Scheiner noch Galileo einen berechtigten Anspruch auf Priorität in dieser Angelegenheit erheben. Wie der Historiker Stillman Drake nachweist, waren – von Karl dem Großen und vielleicht sogar schon Vergil einmal abgesehen – die Sonnenflecken in diesen Tagen zuerst sowohl in England von Thomas Harriot, dem Gestalter der ersten Mondkarte, wie auch in Holland von Johan Fabricius beobachtet worden, der im Juni 1611 bereits eine kaum bekannte Abhandlung darüber veröffentlicht hatte. Der Prioritätsstreit zwischen Galileo und Scheiner war daher eigentlich ein Gerangel um den zweiten Platz, auch wenn es kein Indiz dafür gibt, daß Galileo oder Scheiner die Schrift Fabricius' gekannt hätte.)

Nachdem das Geheimnis um das Pseudonym »Apelles« gelüftet war, wurde auch sofort klar, warum man die Frage der Sonnenflecken so hitzig am Collegio Romano diskutiert und dabei eine Gegenposition zu Galileo aufgebaut hatte. Auch warum die Kirchenzensoren Fürst Cesi so hartnäckig hingehalten hatten, bis sie schließlich doch noch der Veröffentlichung der *Briefe* zustimmten, wurde vor diesem Hintergrund erst verständlich. Pater Scheiner machte zudem nicht die geringsten Anstalten, von seinem Erstentdeckungsrecht abzurücken. Er gedachte es durchzufechten, und Galileo schüchterte ihn dabei schon gar nicht ein.

So fand Galileo sich 1614 in einen unerfreulichen und ungeklärten Prioritätszwist mit einem unnachgiebigen und entschlossenen Jesuitenpater verstrickt, der im Laufe der Zeit sogar noch an Schärfe zunehmen und achtzehn Jahre später eine verhängnisvolle Rolle im Prozeß vor der Inquisition spielen sollte.

Wie immer sah er sich auch in dieser Auseinandersetzung als das Opfer, dem Unrecht zugefügt wurde. Acht Jahre danach kommt er im *Saggiatore* (Goldwäger) ausdrücklich darauf zurück:

»Wie viele haben meine Briefe über die Sonnenflecken angegriffen und unter welchen Vorwänden! Die Schrift hätte der Vernunft die Augen öffnen sollen für die großartigsten Spekulationen. Statt dessen stieß sie auf Gespött und Hohn. Viele schenkten ihr keinen Glauben oder waren gar nicht in der Lage, sie richtig zu würdigen. Andere, die meinen Überlegungen von vornherein feindselig gegenüberstanden, überschütteten mich mit lächerlichen und unmöglichen Einwänden. Etliche hingegen, die von meinen Argumenten überzeugt und überwältigt waren, suchten mir den mir zustehenden Ruhm zu entreißen und sich unter dem Vorwand, meine Schrift nicht gekannt zu haben, an meiner Stelle als eigentliche Entdecker dieser faszinierenden Himmelswunder darzustellen.«

Pater Scheiner erblickte in diesen Zeilen eine Verunglimpfung seiner Person und sann für mehr als ein Jahrzehnt auf eine gebührende Vergeltung.

Ende 1. VII

Auch wenn die Auseinandersetzung mit seinen Gegnern und Kritikern in Galileos ausgedehnter Korrespondenz einen außergewöhnlich breiten Raum einnimmt, befanden diese sich doch zahlenmäßig weit in der Minderheit angesichts ganzer Legionen von Anhängern und Bewunderern, Gönnern und Schülern. Typisch für die Art des Zuspruchs, der ihm von allen Seiten zuteil wurde, war die seines getreuen Mitstreiters in Rom, Ludovico Cardi da Cigoli. Dieser hatte nach der Veröffentlichung der *Briefe* Galileo von dessen Gegnern berichtet, die »Vögel« jener »Liga der Gimpel« hätten nunmehr Stielaugen und vollgepfropfte Hälse. Sollte er jemals den Auftrag zu einer Allegorie über die Beschränktheit bekommen, gäben sie bestimmt das Modell dafür ab.

Ein Geringerer als Galileo wäre in diesem Meer von Huldigungen und Schmeicheleien versunken. Er freilich erwartete sie mittlerweile nicht nur, er war geradezu auf sie angewiesen. Nach jedem seiner brillanten Erfolge war sein Genie in aller Munde, vorrangig in seinem eigenen.

Mitunter bedurfte es allerdings auch bei ihm erst eines Anstoßes von außen, wie etwa im Falle einer seiner wichtigsten astronomischen Entdeckungen, die bereits drei Jahre zurücklag und maßgeblich zur Stützung des kopernikanischen Weltsystems beigetragen hatte. Auslöser für diese Entdeckung war ein Brief gewesen, den er damals, Anfang Dezember 1610, von einem seiner Schüler erhalten hatte: einem Benediktinerpater namens Benedetto Castelli, der in Padua bei ihm studiert hatte und ihm sogar bei seinen Experimenten mit dem Thermometer zur Hand gegangen war. Castelli, ebenfalls einer der zahlreichen wissenschaftlich interessierten Kleriker in seinem Umkreis, befand sich zeitlebens stets mehr auf der Seite der Wissenschaft denn bei einem Leben in religiöser Abgeschiedenheit hinter Klostermauern. Dieser vollgesichtige, leicht glatzköpfige, mit buschigen Augenbrauen und durchdringendem Blick ausgestattete Sproß eines Patriziergeschlechtes aus Brescia gehörte während seiner Studienjahre in Padua dem Stift von *Santa Giustina* an. In seinem Brief hatte er seinen Mentor auf einen logisch zwingenden Zusammenhang hingewiesen, der aus dessen früheren Entdeckungen und den Grundannahmen des kopernikanischen Systems resultierte:

»Wenn des Kopernikus' Auffassung, daß die Venus um die Sonne kreist, richtig ist, was ich glaube, müßten wir auch diesen Planeten das eine Mal sichelförmig gehörnt sehen können und ein anderes Mal nicht«, hatte er mit dem naheliegenden Verweis auf die entsprechenden Phasen des Mondes gefolgert. »Ich wüßte gerne, ob Ihr diese Erscheinungsformen der Venus mit Eurem trefflichen Fernrohr beobachten konntet. Wenn dem so ist, müßte das nämlich zweifellos auch noch den widerspenstigsten Querkopf überzeugen.«

Galileo hatte sich zu der Zeit in der Tat seit Monaten mit der Kreisbahn der Venus beschäftigt und Castellis Schlußfolgerung auch längst schon selbst vollzogen. Durch das Fernrohr war ihm der Abendstern zunächst rund und voll, allerdings auch sehr weit entfernt erschienen.

Je höher er am Himmel gestiegen war, desto mehr hatte er täglich an Größe zugenommen – so lange, bis sich die Rundung an seiner nach Osten gewandten Seite allmählich verloren hatte. Im November waren Mond und Venus in einer einmaligen Konjunktion zu sehen, die Galileo optimale Bedingungen für seine Beobachtungen geboten hatte. Als ihm im Dezember 1610 Castellis Brief ins Haus geflattert war, hatte die Venus seinen Aufzeichnungen zufolge bereits wieder bis auf einen Halbkreis an Umfang verloren. »In dieser Gestalt verharrte sie über mehrere Tage, wobei sie allerdings beständig an Größe gewann. Inzwischen nimmt sie langsam eine Sichelform an. Gegen Abend werden die kleinen Sichelhörner immer blasser und verschwinden schließlich ganz; doch am Morgen taucht der Planet wieder auf und kann gut mit seinen dünnen, von der Sonne abgewandten Hörnern beobachtet werden. Demnächst wird er wieder zunehmen, bis er einen Halbkreis und zuletzt seine volle Größe erlangt hat.«

Diese eingehenden Beobachtungen Galileos ließen aufhorchen. In ihrer Tragweite für die Auseinandersetzungen um die beiden hauptsächlichen Weltsysteme, das ptolemäische und das kopernikanische, waren sie von fast noch größerer Bedeutung als die Entdeckung der Jupitermonde, zeigten sie doch erstmals unwiderlegbar, daß die Venus in der Tat um die Sonne kreiste und nicht um die Erde. Damit entzogen sie den Berechnungen des Aristoteles und Ptolemäus endgültig den Boden, wenngleich sie auf der anderen Seite noch keineswegs als vollgültige Bestätigung des kopernikanischen Systems betrachtet werden konnten.

Wie zu jener Zeit üblich, entwarf Galileo auch in diesem Falle ein Anagramm, um seinen Anspruch auf die Erstentdeckung der Venusphasen sicherzustellen. Entschlüsselt las dieses Anagramm sich folgendermaßen: *Cynthiae figuras aemulatur mater amorum* (»Die Mutter der Liebenden ahmt die Gestalten Cynthias nach«). Für die prosaischeren Gemüter unter seinen Zeitgenossen, die auch mit dieser Metapher Galileos nichts anzufangen wußten, hieß das, daß sich die Phasen des Mondes in den entsprechenden Phasen der Venus nachgebildet fänden.

Daß er sich neuerlich eines Anagramms bediente, ist wiederum Indiz dafür, daß er mit zwei widerstreitenden Regungen in sich kämpfte. Auf der einen Seite lag ihm angesichts der Tragweite seiner Beobachtungsergebnisse daran, seine Urheberschaft darauf anzumelden, denn er fürchtete mit gutem Grund, außer ihm könnten auch andere ihr Fernrohr bereits auf dieses naheliegende Ziel gerichtet haben. Auf der anderen Seite jedoch beschlichen ihn die größten Skrupel und Zweifel, wenn es darum ging, die Allgemeinheit schon zu diesem Zeitpunkt mit seinen Resultaten zu konfrontieren und zu überzeugen – trotz aller Beweiskraft des Augenscheins. »Oh, wie viele und welche Folgerungen habe ich nicht schon aus diesen meinen Beobachtungen abgeleitet, mein lieber Benedetto!«, schrieb er am 30. Dezember 1610 Castelli zurück. »Und was ist damit? Ihr macht mich lachen, Ehrwürden, wenn Ihr meint, angesichts dieser Resultate müßten doch selbst die Widerspenstigsten überzeugt sein. Ihr selbst wißt nur zu gut, daß diese Beweise vollauf genügten, die Vernünftigen und Wahrheitsliebenden zu überzeugen. Aber die Widerspenstigen, die sich doch nur um den wohlfeilen Beifall der unbeweglichen, unwissenden Masse scheren?… Für die würde auch das Zeugnis der Sterne selbst nicht ausreichen, sogar wenn diese auf die Erde herabstiegen und für sich selber sprächen.«

Schon bald nach ihrer Zusammenarbeit in Padua hatte Castelli seine Versetzung nach Florenz in die Wege geleitet, um seinem Mentor auch dort behilflich sein zu können. Oft befand er sich fortan an dessen Seite in *Le Selve*, dabei dem guten Essen und dem Wein mit dem ganzen Genuß dessen zugetan, dem dies früher alles vorenthalten war. Das ganze Jahr 1612 über war er damit beschäftigt, die Bewegungsbahnen der Jupitermonde auf einer eigenen Rechentafel festzuhalten, denn Galileo hatte erstmals auch die Idee entwickelt, die Position dieser Mediceischen Gestirne könnte für die Navigation auf hoher See von Nutzen sein. Und als der seinen Traktat über die Eigenschaften schwimmender Körper veröffentlichte, übernahm Castelli die lästige Aufgabe, die Angriffe delle Colombes und seiner »Liga der Gimpel« abzuwehren. Und er war es auch, der das Verfahren entwickelte, anhand dessen man die Sonnenflecken ohne Gefährdung des

Augenlichts beobachten konnte, indem man das Bild der Sonnenscheibe durch das Teleskop auf ein blankes Stück Papier projizierte. Im Herbst 1613 sah Pater Castelli sich in seinen unermüdlichen Bemühungen belohnt, als er, zweifelsohne auch mit hilfreicher Unterstützung seines Mentors, auf Galileos frühere Professur für Mathematik an der Universität Pisa berufen wurde. Die Übernahme dieses Postens war allerdings mit einer Klausel versehen: Es war ihm strikt untersagt, in seinen Vorlesungen über die Bewegung der Erde zu dozieren.

Im Dezember 1613 berichtete Castelli neben allerlei Universitätsklatsch von einer folgenreichen Debatte am Hof des Großherzogs, der wie üblich seinen Winteraufenthalt in Pisa angetreten hatte. Der Pater war zusammen mit weiteren Schulgelehrten der Universität zu einem festlichen Frühstücksmahl in die *Verga D'Oro*, den herzoglichen Palast am Ufer des Arno, geladen worden. Er hatte, wie sich in der Unterhaltung bald herausstellte, die Nacht zuvor noch an der Fertigstellung seiner Berechnungstafeln zu den Positionen der Jupitertrabanten gearbeitet, so daß das Tischgespräch wie von selbst auf dieses allseits interessierende Thema kam. Im Verlauf dieser Unterhaltung nun hatte sich Großherzogin Christine unvermittelt an einen der anwesenden Schulgelehrten namens Bascaglia gewandt, ob er denn als Vertreter seines Faches die Existenz von Jupitertrabanten grundsätzlich in Abrede stelle. Bascaglia wollte so weit nicht gehen, doch was er vehement bestritt, war die weitergehende Folgerung, daß es eine Entsprechung vom System des Jupiter zur Bewegung der Erde gebe; denn dies, behauptete er kurzerhand, stände im Widerspruch zur Heiligen Schrift. Daß ein Laie auf solche Art und Weise einen Geistlichen abkanzelte, war natürlich ein Affront. Pater Castelli setzte denn auch sogleich zu einer weitschweifigen Rechtfertigung und Würdigung der Entdeckungen Galileos an, dieweil Bascaglia daneben noch immer leise auf die Großherzogin einredete.

Nach Aufhebung der Tafel wurde Castelli, der sich soeben zum Gehen anschickte, von einem Türsteher beiseite gebeten und in die Privatgemächer der Großherzogin geleitet. Über das anschließende Gespräch berichtete er Galileo: »Ihre Durchlauchtigste Hoheit begann unsere Unterredung, indem sie einige Stellen aus der Heiligen Schrift gegen meine Überzeugungen ins Feld führte. Ich rückte diese Einwände in aller Ehrerbietung zunächst geziemend zurecht; doch dann schlüpfte ich ganz in das Gewand des Theologen, und das mit solcher Subtilität und Würde, daß Ihr gewiß Eure helle Freude daran gehabt hättet.«

Es war eine Stelle aus dem Buch Josua (10,12–13), die der Großherzogin besonders zu denken gegeben hatte, stand hier doch wörtlich geschrieben, der Herr habe der Sonne befohlen, in ihrem Laufe über Gibeon innezuhalten, um so den Tag der Rache an seinen Feinden für die Heerscharen Josuas zu verlängern. Wenn der Stillstand der Sonne aber den Tag verlängerte, war das nicht aus dem Munde des Höchsten selbst gleichsam der untrügliche Beweis, daß die Sonne auf ihrer Bahn um die Erde wandelte?

Galileo hatte just diese Stelle aus dem Buch Josua bereits ausgiebig mit Castelli erörtert, und der trug ihre Position daher jetzt auch ohne Umschweife vor. Offenbar ergriff der Großherzog dabei die Partei des Paters, dieweil seine Mutter, Großherzogin Christine, ersichtlich die Rolle eines *advocatus diaboli* übernahm und »mir in einer Art und Weise zusetzte, daß ich bei mir dachte, sie mache das Ganze nur, um zu sehen, wie geschickt ich mich zu rechtfertigen verstünde«.

Ungeachtet aller Wertschätzung und allen Vertrauens in Castelli war Galileo über dessen Schilderung des morgendlichen Gesprächs bei Hofe doch nicht wenig beunruhigt. Er konnte nicht tatenlos mit ansehen, daß die mächtige Großherzogin mehr und mehr ins Lager seiner Gegner abdriftete. Im Grunde verdankte er seine jetzige Position am Hofe der Medici allein ihr, da sie es war, die ihm im Sommer 1605 mit seiner Bestellung zum Tutor des jungen Cosimo zuallererst den von ihm damals so sehnlichst erhofften Zugang zum toskanischen Fürstenhof geebnet hatte. Seit dieser Zeit war die ausnehmend huldvolle, beherzte und fromme Christine von Lothringen stets als seine Wohltäterin aufgetreten. Sie hatte mittlerweile eine Machtfülle erlangt, die der ihres Sohnes, des Großherzogs, in nichts nachstand. Selbst nach Cosimos Vermählung 1608 hatte sie wie selbstverständlich den Titel der Großherzogin beibehalten, dieweil Cosimos Gattin sich mit dem niedrigeren Rang einer »Erzherzogin« begnügen mußte. Davon abgesehen war Christine die treibende Kraft hinter den Reformanstrengungen des Fürstenhofes der Medici selbst. Sollte diese »Grande Dame« des Hofes tatsächlich endgültig auf die Positionen seiner Gegner aus dem Lager der Schulgelehrsamkeit einschwenken oder, schlimmer noch, noch stärker unter den Einfluß ihrer dogmatisch orthodoxen geistlichen Berater geraten, hätte das für ihn und seine Arbeit mit Sicherheit verhängnisvolle Konsequenzen gezeitigt.

Er stand vor einem folgenschweren Schritt. Bislang hatte sich der religiös begründete Widerstand gegen die neue Wissenschaft noch hauptsächlich auf einen unbedeutenden Kreis wenig kompetenter und kaum einflußreicher Kritiker beschränkt. Er konnte es sich erlauben, deren Übergriffe einfach zu ignorieren. Was aber, wenn er nun seinerseits die Grenzlinie überschritte und sich auf das gefährliche Terrain der Theologie vorwagte? Und falls er davor noch zurückschreckte – was sollte die Theologen davon abhalten, ihrerseits immer stärker in sein eigenstes Gebiet, die Wissenschaft, einzugreifen? Es hing viel davon ab, die Großherzogin endgültig für die Sache der neuen Wissenschaft zu gewinnen und den Einfluß ihrer dogmatischen geistlichen Berater zu beschneiden.

Seine Antwort an Pater Castelli vom 21. Dezember 1613 in Form eines auch für die Öffentlichkeit bestimmten Sendbriefes hatte es demzufolge in sich. Da war kaum etwas von einem vertraulichen Gedankenaustausch; der Brief hatte von vornherein den Charakter eines offenen Manifestes, auch wenn sein Verfasser zu Beginn noch in den etwas altväterlichen Ton des geistigen Mentors verfiel: »Welch größere Gunst könnt Ihr erstreben, als Ihre Hoheiten in Person Gefallen daran finden zu sehen, mit Euch eine Unterredung zu führen, Zweifel einzustreuen, Euren Lösungen zuzuhören und am Ende Befriedigung in Euren Antworten zu finden?«

Selbstverständlich, betonte er dann, auf die Kritikpunkte übergehend, befinde die Heilige Schrift sich niemals im Irrtum. Nichtsdestoweniger könnten sich allerdings ihre Erklärer und Deuter auf mancherlei Weise irren, und einer der verhängnisvollsten Irrtümer sei es, sich bei der Auslegung der Heiligen Schrift stets nur an die bloße Bedeutung der Worte zu halten. Denn obwohl diese gewiß vom Heiligen Geist eingegeben worden seien, seien sie doch in einer Weise gefaßt, die sich nach dem Unvermögen der Einsicht in ihren wahren Sinngehalt nicht fähigen Menge richte. Diesen Worten aber stehe die Natur selbst gegenüber, die wie die Heilige Schrift aus dem göttlichen Wort hervorgegangen sei. Auch die Natur verkörpere mithin eine Wahrheit, und zwei Wahrheiten könnten niemals einander widerlegen. Wo immer daher der sinnliche Augenschein scheinbar in Widerspruch zur Wortbedeutung der Heiligen Schrift gerate, sei es »das Amt der weisen Ausleger, den wahren Sinngehalt der Stellen aus der Heiligen Schrift zu finden, der mit der Gewißheit der sinnlichen Erfahrung in Einklang steht«. Welcher Gott habe den Menschen schon mit einer Sprache, mit Verstand und Sinnen ausgestattet, um dann von ihm zu erwarten, daß er ihren Gebrauch vernachlässige?

Wenn man nun zur Betrachtung der besagten Stelle im Buche Josua übergehe, verdeutliche gerade diese Passage nicht nur die Falschheit und Unmöglichkeit des aristotelischen und ptolemäischen Weltsystems, sondern füge sich im Gegenteil »aufs beste« in das kopernikanische ein. Angesichts der wahren Bewegungsverhältnisse der Sonne und des gesamten Sternenhimmels in ihrer Beziehung zur Erde lasse sich nur folgern, daß unter den Voraussetzungen des ptolemäischen Systems jener Tag der Rache an den Feinden des Herrn eher kürzer hätte ausfallen müssen denn länger, hätte Gott den Lauf der Sonne allein angehalten: »Es ist im System des Ptolemäus und des Aristoteles absolut unmöglich, die Bewegung der Sonne anzuhalten und den Tag zu verlängern, wie nach Aussage der Schrift geschehen; folglich sind die Bewegungen entweder nicht so angeordnet, wie Ptolemäus es will, oder man muß den Sinn der Worte der Heiligen Schrift verändern.« Hätte Gott nämlich die Sonne allein angehalten und nicht auch den Lauf aller anderen Himmelskörper, hätte er ohne jede Notwendigkeit in das gesamte Ordnungsgefüge des Universums störend eingegriffen.

Der Sendbrief an Pater Castelli wurde in zahlreichen Abschriften verbreitet, und das lag zu Beginn jedenfalls auch durchaus in der Absicht Galileos. Sein erklärtes Ziel war es, dem religiös begründeten

Einspruch gegen die wissenschaftliche Forschung die Spitze zu nehmen und jeden, der künftig der Wissenschaft einen Riegel vorschieben wollte, indem er drohend mit der Bibel ins Feld gezogen kam, vor aller Öffentlichkeit bloßzustellen. Die Vertreter der Theologie sollten dazu gebracht werden, sich den neuen, gesicherten Erkenntnissen der Wissenschaft ernsthaft zu stellen. Und natürlich lag es auch in seiner Absicht, sich von seiten des Herrscherhauses der Medici jede nur denkbare Rückendeckung im Falle eines eventuellen Einschreitens Roms zu verschaffen. Tatsächlich bewirkte der Brief jedoch das genaue Gegenteil. Aus dem Kirchenvolk, hohem wie niederem Klerus, schlug ihm eine Welle der Empörung über solch offensichtliche Arroganz eines aufmüpfigen Laien entgegen. Galileo hatte es gewagt, in die geheiligte Domäne der Theologie, der Königin aller Wissenschaften, einzudringen. Er hatte die Tollkühnheit besessen, sich eine eigene Auslegung der Heiligen Schrift anzumaßen, eigenmächtige Urteile über deren Wortbedeutung und Sinngehalt abzugeben, ja sich selbst, einem Laien, sogar die Berechtigung zuzuschreiben, definitiv über den göttlichen Sinn der heiligen Texte und die Absichten des Heiligen Geistes zu befinden.

Diesen Mann mußte man im Auge behalten.

Es dauerte noch über ein Jahr, bis Galileos Herausforderung der Kirche auf deren ureigenstem Terrain von dieser offiziell aufgenommen wurde. Um auch den geringsten Zweifel an seiner Entschlossenheit und der von ihm beabsichtigten klärenden Konfrontation zu beseitigen, ging er in der Zwischenzeit daran, sein Plädoyer gegen alle unberechtigten Eingriffe in die Unabhängigkeit der Forschung noch auszuweiten und zu verschärfen. Diesmal verzichtete er auf die Mittlerdienste seines getreuen Schülers. Jetzt wandte er sich direkt an die Großherzogin der Toskana, in der er noch immer seine Freundin und die eigentliche Macht am Hofe erblickte und der er nunmehr die Möglichkeit bot, zu einer Art Schutzheiligen der neuen Wissenschaft aufzusteigen.

Galileos Brief an Großherzogin Christine dokumentiert, daß er den Höhepunkt seines Mutes erreicht hatte. Er ist ein glänzendes, leidenschaftliches Selbstzeugnis, eine meisterhafte Offenbarung außergewöhnlicher moralischer Macht und Überzeugungskraft. Ohne Künstelei, ungeschminkt und uneingeschränkt bekundet er darin seinen Glauben an die Gültigkeit des kopernikanischen Weltsystems. »Ich bin fest davon überzeugt, daß sich die Sonne im Mittelpunkt um sie kreisender Himmelskörper befindet und ihre Position nicht verändert. Desgleichen bin ich überzeugt, daß die Erde sich um ihre eigene Achste dreht und sich auf einer Kreisbahn um die Sonne befindet.« Das allgemeine Verständnis hinsichtlich dieser korrekten Auffassung, fuhr er fort, sei schon weit verbreitet und könne nicht mehr unterdrückt werden, indem man einfach »einer einzigen Person den Mund verschließt«. Es helfe längst nicht mehr, die Werke des Kopernikus mitsamt den vielen Büchern, die ihm beipflichten, auf den Index zu setzen, denn in diesem Falle müßte man auch die ganze Astronomie mit ausmerzen. Es sei ein Hohn, beklagte er offen, daß Kopernikus, ein Geistlicher, Domherr und einstiger Berater von Päpsten, zu seiner Zeit in höchstem Ansehen gestanden und mit seinen Werken größte Beachtung gefunden habe, obwohl noch kaum empirische Beweise zur Stützung seiner Theorie vorgelegen hätten, und daß er jetzt plötzlich, da zahlreiche Entdeckungen seine Lehre tagtäglich »wahrhaftiger und zunehmend begründeter« erscheinen ließen, von allen Seiten attackiert werde.

Wer jetzt zu der »unausweichlichen und furchteinflößenden Waffe« der Heiligen Schrift greife, um damit die neue Wissenschaft in Gefahr zu bringen, verberge angesichts ihrer großen Erfolge dahinter nur seine eigene Unfähigkeit und Unkenntnis. Derartige Verleumder sähen sich von der Astronomie fälschlicherweise in Schrecken versetzt und suchten sie daher mit Glaubenssätzen zu Fall zu bringen. Ein Astronom habe sich infolgedessen in solchen Zeitläuften unablässig gegen absurde Unterstellungen zur Wehr zu setzen und sich selbst vor seinen eigenen Beobachtungsergebnissen in acht zu nehmen. Galileos Argumente waren ebenso treffend wie zeitlos gültig.

Hätte er es dabei belassen, er wäre seinem Schicksal möglicherweise entgangen. Solange er sich lediglich gegen ungerechtfertigte und sachfremde Eingriffe in die Unabhängigkeit der Forschung verteidigte, bewegte er sich völlig zu Recht auf unantastbarem Terrain. Galileo freilich beließ es nicht dabei. Auch im Brief an Großherzogin Christine ging er wieder einen Schritt weiter und wagte sich auf das Gebiet der Theologie. Seine Einlassungen waren auch hier gewiß treffend und wohlbegründet; dennoch standen sie ihm auf diesem Feld offensichtlich nicht zu. »Vorrangigstes Ziel der Heiligen Schrift ist das Lob Gottes und die Rettung der Seelen«, schrieb er; doch wer war er schon, daß er sich zu solchem Urteil berufen fühlte? »In der wissenschaftlichen Erörterung der Werke der Natur darf man nicht vorweg schon die Autorität von Stellen aus der Heiligen Schrift ins Feld führen, sondern muß bei der Erfahrung des Augenscheins und den zwingenden Folgerungen daraus ansetzen«, betonte er; doch was ermächtigte ihn, die Autorität der Bibel herunterzuspielen?

Zustimmend zitierte er Kardinal Boronius' Bonmot: »Die Absicht des Heiligen Geistes ist es, uns zu lehren, wie man in den Himmel kommt, nicht aber, wie sich der Himmel bewegt.« Und er berief sich auf den heiligen Augustinus und dessen Überzeugung, daß sich die Auslegung der Heiligen Schrift neuen Einsichten der Menschheit gegenüber stets offenhalten müsse. Er ging sogar soweit, die Autorität des Papstes, des »Unfehlbaren«, in Fragen wissenschaftlicher Erkenntnis zu relativieren: Über alle Aussagen der Wissenschaft »behält der Oberste Bischof ohne jeden Zweifel jederzeit die uneingeschränkte Macht, sie zuzulassen oder sie zu verurteilen. In keines menschlichen Wesens Macht steht es jedoch, sie wahr oder falsch sein zu lassen, im Unterschied davon, ob sie von Natur aus so befunden werde.«

Er beschloß den Brief mit einem Vers des Hymnus *Coaeli Deus sanctissime* aus dem fünften Jahrhundert:

Heiligster Herr und Gott des Himmels,
Dem Du den Tag geschenkt,
Der aufglüht im Osten
Mit dem ersten Strahl des Morgenschimmers;
Der Du am vierten Tag der Sonne feurig Rad entflammtest,
Den Mond in seine geordnete Bahn
Und die Gestirne in ihr ewig kreisendes Labyrinth einsetztest.

Die Zeit der Debatten war vorbei. Es erhob sich nun die Frage: Wie würde sich die Kirche künftig zu Galileo und seiner neuen Wissenschaft stellen?

Intermezzo

Wie die Kirche Roms in der Folge mit Galileo Galilei verfuhr, wurde fast vierhundert Jahre lang immer wieder kommentiert und verurteilt. Welchen Schaden sie sich mit ihrem Vorgehen letztlich selbst zufügte, war eine nicht weniger faszinierende wie verdrängte Frage. Und was sie schließlich alles versäumte, zumindest bis Oktober 1992, um dieses Trauma ihrer Geschichte zu überwinden, die tiefe Wunde zu heilen, ist ein noch immer umstrittenes Thema von gleichbleibend brisanter Aktualität. Das Schicksal Galileos verfolgt die heilige römische Kirche bis zum heutigen Tag.

1616 und noch einmal 1633 begab sich die Kirche auf einen verhängnisvollen Irrweg, indem sie schwerstes Unrecht beging, und bereitete sich damit die größte Schmach ihrer neuzeitlichen Geschichte. Danach stand sie über Jahrhunderte im Verruf, der Wissenschaft, ja dem forschenden Geist überhaupt, feindlich gesonnen zu sein, zeitgemäßer Forschung und wissenschaftlichem Neuland mit Abwehr und Mißtrauen zu begegnen und die Pioniere des wissenschaftlichen Fortschritts regelrecht zu bekriegen.

Kaum ein anderer Vorwurf dürfte Päpste und andere kirchliche Würdenträger in diesen Jahrhunderten mehr in Erbitterung versetzt haben, vermag die Kirche doch in fast allen Sparten des Geisteslebens zahlreiche stolze Errungenschaften vorzuweisen, von denen etliche auch wissenschaftliche Pioniertaten mit einschließen. Im Jahre 1891, inmitten einer landesweiten Welle antiklerikaler Stimmungsmache und Vorurteile in Italien, gab beispielsweise Leo XIII. den Auftrag zum Bau des »Vatikanischen Observatoriums«, der sogenannten *Specula Vaticana*. Dies war auch als ein symbolischer Akt gemeint, als könnte mit der Errichtung eines päpstlichen Observatoriums zugleich auch schon die Schmach getilgt werden, die man Galileo einst zugefügt hatte. Während seiner Gründungsansprache wandte sich Leo XIII. in heiligem Zorn gegen den Ruf der Fortschritts- und Bildungsfeindlichkeit, welcher der Kirche anhing. Doch dies entbehrte nicht einer gewissen Ironie, war es doch die nämliche Art von Zorn, der auch Galileo so oft erzittern ließ, als seine Verfolger, ein Großteil davon Angehörige des katholischen Klerus, ihn mit allen Mitteln ins Verderben zu stürzen suchten.

Wer sind die wahren Feinde von Wissenschaft und Bildung? rief Leo XIII. fragend in die versammelte Runde. Die Verleumder der Kirche erhöben ihre Anklagen doch nur, »um damit ihre Verachtung und ihren Haß auf die mystische Braut Christi zur Schau zu stellen, die das wahre Licht ist«. Mit der Errichtung ihrer *specula* trage die Kirche ihren Teil dazu bei, »eine besonders edle Wissenschaft zu fördern, die wie keine andere den Verstand der Sterblichen zur Betrachtung des himmlischen Geschehens erhebt. Nunmehr kann sich jeder davon überzeugen, daß die Kirche und ihre Hirten der wahren und gediegenen Wissenschaft, sei sie göttlichen oder menschlichen Ursprungs, alles andere als feindselig gegenüberstehen, ja, sie im Gegenteil offenen Herzens begrüßen, ermutigen und mit größtmöglicher Hingabe fördern.«

Galileo freilich blieben das irdische Schreckgespenst der Kirche und sein Fall ein Stück unbewältigter Vergangenheit, da man immer noch davor zurückschreckte, ihm endlich auf den Grund zu gehen. Kein noch so heiliger Zorn eines Papstes und keine noch so große Zahl päpstlicher Observatorien und Astronomen konnten über die geschichtlichen Tatsachen hinwegtäuschen. Die Kirche hatte hundertfünfundzwanzig Jahre dazu gebraucht, Galileos Werke vom Index verbotener Bücher zu nehmen, und noch einmal hundert Jahre, um zähneknirschend ihrer Veröffentlichung zuzustimmen. Ganze zweihundert Jahre sollte es dauern, bis es katholischen Lehranstalten erlaubt war, die Rotation der Erde um die Sonne in ihren Unterrichtsplan aufzunehmen. 1923, anläßlich der Seligsprechung von Galileos erstem Inquisitor, Kardinal Roberto Bellarmin, der ein langwieriges und erbittertes Tauziehen vorausgegangen war, entbrannte der Streit um Galileo aufs neue in voller Schärfe. Und im Jahre 1943, als die Kirche die Galileo-Biographie eines ihrer eigenen Amtsbrüder der Zensur unterwarf, wurde der Fall in den geheimen Gängen des Heiligen Offiziums, der modernen Inquisition, sogar wieder aufgerollt. Bis vor wenigen Jahren noch, bis 1984, wurden wichtige Akten dieses Falles der Öffentlichkeit vorenthalten, und bis heute läßt sich nicht mit Sicherheit sagen, ob sich nicht noch weitere bedeutsame Dokumente in den unzugänglichen Geheimarchiven des Heiligen Offiziums unter Verschluß befinden.

Zu Beginn der sechziger Jahre unternahm Louis-Dominique Dubarle, ein französischer Ordensgeistlicher, einen beherzten Versuch, die vertrackten, peinlichen und noch immer unaufgeklärten Umstände des Falles endlich ans Tageslicht zu bringen und ihn innerhalb der Kirche einer Lösung zuzuführen. Dubarle war Philosoph in Paris und Angehöriger des Dominikanerordens, dessen Beweggründe sich aus persönlicher Betroffenheit speisten. Ihn bedrückte zweifelsohne die besondere Rolle, die sein eigener Orden, der Orden der »Hunde Gottes«, der Predigermönche, während der Verfolgung Galileos gespielt hatte. In den Tagen des Zweiten Vatikanischen Konzils 1963, das mit dem vierhundertsten Gedenkjahr an Galileos Geburt zusammenfiel, sahen sich Pater Dubarle und mit ihm weitere fortschrittlich gesonnene Kirchenvertreter von der Hoffnung getragen, die Kirche könnte nun endlich auch mit Galileo ins reine kommen. Sie beschworen den kirchlichen Stellenwert von Beichte und Absolution und traten dafür ein, die Konzilsversammlung möge sich in ihrer Gesamtheit dieses Heilmittels bedienen. Unglücklicherweise verstarb Johannes XXIII., bevor er die strittige Frage aufgreifen konnte. Sein Nachfolger Paul VI. stellte sich taub. Der Vorgang verschwand in einer Handvoll unbekannter Dokumente unter den Aktenstößen des Zweiten Vatikanums.

1979, im zweiten Jahr seines Pontifikats, überraschte Johannes Paul II. viele Kleriker und Laien mit der Ankündigung, den Fall Galileo offiziell einer erneuten Prüfung unterziehen zu lassen. Es gab zu dieser Zeit keinerlei Druck von seiten der Öffentlichkeit in dieser Frage, keinen politischen Grund, das Thema wieder aufzugreifen. Zum

Teil verdankte sich die Initiative wohl seiner eigenen Herkunft. Johannes Paul II. ist immerhin Pole, und wie viele seiner Landsleute bewahrte auch er eine besondere Wertschätzung für Kopernikus, wenngleich dieser nur zur Hälfte polnischer Abstammung war. Tatsächlich hatte er sich noch als Karol Woytila, als Erzbischof von Krakau, gerne als »kopernikanischen Kanonikus« apostrophiert und war in seinem früheren Amt auch häufig mit der Kirche ergebenen Wissenschaftlern zusammengetroffen, die sich über kirchliche Restriktionen in Forschungsfragen beklagten.

Doch was sollte die Ankündigung des Papstes bedeuten? Eine Wiederaufnahme des Prozesses? Eine umfassende Entschuldigung? Sollten die Geheimarchive geöffnet werden? Sollte sich die Glaubenskongregation des Heiligen Stuhls, die Inquisition unserer Tage, mit ihren Entscheidungen gar stärker der Öffentlichkeit stellen?

In der Ankündigung des Papstes gab es dazu keinerlei Hinweise. Statt dessen wiederholte sie Altbekanntes: Galileo war durch die Hände maßgeblicher Kirchenmänner Leid zugefügt worden. Das Verschulden dafür sollte jedoch offenbar beiden Seiten gleichermaßen zugeschrieben werden: »In aufrichtiger Würdigung der Irrtümer, von welcher Seite sie auch immer begangen wurden«, führte er aus, habe die Kirche vor, den Fall noch einmal »gründlich« zu überdenken. Verhieß das nicht wieder nur einen undurchdringlichen Stoß akademischer Abhandlungen? Sollte mit dem Kriegsbeil auch gleich der ganze Fall begraben werden?

Kein Wort über die Ankläger, die Androhungen körperlicher Torturen, den erzwungenen Hausarrest oder die Gewissensnot. Apologeten im Vatikan ließen ungeniert verlauten, daß Galileo selbst heute noch mit einer Verurteilung zu rechnen hätte, da es sich bei dieser Affäre im Kern lediglich um einen Verstoß gegen eine Auflage der Kirche, um Ungehorsam also, gehandelt habe. Auf diesen Rettungsanker schien alles zuzusteuern. Wie um aller Welt zu demonstrieren, wie unvoreingenommen die Kirche den Fall zu behandeln gedachte, beschwor der Papst Galileos eigene Worte, und die er dazu auswählte, klangen allesamt wohl in den Ohren der Kirche. Er zitierte aus dem Brief an Pater Castelli vom 21. Dezember 1613: »Die Heilige Schrift und die Natur sind in gleicher Weise aus dem göttlichen Wort hervorgegangen, jene als Einflößung des Heiligen Geistes, diese als gehorsame Vollstreckerin der göttlichen Befehle.« So ertönten Galileos Worte nun mit schwerem polnischen Akzent aus dem Munde Johannes Pauls II. Er, der Landsmann eines Kopernikus, verwies weiter auf die Tatsache, daß Galileo selbst das eigentliche Verdienst seiner astronomischen Entdeckungen mit seinem Fernrohr ausdrücklich der »göttlichen Gnade« zugeschrieben habe, und er zitierte sogar eine Stelle aus dessen Brief an Großherzogin Christine: »Die Heilige Schrift kann niemals im Irrtum sein, vorausgesetzt ihr wahrer Sinngehalt wird richtig verstanden.« Keine dieser Verbeugungen vor Galileos Größe jedoch schien den eigentlichen Kernpunkt des Konflikts zu berühren.

Die Wiederaufnahme des Falles, verkündet anläßlich einer Feierstunde zum hundertsten Geburtstag Albert Einsteins, hatte zur Folge, daß eine päpstliche Kommission ins Leben gerufen wurde, der neben anderen der führende päpstliche Astronom, der Jesuitenpater George Coyne, und der angesehene, einflußreiche Erzbischof von Mailand, Kardinal Carlo Martini, angehörten. (Martini galt seinerseits als *papabile*, als aussichtsreicher Bewerber um das Amt des Papstes.) Den Vorsitz der Kommission führte Kardinal Paul Poupard, ein hochgelehrter Kirchenmann Frankreichs, der auch schon dem päpstlichen Kulturrat vorstand und in früheren Zeiten stets Kontakt zu jenen französischen Intellektuellen gehalten hatte, die Galileo endlich aus seinen kirchlichen Fallstricken befreit sehen wollten. Drei Fragenkreise waren es im wesentlichen, deren sich die Kommission nach dem Willen des Papstes annehmen sollte: Was ist geschehen? Wie ist es geschehen? Warum ist es geschehen?

In den folgenden neun Jahren wurde die Kommission insgesamt siebenmal einberufen. Man übergab der Öffentlichkeit einen Band mit Dokumenten aus den geheimen Prozeßakten, der sich allerdings als unvollständig erwies. Kardinal Poupard persönlich firmierte als Herausgeber einer offiziellen Essaysammlung, die von Kritikern als Versuch abgetan wurde, die Kirche reinzuwaschen. Auch Johannes Paul II. kam in diesen Jahren nebenher immer wieder auf die Angelegenheit zu sprechen, auch er allerdings nie im Sinne eines Eingeständnisses von Fehlern oder eines Irrtums (da er sich um die moralische Autorität der Kirche über die genialen Botschafter des wissenschaftlichen Fortschritts sorgte), sondern stets nur im Sinne einer Aufforderung zu einem verstärkten »Dialog« zwischen Wissenschaft und Glauben. »Die Wissenschaft kann die Religion von mancherlei Irrtum und Aberglauben reinigen«, bemerkte er 1988, »die Religion wiederum kann die Wissenschaft von Idolatrien und falschen Absolutheitsansprüchen reinigen.« Offenbar nahm der Punkt »Reinigung« auf der Tagesordnung einen vorrangigen Platz ein.

Im Sommer 1991 herrschte allgemein der Wunsch vor, das leidige Thema möge einfach wieder von der Tagesordnung verschwinden. Die Kirche hatte sich gründlich mit dem Fall befaßt und wollte es nun genug sein lassen. Die Sache stand nahe davor, für weitere vierhundert Jahre in den Archiven begraben zu werden.

Die Kirche sah sich vor einem Dilemma, auf das sie in all ihrer Weisheit keine Antwort wußte: Wie konnte eine göttliche Institution einen Irrtum eingestehen?

TEIL IV

Florenz und Rom

8

O ihr Kleingläubigen aus Galilea!

Der gotische Kirchenbau blickte auf eine quirlige *Piazza*, die den Bürgern der Stadt meist als Forum eines bunten Treibens diente. Man traf sich um einen Brunnen oder in der Nähe eines Obelisken aus Marmor, der überaus kunstvoll auf den Bronzepanzern von Schildkröten zum Himmel ragte und dessen Spitze die Florentiner Lilie zierte. Seit über fünfzig Jahren schon markierte dieses dreieckige Monument die Ziellinie eines halsbrecherischen Wettrennens von Pferdegespannen, des *Palio dei Cocchi*, der jedes Jahr Ende Juni vor dem Fest des heiligen Johannes des Täufers stattfand und regelmäßig eine sensationshungrige Menge auf die Beine brachte. Doch der Palio war nur eines jener unzähligen übermütigen Spektakel und Schaukämpfe, welche die Piazza vor *Santa Maria Novella* in eine Kulisse nicht enden wollender Lustbarkeiten verwandelten.

Die Fassade von Santa Maria Novella war ein Wunderwerk für sich: ein geschmackvoll polychromes Muster aus abwechselnd grünem und weißem Marmor, zu einer harmonischen Einheit verbunden in einem raffinierten Zusammenspiel von Rundbogen, Rechtecken und Blendnischen, die sich um eine gewaltige Fensterrosette gruppierten. Diese imposante Rosette sollte das Auge Gottes symbolisieren. Der obere Teil der Fassade war besonders beeindruckend, zumindest für Galileo. Er stammte von Leon Battista Alberti, jenem großen Baumeister, der mit einer schier vollendeten Kombination aus Kunst und Wissenschaft, Frömmigkeit und Tatkraft das humanistische Leitbild seines Zeitalters verkörperte. In seiner Mitte erhob sich ein prächtiges Portal, das auf beiden Seiten von massiven Voluten gestützt wurde, die ihrerseits reich mit kreisförmigen Applikationen geschmückt waren. Aus dem Tympanon über der Rosette lächelte das Sinnbild des

Dominikanerordens auf die buntgemischte Szene zu Füßen der Kirche herab: eine riesige Sonne mit einem lieblichen Puttengesicht inmitten ihres Strahlenkranzes.

Sosehr der Anblick dieser Fassade Galileo schon immer gefesselt hatte – zumindest in den Jahren vor 1615 –, es war in erster Linie die besondere Beziehung dieser Kirche zu Wissenschaft und Gelehrsamkeit, die ihn anzog. Dante war einst im *studium* von Santa Maria Novella unterrichtet worden, und über Jahrzehnte hatte sich hier auch die Florentiner Akademie zusammengefunden, um anhand seiner und Petrarcas Versmaße die toskanische Hochsprache zu studieren und zu pflegen, einmal sogar unter Mitwirkung eines noch jugendlich unbekümmerten Wissenschaftlers. Zudem waren neben der Fassade Albertis auf beiden Seiten Symbole der Wissenschaft in den Marmor eingebettet: an der linken Seite ein Bronzemeridian, dessen Genauigkeit Galileo später bezweifelte, und an der rechten ein astronomischer Quadrant. Beide stammten von einem Dominikanerpater, ebenjenem Ignazio Danti, der in Galileos Jugendzeit noch Astronom und Kartograph des Großherzogs gewesen und später zum Kosmologen des Papstes aufgestiegen war. (Dantis Quadrant mit seinen Sonnenuhren sollte schon damals die Notwendigkeit einer Reform des Julianischen Kalenders demonstrieren.) Pater Danti hatte überdies jenen Mathematiklehrstuhl in Bologna inne, um den sich Galileo danach 1587 erfolglos bemüht hatte. Verkörperte Leon Battista Alberti das Idealbild des Renaissance-Gelehrten, so Pater Danti die in seiner Epoche mustergültige Kombination von Glaube und Wissenschaft.

Galileo hatte das helle, geräumige Kirchenschiff mit seinen hohen Kreuzbogen schon unzählige Male durchquert und war oft durch dessen Seitengänge und den Kreuzgang des angeschlossenen Klosters gewandelt. Er kam immer hierher, wenn Luigi Maraffi, einer seiner Freunde in Rom, dem Kloster einen Besuch abstattete und dort seinen Aufgaben nachging. Maraffi oblag bei den Dominikanern die Ausbildung der Prediger, die Förderung der besonderen Ordenspflichten in Lehre und Missionierung. Er war eine kraftvolle, fortschrittlich gesinnte Priesterpersönlichkeit, eigenständig genug, um auch bei gelegentlichen Zusammenkünften mit den Jesuiten im benachbarten Collegio Romano offen für die kopernikanische Lehre einzutreten. Und Maraffi war stolz auf seine Freundschaft zu Galileo.

Sooft er im Stift zu Santa Maria Novella seine Ordensbrüder in Fragen der Predigt beriet, kam unvermeidlich auch das dritte Gelübde ihres Ordens zur Sprache: die Bewahrung einer strenggläubigen Auslegung der Heiligen Schrift. Wachhunden ähnlich, übten sie sich darin, alle Häretiker zur Strecke zu bringen, die Wölfen und Füchsen gleich die Reinheit der biblischen Lehre bedrohten. Ein Fresko an einer Wand des Klosters stellte diese besondere Verpflichtung des Ordens bildlich dar. Es enthielt eine Darstellung der »streitbaren und triumphierenden Kirche« und zeigte den Ordensgründer Dominikus, wie er die Meute seiner schwarzweißen Hunde auf die Wölfe und Füchse hetzt, während daneben die unschuldigen Lämmer, die Herde der Gutgläubigen, sich in seliger Arglosigkeit im Schlafe wiegen. Maraffis Prediger waren stolz darauf, die »Hunde des Herrn« zu sein. Selbst Dante, einst Zögling in Santa Maria Novella, hatte ihre Mission gutgeheißen:

Ich bin ein Lamm aus jener heiligen Herde,
Die auf dem Weg Dominikus geleitet,
In der man gut gedeiht, wenn man nicht abschweift.
Paradiso X, 94–96

Als Maraffi im Spätherbst 1614 wieder nach Florenz kam, war er bereits auf Streit, ja offenen Aufruhr unter seinen Mitbrüdern gefaßt. Schon seit drei Jahren hatte sich hier ein explosives Gemisch aus Diffamierungen und Verdächtigungen zusammengebraut, und das verhieß nichts Gutes, vor allem nicht für seinen Freund Galileo. Auch in Rom wuchs bei bestimmten Dominikanern am Kollegium des heiligen Thomas bereits der Unmut, und die versteckten Angriffe auf die neuen kopernikanischen Lehren nahmen immer ernster zu nehmende und hartnäckigere Formen an. Man hatte Maraffi berichtet, daß in Florenz seit einiger Zeit eine böse Intrige von Schulgelehrten und Klerikern gegen Galileo im Gange war, die immer weitere Kreise zog. Einer seiner »Hunde«, der Dominikanerpater Niccolo Lorini, ein Professor für Kirchengeschichte und nicht zu unterschätzender Günstling der Medici, hatte sich schon im Jahr zuvor offen gegen die kopernikanischen Ansichten gewandt. Galileo, davon in Kenntnis gesetzt, hatte damals jedoch sofort bei Hofe interveniert und Lorini vorübergehend genötigt, einen Rückzieher zu machen und sich in aller Form zu entschuldigen. Er habe nur an einer harmlosen Diskussion im Kreise seiner Ordensbrüder teilgenommen, protestierte Lorini seinerseits auf die Vorhaltungen Galileos, und dabei lediglich seine Meinung geäußert, daß »die Auffassungen dieses Ipernikus, oder wie immer der heißt, gegen die Heilige Schrift gerichtet zu sein scheinen«. Galileo strafte Lorinis Einlassung mit Verachtung. »In Florenz«, berichtete er Fürst Cesi, »ist ein grobschlächtiger Redner aufgetreten, der aufs neue begonnen hat, die Beweglichkeit der Erde verächtlich zu machen; aber dieser gute Mann ist mit dem Urheber jener Lehre so vertraut, daß er ihn den *Ipernico* nennt. Daraus möge Eure Exzellenz ersehen, wo und von wem die arme Philosophie mißhandelt wird.«

Galileo dachte vermutlich, damit hätte er dem ganzen Spuk schon wieder ein Ende bereitet; aber Maraffi wußte inzwischen, daß die Sache diesmal tiefer ging. Lorini war zusammen mit Tommaso Caccini, einem weiteren Dominikaner des Stifts von Santa Maria Novella, Mitglied in jener unheilschwangeren »Liga«, die sich um Galileos Hauptwidersacher Ludovico delle Colombe formiert hatte und sich inzwischen zunehmend als Gegengewicht zur *Accademia dei Lincei*, zur Akademie der Luchse, empfand. Die Zusammenkünfte der Mitglieder dieser unheiligen Allianz fanden insgeheim in der Residenz des Erzbischofs von Florenz statt. Von ihr drohte ernsthafte Gefahr, denn Maraffi war zugetragen worden, delle Colombe würde die Dominikaner mittlerweile bedrängen, den Hofmathematiker doch von der Kanzel herab öffentlich anzuklagen. Galileo selbst war angesichts dieser aufkeimenden Intrige keinerlei Hilfe; in seinen Augen waren »Gimpel« einfach keine ebenbürtigen Gegner für »Luchse« und deren Ränke schlicht lächerlich. Zuvorkommend dankte er sowohl Maraffi als auch Fürst Cesi für die Sorgen, die sie sich wegen der Boshaftigkeit von Leuten machten, »die auch hier unablässig am Werke sind, einen Streit anzuzetteln; alldieweil die Mitglieder dieser gehässigen

›Liga‹ aber an Zahl gering sind, kann ich über sie nur lachen.« Das Lachen sollte ihm bald vergehen.

Am 21. Dezember, dem vierten Adventssonntag 1614, schritt Pater Caccini in seiner schwarzen Kutte über dem weißen Habit der Dominikaner in Santa Maria Novella zum Mittelpfeiler des geräumigen Kirchenschiffes, stieg über eine Wendeltreppe zur Kanzel hoch und trat vor die Menge der Gläubigen, die sich gerade zur Vorweihnachtszeit besonders zahlreich in der Kirche versammelt hatten. Caccini, ein wohlgestalteter Mann, entstammte dem niederen Stadtadel, war mit noch zwei Brüdern in einem Patrizierhaus in der Gegend des *Borgo Pinti* in Florenz aufgewachsen und sollte ursprünglich in die Bankgeschäfte seiner Familie einsteigen. Hinter seinem angenehmen Äußeren verbarg sich allerdings ein äußerst unsteter, nachtragender Charakter. Galileo gegenüber hegte er seit langem eine neiderfüllte Abneigung, die schon auf die Tage zurückging, als dieser aus Padua nach Florenz zurückgekehrt war. Zudem war er von Ehrgeiz getrieben und hoffte insgeheim, mit dieser Predigt nach Jahren vermeintlicher Zurücksetzung endlich den Aufstieg in die oberen Ränge seines Ordens zu schaffen.

Der Bibeltext, den er seiner Predigt zugrunde gelegt hatte, war die Stelle aus dem zehnten Kapitel des Buches Josua:

Und damals sprach Josua vor den Augen Israels:
Sonne zu Gibeon! Stehe still, und Mond im Tale Ajalon!
Da stand still die Sonne, und der Mond blieb stehen,
bis das Volk sich rächte an den Feinden.
Und die Sonne stand mitten am Himmel
und eilte nicht unterzugehen beinahe einen vollen Tag.
Ja es war kein Tag wie dieser vor ihm und nach ihm,
indem der Herr auf die Stimme eines Mannes hörte.

Unmittelbar an diese Passage fügte Caccini einen Satz aus dem Neuen Testament, aus dem ersten Kapitel der Apostelgeschichte (I, 11), und seine Worte hallten schwer durch das vollbesetzte Kirchenschiff: »Ihr Galiläer! Was stehet ihr noch da und starret gen Himmel?«

Caccinis Textmixtur, ein Gebräu aus biblischen Himmelswundern, Gottes Macht über Sonne und Mond und einer Portion Heiligen Geist, war explosiv. Den theologisch unbedarften Zuhörern in der Kirche muß es in den Ohren geklungen haben wie ein Strafgericht des Heiligen Geistes selbst, eine Züchtigung des Menschen dafür, daß er sich anmaßte, die Rätsel des Himmelsgeschehens entschlüsseln zu wollen. Die Stelle aus der Apostelgeschichte in dieser Weise als Waffe gegen die neue Wissenschaft einzusetzen war im übrigen eine mutwillige Verkehrung ihres Sinnes. In der Bibel richten sich diese Worte aus dem Munde zweier Engel an die Jünger Jesu, um diese nach dessen Himmelfahrt mit seiner Wiederkunft und der Wiedererrichtung des Königreiches Israel zu trösten. Sie hatten folglich nicht das geringste zu tun mit irgendwelchen Positionen von Gestirnen oder der Umlaufbahn von Planeten – und schon gar nichts mit dem wissenschaftlichen Bestreben, diese berechnen zu können. Caccini freilich ließ sich in seinem Eifer nicht mehr bremsen. Er war ein Aufwiegler, der nun voranstürmte wie ein galoppierendes Pferd und einen Sturzbach von Anklagen und Beschimpfungen über Galileo ausgoß, weil dieser vermeintlich verderbliche Lehren unter das Volk streute, die im Widerspruch zur Heiligen Schrift standen.

Italiens angesehenster Wissenschaftler, Philosoph am Hofe des Großherzogs von Toskana und Vertrauter mächtiger Kardinäle in Rom, sah sich mit einem Mal von einem der Glaubenswächter und von einer gewichtigen Kanzel herab vor aller Welt der Ketzerei beschuldigt. Und nicht nur er allein. Die ganze teuflische Brut der Mathematiker wurde von diesem Spürhund Gottes als eigentliche Verursacherin aller gotteslästerlichen Umtriebe gebrandmarkt, sei ihre Wissenschaft doch Teufelswerk und sie selbst aus allen Staaten und aus der Gemeinschaft der Gläubigen auszutreiben wie Krankheitserreger.

Die Wirkung war ein einziger Schock. In Florenz brodelte es. Wo saßen die Drahtzieher dieser ungeheuren Beschuldigungen? Würde sich der Großherzog schützend vor Galileo stellen? Kündigte sich hier womöglich eine neue Haltung des Vatikans und der Kirche an? Handelte es sich wirklich bloß um das Gegeifere eines versponnenen Glaubensfanatikers? Caccinis Adventspredigt erreichte, was sie angestrebt hatte. Sie schuf ein Klima der Verdächtigungen, das die öffentliche Meinung in Befürworter der neuen Wissenschaft und in Anhänger des orthodoxen Glaubens spaltete, stieß auf begeisterte Zustimmung und auf Empörung. Nicht wenige waren es auch ganz zufrieden, den überheblichen Galileo ungeachtet aller Verdienste von seinem hohen Roß gestoßen zu sehen. Ludovico delle Colombe, das Haupt der »Liga der Gimpel«, hatte mit seinem heimlichen Scharfmacher im Mönchsgewand einen Treffer gelandet, der weit über das hinausging, was er mit seinen schriftlichen Attacken jemals hätte bewirken können.

In besonneneren Kreisen und unter Galileos Gefolgschaft reagierte man mit Entsetzen. Pater Castelli, sein getreuer Schüler in Pisa, schimpfte Caccini einen Banditen und Wegelagerer für die Mathematiker im ganzen Lande, versäumte aber auch nicht, warnend darauf hinzuweisen, daß dies bei weitem noch nicht die letzte derartiger Diffamierungen in der Öffentlichkeit sein werde. Mit am stärksten schockiert zeigte sich Caccinis leiblicher Bruder, der selbst im Kardinalsrang im Vatikan seine Aufgaben versah und sich stets als erfahrenen Makler der Macht betrachtete. Er hatte von den Turbulenzen in Florenz erfahren, die in Windeseile bis nach Rom gedrungen waren: »Es wird noch so weit kommen, daß Ihr bedauert, jemals lesen gelernt zu haben«, schrieb er dem Bruder erbost. »Ein größeres Ärgernis hättet Ihr den hiesigen Kirchenoberen bis in die höchsten Ränge hinauf gar nicht bereiten können. Und es hilft überhaupt nichts, wenn Ihr Euch unter dem Deckmantel der Religion versteckt, denn jedermann durchschaut, wie Ihr Brüder diese nur zum Vorwand nehmt, um Eurem gehässigen Eifer zu frönen. Das ist wahrhaftig eine ungeheure Dreistigkeit. Was für eine Tollheit, Euch so schäbig für die Belange dieser schändlichen Gimpel mißbrauchen zu lassen! Glaubt mir, Bruder Tommaso, ein untadeliger Leumund ist gegenwärtig das Wichtigste in dieser Welt, gerade jetzt, da wir alles daransetzen, Euch durch Protektion von oben eine Aufstiegsmöglichkeit zu eröffnen. Überlegt Euch gut, wo Ihr hingehen wollt, denn in Florenz habt Ihr Euch es verscherzt und hier sogar noch mehr. Wenn Euch selbst kein Ausweg aus dieser Sache einfällt, werde ich mich an Eurer Stelle darum kümmern. Ihr habt Euch aufgeführt wie ein entsetzlicher Narr.«

Nicht lange danach hörte Galileo von Pater Maraffi aus Rom, der sich zutiefst erschrocken und bestürzt über die Niedertracht eines seiner Mitbrüder zeigte. Für Maraffi ging es um die Frage der Disziplin im eigenen Orden und vor allem auch um den Mißbrauch der Kanzel. »Dieser Skandal erfüllt mich mit allergrößtem Abscheu, zumal sein Auslöser ein Bruder meines eigenen Ordens ist«, schrieb er Galileo. »Unglücklicherweise muß ich für all das Unsägliche geradestehen, das die dreißigtausend Mitglieder des Ordens schon angerichtet haben und immer noch anrichten können. Ich wußte wohl, daß dieser Caccini in seinem verrückten Wahn und seiner Borniertheit spielend Opfer irgendwelcher Einflüsterungen von außen werden könnte; doch ich hätte es nicht für möglich gehalten, daß sich dies auf solch perfide Weise bewahrheiten würde ... Jetzt muß ich darauf achten, die Tore zumindest so weit wieder zu verschließen, daß künftig wenigstens nicht jede Dreistigkeit bestimmter Eiferer von außerhalb der Klostermauern gleich von der Kanzel herab verkündet werden kann.«

Die Ereignisse waren Maraffis Händen jedoch bereits entglitten. Caccinis Heimtücke hatte eine große, furchteinflößende Macht ins Spiel gebracht, und es überstieg längst Maraffis Kraft und Einflußvermögen, diese noch aufzuhalten. Zwei Jahre lang hatten sich die gegnerischen Lager inzwischen mit Argumenten und Intrigen bekriegt, hatten sich mit ihren gegensätzlichen Standpunkten und mit gegenseitigen Verleumdungen überzogen. Caccinis Gegeifere von der Kanzel herab hatte das Bild jedoch schlagartig verändert. Auch wenn Galileo davon noch nichts ahnen konnte, war damit ein Prozeß ins Rollen gekommen, der den kommenden achtzehn Jahren, ja in gewissem Sinne auch den folgenden 378 Jahren, seinen Stempel aufdrücken sollte.

Eine Zeitlang noch waren sich weder Galileo noch seine Gefolgschaft der fatalen Folgen dieser Vorgänge bewußt. Pater Maraffis Brief konnte Galileo ja auch so deuten, daß sich die ganze Aufregung schon bald wieder legen werde. Caccini war weit übers Ziel hinausgeschossen und würde dafür zweifelsohne von seinem Orden in die Schranken gewiesen werden. Eine Maßregelung dieses Eiferers ließe sich womöglich sogar in einen kleinen Etappensieg für die neue Wissenschaft ummünzen. Freilich würde der sich nicht von allein einstellen. Man mußte ein bißchen nachhelfen.

Bald nach Maraffi meldete sich auch schon Fürst Cesi zu Wort, der nunmehr als Initiator auf der politischen Bühne den Gegenangriff einfädelte. Cesi bedauerte Galileo gegenüber zunächst, noch immer auf seinem Landsitz in Acquasparta festgehalten zu werden, befände er sich nämlich in Rom, könnte er der kritischen Situation sofort und mit aller erforderlichen »Umsicht« entgegentreten. Wie sollte dies geschehen? Cesi sah ihre effizienteste Möglichkeit darin, Caccini vor der Öffentlichkeit als abschreckendes Beispiel für all die »Feinde des Wissens« bloßzustellen, für all jene »perfiden Dummköpfe, die niemals Ruhe geben werden«, wenn man sie nicht mit Gewalt zum Schweigen bringe. Sie mußten alles tun, um diesen Verleumder in Ungnade fallen und ihn einem jeglichen als Warnung dienen zu lassen, der auf Ähnliches sänne. Im übrigen wäre es gut, erwog der Fürst, wenn man den Erzbischof von Florenz zu einer Bestrafung und öffentlichen Zurechtweisung dieses Scharfmachers bewegen könnte.

Ihre Hoffnungen auf die Reaktion der Kirchenoberen erfuhren allerdings eine herbe Enttäuschung, als unverhofft der Bischof von Fiesole nach Florenz herunterkam und sich anläßlich einer offiziellen Veranstaltung zu einer wilden Attacke auf Galileo hinreißen ließ. Die überheblichen und verderblichen Ansichten dieses Wissenschaftlers erzeugten den größten Unwillen bei »allerhöchsten Eminenzen« in Rom, schäumte er; der Hofmathematiker möge endlich damit aufhören, diese weiter zu verbreiten. Galileo sah gleich, daß dieser wütende Bischof wie die meisten seiner klerikalen Widersacher in der wissenschaftlichen Thematik nicht allzu bewandert war. Der Bischof möge doch behutsam darauf hingewiesen werden, kommentierte er dessen Ausfälle daher spöttisch, daß der Urheber der heliozentrischen Theorie nicht ein quicklebendiger Florentiner, sondern ein längst verstorbener Deutscher sei, der sein Werk bereits siebzig Jahre zuvor in Druck gegeben und es dem damaligen Papst gewidmet habe.

Von diesem Zeitpunkt an wurde zunehmend wichtiger, was sich an Winkelzügen hinter den Kulissen abspielte, als das, was sich auf offener Bühne tat. Pater Lorini, jener Professor für Kirchengeschichte, der zuvor seinen plumpen Angriff auf Galileo noch heruntergespielt hatte, trieb es erneut zur Tat. Im Anschluß an ein Geheimtreffen mit dominikanischen Mitbrüdern im florentinischen Konvent von San Marco vollzog Lorini einen verhängnisvollen Schritt, der mit seinen Folgen und dem Unheil, das er anrichtete, sogar Caccinis Adventstirade noch in den Schatten stellte.

Lorini brachte den Fall offiziell vor die Inquisition. Das Beweisstück, auf das er seine Denunziation hauptsächlich stützte, war eine Abschrift von Galileos Brief an Castelli, der inzwischen mehr als vierzehn Monate zurücklag. Es ging mithin um Galileos freimütiges Bekenntnis zum System des Kopernikus, das mittlerweile im ganzen Lande verbreitet war und in dem er den Nachweis geführt hatte, daß jenes im Buch Josua geschilderte Wunder vom Stillstand der Sonne unter Voraussetzung des ptolemäischen Weltsystems eher zu einer Verkürzung denn zu einer Verlängerung des Tages hätte führen müssen. In seinem Begleitschreiben nach Rom zeigte Lorini alle an, »die sich Galileisten nennen«, und wirft ihnen Vermessenheit in dem Versuch vor, »die Heilige Schrift auf ihre Weise und gegen die gewöhnliche Auslegung der heiligen Väter deuten und eine der Heiligen Schrift in allem offenkundig widersprechende Meinung verfechten zu wollen«. Obwohl die »Galileisten« seiner Überzeugung nach im allgemeinen »rechtschaffene Menschen und gute Christen« seien, wären sie doch stets vorlaut darauf bedacht, ihre eigene Intelligenz in den Vordergrund zu schieben. Sie träten den Aristoteles mit Füßen und »behaupten zahllose Unziemlichkeiten und verbreiten sie überall in unserer Stadt, welche sich... so gut katholisch erhält«. Seine eigenen Beweggründe, meinte der Dominikaner gegenüber der Inquisition, seien absolut reiner Natur. »Mich treibt in dieser Angelegenheit allein der Eifer für die Sache des Glaubens.«

Lorinis Schritt hatte außerordentlich fatale Folgen. Die Inquisition war von alters her gehalten, jeder Anzeige nachzugehen, die Lorinis jedoch stieß auf besondere Aufmerksamkeit. Für eine formelle Anklageerhebung war allerdings eine ausgeklügelte Prozedur zu beachten, weswegen beide Parteien in den Folgemonaten alles daransetzten, sich in diesem Verfahren eine günstige Ausgangsposition zu verschaffen. Gefolgsleute in Rom hatten Galileo über Lorinis Schritt unterrichtet, auch darüber, daß sich dessen Anzeige auf seinen Brief an Castelli stützte. In dieser Situation war es wenig tröstlich, daß sein alter Schüler Pater Ciampoli ihn aus Rom beruhigte, seines Wissens hätten im Vatikan bislang »höchstens vier oder fünf maßgebliche Leute von der ganzen Aufregung erfahren«. Galileo wurde nämlich allmählich klar, wie fahrlässig es war, seine Gedanken zur Auslegung der Heiligen Schrift und speziell jener Stelle aus dem Buch Josua überhaupt schriftlich festgehalten zu haben, so unverfänglich und beiläufig ihm dies zunächst auch erschienen war. »Immer neue Bereiche werden aufgetan, um mir auf jede Weise zu schaden«, stöhnte er.

Spät erst erkannte er den Fehler, seinen Brief an Castelli so ungehindert einem breiten Publikum zugänglich gemacht zu haben, und entschloß sich nunmehr, seine in diesem Schreiben dargelegte Position in einer speziell an die Öffentlichkeit gerichteten Version sorgfältig zu überarbeiten. Nicht zu Unrecht fürchtete er auch, die Abschrift dieses Briefes, die sich in Händen der Inquisition befand, könnte zu seinem Schaden manipuliert worden sein. Er ließ deshalb eine wortgetreue Abschrift davon an einen wohlgesonnenen Mathematiker des Collegio Romano überbringen mit der Bitte, diese doch Kardinal Bellarmin, bei dem in Rom noch immer alle Fäden der Inquisition zusammenliefen, persönlich vorzulegen. Zu diesem Zeitpunkt schien er aufrichtig bestürzt, daß sein Brief an Castelli derartiges Aufsehen verursachte, und er setzte seine ganze Hoffnung, dem drohenden Unheil noch Einhalt gebieten zu können, auf die Jesuiten. »Sollte mein Auge beleidigen, reißt es heraus!« schien er die Jesuiten einladen zu wollen, ein Angebot, dem man später Folge leisten sollte.

Binnen weniger Tage stellte sich heraus, wie recht er daran getan hatte, Kardinal Bellarmin persönlich mit der Sache zu befassen. Aus anderen Kreisen Roms wurde ihm bedeutet, Bellarmin habe keinesfalls vor, Kopernikus auf den Index setzen zu lassen, sondern wolle dessen Werk lediglich mit einem mahnenden Hinweis auf dessen rein hypothetischen Charakter versehen. Unter diesem simplen Vorbehalt wäre es Galileo dann freigestellt, sich auch weiter ungefährdet mit der kopernikanischen Theorie auseinanderzusetzen.

Unabhängig davon suchte sich die Inquisition auf ihren eigenen verschlungenen Wegen in den Besitz des Originals von Galileos Brief an Castelli zu bringen. An den Erzbischof von Pisa erging die Weisung, sich dieser Urschrift »in geeigneter Weise« von Castelli selbst zu bemächtigen. Seine Eminenz beorderte den Pater postwendend zur Audienz und forderte ihn ohne Umschweife und ohne ihre Vorurteile gegenüber der neuen Wissenschaft auch nur zu kaschieren auf, von seinen irrgeleiteten kopernikanischen Ansichten Abstand zu nehmen. Dies allein könne seine Rettung garantieren; alles andere bedeute unweigerlich sein Verderben. Die gesamte Schöpfung sei um des Menschen willen eingerichtet worden; deshalb sei es für ihn einfach eine Sache der Logik wie auch des rechten Glaubens, wie ihn die Heilige Schrift lehre, daß die Erde niemals ein gewöhnlicher Stern unter Millionen anderer sein könne, stellte der Erzbischof klar. Ungeachtet seiner festen Überzeugung von der Rechtgläubigkeit der Überlieferung wolle er jedoch Castelli wie auch Galileo selbst die Güte erweisen, den besagten Brief noch einmal aufmerksam zu studieren, um sicherzugehen, daß er darin nichts übersehen oder mißverstanden habe. Könnte Castelli ihm dafür freundlicherweise das Original des Briefes zur Verfügung stellen?

Falls der Pater hier den Braten nicht roch, so doch Galileo. Der spielte denn auch zunächst auf Zeit, als Castelli ihm den Wunsch des Erzbischofs überbrachte. Erst einige Wochen später kam er dem Begehren nach, rückte aber anstelle des Originals auch diesmal nur eine Abschrift heraus, wobei er den in solchen Händeln etwas unbedarften Pater ausdrücklich beschwor, auch diese unter keinen Umständen aus der Hand zu geben. Der verlas den Brief daraufhin im Beisein des Bischofs, der, seiner hinterlistigen Taktik beraubt, seinen Versuch, an die Urschrift zu gelangen, schließlich aufgab.

Bis zu diesem Zeitpunkt hatte die Inquisition kaum etwas in den Händen, worauf sie ein offizielles Verfahren hätte stützen können. Sie war im Besitz einer zweifelhaften Kopie eines privaten Schreibens und hatte ansonsten lediglich eine Anzahl wenig fundierter Beschuldigungen aus der Feder eines cholerischen Traditionalisten und eifernden Klerikers, der von einigen Akademikern aufgewiegelt worden war. Mitte März jedoch tauchte plötzlich Pater Caccini in Rom auf und reklamierte es als seine »Gewissenspflicht«, sich seiner umstrittenen Predigt wegen persönlich vor der Inquisition zu rechtfertigen. Der Dominikanermönch hatte bis zuletzt das Bild eines verschlagenen, arglistigen und eher einfältigen Charakters abgegeben, der sich über die Wirkung seiner Predigt selbst betroffen zeigte und deretwegen um sein eigenes Fortkommen bangte – ein Mann, dem man ohne weiteres zutraute, daß er sich von den päpstlichen Beauftragten genauso für deren Zwecke einspannen lassen würde, wie er schon von den Drahtziehern der »Liga« manipuliert worden war.

Vor den Kardinälen des Inquisitionstribunals jedoch ging Caccini jetzt von sich aus zum Angriff über. Weit entfernt, seine Beschuldigungen abzumildern oder gar zurückzunehmen, dehnte er sie jetzt sogar noch aus. Mit auffälliger Genugtuung bereicherte er die Liste seiner Anklagen mit infamen Andeutungen und Unterstellungen. In seinen Augen habe Galileo schon deshalb als schuldig zu gelten, eiferte er, weil er Mitglied jener gottlosen »Akademie der Luchse« sei, mit einem Ketzer wie Fra Paolo Sarpi in Venedig bekanntlich auf vertrautem Fuß stehe und zudem auch noch mit vom wahren Glauben abgefallenen Deutschen (wie Kepler?) regen Austausch pflege. Aufgefordert, seine Predigt in Santa Maria Novella zu erläutern, fügte er wörtlich hinzu: »Nachdem ich die Bibelstelle ausgelegt hatte, welche die allein auf das Seelenheil ausgerichtete Antwort des Herrn auf die Gebete Josuas schildert, ergriff ich die Gelegenheit, mit all der Zurückhaltung, die mir mein Amt gebietet, eine Auffassung kritisch zu beleuchten, welche zuerst von Nikolaus Kopernikus und in unseren Tagen von Signor Galileo Galilei vorgetragen wurde. Meine behutsame Warnung vor derartigen Ansichten sprach zahlreichen Erziehern und gläubigen Mitbürgern aus der Seele, stieß aber bei bestimmten Anhängern Signor Galileis auf größtes Mißfallen.«

»Woher weiß er, daß besagter Galileo die Lehre verbreitet, die Sonne stehe still und die Erde bewege sich?« wollte der Inquisitor wissen. »Wer sagte ihm dieses?«

»Ich hörte das vom Bischof von Cortona«, antwortete Caccini, »und von einem Florentiner Edelmann, der selbst ein Gefolgsmann

Signor Galileis ist. Ich erinnere mich zwar nicht mehr an dessen Namen, aber er trug Priesterkleidung, war von durchschnittlicher Größe, etwa achtundzwanzig Jahre alt, insgesamt eher dunkelhäutig, hatte scharfgeschnittene Gesichtszüge und trug einen braunen Spitzbart. Er besuchte häufig die Messe in Santa Maria Novella.«

»Hat er, Pater Caccini, jemals persönlich mit selbigem Galileo gesprochen?«

»Ich kenne ihn nicht einmal vom Sehen.«

»Welchen Leumund besitzt selbiger Galileo in Florenz… was den Glauben anlangt?«

»Viele betrachten ihn als guten Katholiken. Nicht wenige jedoch bezweifeln das, weil er mit einem Venezianer, dessen Ketzereien jeder kennt, auf freundschaftlichem Fuße steht. Zudem habe ich gehört, daß einige seiner Schüler folgende Thesen vertreten:

– Gott sei akzidenteller Natur!

– Gott sei sinnlicher Natur!

– Manche Wundertaten der Heiligen seien in Wirklichkeit keine Wunder!«

»Warum hegt er, Pater Caccini, solche Feindseligkeit gegenüber besagtem Galileo und dessen Schülern?« erkundigte sich der Inquisitor mit neu erwachtem Interesse.

»Ich empfinde keinerlei Feindschaft gegenüber Signor Galileo«, beteuerte Caccini. »Ich kenne ihn ja noch nicht einmal persönlich. Auch seinen Schülern gegenüber hege ich keinerlei Mißgunst. Vielmehr schließe ich sie in meine Gebete ein.«

Trotz der eidlichen Verpflichtung aller Beteiligten auf absolute Verschwiegenheit sickerte der Inhalt von Caccinis schändlicher Zeugenaussage alsbald nach Florenz durch. Die Gefährlichkeit dieses Vorstoßes der Dominikaner konnte schließlich Galileo selbst nicht mehr ignorieren. Und diese Gefahr betraf nicht nur ihn allein. Auf seine guten Beziehungen in Rom bauend und seiner eigenen Überzeugungskraft nach wie vor sicher, drängte alles in ihm, unverzüglich persönlich dorthin zu eilen. Doch dazu war er, der seit fast acht Monaten wieder unaufhörliche Schmerzen litt, keinesfalls in der Lage. Er würde sich über seinen Sieg über die gegen ihn in Gang gesetzte Verleumdungskampagne nicht grämen, schrieb er einem seiner einflußreichen Freunde in Rom, wäre er nur imstande, sich seiner Zunge anstelle seiner Feder zu bedienen. »Sollte ich jemals meine Gesundheit wiedererlangen, so daß ich mich dorthin begeben kann, werde ich es tun, um meine Ergebenheit und meinen Eifer gegenüber der Heiligen Kirche zu bekunden, damit nicht auf Grund der Anstachelung irgendwelcher Bösewichter, die von der Materie keine Ahnung haben, eine nicht ganz treffliche Entscheidung gefällt werde...«

Im Augenblick jedoch blieb ihm nur der Griff zur Feder, und ihrer bediente er sich ausgiebig. Die Schlüsselfigur in Rom war für ihn noch immer Kardinal Bellarmin, und der schien, nachdem er Galileos Brief an Castelli aufmerksam studiert hatte, vernünftigen Argumenten gegenüber aufgeschlossen. Was die vermeintlichen Widersprüche zur Heiligen Schrift anbelangte, stand für Bellarmin weniger die Stelle aus dem Buch Josua im Vordergrund als vielmehr einige Zeilen des neunzehnten Psalmes:

Am Himmel schlug der Herr das Zelt auf der Sonne;
Sie tritt heraus, wie ein Bräutigam aus seinem Brautgemach;
Sie freut sich wie ein Held, zu laufen die Bahn.
Am Ende des Himmels ist ihr Aufgang.
Und ihr Kreislauf bis zum anderen Ende;
Und nichts ist geborgen vor ihrer Glut.

Galileo möge erklären, wie diese Aussage der Heiligen Schrift sich mit der kopernikanischen Lehre versöhnen lasse, verlangte Seine Eminenz.

Ende März kam Galileo dieser Aufforderung nach. Nach dem neunzehnten Psalm, schrieb er zurück, habe Gott der Sonne den erhabensten Ort zugewiesen und ihr die befruchtende Kraft eines Bräutigams und die physische Kraft eines Helden verliehen, um gewaltige Entfernungen überwinden zu können. Das Ende des Himmels bedeute jeweils nichts anderes als die Entfernung von der Erde.

Von Mal zu Mal verirrte er sich etwas mehr auf dem unsicheren Gelände der Bibelexegese und bezeugte damit, ohne dessen gewahr zu werden, genau die Vermessenheit, derer ihn die Dominikanerpatres bezichtigten: Er legte die Heilige Schrift nach eigenem Gutdünken aus. Noch drohte keine unmittelbare Gefahr, da ihm der Kardinal freundlich gesinnt war und ihm jede Möglichkeit offenhielt, ihn letztlich zu überzeugen. Doch Galileo verstrickte sich immer tiefer. Kaum hatte er sich zum neunzehnten Psalm geäußert, begann er seinen freimütigen Brief an Großherzogin Christine in der Absicht zu überarbeiten, auf diese Weise seine Äußerungen zur Stelle aus dem Buch Josua im Brief an Castelli zu präzisieren. Und obwohl er seine neuen Überlegungen keinesfalls veröffentlichen wollte, war er dennoch einverstanden, daß sie überall herumgereicht wurden. Und sobald er zur Feder griff, war es wie immer um Vorsicht und Zurückhaltung auch schon geschehen. Was ihm aus der Feder floß, trug jedenfalls wenig dazu bei, die Gemüter wieder zu besänftigen. Statt dessen formte sich daraus schließlich ein Belastungsmaterial, das ihm noch zu schaffen machen sollte.

Mit Beginn der Sommermonate 1615 verbesserte sich sein Gesundheitszustand soweit, daß er eine Reise nach Rom zumindest ins Auge fassen konnte. Vier Jahre waren seit seinem letzten Aufenthalt in der Ewigen Stadt vergangen, und er war sich völlig im klaren darüber, daß sein Erscheinen dort beträchtliches Aufsehen erregen würde. So zog es sich noch bis in den Spätherbst hinaus, bis seine Vorbereitungen konkrete Formen annahmen.

In der Zwischenzeit fuhr die Inquisition fort, in aller Verschwiegenheit Beweismaterial gegen ihn zusammenzutragen. Falls Galileo sich allmählich der ganzen Bedeutung dieses sich zuspitzenden Konflikts bewußt geworden war, schien dies jetzt auch mehr und mehr auf die Kirche zuzutreffen. Gleichwohl waren die Zeugen, welche die Inquisition selbst in einer Angelegenheit solch bedeutenden Ausmaßes aufbot, geradezu erbärmlich. Niemand von einigem Format, der Galileo und dessen Ansichten wirklich kannte, wurde unterrichtet, geschweige denn befragt, weder ein Pater Maraffi, ein Pater Castelli oder gar ein Kardinal Bellarmin, noch einer aus der großen Zahl wissenschaftlich gebildeter Kleriker, die mit Galileo in Padua, Venedig oder Florenz zu tun gehabt hatten. Die Mitglieder des Heiligen Offiziums befürchteten offenbar, die Ladung von Zeugen aus dem gegnerischen (Galileo wohlgesonnenen) Lager würde die Geheimhaltung ihres Vorgehens gefährden.

Mitte November lud der Inquisitor von Florenz zwei Angehörige des niederen Klerus, deren Namen bei Caccinis schändlichem Auftritt in Rom gefallen waren. Keiner von beiden hatte je näheren Kontakt zu Galileo, und keiner besaß irgendwelche höhere Weihen in theologischen Fragen. Alles, was sie an Belastendem vorzubringen hatten, beruhte auf ihrer eigenen Geschwätzigkeit.

Der eine, ein gewisser Pater Ferdinando Ximenes, war ein vierzig Jahre alter Dominikaner vom Stift von Santa Maria Novella und dort unter anderem für Moral- und Gewissensfragen zuständig. Er stellte zu Beginn seiner beeideten Aussage klar, daß er Galileo niemals persönlich begegnet sei, allerdings gehört habe, daß dessen Überzeugung in völligem Widerspruch zur wahren Lehre der Kirche stünde. »Ich habe gehört, einige seiner Schüler hätten behauptet, Gott sei ein sinnliches Wesen, das lache und weine; ich kann aber nicht sagen, ob dies lediglich ihre eigene Meinung oder die ihres Lehrers Signor Galileo ist.« Daraus mehr als nur niederträchtiges Geschwätz heraushören zu wollen erforderte schon eine besonders perfide Einstellung; der Inquisitor freilich hörte gespannt zu und wollte noch mehr wissen. Von wem hatte Ximenes diese belastenden Dinge erfahren? Als Antwort verwies dieser wieder nur auf einen Geistlichen niederen Ranges namens Giannozzo Attavanti, Vorsteher der kleinen Pfarrgemeinde Castelfiorentiono südwestlich von Florenz, der angeblich bei Galileo studiert und während einer Beichtstunde bei ihm, Ximenes, in Santa Maria Novella auch selbst der Bibel widersprechende Ansichten über die Erdbewegung geäußert hatte.

»Ist selbiger Pfarrvorsteher Attavanti denn in solchen Dingen bewandert?« wollte der Inquisitor wissen.

»Ich weiß nur, daß er weder in Theologie noch in Philosophie eine spezielle Ausbildung genossen hat, doch ist mir aufgefallen, daß er von beiden eine gewisse Ahnung hat«, gab Ximenes zu Protokoll. »Nach meinem Dafürhalten gab er eher die Ansichten Signor Galileos wieder denn seine eigenen.«

»Hat er, Pater Ximenes, den Pfarrvorsteher Attavanti denn zurechtgewiesen?« erkundigte sich der Inquisitor noch.

»Auf der Stelle.«

Obgleich es den Anschein hatte, als scheue die Inquisition vor keinen Niederungen mehr zurück, wurde doch anderntags auch der genannte Pfarrvorsteher geladen. Der, ein dreiunddreißigjähriger Florentiner adliger Herkunft, gestand gleich zu Beginn, niemals wirklich bei Galileo studiert, sondern mit diesem höchstens einmal einen philosophischen Gedankenaustausch gepflegt zu haben, »wie ich es auch sonst mit Männern von Bildung tue«.

»Hat er, Attavanti, Signor Galileo bei irgendeiner Rede oder in einem Gespräch jemals Dinge sagen hören, die der Heiligen Schrift entgegenstehen?«

»Ich habe Signor Galilei niemals Dinge sagen hören, die mit der Heiligen Schrift oder unserem heiligen katholischen Glauben im Widerspruch stehen«, räumte der junge Geistliche ein; allerdings habe er miterlebt, daß sich Galileo für die kopernikanische Lehre eingesetzt und behauptet habe, die Sonne besitze kein eigenes »Bewegungsmoment«.

Attavanti hatte Galileos *Briefe über die Sonnenflecken* gelesen, was der Inquisitor ausdrücklich vermerkte. Ihrem Inhalt nach enthielt seine Aussage jedoch lediglich die Wiedergabe einer abendlichen Unterhaltung im Stift von Santa Maria Novella, in deren Verlauf er und Ximenes die kopernikanische Theorie und die angebliche Frage von Gottes menschlichen Zügen »in Form einer Disputation« erörtert hatten. Sie waren dabei zufällig von Pater Caccini belauscht worden, der das Gespräch dann sofort an sich gerissen hatte. Von derlei offensichtlichem Geschwätz schien der Inquisitor gar nicht genug bekommen zu können.

»Was hat er, Attavanti, über Signor Galileos Glaubensfestigkeit vernommen?« wollte er zum Schluß dieses erbärmlichen Verhörs noch wissen.

»Ich denke, er ist ein guter Katholik«, meinte der Pfarrvorsteher großzügig. »Andernfalls stünde er ja wohl auch den Durchlauchtigsten Hoheiten nicht so nahe!«

Zehn Tage später beschloß die Inquisition, die Untersuchung auch auf Galileos *Briefe über die Sonnenflecken* auszudehnen und sie auf häretische Aussagen hin zu prüfen.

Noch am selben Tag griff im Palazzo Pitti der mit seinen gerade fünfundzwanzig Jahren noch jugendliche Großherzog Cosimo II. zur Feder und schickte eine Anzahl diplomatischer Depeschen an seinen Botschafter in Rom und an eine Reihe loyaler Angehöriger des Fürstenhofes, die im Vatikan als Kardinäle in Amt und Würden standen. »Galileo, ein Mathematiker, der Eurer Eminenz bestens bekannt ist, teilt mir mit, daß er aufs äußerste bedrückt ist über die zahlreichen Verleumdungen, die von mißgünstigen Personen über ihn verbreitet wurden, um den Eindruck entstehen zu lassen, seine Schriften enthielten irrige Auffassungen«, hieß es in dem Schreiben an Kardinal Francesco del Monte. »Er wünscht, auf eigene Veranlassung nach Rom zu kommen, und hat dieserhalb um meine Erlaubnis nachgesucht, denn er hat den festen Vorsatz, sich von allen Anschuldigungen zu reinigen. Er möchte seine wahren Ansichten vorbringen und seine Rechtgläubigkeit und frommen Absichten unter Beweis stellen.« Hätten die Herren Eminenzen vielleicht die Güte, dem Ersten Philosophen und Mathematiker des toskanischen Hofes dabei den Weg zu ebnen?

Parallel dazu wies der Großherzog seinen Gesandten an, dem noch immer kränkelnden Wissenschaftler zwei Stockwerke der Villa Medici in Rom zur Verfügung zu stellen. Das Personal sollte verpflichtet werden, für dessen Ruhe zu sorgen und auf seine Gebrechen Rücksicht zu nehmen. Zusätzlich sollten ihm ein Sekretär, ein Kammerdiener und, zu seiner Zerstreuung, eine *muletta* zu Diensten sein. Den Anordnungen war unbedingt Folge zu leisten, hatte der Großherzog seiner Bankiersmentalität entsprechend doch vor, Galileo später dafür die Rechnung zu präsentieren.

9

Die Mahnung des Kardinals

Auf Galileos letzter Romreise vier Jahre zuvor hatte sich eine Meute unbelehrbarer Kritiker an seine Fersen geheftet, die er damals noch leicht ignorieren konnte. In jenen Tagen war er zu einem edlen Kreuzzug für die neue Wissenschaft aufgebrochen. Es galt, die Oberen der Ewigen Stadt mit dem neuen Himmel bekannt zu machen, der sich ihm durch sein Teleskop offenbart hatte. Vom Großherzog der Toskana war er als der Bannerträger Florentiner Gelehrsamkeit nach Rom entsandt worden, und der toskanische Gesandte Francesco Niccolini hatte ihm dort einen triumphalen Empfang bereitet. Seine neuerliche Mission war ungleich gefährlicher und brisanter, schwebte diesmal doch das Schwert der Anklage über ihm. Jetzt ging es nicht nur darum, daß man die Beschuldigungen gegen ihn zurücknahm, sondern auch darum, daß die kirchlichen Denunzianten ein für allemal bestraft und in die Schranken gewiesen wurden. Und dann wollte er schließlich die Zustimmung und den Segen der Kirche für die neue Wissenschaft und ihre Methode.

Von Befürchtungen gequält und in eher gereizter Stimmung machte er sich am 3. Dezember 1615 auf den Weg. Seine Aufnahme in Rom gestaltete sich diesmal zwangsläufig anders als noch vier Jahre zuvor. Niccolini war als Gesandter inzwischen von Piero Guicciardini abgelöst worden, einem Diplomaten, der bei weitem nicht so große Stücke auf Galileo und diese Reise auch von Anfang an für einen Fehler hielt.

»Galileos Lehre und einiges mehr hat nicht den gewünschten Beifall bei den Konsultoren und Kardinälen des Heiligen Offiziums gefunden... Wenn er zu lange hier bleibt, wird man nicht umhinkommen, einige Untersuchungen seiner Angelegenheiten vorzunehmen«, schrieb der Gesandte beunruhigt nach Florenz. »Ich weiß nicht, ob sich seine Lehre oder seine Gemütsart zum Besseren verändert hat. Wohl aber weiß ich, daß einige Fratres des heiligen Dominikus, die im Heiligen Offizium großen Einfluß haben, und einige andere nichts Gutes mit ihm im Schilde führen.« Und Guicciardini schickte dem Ganzen eine ausdrückliche Warnung hinterher. »Dies ist nicht der Ort, an den man kommt, um über den Mond zu disputieren oder darauf auszusein, in diesem unseren Jahrhundert neue Lehren zu verfechten und zu verbreiten.«

Auf einen besorgten Staatsdiener zu hören oder sich gar diplomatische Zurückhaltung aufzuerlegen lag Galileo jedoch überhaupt nicht – zumindest damals nicht. Sein Naturell gebot ihm vielmehr, sich zu stellen, zu kämpfen und zu siegen. Die neue Wissenschaft versprach glänzende Aussichten und sah sich jetzt absurden Angriffen ausgesetzt. Ihre ganze Zukunft schien bedroht. Die Religion maßte sich Autorität auf Gebieten an, auf denen ihr das nach seiner Überzeugung nicht zustand, wenngleich ihn freilich umgekehrt kaum ein Umstand so sehr verdroß wie jener, daß seine eigenen Einmischungen und Übergriffe in rein theologische Fragen bei den kirchlichen Würdenträgern nicht gerade auf Gegenliebe stießen.

Sein Selbstvertrauen war enorm. Er fühlte sich auf dem Höhepunkt seiner Überzeugungskraft und begab sich von dieser hohen Warte des aufgeklärten Wissenschaftlers in ein vermeintlich engstirniges Rom, ohne zu realisieren, wie sehr sich das Klima inzwischen verändert hatte. Rom war nicht die Kapitale des Fortschritts und der Aufklärung, sondern das Zentrum der Gegenreformation. Nicht die Wissenschaft sahen die Mächtigen in dieser Stadt bedroht, sondern den Glauben der katholischen Kirche. Galileo dachte einseitig an die Herzlichkeit seines Empfanges in der Ewigen Stadt vor vier Jahren zurück und ließ dabei völlig außer acht, daß die Zeiten der Flitterwochen längst der Vergangenheit angehörten. Doch er hatte noch immer höchsten Respekt und größte Achtung vor den Kardinälen und Prälaten der Kirche. Waren die hohen Geistlichen damals gleich in Trauben zur *Trinità dei Monti* und den Gärten des Quirinalspalastes hinaufgepilgert, um seine neuesten Entdeckungen bestaunen zu können, so würden sie ihm gewiß auch jetzt aufmerksam Gehör schenken, wenn er bei ihnen aufs heftigste für die Unabhängigkeit der wissenschaftlichen Forschung warb.

In der katholischen Glaubenslehre drehte sich alles um einen nur nach außen hin kleinen Giganten, Kardinal Roberto Bellarmin. Als oberster Glaubenswächter und Hüter der Heiligen Schrift war er die eigentliche Seele und intellektueller Mittelpunkt der katholischen Theologie. Ihm, einem Jesuiten, der gerade anderthalb Meter maß, oblag es letztlich, über die Konsequenzen zu befinden, welche die Entdeckungen Galileos für die Auslegung der Bibel zeitigten. Und Bellarmin erfaßte offenbar vollkommen, um was es bei dem Problem ging, das Galileo für die Kirche darstellte. Eine kirchliche Überlieferung von mehr als tausend Jahren konnte man nicht so unbekümmert umstoßen, und schon gar nicht auf Grund bloßer Vermutungen, Annahmen oder gar nur vager Wahrscheinlichkeiten.

Selbst wenn Galileo im Recht war, welchen ersten Schritt hätte die Kirche überhaupt tun können, die biblischen Aussagen über die zentrale Stellung des Menschen und seiner Erde in Gottes Schöpfung anders und neu zu interpretieren? Die katholischen Theologen der Zeit waren auf eine derartige Aufgabe weder vorbereitet noch ihr gewachsen. Galileos neue Wissenschaft erforderte vielleicht eine gänzlich neue »biblische Wissenschaft« auf seiten der Kirche. Sich praktisch über Nacht auf eine völlig andersartige Denk- und Vorgehensweise umzustellen, war für eine göttliche Institution wie die Kirche im Grunde kaum zu bewerkstelligen. Für den Kardinal sollte die Kirche an jede Neubewertung ihrer fundamentalen Glaubenssätze – wenn überhaupt – nur mit der »allergrößten Umsicht« herangehen und sich lieber gar nicht bewegen, falls es nicht absolut notwendig war. Jegliche Überstürzung und Voreiligkeit in dieser Sache konnte nur die Autorität der kirchlichen Überlieferung untergraben.

Die Kirche hatte abzuwarten, bis endgültige Beweise vorlagen, und bis dahin mußte allein schon die Absicht, die Heilige Schrift mit der kopernikanischen Kosmologie in Übereinstimmung bringen zu wollen, als Häresie betrachtet werden. Etwa acht Monate vor Galileos Romreise hatte ein hoher kirchlicher Würdenträger aus Kalabrien namens Paolo Antonio Foscarini ein Buch herausgebracht, in dem er einen Weg aufzuzeigen versuchte, die Aussagen der Bibel mit dem heliozentrischen Weltbild des Kopernikus zu versöhnen. Foscarini war nicht irgendwer, sondern Provinzial des Karmeliterordens in Neapel, Professor für Theologie an der Universität von Messina und zweifellos kompetent in allen Fragen der Wissenschaft. Sein Buch hatte er in dem redlichen Bemühen geschrieben, der römischen Kirche den Vorwurf der Rückständigkeit zu ersparen.

Die Kirche freilich zeigte sich über diesen wohlmeinenden Versuch Foscarinis alles andere als erbaut, und Bellarmin griff persönlich zur Feder, um ihre Haltung in einem ausführlichen und bedeutsamen Schreiben an den Karmeliter klarzustellen. (Dessen Buch wurde schließlich ebenfalls als ketzerisch verboten und kam auf den Index.) Zu Beginn seines Schreibens gab sich Bellarmin zuvorkommend. Er nannte Foscarini in einem Atemzug mit Galileo und schien des Lobes voll über beider Scharfsinn und bedachtsame Vorgehensweise. Solange man sich darauf beschränke, die heliozentrische Auffassung des Kopernikus als bloße Annahme und Hypothese zu behandeln, sei es genehm und absolut ungefährlich, darüber zu sprechen und zu schreiben. Aber behaupten zu wollen, daß die Sonne wahrhaftig im Mittelpunkt der Welt stehe, verstoße gegen die Vorschriften des Konzils von Trient, die es verböten, die Schrift gegen die einhellige Ansicht der Überlieferung und der Glaubenskongregation auszulegen.

»Wenn es wahrhaft bewiesen würde, daß die Sonne im Mittelpunkt der Welt steht… und daß nicht die Sonne die Erde, sondern die Erde die Sonne umkreist, dann müßte man sich mit großem Bedacht um die Auslegung der Schriftstellen bemühen, die dem zu widersprechen scheinen.« Mit anderen Worten: Solange es keinen unwiderlegbaren Beweise für die heliozentrischen Annahmen des Systems von Kopernikus gab, hatte man an der biblischen Sicht der zentralen Stellung des Menschen und seiner Erde in Gottes Schöpfung festzuhalten. Dieweil Wissenschaftler den Sternenhimmel mit immer genaueren Instrumenten durchforschten, gedachte Bellarmin sich unverrückbar an eine alttestamentarische Stelle aus dem Buch Salomon zu halten: »Die Sonne geht auf und geht unter und läuft an ihren Ort, daß sie wieder daselbst aufgehe.«

Galileo hatte von Bellarmins Brief an Foscarini nur zufällig und vom Hörensagen erfahren und war daher auf bloße Vermutungen über dessen genauen Inhalt angewiesen. Welcher Grad wissenschaftlicher Gewißheit würde von der Glaubenskongregation je als hinreichend angesehen werden? Ab wann würde man die hypothetische Erörterung der heliozentrischen These als deren offene Unterstützung betrachten? Ab wann galt eine wissenschaftliche Theorie überhaupt als bewiesen?

Auf solche Fragen gab es von seiten Bellarmins und der Kirche keine Antworten, und dies führte zu einer gewissen Lähmung bei Galileo wie auch allen anderen, die sich der neuen wissenschaftlichen Verfahren bedienten. Wenn ihre Hypothesen nichts mehr galten, sobald sie aus der Sicht bestimmter Kriterien beurteilt wurden, die selbst im ungewissen blieben, waren die Konsequenzen für jeden einzelnen von ihnen in der Tat unerträglich.

Als Wissenschaftler konnte Galileo seine Arbeit ohne ein Mindestmaß an realistischen Annahmen über die Himmelsmechanik nicht fortsetzen. Seine Aufgabe bestand darin, solche Annahmen einer Prüfung zu unterziehen und sie durch gezielt erweiterte empirische Beweisgründe zu erhärten. Über die Akzeptanz oder die Ablehnung solcher Hypothesen entschieden Erfahrung und Experiment, und seine eigenen Beobachtungen mit Hilfe des Teleskops hatten die Annahmen eines Ptolemäus, Aristoteles und, was den Weltenbau anbelangte, auch der Bibel unwiederbringlich zunichte gemacht. Selbst wenn er bislang keine hinreichenden Beweise zugunsten der heliozentrischen Auffassung vorlegen konnte, war er von deren Rechtmäßigkeit doch innerlich zutiefst überzeugt. Noch zwingendere Beweise waren ausschließlich auf dem Wege weiterer Forschung, ungehinderter Auseinandersetzung und Offenlegung aller Beobachtungsergebnisse beizubringen. Der Fortgang wissenschaftlicher Forschung überhaupt befand sich nunmehr in Gefahr.

»Einwände gegen jede noch so gut begründete wissenschaftliche These wird es immer geben«, war sich Galileo bewußt. »Auch wenn die Befürworter einer solchen These mindestens neunzig Prozent aller Argumente auf ihrer Seite haben, werde sie noch immer abgelehnt«, notierte er bitter.

In Bellarmin trat Galileo ein Mann von festen und unverrückbaren Prinzipien entgegen, jederzeit willens, diesen auch mit Macht Geltung zu verschaffen. Ihm galt die Bibel als unmittelbares Diktat Gottes und war als geoffenbarte Wahrheit wörtlich zu nehmen. Wenn in Prediger Salomon stand: »Ich allein umfing das Himmelsgewölbe«, oder es im selben Buch hieß: »Die Sonne durchwandert den Zenit«, blieb nach Bellarmin keinerlei Raum für anderslautende Interpretationen. Dreißig Jahre zuvor bereits hatte der Jesuit mit seinem Hauptwerk, den *Disputationen gegen die Ketzer unserer Zeit* (1586), einen machtvollen Schlag gegen die protestantischen Reformatoren der Kirche vollführt und auch in der Folgezeit in allen theologischen Kämpfen an vorderster Linie agiert. Er war Generalinquisitor im Prozeß gegen Giordano Bruno und hatte dessen Hinrichtung gebilligt. Und als sich im Jahre 1606 Paolo Sarpi und Venedig gegen die Autorität des Papstes stemmten, war er es, der den Gegenangriff geführt hatte. So unbeugsam und entschlossen er den einhelligen Glauben von Kirche und Überlieferung verteidigte, so unbeugsam verfolgte er jedwede Abweichung. »Wie gewaltig muß Gottes Zorn sein über die Verbrechen und schlechten Taten der Menschen«, hatte er einmal mit der ganzen Inbrunst eines Inquisitors notiert.

Galileo mußte sich also vorsehen; noch allerdings wußte er selbst nur Gutes über den Kardinal zu berichten. Er dachte daran, wie beeindruckt sich Bellarmin beim Anblick der Jupitermonde gezeigt hatte, und an sein umsichtiges Verhalten, als er zuerst die Meinung der Mathematiker des Collegio Romano einholte, bevor er sich zu einer Bestätigung dieser Entdeckung bereit fand. Er war ein Mann, der Galileo in allem vorrangig als Ebenbürtiger erschien, und als solche würden sie gewiß auch zu einer Verständigung gelangen.

Überdies wußte er von einer Begebenheit, die ihm Bellarmin besonders sympathisch erschienen ließ. Im Anschluß an seinen Romaufenthalt von 1611 hatte der Kardinal eigens eine Sonnenuhr an der Fassade seines Hauses anbringen lassen, die sich allerdings als funktionsuntüchtig erwies. Galileo nahm dies jedoch als Zeichen, daß auch Bellarmin nunmehr den Wonnen der Wissenschaft erlegen wäre, zumal kolportiert wurde, der Kardinal habe inzwischen die Astronomie sogar zu seinem Steckenpferd erkoren und persönlich einige einfache Experimente durchgeführt.

Berichte dieser harmlosen Art galten ihm schon als die Vorzeichen eines glücklichen Ausgangs seiner erneuten Mission in der Ewigen Stadt. Er würde den großen Kardinal als seinen Verbündeten gewinnen und dazu bewegen, die ärgsten Eiferer unter seinen Brüdern in Christi zum Schweigen zu bringen. Tatsächlich hatte er bereits in seinen Brief an Großherzogin Christine einige Zeilen eingefügt, die einen versteckten Appell an Bellarmin enthielten: »Solle die [kopernikanische] Auffassung sich zuletzt als richtig erweisen, zweifle ich nicht daran, daß jene Theologen, die diese Theorie zuvor als unvereinbar mit der Heiligen Schrift angesehen hatten, schnell neue Auslegungen finden werden, die sehr gut damit übereinstimmen, insonderheit«, wie er etwas spöttisch noch hinzufügte, »wenn sie ihr Wissen um die Gottheit noch um einige Erkenntnisse aus der Astronomie bereichern.« Bellarmin dürfte dieses Ansinnen mehr verärgert denn erheitert haben.

Im Jahr vor Galileos Reise hatte Seine Eminenz gerade ein kleines Bändchen mit dem Titel *Erhebung des Geistes zu Gott über die Stufenleiter seiner Schöpfung* herausgebracht. Trotz dieses nicht gerade eingängigen Titels hatte dieses Meditationsbüchlein einige Popularität erlangt. Der Aufstieg zum Himmel vollzieht sich nach Bellarmin über eine Reihe von Stufen, unter denen die siebte die meditative Schau der Himmelssphären einschließt: »Erhebe dich noch etwas weiter, wenn du es vermagst, meine Seele. Wenn du dann den strahlenden Glanz der Sonne, die anmutige Schönheit des Mondes, die Vielzahl und Unterschiedlichkeit der anderen Himmelslichter, die wunderbare Harmonie der Sphären und die großartigen Bahnen der Gestirne betrachtest, bedenke dies: Wie wird es erst sein, Gott noch über allen Himmeln zu schauen, als wäre er eine Sonne, schwelgend in einem Lichte, das niemandem zugänglich ist.«

Letzteres enthielt eine Anspielung auf eine Stelle aus dem ersten Brief des Paulus an Timotheus (6,14–16), bei der freilich die Anfangszeilen noch weit besser auf die bevorstehende Auseinandersetzung mit Galileo gepaßt hätten. Es ist dort die Rede von der Pflicht,

Gottes Wort zu bezeugen und es gegen jegliche Lästerung zu verteidigen: »So jemand anderes lehrt…, der ist aufgeblasen und weiß nichts, sondern hat die Seuche der Fragen und Wortkriege, aus welchen entspringt Neid, Hader, Lästerung, böser Argwohn.« Und im Anschluß die biblische Mahnung: »Schulgezänke solcher Menschen, die zerrüttete Sinne haben und der Wahrheit beraubt sind, die da meinen, Gottseligkeit sei ein Gewerbe. Halte dich von solchen fern!«

Wer in den stürmischen Zeitläuften, die sich bereits abzeichneten, waren die mit zerrütteten Sinnen, wer in bösem Argwohn befangen und der Wahrheit beraubt?

Für Bellarmin selbst war sein Büchlein auch eine indirekte Antwort auf Galileos Brief an Großherzogin Christine. Ob der, der außerhalb seines Fachgebietes nicht mehr viel an Büchern zur Kenntnis nahm, es ebenfalls gelesen hat, läßt sich nicht belegen. Hätte er es getan, hätte er allerdings auch Näheres über die vergleichsweise naive Art der »wissenschaftlichen Experimente« erfahren, mit denen der Kardinal kosmologischen Fragen wie der nach der Geschwindigkeit der Sonne auf ihrer vermeintlichen Kreisbahn um die Erde zu Leibe rückte: »Bei Beginn des Sonnenuntergangs fange ich ein *Miserere* an. Habe ich dieses zweimal hintereinander rezitiert, ist die Sonne ganz verschwunden. In dieser kurzen Spanne also muß die Sonne eine Strecke von mehr als tausend Meilen durchlaufen. Wenn wir bedenken, daß der Körper, der sich mit solch unglaublicher Geschwindigkeit fortbewegt, noch um vieles größer ist als die gesamte Erde und ohne Unterbrechung oder Ermüdung in dieser rasenden Geschwindigkeit verharrt, muß jeder, der noch einigermaßen bei Sinnen ist, gewiß die unermeßliche Macht des Schöpfers bewundern.«

In den ersten Wochen seines erneuten Romaufenthalts machte es sich Galileo zunächst wieder in den Prunkgemächern der Villa Medici hoch über den Dächern der Stadt auf deren östlichem Hügel häuslich bequem. Abgesehen von den Nörgeleien des wenig wohlwollenden toskanischen Gesandten schien alles so zu sein wie beim letzten Mal. Um seine einstigen Bekanntschaften wieder aufzufrischen, suchte er abermals den Kontakt mit den maßgeblichen Würdenträgern der Kirche, und wie damals gelang es ihm, sein Publikum mit seinem Scharfsinn und seiner wissenschaftlichen Brillanz in Atem zu halten. Er hielt hof in den Palästen der Stadt und faszinierte eine gebannte Zuhörerschaft mit seiner neuen Sicht des Weltenbaus. Dabei hatte er es sich zur Regel gemacht, jedesmal zuerst einen genauen Aufriß der tradierten Auffassung des Ptolemäus vorzutragen, bevor er alle Argumente ausbreitete, die mittlerweile gegen deren Richtigkeit sprachen. Als begnadetem Rhetoriker war es ihm ein leichtes, seine Zuhörer mt Witz bei der Stange zu halten. »... An Galileo würden Euer Gnaden großen Gefallen finden, wenn Euer Gnaden ihn reden hörten«, schrieb Pater Antonio Querengo, einer von Galileos Bewunderern, an Kardinal Alessandro d'Este in Modena, der seinerseits ein großer Bewunderer und Verehrer Bellarmins war. »Er spottete seiner Gegner allesamt, indem er auf die gegnerischen Gründe in einer Weise einging, die sie um so lächerlicher zurückließ.« Kardinal d'Este dürfte sich darüber kaum amüsiert haben.

Unmittelbar vor der Jahreswende führte Galileo ein eingehendes Gespräch über das Phänomen der Gezeiten mit Kardinal Alessandro Orsini, in dem er einen seiner engsten Verbündeten im Vatikan sah. Orsini, mütterlicherseits mit dem Hause Medici verwandt, war der Sproß einer der tonangebenden römischen Adelsfamilien und hatte die Kardinalswürde erst wenige Wochen zuvor erhalten. Er war von Galileos Gedanken zu Ebbe und Flut, insbesondere zu deren Abhängigkeit von der Rotationsbewegung der Erde, dermaßen gefesselt, daß er den Wissenschaftler ausdrücklich um eine schriftliche Zusammenfassung seiner Überlegungen bat. Nach kaum zehn Tagen intensiver Arbeit in der Villa Medici ließ Galileo seine *Abhandlung über die Gezeiten* am 8. Januar 1616 in den Petersdom bringen. In seinen eigenen Augen handelte es sich dabei allerdings nur um einen kurzen Aufriß des Problems, um eine vorläufige Zusammenstellung von wichtigen Hypothesen, die allesamt erst noch durch exaktere Beobachtungen einer Prüfung zu unterziehen und zu erhärten waren. Zu diesem Zeitpunkt war bereits klar, daß er sich in Gedanken längst mit einem Werk trug, das einmal die Krönung seines Schaffens werden sollte. Darin sollte dann auch die umfassende Behandlung der Gezeiten ihren Platz finden, eine der wesentlichsten Stützpfeiler vielleicht seines leidenschaftlichen Plädoyers für die kopernikanische Theorie. Diese vollständigere Darstellung mit ihrer Widerlegung sämtlicher dagegen argumentierender Gesichtspunkte hatte jedoch noch auf die Fertigstellung seines *Dialogs über die beiden hauptsächlichen Weltsysteme* zu warten.

Gegen Ende Januar dämmerte es Galileo allmählich, daß die Zeiten sich inzwischen geändert hatten und er es diesmal nicht leicht haben würde. Seine Bekannten im Vatikan wurden zunehmend vorsichtiger im Umgang mit ihm. Die Information über das, was sich beim Heiligen Stuhl in seiner Sache tat, flossen immer spärlicher und waren immer schwieriger zu erlangen. Manche Geistliche gaben ihm zu verstehen, daß sie womöglich ein »großes Risiko« eingingen, würden sie weiter mit ihm verkehren. Er suchte Dritte als Vermittler zu den Oberen der Kirche einzuschalten, aber auch dies schien wenig erfolgreich. Schließlich setzte er alles auf eine Begegnung mit Bellarmin, doch der war zu einem Gespräch mit ihm noch nicht bereit. Zuletzt griff er zur Feder und legte seine Position noch einmal schriftlich dar, denn, so schrieb er an Curzio Picchena, den neuen Staatssekretär des toskanischen Fürstenhauses, »auf vielen Gebieten verlassen sich die Leute lieber auf Geschriebenes als auf den lebendigen Vortrag, weil ihnen ersteres die Möglichkeit gibt, beizupflichten oder abzulehnen, ohne rot zu werden«.

Anfang Februar jedoch schien sich endlich ein Lichtblick abzuzeichnen. Galileo wurde offiziell unterrichtet, daß man die grotesken Anschuldigungen, die von dem Donimikanerpater Caccini gegen ihn vorgebracht worden waren, endgültig fallengelassen hatte. Dieser glückliche Ausgang versetzte ihn sogleich in Hochstimmung, hatte er es damit doch amtlich, was für ihn persönlich am wichtigsten war. Er war endlich befreit von den »Tücken und Gemeinheiten« derer, die seinen Ruf beflecken wollten. Der nichtswürdige Caccini kam jetzt sogar persönlich an die schwere Eisenpforte der Villa Medici gepilgert, um sein Wohlmeinen zu bekunden und Abbitte zu leisten. Galileos Abscheu war überdeutlich. »In der ersten halben Stunde unserer vertraulichen Unterredung, die Pater Caccini mit mir führte«, berichtete er Picchena, »täuschte er Reue vor und Entschuldigung wegen der hierorts geäußerten Beleidigungen. Dann suchte er mich glauben zu machen, nicht er habe dies hier in Gang gesetzt, und wollte mir zum Schluß sogar noch ausreden, was ich mit Sicherheit weiß.« Galileo verachtete den Denunzianten, dessen »große Unwissenheit und gifterfüllte Gemütsart« er durchschaute und offenlegte.

Wäre es ihm ausschließlich um seine eigenen Belange gegangen, er hätte jetzt wohl seine Sachen gepackt und Rom wieder verlassen. Und damit wäre er gut beraten gewesen. Galileo freilich fühlte sich über die eigene Person hinaus in erster Linie auch der Sache der neuen Wissenschaft verpflichtet. Im Machtbereich der römischen Kirche gab es noch zahlreiche Gelehrte, die sich wie er umgehend zur Auffassung des Kopernikus bekannt hätten, wäre dies nur ohne Gefahr für Leib und Leben möglich gewesen. Sie alle waren vom Ausgang seines Romaufenthalts mitbetroffen. »Ich bin des festen Glaubens, daß mein Beistand in der weiteren Klärung dieser Angelegenheit von Nutzen sein kann, da ich den Wahrheitsgehalt der von der Wissenschaft demonstrierten Sachverhalte zu beurteilen vermag. Ich muß tun, was mein Gewissen und mein christlicher Eifer mir gebieten.« Galileo wollte in Rom ausharren und sich dem Konflikt mit der Kirche stellen. Es war dies einer der größten Fehler seines Lebens.

Während er also auf eine definitive Stellungnahme der Kirche zur neuen Wissenschaft wartete, wurden die Beratungen im Vatikan zu dieser Frage systematisch zu einem Abschluß gebracht. Einige Wochen lang wurde das Problem Kopernikus, das sich schnell in ein Problem Galileo verwandelte, in einer Runde von elf »Sachverständigen« und »Konsultoren« verhandelt. Die Experten trugen zum großen Teil stolze Titel: Prokurator des Heiligen Apostolischen Palastes, Generalkommissar des Heiligen Offiziums und Generalvikar des Dominikanerordens. Sie alle waren Meister in ihrem Fach, der Königsdisziplin Theologie, aber kaum einer verfügte über besondere Kenntnisse in Mathematik oder Astronomie. Zu diesem Gremium gehörten unter anderen noch sechs Dominikaner, ein Jesuit und ein geistlicher Würdenträger aus Irland. Nach eingehender Beratung erfolgte eine zeremonielle Erklärung mit einem vernichtenden Ergebnis:

Zu der These, daß die Sonne Mittelpunkt der Welt und gänzlich ohne örtliche Bewegung ist: »Diese These ist töricht, philosophisch absurd und formal ketzerisch, insofern sie dem Sinn der Heiligen Schrift an vielen Stellen widerspricht.«

Zu der These, daß die Erde weder Mittelpunkt der Welt noch unbeweglich ist, sondern sich sowohl im ganzen als auch in täglicher Rotation in Bewegung befindet: »Diese These ist gleichermaßen töricht, philosophisch absurd und in Anbetracht der theologischen Wahrheit... irrig im Glauben.«

Paul V., doktrinär und dogmatisch, sah keinerlei Veranlassung, die Berechtigung dieser Beurteilung oder die fachliche Kompetenz seines Expertengremiums in Frage zu stellen. Im Grunde standen bei dieser Zusammensetzung sowohl dessen Ergebnis als auch dessen anschließende Billigung durch diesen kurzsichtigen Papst bereits von vornherein fest. Der gesamte Apparat des Vatikans war aufgeboten, die neue Wissenschaft im Keim zu ersticken, was auch bedeutete, daß weder das vermeintliche Verdienst des Augenblicks noch das spätere Verdammungsurteil durch die Geschichte auf das Konto einer einzigen Person allein geht, insbesondere nicht auf das des Papstes persönlich. Gleichwohl stand in der Aufarbeitung dieses folgenschweren Skandals der Kirchengeschichte für die Historiker stets die Person Kardinal Bellarmins im Vordergrund, während man die Rolle des Papstes beim Zustandekommen des Verdikts zumeist vernachlässigte. Und doch war es der Papst, der die elf Mitglieder dieses Gremiums ausgesucht und deren Gutachten letztlich gebilligt hatte. Er war daher auch der eigentlich Verantwortliche für einen der monumentalsten Irrtümer der Kirche.

Am 25. Februar trat die Inquisition in dieser Sache erstmals offiziell zusammen. Die Einzelheiten der Zusammenkunft sind bekannt: Paul V. beauftragte Kardinal Roberto Bellarmin in aller Form, Galileo vorzuladen und ihn zu ermahnen, von seiner kopernikanischen Auffassung abzulassen. Der Mathematiker habe sich hinfort gänzlich zu enthalten, eine derartige Doktrin und Meinung zu lehren, zu verfechten oder auch nur zu diskutieren. Wenn er sich nicht füge, werde er eingekerkert. Kardinal Bellarmin wurde damit zum Überbringer dieser päpstlichen Anweisung.

Man möchte hoffen, Bellarmin habe, ehe er seinem verhängnisvollen Auftrag nachkam, wenigstens ausführlich und innig gebetet. Doch es gibt keinerlei Indiz für irgendwelche Zweifel oder Skrupel auf seiner Seite. Für ihn stand die Wahrheit schon fest. Sie mußte nicht erst ermittelt werden. Eine eigens einberufene Kommission hatte sie noch einmal bekräftigt, und der Heilige Vater hatte ihrem Gutachten ausdrücklich zugestimmt. Die geheiligte Wahrheit war im Gegenteil gegen all diejenigen in Schutz zu nehmen, die sich im Irrtum befanden. Handelte es sich um einen angesehenen und bedeutenden Wissenschaftler, der in solchem Irrtum verharrte, erschien es also um so mehr geboten, ihn über die Gottlosigkeit seiner Ansichten, die schließlich viele anstecken könnten, strengstens zu belehren. Die neue Wissenschaft hatte sich über Nacht in eine Seuche verwandelt.

Bellarmin folgte unbeirrt dem dritten Gebot seines Ordens, ja, er hatte sogar eigenhändig eine Abhandlung über diese jesuitische Vorschrift des blinden Gehorsams gegenüber dem Papst verfaßt. Und er hatte auch mehrmals über dessen Unfehlbarkeit als Oberhaupt der katholischen Kirche und als direkter Nachfolger auf dem Stuhl Petri geschrieben. Die galt zwar nach seinen Begriffen nicht in jedem Fall und uneingeschränkt. Ein Papst konnte sich durchaus irren, selbst wenn er, wie Paul V. im Falle Galileos, im Einklang mit seinen theologischen Beratern handelte; er konnte dies jedoch nur, solange es sich ausdrücklich nicht um Fragen der kirchlichen Lehre oder die verbindlichen Moralvorstellungen der Glaubensgemeinschaft handelte. In Fragen des Dogmas und der kirchlichen Moral galt dem Credo Bellarmins zufolge uneingeschränkt das Wort des Papstes.

Wie fügte sich der Fall Galileos in diesen theologischen Kontext? Das Problem der kopernikanischen Weltsicht betraf weder Fragen des Dogmas noch solche der kirchlichen Moral. Der Papst konnte mithin nicht selbst zum Häretiker werden, indem er die kopernikanische Theorie verbot; er konnte höchstens eine Art historischer Schuld auf sich laden.

Bellarmin sah die ganze Angelegenheit fast ausschließlich aus dem Blickwinkel einer innerkirchlichen Verfahrensfrage. Selbst wenn er überzeugt gewesen sein sollte, daß sich der Papst mitsamt seinen Beratern Galileo gegenüber im Unrecht befunden hätte, so war es für ihn gleichwohl ein unerschütterliches Glaubensgebot, daß er fraglos zu gehorchen hatte. Von Bedeutung war für ihn daher allein: Wie würde Galileo selbst reagieren? Sollte er gegen die päpstliche Anweisung aufbegehren und sich widersetzen, so mußte er strengstens gemaßregelt und verwarnt werden. Zeigte er sich hingegen einsichtig und reumütig, würde es schon genügen, ihn gründlich über die Haltung der Kirche zu belehren.

Am Morgen des 26. Februar 1616 empfing Kardinal Bellarmin Galileo mit zeremonieller Höflichkeit. Der gewaltige Unterschied zwischen diesen beiden Männern, in denen sich diametral entgegengesetzte Überzeugungen und jeweils das Beste aus der Welt der Wissenschaft und des Glaubens verkörperten, war schon an ihrem Äußeren ersichtlich. Galileo, eine männliche Erscheinung im besten Alter, hochgewachsen, stämmig und einschüchternd, mit rundlichem, freundlichem Gesicht, zeigte das etwas nachlässige Aussehen des passionierten Wissenschaftlers. Seine Stimme erfüllte den Raum, und seine Ausdrucksweise war temperamentvoll und zuweilen pathetisch. Von Haus aus impulsiv und theatralisch, ließ er sich jederzeit leicht zu Zornesausbrüchen oder auch Freudenbekundungen hinreißen.

Bellarmin hingegen war von kleiner, zierlicher Gestalt, ruhig und in sich gekehrt. Mit dreiundsiebzig war er zwanzig Jahre älter als Galileo, und sein Leben neigte sich bereits dem Ende zu. Im Reden tendierte er eher zu Zurückhaltung und Untertreibung. Stets akribisch genau in Kleidung und Auftreten, mit akkurat gestutztem braunen Spitzbart und einem leichten Blinzeln in den Augen, wußte er den großen Wissenschaftler und dessen Arbeit intellektuell durchaus zu schätzen. Doch dies hinderte ihn keineswegs, seine Pflicht zu tun.

Sie kamen umgehend zur Sache. Bellarmin erläuterte die offizielle Linie der Kirche: Die Meinung des Kopernikus sei ein Irrtum, und Galileo habe von ihr abzulassen, sollte er sie denn tatsächlich je vertreten haben. Dann übergab er das Wort an den Generalkommissar des Heiligen Offiziums an seiner Seite. Der, mit der Verfolgung und Bestrafung ketzerischer Auffassungen beauftragt, wies nachdrücklich auf die Konsequenzen hin, die Ungehorsam in diesen Dingen nach sich ziehen würde. Für den Fall, daß Galileo sich dem Beschluß nicht fügen und Schwierigkeiten machen sollte, würde die Kirche nicht zögern, jeder Widerspenstigkeit mit Härte zu begegnen. Der Inquisitor war in diesem Punkt deutlicher als Bellarmin: Die These, die Sonne sei der Mittelpunkt der Welt und stehe still, während die Erde sich bewege, sei gänzlich aufzugeben. Galileo dürfe sie in Zukunft »nicht aufrechterhalten, lehren oder verfechten, auf welche Weise auch immer, weder in Wort noch in Schrift«. Sonst werde das Heilige Offizium in aller Form Anklage gegen ihn erheben.

Galileo begriff, was das hieß. Im schlimmsten Fall bedeutete es den Scheiterhaufen auf dem Campo dei Fiori oder den Galgen auf dem Ponte Sant'Angelo. Dazwischen lag irgendwo noch die »peinliche Befragung«. Angesichts verbreiteter Häresien in der ganzen Welt und der Erschütterungen in Italien selbst stand ein milderes Urteil von vornherein nicht zu erwarten. Das amtliche Protokoll, das diese besondere Ermahnung Galileos festhält, schließt mit der Bemerkung: »Selbiger Galileo fügt sich dem Gebot und versprach zu gehorchen.«

Dieses Protokoll des Treffens zwischen Galileo und Bellarmin vom 26. Februar 1616 war unter Historikern lange Zeit heftig umstritten. Weder Bellarmin selbst noch der Generalvikar der Dominikaner, noch irgendeiner der anwesenden Sekretäre oder Schreiber hatte es unterzeichnet. Dieser ungewöhnliche Umstand verleitete einige Historiker in neuerer Zeit dazu, das ganze Protokoll überhaupt als Fälschung zu bezeichnen, die nachträglich angefertigt und in die Inquisitionsakten geschmuggelt worden sei, um der Kirche im Prozeß gegen Galileo mehr an die Hand zu geben. Von dieser Betrachtungsweise ist man mittlerweile jedoch weitgehend abgekommen. Der eigentliche Grund für das Fehlen ordnungsgemäßer Unterschriften auf diesem Protokoll dürfte danach nämlich eher im Verhalten Galileos selbst an diesem Tag zu suchen sein: In unmittelbarer Gegenwart Bellarmins hatte er sich gefügig und ehrerbietig gezeigt; eine förmliche Mißbilligung oder gar strenge Maßregelung konnte daher unterbleiben. Das Protokoll des Treffens war aus diesem Grunde nicht so sehr als juristischer Beleg einer förmlichen Verwarnung gedacht, sondern lediglich als interne Notiz für die Akten.

Das Problem ist im Grunde ein doppeltes: Wie schätzte Galileo selbst dieses Treffen mit Bellarmin ein? Und wie würde er sich später daran erinnern? Ungeachtet aller Fügsamkeit, die er Bellarmin gegenüber an den Tag gelegt haben mag, verließ er den Palast des Heiligen Offiziums zweifelsohne in höchst gereizter Gemütslage. Er sann auf jede nur erdenkliche Ausrede, um das, was Bellarmin ihm auferlegt hatte, umdeuten oder ganz übergehen zu können. Möglicherweise hatte er angenommen, eine mündliche Ermahnung dieser Art bedürfte erst noch der schriftlichen Bestätigung durch ein amtliches Dekret, ehe sie endgültig verbindlich werden könnte, und wollte abwarten, ob eine solche schriftliche Bestätigung genauso weit gehen würde wie die mündliche Anweisung Bellarmins.

Im Salon der Villa Medici herrschte in den Tagen unmittelbar nach diesem Treffen eine äußerst brisante Atmosphäre. Kardinäle und Fürsten bemühten sich, einen aufgebrachten Galileo mit vereinten Kräften wieder zu besänftigen. Auch Guicciardini, der toskanische Gesandte, versuchte auf jede Weise, ihn zu beruhigen, und äußerte dabei die Ansicht, daß, wenn Galileo seine umstrittenen Ansichten nur in aller Stille beibehalte, »ohne so große Kraft darauf zu verwenden, andere dahin zu bringen und sie zu verleiten, sich ihnen anzuschließen«, er seinen Forschungen unbehelligt weiter nachgehen könnte. Galileo jedoch zeigte sich keineswegs beschwichtigt, schon gar nicht auf den Rat eines Diplomaten hin. Dieser war nun seinerseits erbost:

»Wir alle fürchten, sein Aufenthalt hier werde ihm zum Nachteil und zum Schaden gereichen«, schrieb er nach Florenz. »Galileo baut mehr auf seine eigene Meinung als auf den Rat seiner Freunde... Er entflammt sich an seinen Ansichten, hat heftige Leidenschaften in sich und wenig Geduld und Vorsicht, um sie besiegen zu können. Es ist dieses sein Draufgängertum, welches macht, daß sich dieser römische Himmel für ihn als sehr bedrohlich erweist.«

Die Depesche des Gesandten ist ein klares Indiz dafür, daß sich zumindest aus der Sicht Galileos absolut nichts ereignet hatte, was man als eine Lösung oder als endgültig betrachten konnte. Galileo ignorierte offensichtlich auch weiterhin jeden Rat des Gesandten, weshalb dieser eigens Kardinal Orsini in die Villa Medici bat in der Hoffnung, dieser wenigstens könnte seinem sturen Gast ein Mindestmaß an Vernunft und Zurückhaltung beibringen. Orsini wiederum verwandte sich im Konsistorium direkt bei Paul V. für Galileo, konnte aber weder für diesen noch für sich selber irgend etwas bewegen – im Gegenteil: Der Papst beauftragte nun auch ihn noch, Galileo von seinen Ansichten abzubringen. Sofort danach ließ Seine Heiligkeit, vermutlich um zu erfahren, weshalb das leidige Problem nicht längst aus der Welt war, Bellarmin zu sich rufen. Sie kamen noch einmal überein, daß Galileos kopernikanischer Standpunkt irrig und ketzerisch sei. Warum wollte das dem dickschädeligen Wissenschaftler nicht in den Kopf? Es war in der Tat noch alles offen; der widerspenstige Mathematiker mußte ein für allemal zur Vernunft gebracht werden.

Auf Grund des Gutachtens der päpstlichen Expertenkommission war die Angelegenheit inzwischen bei der Heiligen Indexkongregation gelandet. Am 3. März hatte Bellarmin dieser auch förmlich mitgeteilt, daß Galileo von ihm ermahnt worden sei, von seiner Meinung abzulassen, woraufhin dieser Gehorsam versprochen habe. Zugleich hatte er der Kongregation eine Anweisung Pauls V. übermittelt: Das Werk des Kopernikus sollte in aller Form auf den Index der verbotenen Bücher gesetzt werden, und der Prokurator des Apostolischen Palastes sollte dies offiziell bekanntgeben. Wieder war es der Papst selbst, nicht einer seiner Untergebenen, der den ganzen Prozeß vorantrieb.

Zwei Tage später, am 5. März 1616, wurde das entsprechende Dekret des Vatikans veröffentlicht. Aus der Sicht Galileos war das Wichtigste daran das, was es nicht enthielt. Es fand sich kein einziger Hinweis auf Galileo Galilei, weder auf sein Werk noch auf seine bekannten Ansichten, obwohl in diesem Zusammenhang auch die Schriften zweier Kirchenmänner, die sich ebenfalls für das heliozentrische Weltbild eingesetzt und für dessen Richtigkeit Partei ergriffen hatten, ausdrücklich mit Verbot belegt wurden. Das eindeutige Angriffsziel war diesmal Kopernikus selbst: »Es ist der Heiligen Indexkongregation zur Kenntnis gelangt, daß jene falsche und der Heiligen Schrift gänzlich entgegenstehende pythagoreische Lehre von der Bewegung der Erde und dem Stillstand der Sonne, welche Nikolaus Kopernikus... lehrt, sich schon verbreitet und von vielen übernommen wird... Sie hat daher beschlossen, damit eine derartige Meinung nicht um sich greife, daß... das Buch des Nikolaus Kopernikus zu suspendieren ist, bis es korrigiert wird...«

Dieses Dekret vom 5. März ist Dreh- und Angelpunkt jener »Affäre«, die seither mit dem Namen Galileos verbunden ist. Weit mehr noch als die zuvor erfolgte eher unschlüssige und vage Ermahnung durch Bellarmin und in erheblich höherem Maße als selbst der eigentliche Prozeß gegen Galileo siebzehn Jahre später war jene päpstliche Verfügung verantwortlich dafür, daß die römische Kirche in den Verruf der Feindseligkeit gegen Wissenschaft und geistige Aufklärung geriet. Es markiert jenen verhängnisvollen Fehltritt, von dem sich die Kirche seit nunmehr 378 Jahren mühsam wieder zu erholen trachtet.

Für Galileo war dies die autoritative Stellungnahme der Kirche, die in ihrer Deutlichkeit wie auch später in seiner Erinnerung eindeutig über seinem Treffen mit Bellarmin vom 26. Februar rangierte. Bis zum Zeitpunkt seines Prozesses 1633 gab es von seiten der Kirche keine einzige schriftliche Äußerung, die ihm untersagt hätte, weiter für die Theorie des Kopernikus einzutreten. Wie konnte er etwas von vertraulichen Memoranden über ihn ahnen, die in den Geheimakten des Heiligen Offiziums schlummerten? Für ihn zählten nur die amtlichen Stellungnahmen der Kirche. Gleichwohl kam es sechzehn Jahre später hauptsächlich auf Grund von geheimen und nicht von offiziell verbreiteten Unterlagen zu einer Anklage und zur Verurteilung.

Vom Zeitpunkt dieses Dekrets an lebte Galileo in einer verhängnisvollen Fehleinschätzung und Selbsttäuschung über seine tatsächliche Lage, und die Kirche, von Bellarmin bis hin zum Papst, hatte selbst in wesentlichem Maße zu dieser Verblendung beigetragen. Sie hatte den Eindruck entstehen lassen, man habe ihn, um ihm einen heilsamen Schock zu versetzen, zunächst kompromißlos in die Schranken gewiesen, um sich anschließend wieder milde und nachsichtig zu geben. Nicht er, sondern Kopernikus war aus seiner Sicht das ausschließliche Ziel all der Beratungen in der Indexkongregation, an deren Ende lediglich die Forderung nach einer Korrektur von ganzen zehn Zeilen aus Kopernikus' Hauptwerk *De Revolutionibus* herauskam. Für ihn war es gewiß ein traumatischer und zeitweilig sogar gefährlicher Monat in der Ewigen Stadt, doch zuletzt hatte er ohne eine förmliche Verurteilung die Angelegenheit überstanden. Zumindest dachte er das.

Schon am Tag nach der Bekanntgabe des Dekrets war Galileos heimliche Genugtuung jedermann spürbar. Zwar machte er noch immer seine Feinde für die jüngsten Gewitterwolken verantwortlich, aber letztlich hatte in seinen Augen doch die Weisheit der Kirche obsiegt. Dem Staatssekretär des Großherzogs gegenüber äußerte er sich unverhohlen abschätzig über die Geringfügigkeit der Verbesserungen, die an einer Stelle des Vorwortes von Kopernikus' Buch, in der die heliozentrische Sichtweise als der Heiligen Schrift nicht widersprechend dargestellt wird, nunmehr vorgenommen werden mußten. »Ich selbst habe an dieser Angelegenheit keinerlei Interesse und hätte mich überhaupt nicht auf sie eingelassen, hätten meine Feinde mich nicht darein verstrickt.« Die Sache hatte sich für ihn mittlerweile auf ein winziges Detail reduziert, eine bloße Nebensache. Das Endresultat des Ganzen schien ihm so unerheblich, daß er es kaum erwähnenswert fand. »Ich schrieb Euch, Hochwürdigster Herr, nicht mit der letzten Post, da es von hier nichts Neues zu berichten gibt. Man wird hier zu einer Lösung der besagten Angelegenheit kommen, die ich immer als eine öffentliche, nicht als Angelegenheit meines persönlichen Interesses behandelt habe.« Und mit für ihn typischer Überhöhung der eigenen edlen Motive fügte er hinzu: »An meinen Schriften kann man jederzeit ablesen, in welchem Geiste ich stets gehandelt habe und immer handeln werde; ich werde sie bewahren, um meinen Verfolgern damit den Mund zu verschließen und demonstrieren zu können, daß in dieser Angelegenheit auch ein Heiliger der Kirche keine größere Ehrerbietung und keinen größeren Eifer entgegengebracht haben könnte als ich.«

Galileo ein Heiliger? Die ungeschmälert hohe Sicht der eigenen Rolle in dieser Sache war ihm wichtig, und er lag schließlich nicht völlig falsch, wenn er sein Verhalten in dieser schwierigen Zeitspanne mit dem eines Heiligen verglich. Zu keiner Zeit hatte er jemals die Autorität oder die Weisheit der Kirche in Frage gestellt. Einen Geringeren als ihn, einen, welcher der Kirche weniger ergeben gegenüberstand als er – einen Giordano Bruno gewiß –, hätten die Geschehnisse dieser Tage schnell dazu gebracht, der Autorität der Kirche nur noch mit Verachtung zu begegnen. Nicht so Galileo.

Wenige Tage nach Erlaß des kirchlichen Dekrets gewährte Paul V. ihm eine Privataudienz von annähernd einer Stunde. Wieder einmal zeigte sich der Mathematiker dabei höchst untertänig und devot, war für ihn dieser Papst doch trotz aller Rigorisität und Beschränktheit in erster Linie der Nachfolger des heiligen Petrus. Die Audienz verlief »höchst wohlwollend«, und Seine Heiligkeit gab sich äußerst zuvorkommend und nachsichtig. Vermutlich war das Treffen von Kardinal Bellarmin angeregt und arrangiert worden. Galileo, einmal verwarnt, sollte nunmehr wieder besänftigt und beruhigt werden. Allen guten Absichten zum Trotz führte diese wohlwollende Behandlung Galileos letztlich nur dazu, die tatsächliche Botschaft der Kirche an ihn zu verwässern und ihn in seiner grandiosen Verblendung weiter zu bestärken. Aus dem Abstand der Geschichte betrachtet, trug die Haltung der Kirchenoberen mithin lediglich dazu bei, daß Galileo sich noch mehr verstrickte. Wie sollte er sich angesichts all dieses schmeichelnden Entgegenkommens noch des Ernstes von Bellarmins Ermahnung vom 26. Februar bewußt bleiben?

Dem Staatssekretär in Florenz gegenüber schwärmte er über die großherzigen Komplimente, mit denen Seine Heiligkeit ihn während der Audienz bedacht hatte, die löbliche Hervorhebung der »Redlichkeit und Lauterkeit meiner Gesinnung«, die Versicherung der »Geneigtheit« und des »größten Wohlwollens« des Heiligen Vaters. »Da ich kein Hehl daraus machte, daß ich Unruhe verspürte in der Befürchtung, stets von der unversöhnlichen Heimtücke meiner Feinde verfolgt zu werden, sprach Seine Heiligkeit mir Trost zu mit den Worten, ich solle ruhigen Gemütes sein, weil ich bei Seiner Heiligkeit und der ganzen Kardinalskongregation in solch einem Rufe stünde, daß man den Verleumdern nicht leichtfertig das Ohr leihen würde.« Solange er lebe, versicherte Paul V. Galileo, könne er sicher sein – wenn und solange er unterwürfig blieb.

Statt von da ab noch ganze drei Monate in Rom zu verweilen, hätte Galileo die Stadt in diesem Moment verlassen sollen. Es gab nichts mehr zu tun, was seiner eigenen oder der Sache der Wissenschaft zum

Vorteil gereicht hätte. Sein Bleiben konnte höchstens weiteren Schaden anrichten, denn natürlich ließen seine Anhänger, insbesondere Fürst Cesi und die anderen »Luchse« in Cesis Palast in der Via Maschera d'Oro, nicht davon ab, das kirchliche Dekret gegen die neue Wissenschaft nach Kräften anzuprangern und ihre Solidarität mit Galileo zu bekunden. Noch nahm niemand Notiz davon.

Die Gegenreformation hatte sich gegen die Früchte der Renaissance verschworen und einen verheerenden Sieg davongetragen. Der neuen Wissenschaft war böse mitgespielt worden; sie sollte einige Jahrhunderte brauchen, um sich in Italien von diesem Schlag wieder zu erholen. Tatsächlich datieren einige Forscher Italiens Niedergang im Kontext der europäischen Entwicklung von diesem Zeitpunkt an. Doch es geht um wesentlich mehr als lediglich um eine historische Frage. Wissenschaft und Glaube waren aufeinandergeprallt, und im Gefolge dieses fürchterlichen Debakels für beide Seiten drifteten sie beide immer weiter in gegensätzliche Richtungen auseinander und verloren dabei auch zunehmend an gemeinsamem Boden unter den Füßen. Die römische Kirche hatte sich mit ihrem Beharren auf der totalen Überlegenheit der Theologie bis heute das Kainsmal der Wissenschafts- und Fortschrittsfeindlichkeit aufgedrückt. Sie ist noch immer aufs heftigste bestrebt, diesen Fluch von 1616 endlich loszuwerden. Die Wissenschaft auf der anderen Seite zeigte sich in der Folge allem Sprititueller gegenüber immer ängstlicher und abhold und wurde zunehmend trockener und blutleerer, so daß gegenwärtig selbst die phantastischsten Entdeckungen in den Weiten der heutigen Himmel die Seele oder den Geist der Sterblichen kaum mehr aufzurütteln vermögen.

Dieweil Galileo noch in Rom ausharrte, ging es Kardinal Bellarmin darum, die Vorgangsweise der Kirche zu rechtfertigen. Der jesuitische Theologe war an führender Stelle in den Strudel einer historischen Tragödie geraten und hatte dabei seine eigene Reputation aufs Spiel gesetzt. Die Ermahnung Galileos sollte hinfort alles andere in seinem frommen Lebenslauf überschatten. Nach dem Urteil des Historikers Richard Westfall war Bellarmin in diesem Geschehen nicht nur ein Gefangener seines eigenen Lebenswerkes und seiner orthodoxen Weltsicht, sondern auch der seiner Epoche. Es war die Tragödie dieses großen Geistes, daß er in der neuen Wissenschaft nur eine Bedrohung, nicht aber die Verherrlichung Gottes und des menschlichen Geistes zu sehen vermochte. Die neue Wissenschaft und den Protestantismus erachtete er als gleichermaßen heimtückische wie gefährliche Widersacher seiner geliebten Kirche und der Wahrheit der biblischen Offenbarung, die ihm heilig war. Sie mußten zerschmettert werden.

In den zwei Monaten nach Bekanntgabe des kirchlichen Dekrets hatte sich Galileos übergebührlich langes Verweilen in Rom für alle Beteiligten zu einem richtigen Ärgernis und einer regelrecht peinlichen Angelegenheit ausgewachsen. Der Gesandte Guicciardini geriet über sein fortdauernd provokantes Gebaren derart in Rage, daß er sich direkt an den Großherzog wandte: »Galileo scheint dazu geboren, mit den Fratres an Sturheit zu wetteifern und sich hierorts mit Personen anzulegen, die man nicht angreifen kann, ohne sich dabei selbst zugrunde zu richten. Wir werden in Florenz demnächst noch hören, daß er blindlings in den einen oder anderen Abgrund getaumelt ist.«

Galileo mußte dringendst bedeutet werden, daß er Rom auf dem schnellsten Wege zu verlassen habe. Davon war mittlerweile auch der Großherzog überzeugt, dessen Staatssekretär Galileo am 25. Mai eine höfliche, aber unmißverständliche Botschaft übermittelte: Er solle sich hüten, »den schlafenden Hund zu wecken«, und so bald wie möglich nach Florenz zurückkommen, denn »es sind Gerüchte im Umlauf, die uns nicht behagen«. Und die Fratres seien allmächtig...

Widerstrebend ging Galileo daran, dem herzoglichen Befehl Folge zu leisten und seine Sachen zu packen. Ehe er Rom endgültig verließ, wollte er allerdings sicherstellen, daß über den Ausgang seines Aufenthaltes keine Mißverständnisse aufkommen konnten: Er hatte sich aus freien Stücken in die Ewige Stadt begeben. Er war von der Kirche weder offiziell des Irrtums bezichtigt noch gezwungen worden, irgendeiner seiner Überzeugungen abzuschwören. Und die Kirche hatte ihm auch keinerlei Strafen oder Bußen auferlegt. Galileos fortwährendes Gezeter über die Böswilligkeit seiner Feinde mochte an

Verfolgungswahn grenzen, doch ließ es sich nicht übersehen, daß Gerüchte und Verleumdungen über seine Erfahrungen mit dem Vatikan bereits überhandnahmen.

Am 26. Mai suchte er daher noch einmal den einzigen Mann auf, der diese Gerüchte zum Schweigen bringen konnte: Kardinal Roberto Bellarmin. Er legte ihm eine Anzahl Briefe von gutmeinenden, durch solche Fehlinformationen aufgeschreckten Freunden vor, die ihm angesichts vermeintlicher Strafmaßnahmen der Kirchenoberen ihr Bedauern zu Ausdruck brachten, und zeigte sich entsetzt über den solcherweise entstandenen Eindruck und dessen weite Verbreitung. Bellarmin hatte dafür Verständnis und erklärte sich willens, ihm gegen alle Verleumdungen eine offizielle Klarstellung mit auf den Weg zu geben.

Das Schreiben des Kardinals hebt mit dem majestätischen »Wir« an: »Wir, Roberto Kardinal Bellarmin...« Er wies als erstes alle Verleumdungen und umlaufenden Gerüchte über angeblich schwerwiegende Beschuldigungen und Strafmaßnahmen gegen Galileo zurück und stellte den Vorgang dann wahrheitsgemäß richtig: Galileo wurde lediglich die von der Heiligen Indexkongregation erlassene Verordnung mitgeteilt, welche besagte, daß die dem Kopernikus zugeschriebene Lehrmeinung der Heiligen Schrift widerspreche und deshalb weder verfochten noch aufrechterhalten werden dürfe. Das war, wie Seine Eminenz befand, »alles, was geschehen war«. Bellarmins Richtigstellung war umfassend und erschöpfend. Es hatte keinerlei Abschwörung kopernikanischer oder sonstiger Lehrmeinungen in Rom oder anderswo gegeben. Bestimmte Hinzufügungen und Streichungen im Original seines Briefes zeigen deutlich seinen Willen, Galileo so eindeutig, wie das schriftlich überhaupt möglich war, zu entlasten.

Dieses Schreiben sollte sich für Galileo später als von unschätzbarem Wert erweisen. Es wurde zum Hauptbeweisstück seiner Verteidigung sechzehn Jahre danach und dem Tribunal zusammen mit einer Reihe anderer Entlastungsschreiben aus den Händen hochstehender Kardinäle vorgelegt, die Galileos »allerhöchste Reputation« im Kardinalskollegium bezeugten. Der war ob solchen Lobes gewiß geschmeichelt; seine Bitterkeit konnte es freilich nicht besänftigen.

»Nichts auf der Welt«, klagte er beim Abschied aus Rom am 4. Juni, »verfolgt das Wissen mit größerem Haß als die Unwissenheit.«

10

Schatten über Bellosguardo

Im Frühjahr 1617 bezog Galileo auf einem der Hügel im Westen von Florenz eine fürstliche Landvilla mit Namen Bellosguardo. Wie der Name besagt, bot sich von hier ein prächtiger Ausblick über das Tal des Arno und auf die Stadt der Blumen und Träume, die Stadt eines Dante, eines Boccaccio und eines Petrarca – und inzwischen auch seiner selbst. Vom mit einer hohen Mauer umschlossenen Garten dieser Villa hatte er mit einigen seiner Schüler schon früher astronomische Beobachtungen durchgeführt und sich dabei in stets hypochondrischer Besorgnis um seine Gesundheit eingeredet, die dünnere Nachtluft auf diesem Hügel könne ihm bei seinen nächtelangen Beobachtungen nur guttun. »Setzt Euch nicht zu sehr der Nachtluft aus«, hatte ihn Sagredo schon vor den extremen Schwankungen und der Feuchtigkeit des Klimas in Florenz gewarnt. »Laßt Mars und Jupiter ihre eigenen Bahnen ziehen! Gebt acht auf Eure Gesundheit und hört auf, Eure Kraft damit zu vergeuden, daß Ihr Euch mit unbelehrbaren Philosophen herumschlagt!« Galileo überhörte den Rat.

Sein Entschluß, Bellosguardo zu mieten, wurde vor allem durch die unmittelbare Nähe zu seinen beiden Töchtern Virginia und Livia beeinflußt, die mittlerweile sechzehn beziehungsweise fünfzehn Jahre alt waren. Als uneheliche Töchter hatten sie keinerlei Aussicht auf eine standesgemäße Heirat und standen infolgedessen gerade davor, in den Franziskanerinnenkonvent San Matteo in Arcetri, einem unmittelbar oberhalb von Bellosguardo gelegenen kleinen Dörfchen, einzutreten. Der langersehnte Wechsel seiner beiden Töchter zu einem Leben als Nonne beendete ein vierjähriges Gezerre, während dem Galileo vergeblich versucht hatte, die Mädchen noch vor Erreichen des »vorgeschriebenen Alters« in einem Kloster unterzubringen, um sich auf diese Weise die Hälfte der Mitgift an die Kirche zu ersparen, was nur eine dazu erforderliche Sondererlaubnis ermöglicht hätte. Jetzt, da sie im Stift der Klarissinnen endlich mit Christus vermählt waren, erhielten sie die neuen Ordensnamen Suor Maria Celeste und Suor Arcangela.

Eine besonders liebevolle Beziehung verband Galileo mit Maria Celeste, der Älteren. In den kommenden Jahren, in denen sie im Kloster heranwuchs, sollte sie ihm eine noch größere Stütze werden, als er sich das gegenwärtig überhaupt vorstellen konnte. Oft noch sollte er in diesen Jahren mit Blumen unter dem Arm über die Hügel hin zu ihrer Klosterpforte wandern.

Zum Preis von hundert Dukaten jährlich hatte er Bellosguardo zunächst für fünf Jahre gemietet – vierzehn sollten es am Ende werden – und sich umgehend Gedanken darüber gemacht, wie er den dazugehörigen Grund und Boden etwa durch den Anbau von Bohnen, Erbsen, Linsen und einer beträchtlichen Menge Weizens auch wirtschaftlich sinnvoll nutzen konnte. Seine Freunde bejubelten die prächtige neue Umgebung als verdiente Dreingabe für einen so großen Genius. Sagredo beglückwünschte ihn aus Venedig mit einer lateinischen Lebensweisheit: *Vivere et laetari: Hoc est enim donum Dei!* (Lebe und genieße: Das ist ein Geschenk Gottes!). Auch Magagnati, der noch immer freigeistige Verfasser deftiger Possen und Komödien, meldete sich aus Venedig zu Wort, wenngleich auf seine Art. In der Hoffnung auf eine prächtige Aussicht von Galileos *Loggia*, bekannte der Dichter, packe ihn ein ganz »hintersinniger Neid« und ein »gewaltiges Jucken«, ihm demnächst einen Besuch abzustatten. Im Vergleich mit seiner Aussicht würde die von seiner bescheidenen kleinen Loggia über dem Canal Grande vielleicht verblassen, aber er habe trotzdem noch immer »einen Trinkspruch für die schaukelnden Gondolieri« und sogar »ein paar Gläser feinsten kühlen Likörs und Perlweins auf Eure Gesundheit getrunken, die, gebe Gott, Euch ein bißchen geholfen haben«. Und spitzzüngig wie immer beschwerte sich Magagnati, daß sich seine Muse entmutigt und beschämt als Gaunerin und Schwindlerin gebärde, sei doch eines seiner zahlreichen Spottgedichte, das er dem mächtigen Kardinal Don Carlo de' Medici gewidmet habe, von diesem mit entrüstetem Schweigen übergangen worden.

Galileo freilich befand sich gar nicht in der Stimmung, in der ihn Witze über beschämte Musen und eisernes Schweigen hätten aufheitern können. 1617 und den weitaus größten Teil des Jahres 1618 verbrachte er vornehmlich in großer Isolation, frustriert und gehindert, sich offen über gefährlich gewordene Themen zu äußern, und selbst in seiner privaten Korrespondenz zur Zurückhaltung genötigt, sobald es um astronomische Sachverhalte ging. Widerspenstig und stockend wie ein Geprügelter wandte er sich erst allmählich Fragestellungen zu, die von seinen eigentlichen Interessen her eindeutig erst an zweiter Stelle rangierten. Doch die Beschäftigung mit unverfänglichen Themen konnte ihn zumindest zeitweise über seine Lage hinwegtrösten. So wandte er sich jetzt Fragen des Magnetismus, der Mechanik und der Wärmelehre zu, arbeitete an der Verbesserung des Mikroskops und befaßte sich mit so handfesten Problemen wie denen des Hochwasserschutzes, den diesjährigen Preisen für Pferde und den Glückschancen beim Würfelspiel.

Doch auch auf dem Gebiet der Astronomie gab es immerhin noch einen Bereich, der nicht dem kirchlichen Verbot von 1616 unterlag. Seit über drei Jahren schon war er zu der Überzeugung gelangt, die regulären Bewegungsbahnen seiner Jupitertrabanten könnten auch als Orientierungshilfen für die Navigation herangezogen werden, insbesondere wenn es darum ging, die Position eines Schiffes genau nach ihrer geographischen Länge zu bestimmen. Er machte sich daran, alle Positionsveränderungen im System des Jupiter minuziös tabellarisch aufzulisten, und kam so schnell zu dem Ergebnis, daß seine Methode ganz erheblich zur Verbesserung der gebräuchlichen navigativen Hilfsmittel beitragen würde, nach denen ein Schiff seinen genauen Zielort bislang nur mit Abweichungen von bis zu vier Grad erreichen konnte. Mitte des Jahres 1617 hatte er seine Tabellen vervollständigt und seinen Instrumentenbauer instruiert, ihm nach seinen Plänen ein Gerät zur Lagebestimmung der Sterne im System des Jupiter, ein *Jovilabium*, anzufertigen, das dann aus einer meisterhaft konstruierten und verzierten Messingscheibe mit einer Skala von dreihundertsechzig

Grad bestand, die über einen ausgeklügelten Mechanismus mit einer kleineren Scheibe verbunden war, auf der die Einteilung des Tierkreises und Tabellen mit den einzelnen Positionen der Jupitermonde eingraviert waren.

Parallel dazu erfand er einen grotesken Helm, an dem auf beiden Seiten Teleskope angebracht waren und den Steuerleute an Bord ihrer Schiffe tragen sollten, selbst wenn ihnen dieses Gebilde das Aussehen von Wikingern mit ihren beidseitig gehörnten Sturmhauben verlieh. Dieser *celatone* sollte es einem Schiffsführer ermöglichen, sich jederzeit der Position der Jupitermonde zu vergewissern, ohne dabei das Ruder aus der Hand geben zu müssen. Im März 1617 wurde dieser Helm im Arsenal von Pisa fabriziert und anschließend bei Livorno, wo sich Galileo zusammen mit einer Reihe von Schiffskapitänen auf dem Deck einer Kriegsfregatte eingefunden hatte, erprobt.

Die Resultate schienen vielversprechend. Als er sie seinem langjährigen Widersacher am Hof der Medici, dem Militärbefehlshaber Giovanni de' Medici, präsentierte, stellte er natürlich die militärischen Vorteile in den Vordergrund und verwies darauf, daß dieser teleskopbestückte Helm einem Kapitän die Möglichkeit gebe, Piraten auf hoher See frühzeitiger ausmachen oder schon in großer Ferne feindliche Schiffe von verbündeten unterscheiden zu können. Jetzt zeigte sich der uneheliche Sproß der Medici plötzlich begeistert und ließ Galileo ausrichten, sein *celatone* sei als Erfindung von größerem Wert noch als sein Teleskop. Der Helm wurde umgehend zum Militärgeheimnis erklärt.

Zwischendurch versuchte Galileo auch mit dem spanischen König ins Geschäft zu kommen, da Spanien inzwischen seine Stellung als beherrschende Seemacht im Mittelmeer untermauert und das Großherzogtum Toskana in dieser Hinsicht in die Rolle eines Vasallenstaates gedrängt hatte. Ein Übereinkommen zur Ausrüstung der spanischen Flotte mit seinem *celatone* bot fraglos äußerst lukrative Aussichten. Die Unschlüssigkeit am spanischen Hof führte zu einem ungeduldigen und gereizten Briefwechsel zwischen ihm und seinen Beauftragten in Spanien. Er wisse, schrieb er im Juni 1617, daß der Königshof mit größeren Summen »Erfindungen« finanziert habe, die sich hinterher als nutzlos herausgestellt hätten, und daß der König daher fest entschlossen sei, sein Geld nicht noch einmal zu riskieren, ehe er nicht zu hundert Prozent vom Erfolg einer Investition überzeugt sei. »Ich halte das für ganz richtig«, erklärte er etwas gönnerhaft, »aber es entspricht umgekehrt auch überhaupt nicht meiner Reputation, so viel Zeit und Geld in eine sorgfältige Planung zu stecken, um dem König auch wirklich etwas Brauchbares offerieren zu können, um dann am Ende dem Neid und der Böswilligkeit der Berater des Königs ausgesetzt zu sein.« Zum Beweis der eigenen Großzügigkeit bot er an, persönlich nach Sevilla oder Lissabon zu reisen und seine Erfindung dort den Admirälen der spanischen Flotte zu demonstrieren.

Am Hofe Spaniens entbrannte eine heftige Diskussion über diesen Vorschlag. Letztlich verzichtete Philipp III., der ohnehin dauernd von begehrlichen und teuren Erfindern umlagert war, dann doch darauf, auf die Forderungen Galileos, der eine jährliche Vergütung von zweitausend Dukaten für seine Erfindung verlangt hatte, einzugehen.

Enttäuscht richtete Galileo sein Augenmerk daraufhin nach Norden. Seit einiger Zeit hatte er sich das Wohlwollen eines weiteren hochadligen Gönners, des Erzherzogs Leopold von Habsburg, gesichert, dem das österreichische Tirol unterstand. Leopold, ein Landesfürst mit gleich zwei Bischofshüten, auf die er jedoch zugunsten der Heirat mit einer Medici verzichtete, war ein Schwager des Großherzogs und für Galileo ein zusätzlicher Protektor, dessen Enthusiasmus in wissenschaftlichen Belangen ihm nur dienlich sein konnte. Im März 1618 nutzte Leopold die Gelegenheit einer offiziellen Staatsvisite in Florenz für einen persönlichen Besuch Galileos in Bellosguardo.

Er traf ihn in jämmerlicher Verfassung an. Zu den chronischen Beschwerden hatte sich ein gravierender Leistenbruch gesellt, der ihn zwang, sich in ein eisernes Stützgestell zu zwängen. So empfing er den Herzog steif und unbeweglich auf sein Krankenlager gestreckt und ließ sich gequält von einem Schwall wissenschaftlicher Detailfragen überschütten, mit dem ihn der Fürst übereifrig bestürmte.

Zwei Monate danach schrieb er dem Erzherzog, als wäre er ein Gefangener, den man an Händen und Beinen gefesselt und den Mund mit einem Knebel verschlossen hatte. Um ihn auf diesen Hilferuf eines Gedemütigten einzustimmen, hatte er seinem Brief eine Reihe von Präsenten beigegeben, darunter auch das Teleskop, mit dem er seinen eigenen Worten zufolge in den vergangenen drei Jahren seine astronomischen Beobachtungen durchgeführt hatte, sowie ein Kupfermodell seines *celatone*, den geschickte Handwerksmeister in Graz der Kopfgröße des Herzogs anpassen sollten. Dazu sandte er noch je ein Exemplar der Abhandlung über die Gezeiten und über die Sonnenflecken. »Da unseren Oberen höhere Wahrheiten zugänglich sind, an die mein geringer Verstand nicht heranreicht, sehe ich ein, daß ich ihren Ratschlüssen Glauben und Gehorsam schuldig bin…« Seine beigefügten *Briefe über die Sonnenflecken* sollten aus diesem Grunde eher als poetische Ergüsse oder Träumereien angesehen werden denn als ernsthafte Theorie über eine Rotation der Erde um ihre eigene Achse. »Gleichwohl finden Dichter manchmal Gefallen an den Schöpfungen ihrer Phantasie«, und in diesem Sinne schätze auch er seine »Hirngespinste«. Er habe, versicherte er Leopold, seine Abhandlung bereits vielen Hoheiten zukommen lassen, und sollten diese (wie ein Erzherzog vielleicht) mit etwas Glück Gefallen an »meinen Phantasieprodukten und den Hirngespinsten, die ich mir erträumt habe«, finden – wer weiß, welche Möglichkeiten daraus entstehen könnten?

Diese Zeilen und mehr noch, was zwischen ihnen stand, gewähren einen Blick auf die innere Zerissenheit, von der Galileo zu jener Zeit gepeinigt wurde.

Am selben Tag, an dem er den Erzherzog in Innsbruck um Hilfe ersucht hatte, warfen wenige hundert Kilometer weiter östlich davon in Prag protestantische Angehörige der böhmischen Adelsfronde zwei katholische Statthalter des deutschen Kaisers samt Sekretär aus einem hochgelegenen Kanzleifenster, gaben damit das Signal zu einer allgemeinen Erhebung des protestantischen Böhmen gegen die katholischen Habsburger und stürzten sämtliche Kronländer Habsburgs, Österreich eingeschlossen, in den Krieg. Der »Prager Fenstersturz« bedeutete den Beginn des Dreißigjährigen Krieges.

Im Juli bedankte sich Erzherzog Leopold bei Galileo für die Präsente und versprach, sich seiner Theorien über die Sonnenflecken und die Erdbewegung anzunehmen, sobald er einen Augenblick der Muße finde. Protestantische Heerhaufen sammelten sich an den Grenzen seines Landes, und ketzerische Aufständische wiegelten seine Untertanen auf. Die Freuden der Wissenschaft mußten in dieser Situation für eine Weile zurückstehen.

Trotz seiner prächtigen Umgebung in Bellosguardo, der Nähe zu seinen beiden Töchtern und der Gefälligkeiten des Fürstenhofes war Galileo in den beiden Jahren 1617 und 1618 die überwiegende Zeit krank und am Rande der Verzweiflung. Die Klimaschwankungen dieser Monate trugen nicht zur Aufhellung seiner Gemütsverfassung bei. Im Winter herrschte bittere Kälte, die sich durch eine anhaltende Feuchtigkeit noch unangenehmer bemerkbar machte. Da diese extreme Witterung drei Winter hintereinander anhielt, hatte sie 1619 einen katastrophalen Ernteausfall zur Folge, der auch den anfälligen Florentiner Tuchhandel und die Wirtschaft insgesamt in Mitleidenschaft zog.

Die häufigen Fieberschübe und Schmerzanfälle in Leisten und Gelenken zerrten an Galileos psychischer Widerstandskraft. Depressionen und hypochondrische Panikzustände ließen ihn kaum noch Luft holen, ehe sich mit dem nahenden Frühjahr 1618 schließlich nach und nach erste Besserungen einstellten und seine Stimmung wieder steigen ließen. Gleichsam als Belohnung für sich selbst dachte er sofort an eine strapaziöse Wallfahrt zum Heiligtum von Loreto etwa fünfundzwanzig Kilometer südlich von Ancona, die ihn vierhundert Kilometer weit über enge Bergpässe und holprige Straßen quer durch den Apennin führen sollte.

Daß der Fünfundfünfzigjährige nach so langer, lebensgefährlicher Krankheit noch eine derart beschwerliche Pilgerfahrt auf sich nehmen sollte, zeugt von seiner fast mittelalterlichen Frömmigkeit, aber auch von seiner Vitalität, sobald er gesund und lange genug bei Kräften war. Das Wallfahrtsheiligtum von Loreto barg das bescheidene Geburts- und Elternhaus der Jungfrau Maria in Nazareth. Der Legende nach hatten es Engel durch die Lüfte davongetragen – weshalb Unsere Liebe Frau von Loreto in späteren Zeiten zur Schutzpatronin der Flieger wurde –, als die heidnischen Türken es im dreizehnten Jahrhundert zu zerstören drohten. Es galt als Stätte zahlreicher Wunderheilungen, zweifellos der eigentliche Grund für Galileos Entschluß.

Allein die Vorbereitung dieser Reise schien ihm wieder Kraft zu verleihen. Fürst Cesi ließ er wissen, daß er sogar einen Abstecher nach Süden zu dessen Landschloß in Acquasparta in Erwägung ziehe, sollte sich der Fürst gerade dort aufhalten, was allerdings nicht der Fall war. Auf der Rückreise jedoch konnte er, da der Großherzog ihm ein Empfehlungsschreiben mitgegeben hatte, immerhin dem Herzog von Urbino seine Aufwartung machen.

In der Zwischenzeit hatte Fürst Cesi seine Anstrengungen intensiviert, in Rom die Wiederaufhebung des kirchlichen Banns über Kopernikus und dessen Werk zu erwirken. Um ihm seine grundsätzliche Aufgeschlossenheit in dieser Sache zu demonstrieren, hatte Kardinal Bellarmin ihn aufgefordert, ihm seine Ansichten zur Himmelsmechanik zu erläutern und insbesondere einen Weg aufzuzeigen, wie sich eine derart radikale Abweichung von der geltenden Lehrmeinung der Kirche mit der Heiligen Schrift in Einklang bringen ließe. Wäre eine solche Aufforderung jemals an Galileo ergangen, hätte es sich mit Sicherheit um eine Falle gehandelt. Cesis hohe gesellschaftliche Stellung in Rom hingegen machte ihn so gut wie unangreifbar. Zudem bewies er im Umgang mit Gegnern von Haus aus weit mehr diplomatisches Geschick und ließ sie seine Verachtung längst nicht so spüren wie Galileo. Er wußte um die Macht Bellarmins und hatte Galileo, kaum daß der Konflikt zwischen kopernikanischem Weltbild und Heiliger Schrift ausgebrochen war, eindringlich vor dessen Unerbittlichkeit in Fragen der Lehre gewarnt. Unter Aufbietung immenser Gelehrsamkeit versuchte er Bellarmin jetzt zu überzeugen, daß in der Bibel wesentlich mehr Stellen auf eine Veränderlichkeit der Himmelssphären deuteten als auf ein starres Gefüge, insbesondere wenn man zu deren Interpretation den ursprünglichen hebräischen Text des Alten und Neuen Testamentes heranzöge. Neben einer Reihe anderer Stellen zitierte er vor allem aus dem Buch Hiob, wo der Himmel als »flüssiger Spiegel« bezeichnet ist. »Er breitete den Norden aus über die Finsternis und stellte die Erde über das Nichts«, hieß es dort im siebenunddreißigsten Kapitel.

Bellarmin ließ sich davon freilich nicht beirren.

Ende August 1618 gerieten die Kontroversen wieder stärker ins Fahrwasser der Astronomie. Am 29. August wurde im hinteren Teil des Sternbildes Großer Bär ein zunächst schwach leuchtender Komet mit einem nach Süden gerichteten Schweif beobachtet, der in den folgenden drei Tagen zwölf Himmelsgrade bis in die vorderen Partien des Sternbildes durchwanderte. Die Erscheinung hätte vermutlich kaum großes Aufsehen erregt, wären nicht binnen zweier Monate zwei weitere Kometen am Himmel aufgetaucht. Der erste davon war nur undeutlich zu erkennen, ein »Schwert, das sich bis zu den Spiralnebeln der Hydra erstreckt«, wie einer der zeitgenössischen Beobachter ihn charakterisierte, und kam auf seiner Bahn von Osten nach Westen schließlich bis nahe an das Sternbild des Zentaurus heran. Zehn Tage darauf erschien im Sternbild des Wolfes noch ein dritter, hellleuchtender Komet, der sich auf die nördliche Schale im Bild der Waage zubewegte, an Leuchtkraft noch zunahm und zuletzt bis in das Sternbild des Skorpions vorstieß. Um den 13. Dezember strahlte er mit einer derartigen Helligkeit, daß er den zehnten Stern im Bild des Hirten mit seinem Glanz vollständig überdeckte.

Die Häufung dieser Himmelserscheinungen bewegte wie die Kometen von 1577 und 1604 die Gemüter beträchtlich, doch im Unterschied zu jenen vorhergehenden Himmelskörpern war es diesmal möglich, diese Erscheinungen mit dem Teleskop einzufangen und eingehend zu studieren. »Als am Himmel gleich drei Feuerzeichen mit außergewöhnlicher Leuchtkraft aufschienen«, notierte der nämliche Beobachter, »gab es niemanden, der so beschränkten und abgestumpften Gemütes gewesen wäre, daß er den Blick nicht von Zeit zu Zeit auf sie gerichtet hätte, und niemanden, der dabei nicht über ihre ungewöhnliche Helligkeit erschrocken gewesen wäre.«

Obwohl viele, die sich zu jener Zeit an Galileos Krankenlager eingefunden hatten, ihn um seine Meinung zu diesen Phänomenen baten, fühlte er sich doch noch viel zu schwach, um sich der frischen Nachtluft aussetzen und die drei Kometen persönlich in Augenschein nehmen zu können. Zu denen, die ihn schriftlich um eine Stellungnahme ersuchten, gehörte auch der hart bedrängte Erzherzog Leopold in Innsbruck. »Ich hörte mit größtem Bedauern von Euren Unpäßlichkeiten«, meinte er am Schluß seines Schreibens. »Möge Gott Euch im neuen Jahr besseres Wohlbefinden gewähren und alles, was Ihr Euch in dieser Welt erhofft.« Galileo war in der Tat geschwächt, dürfte sich aber auch mit Absicht zurückgehalten haben, hatte doch in der Vergangenheit das Erscheinen von Kometen noch jedesmal das Auftreten abergläubischer Kräfte begünstigt und die Astronomie regelmäßig in Auseinandersetzungen mit theologischen Lehrmeinungen über die angebliche Vollkommenheit und Unveränderlichkeit der Himmelssphären verstrickt. Er konnte es sich unter keinen Umständen leisten, zu diesem Zeitpunkt erneut in solche Kontroversen hineingezogen zu werden.

Ob aus Kalkül oder durch seine Leiden gehindert – er überließ die Bühne diesmal jedenfalls anderen. Hätte er sich seine Erfahrungen aus verflossenen Tagen vergegenwärtigt, es wäre ihm leichtgefallen, sich auszumalen, welche Art von Gegnern die leere Szene sogleich an seiner Stelle besetzten. Ein ebenso einflußreicher wie versierter Jesuit trat nun herausfordernd ins Rampenlicht. In der Tat erwuchs ihm in Pater Orazio Grassi ein Widersacher, den man nicht ohne weiteres als einen jener »Gimpel« oder als einen jener in überholten aristotelischen und theologischen Kategorien erstarrten rückständigen Kleriker abtun konnte. Grassi hatte in der Nachfolge von Christoph Clavius inzwischen den Lehrstuhl für Mathematik am renommierten Collegio Romano übernommen. Zudem war er ein ausgezeichneter Architekt und schon bald mit dem Entwurf des imposanten Kirchenbaus der Jesuiten befaßt, der direkt an das Collegio anschließen und nach dem Gründer ihres Ordens den Namen des heiligen Ignatius von Loyola bekommen sollte. War er gerade nicht mit astronomischen Fragen und dem Bau von Kathedralen beschäftigt, galt sein Interesse seiner Zeit weit vorausgreifenden Plänen und Berechnungen für den Bau eines unsinkbaren Schiffes.

1618 erörterte Pater Grassi die Frage der Kometen erstmalig vor einer eigens einberufenen Kongregation seiner Mitbrüder am Collegio Romano. Mit durchaus nicht immer haltbaren Argumentationen, aber doch kompetent und ohne jede Polemik behandelte der Jesuit die Himmelserscheinungen dabei ohne auch nur das geringste Anzeichen dafür, daß ihm in dieser Sache an einem Streit mit irgend jemandem gelegen wäre. Die Kometen, führte er aus, widerstünden sogar den Erklärungsversuchen der »Luchsäugigen«, ein indirektes Kompliment für den mittlerweile anerkannten Scharfsinn und Sachverstand innerhalb der *Accademia dei Lincei*.

Die Kometen stammten nach Grassi vom Planeten Merkur und hatten daher, dessen war er sich ganz sicher, ihren Ort weder in der Fixsternsphäre noch in der Sphäre unterhalb des Mondes. Er selbst und auch nicht seine Mitbrüder in Antwerpen, Köln, Paris und Innsbruck hatten mit dem Teleskop an ihnen weder eine merkliche Parallaxe noch eine Zunahme ihrer Größe festgestellt. *Ecco!* Sie mußten sich also in einer größeren Entfernung als der Mond, irgendwo zwischen der Kreisbahn des Mondes und jener der Sonne, befinden.

Grassis Vortrag am Collegio Romano wurde von den Jesuiten binnen kurzem wie so oft anonym veröffentlicht und reihte sich in einen ganzen Stapel ähnlicher Abhandlungen ein, die das nämliche Thema erörterten. Selbstbewußt hatte er seine Ausführungen mit einer Verszeile von Horaz beschlossen: »Erhobenen Hauptes rühre ich an die Gestirne.«

Nicht so sehr der Inhalt von Grassis *disputatio*, sondern das Aufheben, das um sie gemacht wurde, ließ Galileo aufhorchen, war sie in maßgeblichen Kreisen Roms doch alsbald weit verbreitet und wurden ihre Thesen, insbesondere jene über den Ort der Kometen innerhalb des ptolemäischen Systems, inzwischen weitgehend benutzt, um die kopernikanische Theorie zusätzlich in Mißkredit zu bringen. Er erholte sich zwar noch immer nur mühsam von seinem jüngsten schweren Leiden, als Grassis Auffassungen bereits überall diskutiert wurden; dennoch und trotz aller Schwäche und Niedergeschlagenheit stand für ihn außer Zweifel, daß auf diese Thesen eine Reaktion erfolgen mußte. Da er sich persönlich dazu noch nicht in der Lage sah, erbot sich einer seiner Schüler, der Anwalt Mario Guiducci, den Part in der Öffentlichkeit zu übernehmen. Guiducci schien aus mehreren Gründen dafür prädestiniert. In jungen Jahren hatte er selbst seine Ausbildung bei den Jesuiten am Collegio Romano erfahren, und zudem war er kurz zuvor in den Beirat der Akademie von Florenz gewählt worden, verfügte in dieser Eigenschaft also auch über eine geeignete Plattform, sein Engagement für die neue Wissenschaft in der Öffentlichkeit zu dokumentieren. Nach einer eingehenden Diskussion der jesuitischen Thesen mit Galileo ging Guiducci daran, eine Entgegnung auf Grassi zu Papier zu bringen.

Ungeachtet aller Beschwernisse brachte es Galileo dann allerdings doch nicht über sich, in seinem ureigensten Kampf auf seinem ureigensten Gebiet lediglich den Zaungast zu mimen. Nach kurzer Zeit schon machte er die Angelegenheit zu seiner persönlichen, verfaßte die maßgeblichen Einwände und versah Guiduccis einleitende Bemerkungen mit Verbesserungen und Zusätzen, die diesen eine neue, beißende Schärfe verliehen. Als Guiducci schließlich vor die Akademie trat, machte er denn auch kein Hehl von der wahren Urheberschaft seiner Argumente. Seine eigenen Ansichten, bekannte er, stammten von »jenem edlen und feinsinnigen Genius, der mit seinen Entdeckungen so zahlreicher Himmelswunder eine Zierde des gegenwärtigen Zeitalters und seines Heimatlandes« sei.

Im August 1619 erschien die *Abhandlung über die Kometen*, ein kenntnisreicher, seriöser wissenschaftlicher Traktat, unter Guiduccis Namen. Er würdigte erneut die Verläßlichkeit des Teleskops und erläuterte die Grundlagen der geometrischen Perspektive und der optischen Strahlenbrechung; es diskutierte die Natur der Feuerzeichen am Himmel und enthielt daneben auch eine lange historische Einführung über die Betrachtungsweise, mit der man Kometen im antiken Griechenland begegnet war. Was die eigentlichen Thesen anbelangte, so richtete er sich gar nicht so sehr gegen die Jesuiten, sondern gegen Tycho Brahe, den großen dänischen Astronomen des sechzehnten Jahrhunderts, der wegen der Exaktheit seiner astronomischen Beobachtungen noch vor der Erfindung des Teleskops gerade bei den Jesuiten hoch im Kurs stand. Brahe hatte eine Schrift über den damals im Sternbild des Schützen erschienenen Kometen von 1577 herausgegeben und in dieser den Versuch unternommen, das System des Ptolemäus mit den widersprechenden Daten seiner eigenen Beobachtungen in Übereinstimmung zu bringen. Da sich die Jesuiten jetzt hauptsächlich auf Brahes Kosmologie stützten, hielt es Galileo offenbar für geboten, den Auffassungen dieses vorsichtigen Vermittlers im Namen eines radikalen Umbruchs energisch entgegenzutreten.

In eleganter literarischer Anspielung mündeten Guiduccis Ausführungen daher am Ende in eine Verszeile aus dem *purgatorio* Dantes, wo dem Pilger zum ersten Mal der Anblick des Gartens Eden gewährt wird. Guiducci und Galileo ging es allein um die Erkenntnis jener Wahrheit, »die alle Schatten vor Eurem geistigen Auge entfernt«.

Der *Discorso delle comete* umfaßte in etwa vierzig Druckseiten. Wäre es Galileo gelungen, seine scharfe Zunge etwas im Zaum zu halten, hätte sich möglicherweise ein fruchtbarer Dialog mit Pater Grassi entsponnen. Dazu jedoch war er schlicht nicht in der Lage und sollte dafür später noch bezahlen müssen. Seine grundlosen Sticheleien gegen alles, was auch nur entfernt nach Gegnerschaft roch, Sticheleien, die sich überdies wie ein wahlloses Herumstochern in einem Heuhaufen ausnahmen, sollten noch im Gedächtnis haften, als der Inhalt seiner eigentlichen Argumente längst in Vergessenheit geraten war. Guiducci hatte offen eingestanden, daß er in dieser Sache nur Epigone war, und Galileo hatte die Angelegenheit letztlich in die eigenen Hände genommen. Besser freilich ein ehrlicher Epigone, als sich auf einen Betrug einzulassen, wie er von jenem anonymen »Apelles« zuvor begangen worden war. »Apelles« und andere hatten ihm seine ureigensten Ideen und Entdeckungen gestohlen und sie als die ihren auszugeben versucht. »Mit armselig gemalten und stümperhaft gezeichneten Bildern haben sie sich als Künstler hervortun wollen, obwohl sie nicht einmal so viel Geschick besitzen, auch nur halbwegs gute Bilder zustande zu bringen.«

Als man dies »Apelles« in Wien hinterbrachte, schwor dieser erbittert, es Galileo mit gleicher Münze heimzuzahlen. Und auf ebensolche Art verfuhr Galileo nun auch mit den wesentlichsten Thesen Pater Grassis. Für ihn strotzten sie nur vor »Irrtümern«, »Widersinnigkeiten« und »grandiosen Mißverständnissen«.

Mit derlei groben Schwerthieben brachte Galileo eine persönliche Schärfe in die ganze Kontroverse, machte sich die gesamte Gesellschaft Jesu zum Gegner und provozierte geradezu den erzürnten Gegenstoß.

Möglicherweise glaubte er sogar, bei den Jesuiten freie Bahn zu haben, waren diese doch selbst innerhalb der kirchlichen Gemeinschaft nicht immer und überall wohlgelitten. Es gab im katholischen Klerus viele, die es ganz und gar nicht ungern sahen, wenn diese aufgeblasenen Intellektuellen der Kirche ein paar Hiebe abbekamen. Unter diesen vermutete Galileo offenbar auch Kardinal Maffeo Barberini, den späteren Papst Urban VIII. An ihn sandte er ein Exemplar des Traktats. »Da Eure Hochwürdigste Eminenz des öfteren Gefallen an Dingen aus meiner Feder gezeigt haben, wenn auch bei nur geringem Verdienst meinerseits, verspürte ich den Wunsch, Eurer Eminenz eine Abschrift zukommen zu lassen.« Monsignore Giovanni Ciampoli, sein vormaliger Schüler und seit kurzem Mitstreiter in der *Accademia dei Lincei*, stand damals schon in enger Verbindung mit dem Kardinal und übermittelte Galileo die willkommene Antwort. »Bewundernswert…, eine Attacke auf das Collegio Romano, die hier immer noch auf große Zustimmung stößt«, vermeldete der Monsignore schadenfroh. »Die Jesuiten fühlen sich sehr beleidigt.«

Mit Grassi provozierte Galileo jedoch einen gefährlichen Kontrahenten. Der Jesuit war ein äußerst produktiver Geist, ein herausragender Gelehrter, Experte auf dem Gebiet der Optik, gewandt mit der Feder und erfahren in jeder Art von Intrigen und Machenschaften. Er verfaßte umgehend eine sehr persönliche und an Schärfe nicht zurückstehende Antwort auf den *Discorso*, für die er einen ebenso raffinierten wie damals üblichen literarischen Kniff benutzte: Da Galileo Guiducci als Sprachrohr vorgeschoben hatte, reagierte Grassi seinerseits unter dem Pseudonym »Lotario Sarsi«, angeblich der Name eines seiner Schüler und seinem Lehrer ebenso ergeben wie Guiducci seinem Mentor Galileo.

»Sarsis« Entrüstung zielte von Anfang an direkt auf Galileo. »Signor Galileo ließ wissen, daß die vorgebrachten Einwände von ihm selber stammten. Da der Anwalt Guiducci offen eingestanden hat, daß er nur vorgebracht habe, was Galileo ihm in die Feder diktiert habe, werde ich mich in dieser Sache gleich mit dem *Diktator* und nicht erst mit seinem Beauftragten auseinandersetzen.« Grassis Wortspiel zeigt schon an, in welcher Schärfe die Auseinandersetzung künftig geführt werden würde. Als Beweis seiner stilistischen Raffinesse führte Grassi im Titel seiner Entgegnung ein Sternbild an. Weil einer der beobachteten Kometen ins Sternbild der Waage oder der beiden Waagschalen eingedrungen war, gab er ihr den Titel *Libra Astronomica (Astronomische Waage* beziehungsweise *Astronomische Waagschalen)* und versprach, in ihr Galileos Behauptungen gegen die Wahrheit abzuwägen. »Ich erkenne die heimliche Herrschaft eines neuen Lichtes«, bemerkte er eingangs. »Das macht es notwendig, ihr Licht zuerst auf einer der Waagschalen und dann auf der anderen abzuwiegen. Auf diese Weise wird ihr Gehalt geprüft.«

Libra Astronomica war in Argumentation und Inhalt zumindest ebenso überzeugend und wissenschaftlich solide wie der *Discorso*. Sie konzentrierte sich vornehmlich auf das Spannungsverhältnis zwischen überlieferter Wahrheit und der Wahrheit der Wissenschaft. Weit davon entfernt, die Autorität Tycho Brahes auch nur ansatzweise in Frage zu stellen, pries Pater Grassi den großen Dänen als die maßgebliche Instanz im Felde der astronomischen Beobachtung. »Tycho ist nach wie vor der einzige, den wir als unseren Führer im Gewirr der unbekannten Sternenbahnen anerkennen können... Einem Gläubigen steht es keinesfalls an, zu behaupten, daß die Erde sich bewege... Er wird vielmehr pflichtschuldigst jeden dazu anhalten, von Kopernikus abzulassen, und dessen jüngst verurteilte Hypothese verschmähen und zurückweisen.« Und direkt auf Galileo gezielt, zürnte der Pater: »Selbst mit seinem Teleskop vermag der luchsäugige Astrologe nicht in die innersten Gedanken des Geistes zu blicken.« Galileo, ein Astrologe? Dies war bewußt verletzend. Grassi geißelte Galileo, der es gewagt hatte, »die Reputation des Collegio Romano zu beflecken« und dessen Professoren als »logische Stümper« zu beschimpfen, deren Ansichten zu den Kometen »wertlos und auf falsche Argumente gestützt« seien. Zum Schluß zitierte »Sarsi« Galileos *Discorso* wörtlich: »Sollten unsere Schlußfolgerungen und Beweise falsch sein oder in die Irre führen, tragen auch unsere Grundlagen nicht.« »Dieser Bemerkung«, meinte Grassi, »ist nichts hinzuzufügen.«

Pater Grassi und die Jesuiten hatten Galileo endgültig den Fehdehandschuh hingeworfen, und er mußte sich nun entscheiden, ob er das

Risiko eingehen wollte, ihn aufzuheben. Von vielen Seiten wurde er zu einer Entgegnung gedrängt, am stärksten von seinen Mitstreitern in der *Accademia dei Lincei*. Aus Rom insistierte der Arzt Johannes Faber, man müsse dem Hochmut der Jesuiten unbedingt einen Dämpfer versetzen, da die Patres anscheinend glaubten, alles Vollkommene dürfe, wie ein Trojanisches Pferd, allein aus ihrem eigenen Stall kommen. Fürst Cesi gegenüber äußerte er sich noch drastischer. Da eine Reaktion noch immer ausstehe, »hat es den Anschein, als würden Galileos Widersacher in der Frage der Kometen über ihn triumphieren«. Herzog Virginio Cesarini, ein brillanter, aber chronisch leidender junger Geistlicher von erlesener Bildung, der seit neuestem ebenfalls Mitglied der Akademie war, verlangte dringendst einen Gegenangriff auf Grassi, »um den Unwissenden den falschen Titel des Sieges wieder zu entreißen, den sie diesem Machwerk zugestanden haben«. Wie Mario Guiducci war auch Cesarini bei den Jesuiten erzogen worden und wußte daher, mit welcher Unerbittlichkeit sich die Patres solchen philosophischen Auseinandersetzungen stellen konnten.

Anfang Mai 1620 bat Fürst Cesi zwei Mitglieder der Akademie, Herzog Cesarini und Monsignore Ciampoli, auf sein Landschloß in Acquasparta, um mit ihnen das gemeinsame Vorgehen abzusprechen. Fünfzehn Tage lang bastelten sie an ihrer Strategie gegenüber den Jesuiten, als hätte sich das Ganze inzwischen in einen Kampf zwischen der Gesellschaft Jesu und der *Accademia dei Lincei* verwandelt. Schließlich einigten sie sich auf ein Vorgehen in zwei Schritten. Auf das Machwerk »Sarsis« mußte so schnell wie möglich eine Reaktion erfolgen. Doch um die Reputation Galileos nicht vorzeitig in Mitleidenschaft zu ziehen, sollte diese tunlichst aus der Feder eines anderen stammen. Ein direktes Duell zwischen Galileo und Grassi sollte in diesem ersten Stadium nach Möglichkeit noch vermieden werden. Guiducci kam für die Aufgabe als erster in Frage, allerdings war dessen erste Antwort nach Cesis Ansicht schon etwas zu scharf ausgefallen. Falls Guiducci also ein zweites Mal zur Feder greifen sollte, schien es den Strategen geraten, seine Entgegnung weder direkt an den anonymen »Sarsi« noch an Grassi persönlich zu adressieren, sondern an eine unverfängliche dritte Instanz. Da Guiducci am Collegio Romano studiert hatte, wählte man zu diesem Zweck dessen vormaligen Ethikprofessor. Dieses Verfahren hatte man schon einmal erprobt, als Pater Castelli in der Auseinandersetzung über die Probleme der Hydrostatik die Verteidigung der Position Galileos gegenüber Ludovico delle Colombe, dem Wortführer der »Liga der Gimpel«, übernommen hatte.

In einem zweiten Stadium erst sollte den Strategen zufolge dann Galileo selbst zu einer förmlichen Entgegnung auf Pater Grassi ausholen.

Monsignore Ciampoli, der Galileo von diesen Überlegungen schriftlich in Kenntnis setzte, konnte sich den Übermut nicht verkneifen. »Ihr solltet uns wegen unserer unterhaltsamen Tüfteleien beneiden. Alle drei haben wir uns hier gegen Eure Person verschworen, so daß Ihr Euch vorstellen könnt, wieviel wir über Euch scherzen und wieviel wir über Eure Verdienste sprechen, die ich selbst, wie Ihr wohl wißt, so wenig kenne und schätze.«

Im Juni 1620 brachte Guiducci seine erneute Entgegnung zu Papier, zum Bedauern aller nicht gerade seriös und allzusehr vom Zorn darüber geprägt, daß sein guter Name von Pater Grassi in Mißkredit gebracht worden war. Des Paters Position in dieser Sache zu akzeptieren, führte er in einer der besseren Passagen aus, hieße »die Welt mit einer Zuchtrute zu regieren und jede geringste Abweichung als Sünde zu brandmarken«. Guiducci gab sich jetzt verletzt, daß man seinen Vortrag in der Akademie von Florenz statt ihm selbst im wesentlichen Galileo zugeschrieben hatte. Von der Unterschiedlichkeit ihrer beider Argumentationsweisen, posaunte er aus, könne sich die ganze Welt schon bald anhand einer eigenen Entgegnung Galileos überzeugen.

Galileo allerdings war sich noch über zwei Jahre lang zutiefst unschlüssig. Überall um ihn herum waren mächtige Gegenkräfte am Werk und bestärkten ihn in seinem Zögern. Kaum zwei Wochen nach der Zusammenkunft der »Luchse« in Acquasparta hatte die Inquisition Kopernikus' *De Revolutionibus* (bis es korrigiert würde) offiziell auf den Index gesetzt, und das gleiche Schicksal wurde auch Keplers *Abriß der Astronomie des Kopernikus* zuteil. Kepler sah sich in seinem unmittelbaren Umkreis sogar noch viel gewaltigerem Druck ausgesetzt: Seine betagte Mutter war der Hexerei bezichtigt worden und vom Tod auf dem Scheiterhaufen bedroht. Gleichwohl wankte er nicht. 1618 hatte er seine *Harmonia Mundi* vollendet, ein weitschweifiges, spekulatives Konglomerat aus Geometrie, Musiktheorie, Astrologie, Philosophie und Astronomie, das seine berühmten »Drei Gesetze der Planetenbewegung « enthielt. In der Einführung zum fünften Buch seiner *Harmonia* gestand er, sich gänzlich einer »frommen Leidenschaft« hingegeben zu haben. »Sehet! Ich habe meine Würfel geworfen. Ich schreibe mein Buch weder für die Gegenwart noch für die Nachwelt. Das alles gilt mir gleich. Es mag noch hundert Jahre auf seinen Leser warten, da Gott sechstausend Jahre auf den gewartet hat, der sein Werk bezeugt.«

Dergleichen hätte Galileo niemals aus der Feder fließen können. Heroische Leidenschaft war mit ein Grund, daß Giordano Bruno sein Leben auf dem Scheiterhaufen beendet hatte. Und zudem wollte er keinesfalls hundert Jahre auf seinen Durchbruch warten müssen. Er wollte nicht für eine ungewisse Nachwelt schreiben, sondern für das Hier und Jetzt. Immer noch schwankte er.

Kepler hatte seine *Harmonia Mundi* inmitten der Turbulenzen zu Ende gebracht, die sich in Prag direkt vor seinem Fenster abspielten. Die protestantische Erhebung in dieser Stadt war zur Initialzündung für den Ausbruch von Feindseligkeiten im Herzen Europas geworden. Könige, Fürsten und Aristokraten wie Erzherzog Leopold, Philipp III. von Spanien, der Doge Antonio Priuli in Venedig, Moritz von Oranien und der Kurfürst zu Köln, mit denen sich Galileo an unterschiedlichen Orten und Zeiten über seine astronomischen Errungenschaften ausgetauscht hatte, wurden in diesen großen Konflikt hineingezogen.

Nun, da die Verteidiger des wahren Glaubens sich in ganz Europa in militärischer Bedrängnis befanden und der Vatikan eine zunehmend aktivere Rolle in diesem Geschehen übernahm – wie konnte Galileo da in Rom größere Aufgeschlossenheit gegenüber neuen Ideen erwarten? Sooft protestantische Heerhaufen eine katholische Hochburg eroberten, galt eine ihrer ersten Maßnahmen der Vertreibung der militanten Jesuiten. In Prag wurde deren prächtige Kirche geschändet und alles, was noch nach katholischem Relikt aussah, zu Brennholz zerhackt. Kaiser Ferdinand II., Leopolds älterer Bruder, mußte sich gar als »alberne jesuitische Kreatur« verspotten lassen. Angesichts einer solch prekären Situation, in welche die Gesellschaft Jesu überall in Europa geraten war, sollte da auch Galileo noch zur Jagd auf ein bereits waidwundes Wild blasen?

Ab 1620, als die protestantischen Kräfte zerfielen und in Bayern und Flandern neue katholische Armeen rekrutiert wurden, begann sich das Blatt zugunsten der katholischen Kirche und auch der Gesellschaft Jesu zu wenden. Die Kunde von der Schändung jesuitischer Gotteshäuser entflammte den frommen Eifer manches Katholiken. Als ein Heer der katholischen Liga mit fünfundzwanzigtausend Mann unter General Ambrogilio Spinola im Juli die Grenze von Österreich nach Bayern überschritt und dabei zwölf großkalibrige Kanonen mit sich führte, die nach den zwölf Aposteln benannt waren, marschierten Jesuitenpatres an seiner Spitze. Als die Protestanten am 8. November in der Schlacht am Weißen Berge in der Nähe Prags vernichtend geschlagen wurden, erlebte dieser europäische Religionskrieg seinen ersten Höhepunkt. Die Nachricht vom Sieg ließ in allen katholischen Landen die Kirchenglocken erschallen und Jubelchöre Triumphgesänge anstimmen: »Saul hat ihrer tausend niedergeworfen und David ihrer zehntausend.«

Wird eine siegreiche Kirche der neuen Wissenschaft aufgeschlossener gegenüberstehen, mag Galileo sich in dieser Situation gefragt haben, oder wird der Triumph in eine neue Hexenjagd münden? Welche Haltung würden die militanten Jesuiten im Hochgefühl des Sieges einnehmen? Wie stark war ihr Einfluß auf Papst Paul V.? War dies der geeignete Zeitpunkt, sich auf ein intellektuelles Kräftemessen mit den Jesuiten einzulassen? Vermutlich war es in jedem Fall klüger, die weitere Entwicklung abzuwarten. Doch um nur ja keine Gelegenheit verstreichen zu lassen, sich mit einem neuen Kriegshelden auf guten Fuß zu stellen, sandte Galileo ein Teleskop samt einigen Linsen an Spinola, damit der katholische Heerführer die ketzerischen Rebellen auf dem religiösen Schlachtfeld schon von weitem klar identifizieren konnte.

Anfang 1621 kam es im politischen Umfeld zu einer weiteren markanten Veränderung. Am 16. Januar, während einer Siegesfeier für die Schlacht am Weißen Berge, verstarb Paul V. unversehens an Schlagfluß. Galileo konnte es eigentlich nur begrüßen, nun einen der kirchlichen Despoten los zu sein. Auf Paul V. folgte mit Gregor XV. ein freundlicher, freilich auch schon betagter und siecher Papst, der den Sieg der Gegenreformation in Süddeutschland in den folgenden beiden Jahren zunächst zementieren und dem Missionseifer der Kirche durch die Einrichtung der Heiligen Kongregation de Propaganda Fide neuen Schwung verleihen sollte. Gregor XV. kanonisierte Ignatius von Loyola und Francisco Xavier, die beiden größten Gestalten der Gesellschaft Jesu, und unter seinem Pontifikat erlebte der Orden einen neuen Höhepunkt seiner Macht und seines Einflusses. Anläßlich der Feierlichkeiten der Heiligsprechung gelangte eine hymnische Oper, die *Apotheose der Heiligen Ignatius Loyola und Francisco Xavier,* zur Aufführung. Das Libretto dafür stammte von Pater Orazio Grassi.

Noch zwei Persönlichkeiten, die in Galileos Leben eine bedeutsame Rolle spielten, verließen in diesen Tagen die Szene. Im Alter von dreißig Jahren verstarb nach sechsjähriger Krankheit am 28. Februar Großherzog Cosimo II. Sein Sohn trat als Ferdinando II. mit gerade zehn Jahren die Nachfolge als Herrscher der Toskana unter der Regentschaft der frommen Großherzogin Christine an. Der Machtwechsel führte zum weiteren Machtverfall der Medici, was für Galileos späteres Schicksal noch ausgesprochen negative Folgen haben sollte.

Während er mit Cosimo II. einen seiner wichtigsten Protektoren verlor, wurde er mit Bellarmin auch einen seiner Peiniger los. Der Kardinal verschied im September 1621, und der Tod dieses führenden Intellektuellen der Kirche bestärkte Galileo anscheinend in dem Glauben, einer offenen Herausforderung der Jesuiten stünde nun nichts mehr im Wege. Vielleicht ließ sich nach dem Tod des Urhebers sogar eine Wiederaufhebung des kirchlichen Banns über Kopernikus und seine Lehre durchsetzen. Bellarmin war die Verkörperung der katholischen Gegenreformation und der Macht der Jesuiten, der Ankläger

Giordano Brunos und Galileos. Sein Abtritt von der Bühne ließ die Künstler, die städtischen Intellektuellen und die Wissenschaftler überall auf eine moderatere Haltung der Kirche hoffen. Doch Bellarmins Einfluß blieb noch lange Zeit spürbar.

Ende des Jahres 1621 faßte Galileo schließlich den Entschluß zu einer eigenen Entgegnung auf die Angriffe Pater Grassis. Als seine Mitstreiter in der *Accademia dei Lincei* davon erfuhren, gab es begeisterten Zuspruch, sahen sie doch in der Attacke des Jesuiten noch immer hauptsächlich einen Angriff auf ihre Gesellschaft und deren wissenschaftliche Reputation und vergaßen dabei völlig, daß es eigentlich Galileo war, der in dieser Auseinandersetzung am Pranger stand. In einem Brief an Galileo vom Mai 1622 bezeichnete Herzog Cesarini die Jesuiten als »sture Anhänger des Alten« und gab seiner Zuversicht Ausdruck, daß in diesem ungleichen Kampf der Ruf der *Accademia* wiederhergestellt und die Verleumder eine geziemende Antwort erfahren würden. Die ganze Welt werde auf diese Weise vom Reichtum »Eurer erhabenen Spekulationen« Kenntnis erlangen.

Galileo steigerte sich schnell in seine Rolle hinein. Mit ungebremstem Sarkasmus charakterisierte er Grassis Thesen als »die einer zerschnittenen und zertretenen Schlange ohne weitere Lebensgeister außer denen in ihrer Schwanzspitze, die freilich noch immer um sich schlägt und sich den Anschein von Unversehrtheit und Kraft gibt«. Und wenngleich er selber den herrischen, dogmatischen Tonfall des Gegners kritisierte, war Grassis Arroganz mit seiner eigenen doch schon fast nicht mehr zu vergleichen. Für sich persönlich gab es nur den Vergleich mit einem Adler. »Ich bin der Überzeugung, daß wahre Philosophen sich in die Lüfte erheben und daß sie allein in den Lüften schweben wie Adler.« Für die Jesuiten hingegen blieb das wenig schmeichelhafte Bild von den Schwärmen schwarzgefiederter Stare. »Da Adler selten sind, trifft es zu, daß man sie kaum zu Gesicht bekommt und noch weniger hört. Stare hingegen erfüllen die Lüfte mit ihrem Gekreische und Geschrei, und wo immer sie sich niederlassen, besudeln sie den Boden unter sich.«

Galileo sparte weder an Sottisen gegen den Gegner noch an eigener Selbstverherrlichung. Mehr als in jedem seiner früheren Werke drängte es ihn jetzt, sich als Philosoph zu profilieren, als sei er sich seines grandiosen Titels »Erster Philosoph des toskanischen Fürstenhofes« noch immer nicht sicher und müsse mit seinen Fähigkeiten beweisen, daß er diesen zu Recht verdiene. Jetzt wollte er sich der Welt als Theoretiker der Wissenschaften darstellen, als einer, der deren Grundlagen erforscht und sich nicht lediglich mit der Aufdeckung konkreter Sachverhalte begnügt, die man wiegen, messen und abzählen konnte.

Der Himmel mußte seiner herkömmlichen mystischen Verbrämungen und Rangstufen entkleidet werden. Mit einemmal sah er sich als astronomischen Demokraten und hielt nichts mehr von aristokratischen Unterschieden am Firmament. »Ich weiß weder, welche Gestirne edler sind als andere, noch welche vollkommener.«

Da er schon als Philosoph auftreten wollte, machte er auch Gebrauch von der Logik der Philosophen. Was würdet Ihr tun, meinte er ironisch, wenn einer der Prediger zu Euch käme und die Behauptung aufstellte, »die Anzahl der Dummköpfe ist unendlich«? Würdet Ihr auf eine solche Behauptung eingehen? »Man könnte mit Hilfe der Autorität der Heiligen Schrift demonstrieren, daß die Welt nicht ewig ist. Also kann es auch keine unendliche Zahl von Menschen geben. Da Dummheit nur bei Menschen anzutreffen ist, kann die Behauptung niemals wahr sein, selbst wenn zuträfe, daß alle Menschen in Vergangenheit, Gegenwart und Zukunft wirklich Dummköpfe sind.« Obwohl das kaum mit Logik zu tun hatte, zeugte es auch nicht gerade von Selbstbescheidung.

Doch da er sich schon der Logik der Philosophen bediente, bewies er einen geradezu komödiantischen Sinn für Absurditäten. Pater Grassi hatte unter anderem eine alte babylonische Ansicht ins Feld geführt, dergemäß Zentrifugalkräfte durch Reibung Hitze erzeugen, und behauptet, die Babylonier hätten zum Beweis dafür Eier hart gekocht, indem sie diese mit Schleudern schnell durch die Luft schwangen. Galileo war ganz Spott: »Nun gut, hier herrscht kein Mangel an Eiern, ebensowenig an Schleudern, und wir haben auch genug starke Kerle, um die Schleudern herumzuwirbeln; trotzdem kochen unsere Eier nicht beim Schleudern, sondern kühlen höchstens ab, sollten sie zuvor heiß gewesen sein. Und da uns kein Element fehlt außer dem, daß wir keine Babylonier sind, müssen wir schließen, daß Babylonier zu sein die wahre Ursache dafür ist, daß die Eier beim Schleudern hart gekocht werden, und nicht etwa die Luftreibung.« Hatte der gute Pater die Kühle auf seinen Wangen nicht schon selbst gespürt, wenn er in einer Kutsche reiste?

Indem er sich Pater Grassis unparteiisch kühles Bild der astronomischen Waage zu eigen machte und es durch eine Feinwaage ersetzte, nannte er sein Werkt *Il Saggiatore* (Die Goldwaage). Es wurde sofort als Manifest aufgefaßt, als Signal für eine neue Kategorie von Wissenschaftlern, die sich endlich von den Fesseln der Überlieferung und der kirchlichen Bevormundung befreien wollten. Die neuen Wissenschaftler mochten noch nicht sehr viele sein, räumte er ein, doch er bewerte das Gewicht einer Meinung nicht nach der Zahl ihrer Anhänger. Entscheidend für deren weiteren Zuwachs sei allein die fortschreitende Beherrschung der Mathematik. Aus solcher Auffassung und dem leidenschaftlichen Plädoyer für die neue Wissenschaft stammten jene Sätze, die als seine Kerngedanken im Gedächtnis haftenbleiben. »Die Philosophie ist in dem größten Buch geschrieben, das unseren Blicken offensteht – ich meine das Weltall –, aber das kann man nicht verstehen, wenn man nicht zuerst seine Sprache verstehen lernt und die Buchstaben kennt, in denen es geschrieben ist. Es ist in mathematischer Sprache geschrieben, und seine Buchstaben sind Dreiecke, Kreise und andere geometrische Figuren. Ohne diese Mittel ist es dem Menschen unmöglich, ein Wort zu verstehen, irrt man in einem dunklen Labyrinth umher.«

Im Oktober 1622, ein Jahr nachdem er mit der Arbeit daran begonnen hatte, war der *Saggiatore* druckfertig. Die Repräsentanten der *Accademia dei Lincei* konnten die bevorstehende Konfrontation mit den »sturen Anhängern des Alten« kaum erwarten. »Wir wollen das Werk publizieren, und wir wollen es in Rom publizieren, trotz des Einflusses der Gegner, gegen die wir uns mit dem Schild der Wahrheit wappnen werden«, schrieb Herzog Cesarini voller Ungeduld. Galileos Abhandlung mußte unbedingt in der Ewigen Stadt herauskommen, »im Angesicht der Kirche und vor den Augen der Kongregation«.

Jetzt, da das Werk fertiggestellt war, konnte die politische Schlußphase seiner Publikation eingeleitet werden. Da es offiziell von der *Accademia dei Lincei* herausgegeben wurde, lasen deren sechs führende Mitglieder es gegen und segneten seinen Inhalt ab, indem sie jede der darin enthaltenen wissenschaftlichen oder theologischen Aussagen auf deren Übereinstimmung mit den Grundpositionen der Akademie überprüften. Johannes Faber meinte danach, Galileo habe Licht »auf die glücklichste Wohnstatt der Götter geworfen«. Doch jenseits aller Schmeicheleien gebar die enge Absprache mit den maßgeblichen Mitgliedern der Akademie auch politisch-strategische Überlegungen. Demnach sollte das Buch in Form eines ausführlichen Briefes an Herzog Virginio Cesarini präsentiert werden, den melancholischen und bereits todkranken jungen »Luchs«, der, kraft seines Rückhalts in hohen aristokratischen und kirchlichen Kreisen Roms unangreifbar, in dem Zeitpunkt noch Sekretär Gregors XV., jedoch bereits für die Position des Leiters der päpstlichen Kammer im Vatikan vorgesehen war. Die Widmung des *Saggiatore* an ihn sollte es erleichtern, die kirchliche Druckerlaubnis für das Werk sicherzustellen.

Monate zuvor schon hatten Cesarini und Ciampoli gemeinsam im Vatikan dafür den Boden bereitet. Sie hatten es so eingerichtet, daß als Zensor letztlich nur Pater Niccolò Riccardi in Frage kam, ein gebildeter und wohlwollender Dominikaner und Theologieprofessor am Collegium des heiligen Thomas (in unmittelbarer Nachbarschaft des Collegio Romano), der wie durch Zufall seinerseits kurze Zeit vorher in eine Auseinandersetzung mit den Jesuiten verstrickt war.

Am 2. Februar 1623 erteilte Pater Riccardi dem *Saggiatore* mit dem amtlichen Stempel der Inquisition die kirchliche Druckerlaubnis. Er hatte nichts in diesem Buch gefunden, was als moralisch verwerflich oder gar ketzerisch hätte gelten können, im Gegenteil: »Dank der feinen und wohl abgesicherten Spekulation des Autors« sei er auf vieles gestoßen, um sich des eigenen Zeitalters zu rühmen.

»Ich schätze mich glücklich, in einer Zeit geboren zu sein, in der das Gold der Wahrheit nicht mehr in Bausch und Bogen gewogen wird, sondern mit einer delikaten Feinwaage«, hieß es in Pater Riccardis *Imprimatur.*

Ende Mai schickte Monsignore Ciampoli Galileo die ersten Probeabdrucke seines Buches und berichtete ihm dabei, daß er Papst Gregor XV. kürzlich bereits eine halbe Stunde lang auf seine, Galileos, Fähigkeiten aufmerksam gemacht habe. Ciampoli wollte den bekannt projesuitischen Papst auf den Schock durch Galileos Werk vorbereiten, doch Gregor sollte keine Möglichkeit mehr haben, es zu lesen.

Im Monat darauf erhielt Galileo einen in warmem Ton gehaltenen Brief eines anderen Kirchenfürsten. Kardinal Maffeo Barberini, hochgebildeter Florentiner Landsmann Galileos, bedankte sich überschwenglich für die Hilfe, die er seinem Neffen Francesco beim Erwerb seines Doktorates an der Universität Pisa hatte angedeihen lassen. Er versicherte ihn seiner und seines Hauses Zuneigung. »Wir werden Euch jederzeit zu Diensten sein.«

Zwei Wochen später verstarb Gregor XV. Nach einem zermürbenden Tauziehen hinter den Kulissen, in dessen Brennpunkt die beiden flinken »Luchse« Herzog Cesarini und Monsignore Ciampoli die Fäden zogen, wurde Kardinal Maffeo Barberini zum Papst gewählt.

Er nannte sich Urban VIII.

11

Das Herz des Skorpions

Kardinal Maffeo Barberinis Wahl zum Papst im August 1623 löste bei Galileo und seinen Mitstreitern kaum verhohlenen Jubel aus. Seit langem hatte die Kirche kein Oberhaupt mehr besessen, das wie er geradezu als Verkörperung von Aufgeschlossenheit und befreiendem Aufbruch galt. Er entstammte einem begüterten Florentiner Handelshaus, hegte persönlich eine große Leidenschaft für Poesie und Dichtung und genoß seiner weitgespannten Interessen in Kunst und Wissenschaft wegen überall ein hohes Ansehen. Mit seinem Neffen Francesco verband Galileo seit kurzem eine besonders herzliche Beziehung. Noch wenige Monate vor Maffeo Barberinis überraschender Wahl zum Oberhaupt der römischen Kirche war es ihm in wesentlichem Maße zu verdanken, daß Francesco von der Universität Pisa die Doktorwürde verliehen wurde; und als dieser wenig später in die *Accademia dei Lincei* aufgenommen wurde, hatte er ebenfalls seine Hände im Spiel gehabt – alles Fakten, die ihm das Haus Barberini gewogen machten. Abgesehen davon hatte er schon seit mehr als zehn Jahren stets auf seine guten Beziehungen zu den Barberini, insbesondere zu Kardinal Maffeo Barberini, geachtet, hatte den im Aufstieg begriffenen neuen Stern der römischen Kirche mit Geschenkausgaben seiner Schriften bedacht und eine recht persönlich gefärbte Korrespondenz mit ihm aufrechterhalten. Ihre erste Bekanntschaft rührte bereits vom Herbst 1611 her, als Galileo seine Thesen über die Eigenschaften schwimmender Körper veröffentlicht und damit am toskanischen Hof großes Aufsehen erregt hatte. Kardinal Barberini weilte in diesen Tagen in Begleitung einer weiteren Eminenz gerade als Gast am Hof zu Florenz, und der Großherzog hatte Galileo aus diesem Anlaß aufgefordert, seine umstrittenen Thesen in Gegenwart der beiden kirchlichen

Würdenträger mit einem seiner akademischen Gegenspieler aus Pisa öffentlich zu erörtern. Wie vorauszusehen war Galileo aus diesem Wettstreit als überlegener Sieger hervorgegangen, und Kardinal Barberini hatte sich dabei entschieden auf seine Seite gestellt.

Acht Monate nach diesem verheißungsvollen Auftakt hatte er Barberini seine Abhandlung über die Eigenschaften schwimmender Körper überbringen lassen und darauf eine höchst schmeichelhafte Antwort erhalten. Und wenn der Kardinal sich dafür schon so begeistern konnte, warum dann nicht auch für seine Arbeiten über die Umlaufbahnen von Planeten? Im Jahr darauf sandte er ihm seine *Briefe über die Sonnenflecken*, und tatsächlich erfolgte erneut eine vielversprechende Reaktion. »Ich werde Eure *Briefe* mit Vergnügen lesen, immer wieder«, schrieb ihm Barberini. »Dies ist kein Buch, das umsonst zwischen all den anderen steht. Es ist das einzige, das mich dazu bringt, für einige Stunden meine amtlichen Pflichten zu vergessen und mich ganz ihm und der Beobachtung der Planeten zu widmen, von denen es handelt. Unterdessen danke ich Euch, daß Ihr mich im Gedächtnis behaltet, und vergeßt nie die hohe Meinung, die ich für einen Geist mit so außergewöhnlichen Gaben wie den Euren hege.«

Dann kam die Krise von 1616, in deren Verlauf ein fassungsloser Galileo auf jede nur denkbare Unterstützung innerhalb der römischen Kurie angewiesen war. Nach außen hin hatte Barberini sich hilfsbereit gegeben. Nachdem durch die Anzeige Caccinis ein förmliches Prüfverfahren vor der Inquisition erforderlich geworden war, hatte er sich nicht gescheut, seinen Abscheu für den Unheilstifter auch öffentlich zu bekunden. Bezeichnenderweise aber hatte er nichts gegen die offizielle Ermahnung Galileos durch die Kirche unternommen, eine Tatsache, die Galileo offenbar verdrängte. Tatsächlich hatte Barberini kaum einen Tag nach Bellarmins striktem Verbot, die kopernikanische Theorie zu lehren, aufrechtzuerhalten oder auch nur zu erörtern, dessen Anordnung ausdrücklich noch einmal unterstrichen. Über einen Mittelsmann hatte er Galileo nahelegen lassen, er möge sich künftig unbedingt aus allen theologischen Fragen heraushalten und habe dann auch nichts weiter zu befürchten, sofern und solange er sich eben damit begnüge, ausschließlich als Mathematiker zu sprechen. Auch diesen deutlichen Fingerzeig begriff Galileo in typischer Manier offenbar wieder mehr als Unterstützung denn als Warnung.

Sollte er Barberini gegenüber dennoch irgendwelche Vorbehalte gehabt haben, so wurden diese hinweggeschwemmt, als der Kardinal ihn 1620 in einem Huldigungsgedicht mit Lorbeeren förmlich überschüttete. Barberini pflegte seit langen Jahren eine große Leidenschaft für Dichtung und Poesie und übertrug mit besonderer Vorliebe Passagen aus dem Alten und Neuen Testament in das epische Vermaß von Horaz. Sein Huldigungsgedicht mit dem Titel *In ungestümer Verehrung* hatte die neue Astronomie seiner Zeit in neunzehn Strophen als glorreiches, ja sogar moralisch großartiges Unternehmen verherrlicht.

Sobald der Mond den gold'nen Glanz
Und schimmernd Licht verbreitet über seine munt're Bahn,
Lockt uns ein sonderbar Vergnügen, das fesselt unsern Blick.

Manch einer hebt die Augen auf zum hellen Abendstern,
Zum kriegerischen Mars
Und zum mächtigen Band, überzogen mit milchigem Glanz
Um Dein Licht zu erspäh'n, O Cynosure.

Ein and'rer staunt über das Herz des Skorpions,
Die Fackel des Sirius,
Die Monde des Jupiter
Oder die Ohren von Vater Saturn
Uns offenbart durch dein Glas, O trefflicher Galileo…

Oft bleibt uns hinter ihrem Strahlenkranz verborgen:
Wir sehen dunkle Flecken auf der Sonne
(Wann von wem geglaubt?)
Durch deine Kunst, Galileo.

Für den seit nahezu acht Jahren unter Depressionen, realen und eingebildeten Gebrechen leidenden Galileo kam der unverhoffte Aufstieg Barberinis wie eine Befreiung. Am liebsten wäre er zu den Festlichkeiten der Investitur des neuen Papstes wohl selbst nach Rom geeilt, zumal die prunkvolle Prozession aus diesem Anlaß auch einen Abglanz Florentiner Kunst und Gelehrsamkeit widerstrahlte. In fürstlichem Aufzug und von Scharen von Würdenträgern und Musikanten umgeben, begab sich Urban VIII. in feierlichem Zug vom Kapitol, jenem Schauplatz einer Wiederbelebung römischer Kultur schlechthin, hinab in den in neuer Macht erstrahlenden Vatikan, begleitet vom Beifall und den Hochrufen einer festlich gekleideten Menge, die an diesem Tag herbeigeströmt war. An allen bedeutsamen Stellen seines Weges erwies der Papst allegorischen Figuren seine Reverenz, die man als Sinnbilder seiner künftigen Herrschaft dort aufgestellt hatte: Ruhm, Wohlstand, Reinheit der apostolischen Lehre, Hingabe, kirchliche Macht, Größe und Glauben. Um seine Verbundenheit mit der römischen Bevölkerung zu demonstrieren, nahm er deren Ovationen inmitten zweier prachtvoller Löwen aus Marmor entgegen, aus deren Mäulern sich Ströme von Wein ergossen.

»Neben dem allgemeinen Jubel über die Großartigkeit der apostolischen Lehre kamen auch die Anhänger der Wissenschaft wieder zur Geltung«, schwelgte ein Augenzeuge dieses pompösen Spektakels auf dem Kapitol. »Überall begriff man die Bedeutsamkeit des menschlichen Geistes und die Notwendigkeit neuen Wissens, um die Forschung vorantreiben zu können. Um dies zu unterstreichen, verharrte der neue Papst lange vor jenem Standbild, das der Menschheit selbst gewidmet war.«

Gleich im Anschluß an die glanzvollen Krönungsfeierlichkeiten für Urban VIII. suchten Galileo und seine Freunde das Eisen zu schmieden, solange es heiß war. Er selbst schrieb in diesen Tagen an den Papstneffen Francesco Barberini, daß nunmehr »die Hoffnung, die schon ganz begraben war, wieder auflebt. Wir werden Zeugen, wie die schönen Künste aus ihrem langen Exil zurückgerufen werden.« Aus ihrem Kloster auf dem Hügel oberhalb Bellosguardos wandte sich seine Tochter Suor Maria Celeste an ihn mit den Worten: »Da ich weiß, wie sehr Euch unser neuer Papst liebt und schätzt…«, und erinnert dann an die »zahlreichen Versprechen« des Papstes ihm gegenüber. »Möge der Herr Euch Gesundheit verleihen, damit Ihr Eure

Sehnsucht stillen, Seine Heiligkeit in Rom aufsuchen und in den Genuß einer noch größeren Gunst Seiner Heiligkeit gelangen könnt.«

In der Tat: War dies nicht die Gelegenheit, Rom endgültig für die Sache der neuen Wissenschaft zu gewinnen? In der Ewigen Stadt selbst sannen die »Luchse« der Akademie nach Möglichkeiten, die Situation am effektvollsten für ihre Zwecke zu nutzen. Fürst Cesi schrieb Galileo am 9. Oktober, daß er eine solch »wundersame Konjunktur«, die es ihm erlaube, seine früheren Pläne zu reaktivieren, nicht einmal mehr im Traum erhofft habe. »Ich bin beglückt über diesen großen Augenblick für die Republik der schönen Künste.« Cesi unterstützte seinen Plan zu einem neuerlichen Besuch in Rom nicht nur, er forderte ihn ausdrücklich dazu auf, zumal nach einer Audienz, die ihm der neue Papst bereits gewährt hatte. »Unter dem Schutz dieses herausragenden, hochgebildeten und wohlgesinnten Papstes wird die Wissenschaft zwangsläufig eine Blüte erleben«, schrieb er ihm enthusiastisch. »Eure Anwesenheit hier wird Seiner Heiligkeit in höchstem Maße willkommen sein. Sie scheint Euch mehr geneigt zu sein und Euch mit größerer Bewunderung zu begegnen denn je.«

Von einem weiteren Gewährsmann in Rom erhielt er eine ähnlich lautende Botschaft. »Ich schwöre Euch, daß nichts bei Seiner Heiligkeit größeren Gefallen findet als die Erwähnung Eures Namens. Nachdem ich des längeren über Euch mit Seiner Heiligkeit gesprochen habe, erwähnte ich auch, daß Ihr, hochberühmter Herr, den brennenden Wunsch verspürtet, nach Rom zu kommen und Seiner Heiligkeit die Füße zu küssen, falls diese Euch diese Gunst gewähren würde. Seine Heiligkeit gab zu verstehen, daß sie Eurem Kommen mit großer Freude entgegensehen würde, falls die Reise Euch nicht zu beschwerlich und Eurer Gesundheit nicht abträglich wäre. Große Männer wie Ihr müßten schonend mit sich umgehen, damit sie so lange wie möglich am Leben bleiben.«

Aus dem Vatikan hatte sich inzwischen auch die Nachricht verbreitet, daß sich der Papst Galileos *Saggiatore* gelegentlich bei Tisch oder zur Schlafenszeit vorlesen ließ und dabei besonderen Spaß an den spöttischen Attacken auf die Jesuiten fand. Das klang verheißungsvoll, bestätigte es doch das politische Kalkül der Strategen der

Accademia dei Lincei, die das Buch mit einer zusätzlichen, euphorischen Widmung an Urban VIII. versehen hatten. Sie schwärmten darin vom »universalen Jubel« der schönen Künste und der Tugend, da nach Urbans Krönung »die ganze Stadt und allem voran der Heilige Stuhl in größerem Glanz denn je« erstrahle und »eines jeden Herz für die löblichsten Studien und die edelsten Taten entflammt« sei. Ihre Widmung gelte dem Florentiner Landsmann Galileos, der seinen heroischen Sinn auf die höchsten Ziele gerichtet habe, und sei von der Hoffnung getragen, daß der Ehrwürdige Vater nie nachlassen möge, ihre wissenschaftlichen Bestrebungen »mit den gütigen Strahlen und der belebenden Wärme« seiner huldvollen Gunst zu fördern.

Was über Urbans Reaktion auf den *Saggiatore* über die Mauern des Vatikans nach außen drang, war vielversprechend und ermutigend genug. Doch in Monsignore Ciampoli, der gleichfalls aus Florenz stammte, hatte Galileo auch einen unmittelbaren Gewährsmann im Vatikan selbst. Ciampoli hatte 1609 einige seiner Vorlesungen in Padua gehört und daraufhin sogleich seinen Kurs über Euklid belegt. Mit der Zeit hatte sich ein engeres Verhältnis zwischen ihnen entwickelt, eine Beziehung zwischen Mentor und Schüler, der Galileo nun eine wichtige Verbindung zum inneren Machtzirkel der römischen Kurie verdankte. Ciampoli war alles andere als eine Randfigur in der Umgebung des neuen Papstes, sondern hatte bereits eine steile Karriere als dessen enger Vertrauter hinter sich, dem nun die päpstliche Privatkorrespondenz und die päpstlichen Brevi oblagen.

Die Freundschaft mit ihm war allerdings mit Risiken behaftet. Er war nicht nur ein ehrgeiziger, wortmächtiger und in Winkelzügen aller Art bewanderter Prälat, sondern betrachtete sich selbstbewußt auch als großen Dichter mit außergewöhnlichen Gaben, die dem sterblichen Talent eines Horaz oder eines Vergil weit überlegen waren. Nach außen hin untertänig und beflissen, verfaßte er insgeheim Spottverse auf Urban VIII. Nicht von ungefähr erlangte er später wesentliche Bedeutung als geschickter Diplomat, der die Annäherung der vatikanischen Politik an Frankreich und Kardinal Richelieu betrieb. Auch ihn ereilte am Ende ein eher unrühmliches Schicksal.

Zum damaligen Zeitpunkt verwandte der Monsignore allerdings

seinen ganzen Ehrgeiz darauf, sich selbst innerhalb der römischen Kurie zum Herold einer grundlegenden Zeitenwende zu küren. Und die Zeichen der Zeit sprachen zu seinen Gunsten: Zum einen zeigte sich Urban VIII. einer universellen geistigen Erneuerung gegenüber offenbar aufgeschlossen, und zum anderen hatte nach seiner Überzeugung Galileo mit dem *Saggiatore* der alten Welt des Aristoteles endgültig den Todesstoß versetzt. Galileo erwies sich als dankbar. Ciampoli wurde schon bald in die *Accademia dei Lincei* aufgenommen.

Am 4. November 1623 schrieb der Monsignore aus dem Vatikan an Galileo einen Brief, in dem er ihn drängte, nach dem *Saggiatore* nun ein noch entschiedeneres und radikaleres Werk in Angriff zu nehmen. Jetzt sei der richtige Augenblick dafür gekommen. »Hierorts hegt man den größten Wunsch nach weiteren Offenbarungen Eures Genius! Solltet Ihr also mit gewissen Ansichten an die Öffentlichkeit treten wollen, die Ihr bislang noch zurückgehalten habt, so bin ich gewiß, daß auch sie größten Gefallen bei unserem Herrn, dem Heiligen Vater, finden werden. Er läßt nicht nach, Euch, Hochgelehrter Herr, in allen Dingen zu bewundern und Euch die ganze Zuneigung zu bewahren, die er Euch gegenüber auch schon früher bezeugt hat.«

Sechs Monate sollten allerdings noch verstreichen, bis Galileo endlich selbst nach Rom aufbrechen konnte, denn eine erneute Verschlechterung seines Zustandes machte eine Reise unmöglich. Am 1. April jedoch war es schließlich soweit. Wieder hatte er eine sensationelle Neuigkeit im Gepäck – eine Anzahl von Mikroskopen. Auch diese Erfindung wurde wie die des Teleskops von einem holländischen Brillenschleifer für sich reklamiert, in diesem Falle von Zacharias Janssen. In beiden Fällen hatte jedoch erst Galileo daraus ein wissenschaftlich brauchbares Instrument gemacht und es weitgehend verbessert. Jetzt wollte er die Oberen Roms statt mit neuen Gestirnen mit gigantischen Vergrößerungen winziger Lebewesen und Insekten in Erstaunen versetzen. Zunächst allerdings gestaltete sich die Reise selbst als äußerst beschwerlich, und seine angegriffene Gesundheit sowie die jahreszeitlichen Unwetter erzwangen immer wieder lange Pausen und Verzögerungen.

Gelegentlich war die Unterbrechung jedoch auch beabsichtigt.

Zwei erholsame und produktive Wochen verbrachte er als Gast von Fürst Cesi in Acquasparta. Cesis Landschloß war ein Juwel für sich. Am Fuße eines mächtigen Berges inmitten der Höhenzüge des Apennin etwa gleich weit von Todi und Spoleto gelegen, blickte es auf eine Ebene grünender umbrischer Felder. Der Fürst, inzwischen neununddreißig und stolzer Vater eines zweijährigen Sohnes, liebte die ausgedehnten Aufenthalte mit seiner Familie auf dem Lande und bewirtete dort häufig Gäste. Galileo traf bei ihm auch Francesco Stelluti (*Il Tardigrado*), einen der vier Gründungsväter der *Accademia*, der in einer Art Vorgeplänkel zu Galileos offenem Angriff im *Saggiatore* zwei Jahre zuvor eine Attacke auf die jesuitische Deutung der Kometen von 1618 verfaßt hatte.

Cesis Landschloß bot einen reizvollen, idealen Rahmen für ihre umfassenden Gespräche am offenen Feuer, während sich draußen das launische Aprilwetter austobte. Sie entwarfen die Strategie für die bevorstehende Kampagne in Rom, speisten festlich zu Abend, erhoben die Gläser zu Ehren des glücklichen Augenblicks für die Welt der schönen Künste und beobachteten nächtens den Sternenhimmel. Sie waren sich der Vorreiterrolle, die sie in diesen Zeiten einer beispiellosen kulturellen Wende innehatten, sehr wohl bewußt. Die Freude ihres Zusammenseins wurde lediglich für kurze Zeit durch die traurige Nachricht vom frühen Tod des jungen Geistlichen und Literaten Virginio Cesarini getrübt, der sechs Jahre zuvor in die *Accademia* eingetreten und dem der *Saggiatore* ursprünglich gewidmet war. Doch auch die Trauer über diesen schmerzlichen Verlust wurde von den Diskussionen über ihre großen Vorhaben bald überdeckt. Stelluti verbrachte Stunden damit, durch Galileos Mikroskop fasziniert alle Einzelheiten von Bienen zu erforschen und genaue Skizzen davon für ein geplantes Insektenbuch anzufertigen; und sie alle teilten die Überzeugung, daß sich die Zeiten nunmehr endgültig zugunsten der neuen Wissenschaft gewendet hatten.

Galileo verließ Acquasparta am 22. April und kam tags darauf in Rom an, wo er von Mario Guiducci als Gast in Empfang genommen wurde. In kürzester Zeit lebten die schon obligatorischen Gesprächsrunden mit maßgeblichen Eminenzen der Ewigen Stadt wieder auf.

Einem der Würdenträger, Kardinal von Zollern aus Österreich, überreichte er ein Mikroskop als Geschenk für den Herzog von Bayern, und der brave Kirchenfürst zeigt sich aufs äußerste erschrocken und geschockt angesichts der »gespenstischen Dinge«, die er auf einmal in einem ganz gewöhnlichen Tropfen Wassers herumschwimmen sah. Galileo nutzte diese Gemütslage und beschwor den Österreicher, sich beim Papst für die Aufhebung des kirchlichen Banns über die kopernikanische Lehrmeinung zu verwenden. In der Zwischenzeit hatte Johannes Faber, sein Mitstreiter an der *Accademia*, damit begonnen, Fliegen unter dem Mikroskop zu betrachten, und war derart beeindruckt, daß er Galileo überall als einen neuen Schöpfer pries, »da er Dinge zum Vorschein bringt, von deren Existenz bislang kein Mensch auch nur eine Ahnung hatte«.

Insekten hatten anscheinend gerade Hochkonjunktur in Rom. Drei große, dickgestreifte Bienen dominierten das Wappen des Hauses Barberini – eine Tatsache, die Galileo offenbar im Kopf hatte, als er sein Mikroskop mitsamt Stellutis detailgetreuen Skizzen dieses Wappentieres der Papstfamilie mit nach Rom brachte. Unmittelbar nach seiner Ankunft machte er den Barberini bereits seine Aufwartung, und am folgenden Tag hatte er seine erste Audienz bei Urban VIII., der noch fünf weitere binnen eines Monats folgen sollten. Der Papst empfing ihn mit großer Freundlichkeit »unter andauernden Bezeugungen seiner Zuneigung« und gewährte ihm schon nach wenigen Tagen die Gunst einer hübschen Pension von sechzig Dukaten für seinen inzwischen legitimierten Sohn Vincenzo (die der Undankbare, da auch einige fromme Pflichten damit verbunden waren, später jedoch verschmähte).

Zu seiner bösen Überraschung war Urban VIII. jedoch längst nicht mehr jener poesievernarrte, aufgeschlossene kirchliche Würdenträger, als den er ihn von früher her kannte. Er hatte sich vielmehr in den ersten neun Monaten seines Pontifikats in einen militaristischen Papst verwandelt. Der Krieg in Europa ging mittlerweile in sein sechstes Jahr, und unmittelbar nördlich der Alpen standen noch immer die protestantischen Heerscharen gegen die der katholischen Liga. Ausgreifende militärische Projekte begannen in Urbans Kopf zu reifen:

eine einschüchternde, bestens gerüstete Festungsanlage nördlich von Bologna, die dereinst den Namen *Forte Urbano* tragen sollte; eine verstärkte Brustwehr für das Castel Sant'Angelo, die päpstliche Trutzburg am Tiber in Rom (Metallteile dafür wurden aus dem Pantheon herausgebrochen); die Anlage eines gigantischen Kriegshafens in Civitavecchia an der tyrrhenischen Küste; die Aufstockung und Verstärkung der Schutzmauern um die vatikanischen Gärten auf dem Monte Cavallo und der Ausbau der tiefen Gewölbe unter der vatikanischen Bibliothek zu einem Waffenarsenal.

Jeder, der gegen diese Projekte Bedenken anmeldete, wurde vom Papst barsch abgekanzelt. Urban VIII. hörte kaum zu, riß das Gespräch ständig an sich und ließ in seinem Wortschwall keinerlei Widerrede zu. Willkürlich und schwankend in seinen Entscheidungen, bewies er einen starken Hang, stets genau das Gegenteil von dem zu tun, was seine Berater ihm nahelegten – als triebe ihn ein fortwährendes Bedürfnis, seine Autorität hervorzukehren. Ihm galt »das Urteil eines einzigen amtierenden Papstes mehr als all die Grundsätze hundert vergangener«, und unumwunden erklärte er, daß er über größere Einsicht verfüge als alle Kardinäle zusammengenommen. Kaum jemals berief er, wie ein Beobachter vermerkte, eine Sitzung der Glaubenskongregation ein, und wenn, dann nur, »um bestimmte Irrtümer zu vertuschen«.

In der Zwischenzeit hatte er auch für die restlichen »Bienen« des Hauses Barberini gesorgt. Schon bald nach seiner Krönung hatte er einen seiner Brüder und einen Sohn mit der Kardinalswürde bedacht und einen weiteren Bruder zum Präfekten des *borgo* bestellt, jener quirligen Brutstätte von Verschwörungen und Intrigen gleich außerhalb der schützenden Mauern des Vatikans.

Urban VIII. war ein neuerlicher Autokrat unter der Tiara – und er bedeutete für Galileo eine ungleich größere Gefahr als etwa Paul V., gerade weil ihn mit ihm eine frühere Freundschaft verband.

Schon als sie zum ersten Mal auf die Lehre des Kopernikus und das kirchliche Verbot zu sprechen kamen, reagierte der Papst auf eine enttäuschende Weise vage und ausweichend. Galileo blieb nichts anderes übrig, als sich seine Informationen in dieser Frage aus zweiter Hand zu besorgen, wo immer er sie bekommen konnte. Nach einigem Hin und Her brachte der noch immer vom Anblick kleinster Lebewesen in seinem Wassertropfen geschockte Kardinal von Zollern das Thema beim Papst offiziell zur Sprache. Die Kirche müsse in dieser Frage mit größter Behutsamkeit vorgehen, wurde er daraufhin von Urban VIII. beschieden; sie habe allerdings »diese Lehrmeinung bis jetzt weder verdammt, noch steht sie im Begriffe, sie als ketzerisch zu verdammen, sondern lediglich als vermessen«. Was hatte dies zu bedeuten? In den Zeiten von Daumenschrauben und Felsverliesen konnte der Vorwurf der Vermessenheit sich auf vieles beziehen. Die Frage blieb unbeantwortet.

In einer seiner letzten direkten Unterredungen mit Urban VIII. glückte es Galileo schließlich doch noch, einen offenen und gezielten Meinungsaustausch über die Theorie des Kopernikus herbeizuführen. Dabei sprachen sie alles an, was jeweils für die Tradition und was für das neuere Denken ins Feld zu führen war. Bedeutsam an diesem Gespräch war freilich nicht, daß der Papst seine Haltung irgendwie abgeschwächt hätte – was er nicht tat –, sondern der Umstand, daß die Argumente, die er zugunsten der Tradition vorgebracht hatte, in ihrer beider Gedächtnis haftenblieben. Galileo sollte sie nicht vergessen und sie seinem künftigen Meisterwerk, dem *Dialog über die beiden hauptsächlichen Weltsysteme,* ausgerechnet dem borniertesten seiner drei Dialogpartner in den Mund legen, womit sie ins Lächerliche gezogen wurden. Aber auch Urban wußte noch genau, was er selbst zugunsten der Tradition vertreten hatte. Daß damit wenig später so schonungslos umgegangen wurde, brachte ihn zeitlebens in Rage. In gewisser Weise liegt hier der eigentliche Schlüssel für Galileos Schicksal. Es handelte sich letztlich um eine persönliche Problematik, nicht um eine Problematik weltanschaulicher Prinzipien.

Trotz aller Ungewißheit im Hinblick auf die noch immer nicht geklärte kopernikanische Frage war Galileo voller Hoffnung. Während er sich anschickte, Rom wieder zu verlassen, ließ er nur noch an sich herankommen, was er hören wollte. Demnach hatte man ihn keineswegs zur Vorsicht gemahnt, sondern im Gegenteil Mut zugesprochen, sich weiter »auf hypothetische Weise« über das System des Kopernikus zu verbreiten und dessen neue Weltansicht in seinen Schriften zu erläutern. Dies ließ ihm seiner Meinung nach genügend Raum. Er würde Möglichkeiten finden, seine wahren Überzeugungen durch eine geschickte Darstellung hinreichend zu kaschieren. Am 8. Juni schilderte er das für ihn wichtigste Ergebnis seines Romaufenthalts in einem weitschweifigen Brief an Fürst Cesi in Acquasparta: »Bezüglich der Lehre des Kopernikus hat sich Seine Heiligkeit dahingehend geäußert, daß die Heilige Kirche sie weder verdammt habe noch im Begriffe stünde sie als ketzerisch zu verdammen, sondern lediglich als vermessen.« Der Brief spricht in seiner Sorglosigkeit und seines beschwingten Tonfalls wegen für sich selbst.

Einmal in Schwung, fand Galileo sich auch nicht zu schade, den Zensor des *Saggiatore* zu verspotten, Pater Niccolò Riccardi, der sich bei der Gewährung der Druckerlaubnis als ein wahrer Freund gezeigt hatte. »Er überläßt es Engeln, die Himmelskörper ohne Schwierigkeiten oder irgendeine Behinderung so, wie es gerade kommt, zu bewegen, und läßt es dabei bewenden!«

Bevor er Rom endgültig verließ, hatte er noch eine letzte Audienz beim Papst. Urban überhäufte ihn mit Glück- und Segenswünschen und mit Geschenken: zwei Medaillen, eine aus Gold und eine aus Silber, und die Zusage einer Pension für seinen Sohn Vincenzo. Gewichtiger noch war ein von Monsignore Ciampoli aufgesetztes päpstliches Breve für den Großherzog der Toskana.

»Wir haben ihn nicht nur seiner einzigartigen Gelehrsamkeit, sondern auch seines frommen Eifers wegen Unserer päpstlichen Gunst würdig befunden«, hieß es in diesem offiziellen Anerkennungsschreiben. »Mit Vergnügen sind Wir seinen hochgelehrten Ausführungen gefolgt, die der florentinischen Bildung und Beredsamkeit ein neues Ruhmesblatt hinzufügen.« Der Papst lobte Galileos Vorzüge und seine fromme Gesinnung, bezeichnete ihn als »teuren Sohn« und schloß mit der denkwürdigen Feststellung: »Sein Ruhm wird so lange auf Erden erstrahlen wie Jupiter mit seinen Monden am Himmel.«

Das überschwengliche Lob aus dem Mund des Papstes erinnerte an den populärsten Dichter jener Tage, Giambattista Marino, der im Vertrauen auf die Sympathie Urbans VIII. unmittelbar nach dessen Inthronisation aus seinem Exil in Paris nach Rom zurückgeeilt war. In seinem großen Versepos *L'Adonis* hatte Marino einen der Gesänge Galileo gewidmet.

Den Himmeln dankt Ihr viel,
Die Euch das wundersame Instrument geschenkt;
Doch mehr noch schulden die Himmel ihm,
Das ihre Schönheit offenbart.
Euer Name, wahrlich, ist die Zierde des gesamten Firmaments,
Wie auch die Linsen aus zerbrechlich Glas
Ewig ruh'n inmitten saphirblauen Lichtes.

Eh' der Himmel nicht löscht den Strahlenglanz der Sterne selbst
Wird auch der Schein nicht minder strahlen,
Der Euch die Ehrenkrone trägt.
Hell lebt Euer Ruhm mit den Sternen fort
Und Ihr überdauert in deren Licht, ewig leuchtend.
Und die Sterne mit ihren lieblich flammenden Strahlenzungen
Bezeugen Euren Ruhm immerdar.

Am 11. Juni, dem Tag, an dem Galileo aus Rom abreiste, setzte die Inquisition das Werk Marinos auf den Index. Der Dichter floh zurück ins Exil nach Paris.

Urban VIII. arbeitete unterdessen bereits an einem Dekret, das jedem Katholiken die Exkommunikation androhte, der in der Kirche forthin noch aufzubegehren wagte.

Die Ewige Stadt selbst bot 1624 einen verwirrenden Anblick, eine schwer zu durchschauende Konstellation wechselseitig auftauchender und sich ständig verschiebender Gestirne am Firmament der katholischen Kirche, die unablässig ihren Standort und ihre Helligkeit zu verändern schienen und dabei anscheinend keinerlei berechenbaren Gesetzen folgten. Vom Papst, der sich nach außen hin so fortschrittlich gebärdete, kamen häufig wechselnde, widersprüchliche Signale, verheißungsvolle mitunter, aber auch düstere und konfuse. Ob Urban VIII.

persönlich als ein glänzender Stern oder nur als schon wieder im Entschwinden begriffener Komet erschien, war lediglich eine Frage des Zeitpunktes und des Blickwinkels, unter dem er betrachtet wurde.

Schon bald nachdem Galileo die Stadt wieder verlassen hatte, fand sich die Kirche in den grotesk makabren Fall des Erzbischofs Marco Antonio de Dominis verstrickt, der die Turbulenzen jener Tage widerspiegelte. De Dominis, vormals Jesuit und ein bedeutender Intellektueller von hoher Geburt, hatte zeitweilig auch Galileos Welt der Wissenschaft und Mathematik gestreift, ehe er sich auf abenteuerliche Weise ganz im Gestrüpp der großen theologischen Kontroversen seiner Zeit und der Kirchendoktrin verfing. Er war für kurze Zeit Professor für Mathematik in Padua, hatte eine Abhandlung über die Natur des Regenbogens verfaßt und sich auch mit den optischen Gesetzen der Lichtberechnung in Galileos Teleskop beschäftigt. Zuletzt war er Erzbischof im dalmatischen Split, jener Stadt, in der seine Familie, aus der Fürsten und sogar ein Papst hervorgegangen waren, eine Herrschaftsdynastie begründet hatte. Während der Zeit des Interdikts von Venedig 1606 hatte de Dominis sich auf die Seite Sarpis geschlagen und war irgendwie in den Dunstkreis der (protestantischen) englischen Gesandtschaft in der Lagunenstadt geraten, die in der venezianischen Republik unter der Leitung des Gesandten Sir Henry Wotton eine Art Brückenkopf für das kalvinistische Bekenntnis bildete. Damals hatte er begonnen, insgeheim eine Doppelrolle als Vermittler zwischen den Bekenntnissen zu spielen.

1617 hatte er offensichtlich aus eigenem Antrieb versucht, Sarpis fulminantes Geschichtswerk über das Konzil von Trient in geheimer Mission außer Landes und nach England zu schmuggeln. Sarpi mißtraute dem ehrgeizigen Abenteurer jedoch und verweigerte die Herausgabe des Manuskripts. Schließlich entschwand de Dominis auf verschlungenen Wegen nach Norden und gelangte rheinabwärts nach England, wo er am 3. Dezember 1617 im vollen Ornat des Bischofs in einer spektakulären Zeremonie in der *Saint Paul's Cathedral* zu London sein Bekenntnis zum Kalvinismus ablegte. Seine Mission, gelobte er der anwesenden Festversammlung, gelte der Wiedervereinigung der protestantischen Bekenntnisse mit der römischen Kirche. König

Jakob I. verlieh ihm den hochangesehenen Titel des Dekans von Windsor und Herrn über Savoyen, und de Dominis besorgte schließlich, nachdem Sarpi einer Veröffentlichung in England endlich zugestimmt hatte, 1618 die Edition von dessen *Istoria del Concilio Tridentino,* der er eine lange Widmung an Jakob I. voranstellte.

Nach wenigen Jahren hingegen wurde man in England seines ökumenischen Eifers und seiner Eskapaden bereits wieder überdrüssig und verwies ihn des Landes. Von Brüssel aus richtete er daraufhin flehentliche Appelle an Gregor XV., der ihm durch eine gemeinsame Ausbildung und verwandtschaftliche Beziehungen verbunden war, und versprach einen ernsthaften Widerruf seiner Konversion zum Protestantismus, sollte ihm eine Rückkehr nach Rom gestattet werden. Kaum hatte er von dort die nötigen Zusicherungen in Händen, schwor er am 24. November 1622 seinen Häresien feierlich ab und verdammte das Werk Sarpis, worauf ihm die Türen für eine Rückkehr in die Hierarchie der römischen Kurie wieder weit offenstanden.

Länger als ein Jahr – unterdessen hatte Urban VIII. die Nachfolge Gregors XV. auf dem Stuhl Petri angetreten – schien sein Bedürfnis nach weiteren ökumenischen Abenteuern gestillt. Er wandte sich wieder wissenschaftlichen Fragen zu und verfaßte unter anderem eine Abhandlung zum Problem der Gezeiten. Galileo, der ihr überhaupt nichts abgewinnen konnte, mokierte sich später im *Dialog* darüber. »Ganz vor kurzem hat ein gewisser Prälat eine kleine Abhandlung veröffentlicht, worin er behauptet, der Mond werfe, während er am Himmel dahinzieht, durch seine Anziehung einen Wasserhügel auf, welcher ihm beständig folge, so daß die Fluthöhe stets gerade unter dem Monde liegt.« Am Ende konnte der »gewisse Prälat« jedoch offenbar seine Zunge nicht im Zaum halten. Mit dem verstorbenen Gregor XV. hatte er seinen wichtigsten Protektor verloren, und Urban VIII., welcher der Ernsthaftigkeit seines Widerrufs mißtraute, ließ seine Äußerungen genauer unter die Lupe nehmen. Tatsächlich hatte de Dominis etwas zu sorglos mit seinen ökumenischen Großtaten im protestantischen Ausland geprahlt und sich damit dem Verdacht ausgesetzt, seinen früheren Überzeugungen noch immer anzuhängen.

Er wurde beim Heiligen Offizium angezeigt. Sobald eine Anzeige vorlag, wurde, wie auch später bei Galileo, ein Prozeß notwendig. Angesichts der mächtigen Protektoren des Erzbischofs, seiner Beziehungen zu zwei Päpsten und seiner hohen aristokratischen Herkunft ging man in seinem Fall zunächst jedoch äußerst behutsam vor. Er wurde zwar in der Engelsburg gefangengesetzt, erhielt allerdings ein komfortables Quartier zugewiesen, wo er sich von zwei Dienern versorgen lassen konnte.

Im Verhör hingegen ließ man keinerlei Milde walten, und de Dominis erwies sich als entsprechend geständig. Er räumte jeden Punkt, dessen man ihn anklagte, ein, widerrief ein weiteres Mal, ja bedankte sich sogar übertrieben bei Urban VIII. für seine Haft unter so komfortablen Umständen. Die Verhöre blieben jedoch nicht ohne Wirkung. Er wurde schließlich krank und verfiel rapide. Nach einer letzten »Befragung« von zehn Stunden Dauer fand man ihn plötzlich tot auf. Im Vatikan, wo man in diesem heiklen Fall einen allgemeinen Aufschrei in ganz Europa befürchtete, war man über diesen Ausgang bestürzt und beauftragte eiligst eine Untersuchungskommission, eine Autopsie vorzunehmen. Ihr gehörte auch der berühmte Arzt Johannes Faber an, Galileos Mitstreiter an der »Akademie der Luchse«. Er war es, der Galileo als einen der ersten schon kurz nach dem plötzlichen Tod des Erzbischofs von den Vorgängen vertraulich in Kenntnis setzte.

»Der Erzbischof von Split *ivit ad plures* nach neun Tagen eines heftigen Fiebers am achten dieses Monats um vier Uhr morgens im Castel Sant'Angelo. Bereits um sieben des nämlichen Morgens kam auf Geheiß des Papstes ein Vertreter des Heiligen Offiziums an meine Tür und bat mich, bei der Öffnung der Leiche des Erzbischofs in Gegenwart eines Notars aus dem Heiligen Offizium mitzuwirken. Nach meinem Eindruck fürchtete man internationale Spekulationen über eine mögliche Vergiftung des Erzbischofs. Wir fanden dessen innere Organe jedoch völlig unversehrt, ohne jede Spur von Gift, wenngleich die Lungen leicht entzündet waren. Der Leichnam wurde anschließend in den apostolischen Palast gebracht und dort verwahrt – wenigstens sagte mir das Kardinal Santa Susanna, als ich mit ihm speiste. Er meinte zudem, daß der Prozeß für den Erzbischof zum

Todesurteil geworden sei, denn in Wirklichkeit sei er tot aufgefunden worden, nachdem ihn der Inquisitor zuvor zehn Stunden lang verhört hätte. Doch habe er vor seinem Tod seine Irrtümer noch gestanden und bereut und daraufhin alle Sakramente der Heiligen Kirche empfangen.«

Die schlichte Tatsache, daß ein Delinquent während eines Prozesses dahinschied, konnte die Kirche nicht davon abhalten, das Verfahren in völlig regulärer Form abzuschließen. Über drei Monate später im Dezember, am Festtag des Apostels Thomas, des zweifelnden Jüngers Jesu, wurde der Leichnam des Erzbischofs de Dominis exhumiert und der Sarg im Rahmen einer feierlichen Zeremonie zur Basilika *Santa Maria Sopra Minverva,* der uralten Kirche der Dominikaner im Zentrum Roms, gebracht. Dort traten die Richter des Heiligen Offiziums, der Präfekt von Rom und die Kardinäle des Heiligen Kollegiums zusammen – ebenjene Kirchenfürsten, die nur wenige Monate zuvor noch durch Galileos Mikroskop geblickt hatten und sich nicht genug darüber verwundern konnten, daß ihnen dabei eine Fliege so groß erschienen war wie ein leibhaftiges Huhn. Zum Zeichen ihrer Bereitschaft, jederzeit ihr Blut für die Sache der Kirche zu vergießen, waren die Eminenzen diesmal in ihren feierlichen roten Roben erschienen. Am Fuße des Altars vor ihnen befand sich der mit schwarzem Pech bestrichene Sarg des Erzbischofs, und auf dem Altar hatte man ein Portrait von ihm mit schwarzen Tüchern umhüllt.

Der Angeklagte wurde offiziell als rückfälliger Ketzer verurteilt, seine Seele der ewigen Verdammnis preisgegeben und die Erinnerung an ihn getilgt. Auf Anordnung der Inquisition wurden ihm posthum seine kirchlichen Privilegien und sein geistlicher Titel als Erzbischof von Dalmatien aberkannt, seine Bücher verbrannt und sein Familienbesitz der Inquisitionskasse zugeschlagen. Nach langem rituellen Applaus wurden der Sarg und das Portrait auf einen Karren geladen und in feierlichem Zug zum *Campo dei Fiori* gebracht.

Dort schwebte noch immer der Geist Giordano Brunos über dem Platz, als man die sterblichen Überreste des Erzbischofs aus dem Sarg nahm und der Menge zur Drohung und Abschreckung aller Arten von Häresie kurz zur Schau stellte. Dann wurden die exhumierten

Gebeine, das Portrait und sämtliche Schriften dieses vergleichsweise weniger gewichtigen Märtyrers im Namen der Reinheit der kirchlichen Lehre verbrannt.

Die römische Kurie, die das makabre Schauspiel dieser Verbrennung inszeniert hatte, war nicht jene, die Galileo zu kennen glaubte. War Bruno ein Fanatiker und Mystiker, so de Dominis ein Abenteurer und Opportunist. Keiner von beiden schien irgendwelche Relevanz zu besitzen für die dringlichen, konkreten Aufgaben der neuen Wissenschaft. Galileo sonnte sich noch immer im Glanz des jüngsten Zusammentreffens mit dem fortschrittlich gesinnten Papst. Urbans warmer Empfang und seine Ermunterungen blieben ihm gewärtig und spornten ihn an, die Möglichkeiten einer endgültigen Rehabilitierung der kopernikanischen Theorie noch gezielter auszuloten. Zusätzliche ermutigende Informationen aus Rom bestärkten ihn in seinem Optimismus.

Mit derartiger Zuversicht und aufgrund seiner positiven Erfahrung in Rom griff er eine unerledigt gebliebene Angelegenheit von früher noch einmal auf. Acht Jahre zuvor, einige Monate noch bevor Kardinal Bellarmin ihn bezüglich der Theorie des Kopernikus offiziell ermahnt hatte, war ihm der Brief eines Geistlichen und Rechtsgelehrten namens Francesco Ingoli zugegangen, der wenig später zum Sekretär der Vatikanischen Kongregation für die Glaubensverbreitung avancieren und in dieser Funktion auch die Gründung der vatikanischen Druckerei in die Wege leiten sollte. Ingoli war zwar ein aufrichtiger Bewunderer Galileos, sah jedoch in der Lehre des Kopernikus eine Bedrohung der traditionellen Autorität und hatte deswegen eine Reihe nüchterner und wohlbegründeter Einwände gegen diese Lehre vorgebracht.

Angesichts der förmlichen Ermahnung von 1616 hatte Galileo damals vernünftigerweise davon Abstand genommen, auf Ingolis Einwände noch zu reagieren. Weitab in Prag jedoch hatte Kepler keinerlei Skrupel dieser Art. Er verfaßte unter dem Titel *Abriß der kopernikanischen Astronomie* umgehend ein gegen Ingoli gerichtetes Pamphlet, das 1618 veröffentlicht und von der Inquisition sofort auf den Index verbotener Bücher gesetzt wurde. Angeregt durch das günstige Klima in Rom, hielt es auch Galileo nunmehr für an der Zeit, Ingolis Einwänden seinerseits eine entsprechende Erwiderung entgegenzusetzen.

Den ganzen Spätsommer des Jahres 1624 beschäftigte er sich fast ausschließlich mit diesem Vorhaben. Seine Freunde in der *Accademia dei Lincei,* die von seiner Absicht erfuhren und begeistert davon waren, daß ihr Mentor endlich mit einer fundierten Verteidigung des Kopernikus seine Zurückhaltung aufgeben wollte, drängten auf Fertigstellung. Das Menetekel des einschüchternden Schauspiels, das die Inquisition mit de Dominis in Szene gesetzt hatte, konnte ihn nicht erschüttern. Ende September war sein Antwortbrief an Ingoli fertig und wurde sogleich in mehreren Abschriften in den interessierten Kreisen von Florenz und Rom in Umlauf gebracht. Er umfaßte sechzig Manuskriptseiten, enthielt eine Unzahl von Hinweisen und geschliffenen Gegenargumenten, suchte sich fast ausschließlich auf Ingolis wissenschaftlich angreifbare Argumente zu konzentrieren und seinen theologischen Einwänden dabei möglichst aus dem Weg zu gehen. »Ich behaupte«, heißt es an einer Stelle, »daß ich andere Erfahrungen habe, die bisher von niemandem beobachtet worden sind, die – wenn wir in den Grenzen menschlicher und natürlicher Überlegungen bleiben – notwendig von der Richtigkeit des kopernikanischen Systems überzeugen.« Es war dies eines der definitivsten Bekenntnisse zur Lehre des Kopernikus, das Galileo zeitlebens abgelegt hat.

Klugerweise ließ er den Brief an Ingoli allerdings nicht in Druck gehen und versah ihn schon in der Einleitung mit einem vorbeugenden Dementi. »Aus der Ehrfurcht, die wir [Katholiken] der Heiligen Schrift und unseren Heiligen Vätern entgegenbringen, und aus dem Eifer für die Religion und für unseren Glauben« werde er die kopernikanische Theorie niemals als Wahrheit, sondern immer nur als Möglichkeit behandeln. Er habe sich zu dieser Entgegnung aus mehreren Gründen entschlossen: Er wolle den Ketzern in Deutschland, unter denen alle angeseheneren die Meinung des Kopernikus verträten, zu ihrer Beschämung zeigen, daß es nicht nur dort, sondern auch im katholischen Italien einem Forscher durchaus erlaubt sei, sich mit den überzeugenden wissenschaftlichen Grundlagen des kopernikanischen Systems auseinanderzusetzen. Zudem wolle er dem möglichen Eindruck entgegentreten, sein langes Schweigen habe zu bedeuten, daß er Ingolis Einwände für zutreffend halte.

Da der Brief an Ingoli als eine Art Versuchsballon gedacht war, um die Stimmung in Rom zu erkunden, wartete Galileo ungeduldig auf Reaktionen von dort, insbesondere auf die Urbans VIII. Um seinen Ballon steigen zu lassen, hatte er sich der Dienste ehemaliger Schüler versichert, die sich sowohl in weltlichen als auch in kirchlichen Kreisen der Ewigen Stadt Ansehen erworben hatten und außerdem in die *Accademia dei Lincei* aufgenommen worden waren. Einer seiner Schützlinge, der Anwalt Mario Guiducci, war von ihm förmlich damit beauftragt worden, den Brief in Rom bekanntzumachen und ihn auch Monsignore Ingoli persönlich im Vatikan zu übergeben. Bei den Empfängern zählte er vor allem auf Monsignore Ciampoli, seinen getreuen Mittler am Stuhl des heiligen Petrus.

Eine Reihe von Rückschlägen dämpfte jedoch seine Hoffnungen auf eine rasche zustimmende Reaktion Urbans VIII. In Rom war die Situation gegen Ende 1624 schwieriger geworden. Ein unbekannter Geistlicher hatte auf einmal theologisch begründete Vorwürfe gegen den *Saggiatore* an die Öffentlichkeit gebracht und das Buch häretischer Ansichten bezüglich des Dogmas der Transsubstantiation bezichtigt. Galileos darin vertretene Auffassungen von Partikeln und Atomen, aus denen Substanzen bestehen sollten, schienen nach der Meinung dieses anonymen Geistlichen die Verwandlung des geweihten Brotes und Weines in den Leib und das Blut Christi und damit auch das göttliche Geheimnis im Sakrament der Eucharistie in Frage zu stellen. Damit allerdings stünden diese Ansichten im Widerspruch zu einem zentralen Dogma des katholischen Glaubensbekenntnisses, wie es das Konzil von Trient an entscheidender Stelle ausdrücklich festgelegt habe. Das Buch solle deswegen vorbehaltlich einer möglichen Korrektur verboten werden. Glücklicherweise hatte sich mit dieser Anschuldigung zunächst ein Galileo freundlich gesonnener Kardinal zu befassen, der sich über das Buch informierte und einen lobenden Bericht an die Heilige Indexkongregation darüber erstellte. Selbst wenn zutreffe, daß der *Saggiatore* heikle Fragen der kirchlichen Lehre berühre, lautete dessen Quintessenz, sei es doch keineswegs angebracht, ihn zu verbieten.

In Anbetracht solchen Störfeuers schien es Guiducci, Galileos Mittelsmann in Rom, jedoch geraten, den Antwortbrief an Ingoli in der römischen Kurie einstweilen noch zurückzuhalten, da er vom Inhalt her noch größere Gefahren barg als der *Saggiatore.* Urban VIII. war in jenen Tagen für derartige Fragen nicht ansprechbar und überhaupt fast ausschließlich mit Kriegsangelegenheiten beschäftigt, seit jenseits der Alpen der Kampf mit den protestantischen Kräften immer weitere Territorien erfaßt und an Schrecken zugenommen hatte. Päpstliche Einheiten rivalisierten mit französischen, spanischen und venezianischen Truppen um die Kontrolle des strategisch wichtigen Veltlins, jenes Gebirgstals im Norden des Comer Sees, das sich beinahe fünfzig Kilometer entlang der Grenze zur Republik Venedig hinzog und von den spanischen Truppen als Weg durch die Alpen in das Heilige Römische Reich auserkoren war. Das bedeutete, daß in theoretischen Fragen des Dogmas und der Kirchendoktrin im Augenblick eher wieder die unberechenbaren Patres das Sagen hatten.

Im April 1625 berichtete Guiducci Galileo über die diffizile Konstellation in Rom. »Nachdem die Anschuldigung gegen den *Saggiatore* vorerst erledigt war, hat sich die Angelegenheit einstweilen wieder beruhigt... Nun, da uns dieser Flankenschutz durch den Kardinal fehlt, scheint es nicht geraten, sich dem Risiko einer Niederlage auszusetzen, denn im Brief an Ingoli wird die Meinung des Kopernikus *ex professo* verteidigt. Auch wenn darin deutlich ausgesprochen wird, daß diese Meinung sich in einem höheren Lichte als falsch erweist, werden die Unaufrichtigen das so nicht glauben und von neuem Unruhe stiften... Da Seine Heiligkeit im Augenblick über die kriegerischen Verwirrungen sehr beunruhigt ist und man daher mit ihr nicht darüber sprechen könnte, würde sie sich gewiß an die Darstellung und die Einsicht des Fratres halten. Aus all diesen Gründen schien es richtig, abzuwarten und die Angelegenheit ein wenig ruhen zu lassen. Sie am Leben zu halten hätte Nachstellungen und Scharmützel zur Folge, wo man sich gegen Angriffe aus dem Hinterhalt zu wappnen hätte. Derweil kann die Zeit der Sache helfen.«

Nach längerem Abwarten drängte Galileo um Weihnachten 1625 bei Ciampoli allerdings erneut auf eine Reaktion Urbans VIII. und erhielt schließlich die ersehnte Antwort. Ciampoli hatte offenbar eine günstige Gelegenheit ausgemacht, um die Aufmerksamkeit des Papstes auf den Brief an Ingoli zu lenken. Wie schon im Fall des *Saggiatore* las er ihm Stellen daraus bei Tisch oder zur Schlafenszeit zur Unterhaltung vor. Anscheinend jedoch nur die amüsanteren Passagen, deren es wie im *Saggiatore* auch im Brief an Ingoli viele gab, die den Papst schmunzeln ließen.

So verglich Galileo beispielsweise Ingolis Kritik an einigen Ungenauigkeiten von Kopernikus bezüglich der Bahn von Venus und Mars mit dem Vorgehen eines Mannes, der am liebsten sein ganzes Haus abreißen möchte, nur weil sein Schornstein ein wenig qualmt. Und ein anderes Bild benutzend, mokierte er sich: »Wenn Maler jedesmal die ganze Leinwand neu bleichen müßten, nur weil man ihnen eine kleine Unvollkommenheit im Finger oder Auge einer der dargestellten Figuren nachweisen konnte, würde es in der Tat eine Unmenge Zeit kosten, ein Bild jemals fertigzustellen.«

Und mit Blick auf den von Ingoli penetrant ins Feld geführten Aristoteles meinte er: »Aristoteles war ein normaler Sterblicher mit Augen, Ohren und einem Verstand zum Nachdenken. Auch ich bin nur ein Mensch, sehe mit meinen Augen jedoch weit mehr, als er jemals sehen konnte.«

Ingolis unablässiger Berufung auf die unzähligen Anhänger, die Aristoteles schließlich über mehr als tausend Jahre die Treue hielten, hielt er entgegen: »Ein Mann mag zwanzig Nachkommen haben, aber das heißt nicht, daß er etwa zeugungsfähiger wäre als einer seiner Söhne, der erst einen Nachkommen hat – falls der Vater bereits sechzig und der Sohn erst zwanzig ist.«

Drei Tage nach Weihnachten berichtete ihm Ciampoli bereits über die Reaktion Urbans VIII., und wie immer enthielt der Brief zunächst einmal überschwengliche Komplimente. Kein Weihnachtsgeschenk könne für ihn kostbarer sein als die Nachricht, daß Galileo sich guter Gesundheit erfreue, da »so manche Kostproben Eures übermenschlichen Genius mich in einer Weise angeregt haben, als handle es sich dabei um Kostproben himmlischer Weisheit«.

»Ich habe Eure Erwiderung an Ingoli gelesen«, fuhr er, auf den eigentlichen Zweck seines Schreibens eingehend, fort, »und sie in großen Teilen auch dem Heiligen Vater vorgelesen, der besonderen Gefallen an Euren Beispielen vom Sieb und von den bewegten Körpern gefunden hat.«

Mochte Ciampolis Bericht durchaus einigen Anlaß zu Optimismus geben, die lautstarke Bestätigung und Billigung des Papstes, die Galileo gerne in ihn hineinlesen wollte, enthielt er nicht. Es fiel in der Tat kein einziges Wort zu seinem Plädoyer für Kopernikus, und das Ganze beschränkte sich in der Hauptsache auf die Erwähnung einiger nebensächlicher literarischer Anspielungen. Galileo verspürte gleichwohl neuen Auftrieb. Entscheidend an Urbans Reaktion war ihm einzig, daß sie weder einen expliziten Tadel noch eine Zurückweisung enthielt. Das Klima hatte sich also tatsächlich gewandelt! Der Knebel, der ihm den Mund verschlossen hatte, war endlich wieder entfernt! Jetzt sah er sich in der Lage, sich an die Spitze der neuen wissenschaftlichen Bewegung zu setzen! Und er fühlte sich ermutigt, ja geradewegs durch göttliche Fügung inspiriert, auf diesem Weg voranzuschreiten.

Acht Jahre später, nachdem diese Illusion vollständig zerborsten war, sollte er noch einmal eine Art göttlicher Inspiration ins Spiel bringen, die am Anfang seines *Dialogs* gestanden habe. In einem Bittbrief an Kardinal Antonio Barberini, den Bruder Urbans VIII., von dem er nur noch Unnachsichtigkeit zu erwarten hatte, deutete er an, daß er den letzten Anstoß für seine Arbeit bekommen habe, »als ich einen kurzen, aber von Frömmigkeit erfüllten und bewunderungswürdigen Ausspruch vernahm, der, gleichsam wie vom Heiligen Geiste, aus dem Munde einer in der Doktrin so herausragenden und in frommer Lebensführung so verehrungswürdigen Person kam«. In Wahrheit handelte es sich bei dieser Inspiration natürlich um die Ermutigung durch Urban VIII. persönlich.

Galileo plante ein umfassendes Werk über die beiden widerstreitenden Weltsysteme, dessen Aufbau als Dialog eng mit seinem eigenen Leben, mit seinen bisherigen Schriften und mit der geistigen Situation der Zeit insgesamt verwoben war. Es sollte eine Art Bilanz seines Schaffens werden, in der die wichtigsten Errungenschaften seines Lebens im Dienste der Wissenschaft in ihren Zusammenhang gestellt, die zahllosen Kontroversen mit seinen Gegnern aufgegriffen und seine ureigensten Überzeugungen dargelegt würden. Im Kern sollte es um die Alternative zwischen der traditionellen und der radikal neuen Sicht des Universums gehen, um die Entscheidung zwischen Aristoteles und Kopernikus, zwischen Mittelalter und Renaissance, zwischen ihm selbst und all seinen Widersachern in den zurückliegenden Jahren. Es sollte das bereits seit vierzehn Jahren angekündigte Meisterwerk werden, seit er in seiner *Sternenbotschaft* von der Absicht gesprochen hatte, eine eigene Abhandlung über das System der Welt vorzulegen.

Als literarische Kunstform war der Dialog außerordentlich beliebt und im italienischen Kulturkreis längst beheimatet. Seine Blüte erlebte er nach gängiger Auffassung in den Possenstücken des venezianischen Komödiendichters Ruzzante aus dem Jahrhundert zuvor. Auch sein Vater hatte sich in seinem *Dialog über die Musik der Alten und der Modernen* dieser Form bedient und sie bezeichnenderweise schon in Galileos Jugendjahren zu scharfen Attacken auf Ptolemäus und dessen Auffassungen von Musik und Kompositionstechniken genutzt. Und schließlich hatte er sich in seinem *Dialog des Cecco di Ronchitti* ebenfalls bereits in dieser Form ungekünstelter Rede und Gegenrede nach Art des Ruzzante versucht.

Nicht zuletzt sprachen auch die politischen Gegebenheiten für dieses grandiose Vorhaben. Die Behandlung der jeweiligen Positionen im Kampf um das aristotelische und das kopernikanische Weltbild in der Form eines sokratischen Dialogs schien sowohl der ermunternden Aufforderung Urbans VIII. als auch der nach wie vor gebotenen Vorsicht am besten gerecht zu werden. Auf diese Weise ließen sich die gegnerischen Standpunkte jeweils hypothetisch, rein theoretisch und relativ abhandeln. Keiner von ihnen konnte in irgendeinem Sinne den

Anspruch auf absolute Wahrheit erheben, sondern das Ganze behielt einfach den Anstrich einer vernünftigen und gesitteten Debatte zwischen gebildeten und einander ebenso wie der Sache zugeneigten Persönlichkeiten von Format. Letztlich hatte der Leser zu entscheiden, wo für ihn die größere Überzeugungskraft lag.

Im Grunde befand sich Galileo im Widerstreit zweier konträrer Ziele. Er wollte ein Plädoyer für die neue Wissenschaft abliefern und mußte sich doch stets die Möglichkeit offenhalten, sich zugleich davon auch wieder distanzieren, seine eigene Leidenschaft jederzeit unter dem Deckmantel ostentativ zur Schau gestellter Objektivität kaschieren zu können. So ging er zumindest am Anfang äußerst vorsichtig zu Werke.

Seine Vorarbeiten zum *Dialog* waren schon ziemlich weit gediehen, als ihn der ermutigende Brief Ciampolis erreichte, und während er sich an die Niederschrift machte, überkam ihn die Erinnerung an frühere Gefährten und unbeschwerte Zeiten. Lange verweilte er bei jener glücklichen Phase seines Lebens, als er noch in Padua lehrte und in Venedig seinen Vergnügungen nachging, Sagredo ihn zu heiterer Geselligkeit und das freie Klima der Lagunenstadt ihn zu Höhenflügen verleiteten, da er noch in einem Alter war, in dem einem die ganze Welt gehört und die Beschäftigung mit wissenschaftlichen Fragen noch keine spitzfindigen Theologen gegen ihn auf den Plan rief.

Sagredo gegenüber bewahrte er sich eine lebenslange Anhänglichkeit. Keine andere Freundschaft in seinem ganzen Leben war je wieder so innig und so vollkommen unbeschwert in ihrem Wechselspiel zwischen ernsthafter Forschung und ausgelassenem Vergnügen. Sagredos »Arche« am Canal Grande und seine Landvilla am Ufer des Brenta waren unzählige Male Schauplatz langer Diskussionen und ausgedehnter Geselligkeiten. Nie wieder hatte er einen derart anregenden, aufmunternden und hilfsbereiten Gefährten gefunden. Und im Unterschied zu all den vielen eigenständigen Köpfen, mit denen es Galileo zuvor und seither zu tun hatte, ließ Sagredo jegliche Art von Eigennutz und Wichtigtuerei völlig vermissen.

Der teure Gefährte lebte nicht mehr. Er war bereits im März 1620 unter tristen, wenngleich absehbaren Umständen verstorben. Ein bedrohliches, entzündliches Gliederreißen hatte seinen Körper geschüttelt, und er hatte sich wie immer jede medizinische Behandlung verbeten, da er den noch immer mit magischen und astrologischen Praktiken hantierenden Quacksalbern seit jeher mißtraute. (1612 bereits hatte er Galileo berichtet, daß er einen seiner häufigen Fieberanfälle schließlich auf eine Weise kuriert habe, die diesen Medizinern noch nicht aufgegangen sei: »Ich habe wieder angefangen, den Wein ohne Wasser zu mir zu nehmen.«) Gegen Ende seines Lebens hatte sich jedoch das Gliederreißen vor allem seines »ungezügelten Lebenswandels« wegen, wie sein Bruder andeutete, immer stärker bemerkbar gemacht. Schon wenige Jahre nach seiner Rückkehr von der diplomatischen Mission in Syrien hatte er seinen großartigen Palazzo am Canal Grande aufgegeben und war in ein dreistöckiges Gebäude in unmittelbarer Nähe des Arsenals gezogen, von wo er über die Lagune zur Friedhofsinsel San Michele und darüber hinaus nach Murano blicken und die sanften Brisen der Adria genießen konnte. Dort war er schließlich inmitten seiner verstaubten Fossilien und sonderlichen Glasgebilde, seiner Katzen und Käfigvögel, seiner kostbaren Kunstmitbringsel aus der Levante, seiner verrottenden Sammlung ausgestopfter Tiere, umgeben von seiner jungen hübschen Frau und einer Unzahl leerer Flaschen letztlich einsam und erbärmlich verstorben. Galileo wollte ihm ein anderes Gedächtnis bewahren.

Das Schicksal war ihrer Freundschaft nicht immer wohlgesonnen. 1608, als Sagredo nach Syrien ging, um in Aleppo als venezianischer Konsul seinen Dienst anzutreten, hatte er einen Freund zurückgelassen, dem es leidlich gutging, der aber noch immer ständig zu kämpfen hattte, der zwar eine gesicherte Stelle besaß, aber damit eben nur einer unter vielen relativ gut bestallten Gelehrten in Venedig war. 1611, als er nach drei Jahren wieder zurückkam, hatte Galileo inzwischen das Fernrohr erfunden, war eine Berühmtheit in der ganzen Welt und stand bereits in Diensten des Großherzogs der Toskana, ungeachtet aller Bitterkeit und Enttäuschung, die er mit diesem Schritt bei seinen zahlreichen Freunden in Venedig ausgelöst hatte. Sagredo war über diese Entwicklung bestürzt. Er wäre vermutlich der einzige gewesen, der Galileos Weggang aus Padua noch hätte verhindern können. Zumindest wäre er wohl weniger brüsk vonstatten gegangen. Und er war aufrichtig besorgt, in der Toskana könnten auf Galileo weit größere Gefahren lauern, als dies in Venedig der Fall gewesen wäre.

»Wo anders als in Venedig könntet Ihr solche Freiheit und Verfügung über Eure Person finden?« hatte er Galileo unmittelbar nach seiner Rückkehr mit Bedauern geschrieben. »Ihr befindet Euch jetzt in Eurem edlen Vaterlande; wahr ist indes auch, daß Ihr den Ort verlassen habt, wo Ihr Euer Gutes hattet. Ihr dient gegenwärtig Eurem natürlichen Fürsten, welcher groß, tugendhaft, ein überaus hoffnungsvoller Jüngling ist; aber hier hattet Ihr die Herrschaft über diejenigen, welche über andere herrschten und regierten, und Ihr brauchtet nur Euch selbst zu dienen, gleich einem Herrscher des Universums. Die Tugend und die Großherzigkeit jenes Fürsten nährt viele gute Hoffnung, daß Eure Ergebenheit und Eure Verdienste geschätzt und gelohnt werden; aber wer vermag auf dem stürmischen Meer des Hofes die Gewißheit haben, nicht von den wütenden Stürmen der Eifersucht, ich will nicht sagen, in die Tiefe gerissen, aber zum mindesten gepackt und in Unruhe versetzt zu werden? Ich sehe von der Jugend Eures Fürsten ab... Wer kann jedoch voraussehen, was die zahllosen Wechselfälle des Lebens bewirken mögen, geschürt durch die Intrigen schlechter und neidischer Menschen, die in das Herz des Fürsten tückische und verleumderische Gedanken säen und sie nähren und sich eben seine Gerechtigkeit und seine Tugend nutzbar machen können, um einen edlen Mann zu verderben? Fürsten wandeln sich und richten ihren Sinn mal auf dieses, mal auf anderes. Des weiteren glaube ich, daß der Großherzog im Augenblick Gefallen daran findet, staunend mit einem Eurer Fernrohre die Stadt Florenz oder einen benachbarten Ort zu betrachten; aber wenn es ihm für eines seiner wichtigsten Bedürfnisse nötig erscheinen wird, zu sehen, was in ganz Italien, in Frankreich, in Deutschland und in der Levante geschieht, wird er Euer Fernrohr beiseite legen und auf Euch vergessen... Und vermag indes jemand ein Fernrohr erfinden, um die Narren von den Weisen zu unterscheiden, den guten vom schlechten Rat, einen erprobten Architekten von einem starrköpfigen und unwissenden Obermeister?... Ihr vermögt das Verlorene nicht wiederzuerlangen. Achtet daher, das Erlangte zu bewahren.«

Sagredos anrührender Brief hatte Galileo durchaus nachdenklich gestimmt, aber er las lediglich eine gewisse Unmut über den Verlust des Gefährten aus ihm heraus und achtete nicht auf seine warnenden Untertöne. Wäre Sagredo 1610 mit gutem Rat und mahnenden Worten zur Stelle gewesen, hätte er Venedig zumindest unter weniger unglücklichen Umständen den Rücken gekehrt. In seiner Antwort suchte er den Freund zu beruhigen, ihn mit allerlei Scherzen und einer Sendung schmackhafter toskanischer Trüffel aufzumuntern. Doch Sagredo beschwor lediglich die Vergangenheit, ihre *compagnia antica,* ihre einstige Kumpanei, und ihre Späße mit bigotten reichen Witwen und geldscheffelnden Jesuiten.

Von 1611 bis zu Sagredos Tod im Jahre 1620 hielt sich ihre Beziehung weitgehend auf dieser nostalgischen Ebene. Sie schrieben sich häufig – meist zweimal im Monat und mitunter auch zweimal die Woche –, und aus den Briefen geht deutlich hervor, wie sehr Sagredo die Triumphe und Niederlagen Galileos mit durchlebt und durchlitten hatte. Sie sind zumeist witzig und unterhaltsam, oft gespickt mit Fragen und pikanten Geschichten und erinnern praktisch in jeder Zeile an die einstigen Freuden genußreicher Tage. Er hatte sein gewohntes Leben als Patrizier in Venedig wiederaufgenommen und mittlerweile eine Glasmanufaktur in Murano erworben, in der er viele Stunden mit der Konstruktion und Fertigung optischer und wissenschaftlicher Gerätschaften zubrachte. Laufend berichtete er Galileo über seine Thermometer, eigene Beobachtungen der Sonnenflecken und der Mediceischen Gestirne sowie über seine Magneten, mit denen er experimentierte.

Für die unbewegliche Phalanx der Gegner seines einstigen Gefährten hatte Sagredo nur beißenden Spott parat. »Die Aristoteliker verstehen nichts von natürlichen Ursachen, da sie dazu gar nicht in der Lage sind. Sie maßen sich eine Rolle als Richter über die Natur an und glauben sich in dieser Rolle berechtigt, die menschlichen Sinne und die Erfahrung geringschätzen zu dürfen.« Nach dem kirchlichen Dekret und Galileos Ermahnung durch Bellarmin 1616 hatte er erneut alles mögliche versucht, Galileo zur Rückkehr unter den Schutz der Republik Venedig zu bewegen, und sogar schon Vorgespräche über eine eventuelle Wiederbesetzung seiner alten Stelle an der Universität Padua geführt.

Nach Galileos Ermahnung hatte er diesem zur Ablenkung und als Zeichen seiner Unterstützung einen kostbaren Singvogel aus Indien geschenkt, den er für eine hohe Summe in Syrien erworben und mit nach Venedig gebracht hatte. »Er singt überhaupt nicht«, witzelte er wie üblich, »und besitzt überdies den Vorzug, sich bloß von Wasser und Hirse zu ernähren. Bleibt er einmal ganz ohne Futter, was nicht selten vorkommt, macht er recht frech Tag und Nacht Lärm. Wenn Ihr ihn haben wollt, enthebt mich das vieler Nachfragen nach ihm. Offen gesagt würde es mir gar nichts ausmachen, sollte er aus Mangel an Pflege einmal eingehen. Ich wäre Euch sogar verpflichtet, würdet Ihr mich von diesem Vogel befreien, wie ich auch zum Herrn bete, er möge Euch von den Kriechern befreien, die Euch derzeit so zusetzen, und mich darin beruhigen, daß deren teuflisches Wirken nicht die Erinnerung an Euren treuen Freund überdeckt, der Euch in Zuneigung verbunden ist.«

Einer ihrer letzten Briefwechsel stammt aus dem Herbst 1618, in dem gerade die neuen Kometen über die Konstellationen am südlichen Himmel zogen. Statt von diesen aufregenden Erscheinungen berichtete Sagredo freilich lieber über einen vergnüglichen Ausflug mit einem ihrer gemeinsamen Freunde, dem Grafen Bassano. Er war zur Unterhaltung mit Bassano samt Mätressen und sogar einem Hofnarren aufs Land gefahren, um zu malen. Da von geringerem Adel, kümmerte er sich zumeist um die extravaganten Wünsche des Grafen, sobald sie haltmachten, um Pferde, Gebäude, Stallungen, Weinberge und *i tutti frutti e animali* in Skizzen zu bannen. Dabei kam es auch zu einigen kleineren Mißgeschicken. In einer unvorhergesehenen Kurve waren sie samt und sonders aus der Kutsche gesegelt, und sie hatten sich lachend im Gras wiedergefunden, mit Ausnahme des Hofnarren, der ein großes Lamento über seine blauen Flecken und seine unwürdige Behandlung anstimmte und, von allen verspottet, sogar die Stirn besaß, sie sämtlich zu verfluchen. In einer erneuten Kurve hatte es nur

Sagredo aus der Kutsche in eine Pfütze geschleudert, wobei er das Kunststück zuwege brachte, ein noch feuchtes Bild des Grafen, das er gerade in Händen hielt, dadurch zu retten, daß er es weit nach oben streckte.

»Das ließ mich in der Gunst des *Cavaliere* mächtig steigen«, meinte er voll Stolz, »da ich mich mehr um die Unversehrtheit seines Kunstwerks gesorgt hatte als um die meines eigenen Lebens!«

Auf die Nachricht vom Tod des Freundes schrieb Galileo dessen Bruder, Sagredo sei sein »Idol« gewesen.

Für Filippo Salviati bewahrte sich Galileo eine Zuneigung anderer Art. Er war ein selbstbewußter und vielversprechender junger Wissenschaftler, ein glänzender Schüler, der mit seinen Einfällen zuweilen sogar Galileo manches voraus hatte und dessen Scharfsinn und Begabung kaum jemand in Zweifel zog. Gemeinsam hatten sie in Salviatis Landvilla westlich von Florenz wie auch im herrschaftlichen Stadtpalais in der toskanischen Hauptstadt die Eigenschaften schwimmender Körper erforscht und unzählige Beobachtungen der Sonnenflecken durchgeführt. Salviati war es, dem er seine *Briefe über die Sonnenflecken* gewidmet und dem er als erstem vom triumphalen Erfolg seiner ersten Mission in Rom berichtet und den er beauftragt hatte, die glückliche Nachricht in Florenz in Umlauf zu bringen. Ihn (nicht Sagredo) hatte er bezeichnenderweise bei dieser Gelegenheit für die Aufnahme in die *Accademia dei Lincei* vorgeschlagen, und Salviati hatte danach seinerseits eine ganze Reihe aufnahmewürdiger Kandidaten ins Gespräch gebracht. Von anderen war Salviati zur gleichen Zeit zur Aufnahme in die *Accademia della Crusca* vorgeschlagen worden, die renommierteste kulturelle Gesellschaft der Toskana, eine Auszeichnung, die ihm den Ehrentitel *L'Affidato* (»Der Vertrauenswürdige«) eingetragen hatte.

Auch er war längst ums Leben gekommen – auf tragische Weise im jugendlichen Alter von gerade einunddreißig Jahren. Im Herbst 1613 hatte es zwischen ihm und einem ferneren Angehörigen des Hauses Medici (Don Bernadetto de' Medici, ein Neffe Papst Leos XI.) in einer Protokollfrage eine heftige Auseinandersetzung über seine gesellschaftliche Stellung bei Hofe gegeben. Der Streit war um einige

Privilegien wie die Benutzung einer Staatskarosse oder den Vorrang beim Betreten einer Kirche entbrannt, hatte seine Wurzeln jedoch in seit vielen Generationen bereits immer wieder vereitelten Versuchen seiner Familie, endlich in die Spitze der Florentiner Machtelite aufzurücken. Auch im aktuellen Fall sah sich Salviati letztlich gezwungen zurückzustecken.

In seinem Stolz getroffen, kehrte er Florenz zornig den Rücken und begab sich zunächst auf ausgedehnte Reisen, die ihn nach und nach mit einer Reihe von Freunden und auch Gegnern Galileos in Kontakt brachten. Er besuchte Sagredo in Venedig und ging von dort nach Padua, wo er mit Cremonini, Galileos großem aristotelischen Gegenspieler, zusammentraf, der ihn jenseits aller philosophischen Differenzen seiner ungetrübten Sympathie für Galileo versicherte. Zu Beginn des Winters verbrachte er eine längere Zeit in Genua und beschäftigte sich dort gemeinsam mit einem Galileo ebenfalls nahestehenden Wissenschaftler mit der Entwicklung geeigneter Meßverfahren zur Bestimmung des Gewichts einer Luftsäule. In einem seiner letzten Briefe an Galileo kündigte er voll Tatendrang an, demnächst nach Spanien weiterreisen zu wollen, und erbat sich Empfehlungen für weitere Besuche. Zwei Monate danach traf aus Barcelona plötzlich die Nachricht von seinem Tod ein.

Galileo hatte in Salviati von Anfang an ein etwas idealisiertes Ebenbild seiner selbst gesehen und fand nun in der Erinnerung an ihn zugleich auch die Möglichkeit zu einem literarischen Selbstportrait. Da war ein ungemein zupackender junger Wissenschaftler mit außerordentlicher Begabung und glänzenden Perspektiven, ganz dem Bild entsprechend, das Galileo von sich persönlich vorschwebte, noch dazu tatkräftiger, umgänglicher, sportlicher und von höherer Geburt. Das Bild der Erinnerung, das er mehr und mehr mit seinen eigenen Gedanken und den Früchten seines eigenen Forschergeistes ausschmückte, wurde so zum anziehenden Vehikel seiner Selbstdarstellung. Galileo sollte zu Salviati und Sagredo dessen Gegenüber werden, der scharfsinnige Gesprächspartner, der Salviati energisch auf die Sprünge helfen sollte, falls dessen Argumente zu flach oder unverständlich erschienen.

Wer jedoch sollte im *Dialog* der eigentliche Gegenspieler Salviatis sein?

Seit der Veröffentlichung der *Sternenbotschaft* im Jahre 1610 waren immer wieder Gegner unterschiedlichster Provenienz auf den Plan getreten. Sie rekrutierten sich aus dem Lager der Schulgelehrten ebenso wie aus einer ganzen Schar von Unbelehrbaren, waren mal wohlmeinend, mal hinterhältig, strenggläubig und ketzerisch, aufrichtig oder nur neidisch, redlich und unredlich. Keiner von ihnen verkörperte das ganze Spektrum. Eine leichte Zielscheibe als Gegenspieler Salviatis, Galileos Spiegelbild, hätte sicherlich Ludovico delle Colombe, der Wortführer der »Gimpel-Liga«, abgegeben. Er war es gewesen, der als erster die Frage nach der Vereinbarkeit mit der Religion und der Heiligen Schrift ins Spiel gebracht hatte, und er verkörperte geradezu das Schreckgespenst eines Aristotelikers: eingebildet und seicht, unbeweglich, humorlos und unschwer vor aller Welt zu entlarven. Zudem hätte er einen idealen Ausgangspunkt geboten, da er seine Argumente gegen die Erdbewegung doch in einer eigenen Abhandlung unterbreitet hatte. Allein jedoch war delle Colombe als Widerpart eines Salviati einfach nicht ebenbürtig genug.

Wer hätte es denn auch glaubhaft gefunden, daß ein dogmatisches Fossil wie er sich ausgerechnet zu regelmäßigen Gesprächsrunden mit einem Salviati und einem Sagredo zusammenfinden könnte?

Der *Dialog* mußte gleichermaßen durch wissenschaftliche Kompetenz und durch Aufrichtigkeit überzeugen. Cesare Cremonini, der Peripatetiker aus Padua, und Pater Orazio Grassi, der Jesuit aus dem Collegio Romano, wären in dieser Hinsicht fraglos glaubwürdige Gegenspieler Salviatis gewesen, doch beide hätten sich auch als äußerst heikle Wahl erwiesen. Sie schieden aus gegensätzlichen Gründen aus: Der eine stand selbst im Verdacht ketzerischer Ansichten, und der andere war in Glaubensdingen ein unbeirrbarer Diener Gottes. Salviatis Dialogpartner hingegen mußte von den Erfolgen und der Beweislast der neuen Wissenschaft nicht nur wahrhaft beeindruckt sein und über gewichtige, ja zwingende Gegenargumente verfügen; er sollte zugleich auch aufgeschlossen und ernsthaften Argumenten gegenüber zugänglich sein. Er mußte ohne Falsch und ernsthaft um Aufklärung bemüht sein, ein Verfechter der herkömmlichen Ansichten, die Geborgenheit versprachen, und ein besorgter Kritiker der neuen Wissenschaft, die jede Verbindung mit der Tradition zu kappen drohte.

In einem Schreiben aus dem Jahre 1611 an den Großherzog anläßlich der öffentlichen Kontroverse über die Eigenschaften schwimmender Körper hatte Galileo seine Maxime für den Stil persönlicher Auseinandersetzungen formuliert. »In meinen Schriften habe ich stets darauf geachtet, keinen meiner Gegner beim Namen zu nennen. Aus welchen Motiven auch immer halten diese ihre Gründe und Beweise vor der Welt verborgen. Ich schütze nicht vor, meine Beweise geheimhalten zu müssen, daher verschweige ich ihre Namen. Sollte ich, wie ich hoffe, ihre Einwände nämlich überwinden können, wird es ihnen nicht unrecht sein, ihren Namen nicht erwähnt zu sehen. Sollte mir das hingegen nicht gelingen, gibt ihnen das Gelegenheit, selbst hervorzutreten und meine Argumente zu widerlegen. Mir ist jederzeit mehr am Triumph der Wahrheit über die Unbelehrbarkeit gelegen als an einem Sieg über einen meiner Gegner.«

Salviatis Gegenspieler im *Dialog* sollte mithin kein konkreter Name, sondern eine Figur sein, mit der sich seine Gegner insgesamt identifizieren konnten. So gab er jetzt der Unbelehrbarkeit selbst einen Namen: *Simplicio.* In der Vorrede des großen Werkes, die er erst zum Schluß verfaßte, schob er zwar die durchsichtige Rechtfertigung nach, der Name Simplicio sei lediglich die italienische Form des lateinischen Simplicius, womit jener griechische Philosoph gemeint sei, dessen Aristoteleskommentare zur Lieblingslektüre der Figur des Simplicio im *Dialog* gehörten. Von dieser fadenscheinigen Beteuerung ließ sich freilich niemand täuschen. *Simplicio* meint im Italienischen »Einfaltspinsel«.

Sagredos venezianische »Arche«, in der Galileo schon unzählige angeregte Stunden verbracht hatte, war als Schauplatz der Gespräche des *Dialogs* vorgesehen, eine Ortswahl, die ihm aus taktischen wie auch aus ästhetischen und literarischen Gründen geeignet erschien. Sie half ihm, sich wieder die zahllosen Diskussionen zu vergegenwärtigen, die dort einst stattgefunden hatten, in der »Wunderstadt Venedig«, jener »grandiosen Stätte philosophischen Nachdenkens«. Und sie kam ihm vor allem gelegen, um den Blick von Anfang an für das Kernthema zu schärfen, das die aktuellen wissenschaftlichen Debatten in ihrer ganzen Breite beherrschte. Angesichts des entscheidenden Gewichts, das in seinen Augen dem Problem der Gezeiten zukam, war Venedig hauptsächlich wegen seiner einzigartigen »Verbundenheit mit dem Meer« von Bedeutung.

In der Vorstellung seiner drei Gesprächspartner charakterisierte er Sagredo als »Mann von vornehmster Abkunft und ausgezeichnetem Scharfsinn«, Salviati als »erhabenen Geist, der nach keinem Genuß mehr trachtet als nach dem des Forschens und Denkens«, und Simplicio als einen Traditionalisten, »dem scheinbar nichts so sehr die Erkenntnis der Wahrheit erschwerte als der Ruhm, den er durch seine Auslegung des Aristoteles erworben hatte«. Letzteres schien fast haargenau auf Cremonini zugeschnitten; gleichwohl blieben die Einwände Simplicios im *Dialog* über weite Strecken hinter Cremoninis Scharfsinn zurück, so daß im Grunde jeder der Kritiker Galileos, Urban VIII. nicht ausgenommen, im »Einfaltspinsel« des Dialogs eine Karikatur seiner selbst erblicken und Cremonini andererseits jede unmittelbare Ähnlichkeit mit ihm zu Recht in Abrede stellen konnte.

In den Jahren 1624 und 1625, während denen er noch immer auf eindeutig zustimmende Reaktionen Urbans VIII. auf seinen Brief an Ingoli wartete, brachte Galileo den Plan für die Anlage seines *Dialogs* zum Abschluß. Er vereinte die fiktiven Gesprächspartner in einer Diskussion um das Kernthema des gesamten Dialogs, seine Theorie der Gezeiten. Die Faszination für dieses Thema begleitete ihn seit den Tagen seines ersten Zusammentreffens mit Sagredo noch vor der Jahrhundertwende. 1597, als er in seinem Brief an Kepler erstmals ein freimütiges Bekenntnis zur Meinung von Kopernikus ablegte, hatte er bereits den Zusammenhang mit dem Phänomen der Gezeiten im Sinn. 1610, nach der Erfindung des Fernrohrs und der Entdeckung der Jupitertrabanten, griff er das Thema erneut auf. 1616, unmittelbar vor Bellarmins Verurteilung der kopernikanischen Theorie, hatte er in einem umfangreichen Brief an den ihm freundlich gesonnenen Kardinal Orsini in Rom seine diesbezüglichen Ansichten zusammengefaßt.

Daraus war damals seine *Abhandlung über die Ebbe und die Flut des*

Meeres entstanden, die er im selben Jahr veröffentlicht hatte. Schon zu jener Zeit hegte er die Überzeugung, daß allein die Annahme einer doppelten Bewegung der Erde – die Rotation um ihre eigene Achse und die jährliche Umkreisung der Sonne – eine befriedigende Erklärung für das Phänomen der Gezeiten liefern konnte. Sie war zumindest folgerichtiger und zwingender als jeglicher Versuch einer Erklärung auf der Basis des ptolemäischen Systems. Dennoch hatte er 1616 noch gewisse Skrupel bezüglich seiner Theorie – begründete, da sie letztlich unzutreffend war –, so als erwartete er, sie könnte jederzeit widerlegt werden.

»Ich hege die Hoffnung, dieser kurze Abriß meiner Theorie möge sich zuletzt nicht als irrtümlich erweisen«, hatte er an Orsini geschrieben, »nicht wie ein Traumgebilde, das einen kurzen Eindruck von Wahrheit vortäuscht, dem die Gewißheit der Täuschung auf dem Fuße folgt.«

Nun kam er unter dem Arbeitstitel *Dialog über die Ebbe und Flut des Meeres* erneut auf dieses faszinierende Thema zurück. Als es in seinem Kopf Gestalt annahm, teilte er den ganzen *Dialog* in vier Tage auf, nicht anders, als würde man heutzutage ein Buch in vier Teile gliedern. Für den Anfang des »dritten Tages« hatte er dabei ein charakteristisches Szenario entworfen. Sagredo und Salviati sitzen zunächst allein in Sagredos Palazzo, warten noch auf Simplicio, der sich aus irgendeinem Grund verspätet hat, und unterhalten sich derweil über die Ergebnisse ihrer Erörterungen vom Vortag.

»Die Ungeduld, mit der ich Euer Kommen erwartet habe, um die neuen Gedanken über die jährliche Umdrehung unseres Erdballs zu vernehmen«, beginnt Sagredo, »ließ mir die verflossenen Stunden der Nacht recht lange erscheinen, und ebenso erging es mir mit dem heutigen Morgen, wiewohl... ich ihn verwendete... um die Gründe in Betracht zu ziehen, welche jede der beiden gegnerischen Parteien zugunsten ihres Standpunktes anführt, die aristotelische und ptolemäische einerseits, die des... Kopernikus andererseits... Manche moderne Vertreter der peripatetischen Ansicht haben zur Aufrechterhaltung der von ihnen für wahr gehaltenen Meinungen sehr kindische, wo nicht lächerliche Gründe aufgebracht.«

»Denselben Eindruck habe ich empfangen«, pflichtet ihm Salviati, der Protagonist des Dialoges, bei, »und zwar in um so höherem Grade wie Ihr, als ich die Gründe habe vorbringen hören, die ich mich schämen würde zu wiederholen: nicht sowohl um den Ruf ihrer Urheber zu schonen, deren Namen man stets verschweigen kann, als vielmehr um der Ehre des Menschengeschlechts keinen Makel anzuheften... Auf Einwände, so geistreich und überzeugend sie seien, antworten diese Aristoteliker mit Entrüstung und heftigstem Zorn...«

»... Es ist demnach nicht ratsam, sich mit Leuten dieses Schlages einzulassen, um so weniger, als ihre Art nicht bloß unerfreulich, sondern auch gefährlich ist«, antwortet Sagredo darauf. »Hingegen können wir unsere Gespräche mit Signore Simplicio fortsetzen, der mir von langer Hand als grundaufrichtiger Mann ohne Falsch und Tücke bekannt ist... Da kommt er eben...«

»Nicht ich verdiene Vorwürfe, Neptun ist schuld an meinem langen Ausbleiben«, platzt dieser herein. »Er hat das Meer heute morgen bei der Ebbe so stark zurückgezogen, daß meine Gondel nicht weit von hier in einem seichten Kanal auf dem Trockenen sitzen blieb... wie ich nun mit meiner Gondel festsaß... habe ich eine Erscheinung beobachtet, die mir sehr merkwürdig vorkam: Beim Sinken des Wassers sah man dieses nämlich ganz geschwind in vielen kleinen Rinnsalen abfließen, weil der Schlammboden größtenteils bloßgelegt war. Während ich nun meine Aufmerksamkeit auf diese Erscheinung richte, sehe ich plötzlich, wie diese Bewegung auf einen Schlag aufhört... das nämliche Wasser bereits wieder rückwärts fließt und aus der Ebbe unversehens die neue Flut wird. Das Wasser stand nicht einen Augenblick still. Solange ich in Venedig bin, habe ich noch nie Gelegenheit gehabt, diese Erscheinung zu beobachten.«

Damit war das Thema Gezeiten eingeführt, die Dialogpartner waren bestimmt, und Galileo steuerte geradewegs in einen weit offenen Hinterhalt der Kirche.

12

Erschütterung

Unterhalb seiner lieblichen Terrasse auf dem Hügel von Bellosguardo lag ihm Florenz zu Füßen. Die geistlichen und weltlichen Mächte ganz Italiens versammelten sich auf sein Geheiß. Sein neuer Himmel umfaßte das gesamte Firmament über und unter ihm – sein Buch, eine epische Reflexion seines Lebens und seiner Überzeugungen, nahm Gestalt an. Er genoß die Annehmlichkeiten des Hoflebens und die Anregungen der Geselligkeiten in den gebildeten Salons seiner Heimatstadt und hatte einen ausgeprägten Sinn dafür entwickelt, was zum Festgenuß höfischer Tafelfreuden gehörte. Roh und ungesittet, meinte er, seien jene Zusammenkünfte, bei denen keine angemessenen Speisen und Getränke gereicht würden. Edle Festlichkeiten hingegen zeichneten sich durch »die Schönheit prunkvoller Gewänder, den vornehmen Glanz erlesener Einrichtungen, den Schimmer von Gold und Silber, die Harmonie der Musik und die Freude an geistreicher Unterhaltung« aus. Galileo war offensichtlich mit sich im reinen. Seine Welt schien in Ordnung, und seine Sterne schienen günstig zu stehen.

In nicht weiter Entfernung von ihm herrschten indes weniger harmonische und freudvolle Umstände. In Arcetri, nur wenige Schritte östlich von Bellosguardo, verbrachten seine Töchter, Suor Maria Celeste und Suor Arcangela, ihr Leben in Armut und Entbehrungen. Die Briefe, die Maria Celeste während der letzten fünf Jahre an ihren Vater schrieb, vermitteln ein derart erbarmungswürdiges Bild der Existenz hinter Klostermauern, als bitte sie ihren Vater insgeheim, etwas zur Erleichterung ihres unglückseligen Loses zu unternehmen. Im Stift von San Matteo, durch dessen kahle Korridore der Wind pfiff, hatte sie alle Hände voll zu tun, ihr bloßes tristes Dasein zu fristen.

Sie klöppelten Spitzen, um ein paar Lire zu verdienen, bestellte den Klostergarten für ihre Kartoffeln und Gemüse und leistete ihren Mitschwestern Beistand, denen es zumeist noch erbärmlicher ging als ihr. Die wenigen Freuden waren bescheiden: der Duft einer Winterrose, der Geschmack einer Marmelade oder der Geruch einer Tomatentunke. Der gelegentliche Kontakt mit ihrem Vater war für sie der einzige Lichtblick in der Plackerei und dem monotonen Einerlei ihrer kümmerlichen Existenz.

Doch bei allen Mühen um Linderung der alltäglichsten Nöte sorgte Maria Celeste sich nebenher unablässig um seine unvergleichlich anspruchsvollen Bedürfnisse. Plagte er sich einmal zu ausgiebig in seinem Gemüsegarten in Bellosguardo, so galten ihre Gedanken seiner Gesundheit, und sie schalt ihn, sich allzusehr den Sinnesfreuden hinzugeben. Sie hatte im stillen teil an seinen Erlebnissen und Erfahrungen mit den Reichen und Mächtigen im Lande und lag ihm unentwegt in den Ohren, ihr doch Abschriften der Briefe zukommen zu lassen, die er von Päpsten und Fürsten erhielt und seinerseits schrieb, wobei sie ihm versprach, diese bedeutsamen Dokumente einzig mit ihrer Schwester zu teilen. Bedrückt ob ihrer bescheidenen Bildung, mahnte sie gleichwohl immer wieder an, über seine wissenschaftlichen Experimente und seinen Umgang mit anderen Berühmtheiten auf dem laufenden gehalten zu werden. »Eure Briefe kommen hier an wie die Schritte der Fratres«, neckte sie ihn, »nicht nur immer zu zweien, sondern auch mit lautem Getöse.«

Waren Vater und Tochter gelegentlich zusammen, so kochten sie Marmelade ein und brauten Heilmittelchen zusammen, darunter auch ein Pulver, das angeblich die Pest abwenden konnte. Ansonsten tauschten sie Köstlichkeiten aus wie zum Beispiel kandierte Früchte. Um die Nonnen ein wenig zu erheitern, sandte er hin und wieder kurze Komödchen, die sie bei seinem nächsten Besuch im Kloster aufführen sollten. Mitunter belieferte er sie auch mit Musikstücken, mit einer kleinen Orgelkomposition für die Sonntagsmesse, für die sich die Schwester Organistin bei ihm wieder mit einer simplen Motette bedankte. Als die Glocke des Stiftes ihren Dienst versagte, reparierte er sie eigenhändig und fachmännisch. Kümmerte er sich indes eine

Zeitlang mal nicht um sie, so suchte Maria Celeste auch dafür die Schuld nicht bei ihm, sondern ausschließlich bei sich selbst. »Ich fürchte, daß die Liebe eines Vaters nachlassen kann, wenn eines seiner Kinder sich schlecht beträgt«, klagte sie in einem Brief Ende des Winters 1628. »Eure Zuneigung scheint nicht mehr von jener Herzlichkeit, die sie einst besaß. Obwohl Ihr Euch inzwischen wieder wohl befindet, laßt Ihr mir nicht eine einzige Zeile zukommen. Seit über einen Monat plagen mich nunmehr bei Tag und Nacht unablässige Kopfschmerzen, und ich finde keine Erleichterung.«

Diese unverhohlene Bitte um Aufmerksamkeit und Zuwendung war nur eine unter zahllosen Äußerungen ihrer Seele. Bei Anbruch eines Winters hatte sie ihm schon einmal über ihre verzweifelte Lage berichtet: »Sollte uns nicht bald Hilfe durch irgendwelche Almosen zuteil werden, laufen wir Gefahr zu verhungern.« Ihr Brot war hart, der Wein sauer, nicht selten fielen Fleischrationen spärlich und zäh aus. »Solltet Ihr in Eurem Gehege eine magere Henne antreffen, die nicht mehr zum Eierlegen taugt, wäre sie uns für eine Brühe willkommen.« Jeden Tag kämpften die Nonnen um das Alltäglichste. »Um der Liebe Gottes willen«, klagte Maria Celeste, »ersehne ich nichts mehr, als von dem mich quälenden Gedanken befreit zu sein, wir könnten nicht genügend Geld zusammenbekommen, um das nächste Jahr zu überstehen.« Sie erbat sich von ihrem Vater nicht bloß gelegentlich ein paar Brocken zu essen, sondern auch das Allernötigste an Kleidung und Wäsche. »Bei der bevorstehenden Kälte werde ich bis in die Knochen frieren, solltet Ihr Euch nicht in der Lage sehen, mir ein Bettuch zukommen zu lassen, da dasjenige, das ich derzeit benutze, nicht mir gehört.« Und bei anderem Anlaß erbat sie sich in ihrer Not ein Hüfttuch, das sie umbinden wolle, »da ich arg darunter leide, wenn mein Magen kalt und schwach ist«.

Die kümmerlichen Daseinsumstände führten bei den Klarissinnen des Stiftes nicht selten zu den seltsamsten Gemütszuständen. Manche von ihnen verfielen in mystische Verzückungen und sehnten sich nach einem Tod, der sie geradewegs ins Paradies gelangen ließ. Ihre Träume und Visionen von diesem besseren Leben waren erfüllt von allerlei Kuchen, Weihrauch, Quittenpflaumen, duftenden Rosen, Silbergeschirr und Kristallkelchen, wie sie in den reichhaltigen Wandmalereien anderer Klöster dargestellt waren. Andere, wie Galileos zweite Tochter Arcangela, wurden eher verschlossen und abweisend, mieden jeden Kontakt und neigten zuweilen zu »ausgefallenen« Verhaltensweisen. Die Mutter Oberin verfiel zweimal in so tiefe Verzweiflung, daß sie sich das Leben zu nehmen suchte. »Beim ersten Mal«, schrieb Maria Celeste ihrem Vater, »schlug sie Stirn und Haupt unaufhörlich auf den Boden, und beim zweiten Mal brachte sie sich in der Nacht dreizehn Schnittwunden bei.« In unregelmäßigen Abständen schickte die Kirche ihnen Geistliche als Beichtväter ins Kloster, die sich indes kaum um ihre Lebensumstände kümmerten, sondern »mehr der Hasenjagd wegen kamen, denn um den Geist wieder aufzurichten«.

Warum befreite Galileo, der mittlerweile in Wohlstand und relativem Luxus lebte und für jede Feier, Festlichkeit und Posse zu haben war, seine beiden Töchter nicht aus ihrer klösterlichen Hölle? Allein der Gedanke daran war ihm anscheinend nie in den Sinn gekommen, und den Töchtern angesichts ihres mittelalterlichen Gelübdes offenbar schon gar nicht. Ein Austritt aus dem Kloster, so unaussprechlich die Bedingungen dort auch sein mochten, schien unmöglich. Galileo wußte bereits von den Unannehmlichkeiten, die dem Verzicht auf ein christusgeweihtes Leben auf dem Fuß zu folgen pflegten. Seine jüngere Schwester Livia hatte zu Anfang des Jahrhunderts ihr Noviziat zugunsten einer Heirat aufgegeben, was für ihn bedeutete, daß er über Jahre die drückende Last ihrer Mitgiftforderungen tragen mußte, insbesondere nachdem sein Bruder sich aus der Verpflichtung, seinen Teil dazu beizutragen, davongestohlen hatte. Und seine ältere Schwester hatte es gar zugelassen, daß ihr Gatte Landucci ihn wegen säumiger Mitgiftzahlungen gerichtlich belangte. Die Angelegenheit war seinerzeit kaum bereinigt, da hatte Landucci Virginia 1621 verlassen, so daß ihr nichts anderes blieb, als sich mitsamt ihren Kindern in die Obhut Galileos zu begeben. Virginia verstarb zwei Jahre später und ließ ihn mit den Kindern allein zurück. Als ob das noch nicht gereicht hätte, tauchte plötzlich Landucci wieder auf und erdreistete sich, ihn erneut wegen säumiger Mitgiftbeträge für ihn als Witwer zu verklagen und vor Gericht zu ziehen. Daher kam es ihm wohl ganz recht, daß seine

Töchter ihren selbstlosen Dienst am Herrn verrichteten, auch wenn sie dabei Unsägliches zu erdulden hatten.

Zu all den häuslichen Ärgernissen und Belastungen gesellte sich außerdem der Umstand, daß sein Bruder Michelangelo es sich von Zeit zu Zeit herausnahm, ihm seine ganze siebenköpfige Familie aufzubürden. In einem Brief vom 5. Mai 1627 machte er sogar den Vorschlag, die Sache doch überhaupt so einzurichten, daß seine Gemahlin Galileo den Haushalt führen und er die ganze Familie dafür bei sich aufnehmen sollte – ihn selbst natürlich ausgenommen, da er in wichtigen musikalischen Angelegenheiten an München gebunden sei. »Eine derartige Regelung käme uns beiden zugute«, schrieb Michelangelo ganz unverblümt. »Euer Haus wäre trefflich und verläßlich versorgt, und ich wäre zum Teil von Ausgaben befreit, die ich kaum mehr zu bestreiten weiß. Chiara [seine Gattin] wird einige Kinder mitbringen, an denen Ihr Euch erfreuen könnt und sie Trost finden kann. Ich denke nicht, daß Ihr die Ausgaben für ein, zwei Münder mehr überhaupt bemerken werdet. Jedenfalls kosten sie Euch auch nicht mehr als jene, die Ihr bereits beherbergt und die nicht so nahe verwandt und wahrscheinlich auch nicht so dringend auf Hilfe angewiesen sind.«

Folglich hatte Galileo bereits für genug mittellose Mündel aufzukommen. Er dachte nicht daran, zwei weitere Unschuldslämmer weltlichen Bedrängnissen ausgesetzt zu sehen, die am Ende auch wieder nur bei ihm landen würden.

Die Belastungen durch all diese zusätzlichen Münder und das ewige Durcheinander im Haus wurden Galileo schließlich zuviel. Nach zehn Monaten befiel ihn im Frühjahr 1628 eine lebensbedrohende Krankheit. Als er sich mühsam wieder erholte, zeigte sich vor allem Michelangelo erleichtert und froh darüber. »Mich schüttelt bei dem Gedanken, was aus meiner armen Chiara geworden wäre, wäret Ihr dahingeschieden«, ließ er sich frohgemut aus München vernehmen. »Mit Eurem gütigen Einverständnis halte ich es jetzt für an der Zeit, meine Familie wieder vollständig um mich zu haben. Ich sehe sie nämlich nicht gerne in Gefahr, in diesen Tagen einer unfreundlichen Behandlung ausgesetzt zu sein. Indessen bitte ich Euch, darauf zu achten, daß Euer Dienstpersonal Chiara den geforderten Respekt und Gehorsam entgegenbringt, denn ich kann unter keinen Umständen dulden, daß sie nicht gebührend behandelt wird.«

Seit 1624 pflegte Galileo eine neue Freundschaft mit einem Patrizier aus Bologna namens Cesare Marsili, der ihm gleichsam die schmerzliche Lücke füllte, die der Tod Filippo Salviatis hinterlassen hatte. Sie besuchten sich gegenseitig anläßlich festlicher Empfänge für auswärtige Gesandte und zur Karnevalssaison. Diese stimmte aus irgendwelchen Gründen – vielleicht weil die Fastenzeit drohte – Galileo regelmäßig depressiv. Marsilis Gesellschaft jedoch hellte das »Unbehagen, das mich angesichts des ausgelassenen Treibens schon immer befiel«, ebenso regelmäßig wieder auf. Daneben führten sie eine rege Korrespondenz, die sich auf alles erstreckte, was sich an den Universitäten und in der Wissenschaft an neuem tat: Wer trat im Augenblick für Kopernikus ein, und wer griff ihn an? Wer bewarb sich um die Nachfolge seines Erzfeindes Magini für den Lehrstuhl für Mathematik in Bologna?

An letzterer Frage hatte Galileo besonders großes Interesse, da er hier mit Marsili im Hintergrund die Fäden zog, um die Berufung von Pater Buonaventura Cavalieri, einem mathematisch hochbegabten Ordensgeistlichen, durchzusetzen. »Nach meinem Dafürhalten haben seit Archimedes nur wenige, wenn überhaupt, ein so tiefes Verständnis für die Geometrie entwickelt wie der Pater Mathematicus«, schrieb er Marsili nach Bologna. (Die Geometrie war in seinen Augen die Mutter aller Mathematik, und ihre Theoreme, Postulate und Konstruktionen ließen sich weit schwieriger erfassen als etwa astronomische Berechnungen.)

Kaum hatte er Marsilis Aufnahme in die *Accademia dei Lincei* in die Wege geleitet, überbrachte er dem neuen Mitstreiter persönlich den ansehnlichen Smaragdring, der den Eintritt besiegelte – eine unter einer ganzen Reihe von Aufmerksamkeiten, die sie sich gegenseitig zukommen ließen. Weihnachten 1624 revanchierte sich Marsili mit vier köstlichen Truthennen, die indes den Transport nach Florenz nicht überstanden und bereits verdorben ankamen. »Eure Gabe ist eingetroffen«, schrieb Galileo zurück. »Leider waren die Hennen nicht mehr am Leben, sondern lagen tot zusammengepfercht in ihrer kleinen Kiste. Sie haben unter dem beengten Raum und dem naßkalten Wetter wohl zu sehr gelitten.«

Gleichwohl bedankte er sich mit einer Gegengabe, nach der es sicherlich jeden Intellektuellen in Italien und anderswo gelüstet hätte. »In beiligendem Päckchen findet Ihr zwei Linsen für ein Teleskop. Es sind die besten, die ich habe. Der um sie gewickelte Faden zeigt Euch an, wie lang das entsprechende Rohr dazu sein muß. Ich hätte Euch gerne ein Mikroskop zukommen lassen, damit Ihr die Dinge aus nächster Nähe betrachten könnt, aber mein Metallschmied hat das Rohr dafür noch nicht fertig. Sobald es fertig ist, werde ich es Euch schicken.«

In den Jahren zwischen 1624 und 1630 arbeitete Galileo mit gelegentlichen Unterbrechungen an der Fertigstellung seines *Dialogs.* Die ersten drei Jahre erwiesen sich als die produktivsten, da er gesundheitlich auf der Höhe und mit Eifer bei der Sache war. Jeden Tag widmete er dem großen Vorhaben mehrere Stunden. Marsili gegenüber äußerte er sich bereits im Dezember 1624 höchst zuversichtlich und zufrieden über die erzielten Fortschritte. »Ich komme mit meinem Dialog voran und erbringe Schritt für Schritt neue Beweise für das System des Kopernikus.«

Seine Absichten waren somit von Beginn an klar. Er wollte der Welt unter allen Umständen beweisen, daß Kopernikus recht hatte. Wiederum in seinem Schreiben an Marsili, Anfang 1625, räumte er ein, in der Vergangenheit zu zaghaft gewesen zu sein, seine Überzeugung von der Richtigkeit des kopernikanischen Systems nicht mit Nachdruck vertreten zu haben. Nunmehr hingegen »spüre ich eine zunehmende Beherztheit und möchte meinen Dialog zu Ende bringen, hoffend, der Himmel möge mir die Kraft verleihen, die große Aufgabe zu bewältigen ..., denn das Schreiben ist der Gesundheit absolut nicht förderlich«.

Was er in dieser frühen produktiven Phase zu Papier brachte, läßt keinerlei Anstalten erkennen, daß er seine kühnen Absichten auch nur im geringsten zu kaschieren oder zu ummänteln gedachte. Simplicio übernimmt die undankbare Aufgabe einer Inkarnation aller Gegner und Widersacher Galileos aus Vergangenheit und Gegenwart, aus dem Lager der Aristoteliker und Kleriker wie aus dem seiner Feinde in jener »Liga der Gimpel« und dem der Anhänger des ptolemäischen Weltbildes. Er bringt die Scheinprobleme und Argumente vor, die seine beiden Gesprächspartner nach Strich und Faden zerpflücken.

»Die Himmelskörper wie die Sonne, der Mond und die übrigen Gestirne sind zu nichts anderem als zu Dienstleistungen für die Erde bestimmt«, behauptet er grundsätzlich. »Die Erde ist vergänglich und veränderlich, die Himmelskörper hingegen sind unvergänglich und unveränderlich. Also ist die Erde von den Himmelskörpern grundverschieden... Die sinnliche Erfahrung lehrt uns, daß auf Erden ein beständiges Entstehen, Vergehen, Verändern... vor sich geht, wie es weder nach eigener Erfahrung noch nach Überlieferung unserer Vorfahren jemals am Himmel beobachtet wurde.«

Nachdem er diese Kernthesen zu Papier gebracht und seiner Dialogfigur in den Mund gelegt hatte, machte sich Galileo Gedanken über die wirksamste Art ihrer Widerlegung. Marsili in Bologna gegenüber stellte er die Herausforderung noch einmal klar. »Wären die Himmelskörper, wie von den Peripatetikern beschrieben, wirklich unveränderlich, so glaube ich, daß sie zu nichts nutze wären, weder in bezug auf sich selbst noch in bezug auf uns. Und unser irdischer Ball wäre dann ebenfalls lediglich eine träge, unnütze Masse und noch weit geringer, als er wirklich ist, wie ja auch der Kadaver eines toten Lebewesens etwas weit Geringeres ist als das lebende Wesen.«

Sagredo kam es zu, die erste Salve gegen Simplicios Thesen abzufeuern. »Was für eine Narretei, die Himmelskörper als unveränderlich zu bezeichnen!« höhnt er. »Signor Simplicio ist verwirrt und außer Fassung. Ich meine, ich höre es ihn selbst sagen: ›Zu wem sollen wir künftig unsere Zuflucht nehmen, der unsere Streitigkeiten entschiede, wenn Aristoteles entthront ist? Zu welchem anderen Autor sollen wir uns in den Schulen, den Akademien, den Wissenschaften bekennen? Welcher Philosoph hat alle Teile der Naturphilosophie abgehandelt, und zwar in so konsequenter Durchführung?... Und soll jener Bau veröden, in dem so viele Wanderer ein Obdach gefunden?...‹« Simplicio machte auf Sagredo den Eindruck eines Mannes, der den Giebel seines Hauses erklettert, bloß um eine Aussicht auf die Stadt und ihre Umgebung zu haben, und nun verlangt, daß man die ganze Gegend sich um ihn drehen lasse, um ihm die Mühe zu ersparen, den Kopf zu wenden.

Kaum hatte er indes Simplicios Thesen mit solch rhethorischen Fragen erst einmal pariert, konnte er ihn auch bedauern. Der arme Simplicio erscheint ihm wie jener »Edelmann, der... einen herrlichen Palast hat aufführen lassen und dann sehen muß, wie er der mangelhaften Grundmauern halber einzustürzen droht, und nun zur Rettung seiner Gemälde und sonstigen Kostbarkeiten... dann wohl mit Ketten, Pfosten, Pfeilern, Stützmauern und Streben dem Einsturz vorzubeugen sucht«.

»Tut mir die Liebe... und sprecht mit größerer Achtung von Aristoteles«, protestiert Simplicio da. »Er war der erste, einzige, nicht genug zu bewundernde Erforscher der ganzen Logik... Meine Herren, man muß ihn vorher recht verstehen und dann erst versuchen, gegen ihn anzukämpfen.«

An dieser Stelle eilt der Protagonist des ganzen Dialogs, Salviati (Galileo), Simplicio erst einmal zu Hilfe: »Logik ist... das Instrument der Philosophie. Aber wie jemand ein vortrefflicher Instrumentenmacher sein kann, ohne die Instrumente spielen zu können, so kann man ein großer Logiker sein, ohne genügende Fertigkeiten in der Anwendung der Logik zu besitzen.«

»Aber das führt zur Untergrabung aller Naturphilosophie, zur Verwirrung und Erschütterung von Himmel, Erde und Weltall!« protestiert Simplicio erneut.

»[Aristoteles] versichert doch auch, daß die Erfahrung und die sinnliche Wahrnehmung vor aller Spekulation den Vorzug verdient«, hält ihm Salviati entgegen. »... Daher verfahrt Ihr mehr im Sinne des Aristoteles, wenn Ihr den Himmel für veränderlich ausgebt, weil dies der sinnlichen Erfahrung entspricht, als wenn Ihr sagt, der Himmel sei unveränderlich, weil Aristoteles durch Spekulation zu dieser Ansicht gelangte.« Und, zu Sagredo gewandt, wispert er wie auf einer Bühne: »Simplicio hat sich mit Aristoteles für die Unveränderlichkeit des Himmels entschieden, während ich in dieser Frage noch gänzlich unentschieden bin.« Dann wieder zu Simplicio: »Wir brauchen jetzt die Findigkeit von Sagredos durchdringendem Scharfsinn.«

Der guten Sitten wegen wollte er Simplicio jedoch nicht ganz der scharfen Zunge des Spötters Sagredo ausliefern. »Nun gut, Simplicio braucht einen Zusammenbruch seines Mentors noch nicht zu befürchten... Die Gefahr liegt nicht vor, daß eine so große Menge gescheiter und scharfsinniger Philosophen sich ins Bockshorn jagen lassen... Wie eitel ist doch der Glaube, man könne einer neuen Wahrheit Eingang verschaffen durch Widerlegungen des und jenes Autors. Erst muß man verstehen, die Köpfe der Menschen umzuformen, und sie fähig machen, zwischen Wahrheit und Irrtum zu unterscheiden; das aber vermag bloß Gott allein.« Dieser letzte Zusatz wirkt wie nachträglich angefügt, viel später vielleicht und auf einen Wink des Vatikans.

In den ersten drei Jahren, in denen der *Dialog* allmählich Gestalt annahm, entwickelte er sich bereits über eine spezielle Abhandlung zum Phänomen der Gezeiten hinaus zu einer umfassenden *tour d'horizon* über Galileos gesamtes Leben und Denken. Mit der Feder vergegenwärtigte er sich seine vergangenen Kämpfe und Krisen, umkreiste erneut alle damaligen Argumente gegen seine mächtigen und weniger mächtigen Widersacher, als handle es sich dabei lediglich um kleinere Scharmützel vor der großen, blutigen Entscheidungsschlacht. Zuweilen polemisch, gelegentlich aber auch überraschend versöhnlich im Ton, prophetisch und mitunter widersprüchlich, voll anekdotischer Hinweise und phantasievoll, in ungeschminkter Kühnheit und zuweilen sarkastischem Tonfall, stellt das Buch gleichsam einen perfekten Spiegel seines Autors dar. Es geht in ihm stets mehr um die geistreiche Unterhaltung als um wissenschaftliche Strenge, da Galileo entschlossen scheint, pedantische Gelehrsamkeit unter allen Umständen zu vermeiden. Das Hin und Her zwischen den Dialogpartnern sprüht vor Witz und einfallsreichen Wortspielen. Steht die Zahl Drei wirklich für Vollkommenheit, wie Aristoteles einmal behauptet hat? »Ich glaube nicht«, spöttelt Salviati, »daß die Zahl Drei etwa in bezug auf die Anzahl der Beine vollkommener ist als die Vier oder die Zwei.«

Gelegentlich geriet Galileo auch in einen unangenehmen Zwiespalt zwischen persönlichen Beziehungen auf der einen und wissenschaftlichem Engagement als Autor auf der anderen Seite. Immer wieder beklagte er die Unbelehrbarkeit seiner Gegner und fand es dann doch schwierig, gegen einen bestimmten Kontrahenten in Bologna zu argumentieren. Als wollte er sich vorweg entschuldigen, schrieb er an Marsili: »Es bereitet mir Kummer, Cavalieri Chiaramonte in jenen Teilen widersprechen zu müssen, da er sich gegen Kopernikus wendet, und selbige Aufgabe ist um so unerfreulicher, als seine Argumente zumeist leichtfertig sind. Sie zeigen nur, daß er diesen Autor weder gelesen noch studiert, geschweige denn verstanden hat. Wo es nötig ist, werde ich mein Bestes tun, ihn in Schutz zu nehmen. In Anbetracht seines großen Ansehens und da ich ihn ansonsten außerordentlich verehre, sollte dies möglich sein.« Im Manuskript des *Dialoges* erwähnte er Chiaramonte nicht mit Namen.

Über Kepler hingegen, den er wirklich verehrte und dessen Ruf für ihn über jede Kritik erhaben war, äußerte er sich im *Dialog* einmal geradezu abschätzig. »Von allen bedeutenden Männern, die dieser wunderbaren Naturerscheinung ihr Nachdenken gewidmet haben, wundere ich mich zumeist über Kepler, mehr als über jeden anderen. Wie konnte er, bei seiner freien Gesinnung und seinem durchdringenden Scharfblick, wo er die Lehre von der Erdbewegung in Händen hatte, Dinge anhören und billigen wie die Herrschaft des Mondes über das Wasser, die verborgenen Qualitäten und was dergleichen Kindereien mehr sind?« Diese Kritik erfolgte zu einem überraschenden Zeitpunkt, war aber gleichwohl angemessen. Gegenüber den Widersachern des Kopernikus insgesamt legt er sich indes jetzt keine Zügel mehr an. »Die angemessenste Strafe für deren Nichtigkeit wäre in der Tat das Schweigen, wenn man nicht durch andere Gründe geradezu gezwungen würde, seinem Unwillen Luft zu machen: Einmal laden wir Italiener samt und sonders den Schein von Ignoranten auf uns und machen uns in den Augen der Ausländer, namentlich der Nichtkatholiken, lächerlich.«

Im dritten Jahr seiner Arbeiten am *Dialog* flaute Galileos Interesse vorübergehend ab, und er legte das Manuskript beiseite, um sich zwischenzeitlich konkreteren wissenschaftlichen Aufgaben zuzuwenden. Im Sommer 1626 hatte er sein Studium des Werkes von William Gilbert wieder aufgenommen und eigene Experimente mit Magneten durchgeführt. Es war ihm gelungen, einen Magneten mit einem Gewicht von sechs Unzen (250 Gramm) zu konstruieren, der ein Gewicht von 150 Unzen (12 1/2 Pfund) anziehen konnte, und er hoffte zuversichtlich, dieses Verhältnis sogar noch wesentlich verbessern zu können. Stolz über diesen Erfolg schrieb er Marsili, daß es ihm anfänglich bereits als ungeheurer Gewinn erschienen wäre, einem Magneten eine vierzigfache Anziehungskraft zu verleihen, ihm jedoch nun schon eine hundertfünfzigfache nicht mehr genüge. Er sei mit diesen Versuchen so beschäftigt, daß »ich mittlerweile fast selbst zum Schmied geworden bin und alles andere vorerst hintangestellt habe«. Für seine engsten Mitstreiter wie Pater Castelli in Rom, die den Abschluß des *Dialogs* kaum mehr erwarten konnten, waren dies nicht gerade die erfreulichsten Nachrichten.

Im Sommer darauf ergriff Galileo Partei in einem amüsanten Disput zwischen einem Florentiner Patrizier und einem Pfarrvorsteher über die geeignete Methode, einen gerechten Preis für ein Pferd festzusetzen. Müßige Spekulationen dieser Art gehörten zu den beliebten Zerstreuungen in den gebildeten Salons von Florenz. Galileo kam dieser Disput gerade recht, und er schob seine größeren Vorhaben wieder einmal beiseite, um sich der Frage zu widmen. Im Verlauf eines Handels hatte einer der Bieter – offenbar der Pfarrvorsteher – zehn Dukaten angeboten und der andere tausend. Um den gerechten Preis zu ermitteln, hatten sich die beiden Bieter anschließend an ihn als Schiedsrichter gewandt. Sollte man das arithmetische oder das geometrische Mittel wählen, um den angemessenen Preis zwischen diesen weit auseinanderliegenden Geboten zu ermitteln? Galileo entschied sich für das geometrische Mittel. Der tatsächliche Wert betrug demnach hundert Dukaten. Als er dies den beiden Kontrahenten mitteilte, überbot er sich geradezu in falscher Bescheidenheit, entschuldigte sich für den »Mangel an Scharfsinn« und gab seiner Hoffnung Ausdruck, aus der umstrittenen Frage mit seiner Feder ebensoviel an Süße gewinnen zu können wie Bienen Honig aus einer unscheinbaren Blüte.

Es war keineswegs der erste Fall, in dem die Liebhaber derartiger Salonspielchen sich mit ihren Streitfragen an ihn als Schlichter wandten. Ein andermal ersuchte man ihn um die Beantwortung der spannenden Frage, warum beim Würfelspiel bestimmte Zahlen mit größerer Häufigkeit auftraten als andere. Wiederum kam ihm die Ablenkung gelegen, einfach aus Spaß oder auch, weil es sich eventuell einmal auszahlen könnte, den Spielern und Reitersmännern von Florenz einen Gefallen zu erweisen. Man kann sich Galileo unschwer vorstellen, wie er vor seinem Kamin in Bellosguardo Würfel rollen läßt und sich über die Häufigkeit und Wahrscheinlichkeit des Auftretens bestimmter Zahlen Gedanken macht. Desgleichen läßt sich vorstellen, daß er jedesmal eine Eintragung in sein politisches Schuldnerverzeichnis vornahm, sobald er zu einer Antwort auf eine dieser Fragen gelangt war.

Im Rom Urbans VIII. galt das eigentliche Interesse in den Gassen nicht dem Würfelspiel, sondern astrologischen Spekulationen und der Wahrsagerei. Entlang der Tiberufer und des *corsos,* im Gassengewirr des *borgo* und von *trastevere* boten zerlumpte Straßenverkäufer die *avvisi* genannten Sensationsblättchen an, die sich von heutigen Produkten dieser Art im übrigen nicht sonderlich unterschieden. Mit ihrer schlüpfrigen Mischung aus Neuigkeiten, Gerüchten und Vorhersagen bezweckten sie im wesentlichen, die Leser mit astrologischen Vorhersagen über wichtige und weniger wichtige Ereignisse, die sich alsbald in der Stadt und anderswo abspielen sollten, zu füttern. Insbesondere Gerüchte um den Papst und seine fromme Familie sorgten jedesmal für einen schnellen Ausverkauf dieser Skandalblättchen. Anzügliches Geflüster über die Gewohnheiten und maßlosen Extravaganzen des Papstes grassierten an allen Ecken.

> »Wir haben von dem Arzt Mancini erfahren, daß Unser Vater neulich alle Farbe verloren hat, als er ein stark mit Pfeffer gewürztes Gericht zu sich nahm. Sicher ist, daß er in Castel Gandolfo lediglich eine kleine Portion Hummer verlangte und diese ihm dann drei Tage schwer im überhitzten Magen lag, die-

> weil er sie nicht verdauen konnte. Der Papst befindet sich nicht wohl, weder körperlich noch im Gemüt, was ganz klar daraus hervorgeht, daß er während der ganzen Woche im Konsistorium jeden in seiner Nähe mit heftigem Tadel überfiel und eine Miene zeigte, die ebenso verschlossen wie gequält wirkte. Nach dem Nachtmahl am Sonntag wurden die Dinge so schlimm, daß man bereits in Erwägung zieht, die bevorstehenden Treffen im Konsistorium gänzlich abzusagen.«

Meldungen wie diese erregten meist besonderes Aufsehen, da sie das körperliche Befinden des Papstes zum Inhalt hatten. Jeder Hoffnungsschimmer, Urban VIII. könnte demnächst das Zeitliche segnen, ließ die Kardinäle und ihre Stellvertreter aus den entferntesten Winkeln der katholischen Welt schnellstens nach Rom eilen. Allen voran saßen die spanischen Kardinäle samt ihren Statthaltern im Süden Italiens auf der Lauer, denn sie hatten Urban das Techtelmechtel mit Richelieu und den Franzosen im Zuge der Kriegshändel um das Veltlin besonders übel genommen. In Amt und Würden gekommen im Kielwasser der spanischen Inquisition, hegten sie zudem den ständigen Verdacht, Urban würde im Umgang mit Ketzern und Abtrünnigen allzu große Milde walten lassen. In Wirklichkeit ging es ihnen natürlich darum, einen aus ihren Reihen an Urbans Stelle zu setzen.

So drängten sich beim geringsten Vorzeichen auf eine neue Papstwahl jedesmal Nahestehende und Verwandte jener Kandidaten, die als *papabili* galten, in den Gängen und Fluren des Vatikans und gebärdeten sich mit ebensolchem Eifer und der gleichen Zielstrebigkeit wie Lobbyisten heutiger Tage. Zum Teil war Urban für dieses Treiben selbst verantwortlich, weil er dem Nepotismus im Vatikan doch Tür und Tor geöffnet hatte, als er seinen Bruder und zwei seiner Neffen mit der Kardinalswürde bedachte und einen weiteren Neffen, Taddeo Barberini, zum Präfekten des *Borgo* ernannte. Unterdessen war auch mit dem Bau des mächtigen Palastes der Barberini im Zentrum Roms begonnen worden. Jedesmal hatte er dabei besonderen Wert darauf gelegt, daß die Feierlichkeiten zu der Amtseinführung seiner Verwandten mit günstigen Konstellationen der Sternbilder im Tierkreis zusammenfielen.

Ohne Zweifel, Urban VIII. war dem Glauben und den zeitgenössischen Praktiken der Astrologie mit Haut und Haaren verfallen. Er hatte beträchtliche Mühe darauf verwandt, aller Welt zu beweisen, daß seine Wahl zum Papst unter einer Sternenkonstellation stattfand, die der bei Christi Geburt nahezu vollkommen entsprach. Nach den Berechnungen seines Hofastrologen traf der Zeitpunkt seiner Wahl mit einer glücklichen Konjunktion von Sonne und Jupiter zusammen, was in Verbindung mit weiteren Konstellationen am Sternenhimmel seit jeher als besonderes Indiz außerordentlicher Herrscherqualitäten galt. Die einmalige Konjunktion zum Zeitpunkt seiner Wahl bewies den astrologischen Berechnungen zufolge, daß Maffeo Barberini und sein Haus für das höchste Amt der Kirche geradezu prädestiniert waren.

All diese Berechnungen fußten auf der Kosmologie des Ptolemäus. Und die Sonne wurde fortan zum Wahrzeichen des Pontifikats der Barberini.

In den ersten Jahren seiner Herrschaft machte sich Urban VIII. noch einen Spaß daraus, Horoskope der Würdenträger in seiner nächsten Umgebung anzufordern und die Kardinäle anschließend mit manipulierten Berechnungen in Angst und Schrecken zu versetzen. Der Glaube an die Macht astrologischer Vorhersagen war in der Renaissance-Kultur tief verankert und verbreitet, von den Fürsten bis hin zum gemeinen Volk, auch unter den wissenschaftlichen Vorreitern der Zeit. 1603 hatte selbst Galileo noch sechzig venezianische Lire pro Stück bezahlt, als er ein Horoskop für seine beiden Töchter Livia und Virginia erstellen ließ. Und 1609 hatte er, zweifellos in Erfüllung seiner Amtspflichten, eigenhändig ein Horoskop für Großherzog Ferdinando I. angefertigt und diesem darin ein langes und glückliches Leben vorausgesagt. Der Herzog war danach jedoch binnen weniger Monate gestorben. In Rom allerdings wuchs sich Urbans persönliche Besessenheit in astrologischen Dingen allmählich aus einer Marotte zu einer populären Modeerscheinung aus, und die *Avvisi* konnten sich gar nicht genugtun an wildesten Prophezeiungen.

Die Berechnungen der Sternenkonstellationen zum Zeitpunkt der Geburt waren indes nur die eine Seite der Medaille, denn sie konnten nämlich genauso zur Vorhersage des Todeszeitpunktes und anderen Schreckensgeschehens benutzt werden. Und das wiederum zeitigte höchst beunruhigende Folgen, da ehrgeizige Rivalen diese Berechnungen schon bald als Waffe gegen den Papst verwandten. 1628 wurde auf solider astrologischer Basis das Ableben Urbans VIII. vorhergesagt. Der reagierte umgehend, indem er alle Zeugnisse und Hinweise auf den Zeitpunkt seiner Geburt verschwinden ließ und den astrologischen Prognostizierungen damit den Boden entzog. Daneben bereitete er einen Erlaß vor, dem zufolge sämtliche Spekulationen über den Tod des Papstes oder eines Angehörigen seiner Familie einschließlich der Verwandten dritten Grades hart bestraft werden sollten. Verstöße dagegen sollten mit dem Tod und der Konfiskation des Vermögens geahndet werden. Letztlich halfen selbst diese rigorosen Androhungen wenig, die Gerüchtemühlen zu stoppen, da diese immer wieder von den spanischen Kardinälen in Gang gehalten wurden.

Urban VIII. wurde somit Opfer seines eigenen Aberglaubens und des Aufhebens, das er persönlich um astrologische Spekulationen machte. Eine angekündigte Sonnenfinsternis versetzte ihn im Dezember 1628 in panische Furcht, war die Sonne doch das Wahrzeichen seines Pontifikates und ihre Verfinsterung somit ein schreckliches Vorzeichen für den bevorstehenden Tod des Sonnenpapstes. Was konnte er tun, dem nahenden Unheil zu begegnen?

1628 war er noch einmal vom Glück begünstigt. Die Sonnenfinsternis fiel genau auf den Weihnachtstag, an dem Christi Geburt alles kosmische Unheil überstrahlte. Christi Stellvertreter auf Erden sah sich beschützt. Tatsächlich betraf dann die Sonnenfinsternis lediglich Teile des heidnischen Nordafrika.

Zwei Jahre danach standen im Juni 1630 die Dinge nicht so günstig, doch diesmal hatte Urban VIII. besser vorgesorgt.

In den Jahren 1629 und 1630 verschworen sich einflußreiche Mächte und Ereignisse, Galileos irdisches Geschick in eine neue, verhängnisvolle Bahn zu lenken. 1629 hatte Ferdinando II. ungeachtet seiner gerade erst neunzehn Jahre die Herrschaft über die Toskana übernommen und sollte in den kommenden kritischen Jahren, in denen sich

Galileos Schicksal entschied, von den etablierten Mächten als schwacher und unerfahrener Neuling im Spiel der Mächtigen größtenteils übergangen werden. Zu Ferdinandos ersten Amtshandlungen zählte Galileos Ernennung zum Mitglied des Rates der Zweihundert, der die Kontrolle über die Regierung und Verwaltung in der Toskana ausübte. Galileo vergalt seine Berufung mit Lobeshymnen.

»Unter Ferdinandos glücklicher Herrschaft«, schwärmte er, »ist keiner jenen Gefahren ausgesetzt, die derzeit den Rest der Welt heimsuchen.« Die Euphorie sollte sich binnen kurzem verflüchtigen.

Mit dem Restitutionsedikt des siegreichen Kaisers im Norden fielen weitere Landstriche Deutschlands offiziell wieder unter katholische Herrschaft, eine Entwicklung, welche die günstigen Vorzeichen in Urbans Horoskop zu bestätigen schien und ihn das Augenmerk auf noch grandiosere Projekte richten ließ. Aus Spanien erreichte Galileo der dringende Wunsch Philipps IV., ihm eines seiner besten Teleskope zu überlassen, zu jedem Preis, den er nennen wolle, was Galileo bereitwillig und ohne Skrupel tat. Im Sommer 1630 schleppten desertierte Soldaten von den alpinen Schlachtfeldern und Händler aus der nördlichen Poebene die Pest ein. Florenz erlebte einen der fürchterlichsten Ausbrüche der Seuche in seiner Geschichte. Das Arnotal unterhalb von Bellosguardo war durchzogen vom beißenden Qualm ununterbrochener Ausräucherungen und den Dünsten abergläubischer Beschwörungsrituale. Kepler starb in diesem Jahr und ließ Galileo allein auf offener Bühne zurück.

Anfang 1629, nach einer Unterbrechung von fast drei Jahren, nahm dieser schließlich die Arbeit an seinem *Dialog über die beiden hauptsächlichen Weltsysteme* mit sokratischem Eifer wieder auf. Die Rolle des Sokrates indes stand ihm gar nicht. Er war zu engagiert in eigener Sache, als daß er seine Überzeugungen hinter unparteiischen Fragekünsten hätte verbergen können. Auch bei seinen früheren Werken hatte sich immer wieder erwiesen: Je länger er eine Veröffentlichung hinauszögerte, desto draufgängerischer und unbedachter wurde er. Das größte Hindernis beim Schreiben war ihm die Figur des Simplicio. Sollte dieser seine Haltung im Fortgang des Dialoges nicht verändern? Sollte ihn die Beweiskraft der vorgebrachten Argumente nicht am Ende von deren Richtigkeit überzeugen? Oder sollte er in seiner unbelehrbaren sturköpfigen Haltung verharren? Je deutlicher sich die Argumente herausschälten, desto ungehaltener und unduldsamer verfuhr er mit seiner eigenen Figur im *Dialog*, eine Unduldsamkeit, die er ja auch jenen tückischen Gegnern gegenüber an den Tag gelegt hatte, die für die Figur des Simplicio Pate gestanden hatten. Und je weiter das Buch in der Sache vorankam, desto kompromißloser zeigten sich Salviati und Sagredo im Umgang mit Simplicio.

»Nimmt man … eine Bewegung der Erde an, so wird die Gesetzmäßigkeit der himmlischen Umläufe aufs beste gewahrt«, intoniert Salviati das große Thema. »Schreiben wir die tägliche Umdrehung hingegen der höchsten Himmelsregion zu, wirft das die größten Schwierigkeiten auf. Welche Gewalt und Kraft müßte man dieser verleihen, daß sie die unzählbare Menge der Fixsterne mit sich fortreißt! … Ich wüßte auch nicht zu erklären, weshalb die Erde, ein freischwebender, um seinen Mittelpunkt balancierender Körper, der von Natur ebenso wenig zur Bewegung wie zur Ruhe neigt … nicht auch von der allgemeinen Umdrehung ergriffen werden sollte.«

Scharf fällt nun plötzlich Sagredo, an Simplicio gewandt, ein. »Wenn alles vortrefflich geht und aufs schönste zusammenstimmt, warum weist Ihr dann diesen Standpunkt zurück und stimmt jenen sonderbaren und mühevollen Annahmen bei?«

»Ich suche nur nach einer einfachen und mühelosen Erklärung«, entgegnet Simplicio lahm.

»Die liegt schon fix und fertig vor. Laßt die Erde … sich in vierundzwanzig Stunden um sich selbst drehen, und zwar in derselben Richtung wie alle anderen Sphären. Ohne daß dann eine Übertragung von Bewegung auf irgendwelchen Planeten oder Fixsternen stattfindet, werden alle in gewohnter Weise auf- und untergehen, kurz, alle die bekannten Erscheinungen zeigen.«

»Die Frage ist nur, wie die Erde zu bewegen ist, ohne daß tausend Übelstände sich herausstellten.«

»Alle Übelstände werden der Reihe nach beseitigt werden, wie Ihr sie vorbringt«, beruhigt ihn Salviati.

Wider Erwarten meldet sich hier Sagredo zu Wort und verschafft

Simplicio etwas Luft. »Wer eine mit der Muttermilch eingesogene und von Unzähligen gebilligte Ansicht aufgibt, um sich zu einer anderen zu bekennen, die nur ganz wenige Anhänger zählt, von allen Schulen geleugnet wird und in der Tat höchst paradox erscheint, der muß wahrlich von den triftigsten Gründen bewogen, um nicht zu sagen gezwungen worden sein.«

Salviati indes läßt sich davon nicht beeindrucken. »Hättet Ihr, Signor Sagredo, nur einmal erlebt, was ich viele, viele Male habe durchmachen müssen, hättet Ihr gehört, wie das albernste Zeug die Leute dermaßen halsstarrig und unzugänglich machen kann, daß sie diesen neuen Ansichten nicht einmal Gehör schenken, ...ich glaube, Ihr würdet Euch dann nicht so sehr wundern über die geringe Zahl derer, die sich zu dieser [kopernikanischen] Ansicht bekennen... Wir brauchen aber meines Erachtens kein Gewicht zu legen auf Geister, die den Glauben an die Unbeweglichkeit der Erde beibehalten, ...weil sie überzeugt sind, daß die Erde wegen ihrer großen Schwere sich nicht hinauf über die Sonne und dann wieder Hals über Kopf in die Tiefe hinabstürzen kann.

Auf diese, deren Zahl Legion ist, braucht man keine Rücksicht zu nehmen«, fährt er dann, dem Blick Simplicios wohl eher ausweichend, fort. »Man braucht nicht Buch zu führen über ihre Albernheit, noch braucht man Leute für die subtilsten und schwierigsten Untersuchungen gewinnen zu wollen, die sich selbst nicht von der allgemeinen Masse zu unterscheiden wissen. Was wollte man auch mit allen Beweisen der Welt gegen die Dummköpfe ausrichten, die nicht imstande sind, ihre eigene Beschränktheit zu erkennen? ... Nein, ich kann nicht genug die Geistesgröße derer bewundern, die sich ihr [der kopernikanischen Ansicht, Anmerkung des Übersetzers] angeschlossen und sie für wahr gehalten haben.«

Für Sagredo scheint der Zeitpunkt gekommen, den harschen Worten etwas Balsam folgen zu lassen. »Ich schätze mich außerordentlich glücklich, Euch beiden begegnet zu sein«, sucht er zu besänftigen. »Von Euch kann ich alles hören, was ... mir die Gewißheit gibt, dem Zweifel mich entwinden und zur Klarheit durchdringen zu können.«

»Wenn Euer Glauben und Hoffen nur keine Enttäuschung erfährt«, fällt Simplicio da dunkel ein, »und Ihr am Ende Euch nicht in größerer Konfusion befindet als zuvor!«

»Ich glaube zuversichtlich, das wird nicht geschehen können.«

»Warum nicht?« insistiert Simplicio. »Ich kann mich selbst als Beweis anführen, denn je weiter wir gehen, desto konfuser werde ich.«

»Das ist ein Zeichen dafür, daß Ihr Eure Ansicht … zu verändern beginnt.«

In dieser Zeit, in der Galileo sich erneut der Arbeit an seinem *Dialog* zuwandte und den dramatischen Konflikt widerstreitender Überzeugungen zuspitzte, nahm er auch seine freundschaftliche Korrespondenz mit Cesare Marsili in Bologna wieder auf, die eines Mißverständnisses wegen drei Jahre lang unterbrochen war. »Die Wahrheit ist, daß ich zu meinem größten Kummer bereits vor drei Jahren von einem Edelmann aus Bologna die Nachricht erhielt, daß Euer Gnaden ums Leben gekommen wäre«, schrieb er nun im April 1629. »Zu meiner übergroßen Freude entdecke ich nunmehr, daß dies nicht der Wahrheit entsprach. Wie dem auch sei, wir befinden uns beide am Leben. Laßt uns also zu unseren philosophischen Vergnügungsreisen zurückkehren.«

Zu den erfreulichen Ablenkungen, denen sie sich nun von neuem widmeten, gehörte vor allem Galileos Bestreben, jenen Ordensgeistlichen, der den Lehrstuhl für Mathematik in Bologna übernommen hatte, als seinen Mitstreiter zu gewinnen. Marsili vertraute er an: »Ich möchte Pater Buonaventura unbedingt zum Studium der Astronomie ermutigen und hoffe sehr, er möge sich diesem genauso hingebungsvoll widmen wie dem des Ptolemäus. Wenn er nicht immer sofort auf Eure Forschungen reagiert, liegt der Grund dafür gewiß darin, daß er sich, wie es einem wahren Meister ansteht, zunächst gründlich mit der Theorie beschäftigen möchte, bevor er sie der praktischen Erprobung unterwirft, das heißt, daß er zuerst ein genaues Verständnis des *Almagest* des Ptolemäus und dann der Theorie des Kopernikus gewinnen und erst daraufhin die nötigen Berechnungen für beide Lehren jeweils getrennt anstellen möchte.«

In Marsili hatte Galileo einen Vertrauten, mit dem er sich über kaum vernarbte Wunden aus der Vergangenheit ebenso austauschen konnte wie über gemeinsame Vorlieben. Ein fast schon in Vergessenheit geratener Gegner früherer Jahre war plötzlich wieder im Gespräch, nämlich sein erbitterter Feind Pater Scheiner, der nach wie vor darauf bestand, die Sonnenflecken als erster entdeckt und unter dem Pseudonym »Apelles« Mitteilung davon gemacht zu haben. »Ich vernehme, daß der sogenannte Apelles gerade dabei ist, eine umfangreiche Abhandlung über die Sonnenflecken drucken zu lassen«, teilte er Marsili am 29. April mit. »Daß diese Abhandlung umfangreich sein soll, läßt mich ahnen, daß sie viel Unwichtiges enthält. Solche Länge kann nämlich nur zur Anhäufung von Nichtigkeiten führen, dieweil die Wahrheit lediglich geringen Raum beansprucht. Sagt er mehr als das, was ohnehin bereits in meinen eigenen Briefen über die Sonnenflecken steht, kann es sich nur um unnützes Zeug und Unwahrheiten handeln.«

Noch immer war er in seinem gefährlichen Hochmut befangen. Allein der Gedanke, daß Pater Scheiner mit der Ausarbeitung seiner »Unwahrheiten« beschäftigt war, brachte ihn derart in Rage, daß er seine ganze Verachtung ungehindert in die Darstellung Simplicios im *Dialog* einfließen ließ.

»...Ich frage dich, du törichter Mensch«, kann Salviati einmal nicht mehr an sich halten, »begreifst du mit deinem Geiste die Größe des Weltalls, die du für allzu gewaltig ausgibst? Begreifst du sie aber nicht, was willst du urteilen über Dinge, die du nicht fassest!«

»...Gott hätte [den Himmel] tausendmal größer schaffen können, als er wirklich ist«, verteidigt sich Simplicio. »Nicht aber dürfen wir zugeben, daß irgend etwas umsonst geschaffen und müßig im Weltall sei. Wenn wir nun sehen, in welch schöner Ordnung die Planeten um die Erde geschart sind, in Entfernungen von ihr, die wohl abgemessen sind, um auf sie zu unserem Wohle Einfluß zu üben ... sollte da etwas Überflüssiges geschaffen sein? Zu wessen Nutz und Frommen?«

»Zuviel maßen wir uns an, scheint mir, Signor Simplicio«, weist ihn Salviati scharf zurecht, »wenn wir meinen, einzig die Sorge um uns erschöpfe das Wirken der Weisheit und Macht Gottes ... Ich aber möchte, daß wir den Arm Gottes nicht so verkürzen...«

Im Februar 1629 hatte Galileo Marsili Einblick in sein Manuskript versprochen, doch es dauerte noch bis November, bis er es schließlich zu Ende gebracht hatte. Im Herbst dieses Jahres teilte er Fürst Cesi seine Absicht mit, nach Rom zu kommen und sich persönlich um die Drucklegung zu kümmern. Der Fürst zeigte sich davon angetan. Im ersten Monat des neuen Jahrzehnts trafen sich Galileos Florentiner Mitstreiter bereits regelmäßig in der Residenz eines Domherrn namens Niccolò Cini, um den Autor Passagen aus seinem Manuskript lesen zu hören. Die Begeisterung und das Vergnügen waren einhellig. In einer der Einladungen an Galileo hieß es: »Euer Gnaden werden aufgefordert, am besagten Ort um fünf Uhr nachmittags zu erscheinen, bei Strafe, daß Ihr andernfalls des Abendmahls wie auch des Olivenöls verlustigt ginget, das Ihr Euch erbeten habt.«

Im Februar ging man in Rom bereits daran, die Wege für eine rasche Gewährung der Druckerlaubnis durch die kirchliche Zensur zu ebnen. Pater Castelli wandte sich an den Dominikanerpater Riccardi, der zu jener Zeit das Amt des Meisters des heiligen Palastes bekleidete und in dieser Funktion auch schon dem *Saggiatore* die erforderliche Genehmigung erteilt hatte, indem er ihn mit Lob überschüttet hatte. Doch statt dankbar für dieses Gottesgeschenk eines wohlwollenden Zensors zu sein, hegte Galileo Riccardi gegenüber stets eine bestimmte Abwehr und abwertende Vorbehalte. Statt der eigentlichen Titelbezeichnung Padre Maestro nannte er ihn beharrlich Padre Mostro – das »Meister« damit in »Monster« pervertierend –, eine üble Verballhornung, die offensichtlich nicht nur auf Riccardis erklecklichen Körperumfang anspielte. Indes waren von Riccardi anscheinend keine besonderen Schwierigkeiten für die Erlangung der Druckerlaubnis zu erwarten. Von anderer Seite jedoch, von Kardinal Antonio Barberini, dem Bruder des Papstes, hatte Castelli einen warnenden Fingerzeig erhalten. Wolle man die These von der Erdbewegung tatsächlich als wahr betrachten, hieße das, daß die Erde ein Planet wie jeder andere wäre. Dies allerdings würde die Lehre der Kirche und die Überliefung in ihren Grundfesten erschüttern. Da Castelli bei den Barberini unter anderem auch als eine Art Hausarzt fungierte, glaubte er, diesbezügliche Bedenken rechtzeitig ausräumen zu können.

Einen Monat später meldete sich Castelli erneut, und diesmal mit ausgesprochen hoffnungsvollen Neuigkeiten. Tommaso Campanella, jener eigenwillige einstige Dominikanermönch, der nach langer, schrecklicher Kerkerhaft wie durch ein Wunder inzwischen zum päpstlichen Astrologen aufgestiegen war, hatte ihn über ein Gespräch mit Urban VIII. unterrichtet, in dessen Verlauf er den Papst auf die großen Schwierigkeiten hingewiesen hatte, den fortschrittlich gesonnenen Adel in Deutschland wieder zur Rückkehr in den Schoß der katholischen Kirche zu bewegen, weil diesem Verhalten unter anderem die offizielle Ermahnung Galileos durch die Kirche und das Dekret aus dem Jahre 1616 wie ein unüberwindbares Hindernis im Wege stünden. Der Papst habe daraufhin wörtlich erklärt: »Dies war nie Unsere Absicht. Hätten Wir in dieser Sache zu entscheiden gehabt, wäre das seinerzeitige Dekret niemals durchgegangen.«

Galileo stürzte sich begierig auf diese sensationelle Nachricht, war aber plötzlich auch vorsichtig. Er hatte Grund, dem Wort des sprunghaften und unberechenbaren Campanella mit Mißtrauen zu begegnen, und das Ganze roch auch ein bißchen zu sehr nach Intrige. Gleichwohl informierte er Fürst Cesi darüber, wobei er es nicht lassen konnte, sich erneut abfällig über den voraussichtlichen Zensor des *Dialoges*, Pater Riccardi, auszulassen.

»Ob wahr oder nicht wahr, Pater Mostro hält es weder mit dem Ptolemäus noch mit dem Kopernikus, sondern gibt sich auf seine ziemlich gewandte Art damit zufrieden, es Engeln zu überlassen, die Himmelskörper ohne Schwierigkeit oder irgendeine Behinderung so, wie es gerade kommt, zu bewegen, und läßt es dabei bewenden.«

Am 3. Mai traf Galileo mit seinem Manuskript in Rom ein. Er war voller Zuversicht und Erwartung, doch verflüchtigte sich seine Hochstimmung jäh, als er sich kurz darauf einer skandalösen Meldung in einem der *avvisi* konfrontiert sah.

»Galileo, der berühmte Mathematiker und Astrologe, befindet sich in der Stadt. Er hofft, hier ein Buch herauszubringen, in welchem zahlreiche Ansichten bestritten werden, welche bislang von den Jesuiten verteidigt wurden. Er hat an die Öffentlichkeit dringen lassen, daß Donna Anna demnächst einem männlichen Nachkommen das Leben schenken wird, daß wir Ende Juni in ganz Italien endlich Frieden haben werden und daß kurze Zeit danach schon sowohl Don Taddeo als auch der Papst selbst das Zeitliche segnen werden.«

Diese Meldung war bereits Teil einer Intrige und auf ihre Weise geradezu genial. Wie man noch mehr vernichtende Unterstellungen in zwei Sätzen unterbringen kann, ist kaum vorstellbar. Galileo war alles andere als Astrologe, vielmehr ein seriöser Wissenschaftler, der für das blühende Geschäft mit dem Okkulten nur Verachtung übrighatte. Die Jesuiten wurden durch die irreführende Andeutung alarmiert, Galileo habe einen frontalen Angriff im Sinn, eine Infamie, die dem eigentlichen Anliegen des *Dialoges* keinesfalls gerecht wurde. Die Prophezeiung eines baldigen Endes aller Feindseligkeiten auf dem Boden Italiens (nach sechs Jahren Krieg, der insgesamt dreißig Jahre dauern sollte) war so kühn, daß sie allgemeines Aufsehen erregen und, falls sie sich als falsch erweisen sollte, voll auf ihren Urheber zurückfallen mußte. Taddeo Barberini war der Neffe des Papstes und allgewaltiger Präfekt des *Borgo*. Daß seine Gemahlin Anna einen Sohn zur Welt bringen würde, war allemal eine Klatschspalte wert, daß Taddeo Barberini jedoch binnen kurzem den Tod finden sollte, verhieß nichts Gutes für die Politik der Ewigen Stadt.

All dies fiel jedoch kaum ins Gewicht im Vergleich zur ungeheuerlichen Prophezeiung des bevorstehenden Ablebens des Papstes. Hätte Galileo es tatsächlich gewagt, Urbans Ende anzukündigen, er hätte nicht nur den Niedergang seines Pontifikats beschleunigt, sondern zudem auch das explizite Verbot Urbans VIII. mißachtet, über dieses Thema Spekulationen anzustellen. Diese Unterstellung war infolgedessen besonders infam, zumal die gerade erst einen Monat zurückliegende Sonnenfinsternis ihr ein gewisses Maß an Aktualität und Glaubwürdigkeit verlieh.

Falls der ohnehin von Schreckensvisionen heimgesuchte Papst, selbst ein sklavisches Opfer seiner astrologischen Hirngespinste, diese Meldung im *avviso* je zu Gesicht bekommen und ernst genommen haben sollte, ließ er sich jedenfalls nichts anmerken, als Galileo in diesen Tagen zu einer Audienz bei ihm geladen wurde. Im Gegenteil: Wieder einmal trafen sich in ihnen Wissenschaft und Glaube zu einem freimütigen Gedankenaustausch. Aus Galileos wie stets etwas zu optimistischer Sicht bestärkte ihn die Audienz in seiner Meinung, daß er für das anstehende Prüfverfahren und die Erlangung des kirchlichen Imprimatur nichts zu befürchten hatte, und dies vermeldete er voll Zuversicht auch nach Florenz. »Seine Heiligkeit behandelt meine Angelegenheit in einer Weise, daß ich auf ein günstiges Ende hoffen darf.« Da Urban VIII. Galileos Manuskript jedoch nicht gelesen hatte, konnte es darüber allenfalls zum Austausch der üblichen Komplimente gekommen sein, und daß sich zwischen diplomatischen Höflichkeiten und ausdrücklicher Zustimmung mitunter eine weite Kluft auftat, machte sich Galileo wie so oft nicht hinreichend klar.

Er besprach sich in diesen Tagen auch ausführlich mit Pater Riccardi, auf den in Rom zu jenem Zeitpunkt alles ankam. Um selbst ganz sicherzugehen, hatte Riccardi einen weiteren Dominikaner und Professor für Mathematik eingeschaltet: Pater Raphael Visconti, der streng darauf achten sollte, daß das kirchliche Dekret von 1616 an keiner Stelle des Werkes verletzt wurde und die Darstellung der kopernikanischen Lehre darin in allen Punkten hypothetisch blieb.

Das Verhältnis zu den Zensoren war erfreulich. Die Dominikaner zeigten sich entgegenkommend. Sie schlugen hie und da kleinere Korrekturen und Verbesserungen vor, die Galileo bereitwillig akzeptierte, und ließen ansonsten nichts durchscheinen, was Anlaß zu irgendwelchen Sorgen hätte geben können.

Anfang Juni wurde die Hitze in Rom drückend, und Befürchtungen, die Pest könnte sich von Mailand aus über ganz Norditalien bis nach Florenz ausdehnen, ließen es Galileo geboten erscheinen, der Ewigen Stadt baldmöglichst den Rücken zu kehren. Er wähnte sich in dem sicheren Gefühl, daß seine Angelegenheiten im Grundsatz geregelt waren, und zeigte sich »vollauf zufrieden über die Aussichten« für die Publikation seines *Dialoges*. Urban VIII. bestärkte diesen Eindruck noch zusätzlich, indem er ihm zwei kirchliche Pensionen aussetzte und eine davon sogar noch mit einem Bonus von vierzig Dukaten wegen besonderen Verdienstes aufstockte. Angesichts der drohenden Seuche konnte Galileo nicht länger abwarten, bis alles Punkt für Punkt geregelt war.

Die Kirche zeigte offiziell Verständnis für seine Lage. Wegen der Dringlichkeit seiner Abreise erteilte ihm Pater Riccardi eine vorläufige Druckerlaubnis. Das Buch wurde vorerst gebilligt, sollte jedoch durch eine die kirchliche Lehre ausdrücklich bekräftigende Vorrede und ein ebensolches Schlußwort ergänzt werden. Indes konnte dies nach Riccardis Meinung noch warten. Er hielt ohnehin ein zweites, abschließendes Prüfverfahren für erforderlich – ein ungewöhnlicher Schritt und erstes Indiz, daß von seiten der Kirche durchaus Einwände möglich waren. Jedenfalls bereitete sich Riccardi darauf vor, die endgültige Drucklegung des Buches Seite für Seite zu überwachen.

Bis zu diesem Zeitpunkt hatte Galileo noch immer nicht den geringsten Hinweis auf eventuelle Bedenken und Unschlüssigkeiten. Pater Visconti spielte die noch zur Klärung ausstehenden Probleme in einem Brief vom 16. Januar, unmittelbar vor seiner Abreise, sogar noch herunter. »Der Meister küßt Euch die Hände und läßt Euch sagen, daß Euer Werk bei ihm großen Gefallen findet. Morgen will er mit Seiner Heiligkeit wegen eines Vorwortes dafür sprechen. Ansonsten müssen nur noch einige kleinere Punkte beachtet werden, dann ist das Werk druckfertig.«

Galileo faßte sich ein Herz und bestieg seine Kutsche nach Hause. Urban VIII. war in diesen Tagen jedoch keines klaren Gedankens fähig. Er schwebte weit entrückt in den Gefilden des kosmischen Tierkreises. Am 10. Juli stand eine erneute, noch unheilvollere Sonnenfinsternis bevor, als ihre Vorgängerin vom Dezember 1628 es war. Seit Monaten war er von dem drohenden Ereignis wie paralysiert. Der Maler Agostino Tassi erhielt den Auftrag, in den vatikanischen Privatgemächern des Papstes ein Wandgemälde anzubringen, in dessen Mittelpunkt eine strahlende Sonne stehen sollte, so daß sich der Papst beim Aufwachen jeden Morgen in der schützenden Wärme des Emblems seines Pontifikates baden konnte, unabhängig von der Witterung, die draußen herrschen mochte. Beredter noch war die Tatsache, daß Urban Tommaso Campanella, den Experten auf dem Gebiet der okkulten Wissenschaften, aus seinem Kerker in Neapel holen ließ. Campanella, ein ehemaliger Dominikaner, war einst in eine von Spanien in Kalabrien angezettelte Verschwörung gegen Urbans Pontifikat verwickelt gewesen und nach mehrmaliger Folter in Neapel zu dreißigjährigem Kerker verurteilt worden.

Er war für Urban in zweierlei Hinsicht von Nutzen. Sechsundzwanzig Jahre zuvor hatte er unter dem Titel *Der Sonnenstaat* ein Meisterwerk verfaßt, in dem er sich einen gewaltigen Triumph der katholischen Kirche über die protestantischen Häresien und die Utopie einer weltumspannenden katholischen Gemeinschaft ausgemalt hatte, der ein Philosophenpapst vorstehen und die direkt von der Sonne beschienen sein sollte. Solche Phantasien reihten sich in eine lange Tradition astrologischer Spekulationen, da schon zu Zeiten des Ptolemäus Italien als die irdische Region galt, die direkt unter dem günstigen Einfluß der Sonne stand. In Urban VIII. hatte Campanella sinnigerweise geradezu die Galionsfigur seiner weltumspannenden Theokratie erblickt. Ein derart glühender Verehrer war in der unmittelbaren Nähe des Papstes gewiß besser aufgehoben als in einem weit entfernten Kerkerloch in Neapel.

Den größten Gewinn versprach sich Urban jedoch aus Campanellas magisch-astrologischen Kenntnissen und Fähigkeiten. Dieser hatte noch im Jahr seiner Freilassung unter dem Titel *Astrologica* ein Kompendium astrologischer Praktiken veröffentlicht. Und Monate vor Eintritt der befürchteten Sonnenfinsternis war der exzentrische Mönch bereits Ausrichter okkulter Rituale, welche die Todesängste des Papstes beschwichtigen sollten. Die mit viel Räucherwerk garnierten Zeremonien fanden sowohl im Quirinalspalast als auch im Palast der Barberini in Castel Gandolfo und den päpstlichen Privatgemächern im Vatikan statt. Eine magische Kammer wurde mit weißen Seidentüchern verhängt und der Boden mit Rosenessig benetzt. Urban und Campanella waren in lange weiße Gewänder gehüllt und schlossen sich in ihrer verdunkelten Kammer ein, während zugleich überall in den Gängen Rauchwerk aus Myrrhe und Lavendel angezündet wurde. Sanfte, den gütigen Planeten Jupiter und Venus gewidmete Sphärenklänge tönten im Hintergrund, dieweil die Prälaten nach astrologischen Rezepturen destillierte Essenzen kosteten, um unheilvolle Einflüsse von Mars und Saturn abzuwenden. Und während der schreckensstarre Papst in einer Ecke der Kammer kauerte, schuf Campanella aus Gläsern und Kerzen ein Abbild der himmlischen Sphären, in dem er die Gestirne so lange hin und her bewegte, bis sich die günstigste Konstellation für Urbans Schicksalstag ergab.

Als dieser schließlich herannahte, erwiesen sich Campanellas Verrichtungen als segensreich. Die Sonnenfinsternis war in Rom überhaupt nicht zu bemerken, sondern zeigte sich anfangs lediglich schwach über Korsika und kleineren Teilen Norditaliens sowie Frankreichs.

Nachdem alles überstanden war, bedachte Urban Campanella mit einem monatlichen Stipendium von fünfzehn Dukaten.

In Florenz trafen bereits einen Monat nach Galileos Rückkehr beunruhigende Meldungen ein. Die ersten beiden davon hatten allem Anschein nach zunächst nichts miteinander zu tun. Am 1. August war unerwartet Fürst Federico Cesi verstorben, Galileos Schirmherr und treuer Mitstreiter, Gründer und Oberhaupt der *Accademia dei Lincei*. Wie schwerwiegend dieser Verlust war, sollte sich erst noch in den kommenden Monaten erweisen. Die Akademie war als Herausgeberin des *Dialoges* vorgesehen, hing selbst aber in ihrem Bestand und Zusammenhalt von einem kraftvollen Zentrum ab, das Fürst Cesi bisher verkörpert hatte. Wenn jetzt im Zusammenhang mit der Veröffentlichung doch noch Schwierigkeiten auftraten, wer sollte da die Rolle des Anwalts und Protektors Galileos in Rom übernehmen? Gegen Ende des Monats erreichte ihn zudem ein reichlich ominöser Brief Pater Castellis, der Galileo »aus höchst gewichtigen Gründen«, die er nicht zu Papier anzuvertrauen wagte, bedrängte, den *Dialog* statt wie vorgesehen in Rom nunmehr in Florenz zu publizieren – und zwar »so bald wie nur irgend möglich«.

Was hatte das zu bedeuten?

Galileo schenkte diesem Warnsignal Castellis zunächst wenig Beachtung, denn inzwischen war er selbst zu dem Entschluß gekommen, unter den augenblicklichen Umständen sein Werk lieber in Florenz herauszubringen. Die rasende Verbreitung der Pest gab dafür den besten Vorwand ab. Diese fürchterliche Geißel der Menschheit war in jenem Sommer über die Toskana hereingebrochen und steuerte auf ihren schrecklichen Höhepunkt im November zu. Handel und Wandel zwischen den italienischen Fürstentümern und Staaten kamen unter der allgemeinen Bedrohung zum Erliegen, und das beeinträchtigte auch den normalen Postverkehr. Eine Publikation in Florenz schien daher im Interesse aller Beteiligten, zumal der Vatikan über den örtlichen Inquisitor in Florenz noch immer über hinreichende Kontrollmöglichkeiten verfügte. Ende September traf die Erlaubnis dazu ein, und einen Monat später ließ ihn Pater Riccardi wissen, daß er für die abschließende Druckgenehmigung nicht das gesamte revidierte Werk nach Rom zurücksenden müsse. Eine geeignete Vorrede und ein entsprechendes Schlußwort würden ausreichen, die offizielle Billigung durch die Kirche zu erlangen.

Die Sache ging voran, soweit das in einer Stadt, die sich mittlerweile voll im Griff der schrecklichen Plage befand, überhaupt möglich war. Mit dem jeglicher Kontrolle entglittenen Ausbruch der Epidemie begannen sich die schwarzgefleckten, aufgedunsenen Leiber der Opfer in den Gassen zu häufen und erfüllten die Luft mit dem beißenden Gestank von Verwesung. Strenge Quarantänevorschriften und sanitäre Maßnahmen erstickten jedes Leben in der geschundenen Stadt. Allenthalben wurden Massengräber ausgehoben, und die Totengräber entwickelten sich zu skrupellosen Geschäftemachern. Daß Kranke und unter Quarantäne Stehende ihrer letzten Habe beraubt wurden, war an der Tagesordnung. Ein kleiner Fleck am Körper, ein harmloser Schnitt oder ein winziges Bläschen konnten in der Umgebung schon Panik auslösen und Isolierung und rigorose Behandlung nach sich ziehen. Überall war die Jagd auf vermutete Opfer der Seuche im Gange. Die Juden der Stadt wurden am Tor von *San Frediano* zusammengetrieben und mußten menschenunwürdige Desinfizierungsmaßnahmen über sich ergehen lassen. Auf den überfüllten Plätzen und in den Gassen drängte sich eine ausgemergelte und erschöpfte Menge und suchte ihr Heil in Hexenzauber und abergläubischen Ritualen. Man pferchte sie dort zusammen, um sie aus den umliegenden Fenstern unter strikter Beobachtung halten zu können. Zahlungen in den Kaufläden erfolgten derart, daß Münzen in Bottiche mit Essig geworfen werden mußten.

Die Behörden mühten sich fieberhaft, das allgemeine Chaos in den Griff zu bekommen. Unzählige Heilmittelchen, welche die noch vorhandenen Kräuterläden längst nicht mehr bereitstellen konnten, machten die Runde. Lilienöl, Zedernsirup und ein Gebräu aus Feigen und Kleie galten als lindernd. Herkömmliche Mittel gegen Schlangenbisse (meist arsenhaltig) wurden als wirksame Medizin gegen die Pestbeulen gehandelt. Einem weiteren Gebräu diente das Fleisch bestimmter Schlangen als Grundlage. Viele klammerten sich an die Hoffnung, ein über dem Herzen getragenes Säckchen mit bestimmten Edelsteinen könnte eine Ansteckung verhindern. Das gebräuchlichste Heilmittel war ein Pulver mit der Bezeichnung *Theriaca*, mit dessen Komposition sich auch Galileo und Suor Maria Celeste in den wenigen glücklichen Stunden ihres Zusammenseins sich gelegentlich beschäftigten. Es handelte sich um eine Mixtur aus Schwefel und Arsen, Myrrhe und Ingwerwurzeln, Rosenblättern und Weihrauch. Theriaca mußte nach seiner Fertigstellung in ein rotes Damastsäckchen eingenäht und über dem Herzen getragen werden, im Winter allerdings über der Kleidung, da Körperschweiß nach allgemeiner Auffassung seine Abwehrkraft verminderte.

Die Ärzte wurden zum öffentlichen Gesundheitsdienst verpflichtet und behandelten die Infizierten ohne Ansehen des Standes in zwei zu staatlichen Hospitälern umgewandelten Festungsanlagen. Sie wurden der Lage nicht Herr, und ihre schwere Bürde war für sie noch mit zusätzlicher Gefahr verbunden, als plötzlich ein Gerücht aufkam, sie würden den Kranken tödliches Gift verabreichen. Einige von ihnen wurden verdächtigt, aus Angst vor eigener Ansteckung den Patienten so weit wie nur irgend möglich fernzubleiben. Es hieß, sie würden die Untersuchungen aus so großer Distanz durchführen, daß sie dafür schon »das Fernrohr Galileos« bräuchten. Die Behörden suchten Rat in den Werken der berühmten Mediziner aus Padua, und auf diese Weise wurden die Empfehlungen von Galileos beiden Hausärzten, Girolamo Mercuriale und Fabricio d'Acquapendente, zur Grundlage der Seuchenbekämpfung. Acquapendente hatte dazu geraten, den Kindern zur Verhütung weiterer Ansteckungen von Barbieren den Nacken ausbrennen zu lassen. Zeigten sich bei Patienten hingegen bereits Anzeichen von Beulen, hatte Mercuriale das folgende Vorgehen vorgeschlagen: »Setzt ein großes Schneideglas unterhalb der Beule ein und saugt das ganze Blut ab. Ist kein Blut mehr vorhanden, setzt drei Blutegel an und bedeckt die Wunde mit einer längs der Brust aufgeschnittenen Taube. An deren Stelle kann man auch einen gerupften Hahn verwenden, dessen schlüpfrige graue Eingeweide man direkt auf die Wunde auflegt.«

Ein zeitgenössischer Dichter hielt das grausame Geschehen fest:

Sehr Euer Vaterland,
Seht, welche Wunden die Pest ihm geschlagen hat!
Seine blutende Brust ist seiner Bürger beraubt
Und in einen Graben für Gebeine und leblose Leiber verwandelt.
Seine Gassen sind schreckliche trübe Ströme
Von Tod und Elend.

Sich unter derart bedrückenden Umständen hinunter in die Stadt zu begeben kam in der Tat einem höchst gefährlichen Wagnis gleich. Überdies waren dort auch kaum mehr geschickte Fachleute aufzutreiben, denn die meisten hatten sich vor der Seuche aufs Land geflüchtet. Nichtsdestotrotz umschiffte Galileo alle Klippen und fand eine Druckerwerkstatt, deren Inhaber Landini hohes Ansehen genoß und dessen Firmenemblem drei Delphine zierten. Ab Januar begann Landinis Presse mit dem Buch. In den folgenden zwei Monaten wachte Galileo über die Druckbogen und korrigierte jedes Blatt sorgfältig sowie es aus der Presse kam. Aus Bologna hatte ihn sein Freund Cesare Marsili um dreißig Vorwegexemplare gebeten, die ihm Galileo in ungebundener Form schon Ende Februar zuschicken konnte. Das mußte allerdings noch im geheimen geschehen, denn die endgültige Druckerlaubnis der Kirche stand noch immer aus.

Im Frühjahr war sie aus unerklärlichen Gründen noch immer nicht eingetroffen, und Galileo steigerte sich allmählich in hysterischen

Zorn über die ungeplante Verzögerung. Unfähig sich auszumalen, worin das Problem eigentlich liegen könnte, machte er seiner Frustration einigen engeren Freunden gegenüber Luft. Im März gelang es ihm, den Großherzog zu einer Intervention zu bewegen, in der Hoffnung, der Fürst könnte die Dinge wenigstens so weit vorantreiben, daß er, Galileo, noch vor seinem Tode in den Genuß der Früchte seiner mittlerweile fünfzigjährigen Mühen käme. In einem Brief an Marsili ließ er jede Vorsicht fahren. »Bösartigkeit, Neid und Dummheit sind noch immer ungezähmte Bestien. Ich werde ihrer in allem gewahr, was ich Tag für Tag erlebe. Selbst wenn meine Feinde durch hundertfache Beweise mittlerweile überzeugt sein sollten und meine neuen Ansichten teilten, die sie zuvor noch zurückwiesen, lassen sie doch nicht ab, sich anderen neuen Ansichten in der Hoffnung entgegenzustellen, mich auf irgendeinem anderen Gebiet des Irrtums überführen zu können. Sie hoffen, nur einen einzigen Fehler zu finden, um auf diese Weise all meine anderen zutreffenden Lehren gleich mit zu Fall bringen zu können.«

Im Monat darauf mußte er resigniert zur Kenntis nehmen, daß er sich auf weitere Verzögerungen einzustellen hatte, da Pater Riccardi erst noch zwecks einer erneuten Erörterung des Werkes mit dem Papst zusammenkommen wollte. »Zu meinem großen Verdruß erfahre ich, daß, nachdem man mich nunmehr fast ein Jahr ohne jeden Beschluß im ungewissen gelassen hat, der Padre Maestro des heiligen Palastes der Meinung ist, alles noch einmal mit Seiner Heiligkeit durchgehen zu müssen, das heißt, alles noch einmal zu verzögern und mit unnützer Wortklauberei hin und her zu wenden«, klagte er dem Sekretär des Großherzogs. »Das ist nicht leicht zu ertragen. Meine Angelegenheiten schwimmen inmitten eines grenzenlos weiten Ozeans.« Mit den Medici erwog er, ob vielleicht eine persönliche Audienz beim Papst sein Schiff endlich in einen sicheren Hafen steuern könnte. Bei dieser Gelegenheit könnte er persönlich darlegen, wie geringfügig die von der Kirche gewünschten Änderungen in seinem Manuskript wären und wie bereitwillig er sich allen Wünschen der Kirche gefügt hätte. »Die dabei Anwesenden würden so erfahren, wie wahrhaftig und gerechtfertigt die von mir vertretenen Lehren sind und daß ich zu keiner Zeit irgendwelchen Meinungen anhing, die nicht auch von den höchst verehrungswürdigen und frommen Vätern der Kirche vertreten werden.« Letzteres klingt doch reichlich übertrieben.

Als die Pest Ende Mai allmählich ihren Schrecken wieder verlor, schien sich auch im Hause Galileos die Anspannung ein wenig zu lockern. Riccardi hatte dem Inquisitor von Florenz endlich die Direktiven zur Erteilung der Druckgenehmigung übermittelt. Ihnen zufolge sollte das System des Kopernikus unter keinen Umständen als wahr hingestellt werden. Daß es überhaupt behandelt werden durfte, verdankte sich allein der Tatsache, daß es mittlerweile so weit verbreitet war und öffentlich diskutiert wurde. Gleichwohl hatte jede Bezugnahme auf dieses System stets dessen rein hypothetischen Charakter hervorzuheben. Absolut untersagt war seine Erörterung mit Bezug auf die Aussagen der Heiligen Schrift, und desgleichen durften auch die Ermahnung und das Dekret von 1616 unter keinen Umständen etwa als Ausfluß mangelnder sachverständiger Einsicht in Rom herabgemindert werden. Vorwort und Epilog des Werkes hatten diesen Direktiven unbedingt Genüge zu leisten.

Was das letztere anbelangte, so hatte Riccardi sich offenbar selbst gemeint, da er dem Inquisitor in Florenz mitteilte, daß er das Vorwort und den Epilog für Galileos Buch noch »von hier aus zusenden« werde. Somit stammten dessen erste und letzte Zeile aus der Feder seiner kirchlichen Zensoren. Fünf Wochen später ließ Pater Riccardi sie überbringen. »Ich sende Euch das Vorwort. Dem Autor ist es gestattet, es bezüglich der Worte abzuändern oder auszuschmücken, sofern die Substanz des Inhalts gewahrt bleibt. Für den Schluß gilt das gleiche.«

Dieses Vorwort selbst war gequält und widersprüchlich, ein offensichtlich überängstlicher Kniefall vor dem Dekret und vor der Ermahnung von 1616. Es mußte bei jedem Leser Verwirrung hervorrufen, der nicht wissen konnte, daß dies die Worte des Papstes und nicht jene Galileos waren. Als das Buch schließlich im Druck erschien, hatte er das Vorwort kursiv setzen und mit einer eigenen Seitennumerierung versehen lassen, als wollte er damit den Unterschied zwischen der Eleganz seines eigenen Textes und den Zumutungen aus dem Vatikan deutlich herausstreichen. Der Epilog hingegen war unzweideutig.

Am Ende des Buches, nach vier Tagen intensiver Erörterungen, zeigten sich die fiktiven Gesprächspartner erschöpft, doch heiteren Sinnes und offensichtlich beglückt. Salviati richtet den Blick am Schluß noch einmal zum Himmel.

»Wenn ich betrachte, wie viele und wie wunderbare Dinge die Menschen verstanden, erforscht und ausgeführt haben, so erkenne und begreife ich nur zu klar, daß der menschliche Geist ein Werk Gottes ist, und zwar eines der ausgezeichnetsten.«

Sagredo bleibt dem gegenüber mehr auf dem Boden. »Und wenn ich die vielen wunderbaren Entdeckungen der Menschheit in Künsten und Wissenschaften durchgehe und dann an mein Wissen denke, das mich so ganz und gar nicht befähigt, eine neue ausfindig zu machen, ja auch nur das Gefundene zu begreifen, dann bin ich verwirrt vor Staunen, niedergeschlagen vor Verzweiflung und halte mich fast für unglücklich. Wenn ich eine vortreffliche Statue betrachte, sage ich bei mir: Wann wirst du lernen, aus einem Marmorblock einen solchen Kern herauszuschälen, die herrliche Form zu entdecken, die er verbarg? Oder verschiedene Farben zu mischen und sie auf einer Leinwand auszubreiten … wie ein Michelangelo, ein Raffael, ein Tizian? Und die Musik… die Baukunst… die Dichtung! Wie scharfsinnig ist der Geist der Menschen! Doch da die heißeste Tageszeit vorüber ist, sollten wir uns der kühleren Stunden jetzt bei einer Gondelfahrt erfreuen.«

Sie erheben sich, und Salviati wendet sich noch einmal leise flüsternd an Sagredo. »Ich muß Euch gestehen, Sagredo, daß ich, wenn ich in unserer Erörterung die Seite des Kopernikus vertrete, eine Maske trage. Laßt Euch nicht von dem leiten, was ich sage, solange wir unser Spiel fortsetzen, sondern von dem, was ich tue, sobald ich die Verkleidung abgelegt habe. Dann nämlich werdet Ihr mich in einem anderen Licht sehen als in dem, daß Ihr auf der Bühne wahrgenommen habt.«

Dann steigen sie die mächtige Treppe in Sagredos rosa Palazzo hinab. Irgendwie stellt man sich Salviati und Sagredo Arm in Arm vor, heiter und aufgekratzt, während wenig hintendrein schweigsam und ausgelaugt Simplicio folgt.

An der Anlegestelle Sagredos liegt schon die Gondel des Patriziers bereit. Salviati wendet sich um, um Simplicio wieder sanfter zu stimmen. »Ich hoffe, ich habe Euch nicht durch ein zu kühnes und hitziges Wort gekränkt, Signor Simplicio. Ich habe es keineswegs aus feindseliger Gesinnung getan, sondern bloß, um Euch vermehrten Anlaß zu bieten, bedeutende Gedanken zu meiner Belehrung vorzubringen.«

Diese Zeilen mag man als unaufrichtig oder verächtlich auffassen. Die Gondel entschwindet in der Dämmerung, und Simplicio bleibt versonnen an der Anlegestelle zurück und sieht zu, wie die beiden Gefährten davondriften. »Ihr braucht Euch nicht zu entschuldigen, Salviati«, murmelt er zu sich selbst. Er war zum Sprachrohr der römischen Kirche geworden. »Solche Entschuldigungen sind mir gegenüber unnötig, der ich das Gebaren … bei öffentlichen Disputationen aus eigener Erfahrung kenne. Hunderte von Malen habe ich die Gegner dort nicht nur hitzig werden und sich ärgern sehen; nein, sie brachen gar in Schmähungen aus und ließen sich manchmal fast zu Tätlichkeiten hinreißen. Was die gepflogenen Erörterungen betrifft … kann ich nur sagen, daß sie mich nicht überzeugt haben. Von so unvollkommenen Vorstellungen, die ich mir darüber habe bilden können, muß ich zugeben, daß Eure Erklärungen mir wohl geistvoller erscheinen als alle anderen …, gleichwohl halte ich sie nicht für richtig und beweisend … Es ist eine unerlaubte Kühnheit, die göttliche Macht und Weisheit begrenzen und einengen zu wollen in die Schranken einer einzelnen menschlichen Laune.«

Die etablierte Kirche behielt somit das letzte Wort. Es schien, als habe der Vatikan mit dem Siegel seiner Billigung dem Werk eher einen Fluch denn einen Segen bereitet.

13

Der Prozeß Galileos

1

Ende Mai 1632 trafen die ersten Druckexemplare von Galileos *Dialog über die beiden hauptsächlichen Weltsysteme* in Rom ein. Wie immer hatte er sichergestellt, daß sie zuerst unter maßgeblichen Würdenträgern von Staat und Kirche verteilt wurden. Kardinal Francesco Barberini, der Neffe des Papstes, hielt das Werk als einer der ersten in Händen.

Die Aufnahme des *Dialoges* versprach am Anfang nur Gutes. Allenthalben bewunderte man die überlegene Geistesschärfe und die literarische Meisterschaft seines Autors, die vor allem in der geschickten Darstellung seiner drei Gesprächspartner zum Ausdruck kam. In Salviati erkannte man allgemein den großen Sokratiker, in Sagredo die Verkörperung des unabhängigen, scharfsinnigen Freigeistes, und Simplicio galt als der zuweilen etwas begriffsstutzige, doch willige Mitspieler im Rahmen einer unterhaltsam philosophischen Komödie. Fulgenzio Micanzio, ein Schützling und späterer Biograph Paolo Sarpis in Venedig und Sagredo einst in gleich liebevoller Zuneigung verbunden wie Galileo, war tief bewegt über das Porträt, das Galileo von seinem ungewöhnlichen venezianischen Gefährten gezeichnet hatte. »Gütiger Gott, welche Ehre habt Ihr der werten Person des Sagredo erwiesen. Mir ist, als hörte ich ihn selbst reden.« Für einen anderen Leser handelte es sich um das spannendste Buch seiner Epoche. »Es ist voll wunderbarer Neuigkeiten, die mit einer Geistesschärfe erklärt werden, daß sie jeder vollkommen verstehen kann. Wo immer ich anfange, darin zu lesen, kann ich es nicht mehr aus der Hand legen.«

Aber es ließen sich auch besorgte Stimmen vernehmen. Ein ehemaliger Schüler Galileos, der inzwischen ein Amt als Domherr in Treviso nahe bei Venedig bekleidete, gab zu bedenken, ob es nicht ratsamer wäre, auf eine Veröffentlichung dieser radikalen Ansichten zu verzichten und, um »möglichen absonderlichen Konsequenzen vorzubeugen«, statt dessen einige Manuskripte in sorgfältig ausgesuchten Bibliotheken im Ausland zu deponieren.

Einen Monat nachdem die ersten Exemplare seines Buches in Rom eingetroffen waren, hörte Galileo von Pater Castelli, daß sein alter Gegenspieler Scheiner, der nach wie vor daran festhielt, der erste gewesen zu sein, der vor nunmehr zweiundzwanzig Jahren die Sonnenflecken entdeckt hatte, in einem römischen Buchladen eines davon erworben hätte und nach einem ersten Durchblättern gänzlich außer sich geraten sei. Als er die Stellen zu Gesicht bekommen habe, die sich auf ihn selbst bezögen, sei er vor den Augen des Buchhändlers rot angelaufen, und seine Hände hätten aufs heftigste gezittert. Laut habe er sich beschwert, daß er für solche Verleumdungen und Demütigungen auch noch zehn Golddukaten bezahlen müsse.

Daß Scheiner besonders heftig Anstoß nehmen würde, war ohne weiteres vorherzusehen, hatte Galileo doch im »Dritten Tag« des *Dialoges* sein loses Mundwerk gegenüber Scheiner wieder einmal nicht im Zaum halten können und den Jesuiten erneut als »eingebildeten« und unbedarften Dilettanten hingestellt. Diese Invektive war völlig unnötig und ließ lediglich eine alte Wunde abermals aufbrechen.

»In diesem Dialog macht der Autor meine ganze mathematische Forschungsarbeit nieder und legt gewaltsam Hand an meine *›Rosa Ursina‹* und an meine Entdeckung der jährlichen Bewegung der Sonnenflecken«, empörte sich Scheiner. »Ich werde alles tun, mich und die Wahrheit zu verteidigen.« Diesmal wollte Scheiner die Demütigung nicht wieder auf sich allein sitzen lassen, sondern appellierte an die Solidarität seines gesamten Ordens, der sich in den Tagen von Pater Clavius noch vorsichtig zugunsten Galileos ausgesprochen hatte und 1616 neutral geblieben war. Die Bemühungen, seine Ordensbrüder hinter sich zu scharen, fanden völlige Zustimmung beim damals führenden Kopf der Jesuiten, dem achtbaren Pater Orazio Grassi. Auch Grassi hatte Galileos spitze Feder natürlich schon zu spüren bekommen, wenn auch diesmal nicht im *Dialog*, und war nun trotz seiner unzähligen Verpflichtungen als Architekt der Kirche des heiligen Ignatius vom Gedanken an Vergeltung höchst angetan, wenngleich diese reichlich verspätet erfolgte. Solange der erbitterte und zielbewußte Scheiner dabei die Drecksarbeit erledigte, leistete Grassi bereitwillig Unterstützung; und nachdem die Jesuiten erreicht hatten, was sie wollten, führte er sichtlich befriedigt Galileos mißliche Lage nicht auf dessen wissenschaftliche Ansichten, sondern allein auf seine Arroganz zurück. »Er hat sich selbst zugrunde gerichtet, indem er solchermaßen von seinem Ingenium eingenommen war und den anderen keinerlei Achtung entgegenbrachte. Wundert Euch daher nicht, wenn alle sich zu seinem Schaden verschwören.«

Hinter den Kulissen zeigte der Widerstand der Jesuiten bald erste Wirkung. Pater Riccardi, der amtliche Zensor des *Dialoges*, bekam ihren Zorn bereits zu spüren, als sie sich laut überall darüber vernehmen ließen, wie ein derart ketzerisches Buch überhaupt zur Veröffentlichung habe freigegeben werden können. Überstürzt wandte sich Pater Riccardi daraufhin an den Inquisitor in Florenz (mit dem er sich im Jahr zuvor noch über die Genehmigung der Druckerlaubnis abgesprochen hatte) und versuchte jetzt möglichst viele Exemplare, die noch nicht über die Toskana hinausgelangt waren, zu konfiszieren. Er machte kein Geheimnis daraus, daß dies auf Geheiß des Papstes geschah, wenngleich hierbei zunächst seine eigene Autorität auf dem Spiel stand. »Es gibt zahlreiche Punkte, die auf Mißfallen stoßen und welche die Meister unbedingt richtiggestellt sehen möchten«, teilte Riccardi, eben der »Meister«, der zuvor angeblich schon alles richtiggestellt hatte, nunmehr eilends mit. Der Inquisitor sollte »größte Umsicht« walten lassen und einen Skandal möglichst vermeiden. Doch seine Reaktion erfolgte zu spät. Das Buch war bereits ausgeliefert.

Riccardi befand sich in einer höchst unangenehmen Lage. Allmählich ging ihm auf, welcher Fehleinschätzung er aufgesessen war. Er hatte sich eingeredet, den *Dialog* durch Hinzufügung eines taktisch klugen Vorworts und eines Epilogs bereits aus der Schußlinie bringen zu können, und sah sich nun verzweifelt nach Hilfe und Beistand um, darunter bei einem Florentiner Aristokraten, einem entfernten Verwandten Urbans VIII., der zugleich freundschaftliche Kontakte zu

Galileo pflegte. Dieser begehrte Aufklärung über die Hintergründe der allgemeinen Aufregung und wurde von Riccardi daraufhin dahingehend belehrt, daß man bei den frommen Patres plötzlich Bedenken habe, ob der *Dialog* sich am Schluß gebührend zur Vorrangstellung der Glaubenswahrheit gegenüber aller wissenschaftlichen Theorie bekenne. »Dies ist der Vorwand«, erklärte Riccardi rundheraus. »Tatsache jedoch ist, daß die Jesuitenpatres hinter der Bühne mit aller Macht daran arbeiten, ein Verbot des Buches durchzusetzen. Sie sind unerbittlich darauf aus, ihm Schaden zuzufügen.«

Mitte August verbot die Inquisition Galileos Florentiner Verleger Landini offiziell, den *Dialog* weiterhin auszuliefern (in Rom wurde sogar kolportiert, Landinis Firmenemblem mit den drei Delphinen bedeute eine heimliche Satire auf die drei Neffen Urbans VIII., die eine steile Karriere in der Kirchenhierarchie hinter sich hatten). Für Galileo war dies ein erster warnender Hinweis auf die gefährliche Situation, in die ihn die Veröffentlichung seines *Dialoges* gebracht hatte. Kurz darauf kam ihm zu Ohren, daß der Papst eine eigene Kommission unter der Leitung seines Neffen Kardinal Francesco Barberini eingesetzt hatte, deren Aufgabe darin bestand, das Buch auf Verstöße und Irrtümer zu durchforsten. Der Kommission gehörte nicht ein einziger Mathematiker an, sondern sie bestand ausschließlich aus »aufgebrachten Theologen«, die Galileo feindselig gegenüberstanden, darunter der theologische Berater des Papstes und ein Jesuitenpater, der sich in der Polemik gegenüber Kopernikus bereits besonders hervorgetan hatte.

Angesichts dieser Zusammensetzung wandte sich Galileo hilfesuchend an den jungen Großherzog, mußte jedoch schnell einsehen, daß sein Schutzherr dem Zorn der Kirche nichts Wirksames entgegenzusetzen hatte. Protestierende Einwände, die der toskanische Gesandte in Rom gegen die Zusammensetzung der Kommission vorbrachte, wurden vom Vatikan kurz und leicht gereizt dahingehend beschieden, daß man die Angelegenheit lediglich aus Rücksicht und »Freundlichkeit« gegenüber der Person des Großherzogs einer eigenen Kommission übertragen habe, statt sie sofort in die Hände der gefürchteten Inquisition zu legen, wo sie eigentlich hingehöre.

Hinter den amtlichen und halbamtlichen Reaktionen der offiziellen Kirche verbarg sich der blanke Zorn Urbans VIII. Das wurde endgültig deutlich, als der toskanische Gesandte, Francesco Niccolini, am 4. September den Papst in dieser Angelegenheit aufsuchte. Er brachte ein offizielles Protestschreiben des Großherzogs mit, in dem noch einmal die Beschwerde zur Sprache kam, daß Galileos Buch doch von den kirchlichen Behörden offziell zum Druck und zur Veröffentlichung freigegeben worden sei. Jetzt werde es plötzlich ketzerischer Verfehlungen verdächtigt und sei einer päpstlichen Kommission zur erneuten Prüfung vorgelegt worden. Wie lasse sich das vereinbaren?

Die Audienz verlief zunächst routinemäßig mit dem Austausch diplomatischer Höflichkeiten zwischen Botschafter und Papst, bis zum ersten Mal der Name Galileos fiel. Das führte quasi auf der Stelle zu einem erschreckenden Wutausbruch des Papstes, der Galileo unvermittelt beschuldigte, sich mit den schwerwiegendsten und gefährlichsten Themen zu befassen, die man sich in dieser heiklen Phase der Kirchengeschichte überhaupt vorstellen könne. Sich persönlich stellte er als reines Opfer und unschuldigen Diener Gottes dar, der von hinter seinem Rücken kollaborierenden Beratern wie Monsignore Ciampoli und Pater Riccardi hintergangen worden und von Galileo selbst auch noch lächerlich gemacht worden sei.

»Aber Signor Galilei veröffentlichte sein Buch doch mit ausdrücklicher Zustimmung der zuständigen Ämter Eurer Heiligkeit«, wandte Niccolini ein. »Ich selbst habe das eigens gebilligte Vorwort hier in Empfang genommen und nach Florenz gesandt.«

»Ich wurde von Galileo und Ciampoli hintergangen!« brüllte Urban. »Ciampoli hat es gewagt, mir zu versichern, daß Signor Galilei bereitwillig alles erfüllen wollte, was ich angeordnet hätte, daß alles in Ordnung wäre, und alles das, ohne das Buch jemals gesehen, geschweige denn gelesen zu haben! Und der Meister des heiligen Palastes! Er hat sich das Buch auf bloßes Schönreden hin aus der Hand nehmen lassen, damit es in Florenz gedruckt werden konnte, ohne die übliche Vorgangsweise des Inquisitors einzuhalten.«

»Eure Heiligkeit haben eine Kommission eingesetzt«, entgegnete Niccolini hierauf. »Ich flehe Eure Heiligkeit an, Signor Galilei die Möglichkeit einzuräumen, sich zu rechtfertigen.«

»In Angelegenheiten des heiligen Offiziums ist die übliche Vorgangsweise, daß man zu einem Urteil gelangt und dem Beschuldigten dann auferlegt, zu widerrufen.«

»Scheint es Eurer Heiligkeit nicht auch, daß Galileo über die Beschuldigungen, die gegen sein Buch vorgebracht werden, im voraus informiert werden sollte? Was befürchtet das heilige Offizium davon?«

»Das heilige Offizium geht niemals so vor«, bellte der Papst zurück. »Dinge dieser Art werden niemandem im voraus bekanntgegeben. Außerdem weiß er sehr gut, wo die Schwierigkeiten liegen. Wir haben sie ausführlich mit ihm diskutiert.«

»Ich bitte Eure Heiligkeit zu bedenken, daß das Buch ausdrücklich unserem Durchlauchtesten Herrn, dem Großherzog der Toskana, gewidmet ist und daß Signor Galilei augenblicklich in den Diensten des Großherzogs steht«, brachte Niccolini vor.

Der Papst wischte diesen Einwand mit einer Handbewegung beiseite. »Ich habe schon Werke verboten, die meinen päpstlichen Namen auf der Titelseite trugen und mir gewidmet waren. Überdies sollte Seine Hoheit, der Großherzog, als christlicher Fürst in Angelegenheiten, die der Religion großes Unheil zufügen könnten – allergrößtes Unheil –, das Seine dazu beitragen, solches zu verhüten. Der Großherzog sollte Sorge tragen, in diese Sache nicht hineingezogen zu werden, da dies keinen ehrenvollen Ausgang für ihn nehmen würde.«

»Ich muß noch einmal betonen«, beharrte Niccolini, »daß ich mir nicht vorstellen kann, Eure Heiligkeit könnte ein Buch verbieten lassen, das die Zensur bereits gebilligt hat, ohne Signor Galilei wenigstens vorher Gehör zu schenken.«

»Dies wäre das geringste Übel, das ihm zustoßen könnte«, fauchte Urban zurück. »Er sollte sich lieber vorsehen, nicht vor das heilige Offizium geladen zu werden.«

Erschrocken über dieses Maß an Unerbittlichkeit und heilfroh, das förmliche Protestschreiben des Großherzogs angesichts dieses Verlaufs der Audienz erst gar nicht vorgelegt zu haben, ließ sich der Gesandte bedrückt aus dem Vatikan geleiten. Niccolini hatte sehr an sich gehalten, als der Papst auf die spezielle Kommission zu sprechen kam und sie als Gremium erfahrener und glaubensfester Persönlichkeiten anpries, die in den Wissenschaften bestens bewandert seien. Auch als der Papst die Theorie des Kopernikus gleich mehrmals im Gespräch offen als »verderblich« brandmarkte, hatte er sich jeden Einwand verkniffen. Im Bericht nach Florenz, den er im Anschluß über den mißglückten Verlauf der Audienz verfaßte, war er zu dem ahnungsvollen Schluß gekommen, daß »hierorts der Himmel einzustürzen droht«. Die einzig vernünftige Strategie unter den gegebenen Umständen bestehe darin, die Sache nach Möglichkeit hinauszuzögern. Dies sei die Stunde stiller und kluger Diplomatie. Einen Aufschrei in der Öffentlichkeit zu provozieren könne nur einen Bruch zwischen dem Herzogtum Toskana und dem Vatikan herbeiführen und Galileo im drohenden Prozeß gänzlich zugrunde richten. Im Augenblick sollte man besser versuchen, über aufgeschlossenere Kräfte und Kanäle im Vatikan Einfluß auszuüben, denn »wenn sich der Papst einmal etwas in den Kopf gesetzt hat, ist das zumeist auch schon das Ende der Angelegenheit – insonderheit wenn er auf Widerspruch, Drohungen oder Ablehnung stößt. In diesem Fall verhärtet er sich und läßt niemanden mehr gelten.«

In dieser denkwürdigen Audienz vom 4. September kam lediglich ein kleiner Funke dessen zum Vorschein, was den Zorn des Papstes derart entfacht hatte und fortwährend am Glimmen hielt. Es war nicht etwa der Umstand, daß Galileo eine höchst riskante und verderbliche Lehre vorgetragen, seine Grenzen als theologischer Laie überschritten oder einem kirchlichen Dekret den Gehorsam verweigert hätte. Solche Dinge erzeugen keine derartige Wut; sie verlangen lediglich nach Klärung und Richtigstellung durch ein kirchliches Gericht. Zorn und Wut hingegen erwuchsen aus dem Gefühl, der Lächerlichkeit preisgegeben worden zu sein. Eine einzige Bemerkung Urbans VIII. liefert den Schlüssel zu der ganzen Affäre, die sich um Galileo zusammenbraute: »Er schreckte nicht davor zurück, mich zur Zielscheibe des Gespötts zu machen.«

Damit war die tückische Raffinesse der jesuitischen Taktik aufgegangen, mit der Galileo endgültig zu Fall gebracht werden sollte. Scheiner und Grassi war es gleich Jago gegenüber Othello gelungen, dem Papst den nagenden Verdacht einzuflößen, daß ihn Galileo mit der Person des Simplicio im *Dialog* höchstpersönlich im Auge gehabt habe. Dem Heiligen Vater war demnach in diesem Stück die Rolle des Unbelehrbaren, des Einfaltspinsels und des Lächerlichen zugedacht, während die überragende Rolle dem Kopernikaner Salviati zufiel, hinter dem in Wirklichkeit Galileo selbst steckte. Der Stachel saß so tief, als hätte den Barberini-Papst eine der Bienen aus seinem eigenen Wappen gestochen, und die Wut darüber ließ ihn bereits seit acht Monaten nicht mehr zur Ruhe kommen. Hatte er Galileo einst nicht geradezu verherrlicht? Hatte er sich nicht einiges zugute gehalten auf seine Offenheit und Aufgeschlossenheit für Kunst und Wissenschaft? Hatte er mit Galileo nicht zahllose, von gegenseitigem Respekt und Zuneigung bestimmte Gespräche geführt? Plötzlich sah er sich auf das gemeinste hintergangen und persönlich verunglimpft. Einem bewunderten Freund jedes Vertrauen entgegenzubringen und sich dann unvermittelt mit Verdrehungen der eigenen, vertraulich geäußerten Ansichten vor aller Welt dem Gespött ausgeliefert zu sehen – niemand hätte einem solchen Schlag so leicht verwunden. Und das einem Papst! Einem Barberini! Dem Hüter des Glaubens! Das ging zu weit.

Der vernichtende Abgrund, in den der *Dialog* damit geraten war, wurde vollends offenbar, als die päpstliche Kommission Mitte September ihren Abschlußbericht vorlegte. Unter den acht Anklagepunkten stach besonders schwerwiegend hervor, daß in diesem Buch die geheiligte Lehre der Kirche ausgerechnet in *bocca di un sciocco* gelegt worden war – in den Mund eines Dummkopfs.

Die Strategie der Jesuiten war in diesem Fall so hinterhältig wie verleumderisch. Mag es noch zutreffen, daß bei Galileo unbewußt auch einige Assoziationen zu Urban VIII. im Spiel waren, als er die Figur des Simplicio entwarf und diesem all die konservativen Ansichten der Schulgelehrsamkeit in den Mund legte. Die eigentliche und bewußte Vorlage für Simplicio indes war nicht Urban, sondern Ludovico delle Colombe, der Wortführer jener »Liga der Gimpel«, der Aristoteliker, der Galileos astronomische Entdeckungen von Anfang an bekämpft und als erster den folgenschweren Vorwurf erhoben hatte, daß diese sich im Widerspruch zur Heiligen Schrift befänden. Die Einwände seiner Feinde begründeten sich danach in erster Linie auf diesen Hauptvorwurf und wurden von Galileo daher samt und sonders delle Colombe zugeschrieben.

Die Kommission förderte indes noch ein weiteres bedeutsames Ergebnis ihrer Arbeit ans Tageslicht. In den Akten des vatikanischen Geheimarchivs hatte man das unsignierte Protokoll der offiziellen Ermahnung Galileos durch Kardinal Bellarmin entdeckt. War der Zorn des Papstes bislang die treibende Kraft hinter der Anklage, so wurde dieses Dokument nun zum entscheidenden Vehikel und Instrument des ganzen Verfahrens. Daß man das Protokoll ausgerechnet jetzt hervorkramte und in den Mittelpunkt stellte, ohne das offizielle Dekret, das der Vatikan nur zehn Tage danach erlassen hatte (in dem die kopernikanische Lehre zwar verurteilt, Galileo jedoch an keiner Stelle erwähnt wurde), noch weiter zu berücksichtigen, ließ die Kommission schon triumphieren, man halte hiermit ein offizielles Dokument in Händen, das »allein ausreicht, ihn vollends zugrunde zu richten«.

Am 15. September ließ der Papst Niccolini davon in Kenntnis setzen, daß der Fall Galileos der Inquisition übergeben worden sei. Er sah sich zu diesem unüblichen und ungewöhnlichen Schritt allein aus der »väterlichen Zuneigung« veranlaßt, »die Seine Heiligkeit Seiner Durchlaucht, dem Großherzog, entgegenbringt ... Seine Durchlaucht möge bei allem Respekt und bei aller Zuwendung für seinen Mathematiker dazu beitragen, jede Gefahr für den Katholizismus abzuwenden.« Gesandter wie Großherzog wurden zu strikter Geheimhaltung vergattert.

Drei Tage danach versuchte Niccolini noch in einem letzten Anlauf, den Papst persönlich umzustimmen – vergebens. Dem Botschafter wurde klar, daß hier im Hintergrund noch andere Kräfte am Werk waren. Bestimmte spanische Kardinäle hatten Urban VIII. schon des längeren vorgeworfen, Gegner der Kirche und Ketzer mit allzu großer Milde zu behandeln. Urban hatte folglich ein weiteres Motiv, mit dem Vorgehen gegen Galileo zu demonstrieren, daß diese Kritik an seiner Amtsführung unberechtigt war. Im Fall Galileos bot sich ihm nun die Möglichkeit zu beweisen, wie unbeugsam er in Wirklichkeit sein konnte.

Im Verlauf der Audienz indes gingen er und Niccolini noch einmal sämtliche Argumente durch, bis der Papst, kühl und unbeteiligt diesmal, dem Ganzen Einhalt gebot. »Schluß! Schluß damit!« bedeutete er mit erhobener Hand. Es gab nichts mehr zu sagen.

Niccolini freilich ließ auch jetzt noch nicht locker. Er hoffe wenigstens, fügte er noch an, daß das große Werk Galileos den anstehenden Prozeß möglichst unverändert und unbeschadet überstehe. Das rief beim Papst leichtes Grinsen hervor, und er antwortete indirekt, indem er eine kleine Geschichte zum besten gab. Ein Meister seines Faches habe einst einem Kardinal sein Buch übergeben, um für dieses die kirchliche Druckerlaubnis zu erlangen. Das Buch sei so liebevoll und sorgsam gestaltet gewesen, daß der Autor die Bitte vorbrachte, jene Seiten, die noch eventueller Ergänzungen bedürften, lediglich mit einem Wachstropfen zu markieren. Das Manuskript sei nach einiger Zeit makellos und ohne die geringste Markierung an den Verfasser zurückgegangen und dieser über die vermeintliche Zustimmung der Kirche bereits höchst erfreut gewesen. Doch der Kardinal habe die Dinge schnell zurechtgerückt. Er hatte, erklärte Urban, ganz auf jede Markierung verzichtet, weil »er sich ansonsten in einen Laden begeben und den Bottich hätte verlangen müssen, in dem das Wachs flüssig gehalten wird, um zwecks der Zensur das ganze Buch hineinzutauchen«.

Der Papst war von dieser Geschichte so angetan, daß Niccolini sich wohl oder übel genötigt fühlte, mitzulachen.

Gegen Ende September setzte sich das Räderwerk der Inquisition in Bewegung. Der Inquisitor von Florenz erhielt Anweisung, Galileo nach Rom zu beordern, wo er dem Generalkommissar des heiligen Offiziums Rede und Antwort zu stehen hatte. Am 1. Oktober wurde Galileo die Vorladung präsentiert, und er versprach, der Anweisung Folge zu leisten. Der Schock über diese neueste Entwicklung stand ihm ins Gesicht geschrieben. Wochenlang hatte er sich in dem Glauben gewiegt, soweit werde es am Ende doch nicht kommen. Jetzt gab es keinen Zweifel mehr.

Am 13. Oktober griff er zur Feder und wandte sich in einem verzweifelten Appell an Kardinal Francesco Barberini, seinen vermeintlichen Freund. Es war ein Aufschrei aus tiefster Seelenqual. »Dieses peinigt mich so sehr, daß ich die Zeit verwünsche, die ich mit jenen Studien zubrachte, mittels derer ich erstrebte und erhoffte, mich ein wenig von den ausgetretenen und gewöhnlichen Pfaden der Gelehrten zu entfernen; und daß ich mich versucht fühle zu bedauern, der Welt einen Teil meiner Schriften offenbart zu haben, und mich die Lust ankommt, die mir verbleibenden zu vernichten und den Flammen zu übergeben, um damit das sehnlichste Verlangen meiner Feinde vollends zu stillen, denen meine Gedanken solchen Verdruß bereiten.«

Es handelt sich um einen der bewegendsten und erschütterndsten Briefe, die Galileo je verfaßt hatte. Außer der Andeutung, daß er seine Schriften am liebsten den Flammen übergeben würde, findet sich in ihm das vielsagende Bekenntnis, sein Vorhaben, den *Dialog* zu schreiben, habe eine letzte Bestätigung in einer Art göttlicher Eingebung gefunden. Er habe »einen kurzen, aber von Frömmigkeit erfüllten und bewunderungswürdigen Ausspruch [vernommen], der, gleichsam wie vom Heiligen Geiste, aus dem Munde einer in der Doktrin so herausragenden und in frommer Lebensführung so verehrungswürdigen Person kam; ein Ausspruch, der in kaum zehn Worten, gepaart mit scharfsinniger Anmut, in sich soviel enthält, wie man aus langen, in den Büchern der frommen Doktoren verstreuten Abhandlungen entnimmt«.

Es gab zeitlebens keinen eindeutigen Hinweis auf die Identität des Eigners dieser frommen Stimme. Wer war es? Kardinal Bellarmin? Der war bereits 1621 verstorben. Sein Schutzengel? Wahrscheinlich war die ominöse Stimme jene des Kardinals Maffeo Barberini, des jetzigen Papstes Urban VIII. Sein Neffe ignorierte diesen Hinweis auf eine göttliche Eingebung. Sie schmeckte zu sehr nach Aberglauben und Überspanntheit und sollte niemals wiederholt werden.

Am Ende des Briefes ersuchte er Kardinal Barberini, einen Aufschub des Verfahrens zu bewirken oder doch wenigstens den Ort für das Tribunal nach Florenz verlegen zu lassen. »Sollten weder mein hohes Alter noch die zahlreichen körperlichen Beschwerden, weder die Betrübnis des Gemütes noch die Langwierigkeit einer unter den gegenwärtigen Umständen höchst beschwerlichen Reise von dem heiligen und erhabenen Tribunal als ausreichende Gründe zur Erlangung eines Dispenses oder Aufschubs erachtet werden, werde ich mich auf die Reise begeben, Gehorsam vor Leben setzend.«

Einen Monat später verhandelte die Inquisition in Gegenwart des Papstes Galileos Bitten um Aufschub und Verlegung des Gerichtsortes. Sie wurden abgewiesen. Kaum zwei Tage nach dieser Entscheidung richtete der unermüdliche Niccolini einen persönlichen Appell an den Papst. »Eure Heiligkeit setzt sich der Gefahr aus, daß Galileo, bedenkt man sein hohes Alter und seine Furcht, weder in Rom noch in Florenz der Prozeß gemacht werden kann. Es könnte gut sein, daß er die Reise nicht übersteht.«

»Er mag bequem in einer Krankenkutsche reisen und sich soviel Zeit nehmen wie erforderlich«, gab ihm der Papst zur Antwort, um anschließend zum päpstlichen »Wir« überzugehen. »Möge Gott ihm seine Verblendung vergeben, mit der er sich in solcherlei Schwierigkeiten gebracht hat, die Wir von ihm ferngehalten haben, als Wir noch Kardinal waren.«

Ernsthaft erkrankt oder nur vorgeschoben – Galileo sah sich jedenfalls gezwungen, das Bett aufzusuchen. Dies verschaffte ihm zunächst eine Schonfrist von einem weiteren Monat, bis schließlich unmittelbar vor Weihnachten ein mißtrauisch gewordener Vertreter der Inquisition in sein Haus kam, um sich persönlich von der Schwere seiner Erkrankung zu überzeugen. Galileo beteuerte erneut, jederzeit gehorsamst nach Rom kommen zu wollen, besitze jedoch im Augenblick, da er von einer plötzlichen Erkrankung heimgesucht sei, dafür nicht die nötige Kraft. Er überreichte ein medizinisches Attest seiner Ärzte, die ihm eine äußerst bedenkliche Verfassung bescheinigten und seinen akuten Schwächezustand auf häufige Schwindelanfälle, Depressionen, Magenbeschwerden, Schlaflosigkeit und die Nachwirkungen eines Leistenbruchs zurückführten. Angesichts dieses ganzen Bündels an Symptomen sei die Reise nach Rom für ihn zum erforderlichen Zeitpunkt lebensbedrohend.

Im Vatikan indes ging die Geduld mit ihm allmählich zu Ende. Am ersten Weihnachtsfeiertag beschwor ihn daher Castelli, sein einstiger Schüler, endlich aufzubrechen, ehe sich in Rom noch mehr Ärger gegen ihn ansammle. Kurz vor dem Jahreswechsel gab der Papst Anweisung an den Inquisitor von Florenz: Weder Seine Heiligkeit noch das Heilige Offizium würden weitere Ausflüchte dulden. Entweder Galileo erschiene freiwillig, oder er werde in Ketten nach Rom gebracht. Indem er mit großem Bedauern bekundete, daß es ihm unmöglich sei, die Reise noch abzuwenden, sah sich nun sogar der Großherzog zum Eingreifen genötigt.

Galileo rüstete sich für die beschwerliche Reise. Einem bekannten Anwalt in Paris schrieb er noch kurz vor dem Aufbruch. »Wenn es Häresie ist zu sagen, daß sich die Erde bewegt, obgleich dies durch Beweise und Beobachtungen erwiesen ist, in welch mißliche Lage bringt sich da die heilige Kirche selbst?« Was die augenblickliche Entwicklung angehe, habe er von wohlmeinender Seite aus Rom vernommen, daß die Jesuitenpatres auf höchst bedeutsame Köpfe eingewirkt hätten, »daß dieses mein Buch verdammenswert und für die heilige Kirche verderblicher sei als die Schriften des Luther und des Calvin«.

2

Da alles Bemühen um weiteren Aufschub nichts mehr fruchtete, bestieg Galileo schließlich am 20. Januar 1633 seine Kutsche und machte sich auf den Weg nach Rom. Ihm war klar, daß er sich auf eine äußerst langwierige und gefahrvolle Reise einzurichten hatte, litt doch die Nordhälfte Italiens erneut unter dem Würgegriff der Pest, deren todbringender Zyklus nach kaum einem Jahr schon wieder die Gassen mit Opfern füllte. Die Magistrate griffen zu rigorosen Maßnahmen und erließen strenge Quarantänevorschriften, die Besuche bei Freunden oder Verwandten strikt untersagten und insbesondere Frauen und Kinder für längere Zeit ans Haus banden. Eine der wichtigsten Vorkehrungen zur Eindämmung der Seuche bestand in der Unterbrechung des Reiseverkehrs.

Letztlich blieben alle Anstrengungen umsonst, und Florenz versank erneut in einer Vielfalt frommer und abergläubischer Praktiken und Beschwörungsrituale. Vom etwa neun Kilometer im Süden gelegenen Örtchen Impruneta, wo der Legende nach in einem Wäldchen einst die Heilige Jungfrau als Trostspenderin erschienen war, geleitete man ein Gnadenbild der Madonna in einer feierlichen Bittprozession nach Florenz. In einer nur in Zeiten verheerender Naturkatastrophen veranstalteten Zeremonie wurde es dort an der *Porta Romana* vom Erzbischof und einer Abordnung berittener weltlicher Würdenträger festlich in Empfang genommen und über *Santa Maria Novella* zum Dom *Santa Maria del Fiore* gebracht. Auf dem Rückweg nach Impruneta passierte der Zug noch *Santa Croce* und den Konvent der Klarissinnen in Arcetri, in dem Galileos beide Töchter lebten. Doch weder Gnadenbild noch Prozession machten der Not ein Ende.

Galileo plagten derweil zusätzliche Probleme. Fünf Tage vor seinem Aufbruch nach Rom hatten ihn bereits heftige Schmerzen in den Beinen befallen, und sein Körper war infolge anhaltender Magenbeschwerden sowie aufgrund chronischer Schlaflosigkeit über die Maßen geschwächt.

Jetzt, nach wenigen Tagen anstrengender Reise, wurde sein Gefährt an der Grenze zwischen Toskana und Latium auch noch angehalten, und er hatte sich in Ponte a Centino, im vom Sumpffieber verseuchten Tal des Paglia, für zwanzig Tage in Quarantäne zu begeben. Da war wenig zu machen. Zwar bemühte sich der Gesandte Niccolini von Rom aus nach Kräften, die Dauer dieses Zwangsaufenthaltes abzukürzen. Doch auch das half kaum. Eine vorzeitige Entlassung um ganze zwei Tage war alles, was er erreichen konnte.

Am 13. Februar, dem ersten Fastensonntag, rollte die staubbedeckte Reisekutsche Galileos endlich vor das Steinportal der Villa Medici, wo sich der fürsorgliche Niccolini seiner annahm. Er traf seinen Gast von der langwierigen Reise erschöpft, doch den Umständen entsprechend in leidlich guter Verfassung an, und nach nur einem Tag Erholung fühlte Galileo sich schon wieder dermaßen bei Kräften, daß er bei Kardinal Francesco Barberini um eine Audienz nachsuchte. Der Neffe des Papstes, den er untertänigst seines Gehorsams als guter Katholik versicherte, empfing ihn höflich, wenngleich förmlich im

Vatikan. Galileos vordringlichste Bitte galt der besonderen Gunst, die Zeit bis zum Beginn seines Prozesses statt in den Kerkern des Heiligen Offiziums in der toskanischen Gesandtschaft auf dem Hügel der Trinità dei Monti verbringen zu können. Der Kardinal erklärte sich damit einstweilen einverstanden und gab ihm »als Freund, ex officio« für die kommenden Wochen den Rat, sich von allen fernzuhalten und nicht einmal mit denen zu reden, die ihn vielleicht von sich aus aufsuchten, denn dies könne »nur Schaden verursachen und falsch aufgefaßt werden«. Im Vatikan war man keineswegs willens, dem Angeschuldigten noch einmal die Möglichkeit einzuräumen, die Schar seiner Bewunderer um sich zu versammeln und somit die Basis für weitere Unannehmlichkeiten zu schaffen.

In den folgenden zwei Monaten, in denen man ihn untätig auf seine Ladung vor das Inquisitionstribunal warten ließ, schwankte Galileos Stimmung in extremer Weise zwischen Hoffnung und völliger Verzweiflung. Die Schmerzen in seinen Beinen dauerten nun schon vierzig Tage an, desgleichen seine Magenbeschwerden. Nur eine spezielle Diät sorgte für ein wenig Linderung. Zunächst deutete er das anhaltende Schweigen aus dem Vatikan als hoffnungsvolles Zeichen: »Der große Sturm hat sich jetzt gelegt, und ein neuer ist nicht zu befürchten«, schrieb er dem Staatssekretär des Großherzogs. »Die Situation ist gefährlich, doch wir sollten nicht verzweifeln, daß wir unser kleines Schiff nicht doch noch in den sicheren Hafen bringen. Wenngleich ich, um mit Ariost zu sprechen, nur über geringe Kraft verfüge, setze ich bescheiden Segel gegen die wütenden Fluten.«

Lange Zeit schien der Vatikan seine Anwesenheit in Rom nicht einmal zur Kenntnis zu nehmen. Niccolini bemühte sich in den scheinbar beruhigten Gewässern um den Heiligen Stuhl unermüdlich, förderte seine Angelegenheit, wo es ging, und suchte überall Bruchstücke von Informationen über den Fortgang der Beratungen zu erhaschen. Sechs Tage nach der Ankunft Galileos war ein Abgesandter der Inquisition erschienen, um ein erstes Gespräch mit dem Arrestanten in der toskanischen Gesandtschaft zu führen. Man hatte für diesen Zweck bewußt einen wenig kompetenten Geistlichen gewählt, den Galileo als einen alten Freund betrachtete. Er sollte sich in erster Linie einen Eindruck von seiner geistigen Verfassung verschaffen und ihn etwas aushorchen, denn im Vatikan herrschte vor allem Besorgnis darüber, daß der Wissenschaftler sich für den Prozeß wie für eine große intellektuelle Debatte rüsten könnte. Galileo indes deutete den Besuch naiv als Ausdruck wohlmeinender Absichten und Vorzeichen einer nachsichtigen Haltung. »Ich sehe in diesen Besuchen den Beginn einer milden und gütigen Behandlung durch die Inquisition«, schrieb er, »ganz fern irgendwelcher Drohungen mit Stricken, Ketten und Kerkern.«

Am 25. Februar kam dem Botschafter erstmals zu Ohren, daß die zahlreichen verschiedenen Anklagen inzwischen zu einem einzigen Punkt zusammengefaßt worden waren: Ungehorsam. Diese Nachricht richtete Galileo wieder vollends auf. »Von diesem einen Anklagepunkt werde ich mich ohne große Schwierigkeiten befreien können, wenn die Gründe für meine Verteidigung einmal bekannt sind«, schrieb er nach Florenz. »Am Ende darf man einen glücklichen Ausgang erhoffen.« Niccolini hingegen berichtete dem Staatssekretär zur gleichen Zeit in größerer Ausführlichkeit und weit weniger optimistisch: »Die Hauptschwierigkeit liegt in folgendem: Die Herren der Inquisition vertreten die Auffassung, daß man ihm 1616 befohlen habe, die Frage der Erdbewegung weder zu erörtern noch sich darüber auch nur zu unterhalten. Er meint im Gegenteil, daß dies nicht dem Wortlaut seiner damaligen Ermahnung entspräche, der nur beinhaltet habe, diese Lehre weder aufrechtzuhalten noch zu verfechten. Daher meint er, sich rechtfertigen zu können, denn aus seinem Buch gehe an keiner Stelle hervor, daß er diese Lehre aufrechthalte oder verfechte... geschweige denn diese Frage überhaupt als gelöst betrachte.«

Am 27. Februar mußte Niccolini im Rahmen seiner ersten Audienz bei Urban VIII. seit Galileos Anwesenheit in Rom feststellen, daß sich die Dinge mitnichten beruhigt und der Zorn des Papstes sich keineswegs gelegt hatte. Erneut beteuerte er daher inständig Galileos tiefe Frömmigkeit und unbedingten Gehorsam. Doch der Papst schnitt ihm brüsk das Wort ab. Die Kirche habe Galileo bereits die einmalige Gunst erwiesen, ihn nicht in Ketten in den Verliesen des Castel d'Angelo gefangenzusetzen. Daraufhin bat Niccolini wenigstens um eine Beschleunigung des Verfahrens, da der Gefangene in hohem Alter und von zahlreichen Beschwerden geplagt sei. Das heilige Offizium gehe in derartigen Angelegenheiten sehr gründlich vor und dürfe unter keinen Umständen zur Eile gedrängt werden, lautete die kurze Erwiderung. Im übrigen, fügte der Papst hinzu, habe Galileo nicht gerade weise darin getan, seine ketzerischen Ansichten zu veröffentlichen, hätten diese doch einem lediglich »erdichteten« Lehrgebäude zur Verbreitung geholfen, das insbesondere in Florenz, »wo die Gebildeten schon immer zu Übertreibungen und Spitzfindigkeiten neigten«, noch besorgniserregende Folgen zeitigen könnte. Dieses zweifelhafte Kompliment wurde einzig durch das Zugeständnis etwas relativiert, daß Galileo gewiß ein »außergewöhnlicher Gelehrter« sei.

Nach über einem Monat des Gewahrsams in der prachtvoll eleganten Villa Medici regte sich in Galileo doch ernsthafte Besorgnis über das andauernde Schweigen der Kirche. Die Kontrolle über ihn wurde nicht allzu streng gehandhabt und beschränkte sich darauf, daß Niccolini stets die Genehmigung des Vatikans einholen mußte, wollte der greise Gelehrte seine schmerzenden Beine einmal in den anliegenden Gärten der Trinità dei Monti vertreten. Von seinen reich mit Fresken gezierten Gemächern über der Empfangshalle der Botschafterresidenz blickte Galileo über die Dächer Roms hinweg auf Sankt Peter, von wo er seit Wochen »nicht eine einzige Silbe« vernommen hatte. Immer mehr erschien ihm der gewaltige Dom aus der Ferne wie eine riesige, bedrohliche Krake, und er klammerte sich bang an jeden kleinsten Hoffnungsschimmer. »Nach den spärlichen Anzeichen zu urteilen, haben die Anklagen gegen mich viel an Schwere eingebüßt«, redete er sich und anderen ein. »Einige der Anklagepunkte wurden bereits wegen ihrer offensichtlichen Nichtigkeit fallengelassen, und das läßt auch für die noch verbleibenden Beschuldigungen nur Gutes ahnen. Es besteht Aussicht, daß sie ein nämliches Ende finden werden. Ich kann mir keinen anderen Ausgang vorstellen, wenn ich daran festhalten will, daß die Wahrheit über jede Falschheit letztlich immer den Sieg davonträgt.«

Urban VIII. betrachtete die ganze Angelegenheit indes nicht unter dem Aspekt von wahr und falsch, sondern einzig unter dem Gesichtspunkt von Gehorsam und Ungehorsam. Am 13. März kam es zu einer erneuten Audienz mit Niccolini, der den Papst diesmal wütend wie nie zuvor antraf. Ein wahrer Sturzbach von Beschuldigungen Galileos ergoß sich über ihn, und er mußte sich gewaltig zusammennehmen, um die Situation durch ein unbedachtes Widerwort nicht noch zu verschärfen. Das Heilige Offizium werde demnächst offiziell Anklage gegen Galileo erheben, wurde ihm mitgeteilt. Während der Anhörungen vor dem Tribunal müsse der Angeklagte im Vatikan festgesetzt werden. »Möge Gott Signor Galilei vergeben, daß er sich auf Derartiges eingelassen hat«, erregte sich Urban. »Wir haben es mit gefährlichen neuen Thesen in Kontroverse zur Heiligen Schrift zu tun. Der beste Weg in diesen Fragen ist, die einhellige Lehre und Überlieferung zu befolgen. Signor Galileo war mir ein Freund. Wir hatten zahlreiche vertrauliche Gespräche und gemeinsame Essen. Daher bedaure ich, ihm Ungemach bereiten zu müssen. Doch hier geht es um die Erfordernisse des Glaubens.«

»Sowie man ihm Gehör schenkt, wird er in jeder Hinsicht Genugtuung leisten mit aller Ehrerbietung, die dem Heiligen Offizium gebührt«, versicherte der Botschafter.

»Signor Galilei wird nach dem üblichen Verfahren vor dem Tribunal befragt werden«, kündigte der Papst an, als habe er gar nicht zugehört. »Allerdings geht es dabei auch um eine Frage, die in keines Menschen Macht steht: nämlich um die Allmacht Gottes, das heißt, daß Gott die Ordnung der Natur nach freier Wahl so geschaffen hat, wie sie ist. Wenn Gott allmächtig ist und alles tun kann, warum wollen wir ihn nötigen?«

»Ich verfüge nicht über die Kompetenz, Fragen dieser Art zu erörtern«, wich Niccolini diplomatisch aus. »Indes hörte ich Signor Galilei des öfteren die Ansicht äußern, daß er die kopernikanische Lehre von der Erdbewegung nicht für absolut wahr halte. Wenn Gott, wie jeder gläubige Christ zugeben werde, die Welt in tausenderlei Weise zu schaffen vermochte, so könne man doch nicht bestreiten, daß er sie auch in der Weise habe schaffen können, wie es dem kopernikanischen System entspricht.«

Dieser Einwand provozierte einen erneuten Wutausbruch des Papstes. »Man darf die Allmacht Gottes nicht durch irgendwelche Notwendigkeiten beschränken!« blaffte er den toskanischen Gesandten an.

Niccolini spürte, daß er unverzüglich zurückstecken mußte. »Galileo ist hier, um Gehorsam zu leisten, Eure Heiligkeit, und alles zurückzunehmen, dessen er beschuldigt werden kann. Ich weiß kaum etwas über seine neue Wissenschaft und möchte keinesfalls irgendwelche häretischen Äußerungen von mir geben... Ich appelliere indes an Eurer Heiligkeit Erbarmen. Laßt ihn Eure Gnade erfahren. Ich flehe Euch an, ihm den Verbleib in der Villa Medici zu gestatten.«

»Ich werde veranlassen, daß Signor Galileo komfortable Räumlichkeiten im Vatikan zugewiesen werden«, schloß Urban das Thema ab.

Niccolini wagte es nicht, Galileo voll über den Verlauf der Audienz zu unterrichten, da er fürchtete, ihn damit noch mehr zu deprimieren. Doch von diesem Zeitpunkt an versuchte er behutsam, aber beharrlich, ihn von der Notwendigkeit zu überzeugen, sich hinfort jedem Ansinnen der Kirche zu beugen. Zumindest im Hinblick auf den bevorstehenden Prozeß und im Interesse einer baldigen Lösung sollte er seine wissenschaftlichen Überzeugungen zurückstellen.

Die Bemühungen, Galileo endgültig zum Einlenken zu bewegen, kulminierten am 8. April unmittelbar nach einer letzten Audienz beim Papst vor Beginn des Prozesses. Diesmal wirkte der Papst absolut distanziert, ohne jede Zornesaufwallung, aber auch ohne die geringste Gefühlsregung für den kranken und altersschwachen Angeklagten. Er gab kühl bekannt, daß Galileo in Kürze vor der heiligen Inquisition Rede und Antwort zu stehen habe. Für die Dauer des Prozesses werde er nicht wie sonst üblich in einem Verlies des heiligen Offiziums gefangengesetzt, sondern in angenehmeren Räumlichkeiten, die sogar unversperrt blieben. Der Vatikan mache, wie er ausdrücklich betonte, in diesem Fall lediglich aus Rücksicht auf die guten Beziehungen zum Großherzog der Toskana eine Ausnahme.

Niccolini bat noch einmal, man möge Galileo doch wenigstens gestatten, die Nächte in der Villa Medici zu verbringen. Doch der Papst lehnte ab. An seiner Entschlossenheit war nicht mehr zu rütteln, mochte der Gesandte den Beschuldigten auch noch so sehr als gebrechlichen Greis mit zahlreichen Leiden und starken Schmerzen schildern. In der Tat waren dessen Stöhnen und gelegentliche Aufschreie in den vorausgegangenen Nächten des öfteren bis in die marmornen Flure und Treppen der Villa Medici zu vernehmen, wenn ihn die Arthritis in den Beinen wieder einmal besonders heftig quälte. Doch wer konnte schon sagen, wieweit diese Qualen nicht zum Teil auch seelischer und geistiger Art waren?

Bei seiner Rückkehr aus dem Vatikan fand Niccolini Galileo noch immer unbeirrt zum Kampf entschlossen. Es war an der Zeit, dem alten Mann die volle, ungeschminkte Wahrheit zu sagen. Er setzte ihn also davon in Kenntnis, daß er von nun an im Vatikan gefangengesetzt würde, und beschwor ihn eindringlich, hinfort nicht länger auf der Rechtfertigung seiner Überzeugungen zu bestehen. Galileo sollte sich dringendst allem fügen, was die Prälaten von ihm verlangten. Andernfalls wären die Folgen nicht auszudenken.

Die Nachricht von seiner bevorstehenden Festsetzung im Vatikan traf den Wissenschaftler wie ein Schlag. Seit seiner Ankunft war der Botschafter sein einziger Kontakt zur Außenwelt gewesen, und nun schien es, als werde ihm auch noch dieser letzte Freund genommen. Panik und ausweglose Verzweiflung ergriffen von ihm Besitz. Bekümmert und in großer Sorge berichtete Niccolini in einer Depesche an den Großherzog von dem Verlauf der Audienz und dem anschließenden, unzweideutigen Rat an Galileo. »Er war aufs äußerste bedrückt darüber. Seit gestern sieht er derart niedergeschlagen aus, daß ich das Schlimmste befürchte.«

3

Am Morgen des 12. April 1633 wurde der Angeklagte zum ersten Verhör in den Vatikan beordert. Noch immer hegte er insgeheim die trügerische Hoffnung, am Abend doch wieder in die Villa Medici mit ihren Annehmlichkeiten zurückkehren zu können. Seine kirchlichen Wärter indes hatten ab jetzt eine andere Behandlung für ihn vorgesehen und beraubten ihn schnell aller Illusionen. Für die Dauer des Prozesses war er Gefangener im Vatikan.

Nachdem darüber kein Zweifel mehr bestand, wurde er durch den Glockenbogen hindurch in den Palast des Heiligen Offiziums geführt, jenes geheimnisumwitterte und von zahlreichen Gerüchten umgebene Amtsgebäude der Inquisition an der Südseite des Petersdomes. Dort geleitete man ihn durch endlose Korridore, von deren Wänden eindrucksvoll strenge Porträts früherer Kardinäle blickten, über den großen Audienzsaal in einen kargen weißgetünchten Raum, dessen einzige Zierde ein großes Kruzifix mit dem blutbefleckten Leib Christi darstellte.

Hinter einem rauhen Eichentisch saß der Inquisitor. Zu seiner Linken befand sich der Ankläger des heiligen Offiziums, Pater Carlo Sincero, dessen Name wie für sein Amt geschaffen schien. Beide trugen das Ordenskleid der Dominikaner: eine weiße, bodenlange Tunika mit Kapuze, die zum Teil von einem schwarzen Überwurf bedeckt wurde. Zur Rechten des Inquisitors hatte eine ebenfalls dominikanische Ordensfrau Platz genommen, die Schreiberin, deren Gesicht fast gänzlich durch die Kapuze ihres weitgeschnittenen Habits verhüllt wurde. Mit fester Stimme verlas Pater Sincero zunächst die Eidesformel und ermahnte dann den Angeklagten, offen und vollständig »die Wahrheit zu sagen«.

»Weiß Er oder kann Er sich vorstellen, aus welchem Grund ihm befohlen worden ist, nach Rom zu kommen?« begann der Inquisitor das Verhör, unbeteiligt zunächst, als spreche er gar nicht zu Galileo, sondern lediglich für das Protokoll.

Der Inquisitor war Kardinal Vincenzo Maculano, ein großer, schlanker Mittfünfziger, dessen hartes, faltiges Gesicht von einer auffallenden Knollennase, einem scharfgeschnittenen Mund, schlaffen Ohren und stechenden, tiefliegenden Augen beherrscht wurde. Er stammte aus Fierenzuola, einem Städtchen in der nördlichen Toskana. In seiner Familie gab es hin und wieder ein paar niedrige Adelige, doch sein Vater war eher bescheidener Herkunft, ein Steuereintreiber und Steinmetz. Auch Maculano schien lange Zeit keineswegs für höhere Ämter bestimmt, selbst dann nicht, nachdem er die Ordenstracht der Dominikaner angelegt hatte. Er verbrachte lange Jahre in einem Provinzkloster und entwickelte dort eine gewisse Begabung und Neigung für das Ingenieurwesen und den Festungsbau, für Themen also, die einen Ordensgeistlichen normalerweise kaum interessierten. Zehn Jahre vor Beginn des Prozesses gegen Galileo konnte er sein Talent sogar unter Beweis stellen, als er in beratender Funktion für das umfangreiche Projekt des Ausbaus und der Verstärkung der Verteidigungsanlagen Genuas herangezogen wurde. Dies geschah in frommem Auftrag. Der Krieg in Europa ging in sein zehntes Jahr, und Urban VIII. verwandte gewaltige Summen auf die Errichtung trutziger Wehrbauten. Erst gegen Ende 1632, als die Befestigungen des wichtigen Hafens Genuas kurz vor der Vollendung standen und das Heilige Offizium sich bereits offiziell mit dem Fall Galileos befaßte, war Maculano zum Generalkommissar der Inquisition bestellt worden.

»Ich denke mir, der Grund, aus welchem mir anbefohlen wurde, vor dem Heiligen Offizium zu erscheinen, ist, Rechenschaft von meinem jüngst gedruckten Buch abzulegen...«, gab Galileo zur Antwort.

»Kann Er erklären, was für ein Buch das ist, dessentwegen Ihm seiner Meinung nach befohlen worden ist, nach Rom zu kommen?«

»Es ist ein im Dialog geschriebenes Buch und handelt von der Beschaffenheit der Welt.«

»Wenn Ihm besagtes Buch gezeigt werde, sei Er bereit, es als das seine anzuerkennen?«

»Ich hoffe, ja.«

Der Inquisitor schob das Buch auf dem Tisch mit sichtlichem Mißfallen näher zu Galileo, der es aufnahm und eine beträchtliche Weile darin blätterte, ehe er es wieder auf den Tisch zurücklegte.

»Ich erkenne dieses Buch wohl«, bemerkte er zustimmend.

Maculano dürfte am Tonfall dieser ersten Wortwechsel kaum Gefallen gefunden haben. Der ihm da gegenüberstand, war alles andere als ein zerknirschter, bußfertiger Angeklagter. Nicht Reue, sondern Unbeugsamkeit und Stolz sprachen aus seinem Auftreten. Es war an der Zeit, zur Sache zu kommen.

»War Er zu anderer Zeit in Rom, genauer im Jahre 1616, und aus welcher Veranlassung?«

»Der Anlaß, aus welchem ich im Jahre 1616 in Rom gewesen, war, daß ich Zweifel an der Meinung des Nikolaus Kopernikus über die

Bewegung der Erde und den Stillstand der Sonne und die Anordnung der himmlischen Sphären sich erheben vernahm. Ich kam, um zu hören, was bezüglich dieser Materie für gültig zu halten geboten sei.«

Aus dieser letzten Bemerkung troff purer Hohn, doch der Inquisitor überging sie zunächst. »Kam Er von sich aus, oder wurde Er herbeigerufen?«

»1616 kam ich aus freien Stücken nach Rom, ohne gerufen zu sein, aus dem von mir genannten Grunde; und in Rom erörterte ich diese Angelegenheit mit einigen Herren Kardinälen.«

»Sage Er im einzelnen, was Er mit den genannten Kardinälen besprochen hat.«

»Die Veranlassung, mit besagten Herren Kardinälen zu sprechen, war, daß sie über die Lehrmeinung des Kopernikus unterrichtet zu werden wünschten, da diejenigen, welche die Mathematik und Astronomie nicht von Berufs wegen ausüben, sein Buch nur mit Mühe verstehen.«

Aus dieser Antwort sprach eine noch offensichtlichere Provokation. Kardinäle verstünden nichts von der Wissenschaft und bedürften elementarer Belehrung wie Schulkinder. Wieder reagierte der Inquisitor vorerst nicht auf diese Unbotmäßigkeit. »Da Er also nach Rom gekommen war, um über die Meinung des Kopernikus eine Entscheidung und die Wahrheit erfahren zu können, sage Er auch, was in dieser Angelegenheit beschlossen worden ist.«

»Was die Meinung vom Stillstand der Sonne und der Bewegung der Erde betrifft, wurde von der heiligen Kongregation des Index beschlossen, daß selbige Meinung, absolut genommen, der Heiligen Schrift zuwiderlaufe und allein als Hypothese annehmbar wäre, dergestalt, wie Kopernikus sie behandelt.«

»Ist Ihm besagte Entscheidung damals kundgetan worden und von wem?«

»Besagte Entscheidung wurde mir von der Kongregation des Index kundgetan und von dem Herrn Kardinal Bellarmin zur Kenntnis gegeben.«

»Sage Er, was ihm genannte Eminenz Bellarmin über die besagte Entscheidung kundgetan und ob dieser Ihm darüber noch etwas anderes gesagt hat, und was.«

»Der Herr Kardinal Bellarmin bedeutete mir, daß besagte Meinung des Kopernikus als Hypothese aufrechtgehalten werden könne... und daß anders, das heißt absolut genommen, die Meinung weder aufrechterhalten noch verfochten werden dürfe.«

»War, als Ihm Obengenanntes bekanntgegeben wurde, noch jemand anwesend, und wer?«

»Es waren einige Patres des heiligen Dominikus anwesend; aber ich kannte sie nicht und habe sie seitdem nicht mehr gesehen.«

»Ist damals irgendeine Ermahnung erteilt worden?«

»Ich erinnere mich, daß die Sache sich auf folgende Weise zutrug: daß der Herr Kardinal Bellarmin mich eines Morgens rufen ließ, um mir etwas Bestimmtes mitzuteilen, das ich zuerst Seiner Heiligkeit vor allen anderen im Vertrauen sagen möchte.«

Erneut eine unverhohlene Provokation und Insubordination. Er stand vor einem Tribunal des Heiligen Offiziums, auf Geheiß des Papstes und unter Eid, die volle Wahrheit zu sagen, und wagte es offen, mit einem Teil dieser Wahrheit hinter dem Berg zu halten, einer Wahrheit, die anscheinend so delikat war, daß sie ausschließlich der Papst zu Gehör bekommen sollte. Doch abermals ließ ihm der Inquisitor die Provokation durchgehen. Er konnte es sich leisten, Geduld zu üben.

»Am Ende sagte mir Herr Kardinal Bellarmin, daß die Meinung des Kopernikus weder aufrechterhalten noch verfochten werden könne. Es kann sein, daß mir ein Gebot auferlegt worden ist, daß ich besagte Meinung weder aufrechthalten noch verfechten sollte, aber ich erinnere mich nicht, weil das alles etliche Jahre zurückliegt.«

»Wird Er sich erinnern, wenn ihm vorgelesen würde, was Ihm damals als Gebot gesagt und kundgetan worden ist?«

»Ich vermag nicht zu sagen, ob ich mich daran erinnern werde, was mir damals gesagt worden ist, selbst wenn man es mir vorliest.«

Galileo war sich des gefährlichen Hinterhaltes, der in diesen Fragen des Inquisitors lag, völlig bewußt. Niccolini war über das Dokument informiert worden, das seine Ankläger für ausreichend erachtet hatten, den Wissenschaftler für schuldig erklären zu können. Als er Galileo von der Existenz dieses Dokumentes berichtete, hatte dieser sich kaum aus der Fassung bringen lassen. Er hielt ein anderes Dokument in Händen, das dieses Beweisstück, welches ihm überdies niemals ausgehändigt worden war, ohne weiteres in den Schatten stellen konnte.

Der Inquisitor nickte dem Ankläger Pater Sincero zu, der sich daraufhin erhob und das Protokoll der Ermahnung vom 26. Februar 1616 Wort für Wort betonend vorlas:

> »Im Palast, in dem der hochwürdige Herr Kardinal Bellarmin seinen Wohnsitz hat, in Gegenwart des Generalkommissars des Heiligen Offiziums, ermahnte der hochwürdige Herr Kardinal vorgenannten Galilei, ... daß obengenannte Meinung des Nikolaus Kopernikus ein Irrtum sei und er von ihr ablassen möge; und unmittelbar darauf gebot und befahl der... Pater Kommissar... besagtem Galilei, ... daß er die obengenannte Meinung... gänzlich aufgebe und sie in Zukunft nicht aufrechterhalte, lehre oder verfechte, auf welche Weise auch immer, weder in Wort noch in Schrift; sonst werde man im Heiligen Offizium gegen ihn vorgehen. Diesem Gebot fügte sich ebendieser Galilei und versprach zu gehorchen.
>
> Darüber verhandelt zu Rom...«

Galileo sprang erregt auf. »Ich erinnere mich nicht, daß mir dieses Gebot von anderen als von dem Herrn Kardinal Bellarmin höchstpersönlich kundgetan worden wäre; und ich erinnere mich, daß das Gebot lautete, daß ich die besagte Meinung weder aufrechterhalten noch verfechten könne, und es mag sein, daß es außerdem *noch lehren* hieß. Ich erinnere mich auch nicht an jene Bemerkung *auf welche Weise auch immer,* aber es könnte sein, daß sie darin enthalten war.«

Es war an der Zeit, seinen eigenen Trumpf auszuspielen. Er besaß einen Brief von Kardinal Bellarmin an ihn persönlich, und daran gab es nicht das geringste zu bemäkeln. Anders als das vermeintliche Protokoll der Ermahnung, das weder signiert noch durch ein amtliches Siegel beglaubigt war, trug Galileos Brief unzweideutig die zierliche, schulmeisterliche Unterschrift Bellarmins. Datiert vom 26. Mai 1616, war darin kategorisch festgehalten, daß die Lehre von Kopernikus

»weder aufrechterhalten noch verfochten werden« könne, weil sie der Heiligen Schrift widerspreche. Dies sei Galileo kundgetan worden. Und mit der gleichen Bestimmtheit hieß es darin, daß Galileo keinerlei Bußen auferlegt worden seien, »weder heilsame noch anderer Art«, noch daß er irgendwie genötigt worden sei, irgendeiner seiner Lehren abzuschwören. Als man die beiden Dokumente miteinander verglich, erwies sich das von Galileo ohne Zweifel als das authentischere.

»Die Wahrheit ist, daß ich nicht darüber nachdachte, weil ich wenige Monate darauf das Zeugnis von dem besagten Herrn Kardinal Bellarmin unter dem 26. Mai empfing, in welchem mir der an mich ergangene Befehl angezeigt wurde... Und die beiden anderen mir soeben zur Kenntnis gebrachten Teile besagten Gebotes, nämlich *noch zu lehren* und *auf welche Weise auch immer*, habe ich nicht in Erinnerung behalten, weil sie nicht in besagtem Zeugnis vom 26. Mai dargelegt werden, auf welches ich mich berufen habe und das ich mir zum Gedächtnis aufbewahrte.«

Der Inquisitor war über diesen Verlauf höchst beunruhigt. Sollte der ganze Fall am Ende lediglich auf einen Streit um die Interpretation zweier gegensätzlicher Schriftstücke hinauslaufen? Auf eine spitzfindige Wortklauberei bezüglich zweier bestimmter Ausdrücke, die vor siebzehn Jahren so gefallen sein mögen oder nicht? Oder gar auf einen Disput über das nachlassende Erinnerungsvermögen eines alten Mannes? Er wechselte die Taktik.

»Hat Er nach der Kundgabe besagten Gebotes irgendeine Erlaubnis erhalten, das von ihm selbst anerkannte Buch zu schreiben und in Druck zu geben?«

Galileo schwirrten nach dieser Frage viele Dinge durch den Kopf. Sollte er sich auf die zahlreichen Ermunterungen berufen, endlich sein großes Werk vorzulegen? Sollte er all die Gespräche in Erinnerung rufen, die er neun Jahre zuvor mit Urban VIII. geführt und in denen der frisch gewählte Papst weitere Erprobungen der kopernikanischen Hypothese angeregt hatte? Sollte er gar von jener göttlichen Eingebung berichten oder das Tribunal auf seinen Brief an Monsignore Ingoli aus dem Jahre 1624 hinweisen, in dem er die Lehre des Kopernikus mit uneingeschränkter Zustimmung vertreten hatte, ohne daß er von seiten der Kirche damals auch nur die geringste Zurechtweisung hatte hinnehmen müssen? War dies schon der richtige Zeitpunkt dafür?

»Nach besagtem Gebot habe ich nicht erneut um Erlaubnis nachgesucht, weil ich meine, mit dem Schreiben des Buches nicht gegen das mir auferlegte Gebot verstoßen zu haben«, lautete schließlich seine kühle Antwort.

Der Inquisitor stocherte weiter in dem Wirrwarr all der Details von Vorschriften und Verfahren, welche sich ausschließlich auf die Umstände der Publikation des *Dialoges* bezogen. Galileos Aussagen hierzu deuteten auf keinerlei Eingeständnis irgendeiner Schuld oder Verfehlung hin. Wenn er das Buch nicht in Rom, sondern in Florenz drucken ließ, wenn er sich bezüglich der Druckerlaubnis mit dem kirchlichen Zensor nicht über alle Einzelheiten persönlich, sondern hauptsächlich brieflich verständigt hatte, so war der Grund dafür ausschließlich, daß mit dem Ausbruch der Pest Handel und Wandel im ganzen Land zum Erliegen kamen, und nicht irgendein schuldhaftes Verhalten auf seiner Seite. Er hatte sich peinlichst genau um alle erforderlichen Genehmigungen bemüht und diese auch tatsächlich erhalten.

»Als Er vom Meister des heiligen Palastes die Erlaubnis erbat, jenes Buch zu drucken, hat Er da dem Ehrwürdigen Pater Meister das ihm zu anderer Zeit auf Weisung der heiligen Kongregation erteilte Gebot mitgeteilt?«

»Ich erwähnte vor dem Pater Meister des heiligen Palastes das besagte Gebot nicht, weil ich es nicht für nötig erachtete, es ihm zu sagen«, entgegnete Galileo. »Ich hegte keinerlei Bedenken, hatte ich doch mit besagtem Buch die Meinung von der Beweglichkeit der Erde und dem Stillstand der Sonne weder aufrechterhalten noch verfochten; vielmehr zeige ich in dem Buch das Gegenteil der besagten Meinung des Kopernikus und daß die Gründe des Kopernikus ungültig und unschlüssig sind.«

Mit dieser atemberaubend kühnen Behauptung Galileos ging das erste Verhör abrupt zu Ende.

4

Sein neuer Arrest im Vatikan bestand aus einer geräumigen Zimmerflucht, die ansonsten ausgerechnet von seinem Ankläger, Pater Carlo Sincero, bewohnt wurde. Sie war mit Bildern von unschätzbarem Wert und allem zeitgenössischen Komfort ausgestattet. Der Gefangene konnte sich in den endlosen Korridoren vor seinem Gemach wie auch in den vatikanischen Gärten ergehen und sich über seine Lage Gedanken machen. Täglich wurden ihm aus der Küche der toskanischen Gesandtschaft speziell für ihn zubereitete Mahlzeiten gebracht. Ein Diener sorgte dafür, daß es ihm auch ansonsten an nichts fehlte. Im Vatikan versäumte man nicht, den toskanischen Gesandten immer wieder darauf hinzuweisen, daß es eine derartige Vorzugsbehandlung eines Angeklagten in der ganzen vierhundertjährigen Geschichte der Inquisition noch nie gegeben hätte. Unter normalen Umständen kamen Gefangene, wie gerade in diesen Tagen ein Gefolgsmann des Hauses Gonzaga, der sittlicher Vergehen wegen angezeigt war, in die unsäglichen Verliese des Castel Sant' Angelo.

Galileo indes zeigte sich über diese großzügige Behandlung durch die Kirche keineswegs dankbar, sondern zutiefst verletzt und beklagte die ungebührliche »Härte«, der er sich ausgesetzt sah.

Sein Kontakt zur Außenwelt lief ausschließlich über Niccolini, dem er täglich in schriftlicher Form berichtete, und wie es schien, ließ sich auch der sonst so umsichtige Gesandte in den Tagen unmittelbar nach dem ersten Verhör von Galileos illusionären Vorstellungen und Hoffnungen über den Ausgang des Prozesses anstecken. Das Verfahren, schrieb er nach Florenz, bewege sich nunmehr in erfreulichen Bahnen. Seit sich im Laufe dieser ersten Runde unzweideutig herausgestellt habe, daß man sich in jeder gebotenen Form um die Druckerlaubnis für das Buch bemüht und diese – wenn auch vielleicht nicht in allen Punkten korrekt – auch erhalten habe, scheine es so, daß die eigentlichen Unkorrektheiten in dieser Sache nicht Galileo anzulasten seien, sondern den zuständigen Organen der Kirche. Er persönlich neige allmählich zu der Ansicht, »daß in dieser Angelegenheit die Schuld am Ende anderen angelastet wird«. Im übrigen habe er sich zusätzlich an den Kardinal Antonio Barberini gewandt, den Bruder des Papstes, der selbst einer der Generalinquisitoren und für Huldigungen und Schmeicheleien seit jeher empfänglich gewesen sei. »Dieser Kardinal bemüht sich ernsthaft, wenn man sich an ihn um Hilfe wendet, denn er legt großen Wert auf sein Ansehen«, meinte Niccolini, überzeugt, daß dieser direkte Draht zum Bruder des Papstes Galileo weit mehr zugute kam als alle anderen seiner Bemühungen in dieser Sache.

Urban VIII. hatte sich in diesen Tagen zu den Osterfeierlichkeiten nach Castel Gandolfo in den Albaner Bergen zurückgezogen und wurde nicht vor Christi Himmelfahrt vierzig Tage später in Rom zurückerwartet. Von diesem Aufenthalt im päpstlichen Palast der Barberini hoch über dem Albaner See und beseelt vom österlichen Geist würde der Papst, mutmaßte Niccolini, höchstwahrscheinlich in versöhnlicher Stimmung nach Rom zurückkehren. »Ich glaube, man wird Galileo gleich nach der Rückkehr Seiner Heiligkeit aus Castel Gandolfo freilassen.«

Der Diplomat ließ mit solch kurzfristigem Wunschdenken freilich außer acht, daß in diesem Fall seit vier Monaten bereits ein unbeirrbarer, förmlicher Prozeß im Gange war, der in einem so fortgeschrittenen Stadium nicht mehr je nach Laune eines wankelmütigen Papstes einfach aufgehalten oder gar ungeschehen gemacht werden konnte. In der Tat hielt sich Urban VIII. bewußt aus allem heraus, was direkt mit dem Prozeß zu tun hatte. Er blieb in Castel Gandolfo und überließ den Fall ausdrücklich den Kardinälen der heiligen Kongregation. Zu diesem Gremium zählten einschließlich der beiden päpstlichen Familienmitglieder Antonio und Francesco Barberini zehn Eminenzen, die vom Apostolischen Stuhl als Generalinquisitoren »wider die ketzerische Verderbnis in der ganzen Christenheit« eingesetzt waren und nun ungeduldig über Maculanos Prozeßführung wachten.

Der Ausgang des ersten Verhörs hatte die Generalinquisitoren alles andere als zufriedengestellt. Ihnen lagen inzwischen die Prüfungsergebnisse einer speziellen Kommission dreier vatikanischer Theologen vor, die ohne jede Einschränkung oder konkreten Nachweis Galileo beschuldigten, im *Dialog* tatsächlich die Auffassung des Kopernikus zu lehren und damit das Gebot von 1616 mißachtet zu haben. Wie vorherzusehen, stammte das schärfste Verdikt von einem Jesuiten, Pater Melchior Inchofer, der als Professor für Mathematik und Theologie in Sizilien lehrte. Zu den zahlreichen Vergehen, die er im *Dialog* festgestellt zu haben glaubte, zählte Inchofer:

- Jene, die sich der »einhelligen Auslegung der Heiligen Schrift« verpflichtet fühlten, würden als Kleingeister, engstirnige Dogmatiker und inkompetente Dummköpfe hingestellt.
- Was Galileo selbst als Beweggrund für die Abfassung des *Dialogs* angebe – daß er den *Dialog* geschrieben habe, weil bestimmte, namentlich protestantische Ausländer die römische Kirche der Rückständigkeit und Wissenschaftsfeindlichkeit bezichtigten und er dies mit seinem Werk zurechtrücken wollte –, wäre einem guten Katholiken niemals in den Sinn gekommen.
- Der *Dialog* sei im *Volgare*, in Italienisch, statt in Latein verfaßt – und dies in der unchristlichen Absicht, das gemeine Volk, in dem Irrlehren wie der Kopernikanismus leicht Fuß fassen könnten, zu verführen.
- Galileo zolle schließlich einem gewissen William Gilbert (einem Engländer, Leibarzt von Königin Elisabeth I., der ein hervorragendes Buch über den Magnetismus verfaßt hatte), einem »verderbten Ketzer und ebenso streitsüchtigen wie spitzfindigen Verteidiger des Kopernikus«, höchstes Lob.

Maculano hatte bislang im Verhör in keinem wichtigen Punkt wesentliche Fortschritte erzielt, trat im Grunde also noch immer auf der Stelle. Was ihm da bevorstand, war ein sich unabsehbar in die Länge ziehendes Wortgefecht mit einem Meister des Disputes und der Argumentation, nicht nur auf dem Feld der Wissenschaft, sondern gerade auch in der Kunst der Rhetorik. Sollte Galileo sich weiterhin so unbeugsam zeigen wie in dieser ersten Runde, würde der Prozeß bestimmt kein gutes Licht auf die Haltung und die Argumente der Kirche in diesem Verfahren werfen. Anders und mit Maculanos eigenen Worten seinen Mitrichtern gegenüber ausgedrückt: »Es wird nötig sein, größere *Strenge* in diesem Verfahren walten zu lassen und weniger Rücksichten auf die verzweigten Umstände des Falles zu nehmen.«

In solch beiläufiger Form kam erstmals das gräßliche Thema Folter zur Sprache, das auch bisher schon, wenngleich unausgesprochen, im Hintergrund lauerte. Die Folter war allgemein als Bestandteil des Systems der Rechtsprechung akzeptiert und wurde routinemäßig angewandt. Sie hatte nichts Ehrenrühriges an sich, auch für diejenigen nicht, die sie ausübten. In der Tat schrieb das Gesetz vor, daß jedes Stadium und jeder Grad der Folter peinlich genau zu verzeichnen sei, einschließlich jedes Schmerzensschreis und jeder Zuckung des Delinquenten. Erwies sich die Folter im Falle Galileos überhaupt als sinnvoll, so war nach Meinung Maculanos jetzt der richtige Zeitpunkt dafür gekommen. Doch die Kardinäle der Kongregation zogen nach Erörterung des Problems letztlich eine Verurteilung Galileos aufgrund eines »freiwilligen Geständnisses« vor.

Wie jedoch konnte ein solches Geständnis herbeigeführt werden?

Maculano schlug ein ungewöhnliches, ja geradezu verfahrenswidriges Vorgehen vor. Er wollte dem Angeklagten im persönlichen Gespräch, ohne Zeugen und Anwälte, durch Überredung und mittels Androhung einer verschärften Prozeßführung ein Eingeständnis seiner Verfehlungen abringen.

Zunächst reagierten die Kardinäle mit Skepsis, ja Abscheu auf dieses Ansinnen Maculanos. Es erschien ihnen als ein zu bedenklicher Bruch aller Verfahrensregeln und zudem mit wenig Aussicht auf Erfolg, solange der Inquisitor sich auf vernünftige Argumente und seine Überredungskunst beschränkte. Maculano indes war ein Fachmann, wenn es galt, jemanden zu überzeugen. In Galileo stand ihm ein gläubiger Katholik gegenüber, ein frommer Mann, welcher der Autorität der Kirche mit respektvoller Bewunderung begegnete und nichts mehr fürchtete als jenen Ort, der Ketzern in einer Danteschen Hölle vorbehalten war. Und was die Androhung körperlicher Pein betraf, war Galileo geradezu ein Hypochonder. Er hatte seit jeher unter Krankheiten und physischen Schmerzen zu leiden gehabt und wußte nur zu gut, daß die Kirche auch vor dem letzten Mittel körperlicher Torturen nicht zurückschrecken würde. Zudem war er im Gespräch zugänglich, ein vernünftiger Mann, mit dem man die praktischen und politischen Notwendigkeiten und Weiterungen seines Falles durchaus erörtern konnte. Er war kein Bruno, voller Verachtung für die Kirche, unbeirrbar in seinen Überzeugungen und am Ende ein Märtyrer. Unter vielerlei Vorbehalten und Bedenken erteilten die Kardinäle schließlich doch noch Maculanos Vorschlag hinsichtlich eines außerjuristischen Vorgehens ihre Zustimmung.

Der verlor keine Zeit. Noch am selben Nachmittag begab er sich persönlich und ohne Zeugen zu Galileo, der, von starken Schmerzen in der Leistengegend und von Alpträumen gepeinigt, seit vier Tagen ans Bett gefesselt und gerade wieder einigermaßen genesen war. Zudem wurden seine quälenden Sorgen noch durch ständige Gedanken an seine geliebte Tochter verstärkt. Wie würde Maria Celeste dieses unglückselige Geschehen verkraften? Ihr schmerzlicher Konflikt, ihre Zerrissenheit zwischen gläubiger Ergebung und Gehorsam auf der einen und der überschwenglichen Liebe zu ihrem Vater auf der anderen Seite war nur allzu deutlich. »Eure Gefangenschaft in den Räumlichkeiten des Heiligen Offiziums bereitet mir großen Kummer, weil ich mutmaße, daß Ihr nur wenig Seelenfrieden findet und vielleicht auch nicht alle Bequemlichkeiten des Körpers; wenn ich auf der anderen Seite bedenke, daß es notwendig war, sich zur Erledigung der Sache in diese besonderen Umstände zu begeben... und vor allem, wenn ich die Gerechtigkeit der Sache und Eure Unschuld bedenke, so finde ich Trost und schöpfe Hoffnung auf einen glücklichen und günstigen Ausgang mit gütigem Beistand Unseres Herrn, zu dem mein Herz unablässig mit jeder nur erdenklichen Liebe und mit Vertrauen aufschreit und dem es Euch anempfiehlt. Einzig und allein zählt, daß Ihr guten Mutes bleibt und Sorge tragt, Eurer Gesundheit nicht durch übermäßigen Gram zu schaden, indem Ihr Euer Sinnen und Hoffen auf Gott richtet, welcher in seiner väterlichen Liebe niemanden verläßt, der auf ihn baut und bei ihm Zuflucht sucht.«

Ein derartiger Zwiespalt zwischen frommer Ergebenheit und Gottvertrauen und der Verfolgung durch Gottes Stellvertreter auf Erden mußte wahrlich auch den überlegensten Geist in Aufruhr und ausweglose Verzweiflung stürzen.

Inmitten der österlichen Blütenpracht der vatikanischen Gärten beleuchteten Maculano und Galileo im vertraulichen Gespräch noch einmal alle Aspekte der Anklage und des gesamten Verfahrens. Galileo knüpfte dort an, wo das erste Verhör geendet hatte, und brachte jeden einzelnen Punkt erneut zur Sprache. Der Inquisitor hingegen verwies neben den juristischen zunehmend auf die praktischen und politischen Gesichtspunkte des Prozesses, auf dessen Auswirkungen auf die Glaubensmoral und die Auslegung der Heiligen Schrift. Der Papst würde sich mit dem gegenwärtigen Stand der Angelegenheit auf keinen Fall zufriedengeben, ganz gleich, wie sich die Sache von der juristischen oder der wissenschaftlichen Seite aus darstellte. Daran war nicht zu rütteln.

Im richtigen Moment ließ Maculano ohne weiteres frommes Herumgerede einfließen, daß Galileo möglicherweise nur noch wenige Schritte von der Streckbank entfernt sei. Solche Androhung der Folter allein war schon deren Auftakt, der erste Schritt jeder »peinlichen Befragung«. Galileo war kein Dummkopf. Ihm brauchte man die Folterinstrumente nicht erst zu zeigen, und ihn mußte man auch nicht erst mit dem Henker bekannt machen, um ihn von der Entschlossenheit der Kirche zu überzeugen. Es genügte, an seinen Scharfsinn und an seine lebhafte Phantasie zu appellieren. Ohne Zweifel ging Maculano davon aus, daß allein schon der Hinweis auf die Ketzern vorbehaltene Foltergabel oder Brunos eisernen Knebel seine Wirkung nicht verfehlen würde. Bestimmt hoffte er, sich das lästige Ritual ersparen zu können, bei dem einem Delinquenten dieses grausame Instrument mit den an einem Krageneisen befestigten scharfen Zacken, die sich in Brust und Kiefer des Ketzers bohrten und in das der Schriftzug *abiuro* (»ich schwöre ab«) eingebrannt war, vor Augen geführt wurde. Und schließlich diente die Drohung mit der Folter einem geheiligten Zweck: Zum Heil der Kirche wie zu seinem eigenen Seelenheil mußte der große Wissenschaftler unter allen Umständen dazu gebracht werden, seinen Irrtum und seine Verfehlungen einzusehen und öffentlich zu bekennen.

Eine Zeitlang schien es, als bliebe auch die eindringliche Warnung vor Folter ohne Wirkung, bis sich Galileo plötzlich und unerwartet,

»durch Gottes Gnade«, dem Druck schließlich doch noch beugte. Vielleicht *war* er tatsächlich zu weit gegangen in seinem Buch. Vielleicht *hatte* er die Vorschriften zur Erlangung der kirchlichen Druckerlaubnis tatsächlich nicht konsequent befolgt. Vielleicht *hatte* er auch die Ermahnung Kardinal Bellarmins mißachtet. Auf der Stelle schlüpfte Maculano aus der Rolle des gestrengen Priesters in die des Psychologen, aus der des Inquisitors in die eines Beichtvaters. Er meinte, aus Galileos bewegenden und zerknirschten Worten so etwas wie Erleichterung herauszuhören. Endlich hatte der Angeklagte das rettende Licht wahrgenommen. Er würde aus freien Stücken gestehen. Alles, was er jetzt noch wollte, war Zeit zum Nachdenken, wie er trotz seines Gesinnungswandels seinen Ruf bewahren und die Redlichkeit und Lauterkeit seiner Absichten beteuern konnte.

Hatten nun Verzagtheit und Kleinmut oder Kalkül den Ausschlag für diese Wendung gegeben? Auf seinen Überzeugungen zu beharren hätte unweigerlich bedeutet, zum Märtyrer der Wissenschaft zu werden. Nachzugeben hingegen hieß, zumindest sein Leben zu retten und vielleicht sogar bei späterer Gelegenheit noch zu obsiegen. Es war wie immer in solchen Fällen ein unlösbares Dilemma.

Im Hochgefühl seines Erfolges begab sich Maculano auf kürzestem Wege ins Heilige Offizium und beeilte sich, seinen Vorgesetzten die erlösende Nachricht vom glücklichen Ausgang seiner Initiative zu übermitteln. »Seine Heiligkeit und Euer Ehren werden zufrieden sein. Auf diese Weise kann der Fall jetzt zu einem schnellen Ende gebracht werden«, schrieb er Kardinal Francesco Barberini. »Das Gericht wird seinen guten Ruf bewahren, und dem Angeklagten gegenüber kann man wohlwollend verfahren. Was immer am Ende herauskommt, er wird sich dankbar zeigen ob der Gunst, die man ihm erwiesen hat. Morgen werde ich sein Geständnis erhalten. Anschließend werde ich ihn wegen seiner Absichten verhören und ihm Gelegenheit zur Rechtfertigung geben. Wenn das getan ist, kann man ihm die Gunst gewähren, seine Strafe in Form eines Hausarrestes in seinem eigenen Hause zu verbüßen, wie Eure Eminenz vorgeschlagen haben.« Unter diesen hochwillkommenen Bericht setzte der Inquisitor seinen Namenszug: »Euer untertänigster Diener, Fra Vincenzo aus Fierenzuola.«

5

Am folgenden Tag wurde Galileo erneut vor das Tribunal im heiligen Offizium geführt, wo Maculano, kaum daß der Angeklagte vor ihm stand, diesen mit spürbarer Ungeduld aufforderte: »Er möge sagen, was er vorzubringen hat.«

Galileo holte sein vorbereitetes Geständnis aus dem Ärmel und begann mit stockender Stimme vorzulesen. In den Tagen seit seinem ersten Verhör vom 16. dieses Monats sei ihm in den Sinn gekommen, seinen gedruckten *Dialog*, den er während der letzten Jahre nicht mehr angesehen habe, erneut zu lesen und mit Sorgfalt zu prüfen, ob ihm entgegen seiner »höchst lauteren Absicht« etwas aus der Feder geflossen sei, das nicht nur auf einen Makel des Ungehorsams, sondern auch auf ein Zuwiderhandeln gegen die Befehle der Kirche schließen lassen könnte. Da er das Buch lange nicht benutzt habe, sei es ihm wie eine von einem anderen verfaßte Schrift vorgekommen. Er habe schließlich begriffen, daß man das Buch auch falsch verstehen könne. Insbesondere bekenne er frei heraus, »daß es sich an mehreren Stellen als in einer Weise abgefaßt darstellte, daß der Leser, der mein Innerstes nicht kennt, Grund zu der Meinung haben könnte, die für die falsche Seite vorgebrachten Argumente, welche ich widerlegen wollte, seien so ausgedrückt, daß sie… eher zwingend seien, als leicht aus dem Wege zu räumen«. Die Gegenargumente hingegen seien zuweilen »nicht schlüssig« ausformuliert, und das könne irreführend sein, zumal wenn man im Dialog schreibe. Er habe sich, gestand er jetzt ein, vom natürlichen Gefallen an seinem eigenen Scharfsinn hinreißen lassen und sich gewitzter zeigen wollen als die Masse der Gelehrten. »Mein Irrtum lag also, und das bekenne ich, in eitler Ruhmsucht und reiner Unwissenheit und Unachtsamkeit«, schloß er.

Maculano war wie vor den Kopf gestoßen. Wie konnte er nach derart langwieriger Prüfung und allem Insistieren im Heiligen Offizium vor dem erzürnten Papst und den Generalinquisitoren am Ende mit einem solch nichtssagenden »Geständnis« erscheinen? Er würde sich im gesamten Vatikan lächerlich machen. Galileos Erklärung war in jeder Hinsicht unzureichend und nicht hinnehmbar. Sie enthielt nicht einen Hinweis auf die Lehre des Kopernikus, kein Eingeständnis ketzerischer Verstöße gegen die gültige Lehre der Kirche, nicht einen Funken Reue über das Unrecht, das er der Gemeinschaft der Gläubigen zugefügt hatte, geschweige denn ein Bekenntnis flagranter Mißachtung kirchlicher Gebote. Allenfalls wurde in ihr ein gewisses Maß an wissenschaftlicher Selbstgefälligkeit eingeräumt. Im Flur, außerhalb des Verhandlungsraumes und ohne Zeugen, stellte er den Angeklagten mit unverhülltem Zorn zur Rede. Daraufhin kam dieser nach einer Weile wieder in den Raum zurück und gab eine weitere Erklärung zu Protokoll.

Und was er hinzufügte, machte die Sache nur noch schlimmer. Er bot an, die Arbeit an seinem Buch wiederaufzunehmen, nicht indes, um die fragwürdigen und beanstandeten Passagen richtigzustellen, sondern um den *Dialog* um einen zusätzlichen »Tag« zu erweitern, um etwa hundert Druckseiten, in denen er zu beweisen gedachte, daß er sich keineswegs wirklich zur Lehre des Kopernikus bekannte. Vielmehr wollte er darin »die angeführten Argumente [des Kopernikus] auf jene Weise widerlegen, die der liebe Gott mir eingeben wird«. Er bitte das heilige Tribunal, ihm die Genehmigung für »diese gute Lösung« zu erteilen.

Für einen Wissenschaftler seines Kalibers war dies ein Vorschlag von kaum glaublicher Naivität. Anscheinend hatte er noch immer nicht begriffen, was auf dem Spiel stand. Statt dessen sah das Tribunal in seiner Erklärung den Beweis eines erneuten Aufflackerns von Trotz und Widerstand – und dies bei einem Beschuldigten, der kurz davor stand, endgültig von den Mahlsteinen der Inquisition zermalmt zu werden.

Zur allgemeinen Verblüffung ließ man Galileo am folgenden Tag aus dem Vatikan in die Residenz des toskanischen Gesandten zurückkehren. Die offizielle Version hierzu lautete, man wolle ihm mit dieser unerwarteten Entlassung aus seinem »Gefängnis« Erleichterung verschaffen und zur Besserung seiner quälenden Beschwerden beitragen. Eigentlich jedoch sollte auf diese Weise sein »Geständnis« eitler und übertriebener Ruhmsucht belohnt und er zu noch größerer

Redlichkeit und Reue angespornt werden, nicht zuletzt mit der Drohung einer jederzeitigen Rückkehr zu effizienteren Maßnahmen, falls er auf diesem richtigen Weg nicht weiter voranschreiten werde. Galileo selbst erblickte in seiner Freilassung eine Antwort auf seine und seiner Tochter Gebete. »Alle Barmherzigkeit geht von Ihm aus«, schrieb er Maria Celeste in diesen Tagen.

Woher stammten in seinem Fall dann all die Unbarmherzigkeiten?

Am 10. Mai wurde er erneut vor das Heilige Offizium gerufen. Das Verfahren verlief nun in den Bahnen, die Maculano vorgezeichnet hatte: zunächst das Geständnis, dann die Gelegenheit zur Rechtfertigung, schließlich die strenge Prüfung seiner Gesinnung. Auch für Galileo gab es an diesen Schritten nun nichts mehr zu deuteln. Um das Verfahren abzukürzen, hatte er ein Schriftstück vorbereitet. Nachdem er vor dem »Ehrwürdigen Vater« Aufstellung genommen hatte, wurde ihm bedeutet, daß ihm eine Frist von acht Tagen zur Formulierung seiner Verteidigung gesetzt sei, falls er solches wolle und beabsichtige. Eine derartige Verzögerung sei nicht nötig, entgegnete er, zog seine schriftliche Erklärung aus dem Ärmel und legte sie auf den blanken Eichentisch vor ihm. Sie sollte noch einmal die Redlichkeit und Lauterkeit seiner Absichten beweisen, ohne seine Verfehlungen zu entschuldigen. Maculano zeigte keine Regung. Zur Frage der Absichten würde man später kommen. Ohne weitere Förmlichkeit und ohne einen Blick auf das Schriftstück zu werfen, nahm er dieses an sich und entließ den Angeklagten in die Obhut des toskanischen Gesandten.

Galileos Rechtfertigungsschrift war in Wahrheit ein eindrucksvolles, ja leidenschaftliches Dokument in eigener Sache. Sie bekräftigte erneut seine Haltung, der zufolge er als Beweis für die gültige Position der Kirche auf das persönliche Zeugnis von Kardinal Bellarmin im Brief vom 26. Mai 1616 vertraut habe, das die offizielle Ermahnung durch die Kirche wiedergab, die kopernikanische Lehre weder aufrechtzuerhalten noch zu verfechten, nicht aber die Ausdrücke *zu lehren* und *auf welche Weise auch immer.* Er habe diese Ermahnung daher keineswegs mißachtet, nachdem ihm von seiten der Kirche die Genehmigung zum Druck erteilt worden sei.

Die kläglicheren Passagen dieser denkwürdigen Erklärung standen am Schluß. Sie gelten in den Augen vieler als des großen Mannes unwürdig, als Beweis abgrundtiefer Verzagtheit und Schuld. (Andere, die dem Märtyrertum weniger abgewinnen können, interpretieren sie hingegen geradezu als Kennzeichen von Galileos Modernität: als Zeugnis seines Überlebenswillens, um den Kampf später fortsetzen zu können.) Wie dem auch sei – in ihnen lieferte sich Galileo jedenfalls auf Gedeih und Verderb der Gnade seiner Richter aus. Nach zehn Monaten anhaltender seelischer Pein, nicht zu reden von den Beschwernissen einer gefahrvollen Reise nach Rom, hätten die Maßnahmen der Kirche ohnehin bereits dazu geführt, die ihm verbleibenden Jahre abzukürzen. Dies sei Strafe genug. Er habe entsetzlich gelitten und bitte die hochwürdigen Herren Richter nun, nicht noch weiteres Leiden hinzuzufügen und seinem hinfälligen Alter zu verzeihen, nicht aber sich den Verleumdungen seiner Feinde anzuschließen, die sich beharrlich bemühten, seinen Ruf zu ruinieren.

War dies im Grunde genommen schon Selbsterniedrigung genug, so hatte er nichtsdestotrotz noch eine ganze Reihe von Demütigungen zu erdulden, bis er an deren endgültigem Tiefpunkt angelangt war.

Gleich in den ersten Tagen nach seiner »Rechtfertigung« stellte sich wie durch ein Wunder eine erstaunliche Verbesserung seines Zustands ein. Der Arrest in der Villa Medici war mit weniger Einschränkungen verbunden als jener im Vatikan, wenngleich der Gesandte jede kleine Vergünstigung erbetteln mußte. Seiner Beharrlichkeit war es zu verdanken, daß Galileo sich nun sogar nicht mehr nur in den Gärten der Trinità dei Monti erholen, sondern sich bis Castel Gandolfo, vierzig Kilometer südlich Roms, begeben durfte, wo er in den ausgedehnten Parkanlagen des Barberini-Palastes sich die schmerzenden Beine nach Lust und Laune vertreten konnte. Um jedes Aufsehen in der Öffentlichkeit zu vermeiden, wurde er in einer halbgeschlossenen Kutsche dorthin gebracht.

Mit jedem Atemzug in der frischen Bergluft verfiel Galileo allerdings auch wieder mehr in seine alten Illusionen und Selbsttäuschungen. Freunden schrieb er, sein Verfahren strebe rasch einem glücklichen Ende entgegen, und nicht wenige von ihnen sprachen bereits ihre Glückwünsche aus. »Seine Heiligkeit beginnt meine Angelegenheit in einer Weise zu behandeln, die mich auf ein günstiges Ergebnis hoffen läßt«, meinte er noch in einem Schreiben vom 18. Mai in Florenz.

Am 22. Mai stellte der Papst Niccolini einen Abschluß des leidigen Verfahrens für die nachfolgende Woche in Aussicht, doch auch diese und weitere Wochen verstrichen, ohne daß etwas verlautete. Selbst der Großherzog wurde der langen Verzögerung allmählich überdrüssig und dachte an seine Ausgaben. Er ließ bei seinem Gesandten sogar anmahnen, Galileo möge für seinen Aufenthalt in der Villa Medici einen eigenen Obulus beisteuern, eine Forderung, die Niccolini entsetzte. »Ich werde nicht mit ihm darüber sprechen, solange er mein Gast ist. Lieber nehme ich die Bürde auf mich selbst.«

Diesmal ließ sich Niccolini indes nicht von Galileos Optimismus anstecken. In seiner Depesche über die päpstliche Audienz vom 22. Mai übermittelte er dem Staatssekretär in Florenz seinen Eindruck, daß Galileos *Dialog* demnächst auf den *Index verbotener Bücher* gesetzt werde. Um diese Maßnahme vielleicht doch noch abzuwenden, habe er den Vorschlag unterbreitet, Galileo solle für seine Verfehlungen in schriftlicher Form förmliche Abbitte leisen, sei damit jedoch beim Papst nur auf Ablehnung gestoßen. »Ich habe ihm noch nicht alles gesagt«, schrieb Niccolini und bat, seine Depesche geheimzuhalten, damit Galileo auch nicht von anderer Seite informiert werden konnte. »Ich habe vor, ihn langsam darauf vorzubereiten, um ihn nicht noch mehr zu betrüben.«

6

Am 16. Juni kam es zu einem geheimen Treffen zwischen Urban VIII. und den zehn Kardinälen der Kongregation. Der Zeitpunkt des Urteils stand unmittelbar bevor, und der nächste Schritt hatte eine »strenge« Prüfung von Galileos Gesinnung zum Inhalt. Während der vergangenen Monate hatte der Angeklagte immer wieder die Lauterkeit seiner Beweggründe hervorgehoben und seinen Gehorsam, seine

Frömmigkeit und Achtung vor der Autorität der Kirche, die Redlichkeit seiner Gesinnung als gläubiger Katholik beschworen. Solche Gesinnung paßte nicht zu einem Ketzer, und von seiten der Kirche glaubte man denn auch nicht eine Minute daran. Auf gar keinen Fall durfte etwas davon im Protokoll des Verfahrens durchscheinen.

Galileos Schuld oder Unschuld stand also schon längst nicht mehr zur Debatte. Jetzt ging es darum, die Dinge vor dem Urteil der Geschichte zurechtzurücken. Und dazu bedurfte es eines ausdrücklichen Geständnisses aus des Angeklagten eigenem Munde, das die pechschwarze Gesinnung eines Ketzers aller Welt offenbarte. Die Direktive, welche diese Versammlung des Heiligen Offiziums erließ, legte die folgenden Schritte fest: Die ketzerische Gesinnung des Angeklagten war unter Androhung von Folter zu beweisen. Das Wort »Folter« taucht in dieser frommen Verordnung ausdrücklich auf: *etiam comminata ei tortura* (»auch nachdem ihm Folter angedroht wurde«). Er hatte vor der vollzähligen Versammlung des Heiligen Offiziums abzuschwören. Im Anschluß daran war er zu lebenslanger Haft zu verurteilen. Hinfort hatte er sich jeglicher Äußerung über kosmologische Fragen, die kopernikanische Theorie, ja jeder Beschäftigung auch mit der herkömmlichen ptolemäischen Auffassung zu enthalten. Letzteres bewies nur, wie sehr man im Heiligen Offizium die sprachliche und argumentative Brillanz Galileos fürchten zu müssen glaubte: Dieser Mann besaß die Fähigkeit, bislang für gültig erachtete Auffassungen noch durch scheinbar dafürsprechende Argumente bloßzustellen.

Darüber hinaus wurde der *Dialog über die beiden hauptsächlichen Weltsysteme* nunmehr offiziell verboten und auf den Index gesetzt. Und als wäre auch das noch nicht genug, sollte das Buch als verderbliches Machwerk öffentlich verbannt werden. Schließlich sollte dieses Urteil an alle Inquisitoren und päpstlichen Gesandten im ganzen Land verteilt werden und den Professoren für Mathematik und die sonstigen Wissenschaften öffentlich kundgetan werden.

Niccolini erfuhr einige Details dieses Urteilsspruches drei Tage danach in einer Audienz bei Urban VIII. Um eine gewisse persönliche Bestrafung werde man nicht herumkommen, deutete der Papst dabei an, zumal sich die Kongregation der Kardinäle völlig einhellig in diese

Richtung bewege. (Das entsprach nicht der Wahrheit. Zu jenen, welche die Unterzeichnung des Urteils verweigerten, gehörte der Papstneffe Kardinal Francesco Barberini.) Möglicherweise lasse man eine gewisse Milde walten, doch ausschließlich mit Rücksicht auf die guten Beziehungen zwischen dem Heiligen Stuhl und Seiner Durchlaucht, dem Großherzog der Toskana. Falls dies geschehe, müsse immer festgehalten werden, daß dies nur aus außerordentlichem Wohlwollen dem Großherzog gegenüber geschehe, denn die heiligen Väter wünschten mit Galileos Bestrafung ein Exempel zu statuieren, um weitere Intellektuelle mit dergleichen ketzerischen Ansichten von vornherein zu entmutigen.

Am 21. Juni machte sich Galileos Gefährt zum letzten Mal auf den Weg in den Vatikan. Den Hügel der Trinità dei Monti hinab ging es in das alte Zentrum der Stadt nicht weit vom Campo dei Fiori, wo in diesem Jahr 1633 noch drei Verschwörer gegen Urban VIII. gemeinsam den Tod auf dem Scheiterhaufen finden sollten, ein Schauspiel, das in seiner Schauerlichkeit wieder einmal die Erinnerung an das Schicksal Giordano Brunos wachrief. Die Kutsche überquerte den Tiber über den Ponte San Angelo, jener Brücke, auf der man Ketzer früher hängte, und fuhr dann am Castel Sant'Angelo vorbei, der Engelsburg, in der die Gefangenen der Kirche tagtäglich den unaussprechlichsten Grausamkeiten ausgesetzt waren. Galileo wußte genau, welch schlimmes Ende dieser Tag für ihn noch nehmen konnte. Dem gemeinsten Bettler war klar, was das hieß: »strengstes Verhör«. Er war müde, gebrochen und am Boden.

Im mittlerweile schon vertrauen Raum im Palast des Heiligen Offiziums vergeudete Maculano keine Minute.

»Hat Er etwas von sich aus zu sagen?«

»Ich habe nichts zu sagen«, lautete die resignierte Antwort.

Dies freilich war für Maculano weder hinnehmbar noch der Wahrheit entsprechend.

»Hält Er aufrecht oder hat Er aufrechtgehalten, daß die Sonne der Mittelpunkt der Welt und die Erde nicht der Mittelpunkt der Welt ist und sich auch noch in täglichen Umdrehungen bewegt?«

Nach einem langen Moment des Schweigens raffte sich der Angeklagte mit sichtlicher Anstrengung zu einer Antwort auf: »Lange Zeit vordem… war ich unentschieden und hielt beide Meinungen, nämlich die des Ptolemäus und die des Kopernikus, für disputwürdig, denn sowohl die eine als auch die andere konnte in der Natur wahr sein; nach der Entscheidung der Heiligen Indexkongregation indes, versichert durch die Weisheit der Oberen, hörte in mir jeder Zwiespalt auf, und ich hielt die Meinung des Ptolemäus… für wahrhaftig und unbezweifelbar aufrecht, wie ich sie auch jetzt aufrechterhalte.«

Was wollte die Kirche mehr? Maculano jedoch schlug erbarmungslos zu. »Nach der Art und Weise und nach dem Wortlaut, womit Er die Meinung des Kopernikus in seinem Buch erörtert und verfochten hat, ist anzunehmen, daß Er die besagte Meinung… aufrechterhalten hat. Er mag daher die Wahrheit sagen, ob er sie aufrechterhält oder aufrechterhalten hat.«

Ein letztes Mal versuchte Galileo mit Argumenten zu parieren. »Was das Schreiben des *Dialoges* angeht, so habe ich mich nicht deswegen bemüht, weil ich die Meinung des Kopernikus für wahr hielte, sondern weil ich dem allgemeinen Nutzen zu dienen vermeinte, indem ich die natürlichen und astronomischen Gründe darlegte, die für die eine oder die andere Seite geltend gemacht werden können, wobei ich es mir angelegen sein ließ, offenbar zu machen, daß weder diese noch jene Gründe… die Kraft der beweisenden Folgerungen hätten… Mithin komme ich in mir selbst zu dem Schluß, nach dem Beschluß der Oberen die verurteilte Meinung weder aufrechterhalten zu haben noch aufrechtzuerhalten.«

»Ich wiederhole. Aus ebendiesem Buch wird vermutet, daß Er die Meinung… von der Bewegung der Erde und dem Stillstand der Sonne aufrechterhält oder wenigstens zu Zeiten aufrechterhalten hat. Wenn Er sich nicht entschließt, die Wahrheit zu sagen, wird die heilige Kirche gegen ihn zu den geeigneten, dem Recht und dem Fall entsprechenden Mitteln greifen.«

»Ich halte diese Meinung des Kopernikus nicht aufrecht«, brachte Galileo mit fast übermenschlicher Überwindung hervor, da ihn die Erschöpfung übermannte. »Im übrigen bin ich hier in Euren Händen, verfahret nach Eurem Belieben.«

Diese Resignation und Hoffnungslosigkeit schien den Inquisitor eher noch mehr in Rage zu bringen denn zu befriedigen.

»Sag Er die Wahrheit!« drohte er scharf. »Sonst wird man zur Folter schreiten.«

»Ich bin hier, um Gehorsam zu leisten...«

Gnädigerweise machte Maculano dem grausamen Spiel an diesem Punkt ein Ende. Der geschundene alte Mann wurde hinausgeführt.

Es blieb nur noch, an ihm ein öffentliches Exempel zu statuieren. Die Verkündung eines so weitreichenden Urteilsspruches über eine so berühmte Persönlichkeit, die Zelebrierung eines so fatalen Triumphes der Kirche, erforderte eine entsprechend grandiose Inszenierung. Die alte Basilika der Dominikaner, Santa Maria Sopra Minerva im Zentrum Roms, war der passende Ort für ein öffentliches Schauspiel dieses Kalibers. Unmittelbar hinter dem Pantheon, eingezwängt zwischen verwinkelten Pflastergassen um das Collegio Romano, hob sich diese mittelalterliche Basilika auf den ersten Blick durch nichts von ihrer Umgebung hervor. Ihre schmucklose Fassade wurde lediglich durch einfache Rundfenster und hölzerne Pforten unterbrochen, welche die asketische Gelehrsamkeit ihres Ordens zu unterstreichen schienen. In ihrem Inneren indes war sie weit und licht, mit eindrucksvollen Streben, Bogen und Säulen, die sich um den Chorraum in der Mitte gruppierten, der die Grabmonumente zweier Medici-Päpste des vorhergehenden Jahrhunderts beherbergte. All dies unterstrich die Autorität der Dominikaner in der Welt des geschriebenen Wortes und ihre Stellung im realen Gefüge jener Zeit. Die Basilika erhob sich über einem römischen Tempel der Minerva, der etruskischen Göttin der schönen Künste, ein Ort, an dem sich einst die römischen Schriftsteller zu Lesungen trafen.

Am Morgen des 22. Juni erschien eine große Anzahl von Kardinälen vor der Basilika der schwarzgewandeten Fratres, schritt durch die Pforte von Santa Maria Sopra Minerva und das anschließende Kloster (dessen Wände Torquemada zwei Jahrhunderte zuvor mit biblischen Szenen ausgeschmückt hatte) in die große Aula des Dominikanerkonvents.

Nachdem sich die wogende Menge aus Rot und Schwarz im Gestühl zu beiden Seiten der Aula niedergelassen hatte, wurde der Angeklagte hereingeführt. Auf einem schlichten Gebetsschemel, auf dessen Pult die Bibel bereitlag, kniete er nieder, um sein Urteil entgegenzunehmen.

Maculano erhob sich und sprach im Namen des Tribunals und der Kirche. Fast eine halbe Stunde lang schilderte er mit dröhnender Stimme noch einmal den Fall und das Verbrechen Galileos, der den gespreizten Worten und pompösen Phrasen die ganze Zeit nur halb zuhörte und auf den Urteilsspruch wartete. »Wir erachteten es als erforderlich, gegen dich zum strengen Verhör zu schreiten«, hörte er Maculano verkünden. Und dann löblicher: »In diesem hast du nach den katholischen Glaubensregeln geantwortet.« Angesichts der Interessen des Großherzogs von Toskana in seinem Fall hoffte der Gefangene auf eine milde Strafe: die Auferlegung bestimmter Bußpsalmen vielleicht, mit Sicherheit das Verbot weiterer kosmologischer Spekulationen. »Du hast dich der Ketzerei dringend verdächtig gemacht«, dröhnte der Inquisitor, »und dir infolgedessen alle kirchlichen Strafen und Bußen zugezogen... Wir sind es zufrieden, daß du von ihnen freigesprochen werdest, vorausgesetzt, daß...«

Was wollten sie noch? Hatte er nicht alles getan, was von ihm verlangt worden war? Hatte er nicht jedes Vergehen gestanden? Fügte er sich nicht gerade dem öffentlichen Spektakel, an dem ihnen vor allem gelegen war? Genügte ihnen das immer noch nicht?

Der *Dialog* war als Beispiel für andere, damit sie sich derartiger Vergehen enthielten, durch öffentliche Verfügung zu verbieten. Das hatte er erwartet. Und weiter: »Wir verurteilen dich zu förmlichem Kerker in diesem Heiligen Offizium nach unserem Ermessen; und als heilsame Buße erlegen wir dir auf, in den drei kommenden Jahren einmal in der Woche die sieben Bußpsalmen zu sprechen...«

Der Verrat durch seine eigene Kirche war vollkommen. Trotz gegenteiliger Versprechen war er am Ende auf unbegrenzte Zeit ein Gefangener der Inquisition. Er war ein Schandfleck, ein abschreckendes Beispiel für jeden Wissenschaftler, dessen Experimente der Verletzung biblischer Wahrheiten verdächtigt werden konnten. Mit siebzig Jahren würde er nun vermutlich den Rest seines Lebens im Kerker verbringen müssen. Falls in diesem Urteilsspruch überhaupt eine gewisse Nachsicht mitklang, dann die, daß wenigstens sein Seelenheil unbeschadet blieb. Er war der Exkommunikation entgangen und damit noch nicht zu ewiger Verdammnis verurteilt.

Falls er geschockt war, war er doch zu erschöpft, zu geschlagen, zu sehr gequält, um das überhaupt noch wahrzunehmen. Es bedurfte langer Zeit, bis sich der Zorn wieder in ihm regte.

Maculano begab sich zu seinem Platz und nickte dem Verurteilten zu. Dies war der Augenblick für die Geständnisse des Verurteilten, die zu hören sich die Scharen von Geistlichen in der Aula drängten. Wie vollständig war seine Erniedrigung? Wie gründlich hatte sich die Arbeit des Inquisitors ausgewirkt? Gab es noch geringste Anzeichen von Ungehorsam oder mangelndem Respekt in ihm?

Schon seine ersten Worte beruhigten sie. Sie waren eindeutig und klangen aufrichtig. Er zeichnete das Porträt eines gezüchtigten und reumütigen Mannes, zerbrochen nicht durch die Hand der Kirche, sondern unter dem Gewicht eigenen Dünkels und Selbstüberhebung. Ein solches Bild versprach Genugtuung. Er glaube nun..., habe immer geglaubt... und werde in Zukunft stets alles glauben, was von der heiligen katholischen und apostolischen römischen Kirche als Lehre verkündet werde. Er gestand, dem Gebot der Kirche zuwider Gründe mit großer Wirksamkeit zugunsten einer gottlosen Lehre vorgebracht und sich daher gegen die Kirche gestellt zu haben.

»Deshalb, da ich aus dem Geist Eurer Eminenzen und eines jeglichen getreuen Christen diesen heftigen Verdacht, der rechtens auf mich fällt, tilgen will, schwöre ich aufrichtigen Herzens und ungeheuchelten Glaubens ab, verfluche und verabscheue meine Irrtümr und Ketzereien. Ich schwöre, daß ich künftig niemals wieder, in Wort oder Schrift, Dinge sagen noch behaupten werde, für welche ähnlicher Verdacht gegen mich geschöpft werden könnte...«

Dann, als wollte er ihnen noch einen besonderen Gefallen erweisen, erbot er sich selbst als künftigen Wächter des alten Systems gegen die neue Wissenschaft. »Wenn ich aber auf irgendeinen Ketzer oder einen der Ketzerei Verdächtigen treffe, werde ich ihn diesem Heiligen Offizium... anzeigen.«

Er legte seine Hand auf die Bibel. »Sollte ich einem dieser meiner Gelöbnisse und Schwüre zuwiderhandeln, was Gott verhüten möge, so unterwerfe ich mich allen den Strafen und Züchtigungen, welche von den heiligen Kirchensatzungen … vorgesehen sind.«

Die Strafe für einen rückfälligen Ketzer bedeutete den Tod auf dem Scheiterhaufen auf dem Campo dei Fiori. Und dort stiegen Wolken gerechten Zorns in den Himmel. Binnen Monaten nach Galileos Abschwörung war der Campo dei Fiori Schauplatz einer gleich dreifachen Hinrichtung durch Verbrennen: eines Kardinals und zweier Mönche, die versucht hatten, Urban VIII. mittels Schwarzer Magie zu meucheln. Im Angesicht einer Wachspuppe mit dem Aussehen des Papstes hatten diese Verschwörer eine schwarze Messe abgehalten, um Urban VIII. ein rasches Ende zu bereiten und den Kardinal an seine Stelle zu setzen.

TEIL V

SIENA UND ARCETRI

14

Blinder Gehorsam

»Heiligster Vater,
Galileo Galilei bittet seine Heiligkeit untertänigst, seine lange Haft statt in Rom unter entsprechenden Bedingungen in Florenz verbringen zu dürfen. Er tut dies aus Gründen seines schlechten Gesundheitszustandes und wegen der Witwe seines Bruders, die demnächst mit acht Kindern aus Deutschland zurückkommen wird und der keiner außer ihm Hilfe und Schutz bieten kann. Er wird jede Entscheidung als unendliche Gunst Seiner Heiligkeit hinnehmen.«

Mit diesem anrührenden, doch keineswegs ganz aufrichtigen Gesuch – so sehr lag ihm die übergroße Familie seines Bruders Michelangelo nämlich auch wieder nicht am Herzen – wandte sich der gebrochene Mann ein letztes Mal persönlich an den Papst. Doch Urban VIII. ließ sich nicht bewegen. »Wir müssen sachte vorgehen«, erklärte er, »und dürfen ihm nur sehr allmählich entgegenkommen.« Zu einem kleinen Schritt fand er sich allerdings doch bereit. Er erlöste den Gefangenen von der drückenden Schwüle des römischen Sommers. Dem Verurteilten wurde erlaubt, seine Strafe unter strengen Auflagen fortan im Palast des Erzbischofs von Siena zu verbüßen.

Anfang Juli 1633 ließ er Rom zu letzten Mal hinter sich. Unterwegs, als er, ein noch immer rüstiger Siebzigjähriger, bei Viterbo aus der Kutsche stieg und eine Strecke von annähernd sechs Kilometern zu Fuß bewältigte, schien sich seine Stimmung für einen Augenblick ein wenig zu heben – freilich nur, um in der Kutsche dann noch tieferer Verzweiflung zu weichen. Drei Tage nach seiner Abreise wurde er in Siena von Erzbischof Ascanio Piccolomini, unter dessen Obhut er nunmehr gestellt war, fast liebevoll willkommen geheißen. Das Adelsgeschlecht der Piccolomini genoß seit Generationen weit über die Landesgrenzen hinaus den Ruf außerordentlicher Bildung und Gelehrsamkeit. Aus ihm waren ein Papst und eine ganze Reihe von humanistischen Denkern hervorgegangen; Ascanios Vater hatte die toskanische Reiterei befehligt und das hohe Amt des Oberstallmeisters am Hof der Medici innegehabt. Im Sommer 1605, als Galileo aus Padua nach Florenz gekommen war, um Cosimo II. in Mathematik zu unterrichten, hatte mit Cosimo auch Ascanio Piccolomini als jugendlicher Sproß des Hofadels den Unterrichtsstunden beigewohnt. Dank enger Verbindungen zu den Barberini in Florenz erhielt er schon kurz, nachdem Maffeo Barberini zum Papst gewählt worden war, die Priesterweihe und war binnen fünf Jahren bereits Erzbischof von Siena.

Der stattliche Bischof, ein eleganter, schlanker Enddreißiger, hatte sich sein neues Amt als Wärter Galileos von der Kirche ausdrücklich erbeten. Er hegte nach wie vor große Bewunderung für den als Ketzer Verurteilten. Kaum daß er die förmlich in Latein verfaßten Instruktionen des Vatikans in Händen hielt und seinen Oberen gelobt hatte, die Auflagen der Inquisition in allen Punkten peinlichst zu beachten, hatte er Galileo wissen lassen, welch »außerordentliche Freude« ihm die »Ehre« bereite, ihn in seinem Hause aufnehmen zu dürfen. Im bischöflichen Palast unmittelbar neben der kunstvollen Marmorfassade des Doms zu Siena ließ er prunkvolle Gemächer für seinen Gast bereitstellen.

Nicht allzuweit davon waren in Arcetri Galileos beide Töchter über die Nachricht vom Schuldspruch der Inquisition außer sich und in Anbetracht des Stillschweigens ihres Vaters in größter Sorge. Sie wußten nicht, was mit ihm geschehen war, weder ob man ihn in eines der päpstlichen Verliese von Castel Sant'Angelo geworfen hatte, noch ob man ihm womöglich noch Schlimmeres angetan hatte. »Die Nachricht von Euren jüngsten Kümmernissen durchbohrte meine Seele mit heftigstem Schmerz«, schrieb Suor Maria Celeste am 2. Juli noch ganz betäubt. »Liebster Herr und Vater, jetzt ist es an der Zeit, sich mehr denn je mit jener Klugheit zu wappnen, die Euch unser Herrgott verliehen hat, und diese Schläge mit der Seelenstärke zu ertragen, die Euer Glaube, Euer Stand und Euer Alter erfordern.« Das Ausbleiben jeder direkten Nachricht von ihrem Vater versetzte sie bereits in Angst und Schrecken. Sie argwöhnte die Rachsucht der Kirche und verschaffte daher zwei Freunden Galileos Zugang zum Haus ihres Vaters in Arcetri, damit sie seine persönlichen Aufzeichnungen durchsahen und alles beiseite schafften, was darunter an Belastendem hätte sein können, ehe irgendwelche Kleriker dessen habhaft werden konnten.

Am 13. Juli berichtete sie ihrem Vater, der mittlerweile schon in Siena untergebracht war, über ihre Vorsichtsmaßnahmen. »Sie wähnten Euch in ernsten Schwierigkeiten«, schilderte sie ihm das Eingreifen seiner Freunde. »Und da ich sie Euretwegen so besorgt angetroffen habe, schien es mir richtig und notwendig, einem möglichen Unglück zuvorzukommen. So überließ ich ihnen die Schlüssel und erlaubte ihnen zu tun, was ihnen richtig dünkte.«

All dies verstärkte in Galileo zweifelsohne das Gefühl des Ausgestoßen- und Schuldigseins vor Gott und den Menschen. In den ersten Wochen unter der Obhut des Erzbischofs wanderte er ruhelos in seinen Gemächern umher. Er fand kaum Schlaf, und seine nächtlichen Aufschreie hallten in den Gängen des bischöflichen Palastes wider. Dies steigerte sich dermaßen, daß der kräftige Geistliche schon erwog, Galileo aus Sorge, er könnte sich mit seinem panischen Um-sich-Schlagen einmal ernsthaft verletzen, des Nachts die Arme festzubinden.

Die sechs Monate seines Gefangenendaseins zeitigten mittlerweile immer bedrückendere Folgen. Das anfängliche Nichtstun war ihm nach eigenem Bekunden kaum erträglich, ein Zustand, der sich neben aller Scham, aller Besorgnis und allem inneren Aufruhr noch durch chronische körperliche Schmerzen zusehends verschlechterte. Schon nach zwei Wochen in Siena bedrängte er den Staatssekretär des Großherzogs verzweifelt, neuerliche Anstrengungen für seine Freilassung zu unternehmen. Mochten Reue und Scham ihm auch schwer zugesetzt haben, so haderte er doch auch innerlich aufgewühlt mit seinem Schicksal. Hatte man ihn nicht im Glauben gelassen, seine Abschwörung wäre der Preis für seine Freiheit? Die sofortige Inhaftierung war danach in seinen Augen ein offenkundiger Bruch seiner Übereinkunft mit der Inquisition.

»Ich bitte Euch«, flehte er, »Seine Hoheit dazu zu bewegen, Seine Heiligkeit um die besondere Gunst meiner Freilassung zu ersuchen; um des größeren Nachdruckes willen könnte man das Fehlen meiner Dienste seit geraumer Zeit einflechten und es als nachteiliger für das Haus Seiner Durchlauchtigsten Hoheit darstellen, als es in Wirklichkeit ist.« Doch die verschwindend geringen Einflußmöglichkeiten des jugendlichen Ferdinando II. waren 1633 nur allzu offenkundig. Mit seinen gerade dreiundzwanzig Jahren verfügte dieser eine Fürst über keine reale Macht, mit seinem Mangel an Erfahrung stand er noch ganz unter dem Einfluß seiner gottesfürchtigen Mutter, einer Herrscherin, die ihrerseits sowohl dem Einfluß Spaniens als auch dem des Vatikans ausgesetzt und erlegen war. Was dem Großherzog an Macht verblieb, konzentrierte sich in jenen Tagen auf die Eindämmung der Pestepidemie, welche die Toskana noch immer in ihren Klauen hielt. Als sein Gesandter in Rom doch noch einen Vorstoß unternahm, wurde ihm lediglich kühl bedeutet, es sei noch viel zu früh, im Falle Galileos an Milde auch nur zu denken.

Unterdessen verlor man im Vatikan keine Zeit, die Inquisitoren in ganz Italien über den Ausgang und die abschließende Regelung des Falles Galileo in Kenntnis zu setzen. Unterlagen zum Schuldspruch und zu Galileos Abschwörung wurden offiziell verbreitet, um diese Wachhunde Christi anzuspornen, jeden der zahlreichen kleineren Galileos, der sich noch in ihrem Zuständigkeitsbereich befinden mochte, seiner Bestrafung zuzuführen. Der Inquisitor von Venedig erhielt sie mit dem üblichen Begleitbrief, nach dem ihm die Dokumente überstellt wurden, »damit Ihr sie Euren Vikaren zur Kenntnis bringt und damit auch alle Professoren der Philosophie und der Mathematik darüber Bescheid wissen; sie mögen wissen, warum die Kirche gegen besagten Galileo vorgegangen ist, und die Schwere seines Irrtums erkennen, damit sie sich eines derartigen Vergehens enthalten und keine der Strafen auf sich ziehen, die sie zu erleiden hätten, würden sie in den nämlichen Irrtum verfallen«. Mit diesen kirchlichen Erlassen nahm der allgemeine Niedergang Italiens seinen Anfang.

Die kirchliche Repression begnügte sich jedoch nicht allein mit der Verbreitung von Galileos Schuldspruch und der Warnung an alle gottesfürchtigen Wissenschaftler. Man forderte die traditionsverhafteten Professoren an den Universitäten auch konkret auf, in Abhandlungen und Veröffentlichungen gegen die Lehren des Kopernikus, eines Kepler und nun auch eines Galileo vorzugehen. Eine Flut scholastisch schulphilosophischer Traktate überschwemmte von nun an den Büchermarkt. Eines davon, Urban VIII. gewidmet, trug den Titel »Gegen den Verfasser des Dialoges über die beiden hauptsächlichen Weltsysteme« und enthielt unter anderem folgende haarsträubende Logik: »Tiere, die sich bewegen, verfügen über Gliedmaßen und Muskeln. Die Erde besitzt weder Gliedmaßen noch Muskeln; also bewegt sie sich nicht. Engel bewirken, daß Saturn, Jupiter und die Sonne um die Erde kreisen. Würde sich die Erde bereits ihrerseits in einer Kreisbewegung befinden, müßte dies gleichfalls durch einen Engel in ihrem Mittelpunkt bewirkt werden. Dort befinden sich jedoch nur Teufel; also verdankte die Erde ihre Bewegung einem Teufel... Daher scheint es ein schwerwiegender Irrtum, die Erde, eine schmutzige Kloake, unter die Himmelskörper zu versetzen, die makellos und göttlich sind.«

Neben offener Einschüchterung und Unterdrückung gab es auch weniger spektakuläre Revirements in der römischen Hierarchie. Kleriker, die auf die eine oder andere Weise in den Fall Galileos verwickelt waren, fielen in Ungnade. Pater Riccardi, der kirchliche Zensor, der Galileos *Dialog* die Druckerlaubnis erteilt hatte, wurde seines Amtes als Prokurator des apostolischen Palastes enthoben. Der Inquisitor von Florenz, der die Veröffentlichung zugelassen hatte, erhielt eine offizielle Rüge. Pater Castelli, panisch besorgt, selbst in ernsthafte Gefahr zu geraten, floh zunächst aus Rom und blieb über Monate fern. Monsignore Ciampoli, vormals engster Vertrauter des Papstes und zugleich Mittelsmann Galileos, bekam den Zorn Urbans VIII. über den »Verrat« in seiner nächsten Umgebung besonders zu spüren. »Möge Gott Ciampoli beistehen, denn in der Frage besagter Meinungen steht er heimlich auf der Seite dieser neuen Philosophie.« Er mußte Rom verlassen und bis an sein Lebensende mit einflußlosen geistlichen Ämtern vorliebnehmen.

Unterdessen gingen Wochen ins Land, in denen Erzbischof Piccolomini in Siena alles daransetzte, Galileos tiefe Niedergeschlagenheit etwas aufzuhellen. Als erstes ließ er Linsen aus Florenz herbeischaffen, um mit ihm zusammen ein Teleskop herzustellen und wieder astronomische Beobachtungen durchführen zu können. Trotz der strikten Isolierung, die der Vatikan angeordnet hatte, lud Piccolomini zahlreiche Dichter, Wissenschaftler und Musiker in seine Residenz, die Galileo verehrten und dessen Räumlichkeiten bald mit neuem Frohsinn und angeregter Konversation erfüllten. In den Gassen Sienas direkt unter seinen Fenstern herrschte um diese Zeit ebenfalls ein munteres Treiben. Ein Teil des weitläufigen Palastes gestattete einen Ausblick auf die Piazza del Campo, wo im Juli dieses Sommers nach altem Brauch der farbenprächtige *Palio*, das bekannteste Pferderennen Italiens, stattfand. Die Klänge der mächtigen Orgel des Domes schallten über den Platz vor seinen Gemächern.

Zu den Gelehrten, die dank Piccolominis Initiative in Siena mit Galileo in Berührung kamen, zählte auch der Philosoph Alessandro Marsili. Die Diskussionen mit ihm weckten nach und nach Galileos lang gehegtes Interesse an der Physik und Mechanik wieder, insbesondere an den Fragen zum inneren Aufbau der Materie, der Festigkeit bestimmter Materialien und der Eigenschaften flüssiger Körper. Im September griff er erstmals auch wieder zur Feder, begann eine ausgedehnte Korrespondenz über mathematische Theoreme und beschäftigte sich ausführlich mit den physikalischen und technischen Problemen beim Glockenguß.

Mit einem anderen Gast in Piccolominis Runde konnte er sich weniger anfreunden. Es handelte sich dabei um einen wissenschaftlich unbedarften Kleriker namens Francesco Pelagi, der sich anläßlich einer Predigt im Dom unbedachterweise mit der Frage befaßte, ob ein Meeresstrudel auf Dinge in seiner Nähe eine anziehende oder eine abstoßende Kraft ausübe. Galileo wandte sich vehement gegen dessen Geschwätz und stellte ihn heftig zur Rede, was alsbald in ein lautstarkes Wortduell mit dem Geistlichen ausartete. Der Erzbischof setzte dem ein Ende und verbannte Pater Pelagi aus dem bischöflichen Palast.

Im Spätherbst verfügte Galileo bereits wieder über genügend Selbstbewußtsein, um nicht zu sagen, Tollkühnheit, ein Exemplar seines inkriminierten *Dialoges* auf geheimen Wegen nach Paris bringen zu lassen, wo der lange Arm des Vatikans nicht ganz so spürbar war. Das Werk konnte dank dieses Manövers wenig später ins Lateinische übertragen und so den Wissenschaftlern in ganz Europa zugänglich gemacht werden. Auf Anregung des Erzbischofs faßte er jetzt sogar den Plan zu einem neuerlichen Dialog, der alle theologischen Fallstricke sorgsam vermeiden und den Titel *Unterredungen und mathematische Demonstrationen über zwei neue Wissenszweige* tragen sollte.

Im Rahmen dieses neuen Dialogs sollte die Figur des Simplicio sympathischere Züge erhalten, was offenbar dem Einfluß des Erzbischofs zuzuschreiben war, der sich ohne Zweifel manchmal selbst in der Rolle des Traditionalisten sah. Er war lediglich Werkzeug und Anstoß für den großen Genius. Der französische Schriftsteller Marc Antoine Saint-Amant, der Galileo in diesen Tagen aufsuchte, traf den Wissenschaftler in einem Gemach mit kostbaren Seidentapeten und erlesenen Möbeln zwischen Stößen wissenschaftlicher Manuskripte und gerade in eine gestenreiche Diskussion mit dem Bischof über ein mathematisches Theorem verwickelt. Der Eindruck, den der eher stämmige, greise Galileo und der vergleichsweise junge, hochgewachsene und vitale Bischof in seiner eleganten schwarzen Soutane mit roter Paspelierung auf ihn machten, ließ ihn anschließend notieren: »Ich konnte nicht umhin, diese beiden vortrefflichen Männer zu bewundern.«

Nicht jeder jedoch war von diesem Schauspiel in gleicher Weise angetan. War Galileo ein Ehrengast, dem man huldigen und den man verwöhnen mußte? Oder war er nicht vielmehr ein gefährlicher Ketzer, den man in Acht und Bann zu halten hatte? Aus der Sicht manches Querulanten und päpstlichen Spitzels im bischöflichen Palast hatte Erzbischof Piccolomini jegliche Orientierung verloren. Seine Ehrerbietung diesem Ketzer gegenüber war ein Ärgernis für jeden gottesfürchtigen Bürger. Kurze Zeit später landete bereits eine anonyme Anzeige im Vatikan: Galileo streue gänzlich unkatholische Ansichten unter die Leute und sei im Begriff, auch diesen ehrwürdigen

Prälaten der Kirche dazu zu verführen. Der Erzbischof habe sogar schon geäußert, Galileo sei von der Kirche ungerecht und zu streng behandelt worden und daher zu Recht unbußfertig und voll des Zornes wegen der Anschuldigungen, deretwegen man ihn verurteilt habe. Piccolomini stelle Galileo einfach über alles, und eine solche Haltung könne nur üble Früchte gebären.

Dieweil der Erzbischof nach Kräften dazu beitrug, daß Galileo seine Selbstachtung wiederfand, schürten die Briefe Suor Maria Celestes sein Verlangen, endlich wieder nach Florenz zurückkehren zu dürfen. Im Herbst wandte er sich durch Vermittlung des toskanischen Gesandten erneut mit einem Ersuchen um Erleichterung, wenn nicht Aufhebung seiner Haftbedingungen an den Vatikan. Die Bitte versandete in Rom.

Maria Celeste schilderte ihm unterdessen den Alltag in Arcetri, weckte damit die Erinnerungen an Vertrautes und nährte die Sehnsucht nach seinem Zuhause nur noch mehr. Sie erzählte ausführlich, wie die Pest in Florenz ihren Schrecken allmählich wieder verloren und aus diesem Anlaß mit dem Großherzog samt Gefolge an der Spitze diesmal eine Dankesprozession der heiligen Madonna von Impruneta aus stattgefunden hätte, die zum allerhöchsten Entzücken der Klarissinnen unmittelbar an ihrer Klosterpforte vorbeigezogen wäre. Sie berichtete ihm von seinen Weinfässern, die man, um den neuen Wein darin nicht sauer werden zu lassen, vorher zerlegen und vollständig in der Sonne austrocknen lassen mußte; von den Schäden, die Hagel und Sturm an den Reben und Obstbäumen angerichtet hatten; von Strauchdieben, die den Garten ihres Stiftes geplündert hätten, von ihrer Spitzenklöpplerei und von der Sturheit ihrer »Mauleselin«. Außerdem teilte sie ihm noch mit, wieviel Weizen sie zugekauft und was der Verkauf der Zitronen eingebracht hatte, aus dessen Erlös (zwei Lire) sie drei heilige Messen für ihn bestellt habe.

»Es sind zwei Täubchen im Schlag, die bei Eurem Kommen ein herrliches Mahl abgeben würden, und die Bohnen in Eurem Garten warten nur darauf, daß Ihr sie erntet. Euer Haus beklagt Euer langes Fernbleiben. Als Ihr noch in Rom festgehalten wurdet, sagte ich immer: Wäret Ihr doch nur in Siena! Nun, da Ihr Euch in Siena befindet, denke ich: Wäret Ihr doch nur in Arcetri! Doch Gottes Wille geschehe!«

Als Maria Celeste den Wortlaut des Schuldspruchs über ihren Vater zu lesen bekam, packte sie zunächst tiefe Verzweiflung, doch dann fand sie selbst darin noch eine tröstliche Seite. »Ich war froh, ihn gelesen zu haben, weil ich darin einen Weg fand, um Euch ein klein wenig helfen zu können, nämlich mir Eure Pflicht aufzuerlegen, einmal in der Woche die sieben Bußpsalmen herzusagen.«

Schließlich überstiegen der Schmerz, die Zerrissenheit und die Besorgnis und Sehnsucht nach ihrem Vater ihre Kräfte, und sie erkrankte an einem unheilbaren Leiden. Galileos Bitten um Freilassung erhielten dadurch neuen Nachdruck, und der Papst, in diesem Fall mehr durch die Berichte über Galileos komfortable Haftbedingungen in Siena denn durch irgendwelches Mitgefühl für Suor Maria Celeste bewegt, ließ sich zuletzt doch noch erweichen. Am 1. Dezember 1633 erging folgende Verfügung: Galileo werde die Rückkehr nach Arcetri gestattet, wo er seine Tage in Abgeschiedenheit und unter strengster Aufsicht des örtlichen Klerus zu verbringen habe, mit der strikten Auflage, sich keinesfalls nach Florenz zu begeben, keinen Gesprächen und Zusammenkünften vieler Freunde zuzustimmen, noch sie zu Gast zu bitten.

Maria Celeste, die im Krankenlager von seiner bevorstehenden Ankunft erfuhr, schrieb bekümmert: »Ich glaube nicht, daß ich diese Stunde noch erleben werde. Möge der Herr es geben, wie es zum besten ist.«

Sie durfte die Stunde noch erleben. Galileo bezog in Arcetri sein kleines Landhaus, sein »Kleinod«, direkt an einem schmalen Pflastergäßchen, das sich durch das Hügeldörfchen schlängelte. Eine Mauer versperrte die Sicht auf das Gäßchen, doch von der Rückseite des Hauses öffnete sich ein weiter Blick über einen Olivenhain und eine mächtige Steineiche hinüber zum Stift von San Matteo und darüber hinaus zu den fernen Bergen im Westen der Toskana. Seine Räumlichkeiten waren bescheiden, aber es gab eine offene Loggia mit einer schönen Balkendecke, wohin er sich zum Nachdenken zurückziehen und sein Teleskop gen Himmel richten konnte.

Zu seinen ersten Verrichtungen gehörte ein untertäniger Dankesbrief an den Papstneffen Kardinal Francesco Barberini, dessen Einfluß er die gelockerten Bedingungen seines lebenslangen Arrestes zuschrieb: »Diese und tausend andere Gunstbeweise, die mir von Eurer gütigen Hand schon zuteil wurden, bestärken in mir den Wunsch nicht weniger als die Verpflichtung, Eurer Eminenz stets zu Diensten zu sein und sie aufs höchste zu verehren.« Zu den ersten, die ihn in seiner neuen Behausung aufsuchten, gehörte Großherzog Ferdinando II. der Toskana.

Die ersten vier Monate seines Hausarrestes in Arcetri brachten eine harte Prüfung, weniger, was seine wissenschaftlichen Überzeugungen als vielmehr die Standhaftigkeit seines Glaubens betraf. Maria Celeste erholte sich nicht mehr. Galileo eilte unentwegt über das kleine Gäßchen oder den Pfad durch den Olivenhain an ihr Krankenbett. Als wäre es zu ihrer Freude, standen im Stift von San Matteo in diesem Winter bereits Rosen in Blüte. Am ersten Frühlingstag erkrankte sie noch zusätzlich an einer heftigen Ruhr. Sie starb binnen sechs Tagen im Alter von dreiunddreißig Jahren.

In den letzten Stunden ihres Lebens kehrte Galileo in Begleitung eines Arztes, der ihm gerade den hoffnungslosen Zustand seiner Tochter eröffnet hatte, für eine Weile in sein Haus zurück. Als er das Tor zum Hof öffnete, stand der Stellvertreter des Inquisitors von Florenz vor ihm. Ohne Rücksicht auf den schmerzlichen Augenblick konfrontierte er Galileo mit einer brüsken Ablehnung eines seiner Gesuche an Rom: Der besagte Gefangene sei davor zu warnen, weitere Gesuche um die Erlaubnis für einen Besuch in Florenz einzureichen, sei es wegen ärztlicher Behandlung oder aus sonstigen Gründen. Sollte er ärztliche Behandlung nötig haben, könnten seine Ärzte auch zu ihm kommen. Sollte er seine fortwährenden Belästigungen nicht einstellen, würde er nach Rom und in die Kerker des Heiligen Offiziums zurückgebracht. »Mir scheint«, bemerkte Galileo bitter, »daß mich diese Antwort mit ziemlicher Wahrscheinlichkeit zur Vermutung berechtigt, daß mein gegenwärtiger Kerker nur durch jenen überaus engen und langwährenden ersetzt werden wird, der uns allen bevorsteht.«

Zum Glück gab es in diesen Augenblicken der Verzweiflung auch noch ein anderes Gesicht der Kirche. Erzbischof Piccolomini, der betrübt vom Tod Suor Maria Celestes erfahren hatte, suchte Galileo über seinen Kummer hinwegzutrösten. »Ich wünschte«, schrieb er ihm, »über mich frei zu verfügen und daselbst in Eurer Nähe zu weilen, um Euch zu trösten. Zum Verlust von Suor Maria Celeste vermöchte ich jedoch keine richtigen Worte zu finden, zumal ich seit längerer Zeit weiß, daß sie Euch das Teuerste war, was Ihr auf dieser Welt hattet... Ich möchte hoffen, daß solch eine Tochter vor Gott gewißlich Fürbitte für Euch einlegen und Wandlung Eures Geschickes und Seelenfrieden für Euch bewirken wird.« Wieder war es der Erzbischof, der im stillen Gesten der Entschuldigung für die unerbittliche Haltung seiner Kirche fand.

Vier Wochen nach dem Tod seiner Tochter schien Galileo in seiner Verzweiflung am Ende. Nach fünfzehn Monaten der Verbannung und Erniedrigung, unablässiger Beschwerden und dem Schicksalsschlag des Todes seiner Lieblingstochter bewegte er sich am Rande einer seelischen Katastrophe. Sein Bruch hatte sich heftiger denn je wieder bemerkbar gemacht, sein Blutdruck schwankte und verursachte ein gefährliches Herzrasen. Appetitlosigkeit quälte ihn. »Ich bin mir selbst hassenswert«, klagte er am 27. April, »und höre mich unentwegt von meiner geliebten Tochter gerufen.«

Eine neue Jahreszeit war angebrochen. Aus ganz Europa flatterten ihm Briefe gleichgesonnener Wissenschaftler ins Haus, und nach und nach nahm er seine gewohnte Arbeit wieder auf. Einfache Freuden und Ablenkungen halfen ihm über das Schlimmste hinweg: sein Garten, seine Laute und auch seine zweite Tochter Suor Arcangela, die ihm im Stift von San Matteo verblieben war. Arcangela, die sich schon immer eher reserviert, verschlossen und eigensinnig gab, konnte ihm Maria Celeste zwar nicht ersetzen; gleichwohl ließ sein Lebensüberdruß allmählich nach.

Aus Paris, das dem unmittelbaren Zugriff der kirchlichen Zensur weitgehend entzogen war, erreichte ihn das Schreiben eines seiner Weggefährten aus jüngeren Tagen. Elia Diodati war in der französischen Hauptstadt Anwalt der Ständeversammlung und hatte ihn schon seit einer Reihe von Jahren immer wieder aufgesucht und eine wissenschaftliche Korrespondenz mit ihm aufrechterhalten. Er äußerte die Idee, Galileo möge ein Porträt von sich anfertigen lassen. Der Großherzog fand Gefallen an dem Vorschlag und betraute umgehend seinen Hofmaler Justus Sustermans mit dieser Aufgabe. Sustermans gehörte zu den Koryphäen der damaligen Porträtmalerei und befand sich damit in erlesener Gesellschaft. Seine Kunst war stark von Rubens und van Dyck beeinflußt, die beide dem Ende ihres Lebens entgegensahen, während Rembrandt sich in diesen Tagen gerade am Anfang und Velasquez auf dem Höhepunkt seiner Schaffensperiode befand.

Sustermans' Atelier und Wohnhaus lag auf derselben Seite des Arno wie Galileos »Kleinod« in Arcetri, auf halber Höhe des Hügels über der Stadt, unweit von *San Miniato*, wo die *Via Giramonte*, ein schmales, von Mauern eingefaßtes Gäßchen, in die größeren Poststraßen mündete, die jeweils nach Michelangelo, Leonardo, Petrarca und Machiavelli benannt waren. Zwischen Juli und September, während der heißesten Wochen dieses Sommers, boten die häufigen Sitzungen in Sustermans' spartanischem Atelier Galileo eine willkommene Unterbrechung seiner Abgeschiedenheit in Arcetri. Das Atelier lag in Richtung seiner geliebten Stadt – gerade noch innerhalb des Bereiches, den zu überschreiten ihm strikt verboten war –, und von Sustermans' stuckverziertem Landhaus aus konnte er über eine von wildem Wein überwucherte Mauer hinweg den Dom von Florenz sehen, zum Greifen nahe und begehrlich schön wie eine verbotene Frucht.

Der Maler postierte sein Modell direkt an einem Fenster, durch das mildes Nordlicht hereinströmte, und gestattete ihm, sich während der Sitzungen zu unterhalten, denn nur im Gespräch wurde etwas von Galileos sprühender Lebendigkeit spürbar, begannen seine Augen zu leuchten und seine Wangen zu glänzen. Der Schimmer in seinen Augen verriet tiefe Nachdenklichkeit, aber auch Unrast und Ungeduld über die Zögerlichkeit, mit der die Sonne unterging, um zum unzählig wiederholten Male einer Nacht astronomischer Beobachtungen Platz zu machen.

Sustermans erfaßte Galileos grandiose Persönlichkeit in genialer

Manier. Seine Gestalt erscheint auf dem Bild nahezu schmucklos, gehüllt in ein einfaches schwarzes Sackhemd, das wie eben zufällig übergeworfen wirkt. Sein Gesicht ist in ein sanftes Licht getaucht, das jenen »ätherischen« Eindruck vermittelt, den die Künstler der Zeit anstrebten. Im Ausdruck liegt ein leises Erschrecken vor etwas Unvorhergesehenem, das vor allem durch die leicht geöffneten Lippen und die jäh zur Seite gewandten Augen betont wird. Sie sind der eigentliche Blickfang in diesem Porträt, das in der Wiedergabe des würdigen Alters, der wesentlichen Charakterzüge und des leicht erschrockenen Ausdrucks mitunter an Konterfeis gewisser Heiliger, insbesondere Darstellungen des heiligen Petrus, denken läßt.

Neben Sustermans' Bild existiert aus der Feder von Galileos Sohn Vincenzo auch ein literarisches Porträt seines Vaters aus dessen letzten Lebensjahren. »Er besaß, zumal im hohen Alter, ein liebenswürdiges Antlitz, eine aufrechte, kräftige Gestalt und einen Elan, welcher, der gewaltigen Aufgabe eines Atlas würdig, ihm ermöglichte, seine nächtelang ununterbrochenen Beobachtungen der Himmelserscheinungen durchzustehen. Sein Vortrag war über die Maßen reich an Gedanken und stets wohlbegründet. In geselliger Unterhaltung hingegen glänzte er mit Witz und feinsinnigem Humor. Er war leicht in Rage zu versetzen, aber noch leichter auch wieder zu besänftigen. Sein Gedächtnis war so ausgezeichnet, daß er große Stücke von Dichtern frei hersagen konnte, insbesondere ganze Partien aus dem *Orlando Furioso* von Ariost, der ihm von sämtlichen Dichtern der liebste war und den er allen anderen lateinischen und toskanischen Schriftstellern vorzog. Verstellungen und Lügen waren ihm ein Greuel, nicht zuletzt vermutlich, weil seine lebenslange Beschäftigung mit den mathematischen Wissenschaften ihn den Liebreiz der Wahrheit zu schätzen gelehrt hatte.«

Sustermans' Porträt erhielt, nachdem es endlich 1636 in Paris eingetroffen war, einen entsprechenden Platz in Diodatis Sammlung anderer Kostbarkeiten. Im Begleitbrief offenbarte Galileo dem fernen Gesinnungsgenossen seine wahren Gefühle und Gedanken über das Verhängnis, das über ihn hereingebrochen war. Zuvor schon, kurz nach dem Tod Maria Celestes, hatte er Diodati von einer angeblich sensationellen »Enthüllung« berichtet. Ein renommierter Jesuit und Mathematiker am Collegio Romano hatte sich in Rom einem seiner Freunde gegenüber zu einer verräterischen Andeutung hinreißen lassen: »Wenn der Galileo es nur verstanden hätte, sich das Wohlwollen der Patres dieser Kollegiums zu bewahren, so würde er ruhmreich in der Welt leben; es wäre ihm nichts von seinem Unglück widerfahren, und er hätte über jegliche Materie schreiben können, selbst über die Bewegung der Erde.«

Ungeachtet des offensichtlich eigennützigen Charakters dieser Andeutung verstand Galileo sie geradezu als eine Offenbarung. Nicht seinen wissenschaftlichen Thesen und Überzeugungen hatte er also sein ganzes Unheil zu verdanken, sondern allein der Tatsache, daß er bei den Jesuiten in Ungnade gefallen war. Diodati beeilte sich auf diese Nachricht hin, die lateinische Edition des *Dialoges* und zugleich auch des bereits zwanzig Jahre zurückliegenden Briefes an Großherzogin Christine mit Galileos freimütigem Bekenntnis zu Kopernikus voranzutreiben. Galileo fand eine stille Befriedigung in dem Gedanken, daß diese Übersetzungen den ohnmächtigen Zorn im Lager seiner Feinde noch vergrößern würden.

In diesen letzten Jahren des fortgesetzten Nachdenkens und Haderns mit seinem Schicksal richteten sich die gewichtigsten seiner Briefe aus naheliegenden Gründen hauptsächlich an Freunde und Gleichgesinnte außerhalb Italiens. Man hatte ihn deutlich gewarnt, daß ihn jede unbedachte Äußerung, von welcher der Vatikan Kenntnis erhielte, in die Kerker des Heiligen Offiziums zurückbringen würde. Einem befreundeten Professor an der Universität von Aix, Nicolas Fabri De Peiresc (ein früherer Schüler aus Padua, der sich in Paris bei einem ranghohen Kardinal für Galileos Freilassung eingesetzt hatte), offenbarte er, was es für ihn bedeutete, sich nicht offen über das an ihm begangene Unrecht äußern zu können: »Für mich ist es ratsam stillzuhalten. Ich muß in Schweigen verharren über die Angriffe, die so zahlreich auf mich niedergegangen sind, damit die [kopernikanische] Lehre unterdrückt und meine Unwissenheit verbreitet wird. Ich muß den Hohn, die Verleumdungen und Schmähungen schlucken, welche mir von Leuten, unwissender als ich, dreist zugefügt werden.«

Gleichwohl kochte er natürlich vor Zorn über das »unter vorgetäuschter Maske der Frömmigkeit« an ihm begangene Unrecht und mehr noch über das ihm auferzwungene Stillschweigen. »Ich erhoffe mir keinerlei Erleichterung und selbiges, weil ich keine Missetat begangen habe«, schrieb er Peiresc auf dessen Bemühungen am 22. Februar 1635. »Ich könnte Gnade und Verzeihung erhoffen, wenn ich gefehlt hätte... Mit einem Schuldigen könnte ein Fürst Nachsicht walten lassen, während es gegenüber einem unschuldig Verurteilten angebracht ist, Strenge zu handhaben als Deckmantel für eine Rechtmäßigkeit des Verfahrens...«

Einer der folgenschwersten Anwürfe machte ihm besonders zu schaffen. Es handelte sich dabei um die infame Unterstellung, daß der Papst persönlich für die Figur des Simplicio in seinem *Dialog* als Vorbild gedient habe. Diese perfide Verdächtigung hatte insbesondere Pater Scheiner, Galileos erbittertster Gegner im Lager der Jesuiten, Urban VIII. eingeflüstert. Und Scheiner war damit ähnlich erfolgreich wie jene Figur des Jago, die in Shakespeares Tragödie einem ahnungslosen Othello den quälenden Verdacht auf Desdemonas angebliche Untreue einflößt. Galileo hatte über zahlreiche Würdenträger mit Einfluß im Vatikan, auch über den Bruder des Papstes, vergeblich versucht, Seine Heiligkeit von diesem schrecklichen Mißverständnis abzubringen. Einer dieser *grandi signori* war auch der französische Botschafter in Rom, François de Noailles. Der Botschafter – übrigens ebenfalls ein früherer Student beziehungsweise Privatschüler aus Paduaner Tagen, der bei ihm Artilleriekunde und Grundlagen des Festungsbaus studiert hatte – verkörperte von da an eine jener Stimmen, die sich unermüdlich für seine Begnadigung einsetzten.

Er selbst verfolgte die diversen Bemühungen um seine Freilassung mit gespannten Erwartungen und hielt darüber auch Sarpi in Venedig über einen dessen Mitbrüder auf dem laufenden. »Man berichtet mir aus Rom, daß Seine Eminenz Kardinal Antonio Barberini und der französische Botschafter bei Seiner Heiligkeit vorgesprochen und sie davon zu überzeugen versucht haben, daß ich zu keiner Zeit im Sinn gehabt hätte, Seiner Heiligkeit in irgendeiner Weise zu spotten. Niemals käme mir solcher Frevel, wie ihn meine niederträchtigen Feinde

Seiner Heiligkeit glauben gemacht haben, auch nur in den Sinn. Dennoch liegt hier der Ursprung meines ganzen Unglücks.« Der Zorn des Papstes jedoch saß noch immer tief, und entsprechend wies er jeden Versuch, eine Begnadigung zu erbitten, barsch zurück.

Gegen Ende seines Lebens hatte Galileo sein ganzes Unglück mithin auf zwei Ursachen zurückgeführt: zum einen auf die Tatsache, daß er bei den Jesuiten in Ungnade gefallen war, und zum anderen darauf, daß Urban VIII. niederträchtigen Einflüsterungen Gehör geschenkt hatte und in seinem unversöhnlichen, fast zwanghaften Zorn verharrte. Nur mit Bitterkeit vermochte er sich noch daran zu erinnern, daß dieser Mann unter dem Titel *In ungestümer Verehrung* einst eigenhändig ein Huldigungsgedicht auf ihn verfaßt hatte.

Doch er dachte nicht daran, seine wissenschaftliche Tätigkeit aufzugeben. Mitte 1636 hatte er seine *Discorsi*, die *Unterredungen über zwei neue Wissenszweige*, abgeschlossen, ein Werk von strengster wissenschaftlicher Sachlichkeit, das sich gefährlicher theologischer Beimischungen gänzlich enthielt. Im strengen Sinne handelte es sich um eine physikalische Abhandlung, die seine »neue Wissenschaft von der Bewegung« weiterentwickelte, die ihn bereits zu einer radikalen Neufassung der Begriffe von Raum und Zeit und damit auch zur Entdeckung des ersten Bewegungsgesetzes geführt hatte. Am *Dritten Tag* der *Unterredungen* beschreibt er sein berühmtes Gedankenexperiment vom Abrollen von Kugeln auf einer schiefen Ebene. Aus diesem Experiment gewinnt er eine mathematische Gleichung, die ihn über die Definition der natürlichen, gleichförmigen wie der beschleunigten Bewegung zum Gesetz des freien Falls schwerer Körper gelangen läßt. »Ich denke mir einen Körper in Bewegung auf einer ebenen Fläche, wobei alle Hemmnisse für die Bewegung beseitigt sind. Da zeigt sich deutlich, daß der Körper in gleichförmiger und stetiger Bewegung verharrt, wenn sich die Ebene ins Unendliche erstreckt.« Bewegung galt in der Welt der Physik mithin als genauso natürlich wie Ruhe. Isaac Newton sollte Galileos Erkenntnisse fünfzig Jahre später in seinem ersten Bewegungsgesetz in eine endgültige axiomatische Form bringen und auf das gesamte heliozentrische Weltbild ausdehnen.

Wie schon im *Dialog über die beiden hauptsächlichen Weltsysteme* treten auch in den *Discorsi* wieder Salviati, Sagredo und Simplicio auf die Bühne, alle drei freilich inzwischen gealtert und weiser geworden, im Ton konzilianter und längst nicht mehr so polemisch. Insbesondere Salviati scheint beträchtlich gereift, und Simplicio zeigt sich bei weitem nicht mehr so unbedarft in den mathematischen Wissenschaften. Statt der törichten Fragestellungen aus dem »Munde eines Unwissenden« übernimmt der Simplicio der *Discorsi* nun all die kenntnisreichen Fragen zum Gebiet der Mechanik, die sich Galileo in jüngeren Jahren selbst gestellt hatte.

Und auch Venedig und seinem verstorbenen Freund und engen Gefährten Sagredo setzt Galileo in den *Discorsi* erneut ein sentimentales literarisches Denkmal. »Die unerschöpfliche Tätigkeit Eures berühmten Arsenals, mein Freund aus Venedig, ist mir sehr vertraut«, beginnt Salviati das Gespräch. »Es scheint mir den Denkern ein weites Feld des philosophischen Nachdenkens zu bieten, besonders im Gebiet der Mechanik. Jede Art von Apparaten und Maschinen werden dort fortwährend ausgeführt. Und unter den zahlreichen Handwerksmeistern, die ihre Kenntnisse und Fähigkeiten von ihrer Vätern ererbt haben, befinden sich solche von glänzendem Scharfsinn.«

»Ihr habt vollkommen recht«, entgegnet der angesprochene Sagredo. »Ich, der ich von Natur aus wißbegierig bin, komme sehr oft zum eigenen Zeitvertreib hierher.« Tatsächlich konnte sein Freund Sagredo, der gegen Ende seines Lebens kaum einen Steinwurf von den Mauern des Arsenals entfernt wohnte, von der Geschäftigkeit dort nicht unberührt geblieben sein. »Ich beobachte die Verrichtungen derer, die wir wegen ihrer Meisterschaft »Capos« [Proti] nennen, und unterhalte mich mit ihnen über mancherlei Wirkungszusammenhänge, die bislang nicht nur als unglaublich, sondern auch als schwer zu verstehen galten.«

Bereits in diesen Eingangssätzen dieses im ganzen weniger polemischen und nach Meinung vieler bedeutendsten und reifsten seiner Werke, hinter dem selbst die Erfindung des Teleskops zurücksteht, offenbart Galileo seine Bewunderung für das Wissen des Praktikers, für das von Erfahrung geleitete Können des technisch geschickten Handwerksmeisters, das ihn weit stärker anzieht als die abstrakten Spekulationen des reinen Denkers.

Die *Unterredungen über zwei neue Wissenszweige* markieren einen letzten Triumph seines Lebens. Das unsägliche Unrecht, das ihm von seiten der Kirche widerfahren war, der schmerzliche Tod Maria Celestes, sein zunehmend hinfälliges Alter und eine schleichende Erblindung – all dies wäre gewiß Anlaß genug gewesen, endgültig in Resignation zu verfallen. Leicht hätte er unter diesen Umständen gänzlich in Schwermut, Selbstmitleid und Passivität versinken und den Rest seiner Tage in Untätigkeit fristen können. Er hingegen griff noch einmal Probleme auf, die ihn schon zu Beginn seiner Forschungen fasziniert hatten, entdeckte immer wieder neue Lösungswege, durchforstete sein gesamtes Lebenswerk und schuf mit den *Discorsi* ein wissenschaftliches Vermächtnis, das bis zum heutigen Tag und darüber hinaus Bestand hat. Er hatte eine gewaltige, fast übermenschliche Leistung vollbracht.

Wo sollte er sein Meisterwerk veröffentlichen? Sein erster Gedanke galt Venedig, aber dort hatte die Inquisition inzwischen zu sehr an Einfluß gewonnen. Wien schien eine Möglichkeit, doch in der Hauptstadt Österreichs stand ihm wiederum sein Erzfeind, der Jesuit Christoph Scheiner, im Weg, der dafür sorgte, daß nichts von Galileo gedruckt wurde. Am Schluß blieb ihm die kleine Gruppe seiner treuen Mitstreiter in Paris. Graf de Noailles hatte ihn just in diesen Tagen wissen lassen, daß er seinen Botschafterposten in Rom demnächst aufgeben und auf dem Weg über die Toskana nach Paris zurückkehren würde. Einen Aufenthalt in Florenz selbst wollte er sich jedoch unbedingt ersparen, da ihm für die in diesem Fall erforderlichen diplomatischen Aufwartungen am Hof des Großherzogs die Zeit fehlte.

Galileo ersuchte daraufhin die Kirche, seinen Arrest in Arcetri für dieses eine Mal auszusetzen und ihm ein Treffen mit dem Grafen in Poggibonsi zu erlauben, einer kleinen Poststation an der Wegstrecke nach Pisa etwa fünfunddreißig Kilometer südlich von Florenz. Ohne etwas von seiner eigentlichen Absicht zu ahnen, gab die Kirche diesem Gesuch erstaunlicherweise statt, so daß er Arcetri tatsächlich zum ersten und einzigen Mal während der Dauer seines achtjährigen Hausarrestes verlassen konnte. In Poggibonsi schloß er seinen französischen Fürsprecher nach langen Jahren erstmals wieder in die Arme und übergab ihm heimlich eine Abschrift des Manuskriptes seiner *Discorsi*. Im Begleitschreiben an Diodati, das Instruktionen für die Veröffentlichung enthielt, hebt er deren Bedeutung ausdrücklich hervor: »Das Werk, das Ihr jetzt in Druck gehen laßt, enthält zwei vollständig dargestellte Wissenszweige, die beide gänzlich neu und in all ihren Grundlagen und Elementen bewiesen sind, so daß sie nach Art der übrigen mathematischen Elemente das Tor zu einem weiten Feld und unendlich vielen bewundernswerten Schlußfolgerungen eröffnen. Was immer die Welt bisher von mir zu sehen bekam, ist im Vergleich zu dem, was sie jetzt zu sehen bekommt, nur geringzuschätzen.«

Für die Ungelegenheiten, die ihm seine geheime Mission unter Umständen hätte bereiten können, sollte Graf de Noailles schließlich mit der Widmung des Buches, das fast zwei Jahre danach in Leiden herauskam, belohnt werden. Dieses Werk beweise der Welt, schrieb Galileo darin mit unüberhörbar bitterem Sarkasmus, daß er sein Leben nicht in Untätigkeit verbringe, auch wenn er weiterhin stumm bleibe. Und neben überschwenglichem Lobpreis bürdete er dem Grafen gleichwohl eine gewichtige Verantwortung auf: »Wenn ich so sagen darf, seid Ihr nunmehr in der Pflicht, meine Reputation gegen jedermann in Schutz zu nehmen, der sie hinfort beflecken möchte.«

Während die Freunde die Veröffentlichung des neuen Buches in Leiden vorantrieben, eröffneten sich im befreiten Holland plötzlich neue Aussichten für Galileo. Von Diodati hatte er erfahren, daß die Generalstaaten der Vereinigten Provinzen der Niederlande in Amsterdam bereit waren, jeden Wissenschaftler, der eine verläßliche Methode zur genauen Bestimmung der geographischen Länge auf hoher See aufzeigen könne, mit der gewaltigen Summe von annähernd dreißigtausend Dukaten zu entlohnen. Diese Nachricht brachte noch einmal sein Blut in Wallung und veranlaßte ihn, umgehend die alten Aufzeichnungen und Berechnungen für seinen *celatone* wieder hervorzuholen.

Dank Diodatis Bemühungen fand sein Projekt starke Beachtung.

Die Holländer boten ihm ein goldenes Halsband im Wert von fünfhundert Dukaten und stellten weitere zweitausend Dukaten als Honorar für den Entwurf und die Herstellung zusätzlicher Modelle seiner Erfindung in Aussicht. In Italien war bereits ein Gerücht in Umlauf, Galileo solle demnächst auf einen renommierten Lehrstuhl am *Athenaeum* in Amsterdam berufen werden.

Innerhalb der römischen Kurie weckten diese unverhofften Neuigkeiten schlimme Befürchtungen und peinliche Betretenheit. Was für ein verheerender Eindruck, sollten einem in Italien verurteilten und unter Hausarrest stehenden Ketzer tatsächlich derart hohe Summen aus dem Ausland zukommen! Schlimmer noch: Wie könnte die Kirche angesichts solch weltweiter Anerkennung noch ihre moralische Autorität behaupten? Wie mit dem Widerspruch fertig werden, daß Galileo, für sie ein moralisch Verworfener, in der übrigen Welt geradezu als Held gefeiert wurde? Der Zwiespalt, in den die Kirche angesichts dieser Entwicklung geraten war, offenbarte sich mehr als deutlich in einem merkwürdigen Schreiben, das Kardinal Francesco Barberini im Zusammenhang mit den niederländischen Offerten an Galileo an den Inquisitor von Florenz richtete. Die Kirche, hieß es da, wäre in höchstem Maße erzürnt, würde der große italienische Wissenschaftler seine neue Erfindung fremden Händen überlassen und »Italien damit des Ruhmes berauben, eine so edle Erfindung vor allen anderen zuwege gebracht zu haben«.

Um solchem unpatriotischen Gebaren vorzubeugen, untersagte man Galileo kurzerhand, das Gold aus dem Ausland anzunehmen.

Während dieser ganzen Zeit seines Liebäugelns mit den reichen Generalstaaten der Niederlande, seiner ständigen Gesuche und Rechtfertigungsbemühungen gegenüber Rom und seiner heimlichen Anstrengungen, die Verbreitung seiner sämtlichen Schriften in ganz Europa sicherzustellen, verspürte er hin und wieder erste Anzeichen eines sich in der Folge rapide verschlechternden Augenleidens. Im Frühjahr 1636 machte ihm eine Entzündung im rechten Auge zu schaffen, und im Mai bereits sah er sich gezwungen, seine Beobachtungen des nächtlichen Sternenhimmels ganz einzustellen. Da ihm untersagt war, sich in medizinische Behandlung nach Florenz zu begeben, schwand seine Sehkraft so stark, daß er schon nach etwas über einem Jahr Diodati gegenüber »den völligen Verlust meines rechten Auges, das so herrliche Dinge erblickt hat«, beklagte. Zuletzt versagte auch noch das andere Auge, das ebenfalls entzündet war und in einem ständigen Tränenfluß schwamm, seinen Dienst. Nach drei Monaten konnte er überhaupt keinen Blick mehr durch sein Teleskop werfen. Dunkelheit senkte sich auf ihn herab.

Um Weihnachten 1637 war die Erblindung vollständig. Am 2. Januar 1638 diktierte er an Diodati: »O weh, guter Herr, Galileo, Euer lieber Freund und Diener, ist… unwiderruflich blind. Nun stellt Euch vor, in welcher Trübsal ich mich befinde, wenn ich bedenke, daß jener Himmel, jene Welt und jenes Universum, das ich mit meinen wunderbaren Beobachtungen… um Hunderte und Tausende Male weiter ausgedehnt hatte, als es die Gelehrten aller verflossenen Jahrhunderte gemeinhin schauten, sich nunmehr für mich so verkleinert und verengt hat, daß es nicht größer ist als jenes, welches meine Person ausfüllt.«

Wieder einmal wurde ein Versuch unternommen, seine Begnadigung zu erwirken. An seiner Spitze stand diesmal sein alter Schüler Pater Castelli, den der Papst mittlerweile wieder in Gnaden aufgenommen und mit einer wichtigen Aufgabe in der Wasserversorgung der Ewigen Stadt betraut hatte. Castellis Drängen schreckte die Kirchenoberen endlich auf, und der Inquisitor von Florenz begab sich extra nach Arcetri, um sich persönlich vom Befinden Galileos zu überzeugen. Am 13. Februar berichtete er nach Rom, daß er den Verurteilten vollständig blind angetroffen habe, mit einer Augenentzündung, die sechs Monate lang unbehandelt geblieben und für deren Heilung es nun zu spät sei.

»Mit diesem und seinen zahlreichen anderen Gebrechen«, berichtete der Inquisitor, »vermittelt er mehr schon den Eindruck eines Verblichenen als den eines Lebendigen.«

Galileo war blind, aber keineswegs untätig. Während er noch immer auf eine Begnadigung durch den Vatikan hoffte, feilte er an den Ergebnissen seiner letzten astronomischen Entdeckungen. Im Verlauf der Monate, in denen sich der dunkle Schatten allmählich über seine Augen senkte, hatte er sich noch einmal dem der Erde am nächsten stehenden Himmelskörper zugewandt. Mit tränendem Blick hatte er das Antlitz des Mondes erforscht und sich dabei die Frage vorgelegt, ob dessen »Gesicht« der Erde stets den gleichen Anblick biete. Dies war erkenntlich nicht der Fall. Zuweilen zeigte der »Mann im Mond« sein volles Gesicht, wandte sich dann ein wenig nach rechts und wieder ein wenig nach links; einmal zog er das Kinn ein wenig nach oben, dann wieder nach unten. Diese Veränderungen erfolgten im täglichen, monatlichen und jährlichen Rhythmus, und das wiederum schien Licht auf die entsprechenden Gezeiten der Ozeane zu werfen, »über die nach allgemeiner Übereinstimmung aller der Mond gebietet und herrscht«.

Er beschäftigte sich mit Grübeleien und Spekulationen, die zu dem Gläubigen und Gelehrten, dessen ganzes Sinnen und Nachdenken in diesen Tagen um seine Erblindung, das Verhältnis zu seiner Kirche und seinem Gott sowie um seinen bevorstehenden Tod kreiste, irgendwie paßten. Das Antlitz des Mondes war für ihn lebendig und bewahrte eine Botschaft für ihn. Aber worin bestand sie? War es das Antlitz Gottes oder des Teufels? An solch tiefsinnigen Gedanken über das unergründliche, wechselnde Antlitz des Mondes ließ er einen ungewöhnlichen Bricffreund teilhaben, einen Militärbefehlshaber der Republik Venedig, der, ein wahres Abbild seines Zeitalters, nicht nur in militärischen Belangen, sondern auch in Dichtung, Mathematik und Astronomie bewandert war. Unter den Brief setzte er: »Aus meinem Kerker in Arcetri«.

Sechs Tage danach kam seine »Unpäßlichkeit« in der Kongregation des Heiligen Offiziums zur Sprache. Aber selbst nach vier Jahren Hausarrest glaubte Urban VIII. noch immer, in diesem Fall »sachte« vorgehen zu müssen. Er widersetzte sich starrköpfig jeder Lockerung und war wie seither besessen von seiner auf Ptolemäus fußenden Astrologie. (Einer Legende zufolge legte im Jahr darauf eine Henne ein ungewöhnliches Ei, das die Umrisse einer Biene und der Sonne zeigte, die Symbole des Pontifikats der Barberini. Die Henne verendete, doch das Ei brachte man unverzüglich zu Urban VIII., der es als Zeichen göttlicher Zustimmung deutete.) Jedenfalls kam die Inquisition zu dem Schluß, daß eine Begnadigung des Verurteilten noch immer zu gefährlich wäre. Jetzt, da Galileos Augenlicht unwiderruflich verloren war, erteilten die Kardinäle dem Blinden jedoch die Erlaubnis, seinen Arzt in Florenz aufzusuchen, »um seine Unpäßlichkeit zu kurieren«. Hierzu sei ihm gestattet, sich in das Haus seines Sohnes an der *Costa San Giorgio*, einer abschüssigen Gasse in der Nähe des *Ponte Vecchio*, zu begeben. Während seines Aufenthalts dort habe er jeden weitergehenden Besuch in der Stadt »bei Strafe des förmlichen lebenslangen Kerkers und der Exkommunikation aus der Gemeinschaft der Gläubigen« zu vermeiden und dürfe mit »niemandem, wer es auch immer sei, ins Gespräch über seine verurteilte Meinung von der Bewegung der Erde treten«.

Als besondere Ausnahme gewährte ihm der Vatikan die Möglichkeit, während der Osterfesttage in einer kleinen Kirche in der Nähe die Messe zu hören.

Galileos Isolation in Arcetri – seiner »kleinen Hütte«, wie er zu sagen pflegte – war durchaus nicht immer vollständig. Zwar stand er unter Aufsicht, doch wurde diese nicht allzu streng gehandhabt. Es gab keine ständigen Wachen an seinem Tor. Mit leidlichem Geschick glückte es manchem der Kirche unliebsamen Besucher, unbemerkt ins Haus zu gelangen und mit ihm zu sprechen. So kam eines Tages zum Beispiel der englische Philosoph Thomas Hobbes und brachte ihm die aufmunternde Nachricht, daß sein »unglückseliger Dialog«, wie er selbst sein großes Werk inzwischen bitter nannte, mittlerweile ins Englische übersetzt worden war. Bestimmt erörterten sie bei dieser Gelegenheit auch noch einmal die Alternativen, die Galileo angesichts der Schwere der Beschuldigungen vor der Inquisition noch verblieben waren: das Bekenntnis zu seinen wahren Überzeugungen und der sichere Tod, oder ein vorgeblicher Widerruf und damit die Möglichkeit, wenigstens am Leben zu bleiben. Auch der junge englische Dichter John Milton traf in diesen Tagen zu einer kurzen Visite ein und verhehlte nicht sein Entsetzen angesichts dessen, was die dominikanischen »Gedankenzensoren« diesem weltberühmten Mann an Leid zugefügt hatten.

Was mag der Inhalt ihrer Gespräche gewesen sein? Diese Frage hat Schriftsteller nachfolgender Generationen immer wieder fasziniert, zumal Milton in seinen späteren Lebensjahren selbst erblindete und in seinem großen Epos *Das verlorene Paradies* die Berge und Schluchten der Toskana als den Machtbezirk Satans schilderte. Walter Savage Landor, ein britischer Autor des neunzehnten Jahrhunderts, der sich den Inhalt ihrer Unterhaltung zu vergegenwärtigen suchte, ließ in Milton die Stimme der Empörung zu Wort kommen, den Aufschrei beim Anblick der Spuren der Verfolgung, die dem alten Mann anzusehen sind.

»Laßt uns von anderem reden«, versucht Galileo in Landors Darstellung des Gespräches abzulenken. Doch Landors Milton kann sich nicht beruhigen: »O Italien! Italien! Du treibst deine Dichter ins Exil, in den Kerker, in den Wahnsinn. Verschone deinen einzigen Philosophen! Auf welche Fährte kann sich der Geist in deinen Höhen, Ebenen und Schluchten noch begeben, ohne daß deine Kleriker ihn bespitzeln und verfolgen?«

In den letzten drei Jahren seines Lebens gingen Galileo gelegentlich Hilfen zur Hand, die ihm vorlasen und seine Korrespondenz besorgten. Er litt an ständigem leichten Fieber, und zu seinen chronischen Beschwerden hatten sich nun auch noch Rückenschmerzen gesellt. Seines beklagenswerten Zustands wegen ließ es die Inquisition im Januar 1639 sogar zu, daß ein junger Student namens Vincenzo Viviani ihm in dem kleinen Landhaus in Arcetri fortan ständige Gesellschaft leistete. Viviani, der den großen Gelehrten behutsam umsorgte, regte Galileo an, sich die einzelnen Stationen und Geschehnisse seines Lebens noch einmal zu vergegenwärtigen, was den Greis schließlich dazu brachte, auch alte mathematische Fragestellungen neu zu überdenken und seinen lebenslangen Auseinandersetzungen nachzusinnen. Vivianis Neugier spornte ihn immer wieder an, hielt ihn lebendig, stets von neuem forschend, fragend und überlegend.

Geistig blieb er wie stets ein Wunder an Einfallsreichtum und Erfindungskraft. Als er sich 1641 zu einem bestimmten Anlaß seiner Tochter Maria Celeste erinnerte, fiel ihm auch deren ständiger Ärger mit der Uhr ihres Klosterstifts wieder ein, die nie zur rechten Zeit anzuschlagen schien und stets nachging. Er hatte den Schwestern von San Matteo die Uhr damals eigenhändig repariert. Dieweil ihm dies nun erneut in den Sinn kam, begann er auch schon, sich generell mit der Kunst des Uhrmachens zu beschäftigen. »Er hoffte, die gleichmäßigen, natürlichen Schwingungen eines Pendels könnten alle Mängel beheben«, vergegenwärtigte Viviani später diese Situation. Um seine neuen Vorstellungen zu Papier zu bringen, bedurfte es allerdings der Hilfe seines Sohnes Vincenzo, dem er sie detailliert erklärte. So kam es zur Konstruktion eines neuen Uhrwerks, das die gängigen Fertigungsmethoden der zeitgenössischen Uhrmacher durchaus ins Wanken brachte.

Kaum waren die *Unterredungen über zwei neue Wissenszweige* erschienen, verschickte er sie wie ein kostbares Juwel an seine Briefpartner und Gönner, wie er das mit all seinen Werken getan hatte. Die Probleme, die das neue Buch aufwarf, und die Reaktionen darauf füllten die Korrespondenz seiner letzten Jahre. 1640 und noch einmal 1641 setzte er, inzwischen sechsundsiebzig, sich mit einem aristotelisch scholastischen Gegner in Bologna namens Fortunio Liceti auseinander, der einige seiner neuen Theoreme angegriffen und ihm offensichtlich in der Absicht geschrieben hatte, ihre Korrespondenz einmal unter eigenem Namen veröffentlichen zu können. Galileo jedoch trieb sein eigenes Spiel mit diesem Gegner: »Gegen alle Vernunftgründe der Welt sehe ich mich beschuldigt, ich hätte die peripatetische Lehrmeinung angegriffen. Doch ich versichere vor aller Welt, die aristotelischen Lehren stets mit größerer Ehrfurcht betrachtet zu haben als viele von denen, die mich jetzt als Feind der guten aristotelischen Philosophie hinstellen möchten.«

Liceti traute seinen Augen kaum: »Daß Ihr, hochgeschätzter Herr, jetzt beteuert, der aristotelischen Lehrmeinung keineswegs zu widersprechen, ist gut zu hören und, offen gesagt, für mich ganz neu«, schrieb er zurück. »Euren Schriften entnehme ich eher das Gegenteil.«

Den toskanischen Gesandten in Venedig, der ihm in diesen Tagen von einigen astronomischen Beobachtungen Mitteilung gemacht hatte, die eindeutig für die Theorie des Kopernikus zu sprechen schienen, bedachte er mit einer noch verblüffenderen Antwort: »Die Falschheit des kopernikanischen Systems darf in keinerlei Hinsicht in Zweifel gezogen werden, und am allerwenigsten von uns Katholiken, die wir die unumstößliche Autorität der Heiligen Schrift haben, welche von den unübertrefflichen Meistern der Theologie ausgelegt wurde und deren einhellige Übereinstimmung uns Gewißheit gibt von der Unbeweglichkeit der im Mittelpunkt befindlichen Erde und der Bewegung der Sonne um sie herum.«

Um dieses letzte, schwerlich ernstzunehmende Bekenntnis Galileos richtig einschätzen zu können, hätte man wohl mit anhören müssen, wie er es Viviani in die Feder diktierte. Isoliert, wie es dasteht und allen früheren Aussagen, außer denen in seiner Abschwörungserklärung nach peinlicher Befragung, Gewalt antut, darf es wohl kaum als Widerruf seiner früheren Überzeugungen betrachtet werden, wie das gelegentlich geschehen ist. Eher schon spiegelt es eine Ironie der Geschichte.

Am Ende holte ihn noch einmal die Liebe ein. Seine Zuneigung galt der dreißig Jahre jüngeren Alessandra Bocchineri Buonamici aus dem nahen Prato, die in dritter Ehe mit dem toskanischen Diplomaten Geri Bocchineri verheiratet war, dem wir unter anderem einen ausführlichen Bericht über Galileos Inquisitionsprozeß verdanken. Galileo war Alessandra zum ersten Mal begegnet, als er zehn Jahre zuvor eben seinen *Dialog über die beiden hauptsächlichen Weltsysteme* beendet und sich auf das mühsame Geschäft eingelassen hatte, dafür die kirchliche Druckerlaubnis zu erhalten.

Es war für ihn so etwas wie eine Offenbarung gewesen. Daß ein Mann von seinen außergewöhnlichen Fähigkeiten und eine Frau von solcher Kultiviertheit und solchem Edelmut wie Alessandra sich derart ausgiebig und mit solch offenkundigem geistigen wie emotionalen Vergnügen an ihren Gesprächen ergötzen konnten, schien ihn überrumpelt zu haben. »Ich erkannte, von welch großem Wert Ihr für mich wart«, schrieb er ihr sofort nach ihrer ersten Begegnung im Sommer 1630. »Ich begehrte nichts mehr, als Euch wiedersehen zu können, und das war auch der wirkliche Grund, daß ich meine

Rückkehr beschleunigte. Wie sehr vermisse ich das Gespräch mit Euch!«

Er hatte sich noch zehn Jahre mit seiner Sehnsucht zu begnügen, denn Alessandra mußte zwischenzeitlich mit ihrem Gatten auf dessen Posten in Deutschland zurückkehren. Als sie ihre Gespräche wiederaufnehmen konnten, war er bereits alt, blind und einsam. Er liebte die Melodie ihrer Stimme und sehnte sich nach Briefen von ihr. »Ich vergehe vor Verlangen, mich wieder mit Euch unterhalten zu können«, schrieb er im Frühjahr 1640, »denn es ist äußerst selten, daß man auf Frauen trifft, die so feinsinnige Gespräche führen können wie Ihr.« Sie brachte ihm Geschenke, die er betasten und erfühlen konnte, Wolle und Leinen. »Ich suchte einen Weg, um nach Arcetri zu kommen und mich einen Tag mit Euch unterhalten zu können, ohne einen Skandal zu erregen«, ließ Alessandra ihn im März 1641 wissen, und sie faßte auch schon einen Plan, ihn heimlich in einer kleinen Kutsche für ein paar Tage nach Prato zu entführen. Sie bat ihn um Geduld, da sie schon noch einen Weg finden würde, auf dem sie zusammenkommen könnten.

»Ich habe nie an Eurer Zuneigung für mich gezweifelt«, schrieb er ihr wiederum im Frühjahr voll Hoffnung, sie und ihr Gatte würden für vier Tage nach Arcetri kommen. »So tragt nun Sorge, daß Ihr in der kurzen Zeit, die mir vielleicht noch bleibt, auch erfahrt, welch liebevolle Zuneigung ich meinerseits für Euch hege.«

Zuletzt, am 20. Dezember 1641, antwortete er schon mit einer gewissen Endgültigkeit auf Alessandras besorgte Anfragen. »Ich empfing Euren mir höchst willkommenen Brief zu einer Zeit, da er mir von großem Troste war, dieweil ich mich schwer erkrankt seit vielen Wochen im Bett befand. Ich sage Euch herzlichen Dank für Eure so liebevolle Zuneigung, welche Ihr meiner Person zuteil werden laßt, sowie für die Bezeugung von Mitleid, mit welcher Ihr mir in meinem Elend und Unglück Zuspruch leistet.«

Es war sein letzter Brief. Zwei Wochen danach verstarb Galileo.

Apologie

Am 31. Oktober 1992 bat Johannes Paul II. die Mitglieder der päpstlichen Akademie der Wissenschaften in den prunkvollen Audienzsaal des apostolischen Palastes im Vatikan, um sie über die endgültige Bereinigung der »Affäre« zu informieren, die sich für die römische Kirche mit dem Namen Galileo verband. Kardinal Poupard aus Frankreich, der über die Jahre den Vorsitz jener päpstlichen Kommission geführt hatte, die mit der Rehabilitierung Galileos befaßt war, übernahm die Aufgabe, deren Ergebnisse vorzustellen. Poupard, im bodenlangen schwarzen Ornat mit rotem Kardinalskäppi, wandte sich in gewählten Worten und in elegantem Französisch an das Auditorium, während der Papst, wie stets in makellosem Weiß, die Erklärungen des Kardinals konzentriert und das Kinn auf eine Hand gestützt von seinem komfortablen Armstuhl aus verfolgte.

Die Theologen, die Galileo verfolgt hätten, erklärte Poupard, wären damals nicht hinreichend darüber im Bilde gewesen, daß die Heilige Schrift an den Stellen, die Aussagen über die physikalischen Gegebenheiten der Welt enthielten, nicht wörtlich zu nehmen sei. Ihrer Mißverständnisse wegen seien Galileo große Leiden zugefügt worden. »Diese Irrtümer müssen freimütig eingestanden werden«, forderte er vor der Versammlung, um nach dieser höchst erstaunlichen Erklärung Galileo sogar noch mit dem Kompliment zu bedenken, er sei in seiner Auslegung bestimmter Stellen der Heiligen Schrift »weitsichtiger« gewesen als manche seiner theologischen Widersacher, und dies ungeachtet der Tatsache, daß das Konzil von Trient es Laien damals generell untersagt hatte, die Bibel eigenständig zu interpretieren.

Johannes Paul II. nahm den Bericht der von ihm beauftragen Kommission formell entgegen, signalisierte seine Zustimmung und wandte sich dann seinerseits mit einer offiziellen Deklaration an das Auditorium. Tief über sein Manuskript gebeugt und ohne auch nur einmal den Blick zu heben, verlas er die Erklärung monoton und ohne erkennbare Bewegung. Sie war in allen Punkten allgemein gehalten. Der Papst konzentrierte sich in der Hauptsache auf das seit jenen Jahren problematische Verhältnis zwischen Wissenschaft und katholischem Glauben und beklagte das »tragische gegenseitige Mißverstehen«, das diese Beziehungen seit damals geprägt hätte. Neues oder Spezifischeres ließ sich seinen Worten kaum entnehmen; die Signalwirkung dieser Gelegenheit schien ausreichend genug. Kein Wort des Papstes zu den grotesken Vorgehensweisen seines Vorgängers Urban VIII.; keinerlei direkte Kritik auch am Gebaren der Inquisition. Die Lehren der »Affäre Galileo«, erklärte er statt dessen, blieben gültig und könnten in Zukunft noch an Gewicht gewinnen, speziell im Hinblick auf das Gebiet der biogenetischen Forschung, wo der technologische Fortschritt zunehmend Möglichkeiten moralisch zutiefst erschrekkender Eingriffe des Menschen eröffne.

Tags darauf veröffentlichte die Vatikanzeitung *L'Osservatore Romano* die Deklaration groß unter der Schlagzeile GLAUBE NIEMALS IM WIDERSPRUCH ZUR VERNUNFT. Im Inneren des Blattes war der Text der Erklärung Kardinal Poupards abgedruckt und mit der Überschrift versehen: »Der Fall Galileo ist bereinigt«.

Anderswo in der Welt lasen sich die Schlagzeilen zur Erklärung des Papstes allerdings weniger respektierlich. Die *New York Times* beispielsweise erschien an diesem Tag mit dem Aufmacher: NACH 350 JAHREN GIBT DER VATIKAN GALILEO RECHT: SIE BEWEGT SICH. Und die *Los Angeles Times* titelte am selben Tag: »Es ist amtlich! Die Erde kreist um die Sonne! Selbst für den Vatikan.« Unvermeidlich weideten sich die Karikaturisten der einzelnen Blätter an diesem gefundenen Fressen. In der überregionalen Tageszeitung *La Repubblica* aus Mailand zeigte unter der Überschrift GALILEO, VERGIB MIR der unbezähmbar freche und respektlose Karikaturist Fortini den Papst als schmuddeligen alten Mann, in exhibitionistischer Pose das päpstliche Gewand aufschlagend und dabei Galileos legendären Satz ausstoßend: »*Eppur si muove.*«

Monate danach bekam ich im April 1993 die Gelegenheit zu einem

Gespräch mit Kardinal Poupard in dessen Amtsräumen im Palazzo San Calisto, einem funktionalen modernen Gebäudekomplex im Viertel Trastevere, wenige Schritte tiberabwärts vom Vatikan entfernt. Seine Eminenz hatte mich für das Interview in seine Privatgemächer im obersten Stockwerk dieses Gebäudes gebeten. Angeblich aus Gründen der Übersetzung sollte ich meine Fragen schon vor unserer Zusammenkunft schriftlich vorlegen, eine Bedingung, die ich akzeptierte, um im Gegenzug dafür die Erlaubnis zu erhalten, die Audienz auf Videofilm festhalten zu dürfen.

Zum verabredeten Zeitpunkt wurde ich in eine weitläufige Zimmerflucht geleitet, die mich in manchem an vergleichbare Residenzen an der Park Avenue in New York erinnerte, mit vollen Bücherregalen vom Boden bis zur Decke, orientalischen Teppichen und kostbaren Gemälden und Skulpturen, die der Kardinal im Laufe seines Lebens und auf seinen Reisen gesammelt hatte. Hinter dem Schreibtisch seines Studierzimmers bat er mich etwas ungehalten Platz zu nehmen, denn ich hatte mich nicht nur zehn Minuten verspätet, sondern ihm auch noch eine Reihe komplizierter Fragen unterbreitet. Weshalb hatte es ganze dreizehn Jahre gedauert, bis die Kirche mit dem Fall Galileo diesmal ins reine kam? War die Deklaration des Heiligen Vaters vom 31. Oktober vergangenen Jahres als eine offizielle Entschuldigung der Kirche aufzufassen? War die Kirche angesichts der weltweit eher sarkastischen Reaktionen auf die Erklärung des Papstes nicht einigermaßen peinlich berührt? Noch während ich diese Fragen dem Kardinal von meinem Hotel aus per Fax übermitteln ließ, hatte mich die Empfangsdame dort derart erschrocken angestarrt, als erwartete sie bereits, mich selbigen Abends noch auf dem Campo dei Fiori brennen zu sehen.

Auf mein Bitten hatte Kardinal Poupard volles Ornat angelegt. Die rote Kardinalsbiese säumte die Revers seiner langen schwarzen Robe, die vorne eine lange Reihe rotsamtener Knöpfe zierte. Um die Taille trug er die breite Kardinalsschärpe aus kostbarer roter Seide, seine Brust zierte ein schweres Silberkreuz, und die langsam grau werdenden Haare bedeckte das rote Kardinalskäppchen. Er war eine eindrucksvolle Persönlichkeit, die Autorität ausstrahlte.

Ich realisierte bald, daß ich es nicht nur mit einem hohen geistlichen Würdenträger, sondern zugleich auch mit einem erfahrenen Mann der Praxis und Politik zu tun hatte. Sowie er es sich in seinem Sessel bequem gemacht hatte, griff er nach einem Exemplar seines eigenen Buches über Galileo, sorgfältig darauf bedacht, daß die Kamera dessen Titel auch deutlich erfaßte.

Nach diesem kurzen Moment kirchlicher Werbung in eigener Sache begann ich behutsam, meine Fragen zu stellen. Warum hat die Kirche so lange gebraucht, diesen Fall zu bereinigen? Eine »interdisziplinäre« Aufgabe, wie die Kommission sie zu lösen habe, benötige Zeit, gab er zu bedenken, während seine Übersetzerin, eine nervöse amerikanische Nonne namens Schwester Anne Clare, die vorbereitete Antwort zugleich von einem getippten Manuskript auf ihrem Schoß auf englisch verlas. Kann man die päpstliche Erklärung vom 31. Oktober 1992 als offizielle Entschuldigung deuten? Keineswegs, erklärte der Kardinal mit einer unwirschen Geste. Es handele sich lediglich um das »förmliche Eingeständnis« eines Irrtums. Mir war der Sinn dieser Differenzierung nicht ganz klar, aber ich verzichtete darauf, diesbezüglich nachzuhaken.

Könnte er sich vorstellen, daß die Kirche eines Tages noch etwas mehr über diesen Fall zu sagen hätte? Aber warum? entgegnete er mir mit gespielter Rhetorik. Es sei alles gesagt. *Finito*. Doch weshalb enthielten die offiziellen Erklärungen dann keinerlei Kritik am grotesken Vorgehen Urbans VIII. und der Inquisitoren? Einfach deshalb, weil sich die Untersuchungen der Kommission nicht auf bestimmte Personen bezogen hätten – so wichtig sowohl Urban VIII. als auch Galileo in dieser Hinsicht gewesen wären –, sondern ausschließlich auf den Gang der Ereignisse, gab er zur Antwort. Nicht dem Papst selbst, sondern Galileos Richtern sei in diesem Fall ein Verschulden anzulasten. Ich selbst hatte immer gedacht, Urban sei einer dieser Richter gewesen.

Hörte man Kardinal Poupard reden, drängte sich unvermeidlich der Eindruck auf, daß es der Kirche keine sonderliche Pein bereitet haben mußte, den Fall Galileo neu zu überdenken. Der vermeintliche Konflikt zwischen Wissenschaft und Glauben sei im Grunde ein Märchen, stellte er abschätzig fest, um dann, ohne das geringste Zögern oder Widerspruch zuzulassen, wieder einmal die offizielle Linie der Kirche vorzutragen, die ich in den drei Jahren, seit ich an diesem Buch arbeitete, schon so oft gehört hatte: Galileo wurde verurteilt, weil er nicht davon ablassen wollte, seine kopernikanische Theorie nicht nur als Hypothese, sondern auch als absolute Wahrheit zu verfechten, ohne dies beweisen zu können. Diese offizielle Version lenkte nur von einer im Grunde einfachen Tatsache ab: Die kopernikanische Theorie *war* zutreffend, und die Kirche hatte extreme und gewaltsame Mittel aufgeboten, die Wahrheit zu unterdrücken und ihr Gegenteil zu schützen.

Der Kardinal verbreitete sich des längeren darüber, wie wohlwollend Johannes Paul II. der Wissenschaft gegenüberstünde. Als Mensch von außergewöhnlicher Zuversicht und Vertrauensfähigkeit habe er sich gegen Ende der Kommissionsarbeiten lediglich erkundigt: »Wo stehen wir?«

»Ich glaube kaum, daß wir in der Sache noch wesentlich weiterkommen«, habe er, der Kardinal, darauf geantwortet.

»Gut«, habe der Papst daraufhin gemeint, »machen wir weiter.«

Aber war denn zum Beispiel die Berichterstattung in den Medien damals der Kirche nicht peinlich? *Au contraire*. Die Berichterstattung war doch gründlich, genau, wohlwollend und verantwortungsvoll. Zum Beweis schlug der Kardinal mit sichtlichem Stolz einige Magazine aus Frankreich und Spanien auf, die ausführliche, reichlich bebilderte Reportagen über die Deklaration zu Galileo gebracht hatten und in denen er auch vielfach selbst abgebildet war. Er überreichte mir ein Exemplar seines eigenen Artikels über die Bereinigung dieses Falles, der im Pariser *Le Figaro* erschienen war und eingangs beschrieb, wie Johannes Paul II. diese Neubesinnung veranlaßt hatte, nämlich *avec une belle intrépidité* (mit bewundernswerter Kühnheit).

Die Titelgeschichte des französischen Monatsheftes *Notre Histoire* hatte damals in einer Überschrift zu Galileo von einem Versuch Roms gesprochen, die Geschichte der katholischen Kirche zu »bereinigen«. Bevor ich mich endgültig zum Verlassen seiner herrlichen Gemächer anschickte, fragte ich Kardinal Poupard daher noch: »Wer ist als nächster an der Reihe? Giordano Bruno?«

Er schenkte mir ein mildes Lächeln. Da wäre eine ganze Reihe faszinierender Persönlichkeiten, meinte er, doch eine seiner nächsten »Interventionen« werde sich auf Jan Hus beziehen, den böhmischen Reformator, der im Mittelalter gegen falschen Wunderglauben und kirchliche Machtgier zu Felde gezogen und dafür auf dem Scheiterhaufen gelandet war. Sein eigentliches Interesse jedoch, gestand der Kardinal noch versonnen, gelte Jeanne d'Arc. Sie wurde von einem Erzbischof verurteilt und auf den Scheiterhaufen geschickt, noch ehe sie eine Heilige und die Schutzpatronin Frankreichs werden konnte.

Anmerkungen

I. Der Zänker

Vallombrosa: John Milton, *Paradise Lost (dt.: Das verlorene Paradies)* Buch I, Zeilen 301–304; D. M. Ercolani, »Galileo Galilei Novizio Vallombrosano«, Klosterbibliothek Vallombrosa; *Vallombrosa e I Suoi Dintorni*, Nello Puccioni, *La Vallombrosa;* William Wetmore Story, *Vallombrosa;* Virginia Wales Johnson, *Summer Days at Vallombrosa*; Interviews mit Pater Pierdamiano Spotorno aus der Abtei von Vallombrosa.

Pisa: Michel de Montaigne, *Journey Through Italy (dt.: Tagebuch einer Reise durch Italien)*; Janet Ross und Nelly Erichsen, *The Story of Pisa*, S. 88–385; Col. George Frederick Young, *The Medici.*

Galileos Geburt: Antonio Favaro, »Sul Giorno Nascita di Galileo«, Reale Memorie, Istituto delle Scienze, Arte e Lettere, 1887; Galileo Galilei Speciale, *Il Terreno*, Pisa, Mai 1992; G. del Guerra, »Opusculo sulla casa natale di Galileo«, 1964; »Sulla Casa ove nacque Galileo Galilei«, mit freundlicher Zustimmung von R. Sonini, Pisa.

Vincenzo Galilei: Fabio Fano, »Notizie della vita di Vicenzo Galilei«, La camerata Fiorentina, Istituzione Monumentale dell'Arte Musicale Italiana; Stillman Drake, »Vincenzo Galilei and Galileo«, *Galileo Studies;* Claude Palisca, »Camerata Fiorentina: A Reappraisal«, *Studi musicali,* 1972; Nino Pirotta, »Temperaments and Tendencies in the Florentine Camerata«, *Musical Quarterly*, April 1954.

Vincenzos Musik: Strunk, »Dialogo«.

Vincenzo und Girolamo Mei: C. V. Palisca, »Girolamo Mei: Mentor to the Florentine Camerata«, *Music Quarterly*, Januar 1954.

Die Klage Ugolinos: Dante, »Göttliche Komödie«, Die Hölle, Kap. XXXIII, Zeilen 79–84.

Vincenzo und der Fürstenhof der Toskana: Alfred Einstein, *The Italian Madrigal*, Bd. II. S. 131–32.

Vincenzo über das Gewicht überlieferter Autorität: J. J. Fahie, *Galileo*, S. 13.

Der heilige Johannes Qualbertus und Vallombrosa: Story, *Vallombrosa*, S. 22–35; Johnson, *Summer Days*, S. 57–71; »Horatio Morandi«, Dizionario storico biografico di scrittori, letterati ed artisti dell'ordine di Vallombrosa.

Der Skandal in San Francesco: Montaigne, *Journey (dt.: Tagebuch einer Reise durch Italien)*, S. 148.

Galileo als Student in Pisa: Thomas B. Settle, »Ostilio Ricci. A Bridge between Alberti and Galileo«, Akten des 12. Internationalen Kongresses zur Wissenschaftsgeschichte, Paris 1971; Charles B. Schmitt, »The Faculty of Arts at Pisa at the Time of Galileo«, *Physics*, 1972.

Horaz über Alt und Jung: Briefe, II, 1, 85.

Die Öllampe im Dom: Vincenzo Viviani, *Racconto*, in: Works, Vol. 14, S. 603; Stillman Drake, *Galileo at Work*, S. 21; Fahie, *Galileo*; William K. Shea, »The Significance of Experiments in the Writings of the Young Galileo«, *Revue de l'université d'Ottawa*, 1971.

2. Der Arm Luzifers

Christopher Clavius: Catholic Encyclopedia; Augustus De Morgan, *A Budget of Paradoxes*, S. 26.

Turm der Winde: Eigener Besuch; Filmvorführung, *Peoples with Long Eyes*, vatikanisches Observatorium.

Briefwechsel zwischen Clavius und Galileo: Galileo Galilei, *Le Opere di Galileo Galilei* (im weiteren als *Opere* zitiert), Bd. 10, S. 22–24, 27–29.

Francesco I. und Bianca Capello: Col. George Frederick Young, *The Medici*, S. 600–624.

Poggia a Caiano: Eigener Besuch; Young, *Medici*, S. 619.

Bardis Camerata: Fano, »Noticie della vita di Vincenzo Galilei«; Stillman Drake, »Vincenzo Galilei und Galileo«, *Galileo Studies*; Palisca, »Camerata Fiorentina: A Reappraisal«, *Studi musicali*, 1972; Pirrotta, »Temperaments and Tendencies in the Florentine Camerata«, *Musical Quarterly*, April 1954.

Galileo über Musik: Galileo Galilei, *Discourses on Two New Sciences (dt.: Unterredungen und mathematische Demonstrationen über zwei neue Wissenszweige, die Mechanik und die Fallgesetze betreffend)*, S. 101–102.

Akademie von Florenz: Eric Cochrane, *Florence in the Forgotten Centuries*, S. 84; ders., *Tradition and Enlightenment in the Tuscan Academies*, S. 69–73, 112–114.

Vortrag über Dantes Inferno: *Opere,* Bd. 9, S. 7–10, 29–57.

Del Monte an Galileo, 30. Dez. 1588: *Opere,* Bd. 10, S. 39.

»In Bologna Liebhaber... in Pisa Fratres«: Schmitt, »The Faculty of Arts at Pisa in the Time of Galileo«.

Kürbisse im Gras: Lelio Torelli to Cosimo I., 1560, zit. ebd.

Montaigne über Borro: Essays I: 26, S. 111; Michel de Montaigne, *Journey Through Italy (dt.: Tagebuch einer Reise durch Italien)*, S. 147.

Mazzoni: Frederick Purnell, Jr., »Jacopo Mazzoni and Galileo«, *Physis*, 1972.

Das Experiment am Schiefen Turm von Pisa: Viviani, *Racconto*, in *Opere*, Bd. 19, S. 606; Galileo, »De Motu«, *Opere*, Bd. 1. S. 249; Ernest A. Moody, »Galileo and Avempace: The Dynamics of the Leaning Tower Experiment«, *Journal of the History of Ideas*, 1951; Lane Cooper, *Aristotle, Galileo, an the Tower of Pisa*; W. R. Shea, »The Significance of Experiments in the Writing of the Young Galileo«, *Revue de L'Université d'Ottawa*, 1971.

Galileo über Würdenträger: »Capitolo contro portar la toga«, *Opere*, Bd. 9, S. 21–24, 213–223.

Galileo über Bewegung: »De Motu«, *Opere*, Bd. 1, S. 243–419; Raymond Fredette, Galileo's De Motu Antiquiora, Istituto di Storia della Scienza, 1971; I. E. Drabkin, *Galileo: On Motion*.

Galileos Beziehung zur Literatur: Erwin Panofsky, *Galileo As a Critic of the Arts*, S. 18–19; *Opere*, Bd. 9, S. 69.

Galileo über Flaschen: »Capitolo...«, *Opere*, Bd. 9, S. 21–24, 213–223.

3. Der goldene Ochse

Universität Padua: Antonio Favaro, *Lo Studio di Padova*, Bd. 1, S. 51–164; Scandaletti, *Galileo Privato*, S. 74–83.

Moletti: Favaro, *Studio*, Bd. 1, S. 104–105.

Pinelli: Ebd., Bd. 1, S. 40–43; Interview mit Bellinati.

Senatsbeschluß: *Opere*, Bd. 19, S. 111.

Die Großherzöge Francesco und Ferdinando: Col. George Frederick Young, *The Medici*, S. 600–648.

Galileos Antrittsvorlesung: *Opere*, Bd. 19. S. 43; Favaro, *Studio*, S. 106–108; Interview mit Prof. Luigi Olivieri, Universität Padua.

Tycho Brahe und Galileos Antrittsvorlesung: Fahie, *Galileo*, S. 36.

Der Salon Pinellis: Favaro, *Studio*, S. 40–43; Scandaletti, *Galileo Privato*, S. 76; Interview mit Bellinati.

Gesuiti und Bovisti: Favaro, *Studio*, Bd. 1, S. 59–68.

Galileos Stellung zur herkömmlichen Kosmologie: *La Sphaera*, zit. in Favaro, *Studio*, Bd. 1, S. 125–126, 162.

Die Erkrankung in Costozza: *Opere*, Bd. 2, S. 37.

Giordano Bruno in Padua: J. Lewis McIntyre, *Giordano Bruno*, S. 12, 69.

Galileos Schöpfmaschine: Favaro, »Galileo e Venezia«, *Studio*, Bd. 2; *Opere*, Bd. 14, S. 126.

Über den Festungsbau: *Opere*, Bd. 2, S. 7–142.

Dante über das flüssige Pech im Arsenale: Dante, »Inferno«, *Göttliche Komödie*, Kap. XXI, Zeilen 7–18.

Zur Erfindung des Thermometers: Galileo, *La sensata esperienza*, S. 39–40; Favaro, *Studio*, Bd. 2, S. 193–212; *Opere*, Bd. 11, S. 506, Bd. 12, S. 139–140, 157–158, 167–168.

Dialog über die Schöpfmaschine: Patentgewährung, *Opere*, Bd. 14, S. 126.

Sagredo: Favaro, *Amici e corrispondenti di Galileo*, Bd. 1, S. 199–322; *Il Carteggio Linceo della vecchia accademia di Federico Cesi*.

Sagredos Selbstporträt: *Opere*, Bd. 12, S. 45–46.

Sagredos Landvilla an der Brenta: Eigener Besuch.

Die Kapriolen Sagredos und Galileos: Gaetano Cozzi, *Paolo Scarpi tra Venezia e L'Europa*, S. 175; Scandaletti, *Galileo Privato*, S. 93.

Venedig als Ort der Vergnügungen: Galileo Galilei, *Discourses on Two New Sciences (dt.: Unterredungen…), Opere*, Bd. 8, S. 49.

Der Laden Schinis in Venedig: Favaro, »Galileo e Venezia«, *Studio*, S. 87.

Venedig im 17. Jahrhundert: U. Tucci, »Vita economica a Venezia nel primo 600«. Referat auf der Konferenz »Galileo e la cultura Veneziana«, Venedig, Juni 1992.

Zur Idee eines Fernsprechapparats: Galileo, *La sensata esperienza*, S. 139–140, und *Dialogue Concerning the Two Chief World Systems*, S. 106. Dt. Ausgabe: *Dialog über die beiden hauptsächlichen Weltsysteme. Das ptolemäische und das kopernikanische.* Aus dem Italienischen übersetzt und erläutert von E. Strauss. Mit einem Beitrag von Albert Einstein sowie einem Vorwort zur Neuausgabe und weiteren Erläuterungen von Stillman Drake, herausgegeben von Roman Sexl und Karl von Mayen (im folgenden zitiert als »Dialog«). Stuttgart 1982, S. 100.

Der Brief Magagnatis: *Opere*, Bd. 10, S. 182–183.

Die Turbulenzen um die Jesuiten in Padua: Cozzi, *Paolo Sarpi*, S. 151–152.

Acquapendente: L. Premuta, »La filosofia sperimentale di Galileo ›padovano‹ e le concezioni meccanistische in biologia e in medicina«, Referat auf der Konferenz »Galileo e la cultura Padovana«, 13.–15. Febr. 1992; Interview mit Luigi Olivieri.

Brief Mazzonis: *Opere*, Bd. 2, S. 195–202.

Galileos Brief an Kepler und dessen Antwort: *Opere*, Bd. 10, S. 67, 69.

Galileos Ängstlichkeit: Libero Sosio, »Galileo Galilei e Paolo Sarpi«, Referat auf der Konferenz »Galileo e la cultura Veneziana«, 19. Juni 1992.

Militärischer Proportionszirkel: *Opere*, Bd. 337–414; Favaro, *Studio*, Bd. 1, S. 165–192.

Galileos Darstellungen über den Verkauf des Proportionszirkels: *Opere*, Bd. 14, S. 166.

Capras Plagiatsvorwurf: Favaro, *Studio*, Bd. 1, S. 182–191; *Opere*, Bd. 2, S. 513–600.

Alvise Cornaro: Marisa Milani, »Galileo Galilei e la letteratura pavana«, Referat auf der Konferenz an der Accademia Patavana, Febr. 1992.

4. Frösche und Mäuse

Jubeljahr 1600: Ludwig von Pastor, *The History of the Popes*, Bd. 24, S. 269–280.

Hinrichtung Brunos: J. Lewis McIntyre, *Giordano Bruno*; A. Paterson, *Infinite Worlds of Giordano Bruno*; Dorothea Waley Singer, *Giordano Bruno*, S. 171–180; Paul Eugene Memmo, *Heroic Frenzies*, Studies in Romance Language series; Bruno, *Works*, S. 340 und 401–402; »In Occasione del Monumento a Giordano Bruno«, vatikanische Bibliothek.

Michelangelo Galilei: Fahie, *Galileo*, S. 68.

Marina Gamba: Scandaletti, *Galileo Privato*, S. 103–109; Favaro, *Studio*, Bd. 2, S. 47f., 157ff.; Galileo, *La sensata esperienza*, S. 246, 251.

Giulias Besuch von 1604 und ihre Bespitzelung des Sohnes: Briefe in Favaro, *Studio*, Bd. 2, S. 225ff.

Galileo und der Herzog von Mantua: Favaro, Chronologie, *Galileo e Venezia*.

Der Komet von 1604: *Opere*, Bd. 10, S. 275–285.

Der Brief Altobellis: *Opere*, Bd. 10, S. 116f.

Cremonini: *Dizionario biografico degli Italiani*; »Cesare Cremonini: Il suo pensiero e il suo tempo«, Konferenz in Ferrara, 7. April 1984; Interview mit Luigi Olivieri.

Der Cecco-Dialog und sein Hintergrund: Marisa Milani, »Il Dialogo in perpuosito de la Stella Nuova di Cecco di Ronchitti da Brugine, 1605«, Giornale storico della letteratura Italiana; Stillman Drake, *Galileo Against the Philosophers*, S. 1–53. (Anmerkung des Übersetzers: Der »Dialog des Cecco di Ronchitti aus Bruzene aus Anlaß des Neuen Sternes« findet sich in deutscher Übersetzung in: Galileo Galilei, Schriften, Briefe, Dokumente. Hrsg. A. Mudry, Bd. 1, S. 73–93. Die wiedergegebenen Zitate folgen dieser Übersetzung mit geringen Abweichungen.)

Galileos gerichtliche Verstrickungen, Frühjahr 1605: Favaro, Chronologie, *Galileo a Padova.*

Das Interdikt von Venedig: J. Norwich, *History of Venice*, S. 506–517; Leopold von Ranke, *The Ecclestiastical and Political History of the Popes of Rome (dt.: Die römischen Päpste. In den letzten vier Jahrhunderten)*, Bd. 2, S. 224–241; Rev. Alexander Robertson, *Fra Paolo Sarpi*; Horatio Brown, *The Venetian Printing Press*, 1469–1800. S. 158–173.

Bellarmin: James Brodrick, Robert Bellarmin.

Sarpi: Gaetano Cozzi, *Paolo Sarpi tra Venezia e L'Europa*; Fulgenzio Micanzio, *La vita di Padre Paolo*; Libero Sosio, »Galileo e Paolo Sarpi«, Referat auf der Konferenz »Galileo e la cultura Veneziana«, Juli 1992; *The Catholic Enzyclopedia.*

Sarpi über den Index: Luigi Barzini, *The Italians*, S. 316.

Sarpi über wahres Christentum: Brown, *Venetian Printing Press*, S. 160.

Sarpi über die Jesuiten: Barzini, *Italians*, S. 319.

Galileo über die Vertreibung der Jesuiten: *Opere*, Bd. 10, S. 157f.

Sagredos Brief aus dem Friaul: *Opere*, Bd. 10, S. 163f.

Sarpis umfangreiche Machtbefugnisse: Cozzi, *Paolo Sarpi.*

Attentat auf Sarpi: Micanzio, *Padre Paolo*; Cozzi, *Paolo Sarpi*; Robertson, *Fra Paolo Sarpi.*

Galileos Brief an Christine in Sachen Acquapendente: Opere, Bd. 10, S. 164f.

Galileos Brief an Christine über einen Wappenentwurf, Sept. 1608: *Opere*, Bd. 10, S. 221; Mario Biagioli, »Galileo the Emblem Maker«, *Isis*, Juni 1990.

Der Schneewinter von 1608/1069: Milani, »Galileo e la letteratura«.

Der pavanische Vers: Il »faelamento« of Rovigo Bon Magon e Tuogno Regono a Galileo Galilei, »GSLI«, CLXV, für den Autor übersetzt von Marisa Milani.

5. Der Stein und der Steinbruch

Der Schwedenkönig als Student Galileos: Favaro, *Studio*, Bd. 1, S. 158; Favaro, *Galileo Galilei a Padova*, S. 223–271.

Galileos Briefwechsel mit Vincenzo Renieri, 1633: *Opere*, Bd. 15, S. 361; Favaro, *Amici e Corrispondenti di Galileo*, Bd. 1, S. 475f.

Brief an Antonio de' Medici in Sachen Artillerie: *Opere*, Bd. 10, S. 242f.

Einem Fürsten zu dienen: Galileo Galilei, Schriften, Briefe, Dokumente. Hrsg. von A. Mudry, Berlin 1985. Bd. 2, S. 19–21. (Anmerkung des Übersetzers: Soweit im folgenden Text- und Briefstellen angeführt sind, die in dieser verdienten Ausgabe ausgewählter Schriften, Briefe und Dokumente enthalten sind, werden sie nach der hier vorliegenden deutschen Übersetzung mit entsprechenden Seitenangaben zitiert.) *Opere*, Bd. 10, S. 233.

Sagredos wehmütiger Brief aus Aleppo: *Opere*, Bd. 20, S. 242f.

Zur Entdeckung des Fernrohrs: Stillman Drake, »Galileo's First Telescopes at Padua and Venice«, *Isis*, 1959; A. Van Helden, »The Invention of the Telescope«, American Philosophical Society, Juno 1977; Edward Rosen, »When Did Galileo Make His First Telescope«, *Centaurus*, 1951.

Zur Präzision von Galileos Linsen: Greco, Molesini und Quercioli; »Optical tests of Galileo's lenses«, *Nature*, 9. Juli 1992.

Zu Sarpis Informationen über die Sehgläser flämischer Brillenschleifer: Gaetano Cozzi, *Paolo Sarpi tra Venezia e L'Europa*, S. 180.

Die Depesche vom 4. August 1609: Drake, »Galileo's First Telescopes at Padua and Venice«.

Galileos eigene Darstellung: *Il Saggiatore, Opere*, Bd. 6, S. 257ff.

Die venezianischen Würdenträger auf dem Campanile von San Marco: Drake, »Galileo's First Telescopes at Padua and Venice«.

Das Fernrohr als Geschenk an den Dogen: *Opere*, Bd. 10, S. 250f.

Galileos Brief an Landucci vom 29. Aug. 1609: *Opere,* Bd. 10, S. 253.

Erste Eindrücke von der Mondoberfläche: Galileo Galilei, »Die Sternenbotschaft«, in: *Schriften, Briefe, Dokumente.* Bd. 1, S. 103–119.

Galileos Verleger Baglioni: Dizionario biografico degli Italiani; Brown, *Venetian Printing Press*, S. 263ff.

Briefe an Vinta: *Opere*, Bd. 10, S. 280, 283, 288, 297; *Schriften, Briefe, Dokumente.* Bd. 2, S. 19ff., 23f.

Sir William Lower über Galileo: Francis R. Johnson, *Astronomical Thought in Renaissance England*, S. 228.

Johannes Faber und Thomas Seggett über Galileo: Marjorie Nicolson, »The Telescope and Imagination«, *Modern Philology*, 1935.

Marinos Hymnus auf Galileo: Giambattista Marino, *Adonis*.

Zum Verlangen des französischen Königshauses: Fahie, *Galileo*, S. 99.

Der Großherzog als Werber für Galileos Sache: Richard S. Westfall, »Galileo and the Accademia dei Lincei«, Novita Celesti e Crisi del Sapere, Florenz, 1984.

Marino und Cosimo: Marino, *Adonis*, X, 44.

Brief an Vinta: *Opere*, Bd. 10, S. 348.

Priulis Erbitterung über Galileos Weggang: Ebd., Bd. 11, S. 503.

Sarpis Warnung vor einem Weggang aus Venedig: Brief des Sarpi-Kenners Libero Sosio an den Autor.

Zur Entdeckung des Planeten Saturn als Dreigestirn: Brief an Kaiser Rudolf II. vom 13. Nov. 1610, überbracht vom toskanischen Gesandten am deutschen Kaiserhof, Giuliano de' Medici, in: *Opere*, Bd. 10, S. 474; Fahie, *Galileo*, S. 108 f.

Zweifel bezüglich der Gestalt des Planeten Saturn: Brief an Marcus Welser vom 1. Dez. 1612, in: *Opere*, Bd. 5, S. 186–239.

6. Die böse Saat

Le Selve: Eigener Besuch.

Galileo an Vinta über die Reise nach Rom: *Opere*, Bd. 11, S. 26 f.

Galileos Zauberschachtel: Pietro Redondi, *Galileo Heretic*, S. 9 (dt.: *Galileo – der Ketzer*, München 1989, S. 15).

Galileo im Palazzo Firenze: Walter J. Miller, S. J., »Galileo's Visits to Rome«, *Sky and Telescope*, Bd. 11, 1952.

Papst Paul V.: Leopold von Ranke, *The Ecclesiastical and Politial History of the Popes of Rome (dt.: Die römischen Päpste)*, Bd. 2, S. 220–309.

Piccinardi: Ebd., S. 222 f.

Der Briefwechsel mit Bellarmin: James Brodrick, *Robert Bellarmin, Saint and Scholar.*

Colombe und die »Gimpel-Liga«: Karl von Gebler, *Galileo and the Roman Curia (dt.: Galileo Galilei und die römische Curie).*

Fürst Cesi und die Akademie der Luchse: Domenico Carutti, *Breve storia della Accademia dei Lincei*, S. 1–38, *Il Carteggio Linceo*; Drake, *Galileo at Work*; Redondi, *Galilei Heretic*, S. 29; Westfall, »Accademia dei Lincei«, *Novita Celesti e Crisi del Sapere*, 1984.

Das Abendbankett auf dem Gianicolo: Edward Rosen, *The Naming of the Telescope*, S. 30–35; Gabrieli, »Galileo in Acquasparta«, *Atti della Reale Accademia d'Italia.* Memorie della Classe di Scienze Morale e Storiche, Rom 1943.

Sagredo über Giambattista della Porta: *Opere*, Bd. 11, S. 398.

Galileo über seine Gegner, die sich weigerten, einen Blick durch das Teleskop zu werfen: *Opere*, Bd. 10, S. 484. Er bezog sich auf Giulio Libri, einen Professor in Pisa und Padua, der es wie Cremonini ablehnte, durch das Teleskop zu schauen.

Die Verleumder Galileos: Andrew Dickson White, *A History of the Warfare of Science with Theology*, S. 130–157.

7. Dunkles Licht und schwimmende Körper

Galileo zum Problem schwimmender Körper: Thomas Salusbury, Übers., *Discourse on Floating Bodies*; Brief an den Großherzog. *Opere*, Bd. 4, S. 49 ff; Stillman Drake, »The Origin of Galileo's Book on Floating Bodies and the Question of the Unknown Academician«, *Isis*, 1960.

Galileos Herausforderung Colombes: Salusbury, *Discourse*.

Galileo an Cesi über seinen schlechten Gesundheitszustand: *Opere*, Bd. 11, S. 247.

Cigolis Briefe über die Sonnenflecken: *Opere*, Bd. 11, S. 208 und 211.

Magagnati und seine Spottverse: *Amici e corrispondenti de Galileo*, Bd. 1, S. 65–92.

Zum Hintergrund der Briefe über die Sonnenflecken: Stillman Drake, *Discoveries and Opinions of Galileo*, S. 59–84.

Entdeckung des Planeten Neptun: Charles T. Kowal und Stillman Drake, »Galileo's Observations of Neptune«, *Nature*, 25. Sept. 1980; Francesco Bertola, »Le Osservazione di Galileo del Planeta Nettuno«, in: *Galileo e la Cultura Padovana*, hrsg. von G. Santinello.

Zur Reaktion auf den »Discorso«: Stillman Drake, Einführung zu *Discourses on Two New Sciences (dt.: Unterredungen und mathematische Demonstrationen…)*; F. R. Wegg-Prosser, *Galileo and his Judges*, S. 16.

Bellarmin an Galileo über den Discorso: *Opere*, Bd. 11, S. 337 ff.

Galileo über Colombe: *Opere*, Bd. 20, S. 422.

Die Briefe Contis: Ebd., Bd. 11, S. 354 ff. und S. 376.

Das Gedicht Stellutis: Ebd., Bd. 5, S. 13.

Galileo über den gesunden Menschenverstand: Ebd., Bd. 11, S. 326 ff.

Die Reaktion des Ordensprovinzials auf Scheiners Entdeckungen: Fahie, *Galileo*, S. 130 ff.

Stillman Drake über den Prioritätsstreit bezüglich der Sonnenflecken: Drake, *Discoveries*, S. 83.

Cigolis Briefe über die Ignoranz: Giorgio de Santillana, *The Crime of Galileo*, S. 21 ff.

Über den Planeten Venus: Stillman Drake, »Galileo, Kepler, and Phases of

Venus«, *Journal for History of Astronomy* (JHA), Okt. 1984; Owen Gingerich, »Phases of Venus in 1610«, JHA, Okt. 1884; Richard S. Westfall, »Science and Patronage«, *Isis*, 1985.

Castellis Brief an Galileo bezüglich der Sonnenflecken: *Opere*, Bd. 10, S. 483.

Galileo an Castelli: *Opere*, Bd. 10, S. 502ff.

Brief an Großherzogin Christine: Maurice A. Finocchiaro, Hrsg., *The Galileo Affair*, S. 87.

8. O ihr Kleingläubigen aus Galilea!

Santa Maria Novella: Eigene Besuche; Orlandi und Grossi, *Historical-Artistic Guide of Santa Maria Novella and her Monumental Cloisters*; T. B. Settle und M. L. R. Bonelli, »Ignatio Danti's Great Astronomical Quadrant«, Annali dell'Istituto e museo di storia della scienza di Firenze, 1979.

Erste Anzeige durch Lorini: Folio 342, Vat MS.

Lorinis Entschuldigung gegenüber Galileo: *Opere*, Bd. 11, S. 427.

Galileo an Cesi über Lorini: Ebd. *Opere*, Albèri, Bd. 8, S. 241 f.

Tommaso Caccini: Antonio Ricci-Riccardi, *Galileo Galilei e Fra Tommaso Caccini*.

Die Schelte durch den Bruder Caccinis: Giorgio de Santillana, *The Crime of Galileo*, S. 104 f.; Ricci-Riccardi, *Galileo and Caccini*, S. 69 f.

Die Entschuldigung Pater Maraffis: *Opere*, Bd. 12, S. 127 f.

Cesi an Galileo über Caccini: Gabrieli, »Galileo in Acquasparta«.

Der Bischof von Fiesole: Galileo an Piero Dini, 16. Febr. 1615, in: Opere, Bd. 12, S. 142 f.

Lorini an die Inquisition: Ebd., Bd. 19, S. 297.

Ciampolis Versuch, Galileos Gefühle zu beschwichtigen: Ebd., Bd. 12, S. 145.

»Immer neue Bereiche…«: Galileo an Dini, ebd., S. 142 f.

»Sollte mein Auge beleidigen…«: Nachwort, ebd.

Bemühungen des Erzbischofs von Pisa: Mellini an den Erzbischof, 27. Febr., *Opere*, Bd. 19, S. 306.

Caccini vor der Inquisition: Zeugenaussage in Maurice A. Finocchiaro, *The Galileo Affair*, S. 136.

9. Die Ermahnung des Kardinals

Guicciardinis Entsetzen über Galileos Rombesuch: *Opere*, Bd. 12, S. 206f.; *Schriften, Dokumente, Briefe*, hrsg. von A. Mudry, Bd. 2, S. 50f.

Bellarmins Brief an Foscarini: Richard J. Blackwell, *Galileo, Bellarmine, and the Bible*, Appendices 6, 7 und 8; *Schriften, Dokumente, Briefe*, Bd. 2, S. 46ff.

Der Zusammenprall zweier Weltbilder: Andrew Dickson White, *A History of the Warfare of Science with Theology*, S. 130–157.

Bellarmin: James Brodrick, *Robert Bellarmine, Saint and Scholar*, S. 332–378; E. McMullin, »Bellarmine«, *Dictionary of Scientific Biography*, Bd. 1, S. 587–590; Richard S. Westfall, *»Bellarmine, Galileo, and the Clash of Two World Views«*, Blackwell, *Galileo, Bellarmine.*

Caccinis Besuch bei Galileo: Galileo an Picchena, 20. Febr. 1616, in: *Opere*, Bd. 12, S. 238; *Schriften, Dokumente, Briefe*, Bd. 2, S. 52f.

Erklärung der Inquisition: Sergio Pagano, *I Documenti*, S. 99f.

Bellarmin über die Unfehlbarkeit: Jacobo J. Corboy, S. J., »The Doctrine of Infallibility of the Pope in Bellarmine and His Influence on the Definition in the Vatican Council«.

Die ausdrückliche Ermahnung vom 26. Febr. 1616: Maurice A. Finocchiaro, *The Galileo Affair*, S. 147; Protokoll in: *Schriften, Dokumente, Briefe*, Bd. 2, S. 183f.

Guicciardini an Cosimo II. über Galileos Ermahnung: *Opere*, Bd. 12, S. 241f.; *Schriften, Briefe, Dokumente*, S. 54ff.

Dekret der heiligen Kongregation des Index, 5. März 1616: Finocchiaro, *Galileo Affair*, S. 148ff.; *Schriften, Dokumente, Briefe*, Bd. 2, S. 184ff.

Galileo an den Großherzog durch Picchena, 12. März 1616: *Opere*, Bd. 12, S. 243f.; *Schriften, Dokumente, Briefe*, Bd. 2, S. 58ff.

Westfall über Bellarmin: Westfall, *Bellarmine, Galileo.*

Bellarmins Brief vom 26.Mai: Finocchiaro, *Galileo Affair*, S. 153; *Schriften, Dokumente, Briefe*, Bd. 2, S. 194.

10. Schatten über Bellosguardo

Die Luft in Bellosguardo: Stelluti, in: *Opere*, Bd. 13, S. 347; Sagredo, ebd., Bd. 11, S. 553.

Sagredo über Bellosguardo: *Opere*, Bd. 13, S. 349f.

Magagnati über Bellosguardo: Ebd., S. 348.

Zum »Celatone«: Ebd., S. 311–314, 344.

Giovanni de' Medici über den celatone: Ebd., Bd. 12, S. 370, 372 f.

Über den spanischen König: Ebd., S. 321 ff.

Galileo an Erzherzog Leopold: Ebd., S. 389.

Erzherzog Leopold an Galileo: Ebd., S. 397.

Cesis Anstrengungen: Gabrieli, »Galileo at Acquasparta«.

Cesis Warnung vor der Unerbittlichkeit Bellarmins: Il Carteggio Linceo, S. 477.

Cesis Appell an Bellarmin: Ebd., S. 648.

Beschreibung der Kometen: Grassi, »Astronomical Disputation of the Three Comets«, in: Stillman Drake und C. D. O'Mally, *The Controversy of the Comets*, S. 6 f.

Zu Grassi: Pietro Redondi, *Galileo Heretic*, S. 29 ff.; Drake und O'Mally, *Controversy*, Einleitung.

Grassis »Disputatio«: Ebd., S. VII–XXV.

Guiduccis »Abhandlung über die Kometen«: Ebd., S. 21–66.

Ciampolis Schadenfreude über die Beleidigung der Jesuiten: *Opere*, Bd. 12, S. 465.

Zu Grassis »Libra«: Drake und O'Mally, *Controversy*, S. 69–132.

Faber über den Hochmut der Jesuiten: *Opere*, Bd. 13, S. 23.

Cesarinis Drängen auf einen Gegenangriff: Ebd., S. 89.

Strategische Überlegungen in Acquasparta: Gabrieli, »Acquasparta«; Redondi, *Galileo Heretic*, S. 44 ff.; *Opere*, Bd. 13, S. 38 ff. und 46 ff.

Guiduccis Brief an Tarquinio Galluzzi: Drake und O'Mally, *Controversy*, S. 133–150.

Zu Keplers »Harmonia Mundi«: Arthur Koestler, *The Sleepwalkers*, S. 388–398.

Zum Dreißigjährigen Krieg: C. V. Wedgwood, *The Thirty Years War (dt.: Der Dreißigjährige Krieg)*, S. 141–266.

Galileos Geschenk an General Spinola: *Opere*, Bd. 13, S. 66

Cesarini über die »sturen Anhänger des Alten«: Ebd., S. 89.

Zur »Goldwaage«: Stillman Drake, Hrsg., *Discoveries and Opinions of Galileo*, S. 270–280.

Cesarini über die Veröffentlichung im Angesicht der Kirche: *Opere*, Bd. 13, S. 106.

Ciampoli über die Haltung Gregors XV.: Ebd., Bd. 11, S. 30.

Riccardis »Imprimatur« für die »Goldwaage«: Drake und O'Mally, *Controversy*, S. 152.

11. Das Herz des Skorpions

Marco Antonio de Dominis: Pietro Redondi, *Galileo Heretic*, S. 107–111; Chandler, *History of Persecution*, S. 269ff.; Galilei, *Dialog über die beiden hauptsächlichen Weltsysteme*, Stuttgart 1982, S. 438; *The New Catholic Encyclopedia*; H. Newland, *The Life and Contemporaneous Church History of Antonio de Dominis*, Oxford, 1859.

Fabers Brief über de Dominis: *Opere*, Bd. 13, S. 207.

Brief an Ingoli: Übers. in: Maurice A. Finocchiaro, *The Galileo Affair*, S. 154–197.

Anonyme Anzeige der »Goldwage«: Finocchiaro, *Galileo Affair*, S. 202.

Krönung Urbans VIII.: Mascardi, *»Le pompe del Campidoglio...* per Urbano VIII. quando piglio il possesso...«, eine zeitgenössische Schilderung, vatikanische Bibliothek.

Brief Guiduccis: *Opere*, Bd. 13, S. 160f.

Brief Ciampolis: Ebd., S. 146f.

Zu den Dialogpartnern im »Dialog«: Degl'interlocutatori dei dialoghi Galileiani e in particolare di Filippo Salviati Linceo«, *Il Carteggio Linceo*; Biagi, Maria Luisa, »L'incipit del Dialogo sopra i Massimi Sistemi«, Referat auf der Konferenz »Galileo e la Cultura Veneziana« 20. Juni 1992.

Zu Sagredo: Gaetano Cozzi, *Sarpi tra Venezia e L'Europa*, S. 155–159, 165ff., 175–179, 196–205.

Sagredo an Galileo über die Freiheit in der Republik Venedig: *Opere*, Bd. 11, S. 170ff.; *Schriften, Dokumente, Briefe*, S. 29–33.

Sagredo über die Aristoteliker: *Opere*, Bd. 11, S. 379.

Sagredo über den seltenen indischen Vogel: Ebd., S. 257, 270, 278.

Sagredo über seine Methode zur Wiedererlangung der Gesundheit: Ebd, S. 371.

Galileos Brief anläßlich Sagredos Tod: Albèri, *Opere*, Bd. 7, S. 62.

Zu Salviati: »Contributi alla storia della Accademia dei Lincei«, S. 966, Biblioteca dei Lincei, Rom.

Salviatis Briefe an Galileo: *Opere*, Bd. 11, S. 290, 595, 610.

Galileo über seine Feinde: Brief an den Großherzog, in: *Opere*, Bd. 4, S. 30–35.

12. Erschütterung

Maria Celeste: Mary Allan-Olney, *The Private Life of Galileo*; Giuliana Morandini, Einleitung zu: *Lettere al Padre*; Antonio Favaro, »Galileo Galilei e

Suor Maria Celeste«, Briefe in: *Opere*, Bd. 13, S. 398ff., 402, 404ff.; *Schriften, Dokumente, Briefe,* S. 65–68, 70, 74, 76, 79, 104ff., 109, 114ff.

Michelangelos Briefe: *Opere*, Bd. 13, S. 394ff.

Cesare Marsili: Briefe, herausgegeben anläßlich des Venedig-Symposiums »Galileo Rediscovered«, unter der Schirmherrschaft der UNESCO; Sept. 1991.

Galileo über die verendeten Truthennen: Ebd., Galileo an Marsili, 17. Dez. 1624.

Sagredo im »Dialog«: »Was für eine Narretei…«: Galileo Galilei, *Dialog über die beiden hauptsächlichen Weltsysteme*, Stuttgart 1982, S. 46.

Sagredo: »Simplicio ist verwirrt…«: Ebd., S. 60.

Simplicio: »Wenn man sich von Aristoteles lossagt…«: Ebd., S. 117.

Simplicio: »Tut mir die Liebe…«: Ebd., S. 37.

Salviati: »Die Logik ist das Instrument…«: Ebd., S. 37.

Salviati: »Daher verfahrt Ihr mehr im Sinne des Aristoteles…«: Ebd., S. 59.

Sagredo über den Mann auf dem Giebel seines Hauses: Ebd., S. 120.

Galileo über das Schreiben als Nachteil für die Gesundheit: Galileo an Marsili, 22. Nov. 1625, Venedig-Symposium.

Galileos Absicht im »Dialog«: Galileo an Marsili, 17. Jan. 1625, Venedig-Symposium.

Galileos Kritik an Kepler: *Dialog,* S. 483.

Galileos Arbeit mit Magneten: Galileo am Marsili, 27. Juni 1626, Venedig-Symposium.

Galileo über den Preis von Pferden: *Opere*, Bd. 6, S. 563–612.

Galileo über den Würfel: Ebd., Bd. 8, S. 591f.

Urban VIII. und die Astrologie: D. P. Walker, *Spiritual and Demonic Magic*; Luigi Amabile, *Fra Tommaso Campanella.*

Der *Avviso* zum Gesundheitszustand des Papstes: Amabile, *Tommaso Campanella*, Bd. 2, S. 149.

Papabili und Neffen: John Beldon Scott, *Images of Nepotism*, S. 73.

Die Sonnenfinsternis vom 25. Dez. 1628: Theodor Oppolzer, *Canon of Eclipses*, S. 27–71.

Salviati: »Nimmt eine Bewegung der Erde an…«: *Dialog,* S. 127 f.

Sagredo: »Warum weist Ihr diesen Standpunkt zurück…«: *Dialog,* S. 127.

Salviati: »Hättet Ihr, Sagredo…«: *Dialog,* S. 342.

Marsili am Leben!: Galileo an Marsili, 7. Apr. 1629, Venedig-Symposium.

Galileos Verunglimpfung Scheiners: Galileo an Marsili, 21. April 1629; Venedig-Symposium.

Salviati: »Ich frage dich, du törichter Mensch...«: *Dialog,* S. 384.
Ominöse Anzeichen: Castelli an Galileo, *Opere*, Bd. 9, S. 201.
Galileos Ärger über die Verzögerung: Galileo an Cioli, *Opere*, Bd. 14, S. 215, 158.
Der *Avviso* gegen Galileo, 18. Mai 1630: Amabile, *Tommaso Campanella*, Bd. 2, S. 149.
Visconti an Galileo, 10. Juni 1630: *Opere*, Bd. 14, S. 120.
Die Sonnenfinsternis vom 10. Juni 1630: Oppolzer, *Canon*, S. 270f.
Urbans Vorbereitungen: Amabile, *Tommaso Campanella.*
Urbans okkulte Zwangsvorstellungen: Scott, *Images*; Walker, *Magic*; Amabile, *Tommaso Campanella.*
Campanella: Amabile, *Tommaso Campanella.*
Pest in Florenz: G. Calvi, *Histories of a Plague Year*, S. 63–70.
Mercuriale und Acquapendente über Pestmedizin: Ebd., S. 68f.
Galileos Ärger: Galileo an Marsili, 5. April 1631, Venedig-Symposium.
Vorschlag eines Besuchs beim Papst: Galileo an Cioli, 3. Mai, in *Opere*, Bd. 14, S. 258.
Riccardi an den Inquisitor, 24.Mai: *Opere*, Bd. 14, S. 266.

13. Der Prozeß Galileos

Das überschwengliche Lob Micanzios: *Opere*, Bd. 14, S. 349f., 362f.
Mahnung zur Vorsicht: Paolo Aproino an Galileo, 13. März 1632, in: Fahie, *Galileo*, S. 264.
Scheiner als eingebildeter und unbedarfter Dilettant: *Dialog,* Stuttgart 1982, S. 362.
Scheiners Zorn: *Opere*, Bd. 14, S. 360.
Audienz Botschafter Niccolinis bei Urban VIII., 4. Sept. 1632: Maurice A. Finocchiaro, Hrsg., *The Galileo Affair*, S. 229–232.
Anklagepunkte der päpstlichen Kommission: Finocchiaro, *Galileo Affair*, S. 218–222.
Aufschrei tiefster Erschütterung: Galileo an Kardinal Francesco Barberini, 13. Okt. 1632, *Opere*, Bd. 14, S. 406–410; *Schriften, Dokumente, Briefe*, Bd. 2, S. 94–99.
Galileos Antrag auf Verschiebung: Pagano, *I Documenti*, S. 17.
Der Vertreter der Inquisition am Krankenbett Galileos: Ebd., S. 120.
Castelli an Galileo, 25. Dez. 1632: *Opere*, Bd. 14, S. 442.
Galileos Einschätzung bei seiner Abreise nach Rom: Galileo an

Diodati, 15. Jan. 1633, in: Finocchiaro, *Galileo Affair*, S. 223–226; *Schriften, Dokumente, Briefe*, Bd. 2, S. 99f.

Galileos Gesuch an den Großherzog: Galileo an Andrea Cioli, 19. März 1633, *Opere*, Bd. 15, S. 43, 63, 69; *Schriften, Dokumente, Briefe*, Bd. 2, S. 101, 110.

Niccolini über die Audienz bei Urban VIII. vom 27. Febr.: Finocchiaro, *Galileo Affair*, S. 245f.

Niccolini über Urban VIII., 13. März.: Ebd., S. 246ff.

Niccolini und der Papst, 8. April: Ebd., S. 248f.

Galileos erstes Verhör: Ebd., S. 256; *Schriften, Dokumente, Briefe*, Bd. 2, S. 186–193.

Das Gutachten Inchofers: Finocchiaro, *Galileo Affair*, S. 261–271.

Maculano: Giuseppe Galli, O. P., *Il Cardinale Vincenzo Maculano al processo di Galileo.*

Zur Frage der Folter: Eigene Nachfragen bei John Tedeschi, Tom Cohen und Marisa Milani; Karl von Gebler, *Galileo Galilei and the Roman Curia (dt. Galileo Galilei und die römische Curie)*, S. 253–263.

Maculanos Erfolgsmeldung an das Heilige Offizium, 28. April 1633: *Opere*, Bd. 15, S. 106f.

Zweites Verhör: Finocchiaro, *Galileo Affair*, S. 277–279; *Schriften, Dokumente, Briefe*, Bd. 2, S. 194–197.

Maria Celeste an ihren Vater: »Richtet Euer Hoffen auf Ihn...«: 20. April 1633, *Opere*, Bd. 15, S. 98; *Schriften, Dokumente, Briefe*, Bd. 2, S. 104.

Depesche Niccolinis, 22. Mai 1633: Finocchiaro, *Galileo Affair*, S. 253f.

Niccolinis Audienz bei Urban VIII., 19. Juni: Ebd., S. 286f.

Letztes Verhör: Ebd.; *Schriften, Dokumente, Briefe*, Bd. 2, S. 203f.

Abschwörung: Finocchiaro, *Galileo Affair*, S. 292–297; *Schriften, Dokumente, Briefe*, Bd. 2, S. 205–211.

14. Blinder Gehorsam

Galileo an Urban vor der Abreise aus Rom: *Opere*, Bd. 19, S. 362.

Galileo und Piccolomini: C. Ururgieri della Berendenga, *Pio Il Piccolomini.*

Briefe Maria Celestes: Lettere al Padre, *Opere*, Bde. 15 und 16.

Vatikanische Anweisung an den Inquisitor von Venedig: Karl von Gebler, *Galileo Galilei and the Roman Curia (dt.: Galileo Galilei und die römische Curie)*, S. 269.

Galileo an den Sekretär des Großherzogs: *Opere*, Bd. 15, S. 187.

Traktat gegen Galileo: Gebler, *Roman Curia (dt.: Galileo Galilei und die römische Curie)*, S. 271.

Alessandro Marsili in Siena: Stillman Drake, *Galileo at Work*, S. 355.

Pater Pelagi: »Rassegna Bibliografica«, Marchesini, Archivio di Stato, Siena.

Saint-Amant: Ebd.

Simplicio als der junge Galileo: Stillman Drake, Einleitung zu: Galileo, *Discourses on Two New Sciences.*

Anonyme Anzeige gegen Piccolomini: *I documenti del processo di Galileo*, Vatican, S. 207.

Maria Celeste: Mary Allan-Olney, *The Private Life of Galileo.*

Das »kleine Juwel« in Arcetri: »L'Ultima dimora di Galileo«, Antonio Godoli und Paolo Paoli, Istituto e Museo di Storia della Scienza, 1979. Eigener Besuch.

Der Vertreter der Inquisition: Galileo an Diodati, in: *Opere*, Bd. 16, S. 116.

Das Porträt Sustermans': Sustermans-Retrospektive und Interview mit Charles Cecil, amerikanischer Maler in Florenz.

Urban als Simplicio: Galileo an Micanzio, 26. Juli 1636, in: *Opere*, Bd. 16, S. 116.

Treffen in Poggibonsi: Drake, *Galileo at Work*, S. 375.

Zu den Verhandlungen mit den Holländern: *Opere*, Bd. 17, S. 356.

Milton und Galileo: Neil Harris, »Galileo as Symbol: The Tuscan Artist in Paradise Lost«, Annali dell'Istituto e Museo di Storia della Scienza, 1985.

Imaginäres Gespräch: Walter Savage Landor, *Imaginary Conversations*, New York, AMS Press, 1983, Bd. 2.

Briefwechsel mit Liceti: *Opere,* Bd. 18, S. 232–237, 244 ff.

Der toskanische Gesandte in Venedig: Briefwechsel zwischen Galileo und Francesco Rinoccini, *Opere*, Bd. 18, S. 311, 314 ff.

Vincenzo Viviani: Michael Segre, »Viviani's Life of Galileo«, *Isis*, 1989.

Die Liebesbriefe Alessandras: *Opere,* Bd. 18, S. 194, 311, 319, 374.

Bibliographie

Allan-Olney, Mary. *The Private Life of Galileo*. London: Macmillan, 1870.

Amabile, Luigi. *Fra Tommaso Campanella*, 3 vols. Naples: C. A. Morano, 1882.

Barzini, Luigi. *The Italians.* New York, Atheneum, 1964.

Blackwell, Richard J. *Galileo, Bellarmine, and the Bible: Including a translation of Foscarini's letters on the Motion of the Earth*. Notre Dame: University of Notre Dame Press, 1991.

Brodrick, James. *Robert Bellarmine, Saint and Scholar.* Westminster, Md.: Newman Press, 1961.

Brown, Horatio. *The Venetian Printing Press*, 1469–1800. Amsterdam: Gerard Th. van Heusden, 1969.

Burckhardt, Jacob. *The Civilization of the Renaissance in Italy.* New York: Penguin Books, 1990 (*Dt.: Die Kultur der Renaissance in Italien*, hrsg. v. Horst Günther, Insel, 1997).

Carutti, Domenico. *Breve stoia della Accademia dei Lincei.* Rome: Salvivcci, 1883.

Cochrane, Eric. *Florence in the Forgotten Centuries*, 1527–1800. Chicago: University of Chicago Press, 1973.

– *Tradition and Enlightenment in the Tuscan Academies*, 1690–1800. Rome: Edizioni di storia e letteratura, 1961.

Cozzi, Gaetano. *Paolo Sarpi tra Venezia e L'Europa*. Turin: Einaudi, 1979.

De Morgan, Augustus. *A Budget of Paradoxes,* 2 vols. New York: Dover Publications, 1954.

Drake, Stillman (Hrsg.), *Discoveries and Opinions of Galileo.* Garden City, N.Y.: Doubleday, 1957.

– *Galileo at Work: His Scientific Biography.* Chicago: University of Chicago Press, 1978.

– *Galileo Studies: Personality, Tradition, and Revolution.* Ann Arbor: University of Michigan Press, 1970.

– *Mechanics in Sixteenth Century Italy.* Madison: University of Wisconsin Press, 1969.

Einstein, Alfred. *The Italian Madrigal*, vol. 1. Princeton, N. J.: Princeton University Press, 1949.

Fahie, J. J. *Galileo: His Life and Work.* London: John Murray, 1903.

Favaro, Antonio. *Amici e corrispondenti di Galileo*, vols. 1–3. Firenze: Libreria Editrice Salimbeni, 1983.

– *Galileo a Padova.* Padua: Antenore, 1968.

– *Galileo Galilei e suor Maria Celeste.* Florence: G. Barbèra, 1935.

– *Lo Studio di Padova.* 2 vols. Padua: Antenore, 1968.

Finocchiaro, Maurice A., ed. *The Galileo Affair: A Documentary History.* Berkeley: University of California Press, 1989.

Galilei, Galileo. *Dialogue Concerning the Two Chief World Systems, Ptolemaic and Copernican.* Trans. Stillman Drake, with foreword by Albert Einstein. Berkeley: University of California Press, 1953 *(Dt.: Dialog über die beiden hauptsächlichen Weltsysteme, das ptolemäische und das kopernikanische,* aus d. Ital. u. erl. v. Emil Strauss. Mit einem Beitrag v. Albert Einstein. Vorwort von Stillman Drake, hrsg. v. Roman Sexl u. Karl Mayen, Teubner, 1982).

– *Le Opere di Galileo Galilei: Edizione Nazionale [Works]*, 20 vols. Florence: Tip. di G. Barbèra, 1890–1909. Directed by Antonio Favaro; siehe auch *Prima edizione completa*, vols. 1–16, ed. Eugenio Albèri. Florence: Societa editrice fiorentina, 1842–1856.

– *Discourses on Two New Sciences.* Trans. with introduction and notes by Stillman Drake. Madison: University of Wisconsin Press, 1974 (*Dt.: Unterredungen und mathematische Demonstrationen über zwei neue Wissenszweige, die Mechanik und die Fallgesetze betreffend,* übers. u. hrsg. v. Arthur v. Oettingen, Ostwalds Klassiker der exakten Wissenschaften, 1995).

Gebler, Karl von. *Galileo Galilei and the Roman Curia.* Merrick, N.Y.: Richwood Publishing Co., 1977 (*Dt.: Galileo Galilei und die römische Curie*, Sändig, 1968).

Horaz. *The Poems of Horace: Consisting of Odes, Satires, and Epistles.* New York: AMS Press, 1978 (Dt.: *Ausgewählte Gedichte*, Heft 1+2, Aschendorff, 1985).

Johnson, Francis R. *Astronomical Thought in Renaissance England.* Baltimore: John Hopkins Press, 1937.

Koestler, Arthur. *The Sleepwalkers: A History of Man's Changing Vision of the Universe.* New York: Macmillan, 1959.

McIntyre, J. Lewis. *Giordano Bruno.* London: Macmillan & Co., 1903.

Memmo, Paul Eugene. *Heroic Frenzies.* Studies in Romance Languages series, no. 50. Chapel Hill, N. C.: University of North Carolina Press, 1965.

Milton, John. *Paradise Lost.* 1667. Reprint. New York: Collier Books, 1962 (Dt.: *Das verlorene Paradies*, übers. u. hrsg. von Hans Meier, Reclam, o. J.).

Montaigne, Michel de. *Journey Through Italy*: 1580–1581. New York: Harcourt, Brace 1929 (Dt.: *Tagebuch einer Reise durch Italien*, Insel, 1988).

Norwich, John Julius. *A History of Venice*. New York: Alfred A. Knopf, 1982.

Oppolzer, Theodor. *Canon of Eclipses.* Trans. Owen Gingerich. New York: Dover Press, 1962.

Pastor, Ludwig von. *The History of the Popes, from the Close of the Middle Ages.* 2nd ed., vols. 23–24. Ed. by F. I. Antrobus and R. F. Kerr. Trans. from German. St. Louis: B. Herder, 1902–1910.

Paterson, Antoinette Mann. *The Infinite Worlds of Giordano Bruno.* Springfield, III.: Thomas, 1970.

Puccioni, Nello. *La Vallombrosa e la Val di Sieve inferiore.* Bergamo: Istituto italiano d'arti grafiche, 1916.

Ranke, Leopold von. *The Ecclesiastical and Political History of the Popes of Rome.* London: John Murray, 1840 (Dt.: *Die römischen Päpste. In den letzten vier Jahrhunderten.* Hrsg. v. J. Peevs, Phaidon, 1996).

Redondi, Pietro. *Galileo Heretic.* Princeton, N. J.: Princeton University Press, 1987.

Ricci-Riccardi, Antonio. *Galileo Galilei e Fra Tommaso Caccini.* Florence. Successori Le Monnier, 1902.

Robertson, Rev. Alexander. *Fra Paolo Sarpi: The Greatest of the Venetians.* London: Sampson Low, Marston & Co., 1894.

Rosen, Edward. *The Naming of the Telescope.* New York: Henry Schuman, 1947.

Ross, Janet, and Erichsen, Nelly. *The Story of Pisa.* Neudeln-Liechtenstein: Krauss Reprint, 1970.

Santinello, Giovanni (Hrsg.) *Galileo e la Cultura Padovana.* Padua: Antonio Milani, 1992.

Scott, John Beldon. *Images of Nepotism: The Painted Ceilings of Palazzo Barberini.* Princeton, N.J.: Princeton University Press, 1991.

Shea, William R. *Galileo's Intellectual Revolution: Middle Period*, 1610–1632. New York: Science History Publications, 1972.

Singer, Dorothea Waley. *Giordano Bruno: His Life and Thought.* New York: Henry Schuman, 1950.

Story, William Wetmore. *Vallombrosa.* Edinburgh: W. Blackwood & Sons, 1881.

Viviani, Vincenzo. »Racconto istorico della vita di Galileo Galilei.« In *Works*, vol. 19, pp. 597–632.

Walker, D. P. *Spiritual and Demonic Magic.* Notre Dame: University of Notre Dame Press, 1975.

Wedgwood, C. V. *The Thirty Years War.* Garden City, N.Y.: Doubleday, 1961 (Dt.: *Der Dreißigjährige Krieg*, List, 1990).

Westfall, Richard S. *Essays on the Trial of Galileo.* Vatican City and Notre Dame: University of Notre Dame Press. 1989.

White, Andrew Dickson. *A History of the Warfare of Science with Theology.* 2 vols. London: Macmillan, 1900.

Young, Col. George Frederick. *The Medici.* New York: Modern Library, 1933.

Danksagung

In den drei Jahren, die ich auf die Fertigstellung dieses Buches verwandt habe, ist mir die Unterstützung zahlreicher Institutionen und Einzelpersonen zugute gekommen – aus zwei Kontinenten und in Form zweier, mitunter sogar dreier Sprachen. Hier in Amerika bot mir die Bibliothek des Observatoriums der US-Marine einen heimatlichen Stützpunkt für meine Forschungen, eine eher entlegene und nicht so leicht zugängliche Einrichtung, die, elektronisch gesichert und geheimdienstlich überwacht, nur wenige Schritte vom Amtssitz des Vizepräsidenten der Vereinigten Staaten in Washington entfernt liegt. Daß der Zugang zu dieser Einrichtung mit so vielen Hindernissen versehen ist, erwies sich für mein Buch als wahrer Segen, bot sich mir dadurch doch die einmalige Gelegenheit, mir die volle Unterstützung ihrer vorzüglichen Bibliothekare Brenda Corbin und Gregory Shelton zu sichern. Silvana de Luca, meine Nachbarin in Bethesda, die mir auch bei der Vorbereitung meiner Recherchen in Italien und bei Übersetzungen zur Hand ging, brachte in jenen Tagen mit viel Temperament und guter Laune mein Italienisch auf Vordermann. Wallace Ragan, Lateinlehrer an der St. Albans School, war mir eine ausgezeichnete Hilfe bei Übersetzungen aus dieser einstigen Gelehrtensprache, insbesondere bei der Übersetzung von Galileos Vorlesungen über den neuen Stern von 1604.

Glücklicherweise wurde mir die Erfahrung zuteil, daß meine italienischen Gesprächspartner auf einen amerikanischen Schriftsteller, der sich an eine Biographie eines der ganz Großen unter ihren Landsleuten wagte, mit offener und echter Neugier reagierten, obschon sie intellektuell zumindest, wenn schon nicht im Herzen, selbstverständlich realisierten, daß eine Gestalt wie Galileo längst zum kulturellen Erbe der ganzen Welt und nicht nur einer Nation allein gehört. Was geschähe, falls ein Italiener sich umgekehrt daranmachte, eine Biographie von George Washington zu verfassen, mochten sie sich gleichwohl dennoch fragen. Dessenungeachtet hieß man jedoch in diesem vom Katholizismus geprägten Land, in dem Galileo noch immer allgegenwärtig ist und einem täglich von den 2000-Lire-Scheinen entgegenblickt, eine Perspektive von außerhalb durchaus willkommen.

Im Zuge meiner Forschungsreise nach Italien im Sommer 1991 machte ich die Bekanntschaft Idanna Puccis, einer Schriftstellerkollegin, deren noble Abstammung sich bis ins elfte Jahrhundert zurückverfolgen läßt, als die Pucci noch mit den Medici um Macht und Einfluß konkurrierten. Idanna, aus deren Bekanntschaft sich bald eine freundschaftliche Verbundenheit entwickelte, war von meinem Galileo-Projekt von Anfang an begeistert, nicht zuletzt auch deshalb, weil sie auf diese Weise nach ausgedehnten Aufenthalten in allen möglichen Winkeln dieser Erde wieder auf ihre toskanischen Wurzeln zurückgeführt wurde. Aus der Bekannschaft mit ihr entspann sich auch meine freundschaftliche Beziehung zu Cosimo Mazzoni und Antonella Berardi. Von ihrem kultivierten und erholsamen Landsitz in Fiesole aus – er liegt nebenbei gesagt ganz in der Nähe jenes Felsabsturzes, an dem Leonardo seine Flugmaschinen getestet haben soll, indem er an deren Flügel festgebundene Sklaven in den Abgrund stieß – waren mir die beiden bei zahlreichen Gelegenheiten eine unschätzbare Hilfe. Während meiner Aufenthalte in Florenz profitierte ich zudem beträchtlich von den Anregungen und Hinweisen des Leiters des astrophysikalischen Observatoriums in Arcetri, Dr. Franco Paccini, des Leiters des Museums für Wissenschaftsgeschichte, Paolo Galluzzi, des Kunsthistorikers John Spike und des amerikanischen Malers Charles Cecil.

Meine Erkundungsreisen in Italien legte ich alsbald so an, daß ich der Reihe nach alle Schauplätze und Stationen aufsuchte, die mit Galileo irgendwo in Verbindung standen. Ausgangspunkt war in der Regel Rom, wo ich auch im Januar und Februar im Zuge eines einmonatigen Forschungsaufenthalts an der dortigen amerikanischen Akademie mit der Niederschrift des Buchmanuskripts begann. Unter der freundlichen Hand des damaligen Leiters der Akademie, Joseph Connors, und der anregenden Gesellschaft von Schriftstellerkollegen, Musikern und Forschern wie Alexander Stille, Sarah McPhee und Stephen Hartke fand ich mich in Rom rasch zurecht und knüpfte die nötigen Kontakte.

Im Vatikan traf ich auf die freundliche Unterstützung von Erzbischof John Foley, Leiter des Presse- und Informationsamtes des Heiligen Stuhls beziehungsweise Präsident des Päpstlichen Rates für gesellschaftliche Kommunikation, wie der offizielle Titel lautet. Bischof Foley hatte sich seine akademischen Meriten an der Columbia School of Journalism erworben und knüpfte sein Entgegenkommen mir gegenüber lediglich an zwei Bedingungen: Ich sollte Seriosität und Fairneß in meiner Darstellung und bei meinen Recherchen walten lassen. Besonders erfreulich für mich war auch die Bekanntschaft mit dem stets geschäftigen irischen Pater Leonard Boyle, Leiter der vatikanischen Bibliothek und auf fast allen Gebieten bewandert, vom Wirken Torquemadas bis hin zu den »Toronto Blue Jays«. Es bleibt mir unvergessen, wie wir zusammen die endlosen Gänge zwischen den Bücherregalen durchstreiften oder in Bramantes berühmter Grotte aus dem sechzehnten Jahrhundert, die heute als Bar der Bibliothek fungiert, unseren Cappuccino zu uns nahmen. Pater Josef Metzler, gestrenger Leiter der vatikanischen Archive, stand meinen Bitten ebenfalls stets aufgeschlossen gegenüber, sogar meinem Herzenswunsch nach Einsicht in die strengstens behüteten Originalprozeßakten des Verfahrens gegen Galileo. Dieses freundliche Entgegenkommen wie auch die ganze Pracht der mit Fresken ausgeschmückten Lesesäle der Bibliothek ließen meine Nachforschungen im Vatikan zu einem der einprägsamsten Erlebnisse meines Schriftstellerdaseins werden.

Am vatikanischen Observatorium in Castel Gandolfo, unweit im Süden Roms gelegen, verbrachte ich informative Stunden im Gespräch mit den päpstlichen Astronomen und Jesuitenpatres George Coyne und Martin MacCarthy. Pater Coyne spielte eine wichtige Rolle während des nahezu dreizehn Jahre währenden kirchlichen Überprüfungsverfahrens des Falles Galileo und wurde von mir wegen der Aufrichtigkeit und des Freimuts, mit denen er diesem Verfahren gegenüberstand, stets bewundert. Anläßlich einer Bischofskonferenz in Sachen Galileo hatte ich Gelegenheit, die Bekanntschaft des Galileo-Experten Richard Westfall aus Indiana zu machen, der, obschon selbst Kirchenvorstand einer protestantischen Gemeinde in Bloomington, eingeladen war, die katholischen Bischöfe über den Stand der Galileo-Forschung zu informieren. Aus den Gesprächen mit ihm wie aus der Lektüre seiner Bücher und Aufsätze ist vieles von seinen Forschungsergebnissen in dieses Werk mit eingeflossen.

Von Rom aus fuhr ich meist nach Florenz, wo ich ganze Tage in der Nationalbibliothek und am Institut für Wissenschaftsgeschichte verbrachte und von wo aus ich dann meine Stippvisiten nach Pisa unternahm. Dort war es Roberto Sonnini, der mir als Führer und Begleiter zur Seite stand. Er arrangierte es, daß ich im April 1993 mit auf dem Turm von Pisa anwesend sein konnte, als Wissenschaftler Galileos Experiment zur Bestimmung der Schwerkraft wiederbelebten, indem sie Kugeln unterschiedlicher Schwere und Masse vom Turm zu Boden fallen ließen.

Ein drittes fruchtbares Terrain jeglicher gründlicher Befassung mit Galileo konzentriert sich zweifelsohne um Padua und Venedig. Im Sommer 1992 verbrachte ich in diesen prachtvollen Städten drei volle Wochen als Gast Paolo Palmieris, Anthropologe an der Universität Padua, der sich ebenso wie der Architekt und Restaurator Alberto Pizzati dankenswerterweise meiner annahm. Besonderen Dank schulde ich außerdem drei Persönlichkeiten, die mir bei meinen Recherchen in Padua und Venedig mit Rat und Tat zur Hand gingen: Pater Claudio Bellinati, Archivar des dortigen Bistums und Galileo-Kenner erster Güte, Marisa Milani, Professorin für Literatur an der Universität Padua, und Giampaolo Seguso, dessen Vater, Archimede Seguso, zur Gilde der renommiertesten Glashersteller in Murano zählt. Ebenfalls in Padua machte ich die Bekanntschaft Dr. Thomas B. Settles, der sich seit nunmehr dreißig Studienjahren mit Galileo befaßt und augenblicklich daran arbeitet, einige von Galileos früheren Experimenten neu zu aktualisieren.

Als es auf den Abschluß des Manuskriptes zuging, kamen mir der Rat und die Kenntnisse einer Reihe versierter Experten unterschiedlicher Fachgebiete zugute. Es handelt sich dabei um meine wissenschaftlichen Berater für die ins Auge gefaßte PBS-Fernsehserie über Galileo: Owen Gingerich, Ernan McMullin, Anthony Grafton, Liba Taub, Kenneth Manning, Berrien Moore III, Paul Kappenberger, Jr., Riccardo Giacconi und Jehane Kuhn. Ich bin dankbar für ihre Hinweise und ihre freundliche Unterstützung.

Wie die meisten meiner Bücher hat auch dieses eine spezielle Beziehung nach North Carolina. Meine langjährige Schriftstellerkollegin und teure Freundin Alfreda Kaplan feilte, wie schon seit zwanzig Jahren, auch diesmal wieder an meiner Syntax.

Zum Schluß möchte ich mich noch ausdrücklich bei James Devereaux, S. J., bedanken. Er war früher mein Kollege an der Universität von North Carolina, ein ehemaliger Provinzial der Gesellschaft Jesu und vorzüglicher Shakespeare-Kenner. Er sah das Manuskript durch und gab mir zahllose hilfreiche Tips und Hinweise.

Register